Das Kaiserreich am Abgrund

HMRG

Historische Mitteilungen

Im Auftrage der Ranke-Gesellschaft,
Vereinigung für Geschichte im öffentlichen Leben e.V.,
herausgegeben von

Jürgen Elvert und Michael Salewski

Beiheft 43

Peter Winzen

Das Kaiserreich am Abgrund

**Die Daily-Telegraph-Affäre
und das Hale-Interview von 1908**

Darstellung und Dokumentation

Franz Steiner Verlag Stuttgart · 2002

Die Deutsche Bibliothek – CIP-Einheitsaufnahme
Winzen, Peter:
Das Kaiserreich am Abgrund : die Daily-Telegraph-Affäre und das Hale-
Interview von 1908 ; Darstellung und Dokumentation / Peter Winzen. -
Stuttgart : Steiner, 2002
    (Historische Mitteilungen : Beiheft ; 43)
    ISBN 3-515-08024-4

ISO 9706

INHALTSVERZEICHNIS

EINFÜHRUNG

Die *Daily Telegraph*-Affäre vom November 1908 gehört zweifellos zu den bemerkenswertesten innenpolitischen Ereignissen des wilhelminischen Deutschland, weil in jenen Tagen zum erstenmal die halbautokratische Regierungsweise Kaiser Wilhelms II. einer schonungslosen öffentlichen Kritik unterzogen wurde und der Thron des Hohenzollernkaisers für alle sichtbar vorübergehend ins Wanken geriet. Aber auch die Reichskanzlerschaft des Fürsten Bernhard von Bülow schien in den ersten Novembertagen zur Disposition zu stehen, weil massive Zweifel an seiner politischen Führungskraft aufkamen und der rapide Autoritätsverfall des einst prestigeträchtigen Auswärtigen Amts sowie die kontinuierlichen Misserfolge in der Außenpolitik, die zur ostentativen Auskreisung des wirtschaftlich und seemilitärisch aufstrebenden Kaiserreichs aus dem europäischen Mächtekonzert führten, mit seinem Namen verbunden wurden. Diese Vorgänge sind von den Historikern hinreichend beleuchtet worden. Was aber bis heute von der historischen Analyse weitgehend ausgeklammert blieb, sind die für Deutschland äußerst ungünstigen außenpolitischen Rückwirkungen dieser Novemberkrise, die vielfach zu eng als schwere gouvernementale Krise ohne Tiefen- und Langzeitwirkung begriffen wurde, wobei man auf die bekannte Tatsache verwies, dass die damals von den Kritikern des „persönlichen Regiments" geforderte Parlamentarisierung des preußisch-deutschen Regierungssystems bis zum Ausbruch des Ersten Weltkrieges nicht vollzogen worden ist.

Erst die im Jahre 1994 erschienene Studie des englischen Historikers Thomas G. Otte hat – wenn auch zunächst nur auf das Feld der deutsch-englischen Beziehungen beschränkt – die außenpolitische Komponente der *Daily Telegraph*-Affäre in den Blickpunkt gerückt.[1] Die Ergebnisse seiner Untersuchungen sind in der Tat erstaunlich. Danach hat der englische Außenminister Edward Grey die zahlreichen Manifestationen des im Zusammenhang mit der Novemberkrise aufgetretenen, sich aus gekränktem Nationalstolz speisenden deutschen Chauvinismus mit angespannter Sorge beobachtet und allen Ernstes damit gerechnet, dass die angeschlagene kaiserliche Regierung zur Überwindung der gravierenden innenpolitischen Schwierigkeiten mit einem militärischen Befreiungsschlag gegen England und Frankreich reagieren würde. Nach Otte lebte im November 1908 die Invasionsfurcht in den britischen Medien wieder auf und machte selbst vor den Toren des britischen Außenministeriums nicht Halt. Keineswegs zufällig entstand am 11. November im Foreign Office eine Denkschrift, die Großbritanniens Vertragsverpflichtungen für den Fall eines Kriegsausbruchs in Europa auflistete. Zu den damals wahrscheinlichsten Eventualitäten, die nach Ansicht des Verfassers eine militärische Intervention des Inselreichs erforderlich machten, zählten die Besetzungen Dänemarks, Hollands, Belgiens und

---

1   Thomas G. Otte, „„An Altogether Unfortunate Affair': Great Britain and the *Daily Telegraph* Affair", *Diplomacy and Statecraft*, Vol.5, No.2 (Juli 1994), 296–333.

Luxemburgs durch eine ausländische Macht. Damit konnte nur Deutschland gemeint sein, denn in dem für Grey bestimmten Memorandum hieß es unzweideutig, „that the contingency of a direct attack of Germany upon England or France is one which must unfortunately be regarded as reasonably possible". Aus der Sicht des britischen Außenministeriums war die Mächtekonstellation in einem künftigen europäischen Krieg und sogar die Motivation für den englischen Kriegseintritt im Herbst 1908 nicht nur theoretische Möglichkeit, sondern bereits greifbare Realität. Die Kernaussage dieser Denkschrift lautete nämlich:

> In the event of Germany provoking hostilities with France, the question of armed intervention by Great Britain is one which would have to be decided by the Cabinet; but the decision would be more easily arrived at if German aggression had entailed a violation of neutrality of Belgium which Great Britain has guaranteed to maintain. In this contingency it is presumed that France would be able to count on the armed support of her ally Russia.[2]

Vor dem Hintergrund des *Daily Telegraph*-Artikels allein, in dem Wilhelm II. mit allem Nachdruck seine friedlichen Absichten gegenüber England artikuliert hatte, erscheint die englische Kriegsfurcht unverständlich. Im Zusammenhang mit der Rezeption des Stuart Wortley-Interviews im Ausland hat Fritz Fischer in den achtziger Jahren als erster Historiker – ohne dabei allerdings auf eigene archivalische Forschungen zurückgreifen zu können – auf die kaum zu überschätzende Bedeutung des unveröffentlichten Hale-Interviews hingewiesen.[3] Am 19. Juli 1908 hatte Kaiser Wilhelm im norwegischen Bergen den amerikanischen Theologen und Journalisten William Bayard Hale zu einem längeren Gespräch empfangen und nach den gewissenhaften Notizen des Amerikaners den baldigen Krieg gegen England als Ziel der deutschen Politik bezeichnet. Wie im Einzelnen noch zu zeigen sein wird, kursierten fatalerweise mehrere Versionen der Hale-Aufzeichnungen, welche die Kriegsbereitschaft des deutschen Kaisers gegenüber England zu dokumentieren schienen, in den politischen Chefetagen Washingtons, Tokios und Londons. Neben führenden amerikanischen und britischen Zeitungsredaktionen war das Hale-Interview im Kern auch der französischen und schwedischen Regierung bekannt. Dass in Anbetracht dieser Vorgeschichte die anglophilen Auslassungen des Kaisers im *Daily Telegraph* gerade im Foreign Office auf Unglauben stießen, dürfte demnach nicht weiter verwundern. Mehr noch: Der deutsche Kaiser erschien den außenpolitischen Strategen in London nach seinen widersprüchlichen Verlautbarungen fortan als ein politischer Unsicherheitsfaktor ersten Ranges. Dies wog um so schwerer, als Wilhelm II. in den Augen fast aller britischen Politiker als verlässlicher Exponent der deutschen Volksmeinung und zugleich als der eigentliche Richtunggeber der deutschen Außenpolitik galt.

Europa scheint damals tatsächlich am Rand eines kriegerischen Flächenbrandes gestanden zu haben. Durch die von Berlin diplomatisch unterstützte, von der Wiener Regierung von langer Hand vorbereitete Annexion Bosniens und der Herzegowina

---

2   Otte, 308.
3   Vgl. Fritz Fischer, „Kaiser Wilhelm II. und die Gestaltung der deutschen Politik vor 1914",
     in: John C.G. Röhl (Hrsg.), Der Ort Kaiser Wilhelms II. in der deutschen Geschichte
     (München 1991), 260 f.

zeichnete sich bereits Anfang Oktober 1908 ein schwerer Balkankonflikt ab, mit den Antagonisten Russland und Serbien auf der einen, Österreich-Ungarn und Deutschland auf der anderen Seite. Die deutsch-französischen Streitigkeiten über den von der deutschen Presse hochgespielten Casablanca-Zwischenfall, die just Anfang November 1908 ihren Höhepunkt erlebten, sorgten – zumindest aus der Sicht des englischen Außenministers, wie dies Otte eindringlich gezeigt hat – für zusätzlichen Explosionsstoff. Während der Casablanca-Zwischenfall auf ein Wiederaufleben des deutschfranzösischen Marokkokonflikts hindeutete, stellte zur gleichen Zeit die durch die *Daily Telegraph*-Affäre ausgelöste Regierungskrise in Berlin im Verein mit der kochenden deutschen Volksseele die Wilhelmstraße vor die Versuchung, die inneren Schwierigkeiten nach außen abzulenken und gegebenenfalls die Kriegsschiene zu beschreiten. So hat denn auch der Staatssekretär des Auswärtigen Amts Wilhelm von Schoen am 1. November 1908, kurz bevor er sich in eine vorgetäuschte Krankheit flüchtete, die Entsendung deutscher Kriegsschiffe nach Casablanca angeregt. Edward Greys politische Kalkulationen gingen – wie wir heute wissen – in die gleiche Richtung, denn den Marineminister Reginald McKenna ersuchte er am 5. November, die englische Flotte in Gefechtsbereitschaft zu setzen, „in case Germany sent France an ultimatum and the Cabinet decided that we must assist France".[4]

Bei der historiographischen Behandlung der *Daily Telegraph*-Affäre wurde bis heute vielfach die außenpolitische Motivation des Kaiserinterviews übersehen.[5] Diesem Aspekt ist im Rahmen der Darstellung und der kritischen Kommentierung der vorgelegten Dokumente ein besonders breiter Raum zugestanden worden. Von zentralem Interesse ist auch die Rolle, die Reichskanzler Bernhard Fürst von Bülow im Vorfeld der Affäre und bei der Bewältigung der Novemberkrise gespielt hat. Während Hiller von Gaertringen das letztere Thema kenntnisreich und weitgehend nachvollziehbar abgehandelt hat[6], konnten die Fragezeichen zu Bülows Verhalten vor dem 28. Oktober 1908, dem Tag des Erscheinens des berühmten *Daily Telegraph*-Artikels, bislang von keinen Untersuchungen ausgeräumt werden. In diesem Punkt haben die Historiker in der Tat nur spekulative Antworten gefunden. Die minuziöse kritische Auseinandersetzung mit allen heute verfügbaren Originalquellen aus den Nachlässen des Bundesarchivs sowie aus den Aktenbeständen des Auswärtigen Amts und der Staatsarchive erlaubt nun die fundierte und nahezu hundertprozentig abgesicherte Annahme, dass Bülow entgegen seinen eigenen öffentlichen und privaten Beteuerungen, denen die meisten Historiker wie auch ursprünglich der Herausgeber dieser Dokumentation gefolgt sind, das Manuskript des Stuart Wortley-Artikels doch gelesen hat. Diese Beobachtung wirft ein völlig neues Licht auf Bülows Krisenmanagement nach dem 28. Oktober und auf seine Fähigkeiten als Staatsmann schlechthin. Seine Notlügen und perfiden Schachzüge, die auch vor dem Träger der Hohenzollernkrone nicht Halt machten, weisen ihn danach als einen Mann aus, der zwar ein

---

4   Otte, 307.

5   Wilhelm Schüssler deutet in seiner Monographie über das Kaiserinterview die außenpolitischen Hintergründe lediglich vage an (Die Daily-Telegraph-Affaire, Göttingen 1952, 13).

6   Vgl. Friedrich Frhr. Hiller von Gaertringen, „Fürst Bülow und die Daily-Telegraph-Affäre", in: ders., Fürst Bülows Denkwürdigkeiten. Untersuchungen zu ihrer Entstehungsgeschichte und ihrer Kritik (Tübingen 1956), 119–213.

Meister der öffentlichen Selbstdarstellung war, den sachlichen und intellektuellen Herausforderungen, die mit dem Reichskanzleramt verbunden waren, sich allerdings in keiner Weise gewachsen zeigte. Gerade als langjähriger Reichskanzler, der nicht nur mit der Leitung der Außenpolitik betraut war, sondern auch mit den innenpolitischen Strömungen bestens vertraut sein musste, hätte der Fürst das innenpolitische Dynamit des ihm tagelang als sauber getipptes Manuskript vorliegenden *Daily Telegraph*-Artikels erkennen müssen. Auch die Tatsache, dass er sich von einem Vortragenden Rat wiederholt über den Inhalt des verhängnisvollen Hale-Interviews täuschen ließ, spricht nicht für den von ihm reklamierten staatsmännischen Spürsinn. Wie keine anderen Vorgänge in der wilhelminischen Geschichte, entlarven die beiden Kaiserinterviews in aller Deutlichkeit die Inkompetenz, Ineffizienz und Orientierungslosigkeit der damaligen Führung. Aus der historischen Rückschau bestätigt sich, was kritische Zeitgenossen schon damals voraussahen: Mit der *Daily Telegraph*-Affäre begann nicht nur der Countdown für Bülows Kanzlerschaft, sondern auch für das Hohenzollernregime.

Die vorliegende Darstellung der *Daily Telegraph*-Affäre konzentriert sich auf die Phase vom 28. Oktober bis zum 17. November 1908, als mit der Veröffentlichung des kaiserlichen Kommuniqués im *Reichsanzeiger* das öffentliche Interesse an der Erledigung dieser Angelegenheit merklich abzunehmen begann. Auf die Behandlung des Nachspiels wurde verzichtet, da die nachfolgenden Episoden durch die Dokumentation hinreichend abgedeckt worden sind. Dies gilt auch für die durch die *Daily Telegraph*-Affäre ausgelöste Verfassungsreformdebatte im Reichstag vom 2. und 3. Dezember 1908, die schon an anderer Stelle erschöpfend aufgearbeitet wurde.[7] Da die sich auf das Hale-Interview beziehenden Quellen in der chronologisch angelegten Dokumentation zwangsläufig verstreut sind, empfahl sich eine eigene Abhandlung dieses zweiten Hauptthemas, das in der Literatur als Randthema gewöhnlich nur mit wenigen Hinweisen bedacht worden ist. Die nach Meinung des Herausgebers wichtigsten Ergebnisse der Dokumentationsarbeit sind am Ende der Darstellung noch einmal thesenartig zusammengefasst worden.

Die thematisch ausgerichtete Dokumentation umfasst den Zeitraum von 1907 bis 1931. Berücksichtigt wurden in erster Linie unveröffentlichte Quellen, die nach Möglichkeit ungekürzt zum Abdruck gelangen sollten. Nur in Einzelfällen wurden Kürzungen vorgenommen, um inhaltliche Überschneidungen zu vermeiden und den Leser nicht mit Belanglosigkeiten zu konfrontieren. Da es das Ziel des Herausgebers war, die *Daily Telegraph*-Affäre möglichst lückenlos zu dokumentieren, konnte auf die Übernahme einiger in der deutschen Aktenpublikation bereits wiedergegebener Schlüsseldokumente nicht verzichtet werden.[8] Gegenüber der *Großen Politik* sind

---

7   Vgl. Dieter Grosser, Vom monarchischen Konstitutionalismus zur parlamentarischen Demokratie. Die Verfassungspolitik der deutschen Parteien im letzten Jahrzehnt des Kaiserreichs (Den Haag 1970).

8   Vgl. Die Große Politik der Europäischen Kabinette 1871-1914, hrsg. i. A. des Auswärtigen Amts von Johannes Lepsius, Albrecht Mendelssohn-Bartholdy und Friedrich Thimme, Bd.24 (Berlin 1925), 167–210.

die Editionstechniken allerdings verfeinert worden: Der Eingang der ausgefertigten Schriftstücke wird – soweit möglich – im kursiv gesetzten quellenkritischen Kommentar ebenso datiert wie die Anfertigung des Konzepts und die Kenntnisnahme durch die Adressaten und Dezernenten; bei Telegrammen wird die genaue Uhrzeit des Ein- bzw. Ausgangs festgehalten und bei wichtigen Entwürfen angegeben, welche Korrekturen – seien es stilistische Veränderungen, Streichungen oder Zusätze – durch welche Hand erfolgten. Die genaue Angabe des Fundorts und der Quellenform (Original oder Abschrift, Konzept oder Ausfertigung, hand- oder maschinenschriftlich) versteht sich von selbst. Die Vielzahl der quellenkritischen Hinweise und die Wiedergabe der zahlreichen Marginalien mögen zwar mitunter die Lesbarkeit der Dokumente beeinträchtigen, dürften aber dem Historiker wertvolle Aufschlüsse über die Entstehung schon bekannter Schlüsseldokumente, insbesondere die zuweilen stark divergierenden Positionen von Reichskanzler, Staatssekretär und Vortragenden Räten geben. Der Anmerkungsapparat enthält Querverweise zu anderen Dokumenten, biographische Abrisse, sachliche Erläuterungen und Ergänzungen unter Heranziehung weiterer archivalischer und publizierter Quellen sowie schließlich Hinweise auf weiterführende Literatur. Gelegentlich haben in der Dokumentation auch signifikante Extrakte aus den Memoiren der in die *Daily Telegraph*-Affäre verstrickten Persönlichkeiten Berücksichtigung gefunden, wobei am Beispiel der späteren Aussagen des Freiherrn von Schoen die mangelhafte Zuverlässigkeit von persönlichen Erinnerungen, soweit sie der Rechtfertigung der eigenen Handlungsweise dienten, herausgearbeitet werden konnte. Doch selbst die Aktenbestände des Auswärtigen Amts, auf die bei der Dokumentation vorzugsweise zurückgegriffen wurde, spiegeln nicht immer den wahren Vorgang wider. Bei der Benutzung der Hale- und *Daily Telegraph*-Akten verfestigte sich jedenfalls der Eindruck, dass diese Akten offenbar manipuliert worden sind, da wichtige Schriftstücke, welche die Hauptakteure hätten belasten können, deren Existenz aber anderweitig bezeugt ist, spurlos verschwunden sind. Infolge der Lügen und Manipulationen der Hauptfiguren in den beiden Affären – das hat die Bearbeitung der vorliegenden Quellen gezeigt – ist der Weg zur historischen Wahrheit dornenvoll, aber immerhin gangbar, zumal wenn – wie im Falle dieser Dokumentation – die herangezogenen Quellen systematisch auf ihre Entstehungsgeschichte, Intentionalität, Glaubwürdigkeit und Zuverlässigkeit hin überprüft worden sind. Die vernichteten Schriftstücke markieren bei der Wahrheitssuche indes die Grenze, die man als Historiker akzeptieren muss.

Da sich der deutsche Reichstag durch die Interpellationen, die aus der Mitte sämtlicher Fraktionen kamen, aktiv in die *Daily Telegraph*-Affäre eingeschaltet hat, sind Redeauszüge von maßgeblichen Reichstagsabgeordneten aufgenommen worden, um die Positionen der wichtigsten Parteien in der Frage des „persönlichen Regiments" Kaiser Wilhelms II. und einer möglichen Verfassungsreform zu charakterisieren. Dabei wird deutlich, dass die damalige Volksvertretung eine Reihe von politischen Köpfen besaß, die durchaus in der Lage gewesen wären, hohe Staatsämter mit Erfolg zu bekleiden. Dies gilt namentlich auch für den außenpolitischen Sektor, wie die trotz des geringen Insiderwissens scharfsinnigen Analysen Georg von Hertlings, Ernst Bassermanns, Conrad Haußmanns und Friedrich Naumanns zeigen. Angesichts der eklatanten Führungsschwäche des auf Untergang zusteuernden wilhelminischen Regimes mag man jene Reden als Silberstreifen am demokratisch-parlamentarischen Horizont ansehen oder auch einfach als Wechsel auf eine bessere Zukunft.

Im unkommentierten Anhang fanden wichtige, bisher unveröffentlichte Materialien zur Hale-Affäre Aufnahme. Der vom Auswärtigen Amt unterdrückte Hale-Artikel, von dem nur noch drei Exemplare nachweisbar sind, eignete sich wegen seiner Länge nicht zur Einreihung in die kommentierten Dokumente. Die beiden übrigen Appendizes geben den Kern der kaiserlichen Auslassungen gegenüber dem amerikanischen Publizisten wieder und bilden einen sinnfälligen Kontrast zu dem aller antibritischen Schärfen und militanten Tönen entbehrenden *Century*-Artikel. Auch in diesen Fällen erübrigte sich eine sachliche Kommentierung.

An dieser Stelle sei allen Damen und Herren gedankt, die durch ihre Hilfestellungen das Zustandekommen dieser Dokumentation ermöglicht haben. Dies gilt besonders für die beratenden Mitarbeiter des Bundesarchivs in Koblenz und in Berlin, des Politischen Archivs des Auswärtigen Amts in Bonn, des Bayerischen Hauptstaatsarchivs München, des Generallandesarchivs Karlsruhe, des Sächsischen Hauptstaatsarchivs Dresden, des Hauptstaatsarchivs Stuttgart, des Geheimen Staatsarchivs in Berlin-Dahlem, der Universitäts- und Stadtbibliothek Köln und der Universitätsbibliothek Gießen. Baron Ferdinand von Stumm stellte mir freundlicherweise die Tagebücher und Briefe seines Urgroßvaters Ferdinand Eduard Freiherrn von Stumm zur Verfügung. Prof. Dr. Klaus Hildebrand und Prof. Dr. Jost Dülffer haben sich dankenswerterweise mit dem Manuskript beschäftigt und mich in meinem Publikationsvorhaben bestärkt. Besonders wertvoll waren mir die Ratschläge von Prof. Dr. Hans-Peter Ullmann, der sich intensiv mit der Darstellung auseinandergesetzt hat. Den größten Dank schulde ich meinem Freund Dr. Derek Bleyberg, der mir sein Material, das er in der Oxforder Bodleian Library, im Londoner Public Record Office und im dortigen Zentralen Zeitungsarchiv zur Daily-Telegraph-Affäre sammelte, vollständig zur Verfügung gestellt und mich kontinuierlich beraten hat.

VERZEICHNIS DER DOKUMENTE

ABKÜRZUNGEN

BA	Bundesarchiv
BayHStA	Bayerisches Hauptstaatsarchiv
BD	British Documents on the Origins of War 1898–1914
Dok.	Dokument
G.A.	Gehorsame Anzeige
GLA	Generallandesarchiv
GP	Die Große Politik der Europäischen Kabinette 1871–1914
GStA PK	Geheimes Staatsarchiv Preußischer Kulturbesitz
HP	Die geheimen Papiere Friedrich von Holsteins
HStA	Hauptstaatsarchiv
MS	Manuskript
n.	nota, note (Fußnote)
NL	Nachlass
PA-AA	Politisches Archiv des Auswärtigen Amts in Bonn, seit 2001 in Berlin
SächsHStA	Sächsisches Hauptstaatsarchiv
Sten. Ber. Reichstag	Stenographische Berichte über die Verhandlungen des Reichstags

DARSTELLUNG

1. DIE GEBURT EINER NOTLÜGE NACH DEM ERSCHEINEN DES DAILY-TELEGRAPH-ARTIKELS.

Am Mittag des 28. Oktober 1908 befand sich Bernhard Fürst von Bülow im Reichskanzlerpalais noch beim Frühstück, als ihm sein Pressedezernent Otto Hammann den Abdruck einer Wolffschen Depesche aus London vorlegte mit der Bitte um eine schleunige Entscheidung darüber, ob die Reichsleitung die Weitergabe dieser Depesche an die deutschen Tageszeitungen gestatten könne. Staatssekretär Wilhelm von Schoen hatte, wie Hammann dem Kanzler bei dieser Gelegenheit wohl zu verstehen gab, am frühen Vormittag auf eine entsprechende Anfrage des Wolffschen Telegraphenbüros zunächst spontan mit „Nein" reagiert. Doch Heinrich Mantler, der Leiter der Berliner Nachrichtenagentur, der kurz nach 13 Uhr in der Presseabteilung des Auswärtigen Amts auf die endgültige Entscheidung des Reichskanzlers wartete, war wie Hammann der Meinung, dass sich der sensationelle Inhalt des am frühen Morgen erschienenen *Daily Telegraph*-Artikels vor der deutschen Öffentlichkeit nicht verheimlichen ließe, zumal die von ihrem Londoner Spezialkorrespondenten unterrichtete *Berliner Zeitung am Mittag* sich bereits anschickte, die ersten Meldungen über diesen Artikel zu verbreiten.

Bülow überflog die Depesche und wusste sofort Bescheid: Es handelte sich um die in Interview-Form gebrachten, freimütigen politischen Äußerungen Kaiser Wilhelms II., die dieser während seines dreiwöchigen Urlaubsaufenthaltes in Highcliffe Castle (18.11.–11.12.1907) und während der lothringischen Kaisermanöver (8.–10. 9. 1908) gegenüber dem befreundeten britischen Schlossbesitzer Sir Edward James Stuart Wortley getan hatte. Das Artikelmanuskript war vor der seit langem geplanten Veröffentlichung im *Daily Telegraph* vom Kaiser wie vom Reichskanzler als authentisch und außenpolitisch opportun abgesegnet worden, nachdem das ebenfalls eingeschaltete Auswärtige Amt einige geringfügige Korrekturen in Anregung gebracht hatte. Hammann, der von diesen Vorgängen nichts wusste, hatte nach Kenntnisnahme der Wolffschen Depesche sofort erkannt, dass das Kaiserinterview in der deutschen Öffentlichkeit großes Aufsehen erregen würde, und in einer „Gehorsamen Anzeige" dem Staatssekretär des Auswärtigen Amts zunächst empfohlen, sich von dem Inhalt des Interviews vorsichtig zu distanzieren. Nachdem er aber von Schoen vor dem Zusammentreffen mit Mantler über die Genesis dieser Publikation in Kenntnis gesetzt worden war, ließ er gegenüber Bülow seine ursprüngliche Anregung fallen. Der Kanzler gab sein Plazet zur – unkommentierten – Weitergabe der Wolffschen Depesche an die deutsche Presse, und für Mantler reichte die Zeit gerade noch, um die zwischen 2 und 3 Uhr zum Druck gehenden Berliner Abendblätter mit den aufsehenerregenden Nachrichten aus London zu versorgen.[1]

In seinen umfangreichen, für die Nachwelt bestimmten Aufzeichnungen über die *Daily Telegraph*-Affäre hat sich Bülow über die Vorgänge am ersten Tag ausgeschwiegen: Nicht zufällig setzen seine Erinnerungen mit dem Morgen des 29. Oktober ein, als sich im deutschen Blätterwald – für den Kanzler offenbar völlig überraschend – ein Sturm der Entrüstung über die kaiserlichen Äußerungen abzuzeichnen begann.[2] Wir wissen indes, dass sich Bülow am Nachmittag des 28. Oktober von Friedrich von Holstein aufsuchen ließ, um mit dem seit April 1906 im Ruhestand lebenden ehemaligen Vortragenden Rat den außenpolitischen Kurs in der bosnischen Annexionskrise zu besprechen. Dabei kam auch die Wolffsche Depesche über das Kaiserinterview im *Daily Telegraph* zur Sprache, von deren Inhalt Holstein bei dieser Gelegenheit zum erstenmal erfuhr. Der Geheimrat entdeckte sogleich eine Reihe von „bedenklichen Stellen", vor allem bei der Schilderung der russisch-französischen Interventionsbemühungen während des Burenkrieges, und zeigte sich besorgt über die voraussichtlich „zu gegenwärtigenden" Reaktionen in Paris und St.Petersburg.[3] Bülow scheint entgegnet zu haben, dass auf seine Anweisung hin das englische Manuskript Anfang Oktober im Auswärtigen Amt sorgsam auf seine inhaltliche Richtigkeit überprüft worden sei, und dabei fiel der Name des Vortragenden Rats Reinhold Klehmet, der im Auftrage des Unterstaatssekretärs Stemrich die Überprüfungsarbeit geleistet hatte. Vermutlich auf Holsteins Anregung hin, der die Authentizität des Interviews vorübergehend in Zweifel gezogen zu haben scheint, ließ Bülow dem Geheimrat Klehmet das ihm von Hammann zur Verfügung gestellte Exemplar der Wolffschen Depesche mit der Anfrage zugehen: „Stimmt das mit dem Entwurf überein, der im Auswärtigen Amte seinerzeit geprüft worden ist?" Wohl noch in Holsteins Gegenwart, der daraufhin mit bissigen Kommentaren über die schlampige Arbeit seines Exkollegen nicht sparte, kam die ernüchternde Antwort: „Die anliegende Veröffentlichung von Wolff ist ein richtiger Auszug aus dem von Seiner Majestät mitgeteilten und demnächst vom Auswärtigen Amt durchgeprüften Artikel des Obersten Stuart Wortley."[4] Damit war der Sündenbock in der *Daily Telegraph*-Affäre schon am ersten Tag ausgemacht.

Aus den Briefen, die Holstein noch am Abend des 28. Oktober und an den folgenden Tagen an den Reichskanzler richtete[5], geht eindeutig hervor, dass während jener Unterredung nur die zu erwartenden außenpolitischen Rückwirkungen des Kaiserinterviews angesprochen wurden: die Verstimmung der russischen und französischen Regierung über die Indiskretionen des Kaisers in der Interventi-

---

1   Vgl. G.A. von Hammann, 28.10.1908; GP 24, Nr.8254. Dok. Nr.16 u.18.
2   Vgl. Bülow, Denkwürdigkeiten, II, 351. Bülows ausführliche Rechtfertigungsschrift „über die Novemberereignisse 1908", die er größtenteils im Winter 1909/10 diktierte und am 2. September 1910 abschloss (Maschinenschrift, 252 S.), vermischt ständig Phantasie und Wirklichkeit und ist daher für den Historiker nur sehr bedingt brauchbar (siehe BA Koblenz, N 1016 / NL Bülow, Nr. 34).
3   Siehe Dok. Nr.17.
4   GP 24, 177 n.
5   Siehe Rogge, Holstein und Harden, 360–365.

onsfrage, die Empörung Japans über die vermeintlichen deutschen See-machtam-bitionen im Pazifik und die Ankurbelung des englischen Schlachtflottenbaus durch die Äußerung des Kaisers, der überwiegende Teil der deutschen Bevölke-rung sei antienglisch gesinnt. Aufgeschreckt durch die kritischen Bemerkungen Hammanns und Holsteins richtete Bülow noch am gleichen Tag eine zweite Anfrage an Klehmet: „Entsprechen insbesondere die rot angestrichenen Stellen", schrieb er mit Blaustift auf den Kopf der Abendausgabe des *Tag*, „dem seinerzeit von Ihnen durchgesehenen Entwurf?" In einer kurzen Anzeige bejahte dies Klehmet.[6]

Es ist auffällig, dass Bülow von diesen beiden Anfragen und den jeweiligen knappen Antworten des Vortragenden Rats eine Abschrift anfertigen ließ und diese zu seinen persönlichen Unterlagen nahm; sie gehörten auch zu den ersten neun Piecen der Anfang November angelegten Daily-Telegraph-Akte, in dem andere bedeutungsvollere und Bülow möglicherweise belastende Schriftstücke aus den Oktobertagen fehlen. Es dürfte somit nicht ausgeschlossen sein, dass Bülows Motiv für die zweite Anfrage an Klehmet hauptsächlich darin bestand, den Überraschten zu mimen und damit seinen maßgeblichen Anteil an der Publi-kation zu verschleiern, falls ihr eigentlicher Zweck, die durch die Flottenrüstung des Reichs belasteten deutsch-englischen Beziehungen in einem kritischen Stadi-um zu verbessern, nicht erreicht würde. Jedenfalls war ihm schon bei der Bespre-chung mit Holstein der Gedanke gekommen, für den Fall des Misserfolgs der *Daily Telegraph*-Publikation seinen eigenen Anteil zu minimalisieren und die Schuld auf andere zu lenken. Offensichtlich hatte er dem Geheimrat erzählt, er habe Felix von Müller, der in Norderney als Vertreter des Auswärtigen Amts fungierte, den Auftrag erteilt, das englische Artikelmanuskript zu lesen, da er dies selbst aus Zeitgründen nicht habe tun können.[7] Den Entrüstungssturm in der deutschen Öffentlichkeit sah Bülow am Abend des 28. Oktober noch nicht voraus, denn statt im Reichskanzlerpalais eine Krisensitzung unter Beteiligung seiner innenpolitischen Hauptratgeber Loebell, Hammann und Bethmann Holl-weg anzuberaumen, dinierte er dort in aller Ruhe mit seinem Bruder Karl Ul-rich.[8]

Am Vormittag des 29. Oktober registrierte Bülow mit wachsender Bestür-zung die Proteste führender deutscher Blätter gegen das „Interview" Wilhelms II. Alarmierend war für den Kanzler vor allem die Tatsache, dass die Kritik an den englandfreundlichen Äußerungen des Kaisers aus allen politischen Lagern kam, wenn auch mit unterschiedlichen Akzenten. Die alldeutschen Organe verurteilten aufs schärfste das aufdringliche Werben des Kaisers um Englands Gunst und vor allem die Rolle, die Wilhelm II. nach seinen eigenen Bekundungen während des Burenkrieges gespielt hatte. Bis in die linksliberalen Kreise hinein empfand man

---

6   Siehe Dok. Nr.16 u. 17 (n.4 u.5). Im Dok. Nr.16 sind die Stellen, die Bülow mit roten Randstrichen markiert hat, kursiv gesetzt. Es ist durchaus möglich, dass die mit Lineal gezogenen Randstriche von Bülow zu einem späteren Zeitpunkt erweitert worden sind, um zu demonstrieren, dass ihm sämtliche „Horrenda" auf den ersten Blick aufgefallen seien.

7   Vgl. Holstein an Bülow, 29.10.1908; Rogge, Holstein und Harden, 361.

8   Siehe Dok. Nr.17 n.5.

es als „Schlag ins Gesicht" (Naumann), dass der Kaiser der Burenbegeisterung
seines Volkes damals nicht nur ferngestanden, sondern sogar die Versuche Russlands und Frankreichs, die Burenrepubliken durch eine gemeinsame Intervention
mit Deutschland zu retten und England damit „bis in den Staub zu demütigen",
abgeblockt und an das englische Königshaus verraten hatte. Noch fassungsloser
war man über das Eingeständnis des Kaisers, vier Jahre nach der Krügerdepesche
vom Januar 1896 einen Feldzugsplan gegen die Buren entworfen und an Queen
Victoria geschickt zu haben. „Wenn wir damals geahnt hätten", schrieb Friedrich
Naumann in der Zeitschrift *Die Hilfe*, „daß der deutsche Kaiser sich mit seinen
obersten Offizieren zusammensetzte, um den Engländern einen Kriegsplan auszuarbeiten, so würden wir fertig gewesen sein mit einer Staatsleitung, die so
wenig das Empfinden ihres eignen Volkes teilt."[9]
    Es herrschte allgemein das Gefühl, dass sich nach den offenkundigen Kaprio-
len des Kaisers eine Kluft zwischen Krone und Volk aufgetan hatte. Man sah sich
– ganz im Gegensatz zur Aufbruchstimmung Mitte der neunziger Jahre, als Wilhelm II. sich mit seiner Weltreichsrede vom 18. Januar 1896 an die Spitze der im-
perialistischen Bewegung in Deutschland gesetzt hatte[10] – vom Kaiser gegenüber
dem Ausland nicht mehr angemessen repräsentiert, ja, es kam der Verdacht auf,
dass die zunehmende außenpolitische Isolierung Deutschlands nicht zuletzt das
Produkt des „persönlichen Regiments" Wilhelms II. war, der die Bemühungen
des Reichskanzlers um eine kontinuierliche friedliche Außenpolitik durch seine
spontanen Eingriffe ständig konterkarierte. Schwarzseher, die nicht nur bei den
Sozialdemokraten, sondern auch unter den Nationalliberalen und Konservativen
zu finden waren, sahen das Reich durch die kaiserlichen Extravaganzen auf einen
Abgrund zusteuern. Für die *Germania* waren die Äußerungen des Kaisers im
Daily Telegraph „nur die letzten Tropfen, die das Faß zum Überlaufen brachten".
In der „Erregung des Landes und den scharfen Worten der Presse" sei „vielmehr
die seit langen Jahren aufgehäufte und stetig gewachsene Unzufriedenheit mit
unserer auswärtigen Politik und der Art, wie sie geführt wird, und den fortge-
setzten Mißerfolgen, die sie zur Folge gehabt hat, zum Ausdruck" gekommen.[11]
    Statt – wie ursprünglich erhofft – völkerversöhnend zu wirken und dem
Reich bei der zunehmend spürbaren Ausgrenzung aus dem west- und mitteleuro-
päischen Mächtesystem eine Atempause zu verschaffen, hatte die Veröffentlichung im *Daily Telegraph* eine innenpolitische Mine losgetreten, über dessen
Folgen sich Bülow am 29. Oktober noch längst nicht im Klaren war. Der Historiker Hiller von Gaertringen spricht mit Recht von einer merkwürdigen „Unsicherheit", die der Kanzler an den ersten beiden Tagen nach dem Bekanntwerden des
„Interviews" gezeigt hat: Der 29. Oktober, an dem ein mehr oder weniger ent-
schiedenes Dementi oder eine Einschränkung von Regierungsseite noch hätte
wirken können, sei ungenutzt verstrichen, und Bülow habe sich auch nicht sogleich mit dem nach Berlin zurückgekehrten Kaiser in Verbindung gesetzt.[12] Wie

----

 9 Siehe Dok. Nr.48.
10 Vgl. Winzen, Bülows Weltmachtkonzept, 69–70.
11 Siehe Dok. Nr.53 n.3.
12 Hiller von Gaertringen, 147.

wir inzwischen von Friedrich Wilhelm von Loebell, der den Kanzler am frühen
Vormittag dieses Tages aufsuchte und diesen „entsetzt und voller Besorgnis" in
der Gesellschaft Hammanns antraf, recht genau wissen, hat er den Vorschlag
seines Unterstaatssekretärs, „sofort vor den Reichstag zu treten und den Sachverhalt zu erörtern", mit der Begründung abgelehnt, er müsse „unbedingt erst mit
den in dem Interview genannten Mächten in Verbindung treten". Der Chef der
Reichskanzlei konnte den Kanzler „nicht davon überzeugen, daß sofortige Schritte im Innern notwendig seien".[13]

Bülow konferierte anschließend mit Staatssekretär Schoen über die außenpolitischen Implikationen des *Daily Telegraph*-Artikels. Klehmet, der zu dieser
„sehr erregten" Besprechung hinzugezogen wurde, konnte keine sachlichen Beiträge anbringen, da Bülow ihm sofort Vorhaltungen machte, „wie ich den Artikel
hätte passieren lassen können". Bei dieser Gelegenheit erfuhr der Vortragende
Rat zu seiner Überraschung, dass Bülow „den Artikel ja gar nicht gelesen" habe,
„weil er darin nur Gleichgültiges vermutet habe".[14] Ein subalterner Beamter
sollte für die immer deutlicher zutage getretenen nachteiligen innen- und außenpolitischen Folgen der kaiserlichen Public-Relations-Aktion die Verantwortung
tragen, um den Staatsmann, der diese mangelnde politische Voraussicht nicht
öffentlich zugeben konnte, in die Lage zu versetzen, sein Gesicht und damit seine
Stellung als Reichskanzler zu wahren. Die Notlüge war geboren, und Bülow hat
es in der Folgezeit geschickt verstanden, seine nächste Umgebung, die preußischen Ministerkollegen, die Reichstagsabgeordneten und Bundesratsbevollmächtigten, die Pressevertreter und schließlich die Historiker mit Hilfe manipulierter
Akten, unwahrer Behauptungen und Ausstreuungen sowie wahrheitswidriger
Aufzeichnungen über seine wirkliche Rolle in der Vorgeschichte der *Daily
Telegraph*-Publikation zu täuschen.

2. ZUR GENESIS DES DAILY-TELEGRAPH-ARTIKELS

In Gegenwart Otto Hammanns erklärte Bülow dem Chef der Reichskanzlei am
Morgen des 29. Oktober ohne weitere Vorrede, dass er das „in sehr undeutlicher
Handschrift geschrieben[e]" englische Artikelmanuskript, welches ihm der Kaiser zur Begutachtung nach Norderney habe schicken lassen, „nicht habe lesen
können und es kurz vor seiner Abreise von Norderney an das Auswärtige Amt
nach Berlin zur Prüfung und Äußerung gesandt habe. Damals habe er nicht
geahnt, daß der Verfasser des Daily-Telegraph-Artikels den Kaiser um Erlaubnis
zur Veröffentlichung gebeten hatte, und bei der Rücksendung des Manuskripts
hätte keine Stelle im Auswärtigen Amt ihn darauf aufmerksam gemacht, daß eine
Veröffentlichung beabsichtigt und völlig untunlich sei. Er habe daher das Manuskript sofort wieder an den Kaiser zurückgesandt, ohne auf die in ihm liegenden
Gefahren hinzuweisen."[15]

13 Siehe Dok. Nr.20.
14 Siehe Dok. Nr.19.
15 Dok. Nr.20.

Diese von Bülow später immer wieder variierte Version ist in den meisten Punkten durch die deutsche Aktenpublikation und die nachfolgenden Darstellungen zur Daily-Telegraph-Affäre als unwahr entlarvt worden. Es mutet indessen kurios an, dass trotz des unbestrittenen Lügengespinstes, das Bülow hinsichtlich seiner Rolle in der Affäre seinen Mitarbeitern, der Öffentlichkeit und der Nachwelt präsentierte und das von seinem Biographen Hiller von Gaertringen gnadenlos zerpflückt worden ist, in der zentralen Frage, ob Bülow den Artikelentwurf gelesen hat, bis heute eine seltene Einmütigkeit unter den Historikern besteht. Von Johannes Haller und einigen Weimarer Publizisten abgesehen[16], hat zumindest unter den deutschen und englischen Historikern[17] niemand ernsthaft Bülows Aussage in Zweifel gezogen, er sei nach der Lektüre der Wolffschen Depesche von dem Inhalt der Kaiseräußerungen vollkommen überrascht gewesen und habe die drei „Horrenda", die dieser Artikel enthielt, sofort gesehen. Angesichts der von Bülow systematisch betriebenen Spurenbeseitigung ist ihm das Gegenteil sicherlich außerordentlich schwer nachzuweisen, doch ausschlaggebend für die konventionelle Sichtweise scheint ein anderer Grund gewesen zu sein: Für den Fall, dass der Fürst den Artikel doch vorher genau kannte, hätte man ihm wegen der unfassbaren Dummheit, das Gefährliche des Inhalts nicht rechtzeitig erkannt zu haben, das Attribut eines Staatsmannes aberkennen müssen – und dazu waren (außer Haller) weder Theodor Eschenburg noch Wilhelm Schüssler oder Hiller von Gaertringen bereit.

Die Genesis des *Daily Telegraph*-Artikels ist auf der Basis der mit unverkennbaren Editionsmängeln behafteten deutschen Aktenpublikation[18], der Nachlässe Bülows und Hammanns sowie diverser Erinnerungen von Zeitgenossen in fast epischer Breite von Schüssler und Hiller von Gaertringen[19] dargestellt wor-

---

16 Haller (Aera Bülow, 140) bezeichnete es als „Ammenmärchen", dass Bülow „das Manuskript des *Daily Telegraph* nicht gelesen habe, obwohl es ihm aus dem kaiserlichen Kabinett zur Begutachtung zugeschickt war", konnte aber ebenso wie Eduard Engel (Kaiser und Kanzler im Sturmjahr 1908, 11 ff.) keine schlüssigen Belege für die Notlügentheorie beibringen.

17 Die Historiker, die von „Bülows Unschuld" (Schüssler, 11 ff.) ausgehen, sind in Dok.Nr.19 n.1 aufgeführt. Der amerikanische Historiker Lamar Cecil hat allerdings jüngst die Überzeugung geäußert, dass Bülow den Entwurf tatsächlich gelesen habe (Cecil, Wilhelm II 1900–1941, 134 ff.); als Beweis dient ihm der Brief des Freiherrn von Jenisch an Wilhelm II. v. 15.10.1908 (Dok. Nr.11), den er indes nicht korrekt deutet, da er die Dokumentation der Daily-Telegraph-Affäre in der deutschen Aktenpublikation (GP 24, 167–210) nicht herangezogen hat.

18 Die quellenkritischen Bemerkungen der Herausgeber der *Großen Politik der Europäischen Kabinette* sind auf ein unverantwortbares Minimum reduziert (z.B. keine genauen Zeitangaben über die Ein- und Ausgänge der Schriftstücke, keine Datierung der Randbemerkungen, keine Hinweise auf die Kenntnisnahme durch Kanzler, Staatssekretäre oder Vortragende Räte etc.) und z.T. fehlerhaft.

19 Die Arbeit von Wilhelm Schüssler (Die Daily-Telegraph-Affaire. Fürst Bülow, Kaiser Wilhelm und die Krise des Zweiten Reiches 1908, Göttingen 1952) gibt lediglich den Erkenntnisstand der Zwischenkriegszeit wieder und führt über die niveauvollen Beiträge Theodor Eschenburgs, der schon Zugriff auf den Nachlass Hammann hatte, kaum hinaus. Die Fallstudie von Friedrich Freiherr Hiller von Gaertringen (siehe oben, S. 9 n. 6) ist sehr faktenreich, im Gegensatz zu den einseitig-spekulativen Ausführungen Schüsslers wohltuend nüchtern und differenziert und verwertet systematisch die Papiere im Nachlass Bülow.

den. Lamar Cecil und Thomas G. Otte haben durch die Benutzung der Stuart-Wortley-Papiere unseren Wissensstand um einige interessante Einzelheiten bereichern können.[20] Die Originalakten im Politischen Archiv des Auswärtigen Amts sind dagegen in diesem Zusammenhang nicht eingesehen worden: So wurden die in einem Kuvert befindlichen Papiere Felix von Müllers zur *Daily Telegraph*-Affäre, die nach seinem Freitod im Mai 1918 dem Auswärtigen Amt übergeben worden waren, ebenso übersehen wie Hammanns und Klehmets Aufzeichnungen zu Teilaspekten dieser Affäre. Dass die Quellenlage sich auch noch nach fast 100 Jahren entscheidend verbessern kann, beweisen die erst kürzlich zugänglich gemachten Tagesnotizen des Zentralbüros des Auswärtigen Amts[21], die vor allem die Glaubwürdigkeit des an der *Daily Telegraph*-Affäre bislang als völlig unbeteiligt geltenden Staatssekretärs Wilhelm von Schoen erschüttern. Ähnlich harrten auch die in Einzelaspekten äußerst ergiebigen Personalakten der in die Affäre verstrickten Beamten und Diplomaten bisher vergeblich einer systematischen Auswertung durch den Historiker. Die im folgenden versuchte Nachzeichnung der Entstehungsgeschichte des *Daily Telegraph*-Artikels bleibt notwendigerweise skizzenhaft, da auf eine Wiederholung des hinreichend Bekannten nach Möglichkeit verzichtet und der Akzent auf die neuen Erkenntnisse gelegt wird, die bei der Verarbeitung des oben erwähnten archivalischen Materials entstanden sind.[22]

Am Abend des 1. Oktober 1908 erhielt Bülow in Norderney aus dem kaiserlichen Hoflager in Rominten, wo Wilhelm II. sich zur Jagd aufhielt, eine umfangreiche Sendung: Sie enthielt den Entwurf eines für den *Daily Telegraph* bestimmten Artikels, in dem ein ungenannt bleibender „repräsentativer Engländer" den Inhalt seines Gesprächs mit Wilhelm II. über das Verhältnis zwischen Deutschland und England wiedergibt, sowie einen vom 23. September 1908 datierten Privatbrief des englischen Obersten Stuart Wortley, in dem dieser den Kaiser um die Genehmigung zur Veröffentlichung des Artikels bat. Der englische Artikelentwurf lag dem Reichskanzler als ein mit breitem Korrekturrand versehenes, zehnseitiges maschinenschriftliches Manuskript vor[23], während der im Original nicht mehr erhaltene Brief von Stuart Wortley, von dem sich merkwürdigerweise keine Abschrift bei den Akten befindet, in einer fast schulmäßigen Handschrift angefertigt war – wie die übrigen erhaltenen Schreiben des Obersten zeigen. Der Sendung war auch ein Begleitschreiben seines Vetters Martin Rücker Jenisch beigefügt, in dem dieser den Auftrag des Kaisers weitergab, den Artikel mög-

---

20 Vgl. Kap.6, „The *Daily Telegraph* Dynamite Bomb", in: Cecil, Wilhelm II – Emperor and Exile, 1900–1941 (Bd.2, Chapel Hill – London 1996), 123–145. Zu Otte siehe die Einführung, S. 7 f.

21 PA-AA, R 19860.

22 Zu diesem schrittweise erfolgten Erkenntnisprozess gehört auch die persönlich unangenehme Erfahrung, dass sich der Herausgeber im Laufe der Editionsarbeit in zentralen Punkten selbst korrigieren musste (vgl. die frühere Darstellung der Daily-Telegraph-Affäre in: P. Winzen (Hrsg.), Bernhard Fürst von Bülow. Deutsche Politik, Bonn 1992, 59 ff.).

23 Das Originalmanuskript mit den Korrekturen von der Hand Jenischs befindet sich unter den in der Bodleian Library/ Oxford deponierten Papieren Edward Stuart Wortleys (MS. Eng.hist.d.256, Bl.43–52).

lichst diskret, ohne Einschaltung des Auswärtigen Amts, auf seinen Inhalt hin zu prüfen und „Dir gut dünkende Veränderungen vorzunehmen". Der Kaiser, so Jenisch, sei „erfreut über das Anerbieten Stuart Wortleys [...], an der Herstellung guter Beziehungen zwischen Deutschland und England mitzuarbeiten", finde „den Artikel gut geschrieben und seine Worte wahrheitsgetreu wiedergegeben". Allerdings machte Jenisch den Kanzler, wie zuvor schon den Kaiser, darauf aufmerksam, „daß an mehreren Stellen die Allerhöchstihm in den Mund gelegten Worte einer Korrektur bedürften, weil sie mit den Tatsachen nicht übereinstimmten".[24] Bülow bearbeitete die Sendung am Vormittag des 2. Oktober, ohne dabei die Dienste des Haager Gesandten Felix von Müller, der ihn damals bei der Erledigung der laufenden Dienstgeschäfte unterstützte, zu beanspruchen. In einer eigenhändigen, „ganz geheimen" Instruktion forderte er das Auswärtige Amt auf, den „anliegenden Artikel *sorgsam* prüfen" und die „wünschenswerten Korrekturen, Zusätze und *Weglassungen*" am Rand einer baldmöglichst anzufertigenden Schreibmaschinenkopie eintragen zu lassen. Die Unterstreichung von „Weglassungen" ist offenbar später vorgenommen worden.[25]

Es war sicherlich keine – wie vielfach dargestellt[26] – *Nachlässigkeit* des Reichskanzlers, dass in seiner Instruktion die Frage nach der politischen Opportunität der Veröffentlichung dieses Artikels ausgeklammert blieb. Bülow entschied schon am 2. Oktober nach der Lektüre des englischen Artikelentwurfs, dass dem Vorhaben Stuart Wortleys grünes Licht zu erteilen sei. Allem Anschein nach betrachtete er das „Interview" des Kaisers als geeignetes Pendant zu dem zweitägigen Interview, das er selbst dem englischen Schriftsteller Sidney Whitman am 7. und 9. August 1908 in Norderney gewährt hatte und am 14. September im Londoner *Standard* erschienen war. Ganz in der Tradition Bismarcks, der den germanophilen und in England angesehenen Literaten wiederholt als Sprachrohr benutzte, besprach Bülow mit Whitman damals „das deutsch-englische Verhältnis freimütig, aber natürlich mit gebotenem Takt, in einer Tonart, die", wie der Fürst später betonte, „in England günstig aufgenommen worden" sei.[27]

Das Motiv für Bülows journalistische Offensive war seine Furcht vor dem Ausbruch eines deutsch-englischen Krieges, die im Sommer 1908 einen neuen Höhepunkt erfuhr, als die englische Regierung die Reichsleitung vorsichtig, aber unmissverständlich auf die Verlangsamung des Tempos des deutschen Schlachtflottenbaus drängte. Unter dem Einfluss von Tirpitz hatte der Kaiser indes Ende Juli 1908 jede Diskussion über die Einschränkung des deutschen Schlachtflottenbaus brüsk abgelehnt und dem Reichskanzler sowie dem für eine deutsch-englische Flottenverständigung eintretenden Botschafter Paul Graf von Wolff-Metternich zu verstehen gegeben, dass er eine amtliche englische Anregung zur Flottenreduzierung als „Kriegserklärung" ansehen würde. Als der deutsche Botschafter in London am 16. Juli 1908 über entsprechende Avancen des englischen Außenministers Grey und des Schatzkanzlers Lloyd George berichtete, schrieb Wilhelm II. unter diesen Bericht, die Flottengesetze würden „bis ins letzte Tüttelchen

---

24 Dok. Nr. 6.
25 Siehe Dok. Nr. 7 n. 2.
26 Vgl. Schüssler, 19–20; Hiller von Gaertringen, 140.
27 Denkwürdigkeiten, II, 377.

ausgeführt; ob es den Briten paßt oder nicht ist egal! Wollen sie den Krieg, so mögen sie ihn *anfangen*, wir fürchten ihn nicht!"[28] Ähnlich rabiat gab sich der Kaiser am 11. August in seiner Kronberger Unterredung mit dem Unterstaatssekretär im Foreign Office Sir Charles Hardinge, als dieser ein deutsch-englisches Arrangement zur Einschränkung des Flottenbaus vorschlug: „Then we shall fight, for it is a question of national honour and dignity. Und dabei sah ich ihm fest und scharf in die Augen."[29]

Diesen kompromisslosen Konfrontationskurs gegen England konnte und wollte Bülow aus innen- und außenpolitischen Erwägungen seit dem Frühsommer 1908 nicht mehr mittragen. In Norderney setzte bei ihm ein „Umdenkungsprozeß" (Michael Epkenhans) ein, der ihn schließlich dazu führte, alle auf ein Flottenabkommen mit England gerichteten Bestrebungen zu unterstützen. Wie er am Vorabend der Daily-Telegraph-Affäre die Auswirkungen der Flottenfrage auf die politische Gesamtsituation einschätzte, schilderte er in einem Privatbrief an Unterstaatssekretär Wilhelm Stemrich. „Cui bono?" meinte er im Hinblick auf die Agitationen des Flottenvereins, der sich damals wieder vehement für eine Forcierung des Schiffsbautempos einsetzte:

> Die Engländer beunruhigt und reizt nichts mehr als der Gedanke, daß wir in infinitum Schiffe bauen wollen. Im Inlande befördern solche Übertreibungen nicht die Finanzreform, sondern sind eher geeignet, sie zu erschweren, weil sie die Meinung erwecken, daß selbst die großen Opfer, die jetzt vom Steuerzahler verlangt werden, gegenüber derartigen Flottenplänen, und wo wir auch für Armee, Sozialpolitik, Kulturzwecke usw. zu sorgen haben, Tropfen auf einen heißen Stein sind. Die Situation schiebt sich immer mehr in der Richtung zusammen, daß die Beziehungen zwischen allen Mächten sich glätten, nur zwischen uns und England wird durch die Flottenfrage der Gegensatz schärfer, neben England aber steht Frankreich und neben Frankreich Rußland.[30]

Allerdings musste Bülow im Spitzengespräch mit dem Kaiser, das am 30. Juli 1908 in Swinemünde stattfand, von seinem Verständigungskurs gegenüber England zumindest nach außen hin abrücken. Mit dem Argument, dass „ein Aufhören in der Flottenentwicklung [...] für uns ein Abtreten von der Weltbühne" bedeuten würde[31], hatte Tirpitz den Kaiser davon überzeugen können, den Engländern in der Flottenpolitik die kalte Schulter zu zeigen. Nach Gesprächen mit dem von Tirpitz instruierten Kabinettschef Georg Alexander von Müller hatte Wilhelm II. sich in den letzten Julitagen „zu einer sehr festen Stellung im Sinne der völligen Undiskutierbarkeit einer verlangsamten Flottenentwicklung durchgerungen, bereit mit dem Kanzler zu brechen, wenn er das nicht akzeptiere". Über die Gefährlichkeit dieser Politik war sich selbst Müller, der den Marinestandpunkt auch gegenüber Bülow zu vertreten hatte, völlig im Klaren, handelte es sich doch hier – wie alle Beteiligten wussten – „um eine über kurz oder lang brennend werdende Frage ‚Krieg oder Frieden'", wobei die düstere Vision eines „Weltkrieges" immer mehr in den Bereich der Wahrscheinlichkeit rückte.[32]

---

28 GP 24, 104.
29 Wilhelm II. an Bülow, 13.8.1908; Hammann, Bilder aus der letzten Kaiserzeit, 141 ff.
30 Bülow an Stemrich, 30.9.1908; GP 26 / I, Nr.8937, 47 f. Zum Vorhergehenden siehe vor allem Epkenhans, Wilhelminische Flottenrüstung, 31 ff.
31 Tirpitz an G.A. von Müller, 17.7.1908; Tirpitz, Aufbau der deutschen Weltmacht, 84.
32 G.A. v. Müller an Tirpitz, 31.7.1908; ibid., 85.

Das Interview mit Sidney Whitman Anfang August 1908, für das sich Bülow viel Zeit nahm, diente demnach hauptsächlich dem Zweck, die englische Öffentlichkeit über die mit dem Schlachtflottenbau verknüpften Absichten der deutschen Politik zu beruhigen und damit den Handlungszwang der britischen Regierung, zu einem Flottenabkommen mit Deutschland zu kommen, wenigstens zeitweise zu mindern. Fürst Bülow, berichtete Whitman am 14. September im *Standard,* sehe die „Animosität zwischen Deutschland und England, wer ihr auch sich hingeben mag, beinahe wie eine Art von Volkstollheit an, die, wenn man sich darein verbeißt, nur in endloses Unheil für beide Länder auslaufen kann allein zum Vorteil für die tertii gaudentes. Er ist bestrebt, was in seiner Kraft steht zu tun, um damit ein Ende zu machen, aber seine Macht ist natürlich begrenzt. Mit Bezug auf die englischen Befürchtungen vor einem deutschen Angriff zur See, meint der Kanzler, wäre es natürlicher und daher entschuldbarer, wenn die Deutschen fürchten würden, angegriffen zu werden", denn „für uns Deutsche ist ein greifbarerer Grund zur Besorgnis vorhanden, wegen unserer exponierten geographischen Lage, ganz abgesehen von unserer traurigen Geschichte." Bei ihrer ersten Begegnung am 7. August legte Whitman dem Kanzler den Artikel „The German Danger" vor, der im Juliheft der *Quarterly Review* anonym erschienen war. Diesen arbeitete Bülow, wie es seiner Art entsprach, peinlich genau durch (Whitman zählte 125 Bemerkungen!), um das Elaborat zwei Tage später mit dem britischen Publizisten Satz für Satz zu besprechen – und zu widerlegen. Die „Behauptung, Deutschland erblicke in der Stärke Englands und in dessen Überlegenheit zur See das Haupthindernis zur Verwirklichung seiner ehrgeizigen Absichten zu Lande und zur See", bezeichnete Bülow „als blanken Unsinn", doch fügte er hinzu, „es wäre nicht zu leugnen, daß in dem sehr unwahrscheinlichen Falle eines unprovozierten englischen Angriffs auf die deutsche Flotte ein Gefühl der Rache entstehen könnte, das an Intensität und Dauerhaftigkeit jenem durch die Invasion Napoleons I. entstandenen gleichen würde." Bei aller Friedensliebe der deutschen Führung gewann Whitman aus seinen Norderneyer Gesprächen mit dem Reichskanzler „den Eindruck, daß, sollten andere Nationen dreister sein als Deutschland und Lust haben, das Gefühl der Welt für gut und böse herauszufordern, daß dann Deutschland vor dem Gottesurteil nicht zurückschrecken würde, trotz der Gewißheit, daß seine Flotte dabei vernichtet werden würde. Selbst solch eine Katastrophe wäre an Größe nicht zu vergleichen mit dem Unglück, das Deutschland in einem einzigen Feldzuge gegen den ersten Napoleon erlitt und demgegenüber es sich schließlich doch triumphierend erhob, denn wie Fürst Bülow nachdrücklich darüber zu mir sagte: ‚Deutschland hat sich immer im Unglück größer gezeigt als im Glück'. Der Verlust seiner Flotte würde es nicht notwendigerweise der Eigenschaften berauben, die es in den Stand gesetzt haben, sie zu bauen, und würde Deutschland noch unvergleichlich mächtiger dastehen lassen, als es je in der Neuzeit seit 1871 gewesen ist."[33]
Wie labil und unkontrollierbar das deutsch-britische Verhältnis damals war, hatte sich noch eine Woche vor der Publikation des Whitman-Artikels gezeigt,

---

33 Nach der deutschen Übersetzung des *Standard*-Artikels in Hötzsch, Bülows Reden, III,
    316, 317, 321, 323, 324.

als die am 2. September 1908 seitens der Reichsleitung erfolgte Demarche bei den Regierungen der Signatarmächte von Algeciras zugunsten einer raschen Anerkennung des marokkanischen Kronprätendenten Mulay Hafid in der englischen Presse einen Sturm der Entrüstung hervorgerufen hatte. Der Geschäftsträger in London, Wilhelm von Stumm, wies in einem von Bülow als „sehr beachtenswert" empfundenen Situationsbericht auf die „Einmütigkeit" hin, „mit der sämtliche Organe der verschiedensten Parteirichtungen an diesem Schritt der deutschen Politik Kritik geübt haben, und die erneut dafür Zeugnis ablegt, daß die germanophoben Strömungen in England das, was sie in letzter Zeit an Tiefe vielleicht eingebüßt haben, an Ausdehnung auf immer weitere politische Kreise jedenfalls reichlich wieder gewonnen haben." Über die wütenden englischen Reaktionen war der Reichskanzler derart beeindruckt, dass er den Aussenstaatssekretär Schoen aus seinem Urlaub zurückrufen ließ, um mit ihm über eine grundlegende Revision der deutschen Marokkopolitik zu sprechen. Da nach übereinstimmender Ansicht von Stumm und Metternich, der sich vom 5. bis 10. September 1908 in Norderney aufhielt, „eine Lösung des marokkanischen Problems [...] als die erste Vorbedingung für das Zustandekommen eines Ausgleichs mit England" erschien, erwog Bülow ernsthaft die Möglichkeit, „aus der sich immer wieder und immer mehr vergiftenden Marokkofrage durch ein Arrangement à trois mit Frankreich und England herauszukommen".[34]

In dieser verfahrenen außenpolitischen Situation und vor dem bedrohlichen Hintergrund eines Weltkriegsszenariums kam das Anerbieten Stuart Wortleys für Bülow gerade recht, durch die Veröffentlichung eines Kaiserinterviews im *Daily Telegraph* in der breiten englischen Öffentlichkeit Verständnis für die deutsche Politik zu wecken. Spätestens seit der Krügerdepesche vom 3. Januar 1896 galt der Kaiser in England als der eigentliche Lenker der deutschen Außenpolitik, und als Queen Victorias Enkel, der im Januar 1901 trotz der anglophoben Grundstimmung in Deutschland spontan an das Sterbebett seiner Großmutter geeilt war[35], verfügte er auf der Insel immer noch über einen beachtlichen Sympathiebonus. Dass er sich in dem „Interview" als Freund Englands zu erkennen gab, klang glaubhaft, und die Beweise seiner Freundschaft für das britische Volk waren gewiss eindrucksvoll: von der kategorischen Weigerung, an der Seite Frankreichs und Russlands England während des Burenkriegs in den Rücken zu fallen, über den Nichtempfang der Burendelegation in Berlin bis hin zur Ausarbeitung eines seriösen Feldzugsplans gegen die Buren. Auch das, was Wilhelm II. über die deutsche Marokkopolitik sagte, klang friedfertig und konnte – ganz im Sinne Bülows – als Signal für die Aufgabe aller deutschen Sonderinteressen in Marokko verstanden werden. Die listige Wendung schließlich, die Wilhelm der Stoßrichtung des deutschen Schlachtflottenbaus gab und mit deren Hilfe er von der gefährlichen deutsch-englischen Flottenrivalität abzulenken suchte, konnte ebenfalls den Beifall des Fürsten finden. Nach dem wenig überraschenden Plädoyer für eine „mächtige Flotte", welche die primär wirtschaftlichen Interessen des

---

34 No.881, Stumm an Bülow, 8.9.1908; GP 24, 156–158 u. 403 f. Bülow an Hammann, 12.9.1908; abgedr. in Hammann, Bilder aus der letzten Kaiserzeit, 50 f.
35 Vgl. Winzen, Bülows Weltmachtkonzept, 296–307.

Reichs in allen Teilen der Welt schützen sollte, entwickelte der Kaiser nämlich den Gedanken eines deutsch-englischen Schulterschlusses im Pazifik: „Blicken Sie auf den vollzogenen Aufstieg Japans; denken Sie an die Möglichkeit des nationalen Erwachens von China; und dann erwägen Sie die ungeheuren Probleme des Stillen Ozeans. Nur die Stimme derjenigen Mächte, die große Flotten haben, wird mit Achtung gehört werden, wenn die Frage der Zukunft des Stillen Ozeans zu lösen sein wird; und deshalb allein muß Deutschland eine starke Flotte haben." Vielleicht werde England eines Tages froh sein, dass Deutschland eine mächtige Flotte habe, nämlich dann, „wenn sie gemeinsam auf derselben Seite in den großen Debatten der Zukunft ihre Stimmen erheben."[36]

Wer – wie Bülow – die zwiespältige Haltung Wilhelms II. gegenüber England kannte[37] (am 11. August 1908 hatte der Monarch, wie oben dargestellt, dem in Begleitung König Eduards VII. befindlichen Unterstaatssekretär Hardinge für den Fall, dass London offiziell die Einschränkung der deutschen Seerüstung fordern sollte, noch mit Krieg gedroht), der musste über die in die englische Öffentlichkeit getragene kaiserliche Vision einer deutsch-britischen Waffenbrüderschaft zur See hoch erfreut sein. Sehr hilfreich empfand Bülow sicherlich auch den nachdrücklichen Appell des anonym bleibenden englischen Gesprächspartners an seine Landsleute, die Friedensbotschaft des deutschen Kaisers ernst zu nehmen: „I would ask my fellow-countrymen who value the cause of peace to weigh what I have written, and to revise, if necessary, their estimate of the Kaiser and his friendship for England by his Majesty's own words. If they had enjoyed the privilege, which was mine, of hearing them spoken, they would doubt no longer either His Majesty's firm desire to live on the best of terms with England or his growing impatience at the persistent mistrust with which his offer of friendship is too often received."[38] Der Vortragende Rat Reinhold Klehmet, der am Abend des 3. Oktober den Prüfauftrag erhielt und nach seiner Erinnerung schon bei der ersten Lektüre auf ziemlich bedenkliche Stellen stieß, scheint demnach die mit der Veröffentlichung des Artikels verknüpften Intentionen des Reichskanzlers richtig gedeutet zu haben. Zwar habe er anfänglich sehr große „Zweifel an der Angängigkeit der Publikation" gehabt, doch sich die Sache dann so zurechtgelegt, „daß es darauf ankäme, angesichts der von uns abgewiesenen Versuche von Haldane und Lloyd George zu einer Vereinbarung über Einschränkung der Seerüstung die englische Stimmung uns gegenüber à tout prix zu besänftigen, und daß es deshalb gerechtfertigt sein könnte, nach altem Bismarckschen Prinzip zur Erreichung des einen Ziels der Besserung unserer Stellung zu England alle anderen Rücksichten, namentlich diejenigen auf Frankreich und Rußland, einstweilen bei Seite zu stellen."[39]

---

36 Nach der Übersetzung des *Daily Telegraph*-Artikels in: Bülow, Denkwürdigkeiten, II, 352 Anlage.
37 Vgl. dazu besonders Kohut, Wilhelm II and the Germans, 209–220.
38 Zitiert nach dem Faksimile des *Daily Telegraph*-Artikels in Bülow, Denkwürdigkeiten, II, 353 (vgl. die Abweichungen in GP 24, 174).
39 Aufzeichnung Klehmets vom 6.11.1908; GP 24, Nr.8258, 184.

Klehmet, den zu Unrecht der Bannstrahl des Hauptschuldigen in der *Daily Telegraph*-Affäre traf, konnte noch ein anderes Moment zu seinen Gunsten geltend machen. Wie er in seiner Rechtfertigungsschrift vom 6. November hervorhob, erhielt seine anfängliche Skepsis hinsichtlich der Opportunität der Veröffentlichung „einen Stoß", als er erfuhr, dass die Presseabteilung des Auswärtigen Amts wenige Wochen zuvor in die *Deutsche Revue* eine anonym verfasste Abhandlung über die Interventionsfrage im Burenkrieg lanciert hatte, die, „wie mir schien, alles Wesentliche aus dem englischen Artikel bereits gebracht hatte".[40] Der Anstoß zu jenem, von einem „Wissenden" signierten Aufsatz war von Staatssekretär Schoen ausgegangen. Dieser hatte sich über einen deutschfeindlichen Artikel im Juliheft der *National Review* empört, der, verfasst von einem französischen Schriftsteller aus dem Umfeld Théophile Delcassés, den Nachweis zu erbringen suchte, dass Deutschland während des Südafrikanischen Krieges eine „französisch-deutsch-russische Entente" geplant habe mit dem Ziel, „England zu erniedrigen und Frankreich auszubeuten". „Da das alte Märchen", schrieb Schoen dem Kanzler am 18. Juli 1908, „daß Deutschland z.Zt. des Burenkrieges eine antienglische Koalition habe zusammenbringen wollen, daß diese Bestrebungen aber nur am Widerstande Delcassés gescheitert seien, in neuer Form vorgebracht wird, habe ich eine Entgegnung anfertigen lassen, die in der nächsten Nummer der *Deutschen Revue* erscheinen soll. In dem Artikel werden die Vorgänge unter vorsichtiger Benutzung des amtlichen Materials richtig gestellt." Friedrich Heilbron, dem die Verfasserschaft übertragen wurde, betonte in dem *Revue*-Artikel, dass die Interventionspläne am 28. Februar 1900 von russischer Seite ausgegangen und für das strikte Neutralität beobachtende Deutsche Reich von Anfang an indiskutabel gewesen seien. Die Wilhelmstraße habe zudem, um den Interventionsplänen von vornherein das Wasser abzugraben, die „Vorfrage" aufgeworfen, „ob Rußland und Frankreich zu einer Abmachung bereit sein würden, durch welche die drei Mächte sich für eine längere Reihe von Jahren ihren europäischen Besitzstand gegenseitig garantierten." Drei Wochen später habe sich der russische Außenminister von seinem Vorschlag distanziert, so dass dank der loyalen Haltung der Reichsleitung das Britische Empire von einer „Intervention seitens der Feinde Englands" verschont geblieben sei.[41]

In einer „Gehorsamen Anzeige" vom 5. Oktober 1908, für die Unterstaatssekretär Wilhelm Stemrich mit seiner Unterschrift die Verantwortung übernahm, schlug Klehmet drei Veränderungen an dem englischen Originaltext vor: die Einschränkung der Englandfeindlichkeit auf „large parts of the middle and lower classes of my own people", die Korrektur der Motive für die von der deutschen Regierung veranlasste Entsendung des Konsuls Vassel nach Fez und schließlich die Streichung der auf dem Höhepunkt des Südafrikanischen Krieges an die Regierungen Russlands und Frankreichs gerichteten Drohung Wilhelms II., jede konzertierte Aktion gegen England mit Waffengewalt zu verhindern.[42] Dass die maritimen Zukunftsphantasien des Kaisers aktenmäßig nicht in den Griff zu

---

40 Ibid.
41 Siehe Dok. Nr.11 n.6.
42 Siehe Dok. Nr.11, n.1, 3 u.4.

bekommen waren, versteht sich von selbst. Anders verhält es sich mit dem „Feldzugsplan" gegen die Buren, den Wilhelm selbst ausgearbeitet und mit Generalstabsoffizieren abgestimmt haben will. Entgegen der Bülowschen Instruktion hat Klehmet in diesem Punkt auf eine aktenmäßige Überprüfung dieses Sachverhalts verzichtet und dies Versäumnis auch zu einem späteren Zeitpunkt, als ihm die Piecen zur geplanten *Daily Telegraph*-Veröffentlichung wieder vorgelegt wurden[43], nicht nachgeholt. Wenn er in seiner Rechtfertigungsschrift vom 6. November angibt, dass ihm „die Stelle über den Feldzugsplan unentbehrlich schien als Kulmination der ganzen Beweisführung"[44], so wird man ihm hierin kaum folgen können, handelte es sich doch, wie Klehmet beim Aktenstudium leicht hätte feststellen können, bei diesem als Krönung empfundenen kaiserlichen Freundschaftsbeweis lediglich um relativ belanglose „Aphorismen" über mögliche Truppenbewegungen und -einsätze auf dem südafrikanischen Kriegsschauplatz. Immerhin hat Klehmet nachträglich eingestanden, dass ihm „der Versuch, besonders bedenklich klingende Stellen auszumerzen", misslungen sei.[45] Ob er vor diesem Hintergrund als subalterner politischer Beamter verpflichtet war, von sich aus gegenüber dem Reichskanzler konsequenterweise auch die Frage der Opportunität der Veröffentlichung anzuschneiden, ist eine Frage, die sowohl unter den Zeitgenossen als auch in der historischen Literatur kontrovers[46] diskutiert worden ist. Formal hat Klehmet wohl korrekt gehandelt, da die Frage nach der Angängigkeit des Publikationsvorhabens in der Bülowschen Instruktion nicht gestellt worden ist.[47] Dass die Opportunitätsfrage, die allem Anschein nach zwischen Stemrich und Klehmet intensiv erörtert worden ist[48], in der Anzeige vom 5. Oktober auch nicht andeutungsweise berührt wurde, erscheint dagegen merkwürdig.

Die brisante Sendung aus Berlin, die neben der von Stemrich signierten Anzeige auch eine „auf gebrochenem Bogen mit der Schreibmaschine hergestellte Abschrift des englischen Zeitungsartikels"[49] mit den Berichtigungen Klehmets enthielt (das Originalmanuskript und die Briefe von Stuart Wortley und Jenisch waren ebenfalls beigefügt), traf am 6. Oktober in Norderney ein. Noch am gleichen Abend zwischen 7 und 8 Uhr diktierte Bülow dem Gesandten Felix von Müller sein Antwortschreiben an Jenisch, in dem die Begründung für die von Klehmet vorgenommenen Abänderungen nahezu wörtlich übernommen wurde.[50]

---

43 Nach Ausweis der Tagesnotizen des Zentralbüros des Ausw. Amts am 11. und 13.10.1908; PA-AA, R 19860.
44 GP 24, Nr.8258.
45 GP 24, 185.
46 Schüssler macht Klehmet „den Vorwurf subalterner Auffassung seines Auftrages" (24), ebenso Hiller von Gaertringen (141–143). Drewes (11 ff.) kann bei Klehmet kein schuldhaftes Verhalten erkennen, ähnlich Terence F. Cole (253) und Lamar Cecil, Emperor and Exile (134).
47 Siehe Dok. Nr.7, bes. n.3.
48 Vgl. Vierhaus, Spitzemberg, 494, Eintrag v. 29.11.1908. HP I 171.
49 GP 24, 169.
50 Die einzige nennenswerte Abweichung findet sich im letzten Satz und ist auch nur stilistischer Natur: die von Bülow nach der Vorlage Klehmets diktierte Wendung „die Seiner

Müller nahm dieses Diktat mit Bleistift auf, machte sich aber nicht sofort an die Anfertigung des Reinkonzepts, da der Kanzler noch auf die für den Kaiser bestimmte Schreibmaschinenkopie mit den maschinenschriftlichen Korrekturen des Auswärtigen Amts wartete. Diese traf wohl erst am Morgen des 9. Oktober ein, ob zu diesem Zeitpunkt schon in doppelter Ausfertigung – wie eine aus der Erinnerung entstandene Aufzeichnung des Chefs des Chiffrierbüros vermuten lässt[51] – kann nicht mit letzter Sicherheit entschieden werden. Am 10. Oktober, am Tag vor seiner Abreise nach Berlin, paraphierte der Kanzler das Reinkonzept seines Privatbriefes an Jenisch, wollte aber von einer handschriftlichen Mundierung durch Müller nichts wissen: „Schicken Sie das Konzept mit der soeben angekommenen Anlage an Unterstaatssekretär Stemrich nach Berlin; es soll mit der Maschine mundiert und mir dort übermorgen nach der Rückkehr zur Unterschrift vorgelegt werden."[52] Müller steckte „alle Piecen" in ein großes Kuvert, das er noch am gleichen Tage nach Berlin expedieren ließ, wo es am 11. Oktober im Zentralbüro des Auswärtigen Amts eintraf.[53]

Zu diesen Piecen gehörte nicht die von Stemrich mit der Anzeige vom 5. Oktober übermittelte Schreibmaschinenkopie des Originalentwurfs mit den maschinenschriftlichen Korrekturen Klehmets. Aus den Aussagen Müllers geht zweifelsfrei hervor, dass Bülow dieses Exemplar in Norderney bei seinen eigenen Papieren aufbewahrte, während Müller zwischen dem 6. und 10. Oktober das Gros der übrigen Dokumente betreute, die sich auf die geplante Veröffentlichung im *Daily Telegraph* bezogen: im einzelnen also der maschinenschriftliche Originalentwurf des Artikels mit dem Begleitschreiben Stuart Wortleys, die Anzeige Stemrichs vom 5. Oktober, das Roh- bzw. Reinkonzept des Kanzlerbriefes an Jenisch und am letzten Tag, für einen kurzen Zeitraum zumindest, die für den Kaiser bestimmte, korrigierte Schreibmaschinenkopie des Originalmanuskripts. Gelesen hat der Haager Gesandte weder das Original des englischen Artikelentwurfs noch die zuletzt eingetroffene Maschinenabschrift: Er scheint, ohne von Bülow dazu ausdrücklich aufgefordert worden zu sein[54], sich zwar vorgenommen zu haben, den Artikelentwurf zu lesen, wollte damit aber bis zum Eintreffen der für Wilhelm II. bestimmten Kopie warten, vermutlich um die beiden Texte zu kollationieren und sich ein eigenes Bild über die vom Auswärtigen Amt vorgeschlagenen Textveränderungen zu machen. Dazu ist es allerdings nicht gekommen, weil Bülow ihn eben am letzten Arbeitstag in Norderney überraschend

---

Majestät *in den Mund gelegten* Bemerkungen" änderte Müller nachträglich in „*zugeschriebenen*" um, weil diese Wendung schon unter Punkt 1 vorkam (nach PA-AA, R 5832, Bl.24).

51   Nach dem Zeugnis von Gustav Willisch sollen am 7. Oktober 1908 im Chiffrierbüro *drei* Kopien angefertigt worden sein; insgesamt spricht er von vier Schreibmaschinenkopien (siehe Dok. Nr.9). Da ein Exemplar als Kopiervorlage diente und Bülow am 5.10. bereits ein weiteres Exemplar zugeschickt worden war, können an jenem Tag allenfalls zwei Kopien hergestellt worden sein, mit großer Wahrscheinlichkeit aber wohl nur *eine*; Stemrich spricht in seinem Schreiben vom 7. Oktober jedenfalls nur von *einer* „für Seine Majestät den Kaiser bestimmte[n] weitere[n] Abschrift des Manuskripts" (Dok. Nr.8).

52   Nach: Müller an Bülow, 8.12.1908; GP 24, 196.

53   Siehe Dok. Nr.10 n.3.

54   Diese Ansicht vertreten auch Schüssler (28 ff.) und Hiller von Gaertringen (142 f.).

anwies, sämtliche Piecen, welche die *Daily Telegraph*-Publikation betrafen, umgehend nach Berlin zu befördern.[55]

Von dem Schlüsseldokument, i.e. die für den Kanzler bestimmte Schreibmaschinenkopie mit den drei vom Auswärtigen Amt angeregten Textänderungen, fehlt jede Spur. Auch Müller scheint Bülows Exemplar des projektierten *Daily Telegraph*-Artikels nicht in die Hände bekommen zu haben. Wir dürfen indes annehmen, dass Bülow, seiner Arbeitsgewohnheit entsprechend, die Maschinenabschrift gründlich studierte, da es sich um einen als äußerst wichtig empfundenen Vorgang handelte, den er wegen der delikaten Natur der Angelegenheit (der Kaiser hatte ihn zur äußersten Geheimhaltung verpflichtet!) zur Chefsache gemacht hatte. Stemrichs Anzeige vom 5. Oktober, die ihm bei der Bearbeitung des Artikelentwurfs vorlag, war in der ihm wohlvertrauten Handschrift Klehmets abgefasst, so dass der Kanzler annehmen durfte, dass der als ungemein gewissenhafter Arbeiter bekannte, dienstälteste Vortragende Rat im Auswärtigen Amt der Urheber der Korrekturvorschläge war. Eventuelle Bedenken, die ihm bei der zweiten Lektüre des Manuskripts doch gekommen sein und ihren Niederschlag in entsprechenden Randvermerken gefunden haben könnten, ließen sich mit dem Argument ausräumen, dass sowohl der in rebus politicis gut bewanderte Klehmet als auch Wilhelm Stemrich, dessen gesundes politisches Urteil Bülow besonders schätzte, die betreffenden Stellen unbeanstandet gelassen hatten. Worauf es dem Fürsten Bülow damals in erster Linie ankam, hat er noch am 26. Oktober 1908 zum Ausdruck gebracht, als er den am 22. Oktober verfassten Dankesbrief Stuart Wortleys an den Kaiser zur Kenntnis nahm und Wortleys Versicherung, „the ‚Daily Telegraph' will take up the subject in a very strong line", durch Unterstreichung hervorhob.[56] Ungeachtet der kaiserlichen Übertreibungen, die nun einmal zum Wesen des Hohenzollernmonarchen gehörten, sollte für die englische Öffentlichkeit die beruhigende Botschaft hinüberkommen, dass der Initiator des deutschen Schlachtflottenbaus und maßgebliche Lenker der deutschen Außenpolitik ein ausgewiesener Freund der Engländer sei, vom kaiserlichen Deutschland also keine wirkliche Gefahr für das Inselreich ausgehen könne. Demnach hat sich für den Kanzler die Opportunitätsfrage keinen Augenblick gestellt – weder in Norderney noch in Berlin, wo er mit dem Staatssekretär Schoen am 12. Oktober die *Daily Telegraph*-Angelegenheit besprach. Verständlich ist dann auch, dass nach dem völlig unerwarteten Ausbruch des Entrüstungssturmes in Deutschland das ihn wegen seiner Bearbeitungsspuren belastende Schriftstück verschwinden musste, um die Fiktion aufrechterhalten zu können, er habe von dem Inhalt des Artikelmanuskripts nichts gewusst.

Auf der Basis der stichwortartigen Tagesnotizen des Zentralbüros des Auswärtigen Amts lässt sich das Schicksal des Bülowschen Privatschreibens an Jenisch ziemlich genau rekonstruieren.[57] Müllers Sendung gelangte am 11. Oktober auf den Tisch des Staatssekretärs, der das im Reinkonzept vorliegende und bereits paraphierte Schreiben Bülows an Jenisch auftragsgemäß zum Mundieren

---

55 Vgl. GP 24, Nr.8269.
56 Siehe Dok. Nr.14.
57 Zum Folgenden vgl. Dok. Nr.10.

mit der Schreibmaschine an das Chiffrierbüro abgab. Das Originalmanuskript des *Daily Telegraph*-Artikels und die für den Kaiser bestimmte, korrigierte Maschinenabschrift scheint dagegen noch bis zum Abend des folgenden Tages vor ihm gelegen zu haben; das gleiche gilt für die übrigen Piecen der Müllerschen Sendung: Stuart Wortleys Schreiben vom 23.9.1908, Jenischs Brief vom 30.9. sowie die Anzeigen Stemrichs vom 5. und 7. Oktober. Dem Freiherrn von Schoen, der am 8. Oktober wieder die Leitung des Auswärtigen Amts übernommen hatte, stand also genügend Zeit zur Verfügung, um sich über den Inhalt der sekretisierten Dokumentensendung aus Norderney zu orientieren. Trotz seiner späteren gegenteiligen Beteuerungen wird er dies auch getan haben, denn Fürst Bülow, der am frühen Morgen des 12. Oktober in Berlin eingetroffen war, ließ ihm gleich nach der Ankunft im Reichskanzlerpalais über das Zentralbüro ausrichten, dass er ihn für 6 Uhr abends zum Vortrag bitte. Dabei ging es – wie Schoen wissen musste – nicht nur um die Besprechung der nach der österreichischen Annexion Bosniens und der Herzegowina entstandenen außenpolitischen Lage, sondern eben auch um die *Daily Telegraph*-Angelegenheit, hatte doch das Zentralbüro dem Staatssekretär zugleich mit der Einladung für den Vortrag das inzwischen vom Chiffrierbüro mit der Schreibmaschine mundierte Privatschreiben Bülows an Jenisch als Eilsache vorgelegt. Bevor Schoen am Abend das mundierte Schreiben dem Kanzler persönlich zur Unterschrift übergab, wurde es – wohl auf Anweisung des Staatssekretärs – in das Büro von Klehmet gebracht, der offenbar das Kollationieren mit dem Müllerschen Reinkonzept besorgte. Es bedarf keiner Phantasie, um sich vorzustellen, dass es bei dem Spitzengespräch am Montagabend primär um die Frage der Opportunität der Veröffentlichung des Stuart-Wortleyschen Artikels ging, die von beiden grundsätzlich bejaht wurde, da es für das Reich außenpolitisch nur von Vorteil sein konnte, wenn angesichts der sich über dem Balkan zusammenbrauenden Gewitterwolken – um bei einer beliebten Bülowschen Metapher zu bleiben – sich wenigstens am englischen Kanal die Sonne zeigte. Und dass der Artikel jenseits des Kanals gut wirken würde, davon waren augenscheinlich Kanzler und Staatssekretär nach den emphatischen Versicherungen Stuart Wortleys derart fest überzeugt, dass noch nicht einmal der seit dem 8. Oktober ebenfalls wieder in Berlin anwesende Otto Hamman eingeschaltet wurde. Hammann war neben Loebell der engste politische Vertraute des Reichskanzlers und nicht zufällig Bülows erster Gesprächspartner nach dessen Rückkehr aus Norderney.

Wie Schoen sich 1931 erinnerte, kam Bülows Privatschreiben an seinen Vetter „zunächst aus technischen Gründen" nicht sofort zur Absendung.[58] Möglicherweise hing dies mit dem Gespräch zusammen, das Bülow am 12. Oktober nach dem Frühstück mit dem Kaiser im Garten des Reichskanzlerpalais führte und in dessen Verlauf – wie wir von Schoen und Wilhelm II. wissen – auch die *Daily Telegraph*-Angelegenheit berührt wurde. Nach der Version des Kaisers soll der Fürst ihm bei dieser Gelegenheit „proprio motu" mitgeteilt haben, dass er das von Stuart Wortley aufgesetzte „Interview" gelesen habe und er „es, nachdem

---

58 Vgl. Thimme, Front wider Bülow, 77.

es vom Ausw[ärtigen] Amt zurück sei, nochmals durchlesen und mir dann zusenden" werde.[59] Vermutlich ist es dabei auch um ein Detail gegangen, welches das Amt in vorübergehende Aufregung versetzt haben muss und zur Verzögerung der als eilig angesehenen Absendung führte. Der Kaiser mag gegenüber Bülow angeführt haben, dass er neben der für Stuart Wortley bestimmten Schreibmaschinenkopie mit den vorgeschlagenen Textänderungen auch eine Abschrift des englischen Artikels für seine eigenen Unterlagen benötige. Unter dem 13. Oktober finden wir jedenfalls in den Tagesnotizen des Zentralbüros den Eintrag: „S.M.-Artikel: Chif[frier] B[ureau]; zurück [an] S.E.! RK." Dieser Eintrag könnte so gedeutet werden, dass das Chiffrierbüro (dreimal unterstrichen!) vom Staatssekretär nach seinem Gespräch mit Bülow den Eilauftrag erhalten hatte, eine weitere – insgesamt also die vierte[60] – Abschrift des korrigierten englischen Artikelentwurfs anzufertigen. Klehmet hatte, wie eine Notiz an anderer Stelle zu beweisen scheint, die neue maschinenschriftliche Kopie auf ihre Richtigkeit hin zu überprüfen. Daraufhin ließ Schoen das von Klehmet begutachtete Schriftstück dem Reichskanzler zugehen, der dann am Nachmittag des 13. Oktober die Absendung seines mit der Schreibmaschine mundierten Briefes an Jenisch mit den bekannten Anlagen veranlasste.

Eigentlich hätte Freiherr von Jenisch die für den Kaiser bestimmten *Daily Telegraph*-Unterlagen am 12. Oktober persönlich in Empfang nehmen können. Der Vetter des Kanzlers war am späten Abend des 11. Oktober in Begleitung des Kaisers aus Rominten eingetroffen und im Neuen Palais abgestiegen. Am folgenden Tag meldete sich der Gesandte im Auswärtigen Amt zurück und erfuhr dort wohl, dass der Vorgang um den Stuart-Wortley-Artikel noch nicht abgeschlossen war. Zu einem Treffen mit Bülow oder Staatssekretär Schoen scheint es nicht gekommen zu sein. Jenisch kündigte im Amt sein Vorhaben an, „heute abend nach Klein Flottbek" zu fahren, und bat das Zentralbüro, ihm die zu erwartenden Briefe „dorthin nachzusenden".[61] Tatsächlich erhielt er die Sendung des Reichskanzlers dort erst am Nachmittag des 14. Oktober, kurz vor seiner Abreise an den Urlaubsort Blumendorf bei Oldesloe. Der Gesandte leitete Bülows Korrekturwünsche sofort an den Kaiser weiter und fügte einen von ihm eiligst aufgesetzten Entwurf zu einem Antwortschreiben an Colonel Stuart Wortley bei, den Wilhelm II. nach der Mundierung durch den kaiserlichen Chiffreur nur noch zu vollziehen brauchte. Die vom Auswärtigen Amt angeregten und vom Kanzler sanktionierten Textänderungen nahm Jenisch selbst vor, indem er die monierten Textstellen ausstrich und auf den breiten Bogenrändern des Originalmanuskripts die gewünschten Korrekturen mit eigener Hand anbrachte. Der Kaiser hat das derart veränderte Originalmanuskript nicht, wie von einem Zeitzeugen später behauptet[62], mit seiner Unterschrift abgesegnet, in seinem Begleitschreiben vom 15.

---

59 Siehe Dok. Nr.106.
60 Dies lässt sich dann mit der Erklärung Willischs vom 4.10.1909 vereinbaren, wonach das Chiffrierbüro des Auswärtigen Amts insgesamt 4 Schreibmaschinenkopien angefertigt hat (vgl. Dok. Nr.9). Nur über den Zeitpunkt der Anfertigung scheint sich Willisch geirrt zu haben (siehe oben, n.51).
61 Siehe Dok. Nr.12 n.1.
62 Siehe Dok. Nr.129 n.10.

Oktober aber den englischen Oberst ausdrücklich autorisiert, „to make a discre[e]t use of the article in the manner you think best".[63] Von den beiden im Chiffrierbüro des Auswärtigen Amts angefertigten Schreibmaschinenkopien des Originalentwurfs mit den maschinenschriftlich eingearbeiteten Korrekturen hielt Jenisch ein Exemplar für die Akten zurück, während das zweite zusammen mit Stuart Wortleys Handschreiben vom 23. September zu den Unterlagen des Kaisers kam.

Edward Stuart Wortley bestätigte am 22. Oktober 1908 den Empfang des kaiserlichen Schreibens und der Anlage. Der *Daily Telegraph*-Artikel, versicherte er dem deutschen Kaiser noch einmal, „will tend to correct the stupid impressions concerning Your Majesty's feelings towards this country, which certain organs of our press have created. [...] I shall be overjoyed if good comes out of it." Von der guten Wirkung auf das deutsch-britische Verhältnis waren auch Bülow und Schoen überzeugt, die das Schreiben des englischen Obersten am 26. Oktober nacheinander zur Kenntnis nahmen.[64] Stuart Wortleys Dankesbrief war am 24. Oktober im Berliner Schloss eingetroffen. Diesen Brief hat der Kaiser dann zwei Tage später zusammen mit dem Kuvert dem Fürsten Bülow während ihres gemeinsamen Frühstücks im Reichskanzlerpalais persönlich überreicht.[65] Man darf annehmen, dass es dabei zu einem kurzen Gespräch über die Erwartungen, die Kaiser und Kanzler mit der *Daily Telegraph*-Publikation verknüpften, gekommen ist. Anschließend gelangte das von Bülow sekretierte Schreiben, das an Leserlichkeit nichts zu wünschen übrig ließ, in die Hände von Klehmet, der es bis zu seinem Abgang am 20. November 1908 in seinem Büro aufbewahrte, ohne allerdings bei seinen Rechtfertigungsversuchen Anfang November von diesem – Bülow sicherlich belastenden – Dokument Gebrauch gemacht zu haben. Am 26. Oktober ließ sich Klehmet im übrigen sämtliche, im Zentralbüro asservierten Piecen zur *Daily Telegraph*-Angelegenheit vorlegen.[66]

3. BÜLOWS KRISENMANAGEMENT
(30. OKTOBER – 17. NOVEMBER 1908)

Am 30. Oktober unternahm Bülow die ersten Schritte zur Bewältigung der durch die Wiedergabe der Kaiseräußerungen im *Daily Telegraph* entstandenen Regierungskrise in Deutschland. Die Reichsleitung war zur Zielscheibe einer ungemein massiven öffentlichen Kritik geworden. Gravierende personelle Konsequenzen mussten ins Auge gefasst werden: der Rücktritt des Reichskanzlers sowie des Staatssekretärs des Auswärtigen Amts und seines Stellvertreters und dazu ein starker Autoritätsverlust der Krone. Weder Bülow noch Schoen dachten

---

63 Siehe Dok. Nr. 13.
64 Siehe Dok. Nr. 14.
65 Unter dem 26.10.1908 findet sich in den Tagesnotizen des Zentralbüros der Eintrag: „Kaiser – Frühstück bei S.D. heute – St[uart] W[ortley]" (PA-AA, R 19860).
66 Vgl. den von unbekannter Hand vorgenommenen Eintrag in dem Tagebuchregister des Zentralbüros: „Die verschlossenen Piecen, welche ich asservierte (St.W.), H. G.R. Kl[ehmet] vorgelegt. 26 /10" (ibid.).

indessen ernsthaft an einen Rücktritt, obwohl sie, wie die Untersuchungen zur Genesis des verhängnisvollen „Kaiserinterviews" gezeigt haben, gemeinsam die volle politische Verantwortung für die Publikation der kaiserlichen Verlautbarungen im *Daily Telegraph* trugen. Aber gerade im gemeinsamen Bewusstsein der Schuld und angesichts der Gefahr eines abrupten Endes ihrer politischen Karrieren bildete sich zwischen ihnen eine perfide Allianz des Mauerns und Vertuschens, der gegenüber der Kaiser und die subalternen Beamten im Auswärtigen Amt auf die Dauer machtlos waren. Die Eckpunkte ihrer Defensivtaktik lassen sich auf einen einfachen Nenner bringen: Bülow bestritt, das „Interview" vor seiner Veröffentlichung gekannt zu haben, und mimte den völlig Überraschten; Schoen verwies immer wieder darauf, dass er sich in den kritischen Tagen, als das Artikelmanuskript im Auswärtigen Amt geprüft wurde, gerade im Urlaub befunden habe, und leugnete auch jegliche spätere Beteiligung an dem Publikationsvorgang. Jeder der beiden wusste um die Unhaltbarkeit der Argumentation des anderen, doch eine Auflösung ihres aus der Not geborenen Überlebenspaktes hätte beide in den Abgrund gezogen.

Für Bülow kam es zunächst darauf an, seinen eigenen Kopf aus der Schlinge zu ziehen, und dies konnte er nur dann erreichen, wenn das Vertrauen des Kaisers in ihn intakt blieb. Nach seiner für den Monarchen ziemlich überraschenden Kehrtwendung in der *Daily Telegraph*-Angelegenheit – hatte sich Bülow doch nach seiner emphatischen Befürwortung in den Vortagen quasi über Nacht zu einem entschiedenen Kritiker der *Daily Telegraph*-Publikation gewandelt – war dieses Vorhaben ein äußerst diffiziles Unterfangen. Mit seinem geschickt formulierten, ganz auf die Mentalität des Kaisers zugeschnittenen Immediatbericht vom 30. Oktober 1908 erreichte er indes sein Ziel. Darin bedauerte er, „das auf schlechtem Papier sehr unleserlich geschriebene [!] lange Elaborat des Obersten Wortley nicht selbst gelesen, sondern zur Prüfung an das Auswärtige Amt geschickt" zu haben. Hätte er von dem Manuskript Kenntnis genommen, würde er von einer Veröffentlichung entschieden abgeraten haben. Die eigentliche Schuld an der bedauerlichen Panne trage aber nicht er, sondern das Auswärtige Amt, das seinen Prüfungsanweisungen nicht sorgfältig genug nachgekommen sei. Für den Fall, dass Seine Majestät sein Verhalten in der Publikationsangelegenheit missbillige, bot der Fürst seinen Rücktritt an, beeilte sich aber zu betonen, dass er im Falle seines Verbleibens auf dem Reichskanzlerposten alles tun werde, um „den ungerechtfertigten Angriffen gegen meinen kaiserlichen Herrn offen und nachdrücklich entgegenzutreten". Bülows Angebot einer bedingungslosen Loyalität bei einer Verlängerung seiner Kanzlerschaft konnte Wilhelm II. nicht ablehnen, zumal der Fürst darüber hinaus noch versprach, in einer amtlichen Verlautbarung darauf hinzuweisen, dass der Monarch sich in konstitutioneller Hinsicht völlig korrekt verhalten habe, als er das englische Manuskript dem in Norderney weilenden Reichskanzler zur Überprüfung schickte.[67] Auf seinen „Bernhard" glaubte der Kaiser sich weiter verlassen zu können.

Entsprechend ungetrübt verlief die Begegnung zwischen Kaiser und Kanzler am Abend des 31. Oktober. Während der zweistündigen Unterredung wurde die

---

67 Vgl. GP 24, Nr.8257.

Daily-Telegraph-Angelegenheit allenfalls am Rande berührt: Im Vordergrund
stand die Reise des Kaisers nach Österreich und die dabei zu führenden Gespräche mit Mitgliedern des österreichischen Herrscherhauses über die bosnische
Annexionskrise.[68] Angesichts des gemeinsamen Vorgehens vor dem 28. Oktober
vermied Bülow jegliche Kritik an den im *Daily Telegraph* publizierten Kaiseräußerungen, so dass Wilhelm II. in dem Glauben gehalten wurde, „daß Bülow im
allgemeinen mit Meinen Äußerungen zu dem Engländer einverstanden sei und
nur den Zeitpunkt der Veröffentlichung für inopportun halte".[69] Der Fürst wird –
im wohlverstandenen eigenen Interesse – den Monarchen auch darauf aufmerksam gemacht haben, dass er das Pressebüro des Auswärtigen Amts angewiesen
hatte, in den führenden deutschen Blättern für kaiserfreundliche Artikel zu sorgen. Wie Friedrich Heilbron sich ein Jahr später erinnerte, war „nach dem
Bekanntwerden des ‚Daily-Telegraph-Interviews‘ [...] vom Preßreferat eine umfassende Tätigkeit entfaltet worden, um die Debatte vom Kaiser abzulenken."
Gerade am 31. Oktober liefen die Beeinflussungsversuche der Hammannschen
Emissäre auf Hochtouren: „Außer den regelmäßig hier verkehrenden Journalisten wurden die Leiter von Blättern verschiedenster Richtung auf das Amt
gebeten, wo sie von dem Leiter des Referats [...] und den ihm unterstellten
Beamten [...] in langen Gesprächen zu einer der Krone günstigen Behandlung der
Sache aufgefordert wurden. Außerdem wurde zu der ungewöhnlichen Maßregel
gegriffen, bei solchen Blättern, die hier nicht regelmäßig Verkehr pflegen und auf
deren Urteil Wert gelegt werden mußte, Besuch abzustatten und auf sie in gleicher Weise einzuwirken."[70] Der Kaiser konnte also seinen Jagdurlaub in Österreich und Donaueschingen beruhigt antreten. Gegenüber Staatssekretär Schoen,
den er am Vormittag des 31. Oktober zum Immediatvortrag empfing[71], soll er
sogar mit unverhohlener Schadenfreude geäußert haben: „Er sei nur froh, daß nun
die gewohnte allgemeine Kritik sich nicht mehr mit Ihm befasse, sondern sich
gegen das Auswärtige Amt richten werde; die Herren sollten nur sehen, wie sie
damit fertig würden!"[72]

Wenn Kaiser und Kanzler relativ unbeschadet aus der Affäre herauskommen
wollten, blieb im Grunde nur der Weg offen, dem Auswärtigen Amt in einer
amtlichen Erklärung die eigentliche Verantwortung für die Veröffentlichung des
Artikels im *Daily Telegraph* zuzuschieben. Die Anregung zu einem öffentlichen
Statement der Reichsleitung über die Hintergründe der Publikation war von
Friedrich von Holstein ausgegangen, der Bülow am 29. Oktober empfahl: „In der
‚Norddeutschen‘ würde ich für kurze, großzügige Behandlung votieren. Kein

---

68 Vgl. die Notizen des Zentralbüros unter dem 31.10.1908: „S.M. heute abend 6 Uhr bei R.K.
    – Reiseprogramm S.M. am 3.11. nach Eckartsau, Schönbrunn und Donaueschingen einge-
    gangen" (PA-AA, R 19860). Ferner Hiller von Gaertringen, 154 ff.
69 Siehe Dok. Nr.44.
70 Siehe Dok. Nr.126 n.1.
71 Nicht am 30. Oktober, wie Schoen in seinen Erinnerungen behauptet (vgl. Dok. Nr.18). Im
    Zentralbüro des Ausw. Amts notierte man unter dem 31.10.1908: „S.E. $^3/_4$ 10 v.m. zum
    Imm[ediat]v[ortrag]" (PA-AA, R 19860).
72 Siehe Dok. Nr.33.

Eingehen auf Einzelheiten. [...] Nichts ableugnen, denn das würde feige aussehen und nicht geglaubt werden."[73]

Am Mittag des 30. Oktober fand im Reichskanzlerpalais eine Beratung über die in der *Norddeutschen Allgemeinen Zeitung* zu veröffentlichende Erklärung statt, an der Bülows engste Vertraute Loebell und Hammann sowie der in die Affäre verstrickte Staatssekretär Schoen teilnahmen. Dem Vortragenden Rat Otto Hammann, der in diesem Punkt von Loebell unterstützt wurde, kam es vor allem darauf an, das verfassungsmäßig korrekte Vorgehen des Kaisers zu betonen und damit „den ungerechten Angriffen auf Seine Majestät den Boden zu entziehen".[74] In Bülows Rohentwurf[75] klang dieser Aspekt nur am Rande an, doch den entsprechenden Korrekturvorschlägen Hammanns gab der Reichskanzler schließlich statt. Der Fürst seinerseits wollte in dem amtlichen Statement unbedingt hervorgehoben wissen, dass er 1. von dem Inhalt des englischen Manuskripts keinerlei Kenntnis gehabt habe, 2. den Artikelentwurf dem Auswärtigen Amt habe zugehen lassen „mit der Weisung, dasselbe sorgfältig darauf zu prüfen, ob die Veröffentlichung unbedenklich sei", 3. seine Zustimmung zur Veröffentlichung erst gegeben habe, „nachdem in einem Bericht des Auswärtigen Amts Bedenken nicht erhoben worden waren", 4. „bei eigener Durchsicht des Manuskripts die Veröffentlichung nicht gutgeheißen hätte", und schließlich 5. dem Kaiser ein „Abschiedsgesuch" unterbreitet habe, um damit seine verfassungsmäßige Verantwortung für den unglücklichen Vorgang zum Ausdruck zu bringen.

Die einseitige Schuldzuweisung an das Auswärtige Amt wollten Hammann und Schoen anfangs nicht mittragen. Die heftige Kontroverse über diesen Kernpunkt der Erklärung spiegelt sich in den Korrekturen des Hammannschen Entwurfes wider. Der Geheimrat hatte – offenbar nach Prüfung der Bülowschen Instruktion vom 2. Oktober und Rücksprache mit Klehmet – für die Punkte 2 und 3 des Bülowschen Entwurfes folgende Fassung vorgeschlagen: „Dieser [i.e. der Reichskanzler] leitete das Manuskript, ohne selbst von seinem Inhalt Kenntnis zu nehmen, an das Auswärtige Amt mit der Weisung, dasselbe sorgfältig zu prüfen. In mißverstandener Auslegung der Weisung wurde die Prüfung des Inhalts nur nach der formellen Seite hin vorgenommen, weshalb der danach erstattete Bericht Bedenken gegen die Veröffentlichung nicht geltend machte." Mit dieser Formulierung war Bülow nicht einverstanden, da er damit öffentlich Mängel in seinem Prüfungsauftrag zugegeben hätte. Andererseits war die eigene Auslegung seiner damaligen Instruktion, wonach er zumindest indirekt die Opportunitätsfrage gestellt hätte, für die übrigen Konferenzteilnehmer nicht nachvollziehbar. Also verständigte man sich auf einen Kompromiss, indem man jenem Passus den Wortlaut gab: „Der Kaiser ließ den Entwurf des Artikels an den Reichskanzler gelangen, der das Manuskript dem Auswärtigen Amt mit der Weisung überwies, dasselbe einer sorgfältigen Prüfung zu unterziehen. Nachdem in einem Bericht des Auswärtigen Amts Bedenken nicht erhoben worden waren, ist die Veröffentlichung erfolgt." Mit Recht machten Hammann und Schoen darauf aufmerksam,

---

73 Siehe Dok. Nr.18 n.7. Vgl. auch Rich, Friedrich von Holstein, II, 819 f.
74 Dok. Nr.27.
75 Siehe Dok. Nr.26.

dass mit der neuen Formulierung dem Auswärtigen Amt immer noch die Schuld an der Veröffentlichung zugewiesen werde, und erreichten vorübergehend die Streichung des letzten Satzes. Bülow wiederum gelang es im weiteren Verlauf der Diskussion, diese Streichung mit Billigung Schoens rückgängig zu machen. Dieser hatte seinen Widerstand gegen die Erwähnung des Auswärtigen Amts aufgegeben, nachdem Bülow mit seiner Bereitschaft, öffentlich die alleinige Verantwortung für den Vorgang zu übernehmen und die völlige Deckung der ihm unterstellten Ressorts und Beamten zu garantieren, dem Hauptanliegen des Außenstaatssekretärs entsprochen hatte.[76] Die beiden Hauptschuldigen in der *Daily Telegraph*-Affäre glaubten sich mit dieser Erklärung zufrieden geben zu können, schien es ihnen doch geglückt zu sein, nicht nur den Kaiser, sondern auch sich selbst in den wesentlichen Punkten zu entlasten.

Allerdings scheinen dem Baron Schoen nach der „aufsehenerregenden Mitteilung der Norddeutschen Allgemeinen Zeitung" am Abend des 31. Oktober Zweifel darüber gekommen zu sein, ob er trotz seines auf den ersten Blick überzeugenden Alibis die Affäre politisch überleben würde. Gegenüber dem badischen Gesandten Siegmund Graf von Berckheim musste er einräumen, „daß in der Tat ein bedauerliches Versehen des *Auswärtigen Amts* vorliege". Beiden war klar, dass „natürlich nunmehr ein Ansturm auf das Auswärtige Amt erfolgen" werde, „den dieses bzw. der Kanzler über sich ergehen lassen" müsse.[77] Schoen war aber nicht gewillt, sich diesem „Ansturm" zu stellen, zumal dann die Gefahr bestand, dass über seinen Anteil an der Affäre einige für ihn unangenehme Wahrheiten an die Öffentlichkeit kämen. Auch Bülow, dessen politisches Schicksal eng mit dem Schoens verquickt war, scheint diese Gefahr erkannt zu haben. Was sich in den folgenden Tagen nun abspielte, war eine einzigartige Politkomödie, vergleichbar nur mit dem angeblichen Ohnmachtsanfall Bülows im Reichstag am 5. April 1906. Schoen meldete sich am Vormittag des 1. November beim Reichskanzler krank. Als der Kanzler über seinen Hausarzt Renvers erfuhr, dass sich der Staatssekretär des Äußeren allenfalls in einem leichten Erschöpfungszustand befinde, muss es zwischen Bülow, dem der Grund für die plötzliche „Erkrankung" klar war, und Schoen zu einer Übereinkunft gekommen sein. Der Fürst, so darf angenommen werden, versprach seinem Staatssekretär, ihn durch Befürwortung eines längeren „Genesungsurlaubs" aus der Schusslinie zu bringen, wenn dieser in den darauffolgenden Tagen die deutsch-französischen Verhandlungen über die Erledigung des Casablanca-Zwischenfalles zu einem für Deutschland befriedigenden Abschluss führe.

An jenem ersten Novembertag erreichte die Casablanca-Affäre gerade ihren Höhepunkt. Im Zentralbüro des Auswärtigen Amts notierte man unter dem 1.11.1908: „Eventl. Sendung von Kriegsschiffen nach Casablanca."[78] Was war geschehen? Am 25. September 1908 war es im Hafen von Casablanca zu handgreiflichen Auseinandersetzungen zwischen französischen Marinesoldaten und deutschen Konsulatsangehörigen gekommen, die drei deutschen Deserteuren der

76   Vgl. Schoens Entwurf in Dok. Nr.18 n.9.
77   Siehe Dok. Nr.28.
78   PA-AA, R 19860.

Fremdenlegion zur Flucht nach Deutschland verhelfen wollten. Aus deutscher Sicht lag die Schuld an diesem Zwischenfall eindeutig bei den französischen Organen, und die Wilhelmstraße forderte die Pariser Regierung auf, sich für den Vorfall öffentlich zu entschuldigen und die von den französischen Militärbehörden in Marokko inhaftierten Deserteure freizulassen. Dieses Ansinnen wies Paris zurück, freundete sich aber seit Mitte Oktober mit dem Gedanken eines Schiedsgerichts an. Nach dem Bekanntwerden des *Daily Telegraph*-Artikels verhärtete sich die französische Position vorübergehend.[79] Dem deutschen Unterhändler Lancken erklärte der französische Botschafter Jules Cambon am 31. Oktober, „vorher hätten die Franzosen vielleicht eine Konzession machen können; nach dieser ‚Veröffentlichung' (Kaiser-Interview) sei das für sie nicht mehr möglich. Das Ministerium würde in der Kammer darüber unbedingt stürzen." Daraus zog der Außenstaatssekretär Schoen am Allerheiligentag die Schlussfolgerung: „Wir müssen jetzt wohl gröberes Geschütz auffahren und mit Störung in den diplomatischen Beziehungen, vielleicht sogar mit Entsendung von Schiffen nach Casablanca drohen."[80] Sollte die Regierungskrise in Deutschland durch einen in der Öffentlichkeit möglicherweise beifällig aufgenommenen außenpolitischen Coup handstreichartig beendet werden?

Es ist auffällig, wie emsig Schoen in der ersten Novemberwoche an der Lösung des marokkanischen Problems arbeitete. Täglich verfasste er von seinem „Krankenbett" aus eigenhändige Noten und Aufzeichnungen und ließ sich „trotz ärztlichen Verbots" zwischen dem 2. und 6. November jeden Tag vom französischen Botschafter Cambon zu Verhandlungen in seiner Wohnung aufsuchen. Am 6. November fühlte er sich kräftig genug, um am Vormittag im Reichskanzlerpalais an einer Besprechung über die Casablanca-Angelegenheit teilzunehmen, zu der Bülow auch Flotow und Hammann eingeladen hatte.[81] In der Sache erreichte Schoen keine nennenswerten Fortschritte, obwohl die französische Regierung seit dem 5. November einen deutlich konzilianteren Ton anschlug. Den Durchbruch schaffte erst Alfred von Kiderlen-Wächter, der am 7. November für den vom Kaiser bis auf weiteres beurlaubten Staatssekretär kommissarisch die Leitung der auswärtigen Geschäfte übernahm. In einem von Cambon und Kiderlen unterzeichneten Abkommen vom 10. November 1908 verpflichteten sich beide Regierungen unter dem Ausdruck des Bedauerns über den Vorfall in Casablanca, die ganze Angelegenheit (Tatbestand und Rechtsfrage) einem Schiedsgericht zu unterbreiten. Deutschlands Einlenken in dieser Frage geschah gerade noch rechtzeitig, da inzwischen aufgrund eines französischen Polizeiberichts durchgesickert war, dass der Anstoß zu den Gewalttätigkeiten im Hafen von Casablanca eindeutig von den deutschen Konsulatsbeamten ausgegangen war. Man war knapp an einer „großen Blamage" (Wilhelm II.) vorbeigesteuert.[82]

---

79 Siehe Dok. Nr.33.
80 Aufzeichnung von Flotow, 1.11.1908 (mit Schlusskommentar von Schoen); GP 24, Nr.8387. Siehe auch Dok. Nr.35 n.2.
81 Nach den Tagesnotizen des Zentralbüros; PA-AA, R 19860. Die Sitzung begann um 11.45 Uhr.
82 Siehe Dok. Nr.35 n.3.

Die amtlichen Enthüllungen in der *Norddeutschen Allgemeinen Zeitung* über die Vorgeschichte des *Daily Telegraph*-Artikels, die im Inland mit Bestürzung (die Metapher von der „verlorenen Schlacht" machte in Berlin die Runde[83]), im Ausland mit Hohngelächter aufgenommen wurden, erschütterten das Ansehen der Reichsleitung in seinen Grundfesten. Die Witzblätter hatten Hochkonjunktur, und der Ruf nach einschneidenden politischen Konsequenzen erscholl aus fast allen politischen Lagern. Die amtliche Erklärung, schrieb Maximilian Harden am 7. November 1908 in der *Zukunft*, „trug aus allen [Erdteilen] uns das Echo fröhlichen Gelächters heim. Wahr oder unwahr, hieß es am nächsten Tag: der Kanzler, unter dem solche Zustände möglich wurden, muß morgen vom Schauplatz verschwinden. Am ersten, am zweiten Novembertag hieb alles in blinder Wut auf den Kanzler ein. Auf den Liebling der Presse. Der ist an dem ganzen Unheil schuld. Der hat uns Schande und Spott eingebracht. Der muß fort: denn sein Ansehen ist hin und sein Kredit für immer vernichtet. Von dem Kaiser war kaum noch die Rede. Die Meute bellte auf falscher Fährte."[84] So muss es auch Bülow empfunden haben, der nun mit allen Mitteln zu verhindern suchte, dass aus der Kaiser- eine Kanzlerkrise wurde.

Die Abreise Wilhelms II. am 3. November kam dem Reichskanzler gerade recht, weil er nun den notwendigen innenpolitischen Spielraum erhielt, um die entfesselte Volkswut unauffällig in Richtung Kaiser zu kanalisieren. Über die Pressearbeit dieser Tage wissen wir wenig, doch dürfte die Beobachtung Adolf Steins nicht abwegig sein, dass das unverkennbare Laisser-faire, das das Hammannsche Pressebüro nach dem 3. November an den Tag legte, wesentlich dazu beitrug, das Stimmungspendel wieder zuungunsten des Kaisers ausschlagen zu lassen.[85] Unter den Ministern und in Hofkreisen genoss Bülow noch Vertrauen genug, so dass er von diesem machtpolitisch relevanten Personenkreis nichts zu befürchten hatte. „Die maßgebenden Persönlichkeiten", so resümierte Bethmann Hollweg seine Eindrücke am 2. November, seien sich „darüber einig, daß Fürst Bülow *zur Zeit* unbedingt auf seinem Posten ausharren müsse, schon der allgemeinen europäischen Konstellation wegen; für eine längere Dauer dürfte es aber wohl kaum mehr sein."[86] Auch unter den Bundesfürsten sollte es niemanden geben, der die Ablösung des Kanzlers forderte: Der König von Sachsen gehörte sogar zu den Bewunderern Bülows.[87] Und der Kaiser selbst konnte mit dem bisherigen Krisenmanagement seines Reichskanzlers hochzufrieden sein. Kurz nach seiner Ankunft im österreichischen Eckartsau am Vormittag des 4. Novem-

---

83 Die Baronin Spitzemberg hielt unter dem 1. November 1908 fest: „Das war ein gräßlicher Tag, da man wahrlich alle Heiligen hätte anrufen mögen, wie nach einer verlorenen Schlacht, von Jammer in Zorn, von Zorn in Jammer zurückfiel!" (Vierhaus, Spitzemberg, 489). Ähnlich Hellmut v. Gerlach in „Adieu Bülow!" am 2.11.08: „Und so erschien der Artikel, der Deutschland fast so viel schadet wie ein verlorener Feldzug" (zit. nach Fenske, Unter Wilhelm II., 259). Von einem „Gefühl wie nach einer verlorenen Schlacht" sprach auch Bassermann am 10. November im Reichstag (Dok. Nr.52).

84 *Die Zukunft,* 65 / 1908, 209 f.

85 Siehe Dok. Nr.125.

86 Siehe Dok. Nr.33.

87 Siehe Dok. Nr.40.

ber telegraphierte er denn auch dem Fürsten: „Anläßlich des heutigen Zusammentritts des Reichstags liegt es mir am Herzen, Euere Durchlaucht meines vollsten Vertrauens zu versichern und Ihnen auszusprechen, daß meine besten Wünsche für eine erfolgreiche Arbeit Sie in Ihrer schwierigen Aufgabe begleiten. Waidmannsheil!"[88]

Als der württembergische Gesandte Axel von Varnbüler den Unterstaatssekretär Loebell am 2. November auf die „Kanzlerkrise" ansprach, konnte der Chef der Reichskanzlei die Existenz einer solchen Krise mit dem Hinweis auf das „ungeschwächte Vertrauen" Seiner Majestät in den Kanzler verneinen. Gleichzeitig musste Loebell aber zugeben, dass Bülow „die Wirkung seiner offenen Erklärung und seines loyalen Eintretens nach oben und unten etwas überschätzt" habe; „er sei einigermaßen überrascht und enttäuscht darüber, daß sich nun die Kritik der Presse mit solcher Schärfe gegen *ihn* wende, obwohl er, Loebell, ihm vorausgesagt, daß dies nicht ausbleiben könne, wenn der Kaiser entlastet werden solle. Volle Klarheit werde ja erst der Verlauf der gleich in den ersten Sitzungen zu gewärtigenden Interpellation im Reichstag bringen."[89] Damit war angedeutet, dass die schon von Bethmann Hollweg aufgeworfene und negativ beantwortete Frage, ob Bülow sich noch lange als Reichskanzler würde halten können, entscheidend abhing von der Haltung der Blockparteien im Reichstag. Würden sie dem Kanzler seine wenig rühmliche Rolle in der *Daily Telegraph*-Affäre nachsehen, um das Einfahren der Früchte der Blockpolitik nicht zu gefährden? Welche Haltung gegenüber dem Kaiser musste Bülow im Reichstag einnehmen, um den Block nach seinen persönlichen, schweren Prestigeeinbußen in der Öffentlichkeit noch zusammenhalten und selbst politisch überleben zu können?

Unter dem Eindruck der Rücktrittsforderungen eines großen Teils der deutschen Presse fällte Bülow spätestens am 3. November seine Entscheidung gegen den Kaiser und für seinen Machterhalt. Symptomatisch für diesen Meinungsumschwung ist seine Instruktion an Hammann, ihm eine Rede über das „Kaiser-Interview" aufzusetzen, die „sehr ernst, knapp, *wuchtig* gehalten sein" müsse. „Gar keine Entschuldigung, keine Demut, keine Witze! Sie soll nicht lang sein."[90] Am Vortag hatte Hammann bereits eine Antwort auf die zu erwartenden Reichstagsinterpellationen konzipiert, die von Bülow wohl noch zustimmend zur Kenntnis genommen worden war.[91] Nach den Vorstellungen des Pressedezernenten, die offenbar an frühere Direktiven des Fürsten anknüpften, sollte der Kanzler im Reichstag die unermüdlichen Bemühungen des Kaisers um eine Besserung der deutsch-britischen Beziehungen betonen, auf das Recht des Monarchen zu Privatgesprächen abheben, die Kritik gegen das Auswärtige Amt zurückweisen und vor allem das unpatriotische Verhalten der deutschen Presse geißeln, die aus einem Unglück eine nationale Katastrophe gemacht und sich damit indirekt,

---

88 Siehe Dok. Nr.44 n.3.
89 Varnbüler an Weizsäcker, 2.11.1908; HStA Stuttgart, E 50 / 03, Bü 202. Vgl. auch Lerman, Chancellor as Courtier, 223: „Bülow clearly did not anticipate the public reaction to his version of events."
90 Dok. Nr.38.
91 Nach Eschenburg, Daily-Telegraph-Affäre, 216.

wenn auch ungewollt, in den Dienst des deutschlandfeindlichen Auslands gestellt
habe. Er sollte sich auch persönlich schuldig bekennen und nicht nur – wie in
seiner Rede vom 10. November – die staatsrechtliche Verantwortung für die
Vorgänge übernehmen. Aufgrund der neuen Instruktion musste Hammann den
zweiten Teil des Redeentwurfs erheblich kürzen und inhaltlich völlig umgestal-
ten. Die Attacke gegen die nationale Presse unterblieb ebenso wie die Selbstbe-
zichtigung und Verteidigung des Auswärtigen Amts. Von einer Rechtfertigung
der kaiserlichen Äußerungen konnte nach dem korrigierten Entwurf erst recht
keine Rede mehr sein.[92]

Um den Erfolg seines Reichstagsauftritts sicherzustellen, ließ Bülow, selbst
geschickt im Hintergrund bleibend, in Verhandlungen mit den Führern der Blockparteien und des Zentrums ausloten, welche Spielräume für einen Minimalkon-
sens zwischen der Regierung und den staatstragenden Parteien es bei der Interpellationsdebatte geben könne. Bülow verlangte von den Parteien Schadensbegrenzung gegenüber dem Ausland und ein mehr oder weniger deutliches Votum
gegen den Kanzlerwechsel. Sein Chefunterhändler Bethmann Hollweg richtete
an die Parteiführer die Mahnung, „bei ihrer Besprechung der Vorgänge alles zu
vermeiden, was eine zu starke Bloßstellung des Reiches vor dem Auslande zur
Folge haben müßte." Er konnte darauf verweisen, daß „in den Regierungskreisen
mit Dank anerkannt" werde, dass „Fürst Bülow nicht auf seinem Entlassungsgesuch bestanden" habe: „Denn abgesehen davon, daß kein Nachfolger vorhanden
scheint, dem allseitiges Vertrauen entgegengebracht würde, spricht sowohl die
auswärtige Lage als die Finanzreform gegen einen Kanzlerwechsel im gegenwärtigen Augenblick." Zwar war nicht zu leugnen, dass „ein großer Teil der Presse
[...] das Opfer des Reichskanzlers" verlangte, doch ein so ausgewiesener Kenner
der innenpolitischen Szene wie der vom Innenstaatssekretär häufig um Rat ange-
gangene Graf Lerchenfeld glaubte nicht, „daß eine Mehrheit im Reichstag sich
auf den intransigenten Standpunkt stellen dürfte. Schon das Bedürfnis des Blocks
spricht dagegen."[93] Auch Loebell, der die Verhandlungen mit den Konservativen
führte, gab sich davon überzeugt, dass „die Sache" im Reichstag „eine gemäßig-
tere Beurteilung und Behandlung finden werde als bisher in der Presse. Keine der
Reichstagsparteien habe ein Interesse daran und die ernstliche Absicht, den
Reichskanzler im jetzigen Augenblick zu stürzen, ausgenommen vielleicht der
äußerste rechte Flügel der Konservativen, welcher durch die Nachlaßsteuer,
durch die Erklärung der Preußischen Thronrede über die Reform des Wahlrechts
neuerdings verstimmt sei." Gegenüber dem württembergischen Gesandten zog
der Chef der Reichskanzlei aus seinen ersten Kontakten mit Parlamentariern denn
auch die Schlussfolgerung: „Man werde dem Reichskanzler das ehrlich einge-
standene amtliche Versehen also nicht allzu tief ins Wachs drücken."[94]

Die von Loebell und Bethmann Hollweg durchgeführten Sondierungen bei
den Reichstagsparteien ergaben aber auch, dass die Abgeordneten für ihre Unterstützung oder Schonung des Reichskanzlers in der *Daily Telegraph*-Affäre eine

92 Siehe Dok. Nr.55, n.12–14.
93 Dok. Nr.35.
94 Varnbüler an Weizsäcker, 2.11.1908; HStA Stuttgart, E 50 /03, Bü 202.

Gegenleistung erwarteten. Sie erhofften sich für die Zukunft handfeste Garantien gegen die Ausuferung des „persönlichen Regiments", dessen nachteilige Folgen für das Reich gerade auf dem außenpolitischen Sektor spürbar waren. Nach der *Kölnischen Zeitung* war unter dem Begriff des „persönlichen Regiments" die „Tatsache zu verstehen, daß der Kaiser, den die Verfassung der Verantwortlichkeit entzieht, in die Politik des Reiches durch Handlungen und Reden eingreift, die der Reichskanzler als der verantwortliche Träger dieser Politik nicht vorher gebilligt hat."[95] Durch die vorherige Konsultation des Reichskanzlers hatte sich der Kaiser im Falle des *Daily Telegraph*-Artikels keines unkonstitutionellen Alleingangs schuldig gemacht, doch die Communis Opinio verstand unter „persönlichem Regiment" jegliches politische Hervortreten des Kaisers, und so formierte sich unter diesem Schlagwort aus fast allen politischen Lagern die Opposition gegen den selbstherrlichen Kaiser mit seiner halb-autokratischen Herrschaftsauffassung. Sogar der Vorstand der Deutschkonservativen Partei beobachtete mit „Sorge, daß Äußerungen Seiner Majestät des Kaisers [...] nicht selten dazu beigetragen haben, teilweise durch mißverständliche Auslegung unsere auswärtige Politik in schwierige Lage zu bringen." In ihrer öffentlichen Erklärung vom 5. November 1908 forderten die Konservativen folglich vom Monarchen, „daß in solchen Äußerungen zukünftig eine größere Zurückhaltung beobachtet werden möge", um Schaden vom Deutschen Reich und Volk abzuwenden.[96] Im Interesse der Festigung seiner angeschlagenen Position signalisierte Bülow von Anfang an seine Bereitschaft, sich an die Spitze dieser von unten ausgehenden politischen Protestbewegung zu setzen, und so kam ihm die Erklärung der kaisertreuen Konservativen gerade recht.[97] Unter dem Applaus der Konservativen und Liberalen verstand er sich in seiner Reichstagsrede vom 10. November zu der unmissverständlichen Drohung, dass, wenn der Monarch in seinen Privatgesprächen sich nicht mehr „Zurückhaltung" auferlege, weder er noch seine Nachfolger „die Verantwortung tragen" könnten.[98] Das war von Regierungsseite ein deutliches Wort gegen das „persönliche Regiment", aber auch nicht mehr. Den Schritt zu wirklichen Reformen des preußisch-deutschen Regierungssystems, das er acht Jahre lang an oberster Position mitgetragen hatte, wollte er nicht gehen, wie seine demonstrative Abstinenz bei den verfassungspolitischen Debatten im Reichstag Anfang Dezember 1908 zeigte.[99]

Zur Bewältigung der durch den *Daily Telegraph*-Artikel ausgelösten Staatskrise benötigte Bülow in der Umgebung des Kaisers jemanden, dem er absolut vertrauen konnte. So verfügte der Kanzler schon am 1. November, dass sein Vetter Martin Rücker Freiherr von Jenisch, der sich damals in Klein Flottbek erholte, „mit nach Österreich und Donaueschingen gehen" sollte. Zur Hochwildjagd in Eckartsau wollte Wilhelm den Gesandten allerdings nicht zulassen,

---

95 Dok. Nr.36 n.4.
96 Dok. Nr.45.
97 Loebell legte dem Kanzler diese Erklärung mit dem Urteil „vorzüglich" vor (vgl. Westarp, Konservative Politik, I, 42).
98 Siehe Dok. Nr.55.
99 Siehe Dok. Nr.81 n.4.

sondern ordnete seinerseits an, dass Jenisch sich in Wien zu seiner Verfügung halten sollte.[100] Am 3. November, dem Tag der Abreise, meldete sich Jenisch gegen Mittag beim Reichskanzler. Dieser machte dem Gesandten klar, dass er die bisherige Strategie einer formalen und materiellen Verteidigung des Kaisers nicht weiterverfolgen könne, und bat ihn, den Monarchen – entweder selbst oder durch Mittelsmänner – auf diese Wendung der Affäre behutsam vorzubereiten. Dabei sollte dem Kaiser auch vermittelt werden, dass der Kanzler im Reichstag gewisse „Dinge" in dem Interview „unmöglich gutheißen" könne, „z.B. den Kriegsplan und unsere Aufgabe im Pazifik". Auf der Eisenbahnfahrt nach Österreich ergab sich für Jenisch die erste Gelegenheit, den Kaiser auf die Schwachstellen seiner Äußerungen im *Daily Telegraph* aufmerksam zu machen und ihn über die Gründe der gegen ihn gerichteten öffentlichen Erregung aufzuklären. Am Morgen des darauffolgenden Tages leistete ihm der Chef des Militärkabinetts Graf Hülsen-Haeseler beredte Schützenhilfe. Nach dem Vortrag Hülsens fragte Wilhelm den Gesandten Jenisch, ob es denn wirklich wahr sei, dass „die Aufregung im Deutschen Volk und der Presse daher komme, weil man aus der Erklärung in der N[orddeutschen] A[llgemeinen] Z[eitung] ersehe, daß Ich ohne Zustimmung des Reichskanzlers eine derartige politische Unterredung mit einem Ausländer gehabt habe." Jenisch bestätigte ohne Umschweife, „daß dies allerdings der Fall sei und daß dies besonders bei uns schmerzlich empfunden werde; daß derartige Äußerungen von Ihm unsere Politik unter Umständen schwer schädigen müßten; daß S.M. überhaupt oft allzu vertrauensselig sei und politische Gespräche führe, die lieber Seinem verantwortlichen Ratgeber zu überlassen seien." Der sichtlich überraschte Kaiser schwieg daraufhin: „Beim Lunch war S.M. sichtlich still und präokkupiert."[101] Ihm muss zum erstenmal bewusst geworden sein, dass es fortan nicht mehr darum ging, wer für die Veröffentlichung des unglücklichen *Daily Telegraph*-Artikels die Verantwortung trage und ob sie zum damaligen Zeitpunkt opportun gewesen sei, sondern um die grundsätzliche Frage nach der Legitimität des „persönlichen Regiments". Die Verlagerung der öffentlichen Debatte auf dieses Terrain kam dem Reichskanzler nicht nur gelegen, er hat sie – wie seine Instruktionen an Jenisch zeigen – sogar unterstützt und gezielt gefördert.

Am 7. November schrieb Holstein, der die *Daily Telegraph*-Affäre als eine Chance ansah, den Kaiser künftig in seine verfassungsmäßigen Schranken zu verweisen, dem Fürsten Bülow, den er in dieser kritischen Zeit fast täglich beriet: „Mir scheint, alles läuft günstig: Naumann, Harden, konservative Kundgebung. Wenn die vom Zentrum angeregte direkte Adresse an S.M. sich verwirklichte, so wäre das m.E. eine Entlastung für Sie."[102] Der freisinnige Reichstagsabgeordnete Friedrich Naumann, der trotz seines mutigen sozialen und demokratischen Engagements vorbehaltlos auf dem Boden der Monarchie stand, hatte in der Wochenschrift *Die Hilfe* mit dem „persönlichen Regiment" Wilhelms II. rigoros abgerechnet: „Der deutsche Kaiser hat es seit 18 Jahren versucht, sein eigner Reichs-

---

100 Siehe Dok. Nr.44 n.1.
101 Dok. Nr.44.
102 Rogge, Holstein und Harden, 377 f. Rich, Friedrich von Holstein, II, 821 ff.

kanzler zu sein. Diese Zeit genügt, um ein Urteil zu gewinnen, und das Ergebnis ist, daß der Kaiser nicht alle Eigenschaften besitzt, die dazu gehören." Vielen deutschen Patrioten seien in den letzten Tagen sogar „endgültige Zweifel [...] an der Fähigkeit Kaiser Wilhelms II. zum Regieren eines großen Staates" gekommen. Sie verlangten, „daß der Kaiser die jetzige schwere Erfahrung zum Anlaß nimmt, sich auf diejenige Ausübung der Majestät zurückzuziehen, die in früheren Zeiten als Regierungsmethode einer erfolgreichen Politik sich bewährt hat." „Wir wollen", resümierte Naumann, „vom verantwortlichen Reichskanzler im Namen des Kaisers völkerrechtlich vertreten werden, aber nicht vom Kaiser selbst."[103]

Noch weiter hatte sich Maximilian Harden vorgewagt, der in seinem Artikel „Gegen den Kaiser" (*Die Zukunft*, 7.11.1908) sogar den Gedanken einer Abdankung des Kaisers ins Spiel brachte.[104] Dies ging dem preußischen Staatsminister Paul von Breitenbach entschieden zu weit. Ohne Rücksprache mit dem Kanzler oder anderen Ressorts verfügte er am 6. November in seiner Eigenschaft als Chef des Reichsamts für die Verwaltung der Reichseisenbahnen, den Verkauf der *Zukunft* auf deutschen Bahnhöfen umgehend einzustellen, weil seiner Ansicht nach die letzte Seite des in Rede stehenden Artikels „Majestätsbeleidigungen" enthielt. Bülows Reaktion auf dieses Verbot zeigt, wie wohlwollend er in den Tagen vor seinem Reichstagsauftritt der gegen Wilhelm II. gerichteten Pressekampagne gegenüberstand: „Wir dürfen ihn [Harden] *gerade jetzt* nicht vor den Kopf stoßen!" schrieb er Loebell am 8. November. „Es ist wieder eine *namenlose* bureaukratische Dummheit."[105] Trotz Bülows Protest blieb Breitenbach hart: Wenn der Kanzler auf einer Zurücknahme dieses Verbots bestehe, „stelle er anheim, einen Beschluß des Staatsministeriums herbeizuführen". Über den Unterstaatssekretär im Staatsministerium Hans von Guenther ließ der Eisenbahnminister der Reichskanzlei ausrichten, dass er die Angelegenheit „eventuell sogar zur Kabinettsfrage machen" wolle.[106] Da Bülow in der entscheidenden Phase der *Daily Telegraph*-Affäre jeglichen Dissens unter den preußischen Ministern vermeiden wollte, akzeptierte er schließlich Guenthers Vermittlungsvorschlag, das Verkaufsverbot auf die letzte Nummer der *Zukunft* zu beschränken. Über einen Mittelsmann ließ er Harden wissen, dass er selbst sich von „dieser (blödsinnigen) bureaukratischen Maßnahme" distanziere. „Wir *müssen* ihn jetzt an unserer Seite halten", instruierte er Loebell am 9. November, „und wenn irgend möglich die Konstellation benutzen, um eine dauernde Brücke zu dem (sehr begabten und doch nicht unedlen) Mann zu schlagen."[107]

Der Zentrumsführer Georg Graf von Hertling durchschaute Bülows Taktik schon am 5. November. „Die Aktion der Bülowleute", schrieb er seinem Sohn Karl an diesem Tag, „geht dahin, Bülow, mit dem sie stehen und fallen, zu schonen und scharf gegen den Kaiser vorzugehen. Letzteres ist Bülow erwünscht,

---

103 Dok. Nr.48.
104 Siehe Dok. Nr.48 n.2.
105 BA Berlin, R 43–798/2, Bl.251.
106 Guenther an Loebell, 8.11.1908; BA Berlin, R 43–798/2, Bl.252.
107 BA Berlin, R 43–798/2, Bl.253.

damit er sich dem Kaiser gegenüber auf den Reichstag berufen kann." Von einer direkten Adresse an den Kaiser scheint Hertling seinen Fraktionskollegen abgeraten zu haben, denn „mit der Kritik an dem Kaiser erfüllen wir [...] nur Bülows eigene Wünsche".[108] In der Überzeugung, dass die Zeit für ihn liefe, bemühte sich der Kanzler erfolgreich um das Hinausschieben der Interpellationsdebatte.[109] In den Tagen vor seinem Reichstagsauftritt entfalteten die „Bülowleute" (Loebell, Bethmann Hollweg, Hammann, Holstein, Hermann vom Rath[110]) nachweislich eine fieberhafte Aktivität, um in den politischen Kreisen und in der erreichbaren Presse Stimmung für den Reichskanzler und gegen den Kaiser zu machen.

Um die Bundesfürsten hinter sich zu bringen, versprach Bülow dem bayerischen Gesandten Lerchenfeld die baldige Einberufung des Bundesratsausschusses für auswärtige Angelegenheiten (der während Bülows Kanzlerschaft bis dahin nur einmal getagt hatte[111]), während in der Presse auffällig viele Notizen über die Jagderfolge, Festessen und sonstigen Amüsements des Kaisers erschienen. Die Ergebenheitsbekundungen für den Kanzler blieben von Seiten der Bundesstaaten denn auch nicht aus: Lerchenfeld formulierte für den bayerischen Ministerpräsidenten Podewils eine betont bülowfreundliche Ausschussrede[112], während der sächsische Ministerpräsident Graf Hohenthal dem Fürsten Bülow am 6. November „melden" ließ, „daß er die Beantwortung der in der sächsischen 2. Kammer eingebrachten Interpellation über die Veröffentlichungen des *Daily Telegraph* ablehnen werde". Der König von Sachsen, so hielt Loebell in einer Kanzleianzeige mit Genugtuung fest, habe nach einer Mitteilung des sächsischen Gesandten gegenüber dem Grafen Hohenthal erklärt: „Es käme in der jetzigen kritischen Lage nur darauf an, die Stellung des Fürsten Bülow zu halten und zu befestigen. Der Herr Reichskanzler sei unentbehrlich und auch der einzige Staatsmann, der imstande sei, die Reichsfinanzreform zu einem glücklichen Abschluß zu bringen."[113]

Ähnlich erfolgreich verliefen die intensiven Verhandlungen Bethmann Hollwegs mit den Parteiführern des Reichstags. Der Staatssekretär des Innern hatte von Bülow den Auftrag erhalten, die Reichstagsparteien von der „Notwendigkeit" zu überzeugen, „*jetzt* keine Kanzlerkrise eintreten zu lassen"; darüber hinaus sollten die „Fraktionsführer des Blockes" dazu angehalten werden, „ihre Parteifreunde zu einer Art Vertrauenskundgebung für den Reichskanzler zu gewinnen bzw. sie von einem Mißtrauensvotum abzuhalten, so daß die Sozialdemokraten und höchstens die Wirtschaftliche Vereinigung, die sich noch ganz

---

108 Thimme, Front wider Bülow, 147.
109 Siehe Dok. Nr.43 n.9. Holsteins – von den Historikern bis heute geteilte – Annahme, mit dem Hinausschieben der *Daily Telegraph*-Debatte sollte lediglich eine „Beruhigung der Gemüter" erreicht werden, trifft demnach nicht den Kern der Sache.
110 Vgl. dazu die Holstein-Rath-Korrespondenz in: *Preußische Jahrbücher*, 229 (1932), 232 ff.
111 Siehe Dok. Nr.65 n.5.
112 Siehe Dok. Nr.41 n.1.
113 Kanzleianzeige von Loebell, 6.11.1908; BA Koblenz, N 1016 / NL Bülow, Nr.33, Bl. 46 ff.

rabiat gebärdet, darin isoliert wären."[114] In diesem Sinne klärte sich die innenpolitische Situation bereits am 7. November: „Konservative wollen Bülow halten, desgleichen Freisinn, Zentrum", notierte der Führer der Nationalliberalen, der zu den standfestesten politischen Freunden des Kanzlers zählte. Und unter dem 8. November hielt Bassermann fest: „Die Aktion richtet sich gegen den Kaiser, nicht den Kanzler, das ist das Resultat. Er hat ja noch viel andere Gespräche geführt. [...] Alles für Bülow gegen Kaiser."[115]

Naturgemäß verfolgte die kaiserliche Hofpartei diesen Stimmungsumschwung, der sich bereits einen Tag nach der Abreise des Kaisers abzuzeichnen begann, mit wachsender Sorge. Die Kaiserin, die „sonst so gut wie nie das Reichskanzlerpalais aufsucht", fuhr am 4. November beim Reichskanzler vor, um ihren Besorgnissen über diese Entwicklung Ausdruck zu verleihen und vielleicht auch schon die Frage einer vorzeitigen Rückkehr des Kaisers anzuschneiden.[116] Am folgenden Tag fühlte sich der Kommandant des kaiserlichen Hauptquartiers, Hans Georg von Plessen, genötigt zu handeln. Sein Vorhaben, den Kaiser telegraphisch zur Rückkehr nach Potsdam und zur Aufgabe seines zehntägigen Jagdaufenthaltes in Donaueschingen zu bewegen, wurde aber von der Reichskanzlei entschieden abgeblockt, da „plötzliche Rückkehr bei Lage der auswärtigen Verhandlungen alarmistisch wirken würde".[117] Sicherlich war diese Begründung nur vorgeschoben, um von der Strategie des Kanzlers abzulenken. Bei seinem Bemühen, die Gunst der deutschen Öffentlichkeit zurückzugewinnen, konnte die Anwesenheit Kaiser Wilhelms in der Reichshauptstadt für Bülow nur hinderlich sein. Die öffentlichen Sympathien mussten ihm geradewegs zufliegen, wenn er – wie sein politisches Vorbild Bismarck – im Sturm der Anfeindungen des Auslands und der öffentlichen Erregung im Inland unbeirrt das Steuerruder hielt, sich im Reichstag mutig den Vorwürfen über die Behandlung des Stuart-Wortley-Artikels stellte und sich zwischenzeitlich in der Casablanca-Affäre als geschickter außenpolitischer Krisenmanager profilierte – während der Kaiser fernab von Berlin in Österreich und Donaueschingen seiner Jagdleidenschaft frönte und damit seine Weigerung zum Ausdruck zu bringen schien, sich öffentlich oder privatim mit den gegen seine eigenwillige Regierungsweise erhobenen Anschuldigungen ernsthaft auseinanderzusetzen. In dieser Situation konnte Bülow sogar als der Mann erscheinen, welcher der kochenden Volksseele Satisfaktion zu bieten vermochte, wenn er sich öffentlich gegen den Kaiser stellte, wie er es dann auch in seiner Reichstagsrede vom 10. November tat. Es war dem Kanzler aber von vornherein klar, dass er seine Politik des verdeckten Dolchstoßes nur durchhalten konnte, wenn Wilhelm II. in der kritischen Zeit der Parlamentsverhandlungen abwesend war, also nicht täglich Gelegenheit fand, ihn im Reichskanzlerpalais aufzusuchen und über die Tagespolitik zu sprechen. Wie der Kaiser reagieren

114 Dok. Nr.42.
115 Spickernagel, Fürst Bülow, 140 f.
116 Vitzthum von Eckstädt an Hohenthal, 4.11.1908; SächsHStA Dresden, Gesandtschaft Berlin, Nr.264.
117 Tel. Loebell an Plessen, 5.11.1908, 7.50 p.m.; BA Berlin, R 43–810, Bl.247. Siehe auch Schüssler, 42.

würde, falls er aus nächster Nähe den Bülowschen Kurs durchschaut hätte, war unschwer auszumachen.

Trotz zahlreicher Interventionsversuche aus der Umgebung des Kaisers hielt Bülow an seiner Fernhaltetaktik[118] bis zur Sitzung des Bundesratsausschusses für auswärtige Angelegenheiten am 12. November fest. Vergeblich bat die besorgte Kaiserin den Kanzler am 5. November brieflich, er möge ihren Gatten nach dem offiziellen Besuch in Wien zurückrufen und nicht nach Donaueschingen weiterreisen lassen.[119] Am 6. November suchte der mit dem Kaiser befreundete Albert Ballin den Chef des Marinekabinetts, Georg Alexander von Müller, auf und beschwor ihn, „dahin zu wirken, daß der Kaiser nach Berlin zurückkomme, statt in Donaueschingen Füchse zu schießen". Müller wandte sich daraufhin an seinen Kollegen im Militärkabinett, den Grafen Hülsen-Haeseler, der den Kaiser auf seinen Jagden begleitete und Ballins Auffassung durchaus teilte. „Sie können versichert sein", schrieb der Graf am 8. November an Müller, „daß auch ich die baldige Rückkehr des Kaisers, wenn der Kanzler sie anregte, mit allen Kräften anraten würde", doch wenn „der Reichskanzler das nicht fühlt und ausspricht, so ist wohl keine Hoffnung, daß S.M. jetzt früher zurückkehrt". Der kaiserliche Hofmarschall Graf Robert Zedlitz-Trützschler brachte es am 30.11.1908 in seinem Brief an den Vater auf den Punkt: „Vor der Reise nach Eckartsau und Donaueschingen, wie auch später, sind aus der Umgebung wiederholentlich Versuche gemacht, die Reise aufzugeben oder abzukürzen. Diese Versuche blieben hauptsächlich deshalb ergebnislos, weil in jener Zeit dem Fürsten Bülow die Abwesenheit des Kaisers erwünscht war."[120]

Die Reichstagsdebatten vom 10. und 11. November über die *Daily Telegraph*-Affäre sind in der Literatur hinreichend analysiert und kommentiert worden[121], so dass sich ein näheres Eingehen auf diese Vorgänge erübrigt. Bülows Taktik während dieser Debatten verdient allerdings eine genauere Betrachtung. Seine Rede, die sich als Antwort auf die Interpellationen von fünf Fraktionen[122] ausgab, war in der Tat – wie der Sozialdemokrat Wolfgang Heine es formulierte – „ein äußerst geschickter Eiertanz"[123]. Er vermied die direkte Konfrontation mit dem Kaiser, den er angesichts seiner eigenen Schuld ohne nachteilige Folgen für seine Position als Reichskanzler nicht öffentlich desavouieren konnte, distanzierte sich jedoch deutlich von einigen Äußerungen des Monarchen und fand nur gelegentlich Worte des Verständnisses für das kaiserliche Interviewverhalten. Auf die Aufforderung der deutschkonservativen Fraktion, „nähere Auskunft zu geben

118 Siehe dazu auch Lerman, Chancellor as Courtier, 223; Cole, 255–56.
119 Vgl. Hiller von Gaertringen, 156.
120 Siehe Dok. Nr.45 n.1. Schüssler (42 ff.) und Hiller von Gaertringen (163 ff.) heben dagegen auf Bülows grundsätzliche Loyalität gegenüber dem Kaiser ab; diese apologetischen Deutungen sind wohl nicht mehr haltbar.
121 Vgl. Eschenburg, Kaiserreich am Scheideweg, 143–151; Teschner, 29–35; Schlegelmilch, 20–41; Schüssler, 59 ff.; Hiller von Gaertringen, 165–170; Huber, Deutsche Verfassungsgeschichte, IV, 308–311. Redeauszüge Dok. Nr.52–58.
122 Siehe Dok. Nr.55 n.1.
123 Sten. Ber., Reichstag, Session 1907–09, 159. Sitzung, 5420.

über die Umstände, die zur Veröffentlichung von Gesprächen Seiner Majestät des
Kaisers in der englischen Presse geführt haben"[124], ging er bewusst nicht ein,
weil jede Schulddebatte ihn persönlich gefährden konnte: Das sorgfältig konstruierte Netz der Notlügen hätte zerreißen können, wenn Bülow vor dem Reichstag
weitere Details über die Vorgeschichte der Veröffentlichung preisgegeben hätte.
So zog er sich auf die Position zurück, die er in der amtlichen Erklärung der
Norddeutschen Allgemeinen Zeitung eingenommen hatte, indem er, ohne eine
persönliche Schuld anzuerkennen, „die ganze Verantwortung" übernahm und in
geschickter verbaler Verpackung die Beamten des Auswärtigen Amts in die
Rolle der unglückseligen „Sündenböcke" drängte. Die Schilderung der Vorgänge
um sein angebliches Abschiedsgesuch sollte den Höhepunkt seiner mit staats-
männischem Pathos vorgetragenen Rede ausmachen, die er wie gewöhnlich
auswendig gelernt hatte: Nach dem Erscheinen des *Daily Telegraph*-Artikels,
„dessen verhängnisvolle Wirkung mir nicht einen Augenblick zweifelhaft sein
konnte"[!], habe er sofort sein Abschiedsgesuch eingereicht; der Entschluss dazu
sei ihm nicht schwer gefallen. „Der ernsteste und schwerste Entschluß, den ich in
meinem politischen Leben gefaßt habe, war es, dem Wunsche des Kaisers folgend, im Amte zu bleiben; ich habe mich hierzu nur entschlossen, weil ich es für
ein Gebot der politischen Pflicht ansah, gerade in dieser schwierigen Zeit Seiner
Majestät dem Kaiser und dem Lande weiter zu dienen." Es war eine schamlose
Komödie, die Bülow vor dem Reichstag aufführte und für die er auch noch ein
„lebhaftes Bravo" erntete.[125]

Die nachfolgende Aussprache zeigte, dass sich nur die Konservativen mit
Bülows Rede zufrieden gaben. Der Zentrumsführer Hertling monierte, dass Bülow sein Verbleiben im Amt offenbar nicht an bestimmte Voraussetzungen geknüpft habe[126], und Conrad Haußmann (Süddeutsche Volkspartei) meinte mit
sarkastischem Unterton, dass der Kanzler „eine Reihe der gestellten Fragen noch
gar nicht beantwortet" habe, „fast als ob er auch die Interpellationen nicht
gelesen hätte".[127] Nahezu alle Redner waren der Auffassung, dass dem in der
deutschen Öffentlichkeit laut gewordenen und von allen Reichstagsparteien als
berechtigt empfundenen Ruf nach „verfassungsmäßigen Bürgschaften" (Huber)
gegen das Wiederaufleben des „persönlichen Regiments" Wilhelms II. von Bülow nicht gebührend Rechnung getragen worden sei. Der Reichskanzler hatte in
seiner Rede lediglich die „feste Überzeugung" geäußert, dass die Ereignisse der
letzten Tage „Seine Majestät den Kaiser dahin führen" würden, „fernerhin auch
in Privatgesprächen jene Zurückhaltung zu beobachten, die im Interesse einer
einheitlichen Politik und für die Autorität der Krone gleich unentbehrlich ist.
Wäre dem nicht so, so könnte weder ich noch einer meiner Nachfolger die
Verantwortung tragen."[128] Für Haußmann war Bülows Erklärung nur ein „ge-
hauchtes Ultimatum". Der Reichstag habe hören wollen, „daß er mit seinem

---

124 Interpellation v. 4.11.1908 (Drucks. Nr.1011); Reichstag, Anlagen, Bd.248, 5696.
125 Dok. Nr.55.
126 Sten. Ber., Reichstag, 5400.
127 Sten. Ber., Reichstag, 5420.
128 Dok. Nr.55.

kaiserlichen Herrn gesprochen hat [...] und vor uns treten konnte mit dieser Erklärung: der Kaiser und ich, wir sind einig, daß das künftig anders sein muß als
bisher."[129] Der Sozialdemokrat Heine ging in diesem Zusammenhang noch einen
Schritt weiter, als er den Sturz Bülows forderte, um dem Kaiser zu zeigen, „daß
sich kein Kanzler halten kann, der seinen Neigungen zu Eingriffen in die Politik
nicht energisch entgegentritt".[130]

Auf der „Anklagebank" vor der deutschen Volksvertretung saß, wie die
Frankfurter Zeitung am 11. November feststellte, indes nicht der Kanzler, sondern Kaiser Wilhelm II.[131] Während das Niveau der Debatte am zweiten Verhandlungstag immer weiter sank, fielen von der Rednertribüne aus unwiderspro-
chen und vom Reichstagspräsidenten ungerügt Worte gegen den Monarchen, die
bisher im Reichstag nicht für möglich gehalten worden waren. Nach der „scharfen Rede" des Blockpolitikers Haußmann drängten Loebell und Hammann „den
Kanzler inständig, noch einmal hierauf zu antworten" und die „wüste[n] und
ungerechte[n] Angriffe gegen den Kaiser" zurückzuweisen. Soweit sich die damaligen Vorgänge während der Plenarsitzung noch rekonstruieren lassen, zog
Bülow sich nach dem Ende der Haußmann-Rede mit seinen beiden Hauptratge-
bern auf das Kanzlerzimmer im Reichstag zurück. Während Heine im Plenum die
Äußerungen des Kaisers mit beißender Ironie zerpflückte, überlegten sie dort
gemeinsam eine „Antwort, die dahinging, daß er alles, was er zu sagen gehabt
hätte, am Tage vorher geäußert habe, es aber mit aller Entschiedenheit zurückweise, daß der Kaiser jetzt in unwürdiger und ungerechter Weise angegriffen
würde." Ob Bülow zu jenem Zeitpunkt wirklich noch eine Lanze für den Kaiser
brechen wollte, erscheint eher unwahrscheinlich, da dies einen Bruch mit seinem
bisherigen Kurs in der *Daily Telegraph*-Affäre bedeutet hätte.[132] Jedenfalls schien
er erleichtert zu sein, als Bethmann Hollweg ihm nach seiner Rückkehr in den
Plenarsaal „dringend" davon abriet, „noch einmal zu sprechen; die Stimmung im
Reichstag sei nicht mehr dafür geeignet." Loebell, der gerade im Begriff war,
„den Reichskanzler zum Wort zu melden", wurde daraufhin noch rechtzeitig
zurückgerufen.[133]

Kurze Zeit später unternahm der deutschkonservative Abgeordnete Gustav
Roesicke den Versuch, den Kanzler zu einer Verteidigungsrede zu animieren.
Der Vorsitzende des Bundes der Landwirte sprach zunächst Loebell an, bei dem
er mit seinen Argumenten offene Türen einrannte: Man dürfe „den Kaiser nicht
so schmoren lassen"; des Kanzlers „Schweigen bedeutet ja die völlige Preisgabe
des Monarchen durch seinen obersten Beamten, und das geht nicht, wenn wir das
monarchische Prinzip hochhalten wollen"; rede „der Kanzler jetzt nicht, so kann
es ihn sein Amt kosten, wenn der Kaiser die Verhandlungen zu lesen bekommen

---

129 Sten.Ber., Reichstag, 5421 u. 5422.
130 Sten. Ber., Reichstag, 5429.
131 Teschner, 34.
132 Siehe auch Bülows nachträgliche Rechtfertigung für sein Schweigen am zweiten Tag der
    Interpellationsdebattte in seiner Briefkarte an Hammann v. 11.11.1908; BA Berlin, 90 Ha 6
    / NL Hammann, Nr.14, Bl.58 (zit. bei Lerman, Chancellor as Courtier, 224).
133 Siehe Dok. Nr.59.

sollte". Gemeinsam mit Loebell wandte sich Roesicke dann direkt an den Reichskanzler, der „stutzig" wurde und auf die Vorhaltungen des Landwirtschaftsfunk-
tionärs erwiderte, der Staatssekretär des Innern „habe ihm vom Reden abgeraten.
Er habe doch gestern gut abgeschnitten und wolle den gestrigen Erfolg nicht
wieder aufs Spiel setzen." Gerade ging der ostelbische Junker Oldenburg-Januschau ans Rednerpult, um unter dem Hohngelächter der Sozialdemokraten, aber
unter dem frenetischen Jubel der Rechten eine kurze leidenschaftliche Loyalitäts-
kundgebung für den Kaiser abzuliefern. Da mag der Kanzler erkannt haben, dass
ihm von Seiten der Deutschkonservativen Ungemach drohen könnte, falls er
nicht doch noch „irgendein letztes Wort zur Verteidigung" des Herrschers finden
würde. „Als der Kanzler dann einsah, daß sein Schweigen Schaden anrichten
könne", erinnerte sich Roesicke zwei Tage später, „war es zu spät. Die Debatte
wurde gerade geschlossen, und auch ein letzter Versuch von mir beim Präsidenten, die Möglichkeit zum Reden für den Kanzler [zu] eröffnen, konnte keinen
Erfolg haben, da gerade über den Antrag Raab debattiert wurde."[134] Der Antisemit Friedrich Raab hatte im Namen der Deutschsozialen Wirtschaftlichen Vereinigung beantragt, die Beratung über die „Absendung einer Adresse an Seine
Majestät den Kaiser" an die Spitze der nächsten Tagesordnung zu setzen. Dieser
Antrag, der schließlich mehrheitlich vom Reichstag abgelehnt wurde, führte zu
einer Geschäftsordnungsdebatte, die eine substantielle Weiterführung der Debatte über die *Daily Telegraph*-Affäre nicht mehr erlaubte.[135] Loebell hatte den
Reichstag inzwischen „in großer Erregung" verlassen und traf auf der Treppe den
ebenfalls aufgebrachten Kabinettschef von Valentini, der ihm sofort zurief: „Wie
konnte der Reichskanzler diese Angriffe gegen den Kaiser dulden!" Beiden war
klar, dass „ein schwerer Fehler" begangen worden war.[136]

Über die Motive des Bülowschen Schweigens ist viel gerätselt worden. Dabei
wurde vielfach übersehen, dass der Kanzler von Anfang an nicht die Absicht
gehabt hatte, am zweiten Tag noch einmal in die Debatte einzugreifen, so dass
ihm Bethmann Hollwegs Ratschlag, passiv zu bleiben, sehr gelegen kam. Wenn
sich der Innenstaatssekretär dabei auf die „Radaustimmung" im Hause berief,
„das am Ende den Kanzler ebenso auslachen würde wie Kiderlen" (der mit seiner
gelben Weste und seiner ungenierten schwäbelnden Art die Abgeordneten geradezu provozierte)[137], so ist dieses Argument wenig stichhaltig. Die oratorischen
Fähigkeiten des Fürsten hätten sicherlich ausgereicht, um sich bei den Volksver-
tretern auch in dieser Ausnahmesituation gebührend Gehör zu verschaffen. Roesicke nahm an, dass der Kanzler „seinen Monarchen vielleicht aus pädagogischen
Gründen braten ließ", und stützte sich dabei auf Äußerungen, die ihm Bülow
während des Schlusses der Debatte „im leisen Gespräch" gemacht habe: „Wenn
es nur beim Kaiser hilft! Wenn er sich nur zurückhält! Er hat mir die Politik aber
auch gar zu sehr verdorben. Eben hatte ich die orientalische Politik Deutschlands
hübsch in Ordnung und schien der Schwierigkeiten, die uns die orientalische

---

134 Dok. Nr.60; Sten. Ber., Reichstag, 5436 f.
135 Vgl. Sten. Ber., Reichstag, 5437–38.
136 Siehe Dok. Nr.59.
137 Vgl. Dok. Nr.60 n.8; Dok. Nr.105.

Frage macht, Herr zu werden. Da platzt mir der Kaiser mit seinem Interview-Bericht im Daily Telegraph dazwischen, und ich weiß nicht, wie lange ich noch bleiben werde."[138] Der Bülowexperte Hiller von Gaertringen verweist auf inhaltliche Bedenken, die den Fürsten möglicherweise bestimmten, auf das Schlusswort zu verzichten. Hätte Bülow bei seinem zweiten Auftritt die bohrenden Fragen nach der Vorgeschichte der Veröffentlichung einfach übergehen und die von verschiedenen Seiten des Hauses geforderten Garantien gegen die Fortsetzung des „persönlichen Regiments" überhören können? Konnte er die am Kaiser geübte Kritik zurückweisen, ohne zugleich eine wirklich befriedigende, auf eine Übereinkunft mit Wilhelm II. gegründete Erklärung über die Zukunft abzugeben?[139] Derartige Überlegungen mögen durch Bülows Kopf gegangen sein; entscheidend für sein Schweigen dürfte jedoch die Beobachtung gewesen sein, dass das öffentliche „Scherbengericht" (Valentini) über den Hohenzollernkaiser ihn selbst außerordentlich entlastete, obwohl er doch nach Lage der Dinge der Hauptschuldige in der *Daily Telegraph*-Affäre und darüber hinaus auch – was niemals publik werden durfte – der Drahtzieher hinter der allgemeinen Empörung über das „persönliche Regiment" Wilhelms II. gewesen war. Mit der ostentativen Wendung gegen den Kaiser hatte der Reichstag die Arbeit geleistet, die Bülow von ihm erhofft hatte. Warum sollte der Kanzler die Früchte seines geschickten Taktierens, das aus dem ehemals Gescholtenen einen innenpolitischen Hoffnungsträger gemacht hatte, durch eine kaiserfreundliche Schlussrede wieder aufs Spiel setzen?

Bülows Triumph im Reichstag war indes allenfalls ein Pyrrhussieg. Die Verärgerung des Kaisers über die mangelnde Rückendeckung durch den Reichskanzler war ebenso programmiert wie die Bestürzung der Konservativen über Bülows Passivität angesichts der kaiserfeindlichen Agitation am zweiten Verhandlungstag. „Derselbe Kanzler", resümierte der Vorsitzende des Bundes der Landwirte zwei Tage später, „der ruhig seinen Monarchen beschimpfen ließ, wird auch uns im Rahmen des Blocks nicht gegen unsere wirtschaftlichen und politischen Gegner beistehen." Aufgrund langer Beobachtungen sei er zu der Überzeugung gelangt, „daß sich niemand auf den Fürsten Bülow verlassen kann, selbst nicht der Kaiser, wie viel weniger denn wir." Unter den Deutschkonservativen begann die Unterstützung für Bülows Blockpolitik zu bröckeln, wenn auch Heydebrand am 11. November noch nichts von einem Bruch mit dem Kanzler wissen wollte: Er bat Roesicke, dafür zu sorgen, dass in der agrarkonservativen Presse über dessen gescheiterte Einwirkungsversuche auf den Kanzler nichts berichtet werde, „sonst könnte das zum Sturz Bülows beitragen".[140]

Der Kanzlersturz ist auch in der Umgebung des Kaisers vorübergehend in Betracht gezogen worden. Als Valentini am 12. November von Wilhelm II. telegraphisch nach Donaueschingen beordert wurde, hatte der Chef des Geheimen Zivilkabinetts erwartet, „daß der Kaiser die Entlassung Bülows verlangen würde". In dieser Erwartung sollte sich Valentini jedoch getäuscht haben. Zwar

---

138 Dok. Nr.60.
139 Vgl. Hiller von Gaertringen, 169 f.
140 Dok. Nr.60.

wurde in seiner Unterredung mit dem Kaiser am 13. November die Frage der Kanzlerentlassung „natürlich auch angeschnitten, aber als ich ihm sagte, daß ich hierzu bei der Haltung der Parteien und angesichts der Reichssteuerreform im Staatsinteresse zunächst nicht raten könne, schien er erleichtert."[141] Auf einen sofortigen Kanzlerwechsel war Wilhelm damals nicht vorbereitet; doch allen Beobachtern war klar, dass Bülows Kanzlerschaft sich trotz seiner innenpolitischen Erfolge dem Ende näherte.

Das Verhalten Bülows vor dem Reichstag hatte beim Kaiser maßlose Entrüstung und Fassungslosigkeit hervorgerufen. „Tränen des Zornes und der Enttäuschung seien ihm in die Augen gestiegen", berichtet Valentini von seiner ersten Begegnung mit dem Monarchen in Donaueschingen. „Er betonte, daß er in dieser Sache ganz konstitutionell gehandelt habe, indem er den ihm im Entwurf zugehenden Artikel dem Kanzler zur Prüfung übermittel und seine Genehmigung zur Veröffentlichung erst gegeben habe, als das Dokument vom Kanzler ohne jedes Monitum zurückgekommen sei. Warum habe dieser im Reichstage den Sachverhalt, der ihn – den Kaiser – doch entlasten müßte, verschwiegen?" Im übrigen könne er nicht begreifen, „wie seine guten Absichten so mißverstanden worden seien, und wie man seine Tätigkeit in der Politik so hart und abfällig beurteilen könne."[142] Mitglieder der Donaueschinger Jagdgesellschaft bezeugten, dass der Kaiser „seelisch ganz gebrochen" war und sich in jenen Tagen wiederholt mit dem Gedanken einer Abdankung beschäftigte.[143] Für eine weitere vertrauensvolle Zusammenarbeit mit dem Reichskanzler Bülow gab es aus seiner Sicht keine tragfähige Basis mehr. Der Bruch war nicht mehr zu kitten.

Derweil bemühte sich Fürst Bülow in der Reichshauptstadt mit Erfolg, seine innenpolitische Position so zu festigen, dass der Kaiser ihn vorerst gar nicht entlassen konnte, wollte dieser nicht ein politisches Erdbeben riskieren. Unmittelbar nach dem Ende des zweiten Verhandlungstages trat im Reichstagsgebäude das preußische Staatsministerium zu einer Sondersitzung zusammen, die der Reichskanzler kurzfristig einberufen hatte. Wie sich der Staatssekretär des Reichsschatzamts Reinhold von Sydow erinnerte, war die Stimmung unter den Ministern „äußerst gedrückt, denn wir standen unter dem Eindruck, daß noch nie ein Deutscher Kaiser oder Preußischer König den Angriffen des Parlaments so schutzlos preisgegeben war."[144] Bethmann Hollweg soll sogar geäußert haben: „Noch ein solcher Tag, und wir haben die Republik!"[145] Die Frage war, ob die Minister dem Reichskanzler und preußischen Ministerpräsidenten den Rücken gegen den Kaiser stärken oder ihm gegenüber ihr Missfallen über seine Vorgehensweise in der *Daily Telegraph*-Affäre zum Ausdruck bringen würden.

---

141 Valentini, Kaiser und Kabinettschef, 101–102.
142 Ibid., 101.
143 Zedlitz-Trützscher, Zwölf Jahre, 197; Czernin, Im Weltkrieg, 72; Lerchenfeld, Erinnerungen und Denkwürdigkeiten, 379 f.
144 Thimme, Front wider Bülow, 120.
145 Einem, Erinnerungen, 120.

In dem Ergebnisprotokoll, das leider keine Aufschlüsse über den Inhalt und den Verlauf der äußerst lebhaften Debatte gewährt, wird festgehalten, dass der Ministerpräsident zu Beginn der Sitzung „geheime Mitteilungen über die letzten politischen Ereignisse" machte. Es ist anzunehmen, dass Bülow seine preußischen Ministerkollegen zunächst mit seiner außenpolitischen Kompetenz beeindrucken wollte und dies wohl auch tat, indem er den am Vortag erzielten Vergleich mit Frankreich in der Casablanca-Angelegenheit bekannt gab und auf das deutsch-österreichische Einvernehmen in der bosnischen Annexionskrise hinwies. Sodann ging der Kanzler auf die Vorgänge in der *Daily Telegraph*-Angelegenheit ein, doch seine diesbezüglichen Mitteilungen – so Sydow – „enthielten in den Hauptpunkten nichts Neues, ließen uns also in dem Glauben, daß der Fürst das Interview vor der Veröffentlichung nicht gelesen habe, und sagten uns nicht, daß der Kaiser von ihm eine persönliche Prüfung vom politischen Standpunkte aus gefordert hatte."[146] Die sich daran anschließende Debatte, an der sich neben Bethmann Hollweg auch Kriegsminister von Einem, Admiral Tirpitz, Finanzminister Georg von Rheinbaben und Justizminister Maximilian Beseler beteiligten, wurde also unter falschen Prämissen geführt und nahm den von Bülow gewünschten Verlauf, da sämtliche Diskussionsteilnehmer ihrem Unmut gegen die unverantwortlichen, in Privatgesprächen mit einem Ausländer gemachten, politischen Äußerungen des Monarchen freien Lauf ließen. Keiner der beteiligten Redner wollte aber im Interesse seiner Karriere aus der Deckung herausgehen, und so sicherte ihnen Bülow auf ihren Antrag hin zu, dass ihre kritischen Äußerungen gegen den Hohenzollernkaiser nicht zu Protokoll genommen wurden. Darüber hinaus wurde das magere Ergebnisprotokoll noch sekretiert und – anders als bis dahin üblich (Sitzungsprotokolle wurden gewöhnlich von allen anwesenden Ministern unterschrieben) – nur vom Präsidenten des Staatsministeriums und Protokollführer vollzogen.[147] Letzteres lag wiederum im Interesse Bülows, denn der von ihm herbeigeführte, einstimmig gefasste Beschluss des Staatsministeriums kam einer revolutionären Kampfansage an den preußisch-deutschen Herrscher gleich.

In dieser Resolution stellte sich das preußische Staatsministerium „rückhaltlos auf den Boden der Erklärungen des Herrn Reichskanzlers vom 10. d. Mts." und erklärte, dass es angesichts der einmütigen Stellungnahme der Parteien gegen das „persönliche Regiment" unmöglich gewesen wäre, „die parlamentarische Kritik von der Person Seiner Majestät des Kaisers fernzuhalten, wie dies bisher Übung gewesen ist." Im zweiten Teil des Beschlusses wurde mit Bedauern konstatiert, „daß die Einbuße, welche" durch die Veröffentlichung des *Daily Telegraph* „die Monarchie und die Person Seiner Majestät des Kaisers erlitten" habe, enorm groß gewesen sei, und prognostiziert, „daß die Wiederholung ähnlicher Vorkommnisse für Kaiser und Reich, für König und Preußen verhängnisvoll werden müßte". Deshalb beauftragte das Staatsministerium den Reichskanzler und preußischen Ministerpräsidenten ausdrücklich, „Seiner Majestät auch namens des Staatsministeriums über den Ernst der Lage und über die Notwendig-

---

146 Thimme, Front wider Bülow, 120–121.
147 Siehe Dok. Nr.61 n.2 u.3.

keit Vortrag zu halten, daß Seine Majestät alles vermeiden wollen, was eine ähnliche Kritik herausfordern würde."[148]

Dieses Dokument ist sicherlich einzigartig in der Geschichte des wilhelminischen Deutschland. Die obersten Beamten des Reichs und Preußens, die der Krone ihre Ernennung verdankten und vom Monarchen jederzeit wieder entlassen werden konnten, erteilen darin dem Präsidium des Bundes kollektiv eine Abmahnung für sein öffentliches Auftreten, ohne ein verfassungsmäßiges Mandat dafür zu haben. Berief man sich dabei auf die Stellungnahme des Reichstags, der sich im Übrigen nicht auf eine gemeinsame Adresse an den Kaiser hatte einigen können, wäre dies einem verklausulierten Bekenntnis zum Parlamentarismus gleichgekommen. Mit dem in der Reichsverfassung verankerten monarchischen Prinzip war dieser Maulkorbbeschluss des preußischen Staatsministeriums jedenfalls nicht zu vereinbaren. Ob den Ministern der revolutionäre Ansatz ihres Beschlusses damals bewusst war, muss allerdings bezweifelt werden, zumal das tragende Motiv für dieses Vorgehen gerade der Wunsch nach Festigung der brüchig gewordenen Monarchie gewesen ist. Indessen ist der Wortlaut des Ministerbeschlusses in der Öffentlichkeit nie bekannt geworden. Bülow hat darüber hinaus seinen Ministerkollegen nach seinem Immediatvortrag vom 17. November versichert, „im Interesse eines guten Verhältnisses zwischen Seiner Majestät und dem Staatsministerium" von diesem Beschluss, dessen Problematik ihm nicht entgangen sein konnte, dem Kaiser gegenüber keinen Gebrauch gemacht zu haben.[149] Wie auch immer man diesen Vorgang bewerten mag, eines spiegelt er deutlich wider: In dem sich abzeichnenden Machtkampf zwischen Krone und Reichskanzler war Bülow zu allem entschlossen, um seine Position an der Spitze der Reichsverwaltung abzusichern. Offenbar war er auch bereit, den Kaiser mit der Androhung einer kollektiven Demission des Staatsministeriums unter Druck zu setzen, falls dieser ernsthaft erwog, ihn wegen seines Reichstagsauftritts zu entlassen. Diese Taktik hat beispielsweise der Eisenbahnminister Paul von Breitenbach nicht durchschaut. „Rückblickend", schrieb er im Februar 1919, bedauere er tief, in der entscheidenden Sitzung nicht einen den Kaiser entlastenden Standpunkt vertreten zu haben: „Ursache war meine ungenügende politische Schulung und der damals bei mir noch volle Geltung habende Glauben an die Prominenz des Fürsten Bülow und an seine Opferbereitschaft für den Monarchen."[150] Im letzteren Punkt hat Bülow das Staatsministerium und die Nation gleichermaßen getäuscht.

Über seinen geschickten Schachzug vom 11. November, der den in Donaueschingen jagenden Kaiser vollends matt setzte, konnte Bülow mit Recht jubilieren. „Die Sitzung des Staatsministeriums ist günstig verlaufen", schrieb er Hammann noch am Abend dieses turbulenten Tages. „Ich habe das ganze Staatsministerium hinter mir. Es fühlt den großen Ernst der Lage." Ganz sicher fühlte sich der Reichskanzler aber immer noch nicht, da ein spontaner Verzweiflungscoup des Kaisers bei dessen Unberechenbarkeit nicht völlig auszuschließen war. Des-

---

148 Dok. Nr.61.
149 Siehe Dok. Nr.78.
150 Dok. Nr.61 n.4.

halb setzte er wie in den Vortagen auf eine gezielte Öffentlichkeitsarbeit. „Wir können nur durchkommen", teilte er seinem Pressedezernenten auf einer kleinen Briefkarte mit, „wenn wir jetzt in der Presse sehr geschickt und umsichtig manövrieren. Wir müssen in der Presse sagen, der Reichskanzler habe sich der Zustimmung des ganzen Staatsministeriums für sein weiteres Vorgehen versichert. Es muß aber natürlich taktvoll gesagt werden."[151]

Der Bundesratsausschuss für auswärtige Angelegenheiten hat unter Bülow bekanntlich nur eine kümmerliche Rolle gespielt. Während seiner Reichskanzlerschaft rief er ihn nur zweimal zusammen, um in kritischen Situationen die Zustimmung der Bundesfürsten für seine Außenpolitik zu gewinnen: am 12. Juli 1905 auf dem Höhepunkt der Marokkokrise und am 12. November 1908.[152] Diesmal ging es in der Hauptsache um ein innenpolitisches Thema, nämlich um die Gestaltung des künftigen Verhältnisses zwischen Kaiser, Reichsregierung und Bundesfürsten nach den Erfahrungen der *Daily Telegraph*-Affäre. In dem Ausschuss, in dem die sechs wichtigsten Bundesstaaten durch ihre Staatsminister und Bundesratsbevollmächtigten vertreten waren (Preußen, Bayern, Sachsen, Württemberg, Baden, Mecklenburg-Schwerin), spielte Bülow zunächst stundenlang auf der außenpolitischen Klaviatur, um das Terrain für das Hauptthema vorzubereiten. Wie der württembergische Gesandte Varnbüler dem Publizisten Theodor Schiemann später mitteilte, „begann Bülow mit einer langen Darlegung der auswärtigen Lage, wie er sie so eingehend noch nie gegeben hatte, unter Vorlegung ganz geheimer Aktenstücke, die den Eindruck auf die Bundesratsmitglieder machte, daß er in souverainer Weise die Lage beherrsche und in der Tat durch seine persönlichen Beziehungen unentbehrlich sei."[153] Die Überleitung zur *Daily Telegraph*-Affäre entbehrte nicht eines gewissen theatralischen Effektes: Die auswärtige Lage sei „in den letzten Monaten zweifellos eine günstige" gewesen, da „die Leute keine Zeit" gehabt hätten, „sich mit uns zu beschäftigen". Die „Wetterwolken" hätten sich „vom Kanal nach dem Orient verzogen", wo man aber „nicht viel zu fürchten" habe, „solange Österreich und Deutschland zusammenhalten". Deutschlands Beziehungen zu England seien „schwierig" geblieben. Man habe „in England mit gutgesinnten und feindlich gesinnten Kreisen zu rechnen". Da sei „äußerste Vorsicht" geboten, „keine Reden, kein Säbelrasseln", kein Nachlaufen. „Um so störender war der peinliche Zwischenfall, den die Veröffentlichung des *Daily Telegraph* verursacht hat. Das Versehen des Ausw[ärtigen] Amtes ist mir unbegreiflich."[154] Demnach hatten der impulsive Kaiser und das unfähige Auswärtige Amt seine vernünftigen außenpolitischen Leitlinien, welche die internationale Stellung des Reichs hätten konsolidieren sollen, durchkreuzt, sehr zum Schaden der Position des Deutschen Reichs. Dass die Beziehungen zu England nicht nur „schwierig" waren, sondern infolge des ungebremsten deutschen Schlachtflottenbaus vor einem fatalen Bruch standen,

---

151 Dok. Nr.62.
152 Vgl. Deuerlein, 258–260.
153 GStA PK Berlin, I.HA Rep.92, NL Schiemann, Nr.153 (Eintrag v. 10.3.1909).
154 Dok. Nr.65.

verschwieg Bülow dem Bundesratsausschuss ebenso wie seine verzweifelten Anstrengungen, auf der journalistischen Schiene, zu dem auch das „Kaiserinterview" gehörte, zu einer Verbesserung des eisigen deutsch-englischen Klimas zu gelangen.

Was Bülow den Bundesratsmitgliedern über die Vorgeschichte der *Daily Telegraph*-Publikation präsentierte, waren die bekannten Unwahrheiten. Er habe den Text des englischen Manuskripts nicht gekannt („daß ich den Artikel selber lesen sollte, war ja Unsinn [!]"); unter der „Unmasse der Papiere, die der Kaiser ihm täglich zuschicke, sei es nicht möglich, das Ganze zu bewältigen". So habe er im vorliegenden Fall das Manuskript dem Auswärtigen Amt zugeschickt „mit dem ausdrücklichen schriftlichen Vermerk, daß es darauf durchzusehen sei, ob es historisch richtig die Tatsachen wiedergebe und ob es für die Veröffentlichung geeignet sei". Der Vortragende Rat Klehmet, dem die Prüfungsaufgabe zufiel, habe „sachliche Korrektur gemacht, die Veröffentlichung für unbedenklich erklärt". Als er – Bülow – nach dem Erscheinen des *Daily Telegraph*-Artikels den Wortlaut der kaiserlichen Äußerungen kennenlernte, habe er „sofort [!] seinen Abschied eingereicht, den der Kaiser ablehnte". Nach der Erinnerung Varnbülers hat Bülow daran „längere Ausführungen" angeknüpft, „wie schwierig es sei, mit dem Kaiser Politik zu machen, so daß alles den Eindruck hatte, daß er nur schweren Herzens und aus Patriotismus seine Stellung beibehalten hätte".[155]

Zu der Frage, wie er das „persönliche Regiment" Kaiser Wilhelms II. künftig einzuschränken gedenke, machte der Kanzler vor dem Bundesratsausschuss konkrete Angaben: „Ich habe [...] bei S.M. einen Immediatvortrag erbeten und werde mit Bestimmtheit und Offenheit die Bitte aussprechen, daß S.M. alle Gespräche und alles Telegraphieren unterläßt und was das Volk unruhig macht, damit wir nicht unseren Gegnern in die Hände arbeiten im Innern und im Äußern." Falls der Allerhöchste Herr „auf die Bedingung nicht eingeht, werde ich nicht in der Lage sein, S.M. ferner vor dem Reichstage zu vertreten." Er sei es „auch der Krone schuldig, eine gewisse Grenze einzuhalten."[156] Als Royalist sans phrase bot er also den Bundesfürsten an, seine ganze Autorität als langjähriger Reichskanzler dafür einzusetzen, dass – gegebenenfalls unter Rücktrittsandrohungen – alle politischen Extravaganzen des Kaisers künftig eingedämmt und die verfassungsmäßigen Zustände dauerhaft wiederhergestellt würden. Die Vertreter der führenden Bundesstaaten nahmen dieses Angebot dankbar an, ohne sich darüber Rechenschaft abzulegen, dass die von ihnen monierte halbautokratische Regierungsweise Kaiser Wilhelms II. sich hauptsächlich während Bülows Kanzlerschaft herauskristallisiert hatte.

Die Wertung der *Daily Telegraph*-Publikation durch den bayerischen Ministerpräsidenten Podewils war – ohne dass der Vertreter des Königreichs Bayern sich dessen bewusst war – eine schallende Ohrfeige für den Staatsmann Bernhard von Bülow, der, wie unsere Untersuchungen ergeben haben, die Veröffentlichung des Artikels in voller Kenntnis seines Inhalts betrieben hat. Er halte es für

155 GStA PK Berlin, I.HA Rep.92, NL Schiemann, Nr.153 (Tagebucheintrag v. 10.3.1909). Vgl. auch Dok. Nr.65.
156 Dok. Nr.65.

seine staatsmännische Pflicht, sagte Podewils vor dem Bundesratsausschuss, „zu erklären, daß ich diese Veröffentlichungen als einen schweren Schlag für das politische Ansehen des Deutschen Reichs ansehe, als eine Gefährdung Deutschlands nach außen und als eine Beeinträchtigung der Ruhe und Zufriedenheit im Innern, nicht zum mindesten aber auch als eine Schädigung des deutschen Handels und Wirtschaftslebens, als eine Schädigung aber vor allem des Kaisers und seiner Fürsten durch das Rütteln am monarchischen Fühlen und Denken des Volkes." Der bayerische Staatsminister fürchtete offenbar um die Existenz der souveränen Fürstenhäuser, wenn das monarchische Prinzip durch derartige Vorgänge weitere Risse erhielte und zugunsten der demokratischen Ideen verblassen würde. Zur Abwehr des demokratisch-republikanischen Zukunftsgespenstes und zur Festigung der traditionellen Werte konnte vielleicht ein neuer Einigungskrieg verhelfen. Wie schon einige der konservativen und liberalen Reichstagsabgeordneten während der Interpellationsdebatte[157] neigte auch Podewils dazu, einen Deutschland aufgezwungenen Krieg als willkommenes Instrument zur Herrschaftsstabilisierung anzusehen. „Das Gefühl der Notwendigkeit einmütigen Zusammenstehens der deutschen Regierungen und Stämme nach außen", führte er am Schluss seiner Rede aus, „erweist seine volle Stärke erst recht in ernsten Tagen, wie wir sie eben durchleben. Dem Auslande gegenüber darf auch keinen Augenblick der Eindruck aufkommen, als ob Deutschland unter dem deprimierenden Eindruck der letzten Vorgänge sich außer Verfassung befände, seine Rechte und Interessen im Rate der Völker gebührend zu wahren. In der Stunde der Gefahr wird vielmehr – das muß mit aller Wucht und Deutlichkeit zum öffentlichen Bewußtsein auch des Auslandes gebracht werden – ganz Deutschland in geschlossener Entschiedenheit nach außen die Autorität zur Geltung zu bringen wissen, die ihm nach seiner inneren Kraft, nach seiner Weltbedeutung zukommt."[158] Am Rande des innenpolitischen Abgrundes mit den düsteren Perspektiven eines Machtverlusts der bisherigen Herrschaftseliten konnte, so darf man die Botschaft des bayerischen Ministerpräsidenten wohl deuten, eine gemeinsame kriegerische Aktion zur Sprengung der Koalition der Einkreisungsmächte segensreich wirken, den Abgrund – um bei der Metapher zu bleiben – also wieder schließen.

An Bülow wurde während der mehr als vierstündigen Sitzung keinerlei Kritik laut. Im Namen der Mitglieder des Ausschusses dankte Podewils dem Reichskanzler im Gegenteil, dass er auf seinem „Abschiedsgesuch" nicht bestanden habe, da er „in einer Zeit gespannter Weltlage und schwieriger Aufgaben im Innern" kaum zu ersetzen sein würde. Schließlich wurde der Kanzler von allen Rednern aufgefordert, „S.M. den Kaiser in aller schuldiger Achtung und Ehrerbietung inständigst zu bitten, sich in Zukunft größere Zurückhaltung aufzuerle-

---

157 Gamp-Massaunen und Karl Schrader am 11.11.1908 (vgl. Dok. Nr.57, bes. n.4); ebenso Oldenburg-Januschau (Erinnerungen, 100).

158 Dok. Nr.65 n.7. Ähnlich Maximilian Harden am 21.11.1908: „Geht's wie bisher weiter, so müssen wir einen Krieg führen, um die verlorene Achtung wieder zu erwerben und uns vom Fluch der Herdenlächerlichkeit zu lösen" („Gegen den Kaiser III", in: *Die Zukunft*, 65 / 1908, 304).

gen, im Interesse Seiner eigenen Person und der amtlichen Stellen". Bülow
versprach dies zu tun, dankte für die Vertrauenskundgebung der Ausschussmit-
glieder und schloss mit den Worten: „Ich kann nicht im Amte bleiben, wenn nicht
das geschieht, was ich an Allerhöchster Stelle verlangen muß."[159]

Um einen Termin für den im Bundesratsausschuss angekündigten Immediatvortrag bei Seiner Majestät hatte sich Bülow noch am Abend des 11. November
bemüht, unmittelbar nach der Sondersitzung des preußischen Staatsministeriums
im Reichstagsgebäude. Zunächst plante er, sich am Samstag, den 14. November,
beim Kaiser in Donaueschingen zu melden. Wilhelm zeigte sich mit der „Meldung einverstanden" und wies seinen Gastgeber, den Fürsten Max Egon von
Fürstenberg, an, für den Kanzler ein „Quartier im Schloß bereit[zu]halten". Bülow mag es dann doch nicht für sehr passend gefunden haben, sich in einer
staatspolitisch äußerst brisanten Situation vorübergehend der Donaueschinger
Jagdgesellschaft anzuschließen. Jedenfalls änderte er am 12. November, zwei
Stunden vor der für 16 Uhr anberaumten Sitzung des Bundesratsausschusses für
auswärtige Angelegenheiten, sein Vorhaben: „Euer Majestät melde ich ehrfurchtsvollst, daß ich heute Sitzung des Bundesrats abhalten muß, morgen Konferenz mit dem englischen Botschafter und Sonnabend unaufschiebbare und entscheidende Besprechung wegen der Reichsfinanzreform hier habe. Euere Majestät bitte ich untertänigst, mir gnädigst gestatten zu wollen, mich Montag [16.
November] in Kiel melden zu dürfen."[160] Dort hatte sich der Kaiser zur Rekruten-
vereidigung angesagt. Die „unaufschiebbaren" politischen Geschäfte am Sonnabend waren wohl nur ein Vorwand, denn in Wirklichkeit hatte sich der Kanzler
für diesen Tag mit Friedrich von Holstein verabredet[161], um mit seinem ehemaligen Mitarbeiter im Auswärtigen Amt die Vorgehensweise bei der kommenden
Audienz zu erörtern. Holstein suchte Bülow in einer abendfüllenden Besprechung für eine harte Linie gegen den Kaiser zu gewinnen. Offenbar einigte man
sich auf ein „Programm" (Hiller von Gaertringen): Der Kanzler sollte durch
starken Druck auf den Kaiser diesen zu einer öffentlichen Erklärung bewegen,
dass er sich in Privatgesprächen, Reden und Telegrammen künftighin eine größere Zurückhaltung auferlege.[162]

Nach dem Empfang eines Privatbriefes von seinem Vetter Jenisch kamen
Bülow indes Zweifel, ob er an diesem radikalen „Programm" festhalten sollte.
Immerhin lief die geplante Erklärung auf eine öffentliche Demütigung des Trä-
gers der Kaiserkrone hinaus und würde der Monarchie einen schweren Schaden
zugefügt haben. Dieser Schritt würde vor allem bei den Deutschkonservativen
auf Unmut stoßen und vielleicht dahin führen, dass die loyalsten Anhänger der
Hohenzollerndynastie dem Bülow-Block den Rücken kehrten. Von Jenisch er-

---

159 Dok. Nr.65 n.11.
160 Dok. Nr.62 n.1.
161 Eintragung „Holstein" unter dem 14.11.08 in Bülows Losungen; BA Koblenz, NL Bülow,
    Nr.152/12. Vgl. auch Holstein an Ida v. Stülpnagel, 16.11.08: „Sonnabend abend war ich
    2 $^{1}/_{2}$ Stunden bei Bülow" (Rogge, Friedrich v. Holstein, 326).
162 Hiller von Gaertringen, 174 f.; Rich, Friedrich v. Holstein, II, 823–25.

fuhr Bülow nun, dass Wilhelm II. bereit zu sein schien, „in Kiel Dir die nötigen
Zusicherungen [zu] geben"; überdies sei der Monarch „in sehr weicher Verfas-
sung und leide offenbar seelisch".[163] Damit war der Machtkampf zwischen
Wilhelm II. und Bülow im Grunde schon zugunsten des Kanzlers entschieden.
Von einem finalen Hieb konnte der Fürst jetzt absehen, zumal er sich über die
Gefährlichkeit eines solchen Vorgehens keine Illusionen gemacht haben dürfte.
Am 14. November – Bülow erhielt diese Nachricht *nach* seinem Gespräch mit
Holstein – ließ Valentini den Kanzler über Jenisch telegraphisch ausrichten, „Du
möchtest Bogen nicht zu straff spannen, nicht etwa programmatische Erklärun-
gen vom Kaiser verlangen, oder gar über seine Zusagen an Dich etwas Offizielles
veröffentlichen. Hiervon rate er *dringend* ab. [...] Seine Majestät öffentlich eine
Art pater peccavi sagen zu lassen, widerspreche auch seinem royalistischen und
monarchischen Gefühl und würde *sehr* gefährlich sein."[164]
    Wohl noch am späten Abend des 14. November nahm Bülow die nach der
Audienz im *Reichsanzeiger* zu veröffentlichende Erklärung des Kaisers in Angriff, die er vermutlich einem Sekretär diktierte und die den Bedenken Valentinis
voll Rechnung trug. Der Rohentwurf enthielt kein Schuldeingeständnis des Monarchen und kein Bedauern über die unglückliche Wirkung seiner Äußerungen im
Daily Telegraph, sondern den Vorwurf, in der Presse und im Reichstag „ungerecht" behandelt worden zu sein, aber auch das – sicherlich sehr vage gehaltene –
Versprechen, „die zwischen der Krone und der Nation eingetretenen Mißverständnisse für jetzt und für die Zukunft zu beseitigen". Das Kernstück der Erklärung verrät, worauf es Bülow in erster Linie ankam: „In diesem Sinne billigte
Seine Majestät die Ausführungen des Reichskanzlers in der Reichstagssitzung
vom 10. November und versicherte den Fürsten von Bülow Seines fortdauernden
Vertrauens."[165] Es ging dem Fürsten Bülow also nicht darum, vom Kaiser eine
wie auch immer geartete Verzichtserklärung auf das „persönliche Regiment" zu
erhalten, sondern allein um die Sicherung seiner persönlichen Machtstellung.
Seine vollmundigen Versprechungen im Reichstag und im Bundesratsausschuss,
die kaiserliche Selbstbeschränkung notfalls durch Rücktrittsandrohungen zu er-
zwingen, spiegeln sich im Rohentwurf des Kommuniqués nicht wider.
    Auf diesen Schwachpunkt haben Hammann und Loebell ihren Vorgesetzten
aufmerksam gemacht, als sie den Entwurf zur Überarbeitung erhielten. Sie schlugen vor, die Billigung des Kaisers nicht nur auf die „Ausführungen des Reichskanzlers im Reichstage", sondern auch auf „dessen heute unterbreitete Vorschläge" erstrecken zu lassen, doch diese Erweiterung lehnte Bülow ab, da er nicht die
Absicht hatte, dem Kaiser konkrete Vorschläge zur künftigen Selbstbeschränkung zu unterbreiten. Zudem hätte er in dem Kommuniqué zumindest Andeutungen über den Inhalt dieser Vorschläge machen müssen. Otto Hammann zog
schließlich den Journalisten August Stein sowie den linksliberalen Abgeordneten
Conrad Haußmann zu Rate. Von Haußmann kam offenbar die Anregung, den
Satz über die Beseitigung der Missverständnisse zwischen der Krone und der

---

163 Dok. Nr.68 u. Nr.71.
164 Dok. Nr.71.
165 Dok. Nr.75.

Nation zu streichen und statt dessen die „vornehmste Kaiserliche Aufgabe" darin zu bestimmen, „die Stetigkeit der Politik des Reichs unter Wahrung der verfassungsmäßigen Verantwortlichkeiten zu sichern".[166] Dieser Satz war auch für Bülow akzeptabel, da er viele Deutungen zuließ und vom Kaiser bedenkenlos unterschrieben werden konnte. Für die Zeitgenossen nahm damit die öffentliche Verlautbarung des Kaisers den Charakter einer „Garantie-Erklärung"[167] an, doch als solche ist sie von Bülow nicht konzipiert worden.

Am Vorabend der Audienz suchte Bülow seinem Ratgeber Holstein die Gründe für sein Abrücken vom „Sonnabend-Programm" zu erläutern. „Aus Hunderten von Zuschriften ersehe ich, daß die Stimmung im Lande anders ist als bei den Intellektuellen in Berlin", schrieb er Holstein am 16. November. „Das Land will, daß der Kaiser sich ändert; es will aber nicht, daß ihm etwas geschieht. Das Land will vor allem bald Ruhe haben. Die Deutschen besitzen nicht die revolutionäre Ader der Romanen; sie sind nicht dramatisch angelegt."[168] In seiner Antwort vermutete der Geheimrat zu Recht, „daß von kaiserlicher Seite ein freundliches Zeichen erfolgt ist, direkt oder indirekt." Er warnte den Kanzler vor einem „faulen Frieden zwischen Kaiser und Volk, nein zwischen Kaiser und Reich"; dieser könne nur dazu führen, dass der Fürst „daran binnen weniger Monate elend zugrunde gehen" werde, „denn wer wird Sie nachher noch verteidigen?"[169] Noch in letzter Minute appellierte Holstein an den Reichskanzler, in der Sache „fest" zu bleiben und sich an das vereinbarte „Sonnabend-Programm" zu halten: „Der Kaiser wird sich's überlegen, ehe er Sie jetzt gehen läßt. Aber im schlimmsten Fall, wenn er nicht Vernunft annimmt, gehen Sie besser jetzt als großer Mann, als in 3 oder 6 Monaten, verhöhnt."[170] Entgegen den Ratschlägen des Geheimrats, der mit seinen Prognosen recht behalten sollte, hatte sich Bülow bereits für den Primat des Machterhalts entschieden; dazu gehörte auch ein konzilianter Kurs gegenüber dem Kaiser, der die Möglichkeit einer späteren Aussöhnung offen halten sollte.

In die Vorbereitungen für den Immediatvortrag über die *Daily Telegraph*-Affäre bezog Bülow auch den Gesandten Kiderlen-Wächter ein, der am 15. November um 12 Uhr in das Reichskanzlerpalais bestellt und dabei offenbar mit Bülows Version über die Vorgeschichte der Veröffentlichung konfrontiert wurde. Kiderlen erhielt am folgenden Tag die Abschriften von sämtlichen acht Piecen der *Daily Telegraph*-Akte, während Bülow sich zum gleichen Zeitpunkt die Originale vorlegen ließ.[171] Augenscheinlich erwartete der Kanzler, dass der Kaiser ihn auf seine zentrale Rolle bei dem Genehmigungsverfahren ansprechen würde, und so entwickelte der Fürst, der nichts dem Zufall überlassen wollte,

---

166 Dok. Nr.75 n.4.
167 So auch für Hiller von Gaertringen, 172 ff.
168 HP IV, Nr.1153.
169 HP IV, Nr.1154.
170 Holstein an Bülow, 17.11.1908; Rogge, Holstein und Harden, 390; Hiller von Gaertringen, 176 f; anderer Wortlaut in HP IV 535. Siehe dazu auch Rich, Friedrich v. Holstein, II, 824 f.
171 Nach den Eintragungen des Zentralbüros des Ausw. Amts v. 14. und 15.11.1908; PA-AA, R 19860. Siehe auch Forsbach, Kiderlen-Wächter, I, 267 f.

zusammen mit dem Stellvertreter Schoens eine geeignete Verteidigungsstrategie. Kurz nach der Besprechung mit Kiderlen erfuhr Bülow, dass der Kaiser nach dem tragischen Tod des Grafen Hülsen-Haeseler, der am Abend des letzten Jagdtages in Donaueschingen (14. November) während einer Tanzaufführung einem Herzschlag erlegen war[172], seine Reisepläne geändert hatte: Er gab Kiel und damit seine Verabredung mit dem Kanzler auf und wollte am 17. November wieder in Berlin eintreffen. Bülow fühlte sich in dieser Situation wohl brüskiert, denn seinem Vetter Jenisch telegraphierte er unmittelbar nach dem Eingehen dieser Nachricht alarmiert: „Ich bitte dafür zu sorgen, daß ich von Seiner Majestät dem Kaiser möglichst bald nach seiner Rückkehr zum Vortrag empfangen werde, nach Lage der Dinge am besten im Schlosse. Ich wiederhole die Bitte, daß ich für die Darlegung so ernster Dinge die Möglichkeit eines eingehenden und ungestörten Vortrages erhalte. Weiteres Aufschieben des Vortrages würde die Situation unnötig verschärfen." Die telegraphische Antwort aus Donaueschingen lautete: „Seine Majestät der Kaiser wollen Euere Durchlaucht morgen Dienstag, den 17. November, vormittag 11 Uhr im Neuen Palais zum Vortrag empfangen. Seine Majestät trifft daselbst morgen früh kurz nach 8 Uhr ein."[173] Sicherheitshalber wollte Bülow zuvor noch mit Valentini zusammentreffen; doch für eine vorherige Besprechung zwischen ihm und dem Chef des Zivilkabinetts blieb keine Zeit mehr.

Über den tatsächlichen Verlauf der mehr als zweistündigen Unterredung zwischen dem Kaiser und dem Reichskanzler, die entgegen der ursprünglichen Vorgabe schon um 10 Uhr begann, ist wenig Gesichertes überliefert. Sie muss sehr einseitig verlaufen sein[174]; während Bülow den Part eines wortgewaltigen Anklägers, der seine Rolle gut einstudiert hatte, übernahm, beschränkte sich der offensichtlich pikierte Monarch auf „einsilbige Antworten" und fand sich unversehens in der Rolle eines renitenten Angeklagten wieder, von dem eine öffentliche Geste der Wiedergutmachung gefordert wurde. „Nach meiner Rückkehr", erinnerte sich Wilhelm II., „erschien der Kanzler, hielt mir eine Vorlesung über meine politischen Sünden und verlangte die Unterzeichnung des bekannten Aktenstücks, das nachher der Presse mitgeteilt wurde. Ich unterschrieb das Aktenstück schweigend."[175] Im Mittelpunkt der Unterredung stand nicht die *Daily Telegraph*-Angelegenheit, sondern – dank einer geschickten Gesprächsstrategie des Fürsten – die öffentliche Unzufriedenheit mit dem „persönlichen Regiment" des Kaisers, ohne dass dieser Terminus ausdrücklich fiel und Bülow vom Kaiser irgendwelche Garantien gegen die Wiederholung der minutiös aufgelisteten Fälle[176] forderte, „in denen plötzliche Entschlüsse, autokratische Eingriffe in die verschiedensten Gebiete, unbesonnene oder verletzende Reden immer wieder die Kritik herausgefordert hatten."[177] Auch hat Bülow nicht, wie im Reichstag und

172 Vgl. dazu Cecil, Emperor and Exile, 138.
173 Dok. Nr.71 n.5.
174 Vgl. Cecil, Emperor and Exile, 138 f.
175 Wilhelm II., Ereignisse und Gestalten, 99.
176 Vgl. dazu Dok. Nr.67.
177 Hammann, Um den Kaiser, 73.

noch im Bundesratsausschuss versprochen, den Kaiser energisch gedrängt, sich künftig in „Privatgesprächen die größte Zurückhaltung aufzuerlegen".[178] Fraglich ist ebenfalls, ob der Kaiser – wie Bülow dem Grafen Hertling am 19. November in einem Vieraugengespräch versicherte – dem Reichskanzler tatsächlich „versprochen" hat, „keine Depesche und keine Rede mehr loszulassen, ohne sich vorher mit dem Kanzler zu verständigen."[179] Im Protokoll des preußischen Staatsministeriums, das am Nachmittag des 17. November zusammentrat, findet sich jedenfalls dieses angebliche Versprechen des Kaisers nicht.[180] Ähnlich weiß auch Hammann, der von Bülow als erster über das Ergebnis der Audienz im Neuen Palais unterrichtet wurde, nichts von jenem kaiserlichen Zugeständnis zu berichten. Warum sollte endlich Bülow privatim gegenüber Holstein eine Mitteilung über jenes Versprechen, das ganz auf der Linie des „Sonnabend-Programms" vom 14. November gelegen hätte, zurückgehalten haben? Unmittelbar nach der Potsdamer Unterredung schrieb er dem Geheimrat einige Zeilen, in denen nur *eine* konkrete Erfolgsmeldung zum Ausdruck kam: die – förmlich erzwungene – Unterzeichnung des von ihm redigierten Kommuniqués für den *Reichsanzeiger* durch Wilhelm II. Freimütig gab er zu: „Stimmung gereizter, Widerstand hartnäckiger, Unterredung schwieriger, als ich nach den Mitteilungen von Jenisch und Valentini angenommen hatte."[181]

Wie nicht anders zu erwarten, präsentierte Bülow dem Staatsministerium seine Unterredung mit dem Kaiser als vollen persönlichen Erfolg. Im Namen seiner preußischen Ministerkollegen dankte Bethmann Hollweg dem Ministerpräsidenten „für die Durchführung der schweren Pflicht [...], die dieser mit dem Vortrage bei Seiner Majestät auf sich genommen habe." Nun könne man sich der „begründeten Hoffnung" hingeben, „daß es gelingen werde, die gegenwärtigen politischen Probleme einem gedeihlichen Ende entgegenzuführen."[182] Dem Vizepräsidenten des Staatsministeriums fiel auch die Aufgabe zu, den stimmführenden Bundesratsbevollmächtigten den Wortlaut der vom Kaiser genehmigten Erklärung vorzustellen und zu erläutern. Obwohl den Bundesratsvertretern Einzelheiten der Audienz vorenthalten wurden, zeigten sie sich mit dem Ergebnis zufrieden. Lerchenfeld „gab der Überzeugung Ausdruck, daß seine Regierung diesen versöhnlichen Abschluß mit Freude und Dankbarkeit begrüßen werde und die übrigen Vertreter stimmten stillschweigend zu."[183] Bassermann feierte in einem Privattelegramm an Bülow „das Verbleiben Euer Durchlaucht als Befreiung von patriotischer Beklemmung" und fügte hinzu: „Möge es Euer Durchlaucht beschieden sein, Deutschlands Staatsschiff mit fester Hand und unbehindert zu steuern."[184] Seiner Frau schrieb der Führer der Nationalliberalen am 21.

---

178 Siehe Dok. Nr.65.
179 Siehe Dok. Nr.74 n.3.
180 Siehe Dok. Nr.78.
181 Bülow an Holstein, 17.11.1908; HP IV Nr.1156. Vgl. auch Lerman, Chancellor as Courtier, 225f.
182 Dok. Nr.78.
183 Dok. Nr.76.
184 Dok. Nr.77.

November in völliger Verkennung der tatsächlichen Vorgänge: „Bülow und mit ihm das Staatsministerium hat vabanque gespielt und gewonnen."[185]

Bassermanns Urteil war indes repräsentativ für den Eindruck, den die Erklärung vom 17. November in der deutschen Öffentlichkeit hinterließ. Die Blätter der Blockparteien wie auch die Zentrumspresse hielten nunmehr die Novemberkrise für abgeschlossen.[186] Die allgemeine Erörterung über das „persönliche Regiment" verstummte; nur die Sozialdemokraten, Teile der Linksliberalen und Alldeutsche gaben sich mit dem „Ausgang der Krisis" (Bassermann) nicht zufrieden. Mit Spannung verfolgte man das erste öffentliche Auftreten des Kaisers nach dem vorläufigen Abschluss der *Daily Telegraph*-Affäre. Am 21. November verlas Wilhelm II. bei der Hundertjahrfeier der Steinschen Städteordnung im Berliner Rathaus eine Rede, die der Reichskanzler ihm überreicht hatte und die er diesem demonstrativ wieder zurückgab – eine unzweideutige Demonstration konstitutionellen Herrschertums, wie Bülow und mit ihm die offiziöse Presse es nicht ohne Triumph empfand.[187] Vor allem die Liberalen zeigten sich nun mit dem Kaiser voll ausgesöhnt. „Schon die Tatsache", kommentierte die *Kölnische Zeitung* am 23. November 1908, „daß er an einer Stätte, die er seit 15 Jahren nicht mehr betreten hatte, erschien, ist im Zusammenhange der Ereignisse von Bedeutung. Sie wird doppelt bedeutsam, wenn man beachtet, daß das Erscheinen eine Huldigung vor der Selbstverwaltung und eine Anerkennung derjenigen Volkskräfte bedeutet, die sich nur auf Kosten des absoluten Regiments haben entfalten können." Die Stimmung in Deutschland, so stellte das Blatt abschließend fest, sei „zwischen Befriedigung und Staunen geteilt." Wilhelm II. habe „mit seltener Gewandtheit den Arm zur Abwehr erhoben" und „im richtigen Augenblick wieder die politische Bühne betreten."[188]

Obwohl dem Kaiser nach seinem Auftritt im Berliner Rathaus die öffentlichen Sympathien wieder zuflogen, muss er selbst den Verzicht auf die freie Rede als schwere Demütigung empfunden haben. Zwei Tage später brach er seelisch und körperlich zusammen und trug sich mit Abdankungsabsichten, nicht zuletzt weil das einstmals enge Verhältnis zum Reichskanzler durch die *Daily Telegraph*-Affäre einen irreparablen Riss erhalten hatte und er sich politisch isoliert fühlte. Rudolf von Valentini, der den Kaiser unmittelbar nach der Potsdamer Spitzenbegegnung vom 17. November sprach, bezeugt, dass Wilhelm „blaß und erregt" gewesen sei, „und ich hatte den Eindruck, daß er nur momentan unter einem schweren seelischen Druck nachgegeben habe, dem Kanzler aber diese Stunde nie vergeben werde."[189] Das wusste auch Kronprinz Wilhelm, der während der Hundertjahrfeier im Berliner Rathaus an den Polizeipräsidenten Ernst von Stubenrauch herantrat und diesem in seiner direkten Art sagte: „Der Fürst Bülow hat an meinem Vater als Verräter gehandelt."[190] Für alle Insider stand fest, dass Bülow nur noch ein Kanzler auf Zeit war.

---

185 Spickernagel, Fürst Bülow, 141.
186 Vgl. Dok. Nr.77 n.1.
187 Vgl. Bülow, Denkwürdigkeiten, II, 388.
188 *Kölnische Zeitung,* 23.11.1908, Nr.1230 (Abendausgabe), Leitartikel „Für den Kaiser".
189 Vgl. Dok. Nr.74 n.2.
190 Thimme, Front wider Bülow, 123.

4. DAS HALE-INTERVIEW: DIE FATALEN FOLGEN EINER UNVERÖFFENTLICHTEN AUFZEICHNUNG ÜBER EIN GESPRÄCH MIT DEM KAISER

Im Verlauf des Immediatvortrages vom 17. November war auch das Interview zur Sprache gekommen, das Kaiser Wilhelm am 19. Juli 1908 dem ihm bis dahin völlig unbekannten amerikanischen Journalisten William Bayard Hale vor Bergen auf der Jacht „Hohenzollern" gewährt hatte. Der Kaiser war offenbar in Sorge über den ungünstigen Eindruck, den die Publikation seines „Hohenzollern"-Interviews in der deutschen und vor allem englischen Öffentlichkeit machen könnte, versicherte aber dem Reichskanzler, „daß Er Mr. Hale kein Wort über Politik und insbesondere nichts über englische Politik und unser Verhältnis zu England gesagt habe."[191] Wilhelms Aussage schien sich zu bestätigen, als in Berlin noch am gleichen Tag ein Exemplar des Artikels „An Evening with the German Emperor" eintraf, den sein Verfasser Hale in der Dezember-Ausgabe der angesehenen amerikanischen Zeitschrift *Century Magazine* hatte veröffentlichen wollen. Eine eilige, vom Auswärtigen Amt vorgenommene Analyse dieses Artikels ergab, dass Hales Gesprächswiedergabe „kaum politische Bemerkungen Sr.M., jedenfalls nicht über England" enthielt; „gelegentliche Äußerungen über Engländer und englische Verhältnisse haben nichts Verletzendes."[192] Heute wissen wir jedoch, dass Wilhelm II. dem Reichskanzler wissentlich die Unwahrheit gesagt hat.[193]

Der ehemalige amerikanische Geistliche William Bayard Hale, der seit Anfang 1907 die Rezensionsabteilung der *New York Times* leitete, wollte im Sommer 1908 mit einem möglichst intimen Bericht über den deutschen Kaiser sein journalistisches Meisterstück machen. Der Mitbesitzer der *New York Times*, Mr. William C. Reick, unterstützte das ehrgeizige Vorhaben Hales, indem er sich Anfang Mai an den deutschen Botschafter in Washington, Baron Hermann Speck zu Sternburg, mit der Bitte wandte, ihm dabei behilflich zu sein, den nach Berlin gehenden Schriftsteller Hale „dort mit einer maßgebenden Persönlichkeit in Verbindung zu bringen, die Seiner Majestät dem Kaiser und Könige besonders nahe steht, um mit dieser die hervorragenden persönlichen Eigenschaften Seiner Majestät sowie Allerhöchstderen innere und Weltpolitik eingehend zu bespre-

---

191 Siehe Dok. Nr.72.
192 Tel.No.259, Bülow an Metternich, 18.11.1908; Dok. Nr.79. Siehe dazu den Abdruck des Artikels im Anhang (Appendix 3).
193 Vgl. Ralph R. Menning – Carol Bresnahan Menning, „‚Baseless Allegations': Wilhelm II and the Hale Interview of 1908", in: *Central European History*, 16 (1983), 368–397. Die folgende Darstellung stützt sich in der Hauptsache auf die akribischen Recherchen der beiden amerikanischen Autoren. Zum Hale-Interview vgl. auch Fritz Fischer, „Exzesse der Autokratie. Das Hale-Interview Wilhelms II. vom 19. Juli 1908", in: Wilhelm Alff (Hrsg.), Deutschlands Sonderung von Europa 1862–1945 (Frankfurt a.M. 1984), 53–75. Fischers Aufsatz basiert auf einer bis heute unveröffentlichten Studie des amerikanischen Historikers Andrew R. Carlson über die Daily-Telegraph-Affäre und das Hale-Interview; Carlson hatte wohl Zugang zum Nachlass W.B. Hales, scheint aber keine anderweitigen archivalischen Quellen benutzt zu haben.

chen."[194] In Berlin suchte Hale am 9. Juli den amerikanischen Botschafter David Jayne Hill auf, der ihn offenbar an den Englanddezernenten im Auswärtigen Amt Hilmar von dem Bussche-Haddenhausen weiterverwies. Auch mit dem Generaladjutanten des Kaisers, General Alfred von Loewenfeld, scheint Hale während seines Aufenthaltes in der Reichshauptstadt persönliche Kontakte aufgenommen zu haben.[195] Von Bussche-Haddenhausen erhielt der amerikanische Literat schließlich ein Empfehlungsschreiben für den Kaiser, der sich gerade auf seiner alljährlichen Nordlandreise befand. Dabei wurde mit großer Wahrscheinlichkeit vereinbart, nichts zu veröffentlichen, was nicht vorher vom Auswärtigen Amt genehmigt worden sei. Diese Aktion war mit dem Kanzler, der sich zwischen dem 30. Juni und dem 29. Juli in Norderney aufhielt[196], nicht abgestimmt worden, wie dieser selbst 1910 in einem Schreiben an Bethmann Hollweg beteuerte: „Es ist nicht wahr, daß ich die [sic] Interview mit dem Amerikaner Hale veranlaßt hätte [...]. Seine Majestät war von dem kaiserlichen Botschafter in Washington und von dem Auswärtigen Amt um den Empfang des angesehenen Amerikaners Hale gebeten worden, so weit ich mich erinnern kann, ohne Rückfrage bei mir."[197]

Nach Ausweis der allerdings lückenhaften Akten ist Bülow erst am 11. November 1908 auf das Hale-Interview aufmerksam gemacht worden.[198] Die Frage, ob der Kanzler einem Zusammentreffen des Kaisers mit dem amerikanischen Journalisten zugestimmt hätte, hat zwar einen spekulativen Charakter, doch bleibt in diesem Zusammenhang festzuhalten, dass Bülow die Anträge ausländischer Journalisten, den deutschen Kaiser interviewen zu dürfen, äußerst restriktiv gehandhabt hat. So verhinderte er in Berlin das Interviewvorhaben des englischen Schriftstellers William Thomas Stead. Am 1. Dezember 1907 erinnerte der Kaiser an diesen Vorgang, als Stead in Highcliffe noch einmal um ein Interview nachsuchte. Mit dem Argument: „I have made a hard and fast rule not to accord any such interviews" wies er Steads Anliegen zurück, obwohl seine Gastgeber überzeugt waren, „that good would come out of it".[199] Bekanntlich hat Wilhelm II. im Sommer 1908 vor dem Hintergrund der als real empfundenen deutsch-englischen Kriegsgefahr seine Skepsis gegenüber den Gesprächen mit ausländischen Journalisten und Privatpersonen abgelegt, indem er Hale am 19. Juli bereitwillig an der norwegischen Westküste empfing und Stuart Wortley am letzten Tag der lothringischen Kaisermanöver (10. September) auf der Höhe von Memersbronn bei Kurzel von seinem Pferd herab einen Vortrag über seine englandfreundliche Politik hielt – in der bestimmten Erwartung, sein Memersbronner „Kommuniqué" in absehbarer Zeit in einem führenden englischen Blatt veröffentlicht zu sehen.[200]

194 Ber. A 112, Sternburg an Bülow, 11.5.1908; PA-AA, R 17240.
195 Siehe Dok. Nr.51.
196 Vgl. BA Koblenz, N 1016, NL Bülow, Nr.152/12 (Losungen).
197 Bülow an Bethmann Hollweg, 25.6.1910; BA, N 1046/ NL Loebell, Nr.6, Bl.121.
198 Vgl. Dok. Nr.51.
199 Vgl. Dok. Nr.1.
200 Vgl. Dok. Nr.129.

Als Bussche-Haddenhausen den amerikanischen Journalisten mit einem Empfehlungsschreiben an den Kaiser ausstattete, ahnte er nicht, dass er sich für dieses
eigenmächtige, nicht aktenkundig gemachte Vorgehen einen denkbar ungünstigen Zeitpunkt ausgewählt hatte.[201] Die Zusammenkunft des Zaren mit König
Eduard VII. in Reval (9./10. Juni 1908), welche die „Einkreisung" zu besiegeln
schien, und die gegen den weiteren Ausbau der deutschen Schlachtflotte gerichtete britische Presseagitation, der sich fast alle Blätter auf der Insel anschlossen,
hatten beim Kaiser eine äußerst gereizte Stimmung gegen England hervorgerufen. Die kaiserliche Umgebung wurde in den ersten Julitagen von massiven
„Kriegssorgen" erfasst.[202] Für Wilhelm II. war ein kriegerischer Zusammenstoß
zwischen England und Deutschland damals zum Greifen nahe, und er überlegte
sich auf seiner Nordlandreise bereits, wie Deutschland sich beim Ausbruch eines
europäischen Konflikts eine günstige Ausgangsposition verschaffen könne. Von
enormer Bedeutung für die künftige Kriegskonstellation, telegraphierte er dem
Kanzler aus Norwegen, sei „die richtige Einfädelung des Bruchs" zwischen England und Deutschland, „der so erfolgen müsse, daß England uns anfalle und falls
es Frankreich dazu bekommt, auch letzteres uns den Krieg erklärt. Dann seien wir
die Angegriffenen [...]."[203] In diese Zeit, in der sich der Kaiser globalen Kriegs-
und Bündnisphantasien hingab, fiel fatalerweise die Begegnung mit Hale. Wie
die *B.Z. am Mittag* am 21. Juli meldete, „promenierte der Kaiser nach dem Diner
volle zwei Stunden lang allein mit dem Korrespondenten im Gespräch auf der
Brücke der ‚Hohenzollern'."[204] Über den Inhalt dieses Gesprächs wusste der
Informant des Berliner Blattes nichts zu berichten.

Hale war über die antienglischen Tiraden und den militanten Ton des Kaisers
überrascht und schockiert zugleich. Die englischen Staatsmänner, die gegenwärtig das Sagen hätten, seien Trottel („ninnies"), der Burenkrieg sei ein „Krieg
gegen Gott" gewesen und markiere trotz des britischen Sieges den Beginn von
Britannias Abstieg. Die Perfidie Albions sei kaum zu überbieten. Unmittelbar
nach dem Interview berichtete Hale dem Besitzer der *New York Times:* „Germany is expecting to fight England, and, in my judgment, the Emperor does not care
how quickly. He poured a steady stream of insult upon the English for two
hours."[205] Die Warnung vor der „Gelben Gefahr" bildete das Hauptthema des
einseitigen Gesprächs. Durch sein Bündnis mit Japan habe England die weiße
Rasse verraten. Die teuflischen Japaner würden die Beherrschung Asiens anstre-

---

201 Über die nicht in allen Punkten zu klärende Vorgeschichte des Hale-Interviews siehe be-
　　sonders Menning/Menning, 371 n.8.
202 Belege bei Menning/Menning, 372 n.10. Siehe auch Fischer, Exzesse, 54 f.
203 Tel. Wilhelm II. an Bülow, 15.7.1908; zit. nach Menning/Menning, 372 n.11.
204 Siehe Dok. Nr.47 n.2.
205 Hale an Reick, 19.7.1908; Davis, Released for Publication, 82. Siehe auch die Synopse des
　　Kaiserinterviews, die ein Redakteur der *New York Times* nach seinem Gespräch mit Hale
　　anfertigte: „He said that the Emperor was most bitter against England during the whole
　　interview and that Germany was ready for war at any moment with her and the sooner it
　　came the better. [...] The Emperor [...] believed that a war would come, and he was aching
　　for the fight, not for the sake of war, but as something that was unpleasant and inevitable,
　　and the sooner the better" (Appendix 1).

ben, „sowing sedition and treachery in every quarter". In Indien träfen japanische Agenten Vorbereitungen für einen allgemeinen Aufstand: „It will break out in about six months." Die unnatürliche englisch-japanische Allianz würde entscheidend zum Verfall des Britischen Empire beitragen, da der Endkampf zwischen Asien und dem Westen, der gelben und der weißen Rasse unabwendbar sei und das Empire unter den Mühlsteinen des globalen Rassenkampfes zerrieben werde.[206] Vor dem Hintergrund dieses düsteren weltpolitischen Szenariums betonte der Kaiser den Wert der deutsch-amerikanischen Freundschaft. Eine Koalition zwischen den Vereinigten Staaten und dem Deutschen Reich würde sich als unschlagbar erweisen, den japanischen Ehrgeiz zügeln, ein freies China herstellen und beweisen, dass die Zukunft dem „Anglo-Teutonen" gehöre, „the man who came from northern Europe – where you to whom America belongs came from – the home of the German."[207] Der amerikanische Präsident Theodore Roosevelt, so betonte Wilhelm II. wiederholt, teile seinen Wunsch nach einem deutsch-amerikanischen Bündnis, und der deutsche Monarch deutete an, dass entsprechende Geheimverhandlungen schon begonnen hätten:

> ‚Oh, this has gone much further than anybody dreams. It's been on my mind for four or five years in this form, and it's working out. Some fine day the world will wake up and read a quiet little agreement between Germany and the United States [...] O – ho! ho! I wonder what my friends across the Channel will say to that!' Here the Emperor laughed loudly, and made a dance step on the deck.[208]

Es kann kaum bezweifelt werden, dass der Kaiser in Bergen jene Äußerungen von sich gegeben hat. Schon in Highcliffe hatte der deutsche Herrscher seinen Gastgeber Stuart Wortley vor den weitreichenden machtpolitischen Ambitionen Japans gewarnt und diesem mehr als deutlich zu verstehen gegeben, dass er den Abschluss der anglo-japanischen Allianz für den fatalsten Fehler der englischen Politik hielt. Auch die Gefahren für den Bestand des Britischen Empire hatte er seinerzeit ausführlich geschildert und darüber hinaus das große Dilemma heraus-

---

206 Nach den noch am späten Abend des 19. Juli gemachten Notizen Hales soll der Kaiser wörtlich gesagt haben: „It's no good talking about Great Britain. England is a traitor to the White Man's cause. The ninnies there have gotten that government in an absolutely impossible position. I tell you, that empire is going to pieces on this rock. If that alliance of theirs with Japan is persisted in, I don't see how the British Empire can be saved from dismemberment" (W.H. Hale, Thus Spoke the Kaiser, 519). Und über die Japaner: „The Japanese are devils, that's the simple fact. They are devils. [...] The trouble with the Japanese is, they don't want any religion. They are constitutionally incapable of religion. They are utterly without sentiment. They are entirely practical, cold, unsympathetic" (ibid., 517 u. 518). Siehe auch Davis, Released for Publication, 82; Appendix 1 u. 2.
207 W.H. Hale, Thus Spoke the Kaiser, 523; Dok. Nr.79 n.2. Der Kaiser fuhr fort: „It does not belong – the future – to the Yellow nor to the Black nor to the Olive-colored; it belongs to the Fair-skinned Man, and it belongs to Christianity and to Protestantism. We are the only people who can save it. There is no power in any other civilization or any other religion that can save humanity; and the future – belongs – to – us!" Diese Passage, die den letzten Absatz des *Century Magazine*-Artikels bildet, ist von Bussche-Haddenhausen nicht gestrichen, also für den Druck genehmigt worden; vgl. Appendix 3 (S. 359).
208 W.H. Hale, Thus Spoke the Kaiser, 520.

gestellt, das sich für die Engländer ergeben würde, wenn die USA und Japan in einen kriegerischen Konflikt gerieten: „If there was a war between the United States of America and Japan, you would be placed in a very awkward position. You could never take part with Japan against the United States, people of your own flesh and blood. Your position would be a very difficult one [...]."[209] Mit seinen deutsch-amerikanischen Bündnisphantasien reflektierte der Hohenzollernkaiser sogar die offizielle Amerikapolitik der Wilhelmstraße, hatte man in Berlin doch bereits im November 1907 die Zeit für reif gehalten, dem Präsidenten der USA ein deutsch-amerikanisch-chinesisches Bündnis vorzuschlagen und ihm im Falle eines japanischen Angriffs deutsche Truppen zur Verteidigung Kaliforniens anzubieten. Unter Hinweis auf die traditionelle isolationistische Außenpolitik der USA und die Schwäche Chinas hatte Roosevelt die Allianzofferte ebenso abgelehnt wie das Angebot einer deutschen Truppenentsendung für den Krisenfall.[210]

In dem globalen Endkampf zwischen der gelben und der weißen Rasse, der nach Wilhelms Vorstellungen die Weichen für die zukünftige Entwicklung der Welt stellen würde, gestand der Kaiser den Deutschen und Amerikanern eine führende Rolle zu. Was lag dann näher als ein Zusammengehen zwischen den beiden zukunftsträchtigsten und vom militärischen Potential her vermeintlich stärksten Nationen, zumal er Frankreich als eine im englischen Schlepptau befindliche Quantité négligeable ansah und Russland nach seiner Niederlage gegen die gelbe Vormacht als ernst zu nehmender Machtfaktor abschrieb? Um den Bündniswert der Deutschen für die Amerikaner zu unterstreichen, gab er Hale quasi als Botschaft für Roosevelt[211] mit auf den Weg:

> ‚All the world understands that the gravest crisis in the destiny of the earth's population is at hand. The first battle has been fought. Unfortunately, it was not won. Russia was fighting the White Man's battle. Many did not see it then. All do now. What a pity it was not fought better! What a misfortune! Those Russians were not fit to fight this fight. What a pity it should have fallen to them to do it!'
> The Emperor's face flushed, and he lifted his arm, his fist clinched in air. Between set teeth, with his face close to mine, he exclaimed, ‚My God, I wish my battalions could have had a chance at 'em! We'd have made short work of it!'[212]

Hale war sich nach dem Ende des äußerst freimütig geführten „Hohenzollern"-Interviews sofort im Klaren darüber, dass er eine Zeitbombe in den Händen hielt. Der Kaiser hatte ihn ausdrücklich dazu ermächtigt, alles zu veröffentlichen, was er gesagt hatte, unter der Voraussetzung, dass das Interview nicht in einer Tageszeitung, sondern einer seriösen Zeitschrift erscheinen würde und der Text zuvor vom Auswärtigen Amt genehmigt worden sei. Unmittelbar nach dem Interview machte sich der Journalist an die Arbeit, indem er zunächst mit der

---

209 Dok. Nr.3.
210 Vgl. hierzu Fiebig-von Hase, Wilhelm II., 251.
211 Hale ist tatsächlich am 12.8.1908 von Theodore Roosevelt auf dessen Landsitz in Long Island empfangen worden, der so auch aus erster Hand Einzelheiten über das Kaiserinterview erfuhr (vgl. W.H. Hale, Adventures of a Document, 704 f.).
212 W.H. Hale, Thus Spoke the Kaiser, 518.

Schreibmaschine die Äußerungen des Kaisers auf losen Blättern möglichst wortgetreu festhielt.[213] Auf der Grundlage dieser maschinenschriftlichen Notizen
fertigte er noch in der Nacht für den *New York Times*-Besitzer Reick einen
zusammenfassenden Bericht an, der auf Betreiben der Redaktion umgehend dem
amerikanischen Präsidenten vorgelegt wurde.[214] Sodann schrieb er – wohl auf
dem Weg nach Berlin – einen Artikel über sein zweistündiges Gespräch mit dem
Kaiser, in dem er seine Materialien allerdings nur zögernd verwertete: Besonders
anstößige Kaiseräußerungen ließ er entweder unberücksichtigt oder bezog sich
nur indirekt auf sie. Vor allem die Schilderung der kaiserlichen Bemerkungen
über die internationale Politik geschah eher vorsichtig referierend und umschrei-
bend und enthielt kaum Kaiserzitate. Noch vor dem 24. Juli ließ Hale sein hand-
geschriebenes Skriptum dem Englanddezernenten im Auswärtigen Amt zur Begutachtung zugehen, um das Imprimatur zu erreichen. Bussche-Haddenhausen
war über den Inhalt des Interviews naturgemäß entsetzt und redigierte den Text in
der Weise, dass fast alle Bemerkungen entfielen, die Wilhelm II. über die Politik
Englands und Japans, über Russland und Frankreich sowie über den globalen
Rassenkampf und das projektierte deutsch-amerikanische Bündnis gemacht hatte.[215] Übrig blieben – wie man im Auswärtigen Amt jedenfalls meinte – relativ
belanglose Ausführungen über „men and institutions", über die Bewunderung
des Kaisers für Präsident Roosevelt, Reflexionen über die christliche Religion,
die „wahre Mission des Reichtums", die Prinzipien der Architektur und schließlich eine Erörterung der Rolle, die die römisch-katholische Kirche in Deutschland spielte.[216]

Über den solchermaßen entschärften und seiner außenpolitischen Pointen
beraubten Artikel zeigte sich Hale nicht gerade erfreut, und so entschloss er sich,
die ursprüngliche Version dem amerikanischen Botschafter in Berlin zu zeigen.

---

213 Vgl. W.H. Hale, Thus Spoke the Kaiser, 514.
214 Hale an Reick, 19.7.1908; Davis, Released for Publication, 84 f. Morison, Roosevelt, VI,
1164.
215 Interessant ist die Begründung, die Bussche-Haddenhausen für die pauschale Streichung
von insgesamt 15 Manuskriptseiten gab: „Every element of possible friction should be
eliminated. No doubt every American would be interested to read the whole of it, and it
would be gratifying to many to hear what the Emperor thinks about the Asiatic question; but
the utterances of His Majesty would, no doubt, hurt the oversensitive Japanese nation and
cause endless trouble to us. [...] You must bear in mind that an Emperor's words will be
more scrutinized than those of other mortals. What a ruler says will always have a political
meaning; he cannot talk only as a private individual. I think that now, when the American
fleet on her round-the-globe trip is paying a friendly visit to the Japanese shores, it is a
moment in which all other countries are particularly bound to observe strict neutrality in
feelings and utterances. On what side His Majesty's sympathies are there is no doubt, and
you are at perfect liberty to lay what the Emperor said before Roosevelt and Root or Taft.
[...] We would certainly have the greatest political difficulties if you print anything of these
imperial utterances" (Bussche-Haddenhausen an W.B. Hale, o.D. [Ende Juli/ Anfang August 1908]; W.H. Hale, Thus Spoke the Kaiser, 517). Über den Zensierungsvorgang gibt es
in den Akten des Auswärtigen Amts keine Anhaltspunkte, doch die Hale betreffende Akte
(R 17240) ist zweifellos manipuliert worden und daher wenig aussagekräftig.
216 Siehe Appendix 3.

Hill warnte den Journalisten indes vor der Veröffentlichung des unzensierten Artikels.[217] Ähnlich reagierte die Redaktion der New York Times auf den Anfang August abgestatteten, mündlichen Bericht Hales über das Kaiserinterview. Der Hauptherausgeber Arthur Greaves hielt das Interview für „so serious and direct that it was dangerous to repeat it." Ein anderer Redakteur stellte nach den Beratungen fest: „Not a line will be printed in the Times, but [...] if he [i.e.Wilhelm] is in such a frame of mind that he opens out to an American clergyman at the first time of meeting him, there is danger of something happening before long."[218] Hale musste sich also damit zufrieden geben, den von Bussche-Haddenhausen erheblich gekürzten und verwässerten Artikel einer amerikanischen Zeitschrift anzubieten, und sich zugleich damit abfinden, die ursprüngliche Version zusammen mit den maschinenschriftlichen Kaiserzitaten als unpublizierbar unter Verschluss zu halten.[219] „The chance of a lifetime [...], sein Glück als Zeitungsmann zu machen", sei ihm dadurch abgeschnitten worden, klagte er später gegenüber dem deutschen Generalkonsul Bünz.[220]

Über den Times-Korrespondenten Oscar King Davis erfuhr auch Theodore Roosevelt am 7. August 1908 von dem Inhalt des „Hohenzollern"-Interviews.[221] Wie nicht anders zu erwarten war, riet der amerikanische Präsident der New York Times energisch von einer Veröffentlichung ab. Die Publikation der Kaiseräußerungen „could do no possible good and might do a great deal of harm." „The Kaiser", schrieb Roosevelt dem Senator Elhiu Root tief beeindruckt, „had spent two hours talking to this unknown newspaperman in language which would invite an international explosion if made public."[222] Historisch relevanter als der Beitrag der Roosevelt-Administration zur Unterdrückung des Hale-Interviews war die Veränderung des politischen Klimas zwischen Washington und Berlin, die mit dem Bekanntwerden der martialischen Kaiseräußerungen einsetzte. Immerhin deutet vieles darauf hin, dass durch die Hale-Affäre die Deutschlandpolitik des Weißen Hauses im Sommer 1908 eine grundsätzliche Korrektur erfuhr.[223] Bisher hatte sich Roosevelt als Vermittler zwischen London und Berlin verstanden und sich bemüht, den deutsch-englischen Antagonismus durch gezielte Einwirkungsversuche auf das englische Kabinett abzuschwächen. Das Säbelrasseln des Kaisers und vor allem dessen Bemerkung, „that he regarded war between England and Germany as inevitable and as likely soon to take place", beeindruckten den Präsidenten aber dermaßen, dass er sein Deutschlandbild fortan revidierte. Dem ehemaligen englischen Zivillord der Admiralität, Arthur Hamilton Lee,

---

217 Im Nachlass Hill (University of Rochester) befindet sich noch ein Exemplar des vernichteten Haleschen Century-Artikels „An Evening with the German Emperor" (nach Menning/ Menning, 374 n.17).
218 Appendix 1.
219 Vgl. dazu W.H. Hale, Adventures of a Document, 703 f.
220 Siehe Dok. Nr.47. Die Bemerkung fiel zwar im Zusammenhang mit der Unterdrückung des Century-Artikels, trifft aber eher auf die vom Auswärtigen Amt vorgenommene, weitgehende Eliminierung des politischen Inhalts des Interviews zu.
221 Siehe Davis, Released for Publication, 84–88.
222 Roosevelt an Root, 8.8.1908; Morison, Roosevelt, VI, 1164.
223 Vgl. Fiebig-von Hase, Wilhelm II., 254 f.

schrieb er am 17. Oktober 1908: „I have been persistently telling so many Englishmen that I thought their fears of Germany slightly absurd and did not believe that there was need of arming against Germany, I feel that perhaps it is incumbent upon me now to say that I am by no means as confident as I was in this position."[224] Roosevelt war nun überzeugt, dass von der Sprunghaftigkeit des Kaisers[225] eine nicht zu unterschätzende Gefahr für den Weltfrieden ausginge: „If he was indiscreet enough to talk to a strange newspaperman in such fashion it would be barely possible that sometime he would be indiscreet enough to act on impulse in a way that would jeopardize the peace."[226] Lee sollte diese Zeilen dem britischen Oppositionsführer Arthur James Balfour und Außenminister Grey zeigen, doch Roosevelt verzichtete im letzten Moment auf die Absendung dieses Briefes[227], um nicht noch zusätzliches Öl ins Feuer zu gießen.

Das britische Foreign Office war schon seit dem 21. August 1908 im Besitz einer Synopse der Kaisergespräche. Diese stammte von einem unbekannten Informanten aus der Redaktion der *New York Times*, der sie Alfred Lord Northcliffe, dem Verleger der Londoner *Times*, zur Verfügung gestellt hatte. Northcliffe nahm von einer Veröffentlichung dieser Synopse in der von ihm gegründeten *Daily Mail* Abstand, übersandte das Dokument jedoch an Greys Privatsekretär. Der englische Außenminister, der sich verständlicherweise schockiert über Wilhelms Bemerkungen über die Unvermeidbarkeit eines deutsch-englischen Krieges zeigte, ließ von diesem Dokument eine Abschrift anfertigen, schickte Northcliffe das Original zurück und dankte dem Pressezaren für dessen Diskretion. Sowohl Grey als auch Unterstaatssekretär Hardinge fühlten sich allerdings verpflichtet, König Eduard noch Ende August über die Synopse des Hale-Interviews in Kenntnis zu setzen. Der englische König kommentierte ungläubig: „This account is a very strange one! Can it be considered as authentic?"[228] Die Frage nach der Authentizität beschäftigte auch die Regierung in Tokio, die ebenfalls noch in den letzten Augusttagen über die japanische Botschaft in Washington in den Besitz einer ausführlichen Version des politischen Teils des Hale-Interviews gekommen war. Die Auslassungen des impulsiven deutschen Herrschers nahm man in Tokio zwar nicht in allen Punkten ernst, doch der japanische Außenminister gab sich gegenüber dem britischen Botschafter grundsätzlich davon überzeugt, „that he [i.e. the Kaiser] acted in a manner inimical to Japan."[229] In der Wilhelmstraße ahnte unterdessen niemand etwas über das verhängnisvolle Ausmaß des außenpolitischen Flurschadens, den der Kaiser mit seinem Interview in Bergen bereits angerichtet hatte, bevor die deutsche Presse, sensibilisiert durch

---

224 Morison, Roosevelt, VI, 1292.
225 Roosevelt sagte am 12.8.1908 zu Hale: „I hardly know what to think of the Kaiser's talking to you in this fashion. He goes ahead so fast. [...] They say I am impulsive, but my impulsiveness is nothing compared to this. Sometimes I think he was talking through his hat. Bill is a thought jumpy" (W.H. Hale, Adventures of a Document, 705).
226 Morison, Roosevelt, VI, 1294.
227 Vgl. Menning/Menning, 377.
228 Siehe Appendix 1 u. Menning/Menning, 377–79.
229 MacDonald an Grey, 12.11.1908; zit. nach Menning/Menning, 390. Über die Herkunft dieser Version (siehe Appendix 2) kann nur spekuliert werden (ibid., 390 n.65).

die *Daily Telegraph*-Publikation, sich mit der Hale-Affäre zu beschäftigen begann.

Es spricht für den erschreckenden Mangel an politischem Instinkt und Urteilsvermögen, dass der Dezernent für die englischsprachigen Länder, der das Vertrauen des Außenstaatssekretärs Schoen und des Reichskanzlers besaß und später noch zum Unterstaatssekretär im Auswärtigen Amt aufsteigen sollte, den erheblich verkürzten Hale-Artikel zum Druck freigab. Die von Bussche-Haddenhausen unbeanstandeten Passagen enthielten nämlich immer noch ein großes Potential an innen- und außenpolitischem Zündstoff. Frankreich, so hat der Kaiser nach dem redigierten Text am Ende seiner Unterhaltung mit Hale ausgeführt, würde an sich keine Bedrohung für Deutschland darstellen, wenn es sich nicht mit anderen Feinden Deutschlands verbündet hätte. Dabei fiel bezeichnenderweise nicht der Name Russlands, sondern Englands: „In greater part, the isolation of Germany today is the deliberate work of England." Was werfe England den Deutschen vor? Bei der Beantwortung dieser Frage kam der Kaiser auf die wirtschaftlichen Rivalitäten zwischen den beiden Ländern zu sprechen, wobei er hervorhob, dass der Deutsche seinem englischen Vetter eigentlich in allen Belangen überlegen sei:

> The German is showing himself the more clever manufacturer; his chemists are at work saving the by-products; in the latest feat of mechanical skill, the making of automobiles, he has gone to the head. His education is better; his health is better; his stature is not diminishing. His army is unequaled; his navy is becoming dangerous; he is first in the field (or in the air) with a practical aerial ship of war.

Entscheidend für die feindliche Wendung Englands gegen Deutschland sei aber nicht die Handelsrivalität, sondern ein uraltes Prinzip britischer Europapolitik:

> England has founded her foreign policy on the leading principle that she must single out and oppose the Power at the moment paramount on the Continent.[230] [...] Examine British policy, and you will find that always England is at work trying to unite the remaining nations of Europe in concerts against the dominant Power. [...] Today Germany is the great Continental Power. Today, therefore, England makes alliances, or seeks them, with every capital of Europe except Berlin.[231]

Dieses Bekenntnis des abgrundtiefen Misstrauens gegen die Ziele der englischen Politik, gekoppelt mit einem irrationalen Überlegenheitsgefühl und Sendungsbewusstsein, spiegelte zwar treffend die außenpolitische Grundhaltung der Reichsleitung unter Bülow wider, gehörte aber eben deshalb nicht vor das Forum der Weltöffentlichkeit. Selbst der neutrale Beobachter konnte aus solchen Ausführungen nur den Schluss ziehen, dass sich hier eine kriegerische Auseinandersetzung zwischen zwei führenden europäischen Nationen anbahnte, für das sich Deutschland nach den Aussagen seines Herrschers gut gewappnet fühlte.

---

230 Offenbar hat sich der Kaiser gegenüber Hale in diesem Punkt noch eindeutiger geäußert. Nach der von Northcliffe dem Foreign Office übermittelten Synopse soll Wilhelm gesagt haben: „It had always been England's way to attack the strongest power [on the European Continent]" (siehe Appendix 1).

Mangelndes Fingerspitzengefühl bewies Bussche-Haddenhausen auch bei der Behandlung der innenpolitischen Ausführungen des Kaisers, der gegenüber dem amerikanischen Journalisten seiner Antipathie gegen den Katholizismus in Deutschland freien Lauf gelassen hatte. Der Baron strich lediglich einen besonders kritischen Passus, der den gesellschaftlichen Frieden in Deutschland sicherlich nachhaltig gestört hätte:

,[...] The Catholics have small place for Jesus. They have relegated Him to a place inferior to Mary and the Saints. But we Protestants draw our strength from the strength of the Saviour's Holy Person.' There can be no denying the warmth of the Emperor's antipathy to Roman Catholicism. Indeed, to a native of a land where the religious quarrel is so far happily unknown, the Emperor's abomination and horror of all things pertaining to it become difficult to understand.[232]

In seinem Begleitschreiben an Hale mahnte Bussche-Haddenhausen den Amerikaner zwar, „to be very careful about Roman Catholics", machte aber zugleich deutlich, dass es ihm nur darum ging, die den Katholizismus besonders diskreditierenden Spitzen der kaiserlichen Äußerungen zu mildern: „As His Majesty rules many millions of them, it would not be proper to say that he has ,antipathy to Roman Catholicism'. I would put it the other way and say: ,has little real sympathy for R[oman] C[atholicism]'."[233] Wilhelms Antikatholizismus war allerdings aus den noch verbliebenen und von dem Vortragenden Rat unbeanstandeten Passagen noch deutlich genug herauszuhören. Sie wären im Falle einer Veröffentlichung geeignet gewesen, eine neue Runde der religiösen Auseinandersetzungen in Deutschland einzuläuten und die Kluft zwischen dem politischen Katholizismus und dem protestantischen Hohenzollernkaisertum zu vertiefen:

You see, the Catholic Church has a perfectly simple proposition, and it has just one. Catholicism says: ,Give me yourself, your whole personality, body and mind, in this life, and we will guarantee your happiness hereafter.' That proposition is incapable of modification. Some people find it attractive. How a man with a reason can do so, *I do not understand*.[234] The day of Catholicism, of course, is past. The dawn of universal intelligence is its doom. I say that to my clergy. I tell them: ,Let it alone. In due time it will perish of itself. Education is fatal to it. Educate, and proclaim the Gospel. Don't waste time denouncing Catholicism.'[235]

Die Bemühungen des Auswärtigen Amts um Schadensbegrenzung setzten zu spät ein und blieben letztlich ineffektiv, weil sie auf einem Nebenkriegsschauplatz stattfanden. Hale hatte sich entschlossen, den von Bussche-Haddenhausen redigierten, elfseitigen Artikel „An Evening with the German Emperor" der

---

231 W.H. Hale, Thus Spoke the Kaiser, 522–23. Bussche-Haddenhausen ließ diese Passagen durchgehen mit der – nachträglichen – Begründung: „Dieses sind Hales, nicht S.M.s Ausführungen" (Randvermerk zu S.270; PA-AA, R 22414).

232 Ibid., 520–21.

233 Ibid., 521 n.3. Dieser Brief ist leider undatiert. Hale hat Bussches Korrekturvorschlag in seinem *Century Magazine*-Artikel wörtlich übernommen (vgl. S.268; PA-AA, R 22414).

234 Das kursiv Gesetzte ist eine Korrektur des Auswärtigen Amts für „is an eternal mystery to me" (ibid., 521).

235 Ibid., 521. Vgl. auch Fischer, Exzesse, 60. Geringfügige Abweichungen im *Century*-Artikel (siehe Appendix 3).

amerikanischen Monatsschrift *Century* anzubieten, deren Herausgeber in der Novemberausgabe den Druck für den kommenden Monat ankündigte. Vor dem 28. Oktober hätte diese Ankündigung im Auswärtigen Amt keine Panik erzeugt, da Bussche-Haddenhausen den von ihm stark gekürzten und – wie er meinte – entschärften Artikel trotz einiger Bedenken und Vorbehalte[236] zur Veröffentlichung freigegeben hatte. Jetzt aber, da die deutsche Öffentlichkeit gerade den Kopf des Kanzlers wegen seines maßgeblichen Anteils an der *Daily Telegraph*-Affäre forderte, entschied der Englanddezernent panikartig, alle Hebel in Bewegung zu setzen, um das Erscheinen eines zweiten Kaiserinterviews zu verhindern. Am 3. November erhielt Hale fast gleichzeitig Telegramme vom Auswärtigen Amt und vom Berliner Botschafter Hill mit der Aufforderung, den Artikel zurückzuziehen. „Publication now will do much harm – Stop it by all possible means", drahtete Bussche-Haddenhausen verzweifelt über den Atlantik, nachdem er kurz zuvor von Hale erfahren hatte, dass der Druckvorgang schon fast abgeschlossen sei.[237] Indes brachte erst die Einschaltung des Generalkonsuls Karl Bünz den gewünschten Erfolg. Gegen die Zahlung von 3.500 Dollar erklärte sich das Kuratorium der *Century Magazine* am 4. November bereit, den bereits gedruckten Artikel aus der Dezembernummer herauszunehmen. „Sieben große Kisten, enthaltend 150.000 Exemplare", meldete Bünz am 6. November aus New York, „sind mir übergeben und von mir vorläufig in einem besonderen Zimmer eines großen öffentlichen *warehouse*, zu dem ich allein Zugang habe, untergebracht worden, bis in einigen Monaten die Sache in Vergessenheit geraten sein wird und ich mit Sicherheit die Vernichtung herbeiführen kann."[238] Die Sendung vom 6. November enthielt auch das angeblich einzig verbliebene Exemplar des

236 Vgl. Bussche-Haddenhausen an W.B. Hale, o.D.[Ende Juli/Anfang August 1908]: „Many Germans will severely criticize the Emperor to have said so much, and the Foreign Office and Baron Sternburg to have introduced you to him. America is not situated on an island out of contact with the rest of the world. Everything published there is soon known over here, especially if our friends in France and England think they can use it in order to cause us troubles and harm in the eyes of the world" (W.H. Hale, Thus Spoke the Kaiser, 523 n.5). Die innenpolitische Brisanz einer anderen Passage zum Thema „Männer machen Geschichte" bemerkte Bussche-Haddenhausen erst beim zweiten Durchlesen im November 1908: „There must always be one man" – so wird der Kaiser von Hale zitiert – „willing to assume responsibilities, to do things. Parliaments consider; they do not act. Where is your Congress, your Senate? Following the President, of course, consenting to policies and acts which no legislative body could ever have devised or been willing to take the responsibility for. I tell them it must always be the single man of clear vision and resolute determination who leads a people. It makes no difference whether it is in a republic or an empire. The strong, upright personality rules. It is a law of society; it is a principle of progress." Dazu vermerkte Bussche ad marginem: „Dies würde bei uns bedenklich sein" (S.264; PA-AA, R 22414).
237 Tel. Hale an Bussche, 3.11.1908; Tel. Bussche an Hale, 3.11.1908. Abgedr. in W.H. Hale, Adventures of a Document, 698. Vgl. auch Tel. Hill an Hale, 3.11.1908: „Personal and private. Publication of anything attributed to Emperor regarded here as extremely undesirable at this time"(ibid.). In den Akten des Ausw. Amts ist dieser Vorgang nicht dokumentiert.
238 Dok. Nr.47. Siehe auch Dok. Nr.63. Über den Vernichtungsvorgang siehe W.H. Hale, Adventures of a Document, 702 f.

unterdrückten Haleschen Artikels, das zusammen mit dem Brief von Bünz am 15. November in der Wilhelmstraße eintraf, aber erst zwei Tage später dem England-dezernenten vorgelegt wurde.[239]

Als die *B.Z. am Mittag* am 7. November 1908 unter der Schlagzeile „Noch ein Kaiser-Interview" von dem Vorhaben der *Century Magazine* berichtete, in ihrer Dezemberausgabe ein Interview abzudrucken, das Wilhelm II. dem Journalisten William Hale auf der Jacht „Hohenzollern" gegeben habe, und darüber hinaus noch den ungefähren Inhalt des Gesprächs skizzierte, geriet die kaiserliche Jagdgesellschaft in Donaueschingen in hellste Aufregung. „Seine Majestät der Kaiser", schrieb Jenisch dem Reichskanzler am 9. November, „war durch die Ankündigung der Veröffentlichung Seiner Unterredung mit William Hale im Laufe dieses Sommers unangenehm berührt." Er habe angeordnet, den General von Loewenfeld in Hannover telegraphisch zu ersuchen, „sein möglichstes zur Verhinderung der Veröffentlichung zu tun."[240] Tatsächlich wurde Loewenfeld, der „als guter Bekannter Hales" galt, von Jenisch aufgefordert, „telegraphisch in geeigneter Weise Ihr möglichstes zu tun", um Hale von seinem Publikationsvorhaben abzubringen, „da Auslassungen nur für Präsidenten bestimmt waren."[241] Der Kaiser erinnerte sich nur zu gut, dass er gegenüber Hale von einem deutsch-amerikanischen Bündnis geschwärmt und an den Engländern kein gutes Haar gelassen hatte. Natürlich ahnte er, dass er im In- und Ausland jede Glaubwürdigkeit verlieren würde, wenn zwei Wochen nach seinen an die englische Adresse gerichteten Freundschaftsbeteuerungen im *Daily Telegraph* seine Bereitschaft, gegen England Krieg zu führen, vor der Weltöffentlichkeit zum Ausdruck käme, ganz zu schweigen von den unabsehbaren außenpolitischen Konsequenzen jener Kriegsandrohungen. Mit Erleichterung nahm daher Wilhelm II. am Abend des 9. November die Meldung des Berliner *Lokal-Anzeigers* zur Kenntnis, dass Hale auf eine Veröffentlichung des Kaiserinterviews definitiv verzichtet habe: „Die Century Company teilt mit, daß der Artikel des Herrn William Bayard Hale über den Deutschen Kaiser vom Verfasser zurückgezogen worden ist, da er der Meinung ist, daß es im Hinblick auf die Umstände der jüngsten Zeit für ihn unangenehm sein würde, mit der Veröffentlichung vorzugehen."[242] Noch war allerdings nicht auszuschließen, dass der Artikel zu einem späteren Zeitpunkt erscheinen würde, wenn sich die Wogen der *Daily Telegraph*-Affäre geglättet hatten. Daher legte Wilhelm II. dem Kanzler nahe, „erforderlichenfalls" dafür zu sorgen, dass „durch Rücksprache mit Hale seitens eines amerikanischen Freundes der Kaiserlichen Botschaft in Washington" eine dauerhafte politisch-publizistische Abstinenz des amerikanischen Schriftstellers erreicht würde. Von einer Vermittlungstätigkeit des Generals Loewenfeld wollte der Kaiser jetzt nichts mehr wissen, da er befürchtete, „daß Diskretion nicht gewährleistet ist."[243]

---

239 Nicht erst am 19.11., wie von Menning/Menning (382) irrtümlich angenommen. Weitere Exemplare sind im NL Hill und im NL W.B. Hale aufgefunden worden (vgl. Menning/Menning, 347 n.17). Vollständiger Abdruck des *Century Magazine*-Artikels im Anhang (Appendix 3).
240 Dok. Nr.51.
241 Tel. Jenisch an Loewenfeld, 9.11.1908 (Abschrift); PA-AA, R 17240.
242 Vgl. Dok. Nr.51 n.3; Schulthess, 1908, 159.
243 Tel.No.17, Jenisch an Ausw. Amt, 10.11.1908; PA-AA, R 17240.

Am 13. November ging im Auswärtigen Amt ein Bericht aus London ein, das dem Englanddezernenten von dem Bussche-Haddenhausen zu denken gab. Danach hatte der Washingtoner Korrespondent der *Morning Post* über den Inhalt des *Century*-Artikels in Erfahrung gebracht, „daß Seine Majestät der Kaiser in scharfer Weise, aber nicht mit übertriebener Strenge die angeblich unfreundliche Haltung Englands kritisiert habe, die Er in Gegensatz zu der amerikanischen Freundschaft gestellt habe. Er habe sich beklagt, daß Seine Motive in England immerfort mißverstanden und absichtlich entstellt würden."[244] Da der von dem Vortragenden Rat genehmigte Artikelentwurf solche Passagen seiner Erinnerung nach nicht enthielt, musste der Verdacht aufkommen, dass Hale sich nicht an ihre Abmachung vom Juli 1908 gehalten und wieder auf seine ursprünglichen Notizen zurückgegriffen hatte. Dieser Verdacht schien sich am frühen Morgen des 17. November durch ein Privattelegramm aus London zunächst zu bestätigen. Darin teilte Metternich dem Reichskanzler mit, dass der frühere Premierminister Lord Rosebery das Kaiserinterview kenne und fürchte, „daß es durch irgendeine Zeitungsindiskretion doch noch veröffentlicht werde, was hier unabsehbare Folgen tiefgehender Erregung der öffentlichen Meinung nach sich ziehen könne." Von seinem österreichischen Botschafterkollegen habe er zudem erfahren, dass dem Unterstaatssekretär Hardinge das von Hale aufgezeichnete Interview schon vor zwei Monaten bekannt gewesen sei: „Es hätte in hiesigen Zeitungen erscheinen sollen, was Sir Charles Hardinge noch rechtzeitig verhindert hätte." [245] Hatte Hale also, so musste sich der Baron nun fragen, die ursprüngliche Version des Kaiserinterviews erst englischen Blättern angeboten und dann in der *Century Magazine* veröffentlichen wollen?

Diese Frage konnte noch am gleichen Tag beantwortet werden, als im Amt endlich ein Exemplar des unterdrückten *Century*-Artikels eintraf. Die Lektüre ergab, dass es sich tatsächlich um den von Bussche-Haddenhausen Ende Juli redigierten Rumpfartikel handelte, an der Bona fides des amerikanischen Journalisten also nicht zu zweifeln war. Wie die unzensierte Originalversion des Kaiserinterviews, die in der Wilhelmstraße nur der Englanddezernent kannte, in die Hände der englischen Politiker gekommen war, blieb für den Vortragenden Rat ein Geheimnis. Um den für ihn rätselhaften Vorgang aufzuklären, sorgte er dafür, dass an Metternich die telegraphische Anweisung erging: „Bitte letzteren [i.e. Rosebery] vertraulich fragen, was Artikel an Äußerungen Sr. M. des Kaisers enthalten haben soll." In dem ihm vorliegenden *Century*-Artikel mache Hale „eigene Ausführungen über Deutschland und England, führt aber nicht den Kaiser redend ein und sagt auch nicht, daß der Kaiser seine Ansichten teile."[246]

Von dem Bussche-Haddenhausen befand sich in diesen Tagen in einer Zwickmühle. Dem Kanzler konnte er schwerlich seinen Wissensstand über den tatsächlichen Verlauf des Hale-Interviews offenbaren, da er das Interview eigenverantwortlich herbeigeführt hatte und daher mit massiven Vorwürfen hätte rechnen müssen. Das Schicksal des Vortragenden Rats Reinhold Klehmet wäre ihm dann

244 Dok. Nr.63.
245 Dok. Nr.72.
246 Dok. Nr.79.

kaum erspart geblieben. Die – unwahre – Behauptung des Kaisers, er habe die
Politik und insbesondere die deutsche Englandpolitik in seinem Gespräch mit
Hale vollkommen ausgeklammert, kam dem Englanddezernenten entgegen, und
er suchte diese Aussage mit einer entsprechenden Analyse des *Century*-Artikels
zu untermauern. Am 19. November legte er dem Reichskanzler, der den *Century*-
Artikel allem Anschein nach nicht selbst gelesen hat, maschinenschriftliche
Auszüge mit paralleler Übersetzung „aus dem Artikel Bayard Hales" vor, „insoweit er Äußerungen Seiner Majestät des Kaisers über England wiedergibt." Die
wenigen Bemerkungen des Kaisers über die britischen Nachbarn waren, wie der
Kanzler sich überzeugen konnte, nach dieser Übersicht wirklich ziemlich harm-
los. Es traf zwar zu, dass das zentrale Thema der zweistündigen Unterhaltung in
nur zwei relativ vagen Sätzen zusammengefasst wurde, da der Baron seinerzeit
alles Weitere gestrichen hatte: „The Asiatic question was, I cannot overstate to
what degree, the Emperor's chief theme. The particular phases of the situation
now obtaining and developing to which His Majesty mainly adverted were the
attitudes with regard to the East taken respectively by England and the United
States – the contrasted attitudes."[247] Was er dem Kanzler in seiner Zusammenstellung der England betreffenden Artikelauszüge aber verheimlichte, waren die
entlarvenden Beobachtungen des Kaisers über Englands wirtschaftliche Leistungsfähigkeit und Kontinentalpolitik. Der von der *Daily Telegraph*-Affäre
gebeutelte Reichskanzler fand es indes trotz der vermeintlichen Harmlosigkeit
der kaiserlichen Bemerkungen über England „im höchsten Grade wünschenswert, daß diese Äußerungen Sr. Majestät *nicht* in die Öffentlichkeit kommen. [...]
Ob nicht Roosevelt intervenieren könnte, der einerseits ein Freund von Hale,
andererseits ein anständiger Mann ist?"[248] Zwei Tage zuvor hatte er unter dem
Eindruck der Mitteilungen Metternichs sogar das „Abkaufen des Manuskripts"
angeregt.[249]

Solche dramatischen Schritte wollte Bussche-Haddenhausen unter allen Umständen vermieden wissen. Unter dem „Abkaufen des Manuskripts" hätte Hale
die Herausgabe sämtlicher Notizen und des unzensierten Artikelentwurfs über
sein Gespräch mit dem Kaiser verstehen müssen. Das Bekanntwerden der Originalversion des Interviews in der Wilhelmstraße hätte aber mit Sicherheit zu
unangenehmen Nachfragen an Bussche-Haddenhausen über seine Rolle bei dem
Zustandekommen der Begegnung Hales mit dem Kaiser geführt. Da Bülow selbst
die von dem Vortragenden Rat entschärfte Version des Kaiserinterviews nicht
veröffentlicht sehen wollte, konnte sich der Englanddezernent, der Bülows Wüten gegen Klehmet miterlebt hatte, vorstellen, was auf ihn zukommen würde,
wenn die volle Wahrheit über den Inhalt des Hale-Interviews durch die vom

---

247 Vgl. Dok. Nr.79 n.2. Der von Bussche gestrichene Folgesatz lautete: „And the particular
    practical conclusion which His Majesty drew from the exigencies of the case was the
    necessity for united action in the East on the part of Germany and the United States" (W.H.
    Hale, Thus Spoke the Kaiser, 517).
248 Bülow an Kiderlen, 19.11.1908; PA-AA, R 17240. Hale war am 16.11.1908 zum zweiten-
    mal von Roosevelt empfangen worden (nach Menning/Menning, 371 n.9).
249 Vgl. Dok. Nr.72.

Kanzler angeregten Maßnahmen ans Licht käme. Zudem zeigten Metternichs Mitteilungen, dass in den führenden politischen Kreisen Londons die militanten antienglischen Auslassungen des Kaisers längst bekannt waren, ein Arrangement mit Hale daher auch wenig nützen würde. So riet Bussche-Haddenhausen dem Kanzler energisch von jeglicher „Einwirkung auf Mr. Hale" ab, da man davon ausgehen könne, „daß der Artikel definitiv unterdrückt" sei, „eine Ansicht, die Generalkonsul Bünz auch seither telegraphisch wiederholt hat. Eine Einwirkung auf Hale, der ein durchaus anständiger Mann sein soll, erscheint überflüssig. Er wird den Artikel nach seinen Bünz gegebenen Zusicherungen keinesfalls erscheinen lassen."[250] Weiterhin konnte er dem Kanzler mit Erfolg suggerieren, dass Hardinge und Rosebery mit Bestimmtheit nicht den Inhalt der Haleschen Aufzeichnungen kannten; es müsse hierbei eine Verwechslung vorliegen, da er von dem gut unterrichteten Bünz wisse, dass zumindest der englische Unterstaatssekretär schon Wochen vor der *Daily Telegraph*-Publikation das Stuart-Wortleysche Interviewmanuskript in den Händen gehabt habe.[251] Bülow glaubte ihm und teilte jenen als richtig akzeptierten Sachverhalt am 21. November dem Kaiser mit.[252] Die Spurenbeseitigung war dem Englanddezernenten perfekt gelungen.

Ähnlich war auch der Kaiser entschlossen, keine Indiskretionen gegenüber Hale zuzugeben und sein damaliges Gespräch an Bord der „Hohenzollern" als völlig unpolitisch hinzustellen. Auf die von Bülow vorgelegte „Abschrift derjenigen Stellen des Artikels [...], deren Veröffentlichung besonders unerwünscht gewesen wäre", schrieb der Monarch wider besseres Wissen: „sehr übertrieben und z.T. erdichtet".[253] Entsprechend ungehalten reagierte Wilhelm II. am Morgen des 23. November auch auf die Wiedergabe des „Hale-Interviews", die das *Berliner Tageblatt* von der *New York World* übernommen hatte: „Lese im *Tageblatt* ein unglaubliches Zeug, was als Hale-Interview bezeichnet wird", telegraphierte er dem Reichskanzler aus dem Neuen Palais. „Ich autorisiere Sie, es sofort zu dementieren." Das hatte Bülow bereits getan. „Ich habe schon gestern abend angeordnet", drahtete er zurück, „daß Veröffentlichung des *World* amtlich als plumper Schwindel gebrandmarkt werden soll. Mit Euerer Majestät Erlaubnis werde ich an Metternich telegraphieren, daß Interview des *World* eine grobe Mystifikation und von A bis Z erfunden sei."[254] Der Kaiser wusste allerdings nur zu gut, dass die von dem amerikanischen Boulevardblatt veröffentlichte Synopsis seiner Auslassungen gegenüber Hale trotz der sensationellen Aufmachung der Wahrheit ziemlich nahe kam. Bülows beruhigendes Antworttelegramm erreichte den Kaiser nicht mehr: Dieser hatte unmittelbar nach der Lektüre der *World*-Synopse einen Nervenzusammenbruch erlitten.[255]

250 Siehe Dok. Nr.72 n.8.
251 Siehe Dok. Nr.72 n.4. Der Brief des Generalkonsuls Bünz, auf den sich Bussche dabei berief, findet sich nicht in der Hale-Akte. Es ist schon erstaunlich, wie wenig Bülow sich an der spekulativen Argumentation des Vortragenden Rats stieß.
252 Siehe Dok. Nr.84.
253 Dok. Nr.84 [a]. Vgl. auch Fesser, Fürst Bülow, 108.
254 Dok. Nr.85, bes. n. 2.
255 Vgl. Dok. Nr.85 n.1. Fischer, Exzesse, 73.

Was die *New York World* am 21. November 1908 als authentisches Hale-Interview ausgab, stieß überall zunächst auf maßloses Erstaunen und Ungläubigkeit. König Eduard, so soll der Kaiser in Bergen gesagt haben, habe ihn seit mehr als zwei Jahren gedemütigt, und er sei darüber verzweifelt. Frankreich habe er völlig in der Hand, und Russland spiele seit dem verlorenen Krieg gegen Japan keine Rolle mehr. Wenn der europäische Krieg unvermeidbar sei, dann solle er möglichst bald kommen, da er dazu längst bereit sei. Seit seinem Sieg über den Transvaal sei Großbritannien eine dekadente Nation, denn die Strafe Gottes für den ungerechten Krieg werde auf dem Fuße folgen. Das englisch-japanische Bündnis sei eine frevelhafte Allianz, weil sie gegen die weiße Rasse gerichtet sei und England damit sein Christentum verrate. Während Japan sich als Freund und Bundesgenosse Englands ausgebe, schüre es in Indien Aufstände. Deutschland und Amerika müssten sich zusammentun, um jenem unnatürlichen Bündnis Paroli zu bieten. Im Falle eines globalen Krieges würde England viele seiner großen Kolonien verlieren, besonders im Pazifik; Deutschland würde nur Anspruch auf Ägypten erheben und das Heilige Land vom Joch der Ungläubigen befreien. Das von Zeppelin konstruierte, lenkbare Luftschiff würde Deutschland im Kriege einen mächtigen Vorteil verschaffen, und das Kaiserreich sei bereit, diese Waffe voll einzusetzen.[256] Darüber hinaus erfuhr der New Yorker Korrespondent des *Observer* am 21. November: „As prepared for the *Century*, most of the things the Kaiser said were omitted at the request of the German Foreign Office, and even now, I understand, the most sensational statements His Majesty made are omitted, even in the *World*'s synopsis, which is surely sufficiently sensational."[257]

Im Auswärtigen Amt nahm man mit Erleichterung zur Kenntnis, dass Hale die Authentizität der Enthüllungen in der *New York World* noch am Nachmittag des 21. November entschieden in Abrede stellte: „It is a pure fabrication from beginning to end."[258] Auch Metternich stellte sich im Foreign Office instruktionsgemäß auf den Standpunkt, dass die „Veröffentlichung in der *World* eine Erfindung sei."[259] Dort wusste man es aber besser. Grey und Hardinge war nicht entgangen, dass die dem Foreign Office im August von Northcliffe zugespielte Synopsis des Hale-Interviews in den Hauptpunkten eine große Ähnlichkeit mit den Enthüllungen der New Yorker Zeitung aufwies, so dass der Schluss nahe lag, dass sie aus der gleichen Quelle stammten.[260] Auch König Eduard, der die Northcliffe-Synopse kannte, schenkte dem Dementi der Wilhelmstraße keinen Glauben; seinem Privatsekretär vertraute er an: „I am, however, convinced in my mind that the words attributed to the German Emperor by Mr. Hale are perfectly

---

256 Dok. Nr.85 n.3.
257 *The Observer*, 22.11.1908; PA-AA, R 17240. Über die Vorgeschichte des *Century*-Artikels war nur die *Times*-Redaktion informiert; hier gab es also eine undichte Stelle, die wohl auch für den Artikel der *New York American* v. 20.11.1908 („The Kaiser's Suppressed Interview") verantwortlich ist. Vgl. dazu W.H. Hale, Adventures of a Document, 700–702.
258 *Morning Post*, 23.11.1908; PA-AA, R 17240.
259 Dok. Nr.89.
260 Vgl. Menning/Menning, 387 n.59.

correct. I know the German Emperor hates me [...]".[261] Unter dem Eindruck der
World-Enthüllungen, die der englische Außenminister gegenüber seinen Kabi-
nettskollegen nicht als gegenstandslos zurückweisen konnte, vollzog sich schließlich auch innerhalb des britischen Kabinetts ein für das Deutsche Reich verhäng-
nisvoller Stimmungsumschwung. Auf die gezielte Nachfrage des französischen
Botschafters Paul Cambon, ob diejenigen Kabinettsmitglieder, die im Falle eines
deutsch-französischen Konflikts neutral zu bleiben gedachten, nach dem Bekanntwerden des Hale-Interviews ihre Haltung vielleicht geändert hätten, antwortete Grey, dass er in der Tat bei einigen Kollegen einen Sinneswandel („une
évolution") bemerkt habe, „et en particulier chez Mr. Winston Churchill". Unterstaatssekretär Hardinge wurde sogar noch deutlicher, als er als das Ergebnis der
Daily Telegraph- und Hale-Affäre einen pro-französischen Trend innerhalb des
Kabinetts auszumachen glaubte. Hardinge habe ihm versichert, berichtete Cambon nach Paris, „que dans le moment actuel la majorité du Cabinet serait au
besoin acquise à une politique d'intervention en faveur de la France."[262]

Im Foreign Office und in Washington bemühte man sich derweil um Schadensbegrenzung. Am 20. November suchte ein Vertreter der *Daily Mail* Greys
Privatsekretär William Tyrell auf und kündigte an, man wolle dem Beispiel eines
amerikanischen Blattes[263] folgen und ebenfalls eine Version des Hale-Interviews
veröffentlichen, in deren Besitz man schon vor einigen Monaten gelangt sei.
Tyrell berichtete dem Außenminister, „I urged him strongly not to [publish], and
authorized him to tell the Editor that you would strongly deprecate it." Nach
dieser amtlichen Stellungnahme entschied sich die Redaktion des Blattes gegen
die Veröffentlichung des Interviews.[264] Wenige Tage später wurde der japanische Geschäftsträger im Foreign Office vorstellig. Der japanische Außenminister
Komura Jutaro hatte nach der Veröffentlichung des *World*-Artikels dem Geschäftsträger in London eine weitere Version des Hale-Interviews zugehen lassen, die dieser auftragsgemäß sofort an Grey weiterleitete. Für diesen Vertrau-
ensbeweis zeigte sich der britische Außenminister seinerseits erkenntlich, indem
er dem japanischen Diplomaten die Briefe zeigte, die er im August von Northcliffe erhalten hatte. Zur Entschärfung der Situation tat Grey alles, um die Ernsthaf-
tigkeit der kaiserlichen Äußerungen herunterzuspielen: Wilhelm II. sei sehr
impulsiv, ließ er der japanischen Regierung ausrichten, und seine Auslassungen
spiegelten nicht unbedingt die Ziele der deutschen Politik wider.[265] In Washington übte die Roosevelt-Administration unterdessen einen starken Druck auf die
Redaktion der *New York World* aus, um sie zu bewegen, die Behauptung über die

---

261 Edward VII an Lord Knollys, 25.11.1908; Lee, King Edward, II, 622.
262 Cambon an Pichon, 25.11.1908; Documents diplomatiques francais, 2e série, vol.11 (Paris
    1950), 945.
263 Offenbar die Hearst-Blätter *San Francisco Examiner* und *New York American,* die am
    20.11.1908 die ersten Enthüllungen über Hales Kaiserinterview brachten. Am gleichen Tag
    kündigte die *New York World* für die nächste Ausgabe den Abdruck des authentischen Hale-
    Interviews an.
264 Tyrell an Grey, 20.11.1908; zit. nach Menning/Menning, 387.
265 Vgl. Menning/Menning, 390.

Authentizität des abgedrucken Hale-Interviews zurückzunehmen.[266] Nach an-
fänglichem Widerstand gaben die Herausgeber des Boulevardblatts nach. Am 30.
November 1908 entschuldigte sich das amerikanische Blatt öffentlich bei der
deutschen Regierung: „The *World* sincerely regrets the published synopsis of the
Hale interview as mistaken, misleading and mischievous."[267] Damit war nach
außen hin die Hale-Affäre beendet. Die Position der deutschen Regierung, die
Ausstreuungen über Hales Kaiserinterview seien „haltlose Erfindungen" (*Reichsanzeiger*), schien nach dieser Entschuldigung und dem Dementi Hales in den
Augen der Weltöffentlichkeit unanfechtbar zu sein.

Botschafter Paul Graf von Wolff Metternich teilte nicht die Meinung seiner
Vorgesetzten, dass die Synopsis des Hale-Interviews, wie sie die *New York
World*[268] veröffentlicht hatte, völlig unglaubwürdig sei. Seine gezielte und letzt-
lich erfolgreiche Aufklärungsarbeit in London verfolgte man in der Wilhelmstra-
ße – sieht man einmal von dem eingeweihten, aber seine Kenntnisse nicht
preisgebenden Englanddezernenten von dem Bussche-Haddenhausen ab – mit
Skepsis und Unglauben. Metternich fand noch in den letzten Novembertagen
heraus, dass „seit mindestens einem Monat" vor dem Erscheinen des *Daily
Telegraph*-Artikels „bei Hofe, in der Regierung und in den Redaktionen mehrerer
Zeitungen eine Hale'sche Aufzeichnung seines Interviews bekannt" gewesen sei:
„Nicht der *Century Magazine*-Artikel, auch nicht die aus einzelnen hier und da
aufgeschnappten Redewendungen kühn zusammengeflickte Veröffentlichung der
New York World, sondern eine andere Aufzeichnung." Diese solle „sehr heftige
Ausfälle gegen England" enthalten – was im nachhinein die insgesamt sehr kühle
Aufnahme des *Daily Telegraph*-Interviews in England erkläre. Diese Aufzeichnung habe Hale schon vor Monaten der *New York Tribune* „zur Kenntnisnahme,
aber nicht zur Veröffentlichung übergeben. *New York Tribune* scheint im Kartell
mit gewissen Londoner Blättern zu stehen, so daß *Daily Mail* und *Morning Post*
ein Exemplar der ursprünglichen Hale'schen Aufzeichnung besitzen."[269] Diese
Information stammte zweifelsohne von Hardinge[270], der mit der *New York Tribune* allerdings eine falsche Spur gelegt hatte. Der Unterstaatssekretär verzichtete
auch darauf, den deutschen Botschafter mit Hilfe der von Northcliffe übermittelten Synopse über den genauen Wortlaut der Haleschen Notizen aufzuklären. Nur
so viel ließ er verlauten, dass Hales Originalversion „heftige Anklagen gegen
König Eduard, England, Japan" enthalte. Obwohl Metternich sich in seinem
telegraphischen Bericht gerade bei diesem Punkt auf „glaubwürdige Augenzeugen" berief, versah Bülow diesen Passus bezeichnenderweise mit einem Frage-

266 Vgl. Tel.No.161, Hatzfeldt an Ausw. Amt, 23.11.1908; PA-AA, R 17240.
267 Vgl. Dok. Nr.85 n.4.
268 Hale war 1902/03 Spezialkorrespondent der *New York World* gewesen, hatte also sicherlich
    noch gute Kontakte zu seinen ehemaligen Kollegen. Trotz seines öffentlichen Dementis
    bleibt seine Rolle im Zusammenhang mit der *World*-Publikation zwielichtig.
269 Tel. No.319, Metternich an Ausw. Amt, 23.11.1908; PA-AA, R 17240. Dok. Nr.89, bes.
    n.4.
270 Vgl. Cambon an Pichon, 25.11.1908 (mit ähnlichen Ausführungen, die Hardinge zuge-
    sprochen werden); Documents Diplomatiques Francais, 2e série, XI, 944.

zeichen. Er glaubte seinem kaiserlichen Herrn mehr als seinem findigen Botschafter, der allerdings zur Beruhigung der Berliner Zentrale berichten konnte,
dass mit neuen Enthüllungen in der englischen Presse vorerst nicht zu rechnen
sei: „Beide Londoner Zeitungen, welche keinen Zweifel haben, daß die Aufzeichnung von Hale selbst stammt, haben hiesigen einflußreichen Personen gegenüber Geheimhaltung bestimmt versprochen."[271]

Trotzdem hing das „Damoklesschwert" (Metternich) einer Veröffentlichung
der Haleschen Originalversion des Kaiserinterviews noch einige Wochen lang
über den Häuptern des Londoner Botschafters, der eingeweihten englischen
Politiker und Mitgliedern des königlichen Hofes. Der Prinz von Wales sprach
sich gegenüber dem deutschen Diplomaten „im engsten Vertrauen höchst besorgt
darüber aus, daß die Aufzeichnung infolge einer journalistischen Indiskretion
doch noch das Licht der Welt erblicken könne."[272] Die Möglichkeit, „daß die
beiden Zeitungen, nachdem sie jetzt lange still geschwiegen haben, doch noch
eine Indiskretion begehen werden", stufte der Privatsekretär des englischen Königs am 9. Dezember zwar als ziemlich gering ein, doch ausschließen wollte er
sie nicht. Die Auswirkungen auf die ohnehin schon gespannten deutsch-englischen Beziehungen, meinte er gegenüber dem Grafen, würden „äußerst betrübend sein, wenn etwa 8 Tage vor dem Berliner Besuch [König Eduards VII.] die
Bombe doch noch platzte."[273] Um den für Februar 1909 angekündigten Staatsbesuch des englischen Königs nicht zu gefährden, entschloss sich Bülow am 11.
Dezember, „das einzige vorhandene Exemplar des Artikels, den Herr Hale im
Century Magazine über S.M. den Kaiser erscheinen lassen wollte", der Londoner
Botschaft zuzusenden mit der Bitte, „den anliegenden Artikel originaliter Herrn
Asquith und Sir Edward Grey streng vertraulich zu zeigen und zu lesen zu geben,
damit sie sich davon überzeugen, daß der unterdrückte Artikel nichts gegen
England enthielt. [...] Die dort noch vorhandenen Hale-Interviews dürften danach
apokryph sein."[274] Das Konzept zu Bülows Privatbrief an Metternich – und
vielleicht die Idee zu dieser Transaktion – stammte von Bussche-Haddenhausen.
Die Skrupellosigkeit, mit der ein in die Enge getriebener Vortragender Rat seine
Vorgesetzten bis hin zum Reichskanzler täuschte, und die Naivität, die der
Reichskanzler in der Hale-Affäre an den Tag legte, muten fast unglaublich an.
Sicherlich handelt es sich hier nur um eine Momentaufnahme der deutschen
Außenpolitik, doch auch Streiflichter lassen wenigstens im Ansatz den Umfang
der maroden Szenerie im Reichskanzlerpalais und im Auswärtigen Amt erkennen. Im Londoner Foreign Office hatte man jedenfalls keine hohe Meinung von
den politischen Fähigkeiten des deutschen Reichskanzlers. „Bülow is not the man
to carry out a resolute policy", schrieb Greys Privatsekretär einem befreundeten
englischen Diplomaten; „he is a second rate wire puller and might have been
acceptable here as a parliamentary whip."[275]

271 Siehe Dok. Nr.89 n.4.
272 Siehe Dok. Nr.89.
273 Dok. Nr.101.
274 Dok. Nr.102.
275 Tyrrell an Spring-Rice, 15.4.1908; zit. nach Menning/Menning, 396.

In dieses miserable Erscheinungsbild der Reichsleitung passt auch die Tatsache, dass ein alarmierender Privatbericht des preußischen Gesandten in Baden über Äußerungen König Gustavs von Schweden in seinen Kernaussagen völlig unbeachtet blieb oder zumindest mit Gleichmut zur Kenntnis genommen wurde. Der schwedische Monarch, der sich Ende November 1908 am Hof des verwandten Großherzogs von Baden aufhielt, hatte bei einer Begegnung mit dem preußischen Vertreter in Karlsruhe seine Eindrücke mitgeteilt, die er während des gerade abgeschlossenen Staatsbesuchs in England über den Stand der deutsch-englischen Beziehungen gewonnen hatte, und zugleich eine düstere Zukunftsvision entworfen. Das englische Misstrauen gegen Deutschland, so fasste Gustav V. das Ergebnis seiner auf Gesprächen mit Mitgliedern des britischen Königshauses fußenden Beobachtungen zusammen, „müsse leider zum allergrößten Teil auf das Konto Seiner Majestät des Kaisers geschrieben werden." Man glaube in England, dass Wilhelm II. „die deutsche Politik fast allein leite und, trotz aller verbreiteten englandfreundlichen Gespräche, im Herzen ein Feind des Britenreiches sei. In diesem Gefühl sei die Mehrheit des Volkes und der Presse, vielleicht auch mehr oder minder König Edward befangen. Man lasse es sich nicht ausreden, daß die deutsche Flotte aggressiven Zwecken gegen England dienen solle und das Schreckgespenst der Invasion trete immer wieder hervor." Die *Daily Telegraph*-Angelegenheit habe in England nur vorübergehend für Aufregung gesorgt. Zurückgeblieben sei ein allgemeines Unbehagen über die Unfähigkeit des deutschen Kaisers, die Wirkung seiner Worte richtig einzuschätzen. Große Zukunftssorgen bereiteten dem König von Schweden aber weniger die Folgen der *Daily Telegraph*-Affäre als die Möglichkeit einer Veröffentlichung des Hale-Interviews, über dessen Inhalt er augenscheinlich von Eduard VII. genau informiert worden war: Der Wortlaut des „Hohenzollern"-Interviews sei „im Londoner Foreign Office wie auch dem Könige bekannt. Man würde die darin dem Kaiser zugeschriebenen Aussprüche in England sehr ernst auffassen müssen, wenn sie wahr wären, da in ihnen eine unzweideutige Feindschaft zu Tage trete." Der „echte Inhalt des Hale'schen Berichtes", darin sei man sich in Londoner Regierungskreisen einig, „dürfe unter keinen Umständen ans Licht kommen", denn er würde ungeachtet seines Wahrheitsgehaltes

> bei den Briten einen Sturm der Entrüstung erregen gegen unseren Allergnädigsten Herrn und die vermeintlich doppelzüngige und friedensstörende deutsche Politik. [...] König Gustav sprach über dieses Thema in augenscheinlicher Besorgnis vor weiterem Unheil, das möglicherweise daraus noch entstehen könnte, verhehlte zugleich nicht, daß seines Erachtens ein Krieg zwischen den beiden großen Kulturnationen nicht nur das allergrößte Unglück für die Beteiligten, sondern geradezu vernichtend für die Machtstellung und den Fortschritt ganz Europas sein würde.[276]

Am 15. Dezember 1908 las Staatssekretär Schoen Eisendechers Privatbrief an den Kanzler dem von seinem Zusammenbruch gerade wieder genesenen Kaiser vor. Als wichtigstes Ergebnis seines Immediatvortrages hielt Schoen fest: „S.M. vorgelesen. S.M. will Prinz Albert unauffällig fern halten. Die Umgebung

---

276 Eisendecher an Bülow (privat), 29.11.1908; Dok. Nr.91.

S.M. ist gegenüber dem Prinzen bereits sehr vorsichtig." Gustav V. hatte die Trübung des persönlichen Verhältnisses zwischen dem englischen König und dem deutschen Kaiser unter anderem auf „gewisse indiskrete Zwischenträger" zurückgeführt, die „seit Jahren nicht immer taktvoll insgeheim nach London" berichteten; dabei war wohl der Name des Prinzen Albert von Holstein gefallen, der auf Bülows Anweisung hin gesellschaftlich isoliert werden sollte.[277] Damit war die Mission des Außenstaatssekretärs erfüllt. Weitere Reaktionen Wilhelms II. oder des Reichskanzlers auf den Inhalt des Privatschreibens aus Karlsruhe sind jedenfalls nicht bekannt.

RESÜMEE

Im Folgenden soll versucht werden, die historische Bedeutung der beiden Kaiserinterviews von 1908 auf der Grundlage der Dokumentation, die in dieser Fallstudie nur partiell verwertet worden ist, möglichst pointiert in acht Thesen zusammenzufassen:

1. Wie viele Zeitgenossen schon damals fühlten und wie sich in der historischen Rückschau belegen lässt, befand sich das Kaiserreich in den Novembertagen von 1908 nicht weit vom „Abgrund" entfernt, der sich als Krieg nach außen und Revolution im Innern definieren lässt.

2. Die spöttische Aufnahme des Kaiserinterviews im Ausland hat vor dem Hintergrund der als unerträgliche Bedrohung empfundenen Einkreisungskonstellation die Kriegsbereitschaft in Deutschland im Sinne einer wachsenden Akzeptanz eines militärischen Befreiungsschlages gefördert, und zwar sowohl in den Kreisen der bürgerlichen Intellektuellen als auch in den maßgeblichen politischen Gremien des Reichs, wie einige Reichstagsreden und Äußerungen von führenden Bundesratsmitgliedern zeigen. Der auf dem Höhepunkt der Daily-Telegraph-Affäre von Außenstaatssekretär Schoen gemachte Vorschlag einer militärischen Machtdemonstration vor Casablanca beweist, dass man auch in der Wilhelmstraße im Vertrauen auf die allen anderen Heeren in Europa vermeintlich überlegenen deutschen Landstreitkräfte vor einem kriegerischen Flächenbrand immer weniger zurückschreckte. Angesichts der parteipolitischen Zerrissenheit im Innern, des Verblassens der monarchischen Idee, der durch die Seerüstungsausgaben verursachten, angespannten finanziellen Lage des Reichs, der Herausforderung der preußisch-deutschen Machteliten durch das ungebremste Anwachsen der sozialdemokratischen Bewegung und nicht zuletzt dank der Erschütterung der Weltmachtträume durch die unverkennbare außenpolitische Isolierung gewann die Vision eines neuen deutschen Einigungskrieges immer mehr Anhänger, welche nicht nur aus den Reihen der die Interessen der ostelbischen Junker vertretenden Deutschkonservativen und Freikonservativen kamen, sondern sich zunehmend auch aus dem Lager der bürgerlichen Liberalen rekrutierten.

277 Ibid.

3. Trotz einer relativ spontanen, alle Kreise der deutschen Öffentlichkeit erfassenden Bewegung gegen die halbautokratische Regierungsweise Kaiser Wilhelms II., die allerdings von oben (Reichskanzler Bülow) gesteuert wurde, verebbte die Diskussion über Verfassungsreformen nach dem 17. November 1908 erstaunlich rasch. Während der unter der demonstrativen Abwesenheit des Kanzlers geführten Reichstagsdebatten vom 2. und 3. Dezember 1908 setzten sich zwar führende Repräsentanten des deutschen Liberalismus ebenso wie die Sozialdemokraten für eine verfassungsmäßig verankerte, parlamentarische Ministerverantwortlichkeit und eine stärkere Partizipation des Reichstags auch in der Außenpolitik ein, doch blieb die Arbeit der daraufhin eingesetzten Reformkommission des Reichstags bis auf geringfügige Verbesserungen der parlamentarischen Geschäftsordnung vor 1914 faktisch ohne konkrete Ergebnisse, weil alle auf eine Parlamentarisierung des Reichs zielenden Ansätze von Konservativen, Nationalliberalen und Teilen des Zentrums schon im Keim blockiert wurden und rasch deutlich geworden war, dass wegen der tiefen Verwurzelung der Deutschen im obrigkeitsstaatlichen Denken eine revolutionäre Grundstimmung an der Basis fehlte. Während sich das Reich im November 1908 gefährlich nahe am „Abgrund" des Krieges befunden hatte, war es doch – ähnlich wie beim Kriegsausbruch 1914 – trotz des vorübergehenden Aufbegehrens der von der Presse beeinflussten Massen gegen das „persönliche Regiment" Kaiser Wilhelms II. von einer demokratischen Revolution noch meilenweit entfernt. Erst der entbehrungs- und verlustreiche Weltkrieg sollte zum Ende der konstitutionellen Monarchie führen.

4. Im Hinblick auf die zukünftige außenpolitische Stellung des Deutschen Reichs fand im Herbst 1908 eine verhängnisvolle Weichenstellung statt, die allerdings von der Reichsleitung in dieser Form nicht wahrgenommen wurde. Wie wir heute wissen, war der substantielle Inhalt des unveröffentlichten Hale-Interviews fast allen maßgeblichen Kabinetten der Zeit bekannt, die die freimütigen Auslassungen des deutschen Herrschers für die Verkündung des wahren Programms der ambitiösen deutschen Weltmachtpolitik hielten und ihre künftige Deutschlandpolitik danach ausrichteten. Diese unterschwellig vollzogene, internationale Weichenstellung gegen das Kaiserreich fand die Unterstützung führender Organe der englischen und amerikanischen Presse (*The Times, Morning Post, Daily Mail, New York Times*), die in den Besitz einer authentischen Synopse des Hale-Interviews gelangt waren, von ihren Regierungen aber abgehalten wurden, diese zu veröffentlichen.

5. Die kühle Aufnahme des *Daily Telegraph*-Interviews in den politischen und publizistischen Kreisen Englands erklärt sich hauptsächlich daraus, dass nach den militanten antienglischen Auslassungen des Kaisers gegenüber Hale dessen emphatische Freundschaftsbeteuerungen für England völlig unglaubwürdig klangen, dem obersten Repräsentanten des Reichs also eine unverantwortliche Doppelzüngigkeit vorgehalten werden musste. Nicht nur der Kaiser, der wegen seines widerspruchsvollen, sprunghaften Verhaltens vom englischen Außenminister Grey für „not quite sane" gehalten wurde,

sondern auch die Reichsregierung unter Bülow galten den Regierungen in
London und Washington spätestens seit der Novemberkrise als instabiler,
friedensstörender Faktor in der internationalen Politik. Nach den beiden
Kaiserinterviews, die auf der weltpolitischen Bühne mehr Porzellan zer-
schlugen als die deutschen Parlamentarier damals ahnten, verabschiedete
sich Deutschland endgültig als verlässlicher und vertrauenswürdiger Partner
aus dem Kreis der Mächte.

6. Die Daily-Telegraph-Affäre und der Umgang der Wilhelmstraße mit dem
    Hale-Interview werfen ein grelles Schlaglicht auf den maroden Zustand der
    durch Günstlingswirtschaft und Fortschreibung verfassungsmäßiger Unzu-
    länglichkeiten gekennzeichneten Regierungsverhältnisse im wilhelminischen
    Reich. Die Außenpolitik galt als Prärogative der Krone und des Reichskanz-
    lers und war der ständigen Kontrolle durch das Parlament entzogen. Der
    Bundesratsausschuss für auswärtige Angelegenheiten führte in der Ära Bü-
    low ein Schattendasein, ohne dass es deshalb zu einem Protest der in politi-
    scher Lethargie verharrenden souveränen Bundesfürsten gekommen ist. Über-
    dies erwies sich dieser Ausschuss, der während der neunjährigen Kanzler-
    schaft Bülows nur zweimal tagte, als leicht zu manipulierendes Akklamati-
    onsorgan, dem die kritische Hinterfragung der Regierungspolitik fremd war.
    Die krasse Fehleinschätzung der innenpolitischen Auswirkungen der *Daily
    Telegraph*-Veröffentlichung durch Bülow und Schoen zeigen zudem, wie
    niedrig die staatsmännische Kompetenz dieser beiden, durch ihre persönli-
    chen Beziehungen zum Herrscher in die Spitzenpositionen des Reichs ge-
    langten wilhelminischen Leitfiguren anzusetzen ist, die über Jahre hinweg
    die Weichen für die Außenpolitik des Reichs stellten. Der folgenschwere
    Alleingang eines Vortragenden Rats in der Hale-Angelegenheit bestätigt im
    Übrigen Kiderlen-Wächters Eindruck vom führungslosen Auswärtigen Amt
    unter der Ägide Schoens: In einer hochbrisanten Materie konnte ein subalter-
    ner Beamter im Auswärtigen Amt alleinverantwortlich wichtige Entschei-
    dungen treffen (Ausstellung eines Empfehlungsschreibens für den Kaiser,
    Genehmigung der Publikation des auch in der gekürzten Form höchst proble-
    matischen Kaiserinterviews) und gleichzeitig darauf verzichten, seine Vor-
    gesetzten zumindest nachträglich über diese Vorgänge in Kenntnis zu setzen.
    Im November 1908 – und das unterstreicht das gouvernementale Chaos am
    Ende der Bülow-Ära – hat dieser Beamte sogar den Reichskanzler über den
    Inhalt des Hale-Interviews getäuscht, vielleicht weil er sich dabei der Rük-
    kendeckung durch den Kaiser sicher sein konnte.

7. Während der Novemberkrise 1908 erlebte die politische Moral im Kaiser-
    reich einen ungeahnten Tiefpunkt. Über seine Rolle im Vorfeld der *Daily
    Telegraph*-Publikation hat Reichskanzler Bülow den Reichstag, den Bundes-
    rat, das preußische Staatsministerium und über die offiziöse Presse die deut-
    sche Öffentlichkeit belogen. Auch Außenstaatssekretär Schoen beteiligte
    sich an der Notlügenkampagne, um sein eigenes Versagen vor der Öffentlich-
    keit und dem Kaiser zu verschleiern. Musste sich der Hohenzollernherrscher
    in der Daily-Telegraph-Affäre noch als der Betrogene fühlen, der trotz seines

aus konstitutioneller Sicht korrekten Vorgehens bei der Sanktionierung des Stuart-Wortleyschen Publikationsvorhabens nur Spott, Häme und Vorhaltungen seitens der Presse und seines verantwortlichen Kanzlers erntete, verkehrten sich die Verhältnisse in der Hale-Affäre: In dieser Angelegenheit belog der Kaiser den Kanzler, als er ihm während der Audienz vom 17. November wiederholt versicherte, sich gegenüber dem amerikanischen Literaten jeglicher politischer Äußerungen enthalten zu haben. Es spricht für den mangelnden politischen Instinkt des Reichskanzlers, dass er es trotz der alarmierenden Hinweise des Londoner Botschafters Metternich und des schwedischen Königs Gustav V. über den in Wahrheit hochpolitischen Gehalt des „Hohenzollern"-Interviews vorzog, der Sache nicht weiter nachzugehen und den Versicherungen eines in die Affäre verstrickten Rates und eines angeschlagenen Monarchen, während der zweistündigen Unterredung in Bergen seien so gut wie keine politischen Bemerkungen – jedenfalls nicht über England – gefallen, Glauben zu schenken.

8. Es bleibt festzuhalten, dass die maßgeblichen politischen Gremien des Reichs (Reichskanzlei, Auswärtiges Amt, preußisches Staatsministerium) im Umgang mit den beiden Kaiserinterviews kollektiv versagt haben. Der Kaiser selbst hat durch seine unbedachten und z.T. unsinnigen Äußerungen gegenüber einem englischen Privatmann und einem amerikanischen Geistlichen sowohl im Inland wie vor allem auch im westlichen Ausland erheblich an Glaubwürdigkeit eingebüßt und die internationale Position des Deutschen Reichs nachhaltig geschwächt. Die Novemberkrise von 1908 könnte man mit einem Wetterleuchten vergleichen, das den deutschen Zeitgenossen das am Horizont sich auftürmende, innen- und außenpolitische Bedrohungspotential für das Kaiserreich blitzartig in seiner Gesamtheit vor Augen führte. Als Historiker entdeckt man in den in- und ausländischen Reaktionen auf die beiden Kaiserinterviews Kristallisationskerne für die Katastrophe von 1914 und den Umsturz von 1918: im Inland das Schwinden des Kaisermythos und das Verblassen der monarchischen Idee, das zunehmende Unbehagen über die internationale Ausgrenzung und die wachsende Bereitschaft in allen Gesellschaftsschichten und politischen Kreisen, die großen Probleme der Zukunft mit Waffengewalt zu lösen; im Ausland die Angst vor dem unberechenbaren teutonischen Riesen und der schwindende Glaube an die Friedfertigkeit der deutschen Politik. In dieser Atmosphäre von Angst und Ungewissheit, Überheblichkeit und Schrecken sollten die Kriegserklärungen vom August 1914 wie Befreiungsschläge wirken.

DOKUMENTATION

Nr. 1
EDWARD JAMES STUART WORTLEY[1] AN SEINE GATTIN[2]

The Farm, Highcliffe, Hants[3], 1. Dezember 1907

My darling.

I received a letter this morning from my old friend Colonel Brocklehurst[4] asking me to arrange an interview between the Emperor and Mr. Stead[5], saying that he, Col[onel] B[rocklehurst], was sure that good would come out of it. After consultation with Count Metternich[6], I read the letter to the Emperor, who said „no, I cannot do it". Mr. Stead „endeavoured to gain an interview with me in Berlin, but Count Bülow advised me not to accord it. I admire Mr. Stead for his steadfast purposes: but I have made a hard and fast rule not to accord any such interviews. I once allowed Mr. Arnold White[7] to visit my fleet at Kiel, and gave him facilities to see over all my ships, as he expressed a wish to compare from a favorable point of view the system if victualling in my fleet with that of the British fleet, but all that resulted was a series of articles abusive of my fleet" – „I cannot trust Mr. Stead. The Emperor of Russia has made him his guest, but I do not require Mr. Stead to put me right before the British public."[8]

1   *Edward James Stuart Wortley (1857–18.3.1934)*, britischer Offizier; erzogen in Eton, 1879–80 Teilnahme am Afghanischen Krieg, 1880 Leutnant, 1885 Militärattaché in der Türkei, 1897 Major, 1898 Teilnahme an der Nilexpedition, während des Südafrikanischen Krieges im Generalstab tätig (Dez.1899 – März 1900), 1901–04 Militärattaché in Paris und Bern, 1907 Oberst, 8.4.1908–27.4.1912 Kommandeur der 10. Brigade in Shorncliffe mit dem Rang eines Brigadegenerals, 1913 Generalmajor, im 1. Weltkrieg Kommandeur der North Midland Division (1914–16) und der 65. Division der Home Forces (1916–18); Offizier der Ehrenlegion und Besitzer von Highcliffe Castle / Hampshire.

2   *Violet Hunter,* jüngste Tochter von James Alexander Guthrie of Craigie, heiratete Stuart Wortley 1891.

3   Grafschaft Hampshire.

4   *John Feilden 1st baron Brocklehurst (1852–1921),* britischer Offizier; Teilnahme an der Nilexpedition 1884–85, 1899 Oberst, 1899–1901 Teilnahme am Burenkrieg (Major-General), seit 1901 Hofdienst im Gefolge Königin Alexandras, Gemahlin Eduards VII.

5   *William Thomas Stead (1849–1912),* englischer Journalist u. Schriftsteller; 1880–89 Herausgeber der *Pall Mall Gazette,* seit 1890 Herausgeber der von ihm gegründeten *Review of Reviews,* 1893 Gründung der Vierteljahresschrift *Borderland,* einer Fachzeitschrift für Psychologie. Nach seinem Besuch in Russland 1888 veröffentlichte er das Buch „The Truth about Russia".

6   *Paul Graf von Wolff-Metternich zur Gracht (1853–1934),* Jurist, Diplomat; 1882 Attaché in Wien, dann Botschaftssekretär in Paris, 1885 in London, 1888 an der Gesandtschaft in Brüssel, 1890 wieder in London, 1895 Generalkonsul in Kairo, 1897 Gesandter bei den mecklenburgischen Höfen und den Hansestädten, 1901–1912 Botschafter in London, 1915–16 in Konstantinopel.

7   *Arnold White (1848–1925),* sozialpolitischer Schriftsteller, mit ausgeprägten marinepolitischen Interessen; setzte sich für eine Verstärkung der Royal Navy ein; schrieb das Pamphlet: „Is the Kaiser insane?"

8   Brocklehurst bedauerte lebhaft, dass Kaiser Wilhelm den Journalisten Stead („he has always been a strong supporter of His Majesty and of Germany amidst some adverse criticism") nicht sehen wollte: „I think good would have come of the interview to both countries and I feel sure, did H.M. know the man – a great personal friend of Cecil Rhodes

This lead[sic] to the following – and he took me into the library window[9]:

„When history is written, it will be shown how the British public has misjudged me. At the commencement of the Boer war, when everything was going wrong for you, the Queen wrote me a letter saying how anxious she was about the state of affairs. Although nearly all my people were in favor of the Boers, from a purely sentimental point of view (a bible reading, protestant people being oppressed by a great nation of a like religion), personally I knew that the majority of the Boers were not bible reading and I realised, with a view to the future of my own colonies, the extreme importance of the ultimate victory of the mother country.

I immediately set to work with my general staff and having considered the situation as it was, I recommended a certain line of military action. Queen Victoria thanked me most deeply. I do not wish to say that it was owing to my advice, but the strategy followed by Lord Roberts[10] on arrival in South Africa was exactly that which I had recommended.

When two German ships were stopped near Delagoa Bay for carrying contraband of war[11], that is rifles, guns and ammunition, I telegraphed to Hamburg at once to say I must have absolutely definite information as to whether any German ships had left the port thus ladened, and that I would permit no such smuggling. I received a reply that it was absolutely untrue. These ships on being examined

– as well as I do, he would be of the same opinion" (Brocklehurst an Stuart Wortley, 4.12.1907; Bodleian Library Oxford, MS.Eng.hist.d.256, Bl.17–18). Vgl. auch Otte, 298.

9   Nach dem anstrengenden einwöchigen Staatsbesuch in Windsor (11.–18. 11.1907), der auf Initiative König Eduards VII. zustande gekommen war (vgl. Lee, King Edward, II, 546–563), erholte sich Wilhelm II. in der Zeit vom 18. November bis 11. Dezember auf Schloss Highcliffe an der südenglischen Küste östlich von Bournemouth, gegenüber den westlichen Ausläufern der Isle of Wight. Kurz vor der Ankunft des Kaisers in England erhielt Mrs Stuart Wortley eine Anfrage aus dem Foreign Office, ob sie bereit sei, das Schloss an den deutschen Monarchen zu vermieten: „The Emperor of Germany is in search of a place on the south coast where he could spend a fortnight quietly on leaving Windsor on Monday week. Do you think you could let Highcliffe for a fortnight inclusive of servants and everything else?" (W. Tyrrell an Mrs Stuart Wortley, 8.11.1907; Bodleian Library Oxford, MS. Eng.hist.d.256, Bl.1–2). Oberst Stuart Wortley antwortete, dass er das Schloss Seiner Majestät kostenlos zur Verfügung stellen wolle, „on condition that he remained on the spot to look after the Kaiser himself" (ibid.). Die Bedingung wurde akzeptiert. Die Anfrage des Foreign Office hatte König Eduard veranlasst, der Schloss Highcliffe offenbar gut kannte. Stuart Wortley hat nach Ausweis seiner Papiere den deutschen Kaiser bis dahin noch nicht gesehen, kannte aber wohl schon seit einiger Zeit Prinz Heinrich von Preußen (nach einer Mitteilung von Derek M. Bleyberg).

10   *Frederick Sleigh, 1st Earl Roberts of Kandahar (1832–1914)*, brit. Feldmarschall (seit 1895); Oberbefehlshaber in Indien (1885–93), in Irland (1895–99), im Burenkrieg (1899–1900), 1901–04 Oberbefehlshaber der brit. Armee.

11   Am 29.12.1899 wurde der Reichspostdampfer „Bundesrath", der zu der von Hamburg aus operierenden „Deutschen Ostafrika-Linie" gehörte, wegen des Verdachts auf Kriegskonterbande von dem englischen Kreuzer „Magicienne" beschlagnahmt und nach Durban gebracht; ein zweites Schiff der Hamburger Dampferlinie („General") wurde am 4.1.1900 in Aden festgehalten. Von einem Eingreifen des Kaisers ist allerdings nichts bekannt (vgl. E. Böhm, Überseehandel und Flottenbau. Hanseatische Kaufmannschaft und deutsche Seerüstung 1879–1902, Düsseldorf 1972, 201–220).

were found to contain nothing, but while your cruisers were busy examining German ships a messagerie maritime boat past through, filled with rifles and ammunition, all packed in piano cases, and all were landed safely in Delagoa Bay and reached the Boers.

Early in 1900 the French and Russian governments approached my government, asking for my support if they intervened against you on behalf of the Boers. My government was sorely tempted; but I absolutely declined to do so, and thus saved England from a most dangerous position." He then added: „And on the top of all this, you flash the 'entente cordiale' in my face."

He said, „The French nation will kiss you today but tomorrow they may be all against you: they are not to be.trusted. I have colonies which will take years to develop and to pay their cost: but they will eventually pay. So with you, the world is big enough for us both. We ought to work together. Do not trust in France: a rotten reed."

He then went on to talk of Doctor Leyds[12], whom he said had done more harm to England than anyone. He had paid enormous sums to the Press in Germany and France[13] (I told him I knew all the papers in France which he had purchased). He declined to receive him in Berlin, and was much abused accordingly in the German Press.[14] He also told me of the support which he had always directed his agent in Egypt to give to us, and how many times his agent had thwarted French designs.

He then was most interesting upon his giving Bismark [sic] his congé, upon which subject I will write you tomorrow.

I am going to draw him tomorrow, very gently, upon the subject of his telegram to Kruger, at the time of the Raid. I shall be interested to hear what he has to say upon that subject. Show this to Rennell[15]. It is very confidential.

Yours ever   Eddy.

Stuart Wortley Papers, Bodleian Library Oxford, MS. Eng.hist. d.256, Bl.3–10v.

12 *Willem Johannes Leyds,* Gesandter der Südafrikanischen Republik in Den Haag, Berlin und Paris 1898-1902.

13 Siehe dazu H. Rosenbach, Das Deutsche Reich, Großbritannien und der Transvaal, 1896-1902 (Göttingen 1993), 287 n.428.

14 Vgl. Rosenbach, Transvaal, 287–89.

15 *Sir James Rennell Rodd (1858–1941),* engl. Diplomat, Politiker, Publizist; Studium in Oxford, 1883 Eintritt in den diplomatischen Dienst, Attaché in Berlin, 1891 2. Sekretär in Rom, 1893 Generalkonsul in Sansibar, 1894 in Ägypten, 1901–04 Botschaftssekretär in Rom, 1904–08 außerordentlicher Gesandter in Norwegen u. Schweden, 1908–19 Botschafter in Rom, 1919/20 in Ägypten, 1928–32 Mitglied des Unterhauses, 1933 des Oberhauses. Siehe dazu auch Otte, 299.

Nr. 2
EDWARD JAMES STUART WORTLEY AN SEINE GATTIN

Highcliffe Castle, Christchurch, Hants, 2. Dezember 1907

My darling.

The Emperor in alluding to Prince Bismark [sic] said:

„Shortly after my accession, the Socialist movement became somewhat alarming – and Prince Bismark wished to call out the troops and shoot down the Socialists in the streets. I told Prince Bismark that as the ruler of a great nation I was answerable on earth to the Almighty for the action taken towards my people, and I told Prince Bismark that I would never incur before the Almighty the responsibility of shooting down my people. Prince Bismark insisted that it was the only policy to pursue. So, recognizing that either I or Prince Bismark must prevail, I dismissed him from the post of my Chancellor."

This was very interesting coming from the Emperor himself – and is a great proof of his strength of character.

I asked him whether he had any idea that the Japanese would defeat the Russians on land to which he replied: „No, none whatever. In fact, my agents reported to me that the Russian army was in an excellent condition in every way. Only one man, an English Professor in a Japanese college at Tokio, came to me in Berlin and told me that the Russians would not win a single battle. I laughed him almost to scorn. Shortly after the war began[1], I was at the opera in Berlin with several members of my Head Quarter Staff. After the first act a telegram arrived from my military agents in Corea stating that the Japanese had forced the passage of the Yalu[2]. I handed the telegram to my Chief of the Staff who said it must be false, as it was impossible: the flower of the Russian army being on the Yalu. After the second act of the opera a second telegram was handed to me, giving me exact details of the battle – the number of killed and guns taken – and stating that the Japanese success was due to the murderous fire of their recently purchased Krupp field gun. Then I had no more surprises, for my agents reported to me the deplorable condition of the Russian army. The General in command of communications imported a large number of cocottes for the various depôts on the line and took 60 p.c. of their ‚earnings' for his own pocket."

He then talked of the disgrace to all the Grand Dukes' not going to the front, and said that when Prince Henry[3] went to represent him at the christening of the

---

1   Wegen unüberbrückbarer Divergenzen über die Zukunft Koreas, das von Russland beansprucht wurde, brach Japan am 6.2.1904 die diplomatischen Beziehungen zu Russland ab und begann ohne Kriegserklärung am 8./9.2.1904 den Krieg mit der teilweisen Zerstörung der vor Port Arthur ankernden russischen Flotte.

2   Am 1.5.1904 erzwangen die Japaner unter Kuroki den Übergang über den Jalu (Korea); die Russen verloren dabei 28 Geschütze u. 8 Maschinengewehre (nach Schulthess, 1904, 334).

3   *Heinrich, Prinz von Preußen (1862–1929)*, 2. Sohn Kaiser Friedrichs III., widmete sich seit 1878 dem Seedienst, 1895 Konteradmiral, 1901 Admiral, 1909 Großadmiral, seit 1903 Chef der Marinestation der Ostsee, 1906–09 Chef der aktiven Schlachtflotte, seit 1909 Generalinspekteur der Marine, im 1. Weltkrieg Oberbefehlshaber der Streitkräfte in der Ostsee.

Czar's daughter, a report was current that the Grand Duke Nicolas[4] was going to succeed Kuropatkine[5]. Prince Henry congratulated him on going to the front, upon which the Grand Duke Nicolas replied: „Moi!! là-bas, merci – jamais de la vie!"

The Emperor then talked to me about Morocco – and said that the French were making a great mistake in not sending at once a large force to crush the Moors before they suffered disasters such as we suffered; always from beginning campaigns with too small forces. Rather an interesting conversation!

Yours ever   Eddy.

Stuart Wortley Papers, Bodleian Library Oxford, MS. Eng. hist. d.256, Bl.11–15.

Nr. 3

EDWARD JAMES STUART WORTLEY AN SEINE GATTIN

Highcliffe Castle, Christchurch, Hants, 7. Dezember 1907

My darling.

I walked with the Emperor this morning and took him to Waterford Lodge. [...] During the walk the Emperor talked to me a great deal about the very delicate position of affairs at present existing between the United States and Japan[1]. He said:

„I foresaw the danger of the Yellow Peril 20 years ago, and that is why I built my fleet – just to be ready to lend a helping hand." I could not quite gather to whom he meant to stretch this helping hand. But he continued: "If there was a war between the United States of America and Japan, you would be placed in a very awkward position. You could never take part with Japan against the United States, people of your own flesh and blood. Your position would be a very difficult one[2], for throughout the whole of the west coast of America – even from

---

4   *Nikolaj Nikolaevic, Großfürst von Russland (1856–1929),* 1877 Generalstabsoffizier, Kommandeur des Leibgarde-Regiments, 1895 Generaladjutant u. Generalinspekteur der Kavallerie, 1905 Oberkommandant des Militärbezirks von St.Petersburg, Aug.1914 – Sept.1915 russ. Oberbefehlshaber, dann General-Statthalter im Kaukasus, 1919 nach Frankreich emigriert.

5   *Alexsej Nikolajewitsch Kuropatkin (1848–1925),* russischer General; 1898–1904 Kriegsminister, 1904-05 Oberbefehlshaber der russischen Armee.

1   Am 16.12.1907 ging das Atlantische Geschwader der Vereinigten Staaten von Norfolk aus nach dem Stillen Ozean in See; die amerikanische Presse motivierte diese Flottensendung mit der Verschärfung der amerikanisch-japanischen Beziehungen, führte aber auch Manöverzwecke an (nach Schulthess, 1907, 350).

2   Ähnlich äußerte sich Wilhelm II. am 28.12.1907 in einem Privatbrief an den russischen Zaren: „Ich fand das britische Volk sehr nervös wegen der Japaner, die sie zu fürchten und denen sie zu mißtrauen beginnen. Die Fahrt der amerikanischen Pazifik-Flotte hat London höchlichst geärgert, denn sie versuchten alles, was in ihrer Macht stand, es zu verhindern. London hat Angst vor einem Zusammenstoß zwischen Japan und Amerika, da sie einem von ihnen an die Seite treten müssen, denn es wird eine Rassefrage, keine politische, nur Gelb gegen Weiß. [...] Es ist imposant zu beobachten, wie gut die Japaner sich auf den

Vancouver which is Canadian – there is a feeling against yellow labour compet-
ing against white labour. You would be obliged to support your Canadian subjects and yet you have an alliance with Japan[3]."

I said to the Emperor: „Perhaps Your Majesty considers our alliance with
Japan to have been a mistaken act of diplomacy and one made without sufficient
regard to the danger arising from a too close binding with a yellow power."

To which the Emperor replied: „Yes, a very dangerous policy which you will
regret. But, much as I may be misunderstood, I have built my fleet to support
you." He then went deeply into the matters connected with our army and navy,
and as regards the former said the greatest mistake we ever made was the
abolition of the post of Commander-in-Chief, whereby the army was ruled by
jobbery more rampant than ever had been known. And as regards the navy, he
considered Sir John Fisher[4] to be a most dangerous and overrated man – and one
who ruled the navy by undermen who take baits thrown by him in what he called
the „Fishpond".

Yours ever   Eddy.[5]

Stuart Wortley Papers, Bodleian Library Oxford, MS. Eng. hist. d.256, Bl.19–22.

Nr. 4
KOMMENTAR KAISER WILHELMS II.

14. September 1908
General Stuart Wortley sagte mir im Manöver[1]: My countrymen are as mad as
marchhares, even in September. Even General Sir John French[2] believes firmly in

Notfall vorbereiten! Sie haben es auf ganz Asien abgesehen, bereiten sorgfältig ihre Strei-
che gegen die weiße Rasse im allgemeinen vor! Denk an mein Bild, es wird wahr!" (Goetz,
Briefe Wilhelms II. an den Zaren, 234–37).

3   Abgeschlossen am 30.1.1902; vgl. Ian H. Nish, The Anglo-Japanese Alliance. The Diplo-
     macy of Two Island Empires 1894–1907, London 1966.

4   *Sir John Arbuthnot 1st baron Fisher (1841–1920)*, britischer Admiral; 1894 in den Ritter-
     stand erhoben, 1902 Zweiter Seelord, 1904–1910 Erster Seelord der britischen Marine, Jan.
     1910 Eintritt in den Ruhestand, Okt.1914–Mai 1915 nochmals Erster Seelord; verant-
     wortlich für den Bau des Schlachtschiffs „Dreadnought".

5   Noch während seines Aufenthalts in Highcliffe scheint Wilhelm II. seinen sympathischen
     Gastgeber zu den Septembermanövern in Lothringen eingeladen zu haben, wie aus einer
     undatierten Neujahrskarte („A happy New Year 1908 – William I.R.") an Stuart Wortley
     hervorgeht: „I am so deeply touched by your and your wife's kindness to me, and am quite
     in love with your lovely place! Shall only be too glad to come again! [...] H.M. the king
     wrote to me, saying that he allowed you to come to our manöver this autum[n]" (Bodleian
     Library, MS.Eng.hist.d.256, Bl.24). Vgl. auch August Eulenburg an Stuart Wortley, 2.1.1908
     (ibid., Bl.25).

1   Die Kaisermanöver, zu denen Oberst Stuart Wortley als Gast des Kaisers eingeladen war,
     um sich zusammen mit seinem Gastgeber „von der Kriegsfertigkeit und Ausbildung der
     westlichen Grenzwacht des Reiches zu überzeugen" (*Kölnische Zeitung*, Nr.905, 27.8.1908),
     fanden zwischen dem 7. und 10. September 1908 in Lothringen statt. Bis zuletzt war

a forthcoming german attack! Worauf ich ihn beauftragte, von mir aus zu Hause zu bestellen, daß die Briten den Eindruck of a set of raving lunatics machten. Worüber er sich enorm amüsierte und es zugab.

PA-AA, R 5827 (Schlußbemerkung Wilhelms II. zu Ber.No.888, Stumm an Bülow, 8.9.1908, von Bülow am 16.9.08 abgezeichnet). GP 24, 159, Nr.8245.

Nr. 5
EDWARD JAMES STUART WORTLEY AN KAISER WILHELM II.

Redoubt House, Shorncliffe, Kent, 23. September 1908

Sir.

The great honor which Your Majesty did to me at the recent manoeuvres and on previous occasions, during Your Majesty's stay at Highcliffe, in talking so

fraglich gewesen, ob Stuart Wortley der Einladung des Kaisers vom Dezember 1907 Folge leisten konnte, weil er selbst bis zum 5. September an Waldmanövern in England beteiligt war. Am 14.6.1908 schrieb August Eulenburg dem britischen Schlossherrn: „His Majesty still hopes that you will not dislike our own manoeuvering ground in Lorraine where the field-days shall come off from 8th to 10th September. This will just suit you – I hope – as your manoeuvres end on September 5th. So you could easily be in Metz on September 7th. All details about your quarters etc. will be sent to you in time" (Bodleian Library, MS.Eng.hist.d.256, Bl.27). Es ist anzunehmen, dass Stuart Wortley während der Feldmanöver im kaiserlichen Schloss Urville bei Kurzel an der Nied logierte. Dort hatten sich auch Erzherzog Franz Ferdinand von Österreich und der Fürst von Fürstenberg einquartiert. Die Herbstübungen spielten sich in der Hauptsache zwischen den Truppen des XV. (elsässischen) und des XVI. (lothringischen) Armeekorps ab. Die *Kölnische Zeitung* hob hervor, „daß man in diesem Jahre des Kaisermanövers Truppenteile aller großen deutschen Heeres-Kontingente vereint sehen wird. Außer Preußen werden Bayern, Sachsen, Württemberg und Baden mit verschiedenen Regimentern vertreten sein, so daß in Elsaß-Lothingen zum ersten Male ein deutsches Heer vor seinem Kaiser seine Feldtüchtigkeit erproben wird" (Nr.945, 7.9.1908). Unmittelbar nach dem Abschluss der Kaisermanöver (10. September) kam es auf der Höhe von Memersbronn südlich von Bolchen zu dem Vieraugengespräch zwischen Wilhelm II. und Stuart Wortley, in dem der deutsche Monarch die in dem *Daily Telegraph*-Artikel vom 28.10.1908 wiedergegebenen Äußerungen von sich gab (siehe Dok. Nr.129). – Über die Leistungsfähigkeit der deutschen Infanterie war der englische Oberst nicht sonderlich beeindruckt; auf Wunsch des englischen Königs verfasste Stuart Wortley ein Memorandum über die Manöver in Lothringen, die dieser Anfang Oktober mit großem Interesse zur Kenntnis nahm. Vgl. dazu Francis Knollys an Stuart Wortley, 8.10.1908: „I have submitted your letter and enclosures to the King. [...] He is very glad to hear what you say about our troops, and that as regards the manoeuvring of our Infantry we have nothing to learn from the Germans. I hope you did not mind my showing your memo and maps to Mr. Haldane when he was here the other day" (Bodleian Library, MS.Eng. hist..256, Bl.38–39).

2 *John Denton Pinkstone French, 1st Earl of Ypres (1852–1925)*, brit. Offizier; 1895 Colonel im War Office, 1897 Brigadegeneral, 1899–1900 Teilnahme am Burenkrieg, 1902 Ernennung zum Generalleutnant u. Oberbefehlshaber in Aldershot, 1907 Generalinspekteur der brit. Armee, 1913 Feldmarschall, 4.8.1914–4.12.1915 Oberbefehlshaber der British Expeditionary Force, 1916 Erhebung zum Viscount of Ypres, Oberbefehlshaber der Home Forces, 1918–21 Lord-Lieutenant of Ireland.

openly concerning the most regrettable tone of a portion of the Press of this country regarding your actions and intentions towards this country, have so deeply impressed me that, in my humble opinion, it is high time that the sincerity of Your Majesty's good feelings and intentions, as publicly expressed on more than one occasion, should through the medium of a leading newspaper be placed prominently and strongly before the British public. If this is done, and done well, I have no doubt whatever that a great change will come over the most ungracious and improper tone of certain organs of the Press – and be productive of much good.

On my return from the manoeuvers, I communicated *most confidentially* with a friend of mine[1] whose father is the proprietor of the *Daily Telegraph*[2], a paper which has never adopted the tone concerning Your Majesty which is so much to be regretted. As a result of my interview, the enclosed draft of a supposed communiqué has been made at my instigation, veiled as from a retired diploma-tist[3]. I think that it embodies all that Your Majesty expressed to me. Before, however, taking any further steps in the matter, or allowing any use to be made of it, I submit it for Your Majesty's perusal – and in the hope that if Your Majesty disapproves of it in any way, you will be gracious enough to tell me.

I am only one of many of Your Majesty's great admirers in this country, whose great wish is to prove to the people of England Your Majesty's firm desire to be on the best terms with them. As I am but a humble soldier, I most respectfully ask Your Majesty that this matter may be kept absolutely confiden-tial, whatever manner Your Majesty may regard my humble but devoted endeav-ours.

1   *Harry Lawson Webster Levy, (seit 1919) 1st Viscount Burnham (1862–1933),* englischer
    Zeitungsbesitzer, Verbandsfunktionär u. Politiker; Spezialkorrespondent des *Daily Tele-
    graph,* seit 1885 mit Unterbrechungen Mitglied des britischen Unterhauses (1905–1915 als
    Liberal Unionist), 1908/1909 Bürgermeister von Stepney, übernahm nach dem Tode seines
    Vaters 1916 den *Daily Telegraph.*
2   *Edward Levy, 1st baron Burnham (1833–1916),* Besitzer des *Daily Telegraph.*
3   Für die in der Literatur bis heute (zuletzt noch bei Fesser, Fürst Bülow, 106) zu beobach-
    tende Annahme, dass der englische Journalist Harold Spender an der Abfassung des
    Manuskripts beteiligt gewesen sei, finden sich keinerlei Belege. Dieser Hinweis kam zum
    erstenmal von dem Sensationspublizisten Rudolf Martin (vgl. *Fürst Bülow und Kaiser
    Wilhelm II.,* Leipzig 1909, S.6) und ist von den Herausgebern der *Großen Politik* unkritisch
    übernommen worden (vgl. GP 24, 167 n.). Harold Spender selbst hat eine Mitwirkung an
    der Aufsetzung oder Überarbeitung des Artikelmanuskripts in einem offenen Brief an den
    Spectator v. 22.10.1910 energisch abgestritten: „Ich habe die im *Daily Telegraph* veröffent-
    lichte Unterredung erst drei oder vier Tage, nachdem sie in dem Blatte erschienen war, zum
    ersten Male gesehen und habe keine Version davon in irgendwelcher Gestalt vor Augen
    gehabt, bis sie mir gedruckt und veröffentlicht, wie sie aus dem Bureau des *Daily Telegraph*
    hervorging, zu Gesicht kam" (*Kölnische Zeitung,* 26.10.1910). Nach dem Zeugnis des
    Wortley-Vertrauten Sir Harry Lawson war indes der britische Redakteur John Benjamin
    Firth an der Aufsetzung des Artikelmanuskripts maßgeblich beteiligt (siehe Dok. Nr.129
    n.6). Über die genaue Entstehungsgeschichte des *Daily Telegraph*-Artikels hat Stuart
    Wortley am 7. Juli 1930 in eben jenem Blatt berichtet. Danach scheint die Initiative zu der
    Veröffentlichung der Kaiseräußerungen von Wilhelm II. selbst ausgegangen zu sein (siehe
    Dok. Nr.129).

I take this opportunity of renewing my thanks to Your Majesty for the honour etc.

Stuart Wortley Papers, Bodleian Library Oxford, MS. Eng. hist. d.256, Bl.31–34v (Entwurf).

Nr. 6
MARTIN RÜCKER FREIHERR VON JENISCH[1] AN BERNHARD FÜRST VON BÜLOW

Rominten, 30. September 1908

Geheim! 2 Anlagen.

Lieber Bernhard,

Seine Majestät der Kaiser hat während des diesjährigen Kaisermanövers mit dem dazu geladenen Obersten Stuart Wortley, Eigentümer von Highcliffe Castle, eine längere Unterredung gehabt. In dem hier beigefügten Brief an Seine Majestät vom 23. d.M. kommt der Oberst auf diese Unterredung zurück und überreicht den gleichfalls beigeschlossenen Entwurf zu einem Artikel, den er im „Daily Telegraph" als aus der Feder eines alten Diplomaten kommend veröffentlichen zu dürfen bittet[2]. Stuart Wortley verspricht sich einen guten Erfolg von der

---

1 *Martin Johann Rücker Freiherr von Jenisch (1861–1924),* Diplomat, Vetter des Reichskanzlers Bülow; 1902 Legationsrat u. Rat im Kaiserlichen Gefolge, 1903 Generalkonsul in Kairo, 1906–1912 preuß. Gesandter in Darmstadt, 1912 zum Botschafter in Rom ernannt, nahm jedoch noch vor Antritt des Postens wegen Krankheit den Abschied.

2 Der auf Stuart Wortley zurückgehende Entwurf zu dem „Daily Telegraph"-Artikel enthält eine Reihe von Äußerungen, die Kaiser Wilhelm II. während seines mehrwöchigen Aufenthalts in Highcliffe Castle (18.11. – 11.12.1907) und während der lothringischen Kaisermanöver (8.–10.9.1908) gegenüber dem englischen Obersten zum Thema der deutsch-englischen Beziehungen gemacht hat. Von den beiden Anlagen ist nur noch der mit Schreibmaschine hergestellte, zehnseitige Originalentwurf des Artikels mit dem Firmennamen des *Daily Telegraph* am Kopf des ersten Bogens erhalten (Bodleian Library Oxford, MS. Eng.hist.d.256, Bl.43–52); Stuart Wortleys Begleitschreiben vom 23.9.1908 liegt lediglich im Entwurf vor (siehe Dok. Nr.5). Daß von dem Stuart Wortleyschen Begleitschreiben keine Abschrift für die Akten genommen wurde, erscheint unwahrscheinlich, zumal es sich, wie die Sekretierungsanweisungen Bülows hervorheben, um einen als außerordentlich wichtig empfundenen Vorgang handelte. Das Fehlen dieses Schriftstücks ist ein erster Anhaltspunkt für die von Bülow offenbar nachträglich vorgenommene Manipulation der *Daily Telegraph*-Akte mit dem Ziel, seinen maßgeblichen Anteil an der Publikation zu kaschieren. Die Behauptung des Kaisers, im Originalmanuskript Streichungsvorschläge angebracht zu haben (Wilhelm II., Ereignisse und Gestalten, 98), entbehrt jeder Grundlage: das in der Bodleian Library deponierte Originaldokument weist keinerlei handschriftliche Vermerke des Kaisers auf, auch nicht – wie Lord Burnham 1930 behauptete (vgl. Dok. Nr.129 n.10) – eine Unterschrift des Kaisers. Jenischs Privatschreiben mit den brisanten Anlagen traf noch am Abend des 1. Oktober in Norderney ein und wurde am folgenden Morgen von Bülow zur Kenntnis genommen.
Der Staatssekretär des Reichsmarineamts, Alfred von Tirpitz, scheint, wenn auch nur sehr oberflächlich, von dem Stuart-Wortleyschen Anschreiben und möglicherweise auch von dem unkorrigierten Originalmanuskript des *Daily Telegraph*-Artikels Kenntnis erhalten zu haben, als er am 28. September 1908 zum Immediatvortrag in Rominten weilte: „Ich blieb

Wiedergabe der Worte des Kaisers, ersucht aber gleichzeitig um strengste Diskretion.

Seine Majestät ist erfreut über das Anerbieten Stuart Wortleys und darüber, daß auch ein vornehmer Engländer an der Herstellung guter Beziehungen zwischen Deutschland und England mitzuarbeiten sich erbietet. Er findet den Artikel gut geschrieben und Seine Worte wahrheitsgetreu wiedergegeben. Dem englischen Obersten hat Seine Majestät den Empfang seines Briefes telegraphisch dankend bestätigt mit dem Hinzufügen, der Artikel werde einer Prüfung unterzogen.[3]

Seine Majestät beauftragt mich, Dir Brief und Anlage unter Rückerbittung zur Kenntnisnahme zu übersenden, und ersucht Dich, in dem Artikel Dir gut dünkende Veränderungen vorzunehmen und diese neben den jetzigen englischen Text zu schreiben. Dazu müßte der Artikel wohl auf gebrochenem Bogen und einseitig erst abgeschrieben werden [a]. *Auch wünscht Seine Majestät, daß für uns eine Abschrift mit dem veränderten Text zurückbehalten werde* [b]. Seine Majestät *hat mir ausdrücklich befohlen, die Stuart Wortleysche Sendung nicht durch das Auswärtige Amt, sondern direkt an Dich gehen zu lassen, da Er wünscht, daß die Sache möglichst geheim und diskret behandelt wird* [c]. Ich habe Seine Majestät schon darauf aufmerksam gemacht, daß *an mehreren Stellen die Allerhöchstihm in den Mund gelegten Worte einer Korrektur bedürften, weil sie mit den Tatsachen nicht übereinstimmten, so z.B. mit Bezug auf die Entsendung des Herrn Vassel und die Anwesenheit des französischen Konsuls in Fez, auch bezüglich der Verhandlungen während des Burenkrieges usw. Seine Majestät scheint Wert darauf zu legen, bald eine Antwort von Dir zu bekommen* [b].

Mit herzlichem Gruß Dein treu ergebener

Martin.

S.M. sagte mir soeben nochmals, Er wünsche, daß das Anerbieten Stuart Wortleys so geheim wie möglich behandelt und außer Dir tunlichst niemand anders in das Vertrauen gezogen werde [b].

Marginalien des Reichskanzlers:
[a] *Doppelter Randstrich und „NB [notabene]!"*
[b] *Einfacher Randstrich.*
[c] *Doppelter Randstrich.*

im Wagen zurück, während der Kaiser zum Pürschen ging. Der Kaiser gab mir den Brief eines englischen Generals. Es war schon sehr dunkel, schlecht zu lesen, so daß ich nur einen allgemeinen Begriff von dem Briefe hatte. Als der Kaiser zurückkam, fuhren wir zurück. [...] Ich habe denselben Abend dem anwesenden Vertreter des Auswärtigen Amtes Rücker-Jenisch gesagt, daß ich keinen Auftrag hätte, nicht berechtigt wäre, ihm das zu sagen, jedoch ihn darauf aufmerksam machte, daß ein solcher Brief da wäre, der – soweit ich übersehen könnte – recht bedenklich wäre" (Tirpitz, Aufbau der deutschen Weltmacht, 66–67).

3   Tel. Wilhelm II. an Stuart Wortley, 30.9.1908: „Many thanks for kind letter. Shall study contents. [...] We have fine weather here with frost. I killed some very fine stags. William I.R." (Ausgang 4.55 a.m., Eingang 10 a.m.; Bodleian Library, MS.Eng.hist.d.256, Bl.36–37).

PA-AA, R 5832, Bl.4-5 (Ausfertigung von Kanzleihand, Gruβformel und Nachschrift eigen-händig, Eingangsvermerk: pr[aesentatum] 1. Oktober 1908 p.m., Datum der Marginalien: 2.10.1908, von Bethmann Hollweg am 1.11.1909 zur Kenntnis genommen). Abgedr. in GP 24, Nr. 8249. Die von Bülow markierten Textpassagen sind kursiv gesetzt.

Nr. 7
DIREKTIVEN DES FÜRSTEN BERNHARD VON BÜLOW
FÜR DAS AUSWÄRTIGE AMT

[Norderney], 2. Oktober [1908]

Ganz geheim!

Ich bitte den anliegenden Artikel[1] *sorgsam* prüfen, den Artikel sodann auf gebrochenen Bogen mit Kanzleihand (oder noch besser mit Schreibmaschine) abschreiben und die wünschenswerten Korrekturen, Zusätze und *Weglassungen*[2] (mit derselben Handschrift) am Rand eintragen zu lassen. Ferner soll eine Abschrift mit dem veränderten Text zurückbehalten werden für Seine Majestät. - Ich bitte um strengste Geheimhaltung und möglichste Beschleunigung der Übersendung an mich.[3]

PA-AA, R 5832, Bl.17 (eigenhändig mit Blaustift, praes. 3.10.08 p.m.). Abgedr. in GP 24, Nr.8250, 168 f.

1   Siehe Dok.Nr.6 n.2.
2   Die Unterstreichungen sind möglicherweise nachträglich, nach dem 6.11.1908, vorgenom-men worden, da Klehmet, der die Direktiven Bülows in seiner Aufzeichnung v. 6.11. ansonsten sorgfältig zitiert hat, diese nicht berücksichtigt (vgl. PA-AA, R 5832, Bl.68). Zudem sind die Markierungen mit einem feinen Blaustift ausgeführt worden, während für den übrigen Text ein grober Blaustift verwendet wurde.
3   Zur Frage der Behandlung des englischen Artikelmanuskripts im Auswärtigen Amt (3.–5. Oktober 1908) siehe Klehmets Aufzeichnung v. 6.11.1908 (PA-AA, R 5832, Bl.64–66v; abgedr. in GP 24, 183–185) und vor allem Klehmets Eingabe an Kiderlen-Wächter v. 30.8.1910 (PA-AA, R 5833, Bl. 206–210; abgedr. in *Deutsche Revue*, 45/1920, 45 ff.): „Nachdem Herr Unterstaatssekretär Stemrich auf Grund wiederholter, eingehender Vorträ-ge von mir sich mit meiner Auffassung und meinen Vorschlägen einverstanden erklärt hatte, entwarf ich einen Bericht an den Kanzler, der sich, angesichts der Unklarheit über dessen nähere Absichten, streng an seine Verfügung hielt, also die Frage der Opportunität der ganzen Veröffentlichung nicht berührte, sich vielmehr auf meine Änderungsvorschläge beschränkte und diesen nur kurze Motivierungen beifügte, aus denen übrigens schon hätte entnommen werden müssen, daß es sich in dem Artikel *nicht* um untergeordnete Fragen handelte" (PA-AA, R 5833, Bl. 209v). In einem Schreiben an Theodor Schiemann faßte Klehmet am 21.3.1909 noch einmal die für ihn wesentlichen Punkte zusammen (GStA PK Berlin, I.HA Rep.92, NL Schiemann, Nr.88).
Interessant ist auch die Schilderung, die Unterstaatssekretär Stemrich am 28.11.1908 im Salon der Baronin Spitzemberg über die damaligen Vorgänge gegeben hat: „Rücker-Jenisch hat das Opus des Kaisers direkt an Bülow geschickt mit dem ausdrücklichen Wunsche S.M.'s, Bülow selbst möge es bearbeiten, nicht es ans Amt gehen lassen. Dem fügte Jenisch privatim bei, die Sache scheine ihm sehr bedenklich, auch historisch nicht unanfechtbar. Darauf wurde das Opus ans Amt eingeschickt mit der ausdrücklichen Wei-sung, es nach der obgenannten Seite zu prüfen, nicht aber ein Urteil über die Opportunität

Nr. 8
WILHELM STEMRICH[1] AN BERNHARD FÜRST VON BÜLOW

Berlin, 7. Oktober 1908

No.39.

Ganz geheim!

Euerer Durchlaucht verfehle ich nicht, anbei die befohlene, für Seine Maje-
stät den Kaiser bestimmte weitere Abschrift des Manuskripts zu der im „Daily
Telegraph" beabsichtigten englischen Veröffentlichung über Seiner Majestät
Haltung gegenüber England geh[orsamst] vorzulegen.[2]

*BA Koblenz, N 1016/ NL Bülow, Nr.33, Bl.15 (Konzept von Klehmet – 7.10., ohne Stemrichs
Paraphe bzw. Unterschrift, Ausgang am 7.10.1908, 9 p.m.). Maschinenschriftl. Ausfertigung mit
Stemrichs Unterschrift; PA-AA, R 5832, Bl.21.*

der Veröffentlichung gefordert. Stemrich las es und brachte es darauf Klehmet, der die
berufene Stelle dafür war. Mehrmals suchte er, d.h. Stemrich, diesen auf, um ihm Eile
anzuempfehlen, ebenso wie Vorsicht, da ihm das Ding sehr gefährlich dünkte. Darauf ging
Stemrich in Urlaub und das Opus mit zwei ‚getippten' Abschriften an Bülow zurück"
(Vierhaus, Spitzemberg, 494, Eintrag v. 29.11.1908). Nach einer Unterredung mit Stemrich
am 15.3.1909, in der es ausschließlich um die Genesis der Daily-Telegraph-Affäre ging,
hielt der Publizist Theodor Schiemann in seinem Tagebuch fest: „Stemrich war sich sofort
klar, daß die Veröffentlichung böses Aufsehen erregen würde, war aber überzeugt, daß der
Kanzler die letzte Entscheidung treffen und das Manuskript druckfertig machen wolle. Nur
so lasse sich auch der Befehl erklären, 2 Abschriften anzufertigen" (GStA PK Berlin, I, HA
Rep.92, Nr. 153, Bl.27). Für Holstein stellte sich nach Gesprächen mit Stemrich die Sache
wie folgt dar: „Stemrich [...] las sie [i.e. die Akte mit dem englischen Manuskript] und hatte
Bedenken, ward jedoch durch den Dezernenten Klehmet beruhigt, welcher darauf hinwies,
daß das Amt nach der Direktive des Reichskanzlers ja nur prüfen solle, ob die Darstellung
aktengemäß sei. Man kann diese Entschuldigung für Stemrich, einen Neuling in der Politik,
allenfalls gelten lassen. An Stemrichs bona fides zweifle ich nicht, wohl aber ganz und gar
an der von Klehmet. Es hat eine gewisse Berechtigung, wenn Stemrich mir sagte: ‚Klehmet,
der seit 14 Jahren in der politischen Abteilung ist, mußte, wie ich annahm, die politischen
Gepflogenheiten kennen'" (HP I 171).

1   *Wilhelm Stemrich (1852–1911)*, Jurist, Diplomat; 1874 1. juristische Prüfung, 1881 Asses-
    sorexamen, 1883 Eintritt in den diplomatischen Dienst, 1885 als Vizekonsul dem Kaiserl.
    Generalkonsul London zugeteilt, 1887 Legationsrat und Ständiger Hilfsarbeiter im Ausw.
    Amt, 1891 Kaiserl. Konsul in Mailand, 1895 Generalkonsul in Konstantinopel, 1902
    Geheimer Legationsrat, 1906 Gesandter in Teheran, 11.11.1907 – Mai 1911 Unterstaatsse-
    kretär im Ausw. Amt.

2   In einer von Klehmet verfaßten Anzeige (G.A.) v. 5.10.1908 hatte Unterstaatssekretär
    Stemrich dem in Norderney weilenden Kanzler drei Änderungen an dem Artikelmanuskript
    vorgeschlagen und entsprechend begründet (vgl. GP 24, Nr.8251; Dok.Nr.11, n.1, 3 u. 4).
    „Mein Berichtsentwurf", erinnerte sich Klehmet am 30.8.1910, „wurde vom Unterstaatssek-
    retär unterzeichnet und, der vorgeschriebenen Eile halber, gleich ohne Anfertigung einer
    Reinschrift, nur unter Hinzufügung der befohlenen Schreibmaschinen-Kopien nach Nor-
    derney gesandt" (PA-AA, R 5833, Bl.209v). Zusammen mit der Anzeige von der Hand
    Klehmets und einer mit Schreibmaschine angefertigten Abschrift des von Klehmet redigier-
    ten englischen Zeitungsartikels gelangten auch das Originalmanuskript des Artikels, Stuart
    Wortleys Begleitschreiben und Jenischs Brief an den Kanzler wieder in die Hände Bülows.

Nr. 9
ERKLÄRUNG VON GUSTAV WILLISCH[1]

Berlin, 4. Oktober 1909

Auswärtiges Amt. Chiffrierbureau.

Hofrat Lehmann[2] hat das Original der Aufzeichnung beim Kollationieren in den Händen gehabt. Dasselbe war auf Bogen, deren erster die Firma des Daily Telegraph trug, mit Maschinenschrift geschrieben und vollkommen leserlich. Original und Abschrift wurde[n] am 4. Oktober 1908 dem Herrn W.G.L.Rat Klehmet zugestellt, welcher in der hier gefertigten Abschrift Verbesserungen vornahm. Von dieser berichtigten Abschrift wurden am 7. Oktober 1908 drei

Die Sendung ist wohl noch am 6. Oktober in Norderney eingetroffen (nach den Erinnerungen Müllers v. 8.12.1908; GP 24, 195). Auf der G.A. v. 5.10. ist kein Eingang vermerkt – ein Beleg für die Richtigkeit der Aussage Müllers, daß die Sendungen aus dem Hoflager und vom Auswärtigen Amt in der Regel nicht über seinen Schreibtisch gingen, sondern direkt an den Reichskanzler; die Anzeige weist im übrigen keinerlei Vermerke von der Hand Bülows auf. Am 11.10.1908 gelangte das Schriftstück zusammen mit den übrigen Unterlagen zur Daily-Telegraph-Angelegenheit, die Müller im Auftrage Bülows am 10.10. in einem besonderen Kuvert von Norderney nach Berlin schickte, zum Zentralbüro des Auswärtigen Amts, das den Bleistiftvermerk anbrachte: „Von S.D. 11/10" (PA-AA, R 5832, Bl.18).
Ähnlich zeigt die von Klehmet redigierte und zu den Akten des Ausw. Amts gelangte Schreibmaschinenkopie des von Stuart Wortley übermittelten Artikelmanuskripts nicht die geringsten Bearbeitungsspuren von der Hand Bülows (PA-AA, R 5832, Bl.6–16). Dieser Sachverhalt ist bis heute als Beweis dafür herangezogen worden, daß Bülow dieses Schriftstück nicht zur Kenntnis genommen, geschweige denn gelesen hat. Ein solcher Vorgang wäre in der Tat für Bülows Arbeitsweise außergewöhnlich und kaum zu verstehen, da in jenen Jahren die Anzeigen des Chefs der Reichskanzlei in der Regel die Paraphe Bülows mit dem Datum der Kenntnisnahme trugen und selbst die mit der G.A. eingereichten Anlagen (Privatbriefe, Zeitungsartikel, Broschüren, Voten der Minister etc.) davon zeugen, daß sie von Bülow gewissenhaft und, je nach Bedeutung des Papiers, äußerst gründlich bearbeitet wurden (Ausrufe- und Fragezeichen, Unterstreichungen, Hervorhebungen – NB! –, Randstriche, Marginalien mit Querverweisen, Schlußkommentar, Verfügungen am Kopf des Schriftstücks etc.). Es besteht indes Grund zu der Annahme, daß von den insgesamt 4 im Chiffrierbüro des Ausw. Amts maschinell angefertigten Abschriften des Originalmanuskripts (vgl. Dok.Nr.9) eine zu Kopierzwecken von vornherein im Ausw. Amt zurückbehalten wurde (also von dem in Norderney weilenden Kanzler gar nicht eingesehen werden konnte!), während Bülow die mit der Anzeige vom 5.10. erhaltene Maschinenabschrift mit den Korrekturen Klehmets seiner Gewohnheit entsprechend bearbeitete – ein Vorgang, der dem Gesandten Müller nicht entgangen sein konnte. Bezeichnenderweise ist aber Bülows Exemplar, das sich zunächst bei seinen Papieren befunden haben mußte, nicht mehr vorhanden!

1 *Gustav Willisch (1834–1916),* 1854–57 Seesoldat / Matrose I. Klasse, 1857 Kanzlei-Diätar der Königl. Mission in Kopenhagen, 1859 dem Chiffrierbüro in Berlin überwiesen, 1867 Ernennung zum Geheimen Sekretär u. Überweisung an das Chiffrierbüro des Ministeriums der Auswärtigen Angelegenheiten, 1873 Hofrat, 1886 Geheimer Hofrat, 1887 Vorsteher des Chiffrierbüros des Auswärtigen Amts, 1911 Eintritt in den Ruhestand.
2 *Paul Friedrich Karl Lehmann (geb.1869),* Hofrat.

Kopien gefertigt und an das Zentralbureau abgegeben.[3]

G. Willisch[4]

PA-AA, R 5831 (eigenhändig).

Nr. 10
AUFZEICHNUNG VON WILHELM VON SCHOEN[1]
über die Vorgänge am 12. Oktober 1908

o.D. [Oktober 1909]
Am Abend des 11. Oktober 1908 ließ mich Fürst Bülow zum Vortrag bitten.[2] Das
Zentralbureau, das mir den Befehl übermittelte, legte mir zugleich ein Akten-

3   Von den *vier* mit Schreibmaschine auf gebrochenem Bogen vorgenommenen Abschriften
    des Originalmanuskripts des *Daily Telegraph*-Artikels mit den maschinenschriftlichen
    Korrekturen Klehmets ist nur *ein* Exemplar erhalten geblieben. Es diente dem Chiffrierbüro
    wohl zunächst als Kopiervorlage und ist erst zu einem späteren Zeitpunkt (vermutlich
    Anfang 1909) über das Zentralbüro zur Daily-Telegraph-Akte gelangt. Im provisorischen
    Inhaltsverzeichnis der Ende Oktober oder Anfang November 1908 von Bussche-Hadden-
    hausen angelegten Daily-Telegraph-Akte, die zunächst nur 9 Piecen enthielt (Jenischs
    Schreiben v. 30.9., Bülows Direktiven v. 2.10., Stemrichs Anzeigen v. 5. u. 7.10., Bülows
    Antwortschreiben an Jenisch v. 11.10., die beiden Kurzanzeigen Klehmets v. 28.10.,
    Bülows Immediatbericht v. 30.10. und der Artikelentwurf für die N.A.Z.), ist dieses
    Schriftstück jedenfalls nicht aufgeführt. Das zweite Exemplar, das Bülow mit Stemrichs
    Anzeige v. 5.10. erhielt, muß – entgegen der Erinnerungen Willischs – spätestens am 5.
    Oktober angefertigt worden sein: dieses von Bülow mit großer Wahrscheinlichkeit gründ-
    lich bearbeitete Exemplar mußte verschwinden, um die Mit- und Nachwelt in dem Glauben
    zu lassen, daß er das Artikelmanuskript vor seiner Veröffentlichung nicht gelesen habe.
    Von den beiden restlichen am 7. und 13. Oktober im Chiffrierbüro hergestellten maschinen-
    schriftlichen Kopien (in seinem Bericht No.39 spricht Stemrich nur von einem Exemplar,
    das zweite dürfte auf einen vom Kaiser am 12. Oktober geäußerten Wunsch hin noch kurz
    vor der Expedition des Bülowschen Schreibens an Jenisch am 13. Oktober angefertigt
    worden sein; vgl. Dok. Nr.10 n.4), war die eine wohl für Stuart Wortley, die andere für die
    persönlichen Unterlagen des Kaisers bestimmt. Jenisch hat dann aber die Klehmetschen
    Korrekturen eigenhändig in das von Stuart Wortley übermittelte Originalmanuskript einge-
    tragen (siehe Dok. Nr.11) und das Schriftstück in dieser Form – ohne eine zusätzliche Kopie
    – dem englischen Obersten zugehen lassen. Über den Verbleib der von Jenisch für die
    Akten zurückbehaltenen Schreibmaschinenkopie ist ebenso wenig bekannt wie über den der
    für den Kaiser bestimmten Maschinenabschrift. Man darf indes davon ausgehen, daß die bei
    den Papieren des Kaisers verbliebene Abschrift durch die Bombardements des Zweiten
    Weltkrieges vernichtet worden ist, wenn der Kaiser sie nicht schon zuvor hat beseitigen
    lassen; auf die letztere Möglichkeit deutet der im Jahre 1932 vergeblich unternommene
    Versuch des Aachener Germanisten und Übersetzers Fritz Pick hin, die verschollenen
    Schriftstücke Stuart Wortleys im Berliner Hohenzollernhausarchiv aufzuspüren (Pick an
    Stuart Wortley, 14.11.1932; Bodleian Library, MS Eng.hist.d.256).
4   Willischs Erklärung befindet sich bei den Aufzeichnungen, die Schoen am 29.1.1913 im
    versiegelten Umschlag im Auswärtigen Amt einreichte mit dem Kommentar: „Ich selbst
    besitze nur aus meiner Amtszeit als Staatssekretär einige Notizen über die Daily-Tele-
    graph-Sache, die ich anbei überreiche" (PA-AA, R 5831).
1   *Wilhelm Eduard* (seit 1909) *Freiherr* (seit 1885) *von Schoen (1851–1933),* Offizier, Diplo-

stück vor, dessen Bearbeitung sich der Herr Reichskanzler vorbehalten habe und dessen Erledigung eilig sei. Ich hatte keine Zeit, von dem Inhalt Kenntnis zu nehmen, konnte nur so viel sehen, daß das äußerste Schriftstück mit der Überschrift „Mein lieber Martin" begann, woraus ich schloß, daß es der Entwurf eines Privatbriefes des Herrn Reichskanzlers an den im Gefolge S.M. befindlichen Freiherrn von Jenisch war.[3] Ich übergab das Aktenstück dem Reichskanzler mit dem Bemerken, daß ich nicht Zeit gehabt, von dem Inhalt Kenntnis zu nehmen.[4]

mat; bis 1877 Offizier in hessischen Diensten, dann Attaché in Madrid, seit 1882 Legationssekretär in Athen, Bern, Haag, 1888–95 Botschaftsrat in Paris, 1896-99 Oberhofmarschall des Herzogs Karl Eduard von Sachsen-Coburg-Gotha, 1900 Gesandter in Kopenhagen, 1906 Botschafter in Rom, 7.10.1907–28.6.1910 Staatssekretär des Ausw. Amts, 1910–1914 Botschafter in Paris.

2   Schoens Datierung ist falsch. Der Kanzler verließ Norderney am 11.10. um 16.30 Uhr und traf am Montag, den 12.10., um 7.55 Uhr früh im Bahnhof Potsdam ein. Noch am Vormittag (11.30 h) empfing er Hammann im Reichskanzlerpalais und für den Abend bestellte er um 18 Uhr den Staatssekretär Schoen zu sich. Das Frühstück nahm das Fürstenpaar Bülow ebenfalls im Reichskanzlerpalais in Gegenwart Kaiser Wilhelms ein: „S.M. fahren 12 Uhr mittags per Automobil zum Reichskanzler, übernachten in Berlin und fahren morgen 1 Uhr zur Parforcejagd nach Döberitz" (nach den Tagesnotizen des Zentralbüros v. 12.10.1908; PA-AA, R 19860).

3   Vgl. Bülow an Jenisch, 11. Oktober 1908; GP 24, Nr.8252. Die Stadien dieses Privatschreibens, in dem Stemrichs Anzeige vom 5. Oktober fast wörtlich übernommen wurde, waren im einzelnen: 6. Oktober abends – Diktat des Kanzlers an Müller (Bleistiftentwurf); 7. Oktober – Herstellung des Reinkonzepts durch Müller (in Tinte); 10. Oktober vor dem Ein-Uhr-Frühstück in Norderney – Paraphierung des Reinkonzepts durch Bülow, nachmittags Beförderung des Schreibens mit sämtlichen Anlagen nach Berlin zum Mundieren mit der Schreibmaschine; 11. Oktober – Eintreffen des von Bülow paraphierten Schreibens mit Anlagen im Zentralbüro des Ausw. Amts und Weitergabe an das Chiffrierbüro; 12. Oktober 18 Uhr – Vorlage des im Chiffrierbüro des Ausw. Amts mundierten Privatschreibens an den nach Berlin zurückgekehrten Reichskanzler durch Staatssekretär Schoen; 13. Oktober – Ausgang um 4 p.m. per Post/ Einschreiben; 14. Oktober nachmittags – Eintreffen des Schreibens in Klein-Flottbek und Empfang durch Jenisch (vgl. Dok.Nr.12).

4   Schoens Darstellung ist wenig glaubwürdig. Nach Ausweis der Tagesnotizen des Zentralbüros gelangten sämtliche Unterlagen der Daily-Telegraph-Angelegenheit am 11. Oktober auf den Tisch des Staatssekretärs, der das im Reinkonzept vorliegende und bereits paraphierte Schreiben Bülows an Jenisch auftragsgemäß zum Mundieren mit der Schreibmaschine an das Chiffrierbüro abgab, während das Originalmanuskript des *Daily Telegraph*-Artikels und die für den Kaiser bestimmte, berichtigte Abschrift zumindest noch bis zum Abend des folgenden Tages vor ihm lagen (vgl. den Eintrag unter dem 11.10.1908: „Stuart Wortly (mit dem engl. Artikel), Schr[eiben] des R[eichs]k[anzlers] an R[ücker] J[enisch] von S.E. 11/10."; PA-AA, R 19860). Es ist unwahrscheinlich, daß Schoen sich nicht ausgiebig über den Inhalt der sekretierten Müllerschen Sendung informiert hat, zumal die Papiere noch zweimal, am 12. und 13.10. – offensichtlich auf Anweisung Schoens – in das Büro von Klehmet gebracht wurden. Er hatte genügend Zeit, sich auf die Unterredung mit dem Kanzler am Montagabend vorzubereiten und sich über die Opportunität der Veröffentlichung des Stuart-Wortleyschen Artikels eine Meinung zu bilden – eine Frage, die mit Sicherheit bei dieser Gelegenheit aufgeworfen wurde. Die Notizen des Zentralbüros unter dem 13.10.1908 sind leider nicht ganz eindeutig: „S.M.-Artikel: Chif[frier] B[ureau]; zurück [an] S.E.! RK". Danach darf man annehmen, daß das Zentralbüro beim Chiffrierbüro (dreimal unterstrichen!) die eilige Fertigstellung einer weiteren, für die persönlichen

Fürst Bülow nahm es an sich, mit dem Bemerken, es sei eine Sache, die er selbst erledigt habe.[5]

PA-AA, R 5831 (eigenhändig; von Schoen am 29.1.1913 im verschlossenen Kuvert an das Ausw. Amt abgegeben, zusammen mit Willischs Erklärung v. 4.10.1909; dienstlich am 30.12.1922 geöffnet und wieder verschlossen).

Nr. 11
MARTIN RÜCKER FREIHERR VON JENISCH AN KAISER WILHELM II.

Blumendorf bei Oldesloe, 15. Oktober 1908

Euerer Kaiserlichen und Königlichen Majestät habe ich die Ehre, den Brief des Obersten Stuart Wortley mit dem Entwurf zu einem zu veröffentlichenden Artikel anbei alleruntertänigst zurückzusenden. Der Artikel ist, wie Euere Majestät zu befehlen geruht hatten, unter möglichster Umgehung des Auswärtigen Amts, von dem Herrn Reichskanzler eingehend geprüft worden und hat nur an drei Stellen zu einer Beanstandung des Wortlauts Anlaß gegeben. Die von Seiner Durchlaucht vorgeschlagenen Änderungen sind an dem Rande des Stuart Wortleyschen Entwurfs von mir eingefügt worden; von dem Entwurf wurde eine Abschrift für die Akten zurückbehalten.

Zu den einzelnen Änderungen hat Fürst Bülow folgendes bemerkt:

1) Das Anerkenntnis, daß das Deutsche Volk in seiner Mehrheit gegen England nicht freundlich gesinnt ist, dürfte für eine englische Zeitung besser etwas eingeschränkt werden.[1]

Unterlagen des Kaisers gedachten Schreibmaschinekopie des englischen Artikelentwurfs anmahnte, die die Sendung an Jenisch komplettieren sollte. Um 16 Uhr verließ Bülows Schreiben an Jenisch mit den bekannten Anlagen das Auswärtige Amt.

5   Im Frühjahr 1921 nahm Schoen am letzten Satz folgende Veränderung vor: „Der Kanzler nahm das Aktenstück an sich und sagte nach einem flüchtigen Blick, es sei eine Sache, die erledigt sei, es fehle nur noch die Paraphierung. Über den Inhalt äußerte er nichts, auch las er das Schriftstück in meiner Gegenwart nicht." Er fügte noch hinzu: „Zu bemerken ist noch, daß am gleichen Tage – Fürst Bülow war am Morgen von Norderney eingetroffen – der Kaiser mittags beim Kanzler gespeist hat. Nach Tisch hatte der Kaiser im Garten ein längeres Gespräch, ohne mein Beisein, mit dem Kanzler, bei dem es sich, wie ich späterhin einer Äußerung des Kaisers entnehmen konnte, um die fragliche Veröffentlichung handelte. Der Kaiser bat um endliche Erledigung der Sache, der Kanzler sagte dies zu" (Schoen, Erlebtes, 95 f.). Vgl. dazu ergänzend die G.A. von Wahnschaffe, 11.10.1909: „Es ist richtig, daß S.M. der Kaiser am 12. Oktober 1908 beim Fürsten Bülow gefrühstückt hat, unmittelbar nach dessen Rückkehr aus Norderney, die am Morgen desselben Tages erfolgt war. Der Brief an den Gesandten von Jenisch war im Konzept am 11. Oktober gezeichnet, abgesandt am 13. Oktober" (PA-AA, R 5833, Bl.201). Wider besseres Wissen behauptet Schoen indes 1931: „Dieser Brief kam jedoch, zunächst aus technischen Gründen, sodann deshalb nicht zur Absendung, weil sich dem Kanzler, der am 11. Oktober wieder in Berlin eintraf, am nächsten Tag Gelegenheit zu mündlichem Vortrag bei S.M. bot. Es ist mit Bestimmtheit anzunehmen, daß dies im Sinne des Briefes geschah" (Thimme, Front wider Bülow, 77). Siehe auch Hiller v. Gaertringen, 133 n.73.

1   Im Stuart-Wortleyschen Entwurf hieß es: „The prevailing sentiment amongst my own

2) Die Angabe über die Reise des Konsuls Vassel[2] nach Fez mußte den tatsächlichen Umständen nach etwas umgearbeitet werden,[3]

3) ebenso diejenige betreffend unsere Antwort auf die russisch-französische
Anregung zu einer Intervention im Burenkriege.[4] Diese ging bekanntlich dahin:

> people is not friendly to England. I am in a minority in my own land." Der Änderungsvor-
> schlag von Klehmet lautete: „The prevailing sentiment amongst large parts of the middle
> and lower classes of my own people is not friendly to England. So I am, as to say, in a
> minority in my own land" (GP 24, 171 n.). Stuart Wortley änderte „*as* to say" in „*so* to say"
> (Bodleian Library, MS.Eng.hist.d.256, Bl.45).

2   *Philipp Vassel (1873–1951)*, Konsul in Fez, später Generalkonsul.

3   Über die Mission des Konsuls Vassel nach Fez soll sich der Kaiser gegenüber Stuart
    Wortley folgendermaßen geäußert haben: „The German Government had nothing whatever
    to do with his leaving Tangier. He started for Fez entirely on his own account to look after
    his belongings in that city, from which he has been so long absent. And why not? Are those
    who charge Germany with having stolen a march on the other Powers aware that the French
    Consul has already been in Fez for two weeks when Dr. Vassel set out?" Klehmet gab
    diesem Passus den Wortlaut: „The German Government in sending Vassel back to his post
    at Fez was only guided by the wish that he should look after the private interests of German
    subjects in that city, who cried for help and protection after the long absence of a consular
    representative. And why not send him? Are those who charge Germany with having stolen
    a march on the other Powers aware that the French consular representative has already been
    in Fez for several months when Dr.Vassel set out?" (Bodleian Library, MS.Eng.hist.d.256,
    Bl.46; mit leichten Abweichungen in GP 24, 172 n.).

4   Nach Stuart Wortley hatte der Kaiser für den Fall einer konzertierten russisch-französi-
    schen Aktion gegen England während des Burenkrieges gedroht: „Germany would use her
    armed might to prevent such concerted action." Das Auswärtige Amt ersetzte diese Dro-
    hung durch die unverfängliche Formel: „Germany would always keep aloof from politics
    that could bring her into complications with a sea-power like England" (Bodleain Library,
    MS.Eng.hist.d.256, Bl.49; GP 24, 173 n.). Stuart Wortleys Version traf in der Tat den
    Originalton des Kaisers, denn dieser hatte dem englischen Unterstaatssekretär im Foreign
    Office, Sir Charles Hardinge, am 11.8.1908 in Kronberg erklärt, „that during the Boer War
    he had been approached by the French and Russian Governments to make a coalition
    against England, but that he had absolutely declined to do so, and had threatened to make
    war on any Power that dared to make an unprovoked attack on England at that time"
    (Memorandum von Hardinge, 16.8.1908; BD VI No.117, 189. The Times, 10th November
    1924. Lee, King Edward, I, 771 n.1). Die Intention der kaiserlichen Ausführungen war für
    Hardinge - wie für Stuart Wortley und andere englische Gesprächspartner - deutlich faßbar:
    „During the course of this conversation the Emperor made several satirical allusions to
    England's policy and her ‚new friends', and endeavoured to show what a good friend he had
    been to England in the past" (BD VI 189). – In dem Artikel von J.L. Bashford „Kaiser
    Wilhelm II." (*The Strand Magazine*, Jan. 1908) wird der Kaiser folgendermaßen zitiert: „I
    cannot comprehend the ill-feeling against me in England. I have acted loyally to England.
    An offer was made to Germany simultaneously from two powerful sides to take advantage
    of the situation and to interfere in British policy, and I refused point-blank. I instantly
    telegraphed the nature of the offer to my uncle" (*The Strand Magazine*, p.22; PA-AA, R
    5831). Bashford betonte in seiner Einleitung zu diesem biographischen Artikel: „The
    following article is published with the Emperor's sanction, and expresses, to a great extent
    in His Majesty's own words, his views on men and things" (ibid., p.19). In seinem Buch
    „Deutsche Machthaber" (Berlin 1910) behauptet Rudolf Martin, daß dieser Artikel vor der
    Veröffentlichung vom Auswärtigen Amt genehmigt worden sei (559). Der Legationsrat in
    der Presseabteilung des Auswärtigen Amts, Friedrich Heilbron (1872–1954), stellte demge-

Wir mußten besonders sorgfältig Verwickelungen mit anderen Großmächten, namentlich Seemächten vermeiden, solange wir gegen Frankreich nicht sicher seien, und diese Sicherheit könne nur durch gegenseitige Garantierung des Besitzstandes auf eine längere Reihe von Jahren geboten werden.[5] Von dieser Motivierung, in der von der Drohung mit einem bewaffneten Eintreten Deutschlands zu Gunsten Englands nichts zu finden ist, und die zudem auch in dem vom Reichskanzler veranlaßten, Euer Majestät bekannten Aufsatz der „Deutschen Revue" vom September d.J. angedeutet ist[6], dürften wohl die Euerer Majestät zugeschriebenen Bemerkungen nicht allzuweit abweichen können.

In der Voraussetzung, daß die vorgeschlagenen wenigen Änderungen die Billigung Euerer Majestät finden werden, lege ich alleruntertänigst den Entwurf zu einem Antwortschreiben an Colonel Stuart Wortley bei, welches nach Durchsicht Euerer Majestät von dem Chiffreur nochmals mundiert, von Euerer Maje-

---

genüber fest: „Das Preßreferat hat vor dem Erscheinen des Aufsatzes nichts davon gewußt. Daß S.M. die Veröffentlichung angeregt hat, ist beim Erscheinen des Aufsatzes dem L.R. Esternaux von dem Verfasser Bashford, der ein Exemplar seiner Arbeit überreichte, mit besonderem Stolz mitgeteilt worden" (Aufzeichnung Heilbrons v. 4.6.1910; PA-AA, R 5831). Auf Anforderung des Auswärtigen Amts wurde am 25.5.1910 ein Exemplar dieser Broschüre von der Botschaft London nach Berlin gesandt, da sich der *Strand Magazine*-Artikel nicht bei den Akten befand.

5 Vgl. den eigenhändigen Telegrammentwurf des Grafen Bülow an Radolin/Petersburg v. 3.3.1900; GP 15, Nr. 4472, 517.

6 Anonym („Von einem Wissenden"), „Deutsche Intrigen gegen England während des Burenkrieges", *Deutsche Revue* 33/1908, 257–263. Der im Pressebüro des Auswärtigen Amts entstandene Artikel (Verfasser nach GP 15, 523 n.: Friedrich Heilbron) war die Reaktion auf einen deutschfeindlichen Artikel im Juli-Heft der *National Review*, der, verfaßt von einem französischen Schriftsteller aus dem Umfeld Théophile Delcassés, den Nachweis zu erbringen suchte, daß Deutschland während des Burenkrieges eine „französisch-deutsch-russische Entente" geplant habe mit dem Ziel, „England zu erniedrigen und Frankreich auszubeuten" (258). Demgegenüber betont der deutsche Verfasser, daß die Interventionspläne am 28.2.1900 von russischer Seite ausgingen und für Deutschland von Anfang an indiskutabel waren. Um den Interventionsplänen von vornherein das Wasser abzugraben, habe die Wilhelmstraße die „Vorfrage" aufgeworfen, „ob Rußland und Frankreich zu einer Abmachung bereit sein würden, durch welche die drei Mächte sich für eine längere Reihe von Jahren ihren europäischen Besitzstand gegenseitig garantierten". Daraufhin habe der russische Außenminister Muraview am 20. März seinen Vorschlag formell zurückgezogen; dank der deutschen Haltung sei England von einer „Intervention seitens der Feinde Englands" verschont geblieben (262 f.). Der Anstoß zu diesem Artikel war von Staatssekretär Schoen ausgegangen, der dem Kanzler am 18.7.1908 den aus der Feder André Mévils hervorgegangenen *National Review*-Artikel mit dem Kommentar vorlegte: „Da das alte Märchen, daß Deutschland z.Zt. des Burenkrieges eine antienglische Koalition habe zusammenbringen wollen, daß diese Bestrebungen aber nur am Widerstande Delcassés gescheitert seien, in neuer Form vorgebracht wird, habe ich eine Entgegnung anfertigen lassen, die in der nächsten Nummer der *Deutschen Revue* erscheinen soll. In dem Artikel werden die Vorgänge unter vorsichtiger Benutzung des amtlichen Materials richtig gestellt. Meines Erachtens kann eine solche Entgegnung bei den Bestrebungen, Rußland und England einander näher zu bringen und Delcassé wieder eine leitende Stellung zu verschaffen, nur günstig wirken [Bülow: ‚Einverstanden. 19.7.']" (PA-AA, R 5832, Bl.2).

stät Allergnädigst vollzogen und alsdann[7] mit dem Artikel von Colonel Stuart Wortley als eingeschriebene Sendung abgesandt werden könnte.[8]

Jenisch

GStA PK Berlin, BPH Rep.53, Nr.231 (eigenhändige Ausfertigung mit Devotionsstrich, von Wilhelm II. kommentarlos am 16.10. abgezeichnet).

Nr. 12
MARTIN RÜCKER FREIHERR VON JENISCH AN BERNHARD FÜRST VON BÜLOW

Blumendorf bei Oldesloe, 15. Oktober [1908]

Lieber Bernhard,

Dein Schreiben betreffend den Artikel des Obersten Stuart Wortley habe ich erst gestern nachmittag im Augenblick meiner Abreise hierher erhalten[1]. Ich habe nun Deinen Auftrag in der Weise ausgeführt, daß ich Seiner Majestät dem Kaiser geschrieben, ihm die von Dir vorgeschlagenen Änderungen mitgeteilt[2] und ihm gleichzeitig den Entwurf zu einem Antwortschreiben an Stuart Wortley, das er nur zu vollziehen braucht, vorgelegt habe.[3] Hoffentlich entspricht dies Deinen Wünschen. Ich bin auf noch zwei Tage hier, dann gehe ich nach Flottbek zurück und am nächsten Montag nach Dänemark.

Thyra und ich senden Dir, Marie und Donna Laura[4], die hoffentlich wohlbehalten angekommen ist, unsere herzlichsten Grüße.

Stets Dein treuer Vetter

Martin.

BA Koblenz, N 1016 / NL Bülow, Nr.33, Bl.19–21 (eigenhändiger Privatbrief).

7   Siehe Dok. Nr.13.
8   Das zehnseitige Originalmanuskript mit den auf dem breiten linken Rand von der Hand Jenischs angebrachten Korrekturen befindet sich heute unter den Stuart-Wortley-Papieren in der Bodleian Library Oxford (MS.Eng.hist.d.256, Bl.43-52). Vgl. auch Reginald Viscount Esher an Lord Knollys, 6.11.1908: „Jack Sandars (who must not be quoted) has seen it [i.e. das Originalmanuskript], and tells me that it was type-written, and corrected in the Emperor's own handwriting" (Maurice V. Brett, ed., Journals and Letters of Reginald Viscount Esher, vol.2, London 1934, 356).
1   Jenisch war als Begleiter des Kaisers am 11. Oktober um 21.25 Uhr im Bahnhof Wildpark/ Neues Palais eingetroffen. Am 12. Oktober meldete sich der Gesandte im Auswärtigen Amt zurück; dort kündigte er an, „heute abend nach Klein Flottbek" zu fahren, und bat das Zentralbüro, „Briefe ihm dorthin nachzusenden". Da der Reichskanzler sich seit dem frühen Vormittag in Berlin befand (Ankunft: 12.10. um 7.55 Uhr im Bahnhof Potsdam), hätte es an diesem Tag zu einer Begegnung zwischen beiden kommen können; eine solche ist aber nicht bezeugt (nach den Tagesnotizen des Zentralbüros im Ausw. Amt; PA-AA, R 19860).
2   Siehe Dok. Nr.11.
3   Siehe Dok. Nr.13.
4   *Donna Laura Minghetti (1829–1915),* Schwiegermutter des Fürsten Bülow; aus dem Hause Acton, in erster Ehe mit dem Fürsten Domenico Camporeale verheiratet, vermählte sich nach dessen Tod mit dem italienischen Staatsmann Marco Minghetti.

Nr. 13
KAISER WILHELM II. AN EDWARD JAMES STUART WORTLEY

Neues Palais, Potsdam, 15. Oktober 1908

Confidentially.

Dear Colonel Stuart Wortley.

I have carefully examined the draft of a communiqué to the Press which you kindly sent me with your letter of September 23rd and which I treated, as you desired, most confidentially. It embodies correctly all the principal items of our conversation during the recent manoeuvers and deals in a most reasonable and straightforward manner with the justified complaints that I have to make against certain organs of the English Press. In three places only – on pages 3, 4 and 7 – I propose some small alterations in the wording of the draft.[1] With these alterations which are noted on the margin, I authorize you to make a discre[e]t use of the article in the manner you think best. I firmly hope that it may have the effect of bringing about a change in the tone of some of the English newspapers.

Thanking you most sincerely for the endeavours you have been taking in the matter, believe me, dear Colonel Stuart Wortley,

Yours very truly,
William I.R.

Stuart Wortley Papers, Bodleian Library Oxford, MS.Eng.hist.d.256, Bl.41 (handschriftl. Ausfertigung, Text von der Hand Jenischs mit der Unterschrift Wilhelms II.; eingeschriebene Sendung, am 16.10.08 im Neuen Palais aufgegeben, am 19.10. um 7.30 a.m. in Shorncliffe eingetroffen). Daily Telegraph, 8.7.1930.

Nr. 14
EDWARD JAMES STUART WORTLEY AN KAISER WILHELM II.

Redoubt House, Shorncliffe, October 22nd 1908

Your Majesty,

The letter (with its enclosure)[1] which You were gracious enough to send to me, reached me safely – and I have taken steps which I hope and believe will tend to correct the stupid impressions concerning Your Majesty's feelings towards this country, which certain organs of our press have created. The profound admiration and regard which I have for Your Majesty dictates to me a duty – to act if in ever so humble a capacity in a manner which cannot fail – to put before the British public the true feelings that You have towards us. I shall be overjoyed if good comes out of it. The „Daily Telegraph" will take up the subject in a very

---

1 Siehe Dok. Nr.11, n.1, 3 u.4.

1 Bei der Einlage handelt es sich um den maschinenschriftlichen Artikelentwurf mit den marginalen Korrekturen von der Hand Jenischs (Bodleian Library Oxford, MS.Eng.hist.d.256, Bl.43–52). Das von Jenisch entworfene kaiserliche Antwortschreiben v. 15.10.1908 (Dok. Nr.13) befindet sich nicht bei den Akten, obwohl die Konzepte der Räte im Kaiserlichen Gefolge gewöhnlich zu den Akten des Auswärtigen Amts genommen werden.

strong line[2] [a]. And no one will ever know the source from which the communiqué came.[3]

I thank Your Majesty most sincerely and gratefully for the confidence placed
in my humble endeavour: and I beg your Majesty ever to believe in the devotion
to Yourself of Your Majesty's most devoted servant

Edward Stuart Wortley [b].[4]

[a] *Unterstreichung durch Bülow (mit Rotstift).*
[b] *Von Bülow am 26.10.08 sekretiert; auf dem Kuvert eigenhändig mit Rotstift:* Von S.M.
B[ülow] 26/10.

*PA-AA, R 5832, Bl.26–27v (eigenhändig in einer gut lesbaren, fast schulmäßigen Handschrift;
im Berliner Schloß eingetroffen am 24.10.1908, von Wilhelm II. am „26.X.1908" abgezeichnet,
von Bülow und Schoen nacheinander am 26.10.08 zur Kenntnis genommen, praesentatum
27.10.1908 p.m., Kenntnisnahme durch Bethmann Hollweg am 1.11.1909). Mit ursprünglicher
Interpunktion abgedr. in GP 24, Nr.8253, 176.*

2   Vgl. die Erfolgsmeldung Harry Lawsons v. 28.10.1908: „My dear Wortley, We have today,
     as you will have seen, published the account of your talks with the Kaiser, and I venture to
     think that no newspaper has ever had a more important or a more interesting contribution.
     You have certainly written a very valuable page in the history of our time, and I believe that
     its appearance will entirely make for good. The British public will, taken as a whole, be
     fully convinced of the Emperor's sincerity, and the desire will be strengthened to make our
     relations with all classes of the German people more natural and friendly. Of course, nations
     are bound and led by their interests, but there need be no such antagonism" (Bodleian
     Library, MS. Eng.hist.d.256, Bl.53-54).
3   Die Anonymität Stuart Wortleys blieb während der Novemberkrise gewahrt. Als kurz nach
     der Veröffentlichung der Kaisergespräche in der englischen Presse bei der Suche nach der
     Identität des Autors sein Name fiel, ließ Stuart Wortley in der *Daily Mail* eine Erklärung
     abdrucken, worin er „jeglichen Zusammenhang mit dem veröffentlichten Interview in
     Abrede" stellte (Ber.No.1016, Metternich an Bülow, 30.10.1908; PA-AA, R 5827). Siehe
     auch Harry Lawson an Stuart Wortley, 30.10.1908: „Your reply to the Daily Mail is
     extremely ingenious" (Bodleian Library, MS. Eng.hist.d.256, Bl.56). Ferner das Tele-
     gramm des Herausgebers der *Daily Express* an Stuart Wortley, 3.11.1908: „The official
     Allgemeine Zeitung states you are author of Kaiser Interview. Is it true?" Dazu Stuart
     Wortleys Antwort: „Am not a retired diplomatist, and if I was I should know better than
     betray confidences" (ibid., Bl.64–65).
4   Nach einer Notiz des Zentralbüros v. 20.11.1908 ist Stuart Wortleys Brief an den Kaiser
     von „Klehmet bei seinem Abgange dem Zentralbureau zugestellt worden", also wochenlang
     im Besitz des Geheimrats gewesen; von Bülow sodann am 11.12.08 zu den Akten gegeben
     (PA-AA, R 5832, Bl.25). Im Anfang November von Bussche-Haddenhausen angelegten
     provisorischen Inhaltsverzeichnis der Daily-Telegraph-Akte ist dieses Schreiben nicht auf-
     geführt.

Nr. 15
HEINRICH MANTLERS[1] ERINNERUNGEN
an den 28. Oktober 1908

5. Juni 1931

[...][2] In Wahrheit hat WTB[3] am 29.[4] Oktober 1908 um 9 Uhr vormittags eine Anfrage an das „Auswärtige Amt" gerichtet, ob die Verbreitung der Depesche über
diesen Gegenstand[5] erwünscht sei. Auf diese Anfrage erhielten wir um $^1/_2$ 12 Uhr
den Bescheid: Nein!, d.h., daß die Depesche nicht an die Zeitungen weitergegeben werden solle.[6] [...]

Als ich nun den Bescheid des Auswärtigen Amtes vor mir hatte, erwog ich
bei mir, welche taktische Bedeutung ein solches Verfahren habe, und es blieb mir
kein Zweifel, daß die Regierung einen recht schweren Fehler begehe, wenn sie
durch Unterdrückung der Depesche den Versuch zu machen schiene, diesen
durch die Privatkorrespondenten durch ganz Europa und Amerika beförderten
Artikel totzuschlagen. Das veranlaßte mich, in das Auswärtige Amt zu gehen und
eine Besprechung mit dem Chef der Presseabteilung, Geheimrat Hammann[7], über
die Sache zu halten.[8] Auf das nachdrücklichste empfahl ich ihm, den Reichskanz-

---

1 *Heinrich Mantler (geb.1861)*, promovierter Jurist u. Publizist, 1891–1930 Direktor des
   WTB.

2 Mantler weist zunächst empört die Behauptung Bülows zurück: „Das Wolffsche Telegra-
   phenbüro verbreitet ohne vorherige Anfrage den Artikel des *Daily Telegraph* über die
   politischen Gespräche Wilhelms II. in England" (Denkwürdigkeiten, II, 345).

3 *Wolff's Telegraphisches Bureau*, erste deutsche Nachrichtenagentur; gegründet 1849 in
   Berlin von dem Vertriebsleiter der Berliner *National-Zeitung* Bernhard Wolff (1811–1879);
   1865 Umwandlung des privaten Unternehmens in eine Kommanditgesellschaft, 1874 in
   eine AG. WTB verbreitete zunächst Börsennachrichten und seit 1869 die amtlichen Nachrichten der preuß., später der Reichsregierung. Über den Einfluß von WTB auf das deutsche
   Pressewesen vgl. Hale, Publicity and Diplomacy, 73: „With the exception of the few great
   dailies which maintained an organization of foreign correspondents, the Wolff Bureau had
   almost a monopoly in the supply of foreign news to German newspapers of all ranks. The
   news report, appearing simultaneously in thousands of papers and read by millions of
   people, produced an effect of far greater magnitude than the editorial, the feature article, or
   the commentary."

4 Diese irrtümliche Datierung des Erscheinungstages der Kaisergespräche im *Daily Telegraph* übernahm Mantler unbesehen von Bülow (vgl. Denkwürdigkeiten, II, 351).

5 „Der Deutsche Kaiser und England – Persönliches Interview / Offene Darlegung der
   Weltpolitik – Freundschaftsbeweise" (*Wolff's Telegraphisches Bureau*, 59. Jg., No.4741;
   PA-AA, R 5827).

6 Das „Nein" stammte von Staatssekretär Schoen und erfolgte ohne Rücksprache mit dem
   Reichskanzler und dem Pressebüro des Auswärtigen Amts (vgl. Dok.Nr.18).

7 *Otto Hammann (1852–1928)*, Journalist, promovierter Jurist; 1877–93 ständiger Mitarbeiter mehrerer Zeitungen, 1894–1916 Vortragender Rat und Leiter der Presseabteilung im
   Auswärtigen Amt, 1897 Geheimer Legationsrat, 1906 Krone zum Roten Adler-Orden 2.
   Klasse mit Eichenlaub aus Anlaß der Marokkokonferenz, 1907 Wirklicher Geheimer Legationsrat mit dem Rang der Räte 1. Klasse.

8 Mantler hatte nach der Absage durch Schoen einen Abdruck der Londoner Depesche durch
   einen Eilboten an Hammann gelangen lassen, der sich am späten Vormittag noch in seiner

ler zu einer Freigabe der Depesche zu bestimmen und gleichzeitig eine gegen den Artikel wirkende Erklärung zu veröffentlichen. Ich kam gegen $^1/_2$ 1 Uhr in das Auswärtige Amt, mußte dort etwa eine Viertelstunde auf Hammann, der offenbar gerade beim Reichskanzler[9] war, warten, und unsere Besprechung dehnte sich bis $^1/_4$ 2 Uhr aus. Dann erhob sich Hammann und erklärte mir, er wolle zum Kanzler hinübergehen, obwohl Fürst Bülow gerade beim Frühstück sei. Er führte seinen Entschluß aus, und ich erwartete seine Rückkehr und das Resultat der Besprechung zwischen den beiden Herren. Nach verhältnismäßig kurzer Zeit kam er wieder und teilte mir mit, daß der Reichskanzler gegen die Veröffentlichung nichts einzuwenden habe.[10] [...] Über eine Regierungserklärung sagte mir Ham-

Berliner Privatwohnung aufhielt: „Auf einem Zettel von der Hand des Direktors Mantler stand ungefähr, die Sache sei sehr eilig, die Ausgabe der Depesche sei noch aufgehalten, weil es sich wohl empfehle, gleichzeitig eine Berichtigung zu bringen" (Hammann, Um den Kaiser, 66). Hammann nahm den Inhalt der Wolffschen Depesche zur Kenntnis und verfaß-te dann – wohl noch in seiner Privatwohnung – eine „Gehorsame Anzeige" für Schoen, in dem er sich für die Verbreitung der Depesche einsetzte, offenbar noch ohne die Vorge-schichte der Publikation zu kennen: „Die anliegende Anfrage von WTB bezieht sich auf Äußerungen Sr.M., die den Eindruck der Echtheit machen und Aufsehen erregen werden. Unterdrücken läßt sich die Sache natürlich nicht. Wenn Wolff das Telegramm aber veröf-fentlicht, so wird der Inhalt für echt genommen. Veröffentlicht er nicht, so wird er von den Blättern, namentlich denen ohne eigene Korrespondenten in London, angegriffen werden. Vielleicht empfiehlt es sich, ev[entuell] nach Vortrag bei S[eine]r D[urchlaucht] mit ‚Ja‘ zu antworten und gleichzeitig dafür zu sorgen, daß in den Abendblättern gesagt wird, die Verantwortung für die Richtigkeit trage der ‚Daily Telegraph‘. Bestätigung von deutscher Seite sei abzuwarten" (G.A. von Hammann, 28.10.1908, eigenhändig, pr. 28.10. p.m.; PA-AA, R 5827; abgedr. in GP 24, Nr.8254).

9 Mit an Sicherheit grenzender Wahrscheinlichkeit ein Irrtum Mantlers. Hammann kam wohl gerade von seiner Besprechung mit Staatssekretär Schoen, in der er zum erstenmal von der Vorgeschichte des Daily Telegraph-Artikels erfuhr. „Im Amt", so erinnerte sich Hammann 1919, „ging ich sofort zum Staatssekretär und legte ihm das Schriftstück vor. [Schoen:] ‚Können wir es noch unterdrücken?‘ [Hammann:] ‚Unmöglich, in einer Stunde wird es die B.Z. am Mittag schon herausbringen. Wir müssen es sofort mit einer kräftigen Verwahrung abschütteln.‘ [Schoen:] ‚Dementi!?‘ Wir haben ja, während ich noch beurlaubt war, das ganze Manuskript hier gehabt, durchgesehen und gebilligt!‘ Nun war guter Rat teuer" (Hammann, Um den Kaiser, 66). Als Hammann mit Mantler zusammentraf, war noch keine definitive Entscheidung gefallen.

10 Vgl. Hammann, Um den Kaiser, 66: „Beratung beim Reichskanzler. Er sah sofort ein, daß man der deutschen Öffentlichkeit nicht künstlich vorenthalten konnte, was staunend das Ausland zu erfahren im Begriff war, vorausgesetzt, daß sich der Inhalt des Artikels mit dem Inhalt der im Auswärtigen Amt durchgesehenen Maschinenblätter deckte." Es ist anzuneh-men, daß Hammann dem Kanzler bei dieser Gelegenheit ein Exemplar der Wolffschen Depesche übergab, die Bülow nach diesem kurzen Vieraugengespräch eilig las. Am Kopf des Schriftstücks stellte der Kanzler anschließend die bekannte Anfrage an das Auswärtige Amt: „Stimmt das mit dem Entwurf überein, der im A.A. s.Z. geprüft worden ist? B." (PA-AA, R 5832, Bl.30; Abschrift in: BA Koblenz, N 1016 / NL Bülow, Nr.33, Bl.25). Reinhold Klehmet antwortete hierauf in einer knappen Anzeige: „Die anliegende Veröffentlichung von Wolff ist ein richtiger Auszug aus dem von Seiner Majestät mitgeteilten und demnächst vom Auswärtigen Amte durchgeprüften Artikel des Obersten Stuart Wortley" (PA-AA, R 5832, Bl.29; abgedr. in GP 24, 177 n.).

mann nichts, und ich konnte mich, da es bereits $^1/_2$ 2 Uhr wurde, nicht aufhalten, wenn die Depesche noch an die zwischen 2 und 3 Uhr zum Druck gehenden Berliner Abendblätter kommen sollte. Das gelang auch. [...][11]

Deutsche Allgemeine Zeitung, Nr.241, 5. Juni 1931; Berliner Monatshefte 9 (Juli 1931), 701–702.

Nr. 16
DER TAG

Berlin, Mittwoch, 28. Oktober 1908

No.345a. Abendausgabe.

Kaiser Wilhelm über seine Stellung zu England.[1]
Spezial-Drahtbericht unseres ständigen Korrespondenten (London, 28. Oktober).

Eine den Hofkreisen nahestehende Persönlichkeit veröffentlicht im Daily Telegraph den Inhalt einer Unterredung, die ein ungenannt bleibender „repräsentativer Engländer" unlängst mit Kaiser Wilhelm über das Verhältnis zwischen Deutschland und England gehabt hat. Der Bericht, der beinahe zwei Spalten des Blattes füllt, gibt die Äußerungen des Kaisers angeblich wortgetreu folgendermaßen wieder:

„Ihr Engländer sei verdreht wie Märzhasen. Was ist denn über Euch gekommen, daß ihr Euch einem einer großen Nation so unwürdigen Mißtrauen so widerstandslos überlaßt? Was kann ich mehr tun, als ich schon getan habe? Mit allem mir zu Gebote stehenden Nachdruck habe ich in meiner Londoner Guildhall-Rede erklärt, daß mein Sinn auf Frieden gerichtet ist, und daß ein gutes Einvernehmen mit England zu meinen innigsten Wünschen gehört.[2] Habe ich

---

11 In den folgenden Ausführungen äußert Mantler sein Befremden über die unwahre Behauptung Bülows, es sei „zutreffend, daß wegen der Verbreitung des ‚Daily-Telegraph'-Artikels durch Wolffs Büro weder bei Klehmet noch vor allem bei mir angefragt worden war" (Bülow, Denkwürdigkeiten, II, 359). Hiller v. Gaertringen hat Bülows Version, daß er von der Veröffentlichung der Wolffschen Depesche vorher nicht in Kenntnis gesetzt worden sei, somit auch nicht seine Zustimmung dazu gegeben habe, unkritisch übernommen (144–146).

1 Faksimile des *Daily Telegraph*-Artikels in Bülow, Denkwürdigkeiten, II, 352 Anlage; dort auch eine wortgetreue deutsche Übersetzung.

2 Am 13. November 1907 hatte Wilhelm II. bei einem Empfang in der Londoner Guildhall u.a. erklärt: „Die Hauptstütze und die Grundlage des Weltfriedens ist aber die Aufrechterhaltung von guten Beziehungen zwischen unseren beiden Ländern. Ich werde auch fernerhin dieselben stärken, soweit dies in Meiner Macht liegt. Die Wünsche der deutschen Nation decken sich hierin mit den Meinigen" (Wippermann, 1907, II, 118 f.; Schulthess, 1907, 252). Noch deutlicher hatte sich Wilhelm II. am 11.8.1908 während seiner langen Unterhaltung mit Hardinge in Kronberg geäußert: „Remember that I fully adhere to and mean every word that I uttered at the Guildhall last year. The future of the world is in the hands of the Anglo-Teuton race. England, without a powerful army, cannot stand alone in Europe, but must lean on a Continental Power, and that Power should be Germany" (Memorandum von Hardinge, 16.8.1908; BD VI 190). Über den Eindruck, den Wilhelm II.

jemals mein Wort gebrochen? Falschheit ist meiner Natur völlig fremd. Meine Handlungen sprechen für sich selbst, aber anstatt auf sie zu achten, hört Ihr auf diejenigen, welche sie falsch auslegen und verdrehen. Das ist eine persönliche Beleidigung, die ich schmerzlich empfinde. Ewig verkannt zu werden, meine wiederholten Freundschafts-Anerbietungen mit mißtrauischen, eifersüchtigen Augen abgewogen und durchgehechelt zu sehen, ist eine harte Probe für meine Geduld. Immer wieder habe ich meine Freundschaft für England betont, Eure Presse aber oder wenigstens ein beträchtlicher Teil davon weist meine dargebotene Hand zurück und tut so, als hielte die andere einen Dolch. Wie kann ich eine Nation gegen ihren Willen überzeugen? Ich wiederhole, daß ich Englands Freund bin, aber Ihr macht mir die Sache schwer, meine Aufgabe ist wirklich nicht leicht. *Die in breiten Schichten der mittleren und unteren Klassen meines eigenen Volkes vorwaltende Gesinnung ist England nicht freundlich, ich bin sozusagen in meinem eigenen Lande in der Minderheit. Freilich ist es eine Minderheit der besten Elemente, ebenso wie es umgekehrt in England mit Bezug auf Deutschland der Fall ist."*

Der Engländer erwiderte hierauf, daß das jüngste Vorgehen Deutschlands in Marokko, die Rückkehr des deutschen Konsuls von Tanger nach Fez und die deutsche Vorwegnahme der gemeinsamen franko-spanischen Aktion durch den Vorschlag, Mulai Hafid anzuerkennen[3], nicht bloß in England[4], sondern in ganz Europa mißbilligend beurteilt worden sei.

auf den englischen Außenminister machte, vgl. den Tagebucheintrag von Reginald Viscount Esher (1852-1930) v. 27.9.1908: „Grey is not an admirer of the German Emperor. He thinks him not quite sane, and very superficial" (Maurice V. Brett, ed., Journals and Letters of Reginald Viscount Esher, vol.2, London 1934, 344). König Eduard VII. hielt seinen kaiserlichen Neffen für „impossible" (26.9.1908; ibid., 343).

3   Mulay Hafid, der Bruder des marokkanischen Sultans Abdul Asis, hatte schon am 16.8.1907 seine Ansprüche auf das Sultanat angemeldet. Am 3.1.1908 kam es zur Absetzung des franzosenfreundlichen Sultans Abdul Asis und zur feierlichen Proklamierung Mulay Hafids zum neuen Sultan in Fez. Frankreich unterstützte weiterhin Abdul Asis, dessen Popularität bei der marokkanischen Bevölkerung rapide abnahm, während es die Wilhelmstraße trotz ihrer Sympathien für den den Heiligen Krieg ausrufenden Sultanprätendenten vorerst vermied, Mulay Hafid als neuen marokkanischen Herrscher anzuerkennen (vgl. Tel.No.10, Schoen an Rosen, 18.1.1908; GP 24, Nr.8311). Allerdings verstand sich die Reichsleitung dazu, Abgesandte Mulay Hafids durch einen Diplomaten der zweiten Garnitur (Freiherr Langwerth von Simmern) am 13.5.1908 in Berlin empfangen zu lassen. Am 15. Juni zog Mulay Hafid in Fez ein, und Anfang August herrschte der Prätendent schon über 9/10 des Landes. Nach der entscheidenden Niederlage des immer noch von Frankreich unterstützten Sultans Abdul Asis bei Kelaa (19.8.1908) erging am 30. August die Anweisung an den deutschen Konsul Vassel, von Tanger aus die Reise nach Fez anzutreten, wo dieser am 4. September eintraf. Die Vassel-Mission wurde vom Reichskanzler persönlich von Norderney aus angeordnet; er wies zugleich das Auswärtige Amt an, die Initiative zur formellen Anerkennung des neuen Herrschers in Marokko zu ergreifen: „Die Verhältnisse in Marokko haben in letzter Zeit eine Wendung genommen, welche uns eine baldige Anerkennung von Mulay Hafid nicht nur als natürlich, sondern auch als nützlich und notwendig erscheinen läßt"; dazu vermerkte Wilhelm II.: „Ja! je eher desto besser!" (Tel.No.78, Bülow an Ausw. Amt, 29.8.1908; GP 24, Nr.8417).

4   Die am 2.9.1908 seitens der Reichsleitung erfolgte Demarche bei den Regierungen der

Mit einer ungeduldigen Handbewegung antwortete der Kaiser: „Das ist ein klassisches Beispiel für die Verdrehung deutscher Aktionen. Erstens was die Reise des Dr. Vassel anlangt: Bei Seiner Rücksendung nach Fez war die Reichs-regierung einzig und allein von dem Wunsche geleitet, ihn die Privatinteressen der dort nach Schutz und Hilfe ringenden deutschen Untertanen wahrnehmen zu lassen.[5] Warum hätte man ihn nicht hinschicken sollen? Wissen die, welche Deutschland des Versuches beschuldigen, anderen Mächten den Rang abzulau-fen, wirklich nicht, daß der französische Konsularvertreter schon seit Monaten in Fez war, als Dr. Vassel dorthin aufbrach? Zweitens die Anerkennung Mulay Hafids: Die europäische Presse hat Klage darüber geführt, daß Deutschland Mulays Anerkennung nicht bis zu dessen bindender Annahme der Algeciras-Akte verschoben habe. Darauf antworte ich, daß Mulay sich zu dieser Annahme schon vor Wochen, als die entscheidende Schlacht noch nicht geschlagen war, bereiterklärt hat. Bereits Mitte Juli teilte er Deutschland, Frankreich und England mit, daß er alle von Abdul Asis während seiner Regierung Europa gegenüber übernommenen Verpflichtungen für sich als bindend anerkenne.[6] *Die Reichsre-gierung erblickte in dieser Mitteilung den endgültigen und autoritativen Aus-druck der Absichten Mulays, sie hatte somit keine Veranlassung, noch eine weitere Erklärung abzuwarten, bevor sie ihn als tatsächlichen Sultan anerkann-te, der seinem Bruder durch das Recht des Waffensieges auf dem Throne nachge-folgt war."*

Der Engländer wies darauf hin, daß ein einflußreicher Teil der deutschen Presse die Haltung der Reichsregierung ganz anders aufgefaßt, als einen Fort-schritt von Worten zu Taten begrüßt und ihrer Genugtuung darüber Ausdruck

---

Signatarmächte von Algeciras, in der für eine „rasche Anerkennung Mulay Hafids" plädiert wurde, rief vor allem in England einen Sturm der Entrüstung hervor. Der Geschäftsträger in London, Wilhelm von Stumm, wies auf die „Einmütigkeit" hin, „mit der sämtliche Organe der verschiedensten Parteirichtungen an diesem Schritt der deutschen Politik Kritik geübt haben, und die erneut dafür Zeugnis ablegt, daß die germanophoben Strömungen in Eng-land das, was sie in letzter Zeit an Tiefe vielleicht eingebüßt haben, an Ausdehnung auf immer weitere politische Kreise jedenfalls reichlich wieder gewonnen haben" (No.881, Stumm an Bülow, 8.9.1908; GP 24, 403). Bülow war über die wütenden englischen Reaktionen derart beeindruckt, daß er fortan „aus der sich immer wieder und immer mehr vergiftenden Marokkofrage durch ein Arrangement à trois mit Frankreich und England herauszukommen" suchte (Bülow an Hammann, 12.9.1908; abgedr. in Hammann, Bilder aus der letzten Kaiserzeit, 50 f.).

5   Offiziell wurde die Vassel-Mission mit der „Erledigung einiger seit langem schwebender Reklamationen, die angesichts der Klagen der Interessenten einen weiteren Aufschub nicht duldeten", begründet, doch geht aus Bülows Erlaß v. 29.8.1908 eindeutig hervor, daß politische Beweggründe maßgebend waren (GP 24, 388 f.). Vgl. auch Rosens Aufzeich-nung v. 27.8.1908 (GP 24, 381).

6   Eine solche Erklärung existiert nach Ausweis der Akten für Mitte Juli nicht. Durch seine Emissäre hatte Mulay Hafid allerdings am 13.5.1908 in Berlin ausrichten lassen, daß er gewillt sei, „alle fremden Nationen gleichmäßig zu behandeln und die bestehenden Verträ-ge, insbesondere die Generalakte der Algecirasconferenz anzuerkennen und zu halten" (GP 24, Nr.8336). – Die formelle Anerkennung Mulay Hafids durch alle Signatarmächte erfolg-te am 6.1.1909.

gegeben habe, daß Deutschland sich der Gestaltung der marokkanischen Dinge wieder einmal energisch annehme.

„Es gibt hüben wie drüben Störenfriede", entgegnete der Kaiser. „Ich will ihre beiderseitigen Fähigkeiten zur Entstellung von Tatsachen nicht abwägen. Diese sind jedenfalls so, wie ich sie eben dargestellt habe. Deutschlands Vorgehen in bezug auf Marokko enthält nichts, was mit meiner in Straßburg[7] wie in der Guildhall von mir beteuerten Friedensliebe in Widerspruch stände."

Zu dem Thema der deutsch-englischen Beziehungen zurückkehrend, bemerkte der Kaiser: „Ich will mich jedoch nicht bloß auf meine Reden, sondern auch auf meine Handlungen berufen. Gewöhnlich wird angenommen, daß Deutschland während des südafrikanischen Feldzuges England feindlich gesinnt war, die öffentliche Meinung war das zweifellos. Wie aber stand es mit der Reichsregierung? Meine Kritiker mögen sich fragen, was den plötzlichen Stillstand der europäischen Tour der Burengenerale[8] verursachte, die eine Intervention herbeiführen wollten. Sie waren in Holland, in Frankreich lärmend gefeiert worden. *Sie wünschten nach Berlin zu kommen, wo das Volk sie mit Blumen bekränzen würde; als sie jedoch von mir empfangen werden wollten, lehnte ich ab. Die Agitation hörte alsbald auf, und die Delegation kehrte mit leeren Händen heim. War das die Handlungsweise eines geheimen Feindes?*

Als der Kampf auf dem Höhepunkt stand, wurde die Reichsregierung von Frankreich und Rußland eingeladen, gemeinsam England zur Beendigung des Krieges aufzufordern. Der Augenblick, sagten sie, sei da, nicht bloß die Republiken zu retten, sondern England bis in den Staub zu demütigen. Ich antwortete: Deutschland werde nicht nur seine Hand nicht dazu leihen, auf England einen Druck auszuüben und dessen Sturz herbeizuführen, sondern sich überhaupt abseits von jeder Politik halten, die Verwicklungen mit England mit sich bringen könne. Die Nachwelt wird dereinst den Wortlaut der Depesche lesen, sie ruht im

7   Am 30.8.1908 hielt der Kaiser bei einem Festmahl in Straßburg folgende Rede über die auswärtige Lage: „Ich freue Mich, Ihnen als Meine innerste Überzeugung es aussprechen zu können, daß der europäische Friede nicht gefährdet ist. Er beruht auf zu festen Grundlagen, als daß sie durch Hetzereien und Verleumdungen, von Neid und Mißgunst einzelner eingegeben, so leicht umgestürzt werden könnten. Eine feste Bürgschaft bietet in erster Linie das Gewissen der Fürsten und Staatsmänner Europas, die sich Gott gegenüber verantwortlich wissen und fühlen für das Leben und Gedeihen der ihrer Leitung anvertrauten Völker. Zum anderen ist es der Wunsch und der Wille der Völker selbst, sich in ruhiger Weiterentwicklung die großartigen Errungenschaften fortschreitender Kultur nutzbar zu machen und im friedlichen Wettbewerb ihre Kräfte zu messen. Und zuletzt wird der Friede gesichert und verbürgt auch durch unsere Wehrmacht zu Wasser und zu Lande, durch das deutsche Volk in Waffen. Stolz auf die unvergleichliche Mannszucht und Ehrliebe seiner Wehrmacht ist Deutschland entschlossen, sie ohne Bedrohung anderer auch ferner auf der Höhe zu erhalten und so auszubauen, wie es die eigenen Interessen erfordern, niemand zuliebe, niemand zuleide" (Schulthess, 1908, 130 f.).

8   Wilhelm II. weigerte sich am 8.8.1900, die aus Brüssel kommende Burendelegation zu empfangen, „weil er derselben keinerlei Mitteilungen zu machen habe" (GP 15, Nr.4503). Sehr zum Ärger der burenbegeisterten deutschen Öffentlichkeit erteilte der Kaiser am 1.12.1900 auch dem um eine Audienz nachsuchenden Burenpräsidenten Krüger eine Absage, der daraufhin seine geplante Reise nach Berlin aufgab (GP 15, 549 f.).

*Schloßarchiv von Windsor, worin ich Englands Souverän die Antwort mitteilte,
die ich den auf Großbritanniens Fall bedachten Mächten hatte zuteil werden
lassen.*[9] *Engländer, die mich kränken, indem sie an meinen Worten zweifeln,
können daraus ersehen, wie ich in Tagen englischer Not gehandelt habe.*

Das war aber nicht alles. Während jener „schwarzen Woche", im Dezember
1899, empfing ich einen Brief der Königin Viktoria[10], der, in Sorge und Kummer
verfaßt, deutliche Spuren der Ängste aufwies, die damals auf ihr lasteten. Ich
begnügte mich nicht mit einer teilnehmenden Antwort. *Durch einen meiner
Offiziere ließ ich mir einen möglichst genauen Bericht über die beiderseitige
Gefechtsstärke und die Truppenstellungen in Südafrika vorlegen. Daraufhin
arbeitete ich den unter den obwaltenden Umständen meiner Meinung nach für
England besten Feldzugsplan*[11] *aus, ließ ihn von meinem Generalstabe begutach-*

9   Am 13.1.1900 hatte der russische Botschafter Graf Osten-Sacken den deutschen Kaiser
gefragt, „ob gegenüber der englischen Anmaßung und allgemeinen Verhaßtheit nicht eine
Koalition gegen England denkbar sei. Seine Majestät antwortete, daß er einer solchen nicht
beitreten und seine bisherige neutrale Haltung nicht aufgeben würde, solange er nicht durch
zu weit gehende englische Rücksichtslosigkeiten dazu gezwungen würde" (GP 15, Nr.4465).
Etwa zwei Monate später, am 3.3.1900, erfolgte eine formelle Anfrage aus St.Petersburg,
„ob es nicht möglich sein würde, dem südafrikanischen Kriege durch eine gemeinsame
Vermittelung von Rußland, Frankreich und Deutschland ein Ende zu machen." Bülow ließ
darauf dem russischen Außenminister Grafen Murawiew ausrichten, daß „die deutsche
Politik die Möglichkeit von Verwicklungen mit anderen Großmächten und namentlich mit
anderen Seemächten besonders sorgfältig vermeiden muß, solange wir nicht der Haltung
unseres Nachbarn Frankreich sicher sind. Diese Sicherheit würde nur durch eine Abma-
chung geboten werden, durch welche die vertragsschließenden Mächte sich für eine längere
Reihe von Jahren ihren europäischen Besitzstand gegenseitig garantieren" (GP 15, Nr.4472).
Der Kaiser informierte den englischen Botschafter Sir Frank Lascelles umgehend von
Murawiews Sondierungen und schrieb noch am gleichen Tag (3. März) an den Prinzen von
Wales: „Yesterday evening I received a note from St.Petersburg in which Count Mouravieff
formally invites me to take part in a collective action with France and Russia against
England for the enforcing of Peace and the help of the Boers! I have declined" (Lee, King
Edward, I, 769). Am 5. März übermittelte der Prinz von Wales der Königin Victoria den
kaiserlichen Brief mit der Bemerkung: „William, I am sure, wishes to be our true friend, and
he indeed derserves our thanks and confidence" (George E. Buckle, ed., The Letters of
Queen Victoria, 3rd series, vol.III, London 1932, 500). „Wenn es den Russen nach Intervention juckt", notierte der Kaiser am 6.3.1900, „so mache er sie doch für sich allein! Oder
mit Frankreich!" (GP 15, 522).
10   Queen Victoria hat im Dezember 1899 keinen Brief an ihren kaiserlichen Enkel gerichtet.
Am 21.12.1899 schrieb Wilhelm II. seiner „most beloved Grandmama" allerdings einige
Zeilen, in denen er sich für den Aufenthalt in Windsor bedankte und ihr trotz der schlimmen
Rückschläge in Südafrika ein friedliches Weihnachtsfest wünschte: „The loss of so many
officers and men is most distressing, and deeply do I feel for those they left behind. But at
all events the British aristocracy have shown the world that they know how to die doing
their duty, like the other gentlemen!" (Buckle, Letters of Queen Victoria, 3rd series, III,
444 f.).
11   Gemeint sind die „Gedankensplitter über den Krieg in Transvaal", die Wilhelm II. am
21.12.1899 an den Prinzen von Wales schickte; diese befinden sich nicht bei den Akten des
Auswärtigen Amts (vgl. GP 15, 423 n.); eine vom Prinzen angefertigte englische Übersetzung ist abgedr. in Lee, King Edward, I, 805 f. Am 4.2.1900 ließ der Kaiser dem Prinzen
von Wales die „Aphorismen über den Krieg in Transvaal" übermitteln, die er wohl zuvor

*ten und sandte ihn nach England, wo er in den Staatsarchiven ebenfalls des
unparteiischen Urteils der Geschichte harrt. Beiläufig kann ich erwähnen, daß
mein Plan zum großen Teil mit demjenigen zusammenfiel, nach welchem dann
Lord Roberts die englischen Waffen zum Siege geführt hat. Hätte so jemand
gehandelt, der gegen England Böses im Schilde führte?*

„Aber", werden Sie sagen, „liegt nicht in dem deutschen Flottenausbau eine
Bedrohung für England?" Meine Erwiderung ist einfach. Deutschland ist ein
junges, im Wachsen begriffenes Reich, es hat einen weltumspannenden Handel,
dessen schnelle Ausdehnung der berechtigte Ehrgeiz der patriotischen Deutschen
in keine Schranken weisen lassen will. Diesen Handel zu schützen und seine
mannigfachen Interessen in den entferntesten Meeren wahrzunehmen, braucht
Deutschland eine mächtige Flotte.[12] *Deutschland blickt voraus. Es muß für alle
im fernen Osten möglichen Fälle gerüstet sein. Sehen Sie auf die vollendete
Erhebung Japans, das schon mögliche nationale Erwachen Chinas, und beurteilen Sie danach die großen Zukunftsprobleme im Stillen Ozean. Nur Mächte im*

einem seiner diensttuenden Flügeladjutanten vorgelegt hatte. Diese zeugen von einer intensiven Beschäftigung des Kaisers mit dem Kriegsverlauf in Südafrika und von einer unzwei-
deutigen Parteinahme für die englische Seite (vgl. GP 15, Nr.4507, 553–557). Von einem
„Feldzugsplan" sprach der Kaiser am 11.8.1908 auch gegenüber Sir Charles Hardinge, der
sich damals in Begleitung König Eduards VII. in Kronberg befand: „So also His Majesty
told me that, after our early reverses in the Boer War, he had received a letter from the late
Queen Victoria, full of grief at the losses suffered by the British troops, which had touched
him deeply. He had at once instructed his General Staff to draw up a plan of campaign,
which he had sent to the Queen, and this plan had been followed by Lord Roberts in all its
details. ,And yet', His Majesty added, ,I am said to be the enemy of England!'" (Memorandum von Hardinge, 16.8.1908; BD VI 189).

12 Dieses gängige Argument überzeugte Sir Charles Hardinge nicht. In seiner Kronberger
    Unterredung mit dem Kaiser (11.8.1908) warf er ein: „Sie [i.e. die deutsche Schlachtflotte]
    bleibt aber immer in Kiel oder Wilhelmshaven und Nordsee." Wilhelm II.: „Da wir keine
    Kolonien und keine Kohlenstationen haben, ist das unsere Basis, uns fehlt ein Gibraltar
    oder Malta." Hardinge: „Von Ihrer Basis aus ist Ihr Handel nicht zu schützen. Warum
    fahren Sie nicht mehr umher?" Nach der Version des Kaisers fand der lange Dialog über die
    Ziele des deutschen Flottenbaus ein denkwürdiges Ende, von dem Bülow und Tirpitz
    unterrichtet wurden: „Er: Can't you put a stop to your building? Or build less ships? Ich:
    Das Maß der maritimen Rüstung Deutschlands richtet sich nach seinen Interessen und
    Bündnissen, ist ein defensives und bestimmt nicht gegen eine Nation, am wenigsten gegen
    England gerichtet. Sie sind keine Drohung für Sie, die Sie augenblicklich alle miteinander
    an Gespensterfurcht leiden. Er: Aber ein Arrangement müßte doch getroffen werden, um
    den Bau einzuschränken. You must stop or build slower. Ich: Then we shall fight, for it is a
    question of national honour and dignity. Und dabei sah ich ihm fest und scharf in die Augen.
    Sir Charles bekam einen feuerroten Kopf, machte mir einen Diener, bat mich um Entschul-
    digung für seine Worte" (Wilhelm II. an Bülow, 13.8.1908; Hammann, Bilder aus der
    letzten Kaiserzeit, 141–143). Diese Szene berichtete Hardinge nicht an den englischen
    Außenminister. – Vier Wochen zuvor hatte Wilhelm II. dem Reichskanzler und dem Aus-
    wärtigen Amt zu verstehen gegeben, daß er eine amtliche englische Anregung zur Flotten-
    reduzierung als „Kriegserklärung" ansehen würde: das Flottengesetz werde „bis ins letzte
    Tüttelchen ausgeführt; ob es den Briten paßt oder nicht ist egal! Wollen sie den Krieg, so
    mögen sie ihn anfangen, wir fürchten ihn nicht!" (Marginalien Wilhelms zu No.691,
    Metternich an Bülow, 16.7.1908; GP 24, 103 f.).

Besitz großer Kriegsflotten werden mitzureden haben, wenn das Schicksal des Pacific sich entscheidet. Schon aus diesem Grunde braucht Deutschland eine starke Kriegsmarine. Vielleicht wird England eines Tages froh sein, ein flottenstarkes Deutschland neben sich zu haben und mit ihm in den großen Völkerdebatten der Zukunft auf derselben Seite zu stehen. "

Der Kaiser, fügt der Berichterstatter hinzu, sprach mit dem Ernst, der seine Worte kennzeichnet, wenn er über tief durchdachte Gegenstände redet. Wer ihn hörte, konnte an der Aufrichtigkeit seiner freundschaftlichen Gesinnung für England unmöglich länger zweifeln. – Seine Quelle bezeichnet der dem englischen Hofe nahe stehende Daily Telegraph als eine von völlig unanfechtbarer Autorität, den Inhalt der Unterredung daher als eine nicht mißzuverstehende Kaiserliche Botschaft an das englische Volk.[13]

Anfrage des Kanzlers an Reinhold Klehmet (am Kopf des Zeitungsartikels mit Blaustift):
Entsprechen insbesondere die rot angestrichenen Stellen dem s[einer]z[eit] von Ihnen durchgesehenen Entwurf? B[ülow] 28 / X.
Anzeige von Klehmet:
G.A. Die rot angestrichenen Stellen entsprechen dem s. Zt. von mir durchgesehenen Entwurf. Kl[ehmet] 28.10.

PA-AA, R 5832, Bl.31 (Original). Abschrift in BA Koblenz, N 1016 / NL Bülow, Nr.33, Bl. 29–32 (die von Bülow rot angestrichenen Stellen sind kursiv gesetzt).

Nr. 17
FRIEDRICH VON HOLSTEIN[1] AN BERNHARD FÜRST VON BÜLOW

[Berlin], 28. Oktober 1908
Lieber Bülow

Die [sic] Kaiser-Interview kommt mir nicht aus dem Sinn.[2] Tatsächlich

---

13 Vgl. auch den an die Wiedergabe des Daily-Telegraph-Artikels angeschlossenen Kommentar des *Tags:* „Trotz aller Versicherungen des englischen Blattes wird man die Echtheit und Vollständigkeit dieser angeblichen kaiserlichen Botchaft an das englische Volk doch erst dann als völlig erwiesen ansehen dürfen, wenn sie von zuständiger deutscher Seite bestätigt wird. Ebenso bedarf es noch einer Aufklärung darüber, ob die Veröffentlichung des Berichts, wenn er authentisch sein sollte, im gegenwärtigen Augenblicke mit Zustimmung des Deutschen Kaisers geschah" (BA Koblenz, N 1016 / NL Bülow, Nr.33, Bl.32).

 1 *Friedrich von Holstein (1837–1909),* Jurist, Politiker; 1860 Eintritt in den diplomatischen Dienst nach vierjährigem Justizdienst, Bismarcks Attaché an der St.Petersburger Gesandtschaft, bis 1868 Legationssekretär in Rio de Janeiro, London, Washington, Kopenhagen; 1870–76 an der Botschaft in Paris, 1878–1906 Vortragender Rat im Ausw. Amt, lehnte die verantwortliche Position eines Unterstaatssekretärs ab, bestimmte weitgehend die Politik des „Neuen Kurses".

 2 Am Nachmittag des 28. Oktober war Holstein zur Besprechung der durch die bosnische Annexionskrise entstandenen außenpolitischen Lage beim Reichskanzler gewesen (vgl. den Eintrag „Holstein" in Bülows Losungen unter dem 28.10.; BA Koblenz, N 1016 / NL Bülow, Nr.152/12). Dabei kam auch die Veröffentlichung des *Daily Telegraph* zur Sprache, von der Bülow kurz zuvor durch Hammann informiert worden war; zu diesem Zeitpunkt lag wohl auch Klehmets erste Stellungnahme vor (vgl. Dok.Nr.15 n.10). Am Abend schrieb Holstein den obigen Brief.

werden ja vernünftige Menschen begreifen, daß, da der Kaiser die Veröffentlichung wünschte und da er die wiedergegebenen Äußerungen wirklich getan
hatte, Sie die Sache schwer hindern konnten. Aber formell wird man sich doch an
Sie als den Verantwortlichen halten. Klehmet[3] mußte Sie auch unter allen Umständen von den bedenklichen Stellen benachrichtigen, deren es mehrere gibt.[4]
Von tiefer Demütigung Englands haben meines Wissens die Russen *nie* gesprochen, und die Franzosen haben nur eine ganz verdeckte Rolle gespielt. Sie
werden sich wohl die zu gewärtigenden russischen und französischen Urteile
vorlegen lassen. Wollen Sie das vielleicht ausdrücklich anordnen?

Was man den Franzosen würde antworten können, weiß ich zur Zeit wirklich
nicht. Mit den Russen ließe sich schon eher ein Wortgefecht führen. Vielleicht
fordern Sie aktenmäßigen Bericht über den Anteil, den Frankreich an jener
russischen Anregung von 1899 hatte.[5]

[...]

*BA Koblenz, N 1016 / NL Bülow, Nr.91, Bl. 312–315; mit geringfügigen Abweichungen gedr. bei
Rogge, Holstein und Harden, 360.*

3   *Rudolf Heinrich Reinhold Klehmet (1859–1915)*, 1885 Gerichtsassessor, 1886 in das Ausw.
    Amt einberufen, 1888 dem Konsulat in St.Petersburg überwiesen, 1891 etatmäßiger Vize-
    konsul in St.Petersburg, 1892 Ständiger Hilfsarbeiter im Ausw. Amt, 1893 Legationsrat,
    1896 Wirklicher Legationsrat und Vortragender Rat im Ausw. Amt, 1899 Geheimer Legati-
    onsrat, 1907 Wirklicher Geheimer Legationsrat mit dem Rang der Räte erster Klasse, 1909–
    1911 Generalkonsul in Athen, 7.2.1911 Versetzung in den einstweiligen Ruhestand u.
    Verleihung des Titels eines außerordentlichen Gesandten u. bevollmächtigten Ministers als
    Mitglied der Internationalen Finanzkommission, 1.12.1914 Versetzung in den Ruhestand.
4   Holstein trug also erheblich mit dazu bei, daß sich Bülows Ärger über die nicht vorhergese-
    hene Wirkung der *Daily Telegraph*-Publikation auf die französische, russische und insbe-
    sondere auf die deutsche Öffentlichkeit zunächst gegen Klehmet als den vermeintlich
    Hauptschuldigen richtete (vgl. Dok.Nr.18 u.19). Holstein bemühte sich zwar am folgenden
    Tag, Klehmet aus der Schußlinie zu bringen, betonte jedoch: „Aber tatsächlich hat er nicht
    nur einen unmöglichen Mangel an Opportunitätsgefühl, sondern auch an Gewissenhaftig-
    keit bewiesen. Wenn er sich nur das eine Schriftstück, die russische Anregung von 1899,
    vorlegen ließ, mußte er die Diskrepanz zwischen dessen Inhalt und der Erzählung des
    Kaisers erkennen. [...] Aber auch Ihren Rat in Norderney trifft eine wenn auch geringere
    Schuld. Der mußte das Gefährliche des Inhalts beim Durchlesen erkennen" (Holstein an
    Bülow, 29.10.1908; Rogge, Holstein und Harden, 361). Offensichtlich hatte Bülow dem
    Geheimrat erzählt, er habe Felix von Müller den Auftrag erteilt, das englische Manuskript
    zu lesen, da er dies selbst aus Zeitgründen nicht habe tun können.
5   Es fällt auf, daß Holstein nur die außenpolitischen Implikationen der *Daily Telegraph*-
    Veröffentlichung im Auge hatte. Weder er noch Bülow scheinen am 28. Oktober die
    verhängnisvollen innenpolitischen Auswirkungen der Kaiseräußerungen vorausgesehen zu
    haben. So läßt sich jedenfalls erklären, daß es an diesem Tag im Reichskanzlerpalais noch
    keine Krisensitzung – unter Heranziehung von Loebell und Bethmann Hollweg – gegeben
    hat und daß seitens des Kanzlers keine Bedenken gegen die – unkommentierte – Veröffent-
    lichung der Wolffschen Depesche in der *Norddeutschen Allgemeinen Zeitung* am folgenden
    Tag erhoben worden sind. Den Abend des 28. Oktober verbrachte der Reichskanzler in
    Gesellschaft seines Bruders Karl Ulrich v. Bülow (1862–1914); siehe den Eintrag „Karl" in
    Bülows Losungen unter dem 28.10. (BA Koblenz, N 1016, Nr.152/12).

Nr. 18
AUFZEICHNUNG VON WILHELM VON SCHOEN
über die Vorgänge zwischen dem 28. und 30. Oktober 1908[1]

o.D. [Oktober 1909]

Am Vormittag des 28. Oktober übersandte mir Geheimrat Hammann eine ihm von Wolffs Bureau vorgelegte Wiedergabe eines Artikels im Daily Telegraph über Gespräche S.M. des Kaisers mit der Anfrage, ob die Veröffentlichung unbedenklich sei.[2] Da ich beim Durchlesen auf einige Stellen stieß, die mir bedenklich schienen, setzte ich ein „*Nein*" auf das Blatt. Nach etwa einer Stunde erschien Hammann bei mir, um vorzustellen, er halte die Verbreitung doch für angezeigt, da sie bereits durch die B[erliner] Z[eitung am Mittag] erfolgt sei und eine halbamtliche Verleugnung nur Aufsehen erregen würde. Ich erwiderte, daß mir die Vorgänge unbekannt seien[3], und beauftragte Hammann, sich hierüber bei Klehmet zu informieren. Er kam bald darauf mit dem Bescheid zurück, es handle sich um Wiedergabe von Gesprächen Sr.M., die vom Herrn Reichskanzler geprüft und gebilligt worden sei. Hierauf erklärte ich mich mit Zurückziehung meines Vetos einverstanden.[4]

---

1   Vgl. dazu auch Schoen, Erlebtes (1921), 96–99.

2   Die Anfrage kam nicht von Hammann, sondern von Heinrich Mantler, Direktor des WTB (siehe Dok.Nr.15). Die Standardanfrage der Berliner Presseagentur lautete: „Ist die Veröffentlichung nachfolgender Depesche unbedenklich?"

3   Wie aus dieser Darstellung hervorgeht, hat Schoen bewußt und planmäßig versucht, seine Mitarbeiter, die Zeitgenossen und die Nachwelt über seinen Anteil an der Daily-Telegraph-Affäre zu täuschen. Bülow hat sicherlich nicht ohne Grund später behaupten können, neben Stemrich und Klehmet habe auch Schoen das englische Manuskript gelesen (Denkwürdigkeiten, II, 353). Gerade diese Behauptung stellte Schoen 1931 noch einmal energisch als „Unwahrheit" in Abrede: „Ich habe schon wiederholt öffentlich erklärt, glaube es aber erneut sagen zu sollen, daß ich den Artikelentwurf und den Bericht zu jener Zeit nicht zu Gesicht bekommen habe, aus dem einfachen Grunde, weil ich in den Tagen, wo das Auswärtige Amt damit befaßt war, abwesend in Berchtesgaden war [...]. Erst lange nach meiner Rückkehr nach Berlin erhielt ich, am 28. Oktober, die erste Kunde von dem inzwischen Vorgefallenen" (Thimme, Front wider Bülow, 79). Aus den erst kürzlich zugänglich gemachten Tagesnotizen des Zentralbüros geht dagegen eindeutig hervor, daß Schoen am 8.10.1908 wieder die Geschäfte des Auswärtigen Amts übernommen hat und die Papiere der Daily-Telegraph-Angelegenheit vom 11. bis 13. Oktober mit kurzen Unterbrechungen auf seinem Tisch gelegen haben (PA-AA, R 19860; Dok. Nr.10 n.4). In seinen Erinnerungen von 1921 gibt Schoen indessen selbst zu, die Daily-Telegraph-Akte am 12. Oktober kurzfristig in den Händen gehabt zu haben (Erlebtes, 95) – also schon auf den ersten Blick ein Widerspruch zu den Aussagen von 1931! Von Unterstaatssekretär Stemrich, dem Schoen seine angebliche Ahnungslosigkeit natürlich nicht vermitteln konnte, erfuhr Holstein später, Schoen habe „die Sache ,liegen sehen', jedoch nicht gelesen" (1.2.1909; HP I 171). Entsprechend unzutreffend ist wohl auch die oft zitierte Episode mit der Rückfrage an Klehmet, die in den Erinnerungen Hammanns bezeichnenderweise nicht vorkommt. Stellvertretend für die konventionelle Sichtweise Drewes, 34 n.52; Schüssler, 31. An Schoens Schuldlosigkeit glaubt auch noch Hiller v. Gaertringen, 143.

4   Siehe auch Hammanns Anzeige (G.A.) v. 3.5.1910: „Von dem sog. Interview erhielt ich die erste Kenntnis durch eine Anfrage des W.T.B. am 28. Okt. 1908 nach dem Erscheinen des

Tags darauf stellte Fürst Bülow in meiner Gegenwart den Geheimrat Klehmet in erregtem Ton zur Rede, wie er bei Prüfung des Manuskripts so bedenkliche Äußerungen habe unbeanstandet lassen können. Klehmet antwortete, er habe den ihm s[einer]z[eit] zugegangenen Befehl um Prüfung dahin aufgefaßt, daß sie sich auf die aktenmäßige Richtigkeit erstrecken solle. Darauf habe er sich beschränkt in der Annahme, daß der Reichskanzler selbst in Benehmen mit S.M. über die Opportunität der Veröffentlichung entscheiden werde.

Am 30. Oktober, nachdem der Reichskanzler sein Entlassungsgesuch eingereicht hatte, bat ich beim Vortrag bei S.M. ebenfalls um meinen Abschied.[5] S.M. erwiderte, davon könne um so weniger die Rede sein, als ich an den Vorgängen, die sich während meiner Abwesenheit auf Urlaub zugetragen, gänzlich unbeteiligt sei. Übrigens werde die Sache keine schlimmen Folgen haben. Seine Äußerungen seien nicht richtig wiedergegeben[6], beispielsweise habe er der Königin Victoria nicht einen förmlichen Feldzugsplan gegen die Buren unterbreitet, sondern nur aphoristische Gedanken.

Gegen Mittag fand beim Reichskanzler eine Beratung über eine in der N[orddeutschen] A[llgemeinen] Z[eitung] zu veröffentlichende Erklärung[7] statt, an der außer mir noch Unterstaatssekretär von Loebell und Geheimrat Hammann teilnahmen.[8] Ich brachte einen Entwurf mit, in dem von einem bedauerlichen Versehen die Rede war, worin aber eine ausdrückliche Erwähnung des Auswärtigen Amts vermieden war.[9] Fürst Bülow bestand aber trotz meines Sträubens auf

Artikels im Daily Telegraph. Ich ging mit der Anfrage frühmorgens sofort zum Staatssekretär und schlug vor, dem zu erwartenden Lärm mit einer Berichtigung zuvorzukommen. Da erfuhr ich erst, daß das Manuskript dem Reichskanzler und dem Auswärtigen Amt zur Prüfung vorgelegen hatte. Was dann folgte, war die schwerste Zeit meiner amtlichen Tätigkeit" (PA-AA, R 5831, eigenhändig).

5   Dieser Vorgang ist anderweitig nicht bezeugt. Auch in Schoens Personalakten finden sich für diesen Zeitraum keine Hinweise auf ein Entlassungsgesuch.

6   Diese Aussage steht im Widerspruch zu dem Schreiben Jenischs an Bülow v. 30.9.1908, in dem der Rat im Kaiserlichen Gefolge den Kaiser wie folgt zitiert: „Er findet den Artikel gut geschrieben und seine Worte wahrheitsgetreu wiedergegeben" (Dok.Nr.6). Gegenüber seinen englischen Gesprächspartnern hat Wilhelm II. stets von seinem „plan of campaign" gegen die Buren gesprochen (vgl. Dok.Nr.16, n.11); warum sollte er das gegenüber Schoen abgeleugnet haben?

7   Vgl. Dok.Nr.26 u.27. Die Anregung zu dieser offiziösen Erklärung geht auf Holstein zurück, der Bülow am 29. Oktober empfahl: „In der ,Norddeutschen' würde ich für kurze, großzügige Behandlung votieren. Kein Eingehen auf Einzelheiten. [...] Nichts ableugnen, denn das würde feige aussehen und nicht geglaubt werden" (Rogge, Holstein und Harden, 364). Vgl auch Hiller v. Gaertringen, 148.

8   Loebell und Hammann drängten Bülow mit Erfolg, in die offizielle Erklärung (Dok.Nr.26 u.27) „das Bekenntnis der Unschuld des Kaisers bei der Behandlung des Manuskripts" aufzunehmen (vgl.Dok.Nr.20 u.105).

9   Schoens Entwurf lautete: „Als der Reichskanzler durch die Publikation des D.T. von dem Inhalt des Artikels selbst Kenntnis erhielt, erklärte er sofort, daß er als im Reiche allein verantwortlicher Beamte sich als für den Vorgang allein verantwortlich betrachte und die ihm unterst[ellten] Ressorts und Beamten decke. Gleichzeitig unterbreitete der R.K. Seiner Maj. sein Abschiedsgesuch" (Bleistiftkonzept von der Hand Schoens; PA-AA, R 5832, Bl.62). Nach entsprechenden Umformulierungen verwertete Bülow Schoens Textvorschlag in der amtlichen Erklärung v. 31.10.1908 (vgl. Dok.Nr.27 [m]).

Erwähnung des Auswärtigen Amts.[10] Der Reichskanzler war sehr erregt; nachdem aber die Fassung der Erklärung beendet war, klärten sich seine Züge auf, und er äußerte, so schlimm eine Sache sei, so habe sie doch auch in der Regel eine gute Seite; man könne auch diese so gestalten, daß sie nicht ohne gute Wirkung verlaufe.[11]

Ich erkrankte noch am gleichen Tage ernstlich infolge der Aufregung und der Übermüdung.[12] Da auch Unterstaatssekretär Stemrich wegen Krankheit abwe-

---

10   Dies wird bestätigt durch die Aufzeichnung Hammanns v. Weihnachten 1908 (Dok.Nr.105).

11   Dieser Gedanke, der Bülows weiteren Kurs in der Daily-Telegraph-Affäre bestimmte, stammte zweifellos von Holstein: „Die Sache ist unbequem, kann aber vielleicht den Nutzen haben, daß S.M. etwas vorsichtiger wird??" (Holstein an Bülow, 29.10.1908; Rogge, Holstein und Harden, 363).

12   Schoens „Erkrankung" war mit Sicherheit nicht „ernstlich"; sie stellte sich auch nicht schon am 30. Oktober ein, wie er in seiner Aufzeichnung vom Oktober 1909 und in seinen Erinnerungen behauptet, denn am 31. Oktober 1908 versah Schoen noch bis zum Abend nachweislich seinen Dienst im Auswärtigen Amt (vgl. Dok.Nr.28 u. 33). Schoen meldete sich am Sonntag, den 1.11., beim Reichskanzler krank, doch erfuhr Bülow über seinen Hausarzt Renvers, daß sich der Staatssekretär allenfalls in einem leichten Erschöpfungszustand befinde (vgl. Denkwürdigkeiten, II, 360; GP 24, 358, Marginal Schoens v. 1.11.: „Ich bin krank, darf das Zimmer nicht verlassen. Habe bereits Seiner Durchlaucht geschrieben [...]"). Es kam dann offenbar zu einer Übereinkunft zwischen Bülow und Schoen, der in der Daily-Telegraph-Affäre nicht zur alleinigen Zielscheibe der öffentlichen Kritik werden wollte. Bülow, so darf angenommen werden, versprach seinem Staatssekretär, ihn aus der Schußlinie zu bringen, wenn er in den darauffolgenden Tagen die deutsch-französischen Verhandlungen über die Erledigung des Casablanca-Zwischenfalls zu einem für Deutschland befriedigenden Abschluß führe. In der Tat zeigte Schoen bis zu seiner Beurlaubung am 6. November in der marokkanischen Angelegenheit noch eine bemerkenswerte Arbeitskraft: Er verfaßte täglich eigenhändige Noten und Aufzeichnungen und ließ sich „trotz ärztlichen Verbots" zwischen dem 2. und 6. November jeden Tag vom französischen Botschafter Cambon zu Verhandlungen in seiner Wohnung aufsuchen (vgl. GP 24, Nr. 8386–8398). Der Durchbruch vom 7. November (siehe Dok. Nr.35, n.3) scheint allerdings weniger Schoens als Kiderlens Verdienst gewesen zu sein; vgl. Kiderlen an Hedwig Kypke, 7.11.1908: „Den Reichskanzler sehe ich erst heute nachmittag. Leider ist Casablanca noch nicht erledigt, diese Aufgabe steht mir noch bevor" (Jäckh, Kiderlen-Wächter, II, 12).

13   *Alfred von Kiderlen-Wächter (1852–1912)*, Diplomat; 1871–77 Jurastudium in Tübingen, Leipzig und Straßburg, 1879 Eintritt in das Auswärtige Amt (Handelsreferat), 1880 Legationssekretär und Übernahme in die politische Abteilung (Orientalia, Presse), 1881–85 dritter u. zweiter Sekretär in St.Petersburg, 1885–86 zweiter u. erster Sekretär in Paris, 1886–88 Legationsrat in Konstantinopel, 1888 Rückberufung in die polit. Abteilung des Ausw. Amts (Orientreferent), 1888–98 häufiger Begleiter des Kaisers als Vortragender Rat, 1894 Gesandter in Hamburg, im November 1894 Festungshaft auf Ehrenbreitstein wegen des Kladderadatsch-Duells, 1895–99 Gesandter in Kopenhagen, 1900–1910 Gesandter in Bukarest, Nov.1908 – März 1909 Stellvertretender Staatssekretär, 27.6.1910 – 30.12.1912 Staatssekretär des Auswärtigen. – Kiderlen übernahm am 7.11.1908 die Vertretung Schoens; am Tag der Geschäftsabgabe suchte Schoen das Ausw. Amt auf, um Kiderlen in die laufenden Geschäfte einzuführen; anschließend trat der Staatssekretär seinen vom Kaiser am 6.11. bewilligten Genesungsurlaub an (PA-AA, Rep.IV Personalia, Nr.5, Bd.2). Vgl. auch Kiderlen an Hedwig Kypke, 7.11.1908: „Staatssekretär Schoen ist wieder so wohl, daß ich nachher um 11 Uhr zu ihm gehe, um die Geschäfte zu übernehmen" (Jäckh, Kiderlen-Wächter, II, 12). Tags zuvor hatte Schoen um 11.45 Uhr im Reichskanzlerpalais

send war und meine Vertretung nicht übernehmen konnte, wurde auf meinen Vorschlag der Gesandte v. Kiderlen[13] zur einstweiligen Führung des Auswärtigen Amts berufen. Ich selbst konnte meine Dienstgeschäfte erst am 1. Dezember wieder übernehmen.

PA-AA, R 5831 (eigenhändig; von Schoen am 29.1.1913 im verschlossenen Kuvert an das Ausw.Amt abgegeben).

Nr. 19
REINHOLD KLEHMET AN ALFRED VON KIDERLEN-WÄCHTER
über seine Unterredung mit Bülow am 29. Oktober 1908

Berlin, 30. August 1910

Gleich am nächsten Tage nach der Publikation in „Wolff" ließ mich der Kanzler rufen und machte mir in Gegenwart des Staatssekretärs von Schoen Vorhaltungen, wie ich den Artikel hätte passieren lassen können. Bei der augenscheinlich sehr erregten Stimmung des Fürsten sah ich zu längeren Darlegungen keine Möglichkeit und konnte nur erwidern: ich hätte annehmen müssen, daß der Kanzler der von Seiner Majestät verlangten Publikation im Prinzip nicht entgegen sei und es sich somit für mich wesentlich nur um Prüfung der aktenmäßigen Richtigkeit gehandelt habe.

Der Kanzler erwiderte zu meiner Überraschung: er habe den Artikel ja gar nicht gelesen, weil er darin nur Gleichgültiges vermutet habe.[1] Nach der Verfü-

an einer Besprechung über die Casablanca-Angelegenheit teilgenommen, zu der auch noch Flotow und Hammann hinzugezogen worden waren (Tagesnotizen des Zentralbüros v. 6.11.1908; PA-AA, R 19860).

1   In diese Richtung zielt auch der Erklärungsversuch, den Valentini – von der Überzeugung ausgehend, daß Bülow den Artikel vor der Publikation tatsächlich *nicht* gelesen habe – im November 1925 vorbrachte: Die Unterredungen des Kaisers mit den englischen Herren in Highcliffe Castle seien Gegenstand eingehender brieflicher Schilderungen des Kaisers an Bülow gewesen, worüber Bülow sich sehr anerkennend ausgesprochen habe. „Als nun längere Zeit nach dem Abbruch des Highcliffer Aufenthaltes im Sommer 1908 der Artikel in englischer Redaktion durch die Hand von Jenisch an Bülow nach Norderney kam, glaubte dieser offenbar, den Inhalt genügend zu kennen, las ihn nicht noch einmal, sondern ließ ihn zunächst an das Auswärtige Amt gehen, wo sich dann die Tragödie in der bekannten Art weiterentwickelte. Jedenfalls lag aber auch so die ganze Schuld beim Kanzler" (Valentini, Kaiser und Kabinettschef, 100 n.1). Nach der Veröffentlichung erzählte Bülow dem Admiral Tirpitz, er habe das Manuskript gleich nach Erhalt an das Auswärtige Amt geschickt und es „als gleichgültigen Zeitungsartikel selbst nicht gelesen" (Tirpitz, Aufbau der deutschen Weltmacht, 67). Beachtenswert, wenn auch etwas skurril, ist Holsteins Deutungsversuch v. 1.2.1909: „Grade diese kleinen Korrekturen von Klehmet – sagte mir nachher Bülow, als der Krach kam – hätten zu der Annahme berechtigt, daß Klehmet, der uns allen längst als ein zuverlässiger Aktenmensch bekannt war, die Sache gründlich geprüft habe, daß also ernste Bedenken nicht vorliegen könnten. Diese ganze Darstellung des Reichskanzlers klingt wahrscheinlich, weil sie sich aus den Verhältnissen und aus Bülows Eigenart heraus entwickeln läßt. Er hat sich gesagt: ,Da steht gewiß manches drin, was ich zu beanstanden haben würde, wenn ich es läse; also lese ich es lieber nicht. Ganz

gung mußte ich das Gegenteil annehmen[2], mindestens aber, daß der Kanzler aus den von ihm gelesenen Briefen von Jenisch und Wortley im allgemeinen Bescheid wußte. Seitdem habe ich Fürst Bülow nicht wiedergesehen.

schlimme Dinge können nicht drin sein, sonst hätte Klehmet, der korrekte Mann, sich nicht mit so ein paar unbedeutenden Korrekturen begnügt.' [...] Kurz zusammengefaßt, sehe ich demnach den Hergang so, daß Bülow sich gesagt hat: ‚Um mich mit dem Kaiser nicht zu ärgern, will ich fünf gerade sein lassen. Dann ist es besser, ich lese die Sache gar nicht erst, sondern lasse sie im Amt prüfen. Ernsthafte Bedenken wird das Amt nicht durchgehen lassen, und ich kann dann den Kaiser darauf hinweisen, daß die Nörgelei – so wirds natürlich der Kaiser ansehen – nicht von mir allein kommt, sondern in erster Linie vom Auswärtigen Amt. Die Notwendigkeit, aufs Auswärtige Amt zurückzugreifen, selbst gegen höheren Befehl, läßt sich mit der unvermeidlichen Aktenprüfung ohne weiteres rechtfertigen.' Als darauf die Sache vom Amt zurückkam, lediglich mit einigen unbedeutenden Ausstellungen, hielt Bülow sich für geborgen: gefährliche Dinge konnte das Manuskript nicht enthalten, und er war von Hause aus entschlossen gewesen, wenn auch keine Kamele zu verschlucken, so doch keinesfalls Mücken zu snipen. Diese Berechnung wäre zutreffend gewesen, wenn auf Klehmets Platz noch Holstein gesessen hätte" (HP I 172–73). Mit Ausnahme von Johannes Haller (Aera Bülow, 140 f.) haben bis heute alle Historiker, die sich intensiv mit der *Daily Telegraph*-Affäre beschäftigten und somit in der Lage waren, ein fundiertes Urteil abzugeben, Bülows immer wieder vorgebrachte Behauptung, er habe weder in Norderney noch in Berlin den Artikelentwurf selbst gelesen, trotz der vielen Ungereimtheiten grundsätzlich nicht in Zweifel gezogen (vgl. Eschenburg, Daily-Telegraph-Affäre, 206–209; Drewes, 65–71; Hecht, 30–39; Teschner, 2; Schüssler, 24–27; Hiller v. Gaertringen, 134–139; zuletzt noch Terence Cole, 253, und Katharine A. Lerman, 221).

2   Unter den Vortragenden Räten im Auswärtigen Amt hat sich nach der Novemberkrise mehrheitlich die Ansicht herausgebildet, daß der Kanzler den innenpolitischen Sprengstoff, den das Stuart-Wortleysche Artikelmanuskript enthielt, im Vorfeld der Publikation nicht im geringsten wahrgenommen hat. Von ihrem Schwiegersohn Hans Frhr. v. Wangenheim (1859–1915), damals Gesandter in Athen, erfuhr die Baronin Spitzemberg, daß dieser, „der durch Klehmet natürlich eingeweiht ist, mit den meisten im Amte die Ansicht vertritt, daß Bülows Schuld keine Nachlässigkeit oder Gleichgültigkeit ist, sondern eine ganz verfehlte Beurteilung des Effektes, den die Veröffentlichung des Interviews in Deutschland machen würde. Er meinte, da ähnliche Dinge schon öfters waren gesagt worden, würde dieses Interview den Beziehungen zu England günstig sein und bei uns weiter kein Aufsehen erregen. Als er seinen fürchterlichen politischen Fehler erkannte, suchte er ihn als eine Dummheit der zweiten Instanzen darzustellen" (Eintrag v. 26.9.1909; Vierhaus, Spitzemberg, 512). – Im Jahre 1911 gab sich Anton Graf von Monts, bis März 1909 Botschafter in Rom, gegenüber dem Wiener Publizisten Sigmund Münz „überzeugt, daß Bülow es gelesen und ebenso andere Herren des Auswärtigen Amtes: Schoen, Stemrich, Klehmet. Bülow freilich habe von der Veröffentlichung einen großen Erfolg gegenüber England erwartet, und da dieser ausblieb, vielmehr Entrüstung dort und in Deutschland Platz griff, hinterging er den Reichstag, wenn er sagte, er hätte es nicht gelesen, und lieber alle Schuld auf den Kaiser schob. [...] ‚Wie können Sie', betonte Monts zu mir, ‚so naiv sein anzunehmen, Bülow hätte das Interview nicht gelesen? Sie glauben doch nicht, daß etwa nur der Gesandte Felix von Müller, der jenen Sommer und Herbst 1908 bei Bülow in Norderney verbrachte, es eingesehen habe? Er vielmehr hatte Bülow gedroht, er würde alles an die große Glocke hängen, wenn dieser sich ihn als Opferlamm aussehen wollte. Bülow also hat es gelesen und ebenso Klehmet, der es dann büßen mußte'" (Münz, Fürst Bülow, 230). Arthur Zimmermann, der am 12.10.1908 seinen Dienst im Ausw. Amt wieder angetreten hatte (PA-AA, R 19860), war noch 1931 „der Überzeugung, daß er [Bülow] das Interview genau durchgelesen, sich aber über die Tragweite der darin enthaltenen Mitteilungen getäuscht hat" (*Süddeutsche Monatshefte*, 28 / 1931, 392).

Wenige Tage danach sagte mir Exzellenz von Schoen im ausdrücklichen Auftrage des Kanzlers: ich sollte mich nicht beunruhigen, der Fürst werde mich auf meinem Posten halten.[3]

PA-AA, R 5833, Bl.210 v (eigenhändig, S.10 seines Memorandums). Abgedr. in Deutsche Revue, 45 (1920), S.48.

Nr. 20
FRIEDRICH WILHELM VON LOEBELLS[1] ERINNERUNGEN
an den 29. Oktober 1908

o.D. [1929/30]

Am Tage der Veröffentlichung des Kaiser-Interviews traf ich morgens[2] auf dem Wege zur Reichskanzlei die Geheimräte von Steinmeister[3] vom Staatsministerium und von Eisenhart-Rothe[4], beide mir eng befreundet. Sie zeigten mir entsetzt den Artikel des „Tag" über das Interview des Kaisers. Ich erwiderte lachend, das Ganze wäre von A – Z erlogen, da ich nie etwas davon gehört hätte. Beim Betreten der Reichskanzlei ließ ich mich aber doch sofort beim Kanzler melden, um der Sache auf den Grund zu gehen.

Ich fand ihn zu meinem Erstaunen entsetzt und voller Besorgnis, bei ihm bereits den Chef der Presseabteilung Geheimrat Hammann. Bülow erklärte mir

---

3   Vgl. dazu auch Schoen, Erlebtes, 99: „Überrascht war ich von dem Ersuchen des Kanzlers, ich möchte Klehmet, den er am Tage zuvor erregt und barsch zur Rede gestellt hatte, sagen, es werde ihm kein Leid geschehen."

1   *Friedrich Wilhelm von Loebell (1855–1931)*, Jurist, Politiker; 1874 Abiturientenexamen an der Ritterakademie Brandenburg, Studium der Rechte in Straßburg u. Leipzig, 1879 Regierungsreferendar in Potsdam, 1883 Assessorexamen, 1884 Landrat des Kreises Neuhaus/ Oste, 1889 Landrat des Kreises Westhavelland in Rathenow, 1898–1900 Mitglied des Reichstags (Deutschkonservative Partei), 1900 Generaldirektor der Landfeuersozietät der Provinz Brandenburg, 1904 Chef der Reichskanzlei, zunächst als Vortragender Rat, dann (1907) als Unterstaatssekretär, 1909 Oberpräsident der Provinz Brandenburg (wegen Krankheit beurlaubt), 1910 Ausscheiden aus dem Staatsdienst, 1914–1917 preuß. Minister des Innern, anschließend Oberpräsident der Provinz Brandenburg, 1919 Abschied aus dem Staatsdienst, Präsident des Reichsbürgerrats, 1925 Vorsitzender der Reichsausschusses für die Wahl Hindenburgs zum Reichspräsidenten.

2   Da der *Tag* über die *Daily Telegraph*-Publikation erst am Abend des 28. Oktober berichtet hatte (vgl. Dok.Nr.16), beziehen sich Loebells Erinnerungen offenbar auf den Vormittag des 29. Oktober 1908.

3   *Otto Adolf Ludwig von Steinmeister* (geb.1860), Wirklicher Geheimer Oberregierungsrat, 1890 Regierungsassistent im Polizeipräsidium u. Ministerium des Innern in Berlin, 1895– 1900 Landrat in Höchst/ Main, 1900 Polizeipäsident in Kassel, 1903 Hannover, 1905 Regierungspräsident in Köln.

4   *Paul von Eisenhart-Rothe (1857–1923)*, Gutsbesitzer, Politiker; seit 1893 konservatives Mitglied des preuß. Abgeordnetenhauses, 1898 Landeshauptmann von Pommern, 5.8.1917– 9.11.1918 preuß. Landwirtschaftsminister. Während des Aufenthaltes Wilhelms II. auf Schloß Highcliffe befand sich Eisenhart-Rothe im kaiserlichen Gefolge (vgl. Valentini, Kabinettschef, 94).

sofort, daß er das englische Manuskript des Interviews, welches ihm vom Kaiser zur Begutachtung nach Norderney übersandt [worden] und in sehr undeutlicher Handschrift geschrieben gewesen sei, nicht habe lesen können und es kurz vor seiner Abreise von Norderney an das Auswärtige Amt nach Berlin zur Prüfung und Äußerung gesandt habe. Damals habe er nicht geahnt, daß der Verfasser des Daily-Telegraph-Artikels den Kaiser um Erlaubnis zur Veröffentlichung gebeten hatte, und bei der Rücksendung des Manuskripts hätte keine Stelle im Auswärtigen Amt ihn darauf aufmerksam gemacht, daß eine Veröffentlichung beabsichtigt und völlig untunlich sei. Er habe daher das Manuskript sofort wieder an den Kaiser zurückgesandt, ohne auf die in ihm liegenden Gefahren hinzuweisen.

Ich bat den Kanzler damals, sofort vor den Reichstag zu treten und den Sachverhalt zu erörtern. Er widersprach, weil er unbedingt erst mit den in dem Interview genannten Mächten in Verbindung treten müsse.[5] Ich konnte zu meinem größten Bedauern den Kanzler nicht davon überzeugen, daß sofortige Schritte im Innern notwendig seien.[6] Die Stimmung gegen den Kaiser im Volke war so angeschwollen, daß es m.E. unbedingt notwendig war, sofort im Reichstag und in aller Öffentlichkeit für ihn einzutreten, zumal ihn in der ganzen Angelegenheit die geringste Schuld traf. Er hatte ganz korrekt und im konstitutionellen Sinne gehandelt, indem er den Rat seines Kanzlers vor der Veröffentlichung einholte. Der Fürst hätte in seiner damaligen Machtstellung zweifellos die Übernahme der Schuld auf sich überlebt, und sie war außerdem ein Gebot der politischen Klugheit. Daß der Fürst in diesem Augenblick die Rücksichten auf das Ausland den Notwendigkeiten der inneren Politik voranstellte, war ein Fehler, der sich später folgenschwer gerächt hat.

BA Koblenz, N 1045 / NL Loebell, Erinnerungen, Bd.2, Bl.53–54 (maschinenschriftl. Manuskript).

Nr. 21
ERINNERUNGEN RUDOLF VON VALENTINIS[1]
an den 29. Oktober 1908

o.D. [vor 1925]

Als wir am 29. vormittags auf der Rückfahrt von dort [Wernigerode][2] im Speisewagen die neuesten Zeitungen durchblätterten, fanden wir darin den Abdruck des

5   Bülow zeigte sich hier noch ganz unter dem Einfluß Holsteins (vgl. Dok.Nr.17).
6   Loebell scheint in der Umgebung Bülows der erste gewesen zu sein, der den Kanzler auf die desaströse innenpolitische Komponente der *Daily Telegraph*-Affäre aufmerksam gemacht hat (vgl. auch Dok.Nr.17 n.5.).
1   *Rudolf von Valentini (1855–1925)*, Jurist, Verwaltungsbeamter; 1888–99 Landrat im Kreis Hameln, 1899 Vortragender Rat im Geheimen Zivilkabinett Wilhelms II., 1906 Regierungspräsident in Frankfurt/O., seit 1908 (anfangs vertretungsweise) Chef des Kaiserlichen Zivilkabinetts (Wirklicher Geheimer Rat), im Jan. 1918 durch Ludendorffs Einflußnahme zurückgetreten.
2   Über die Aktivitäten des Kaisers in Wernigerode meldete der Korrespondent der *Kölni-*

Artikels, den der englische „Daily Telegraph" über Äußerungen des Kaisers zu seinem englischen Gastfreunde in Highclifffe Castle veröffentlicht hatte. In diesem Interview, eingegeben von dem Bestreben, die Engländer von ihrer ablehnenden Haltung gegen die deutsche Politik zu bekehren, fanden sich Stellen, die den Groll einer ganzen Reihe von Staaten, nicht zum mindesten aber des eigenen Volkes, mit Notwendigkeit heraufbeschwören mußten. So die Behauptung, daß der Kaiser seinerzeit Rußland und Frankreich verhindert hätte, „England bis in den Staub zu demütigen", daß er für England den Feldzugsplan gegen die Buren ausgearbeitet hätte, und daß wir die Flotte mit dem Hintergedanken bauten, sie im Stillen Ozean, d.h. gegen Japan, zu verwenden.

Unser Erschrecken war allgemein, aber der Kaiser, der mitten unter uns saß und den Artikel ebenfalls las, verhielt sich völlig stumm. Nach unserer Ankunft in Berlin brach der Sturm los. Die deutschen Zeitungen waren einstimmig in der härtesten Verurteilung des Monarchen; ich erfuhr durch Loebell, daß der Artikel authentisch war und daß der Kanzler, obschon der Artikel im Sommer während seines Aufenthaltes in Norderney durch seine Hand gegangen, doch von der Publikation aufs äußerste überrascht und von den unvermeidlichen Folgen der Indiskretion derart beeindruckt war, daß er um seine Entlassung gebeten hätte.

Valentini, Kaiser und Kabinettschef, 98–99.

Nr. 22
PAUL GRAF VON WOLFF-METTERNICH ZUR GRACHT AN BERNHARD FÜRST VON BÜLOW

Kaiserlich Deutsche Botschaft – No.1013.

London, 29. Oktober 1908

Das gestern vom „Daily Telegraph" veröffentlichte Interview Seiner Majestät des Kaisers mit einer „maßgebenden englischen Persönlichkeit" gibt heute in der hiesigen Presse zu einer Reihe von Leitartikeln Anlaß.

Im allgemeinen ist die Aufnahme des Interviews eine skeptische und nicht günstige.[1] An den freundschaftlichen Gefühlen, die Seine Majestät der Kaiser für

---

schen Zeitung am 28. Oktober: „Der Kaiser hat heute nachmittag mit dem Fürsten und der Fürstin zu Stolberg und einigen der Gäste, unter denen sich auch der Oberpräsident Hegel befand, eine Ausfahrt nach dem Kloster Drübeck unternommen. Die Herrschaften nahmen den Tee bei der neuen Äbtissin, der Gräfin Magdalene zu Stolberg-Wernigerode. Der Kaiser besichtigte die Räume des Klosters und nahm dann den Rückweg über Nöschenrode durch den Tiergarten, auf dem er überall vom Volke herzlichst begrüßt wurde [....]. Am Abend fand im Schloß Prunktafel statt" (*Kölnische Zeitung,* No.1136, 29.10.1908).

1   Baron Alfred Rothschild, der als einflußreicher Londoner Bankier seit Jahren für eine deutsch-englische Verständigung gearbeitet hatte, war „ganz entsetzt und sehr niedergedrückt über diese Veröffentlichung"; „in allen politischen Kreisen Englands", berichtete er dem ehemaligen Botschaftsrat Eckardstein am 31.10.1908, „habe sie große Indignation hervorgerufen; auch König Eduard habe mit ihm darüber gesprochen und sich äußerst abfällig darüber geäußert" (Eckardstein, Entlassung des Fürsten Bülow, 45). Metternich soll nach der ersten Lektüre des *Daily Telegraph*-Artikels gegenüber dem Personal der

England hegt, wird nicht gezweifelt. Dieselben seien aber schwer mit dem Verhalten Seiner Minister zu vereinen. Auch sage ja Seine Majestät Selbst, daß breite Schichten der Bevölkerung in Deutschland nicht freundschaftlich für England fühlten[2], wodurch also das in England gegen Deutschland gehegte Mißtrauen erklärlich werde. Verschiedentlich wird der Verdacht offen ausgesprochen, daß man es mit der Veröffentlichung in diesem kritischen Augenblick auf eine Lockerung der Triple-Entente abgesehen habe.

Die „Times" wirft die Frage auf, warum das Interview überhaupt und ferner warum es gerade in diesem kritischen Augenblicke der europäischen Politik veröffentlicht worden sei. Offenbar sei der Zweck gewesen, das in den letzten Jahren in England durch die deutsche Politik hervorgerufene Mißtrauen zu zerstreuen. Hierzu seien die in dem Interview Seiner Majestät dem Kaiser in den Mund gelegten Äußerungen sehr wenig geeignet. Gebe doch Seine Majestät Selbst die unfreundlichen, ja zur Zeit des Burenkrieges die feindlichen Gefühle eines großen Teiles der deutschen Bevölkerung gegen England zu. Das sei gerade das, was die „Times" immer gesagt habe, wenn sie die Beziehungen der beiden Länder besprochen habe. Eine andere Erklärung für die Veröffentlichung des Interviews sei die, die scheinbar in Paris nicht ohne einleuchtende Gründe angenommen werde, daß die Veröffentlichng gerade jetzt geschehen sei, um Unfrieden zwischen England und Rußland und Frankreich zu säen in dem Augenblick, wo ihr Zusammengehen von Deutschland und seinem Verbündeten als unange-

---

Londoner Botschaft geäußert haben: „Jetzt können wir die Bude zumachen" (Ludwig. Wilhelm II., 368; Lord Burnham in *The Daily Telegraph*, 7.7.1930).

2 Der englische Außenminister Sir Edward Grey hatte schon beim ersten Lesen des *Daily Telegraph*-Artikels befürchtet, „that our own people would be shocked by hearing, on the authority of the Emperor, that the majority of the German people were very hostile to us" (Grey an Goschen, 7.11.1908; BD VI 206). Indessen wunderte sich der englische Gesandte in Dresden, Mr. C. Findlay, über die Behauptung des Kaisers, „[that] the middle and lower classes in Germany are said to be ill-disposed or hostile to England [...] and a minority ‚composed of the best elements‘ are said to be friendly". „As far as I can judge the Emperor is misinformed", meinte Findlay. „He is certainly misinformed as to Saxony, where the majority of the lower classes are Social Democrats, and as a party, in favour of peace and an understanding with England on the subject of Naval construction. On the other hand Anglophobia is rampant among the officials and the educated classes, especially those who take their tone from the Professors and schoolteachers, whose chauvinism seems to indicate that German education does not always bring enlightenment. There is also, as is perhaps not unnatural, a certain hostility among the officers [...]. A certain jealousy, which leads to hostility, is prevalant in Commercial classes and finally the Press is almost entirely hostile. The principal sources of anti-British propaganda are the influential Pan-German Association and the ‚Flottenverein‘." Da sich nach seinem damaligen Kenntnisstand die Verhältnisse in Sachsen nicht wesentlich von denen im übrigen Deutschland unterschieden, folgerte Findlay, „[that] the Emperor is not only misinformed, but the situation is exactly the contrary to what His Majesty believes it to be, *i.e.* the majority of the lower classes are well disposed towards Great Britain. The majority of the official, educational and journalistic classes, together with a considerable contingent of commercial men and military officers are hostile. It can hardly be doubted that the latter would consider themselves to be the ‚best elements‘; they are certainly the most influential" (Findlay an Grey, 12.11.1908; BD VI 211–12).

nehm empfunden werde. Es werde wohl eher der entgegengesetzte Erfolg erzielt werden.[3] Auch gehe aus der ausführlichen Schilderung, die der Pariser Korrespondent der „Times" über die seiner Zeit betreffend eine Intervention im Burenkriege geführten Verhandlungen gebe, hervor, daß Deutschland damals gar nicht so sehr abgeneigt war, England „bis in den Staub zu demütigen". Wunderbar sei es zu behaupten, daß die deutsche Flotte, die in der Nord- und Ostsee konzentriert werde und von der eine Menge Schiffe notorisch nicht genügend Kohlen für lange Reisen mit sich führen könnten, für etwaige Ereignisse im Pazifischen Ozean gebaut sein solle.

Der „Daily Mail" wird aus Paris gemeldet, daß dem Berliner Korrespondenten des „Petit Parisien" zufolge Lord Weardale[4] die Persönlichkeit sei, der Seine Majestät der Kaiser anläßlich der interparlamentarischen Konferenz Ende September in Berlin das Interview gewährt habe.

An leitender Stelle bemerkt das Blatt, wenn Seine Majestät frage, warum man in England trotz aller Beweise Seiner Freundschaft von Mißtrauen erfüllt sei, so wolle es sagen, warum dieses der Fall sei. Weil die Handlungen Seiner Minister nicht mit den Worten Seiner Majestät des Kaisers harmonierten, weil England einsehen gelernt habe, daß die an hoher Stelle gehegten Gefühle nicht immer eine sichere Garantie seien, weil Deutschland England dahin geführt habe, die Logik der Tatsachen scharf zu beobachten. Das Blatt geht sodann auf die einzelnen Punkte des Interviews ein und gibt seinem Erstaunen darüber Ausdruck, daß dieselbe Hand, die die Krüger-Depesche geschrieben habe, einen Feldzugsplan gegen die Buren ausgearbeitet haben solle. Der Artikel schließt mit den Worten: „Wir begrüßen nichtsdestoweniger diese Friedens- und Freundschaftsversicherungen und wir bewillkommnen sie nicht weniger aufrichtig, weil sie in einem Augenblick wiederholt werden, wo Deutschlands Stern im Nahen Osten zu erbleichen und die Politik Seiner Majestät des Kaisers in Seiner Hand zu zerbrök-keln scheint."

Der „Standard" betont, daß man den Freundschaftsversicherungen Seiner Majestät in England vollen Glauben schenke. Der Grund für das Mißtrauen in England liege eben darin, „daß breite Schichten der deutschen Bevölkerung England nicht freundlich gesinnt seien". Aus diesem Grunde müsse England seine Vormachtstellung zur See aufrechterhalten, da man nie wissen könne, wie lange sich ein Monarch, der erkläre, daß er eine Minorität in seinem Lande auf Seiner Seite habe, Sich dem Einfluß der Majorität entziehen könne.

---

3   Vgl. dazu die retrospektive Wertung der Daily-Telegraph-Affäre durch den englischen Außenminister Grey am 1.12.1908: „I feel decidedly that things are very well as they are about the German Emperor's interview. Everyone here is on their guard; nobody believes that France and Russia were more hostile to us than Germany was during the Boer war, and if they did, they would only say that it was a very good thing we were on better terms with France and Russia now, and that what happened in the Boer war was over and done with. All the pro-Germans here have been shaken and shocked by the impulsive indiscretion of the Emperor; they doubt his sanity" (BD VI 225).

4   *Philip James Stanhope, 1st baron Weardale (1847–1923)*, M.P., Marineleutnant.

In gleichem Sinne spricht sich der „Daily Express" aus. „Wir sind in der Tat", so meint das Blatt, „der Ansicht, daß ein Krieg mit England in Deutschland sehr populär sein würde und daß ein solcher dem ehrgeizigen Streben weiter einflußreicher Kreise entspricht."

Auch die „Pall Mall Gazette" weist auf den Gegensatz zwischen den Gefühlen Seiner Majestät und denen des deutschen Volkes hin. Daher deckten sich auch die Handlungen der deutschen Regierung nicht mit den Worten Seiner Majestät des Kaisers. Daß die Erklärungen über Rußlands und Frankreichs Stellung während des Burenkrieges jetzt erfolgt seien, sei wohl mit der Absicht zu erklären, die Beziehungen Englands zu diesen Ländern in diesem Augenblick etwas abzukühlen.

Ebenso meint der „Globe", man könne nicht den Verdacht unterdrücken, daß die Veröffentlichung des Interviews mit der Absicht erfolgt sei, Zwietracht zwischen England, Rußland und Frankreich zu säen. Das Unangenehmste von der ganzen Sache sei, daß einige der aufgestellten Behauptungen eine Antwort von den betroffenen Regierungen zur Folge haben würde.

Der „Daily Graphic" betont die Wichtigkeit einer starken englischen Flotte. Wenn dieselbe auch sonst notwendig wäre, so sei sie erst recht dadurch bedingt, daß eine starke deutsche Flotte mit „unfreundlichen Gefühlen breiter Schichten in Deutschland" Hand in Hand gehe.[5] Die überwiegende Zahl der Engländer würden froh sein, wenn ein Mittel gefunden würde, um den Streit und das Mißtrauen aus der Welt zu schaffen, die die deutsch-englischen Beziehungen so gespannt gemacht hätten.

Die „Daily News" bringt einen sehr wohlwollend gehaltenen Artikel. Sie weist den Gedanken, der bei einer weniger aufrichtigen und geraden Persönlichkeit, als es Seine Majestät der Kaiser sei, nahe gelegen hätte, daß eine Lockerung der Triple-Entente beabsichtigt würde, von der Hand.

Die „Westminster Gazette" meint, das „enfant terrible" des „Daily Telegraph" müsse sich über die Unruhe freuen, die es angerichtet habe. Alle die Fragen, die jetzt durch die Veröffentlichung aufgeworfen worden seien und interessiert erörtert würden, seien im Grunde gegenstandslos. Die Beziehungen Englands zu Frankreich und Rußland seien gute und „wir hoffen", so fährt das Blatt fort, „daß wir in kurzer Zeit beweisen können, daß das kein Hinderungsgrund gegen gute Beziehungen mit Deutschland bilde."

Im Unterhause wurde die Regierung gestern über das Interview interpelliert. Der parlamentarische Unterstaatssekretär des Foreign Office, Mr. McKinnon Wood[6], erklärte, daß er den Bericht über das angebliche Interview nicht gelesen habe und daher keine Auskunft geben oder eine Ansicht äußern könne.[7]

---

5   Vgl. dazu auch Holstein an Ida v. Stülpnagel, 13.11.1908: „Die Wirkung der kaiserlichen Worte, daß die Mehrheit des Deutschen Volkes gegen England sei, wirkt in England nachhaltig und gefährlich. Wir werden die Folgen sehen, zunächst in verstärkten Rüstungen" (Rogge, Friedrich v. Holstein, 325). Hierzu paßt die Mitteilung des Chefs des Marinekabinetts: „Am 30. Oktober [1908] kam Tirpitz zu mir voller Entsetzen" (Görlitz, Der Kaiser..., 70).

6   *Thomas McKinnon Wood (1855–1927),* April–Okt.1908 Parliamentary Secretary to the

[...] Mit besonderer Weitläufigkeit werden in der hiesigen Presse die Pariser Zeitungsstimmen wiedergegeben, welche behaupten, daß Deutschland gar nicht abgeneigt gewesen sei, im Burenkriege zu intervenieren, wenn Frankreich darauf eingegangen wäre, den territorialen Status quo, also den Frankfurter Vertrag, nochmals zu garantieren.[8]

PA-AA, R 5827 (maschinenschriftl. Ausfertigung, Eingang am 31.10.1908 a.m., von Schoen am 31.10. zur Kenntnis genommen).

Nr. 23

PHILIPP ALFONS MUMM VON SCHWARZENSTEIN[1]

AN DAS AUSWÄRTIGE AMT

Telegramm i.Z. – No.92

Tokio, 30. Oktober 1908, 6.40 a.m. (Eingang).
Heutige Zeitungen berichten nach Daily Telegraph über angebliches Interview mit Seiner Majestät dem Kaiser und Könige, wonach Allerhöchstderselbe die Vermehrung der deutschen Flotte mit der die europäischen Handelsinteressen im Stillen Ozean bedrohenden gelben Gefahr motiviert haben soll.
Eigenhändige Direktive des Reichskanzlers:
Von „gelber Gefahr" war in dem Interview m[eines] W[issens] nicht die Rede. Das sollte Mumm noch *ausdrücklich* und sofort telegrafiert werden, wenn meine Annahme zutrifft. B[ülow] 30 / X.

PA-AA, R 5827 (Entzifferung).

Board of Education, 1908–11 Under-Secretary for Foreign Affaris, 1911–12 Financial Secretary to the Treasury, 1912–16 Secretary for Scotland. Leader of the Progressive Party (Chairman 1898-99, Alderman 1907).

7   Gegenüber dem britischen Botschafter in Paris, Sir Francis Bertie, äußerte sich der englische Außenminister: „The Emperor has made Germany for the time being the laughing stock of the world [...]. It may of course be said that the Emperor's folly is his own affair, and that is true; but he having made his people ridiculous and put them in a bad temper, it is desirable that they should consume their own smoke, which for the present they seem inclined to do" (Grey an Bertie, 12.11.1908; BD VI 217).

8   Am folgenden Tag berichtete Metternich aus London: „Die hiesige Presse beschäftigt sich heute wieder eingehend mit dem im *Daily Telegraph* veröffentlichten Interview Seiner Majestät des Kaisers. Die inzwischen aus Berlin, Paris und Petersburg eingelaufenen ausführlichen Korrespondenzen geben viel Stoff zur Erörterung. Gemildert hat sich durch dieselben die Sprache der hiesigen Presse nicht, sie ist vielmehr eher um eine Note schärfer als gestern. Es ist aber vorwiegend der Passus in dem Interview, der von den nicht freundlichen Gefühlen breiter Schichten des deutschen Volkes für England handelt, der eingehend erörtert und zu einer Mahnung zum verstärkten Flottenbau ausgebeutet wird" (No.1016, Metternich an Bülow, 30.10.1918, praes. 1.11.08 a.m., von Schoen am 1.11. zur Kenntnis genommen; PA-AA, R 5827).

1   *Philipp Alfons Freiherr Mumm von Schwarzenstein (1859–1924),* Jurist, Diplomat; 1885 Eintritt in den Ausw. Dienst, 1888 Legationssekretär in Washington, 1892 in Bukarest, 1893–94 am Vatikan, 1894 Vortragender Rat im Ausw. Amt (Referent für Orientangelegenheiten), 1898 Gesandter in Luxemburg, 1900 in Peking, 1906 Wirklicher Geheimer Rat und Botschafter in Tokio.

Nr. 24
COUNT DE SALIS[1] AN SIR EDWARD GREY[2]

Berlin, 30. Oktober 1908

The publication in the Daily Telegraph of the 28th instant of the Emperor's interview with an anonymous English personality has created the greatest excitement in all sections of the German Press. The impression produced on them is on the whole a most unfavourable one. Hardly a paper, even among those which are usually more or less well disposed towards the Emperor's utterances, fails to express regret that His Majesty should have spoken as he is represented to have done, on one or other point in the interview. The National Zeitung for instance, though it closes its leading article in the conviction that „the world-policy of the Emperor is likewise the policy of the German nation", cannot refrain from pointing out that if Germany's policy during the Boer war and since then has been really so Anglophile, it would have been well for the Government to let the German people know this, and so prevent as far as possible the friction which certainly has arisen between the two peoples. Nor will His Majesty's references to the yellow peril be appreciated everywhere. The Cologne Gazette in the midst of an elaborate apology for and explanation of the Emperor's words, expresses similar regret at the references to the Far Eastern question; in other respects the very vehemence of its sympathy with the Emperor's sentiments leaves an impression of lack of conviction underneath.

Few other German papers make any pretence of approving the Emperor's words; the Berliner Tageblatt takes his speech point by point and shows that His Majesty's attitude or action in every case referred to was „mistaken"; the „Deutsche Tageszeitung" takes the opportunity to attack the Emperor vigorously for his habit of interfering in matters of foreign policy, and the Börsen Courier writes in the same strain. „From whatever point they are viewed", observes the latter paper, „His Majesty's remarks are calculated to produce a most unfortunate effect, such as will serve to show afresh the dangerous position in which our foreign policy has been placed for the last quarter of a century, by the impossibility of reckoning with or controlling the personal interference of the Sovereign in diplomatic activity. We do not know whether Prince Bülow has ever taken the opportunity of confronting the Emperor with an ‚either-or' on the subject. The present would certainly be a suitable moment for him to do so; and the nation would thank him if he could thus avert similar interference in the future."

Meanwhile in official quarters much hesitation and awkwardness prevails. A Berlin correspondent of the Cologne Gazette[3] yesterday reported that the inter-

---

1 *J.F.C. Count de Salis,* brit. Diplomat, 1906–1911 Botschaftsrat an der brit. Botschaft Berlin, 1911–16 Gesandter in Cetinjé.

2 *Sir Edward Grey (1862–1933),* brit. Politiker; 1885 Einzug ins Unterhaus als liberaler Abgeordneter, 1892–95 Unterstaatssekretär im Foreign Office, 1895–1905 Sprecher der liberalen Opposition im Unterhaus, 1905–1916 Foreign Secretary, 1919/20 a.o. Botschafter in Washington.

3 *Arthur Ernst von Huhn (1851–1913),* Schriftsteller, Journalist; 1877 Vertreter der *Kölnischen Zeitung* im Orient, 1878–82 Redakteur in Köln, 1882–92 Vertreter in Paris, 1892–1912 in Berlin.

view, as published in the Daily Telegraph, is believed to be a correct reproduction of His Majesty's remarks, but at the Press Bureau of the Foreign Office here, I understand for the moment nothing has been said in answer to the many inquiries made there.[4]

[...]

I understand from Colonel Trench[5] that at the swearing in of recruits today at Potsdam the Emperor appeared to be labouring under much excitement and

---

4   Die Aktivitäten des Pressebüros des Auswärtigen Amts liefen indes am 30. und 31. Oktober auf Hochtouren, um – einer ersten Weisung Bülows entsprechend – „die Debatte vom Kaiser abzulenken" (vgl. Dok.Nr.126, n.1). Das Resultat dieser Bemühungen spiegelt sich in dem apologetischen Leitartikel der halboffiziösen *Kölnischen Zeitung* vom 30.10.1908 (Nr.1139) wider: „Auf die Gefahr hin, daß dieselben Leute, die uns bei jeder passenden und unpassenden Gelegenheit auf Grund falscher Zitate vorwerfen, wir hätten mit der Revision unserer monarchischen Gesinnung gedroht, uns heute als Byzantiner ansprechen, halten wir uns für verpflichtet, im Gegensatz zu der Mehrzahl der bisher bekannt gewordenen Preß-stimmen unsere Meinung dahin zu äußern, daß die im Daily Telegraph veröffentlichten Worte des Kaisers, richtig verstanden und ohne Rückhalt aufgenommen, ihren Zweck, die guten Beziehungen zum englischen Volke zu fördern, erfüllen müssen. Denn zum eng-lischen Volke spricht der Kaiser durch den Mittelsmann des Daily Telegraph, nicht zu den Diplomaten und Leuten, denen das, was er dort ausführt, längst bekannt war. Es sind also, und daran ist vorweg festzuhalten, keine Geheimnisse irgendwelcher Art, die das englische Blatt dem deutschen Kaiser in den Mund legt, und wir haben schon darauf hingewiesen, daß erst vor kurzem ein Aufsatz der Deutschen Revue (Kölnische Zeitung Nr.922 vom 1. September 08) die Vorgänge während des Burenkrieges, den von Deutschland zurückge-wiesenen russisch-französischen Versuch, England zu demütigen, breit und klar dargestellt hat. [...]Wenn der Kaiser, getrieben von der Entrüstung über die gehässigen und unwahren Urteile, denen die deutsche Politik ausgesetzt ist, einem seiner englischen Freunde in aller Aufrichtigkeit sein Herz ausschüttet, so verdient er nach unserer Meinung nicht Tadel und Mißgunst, sondern darf erwarten, daß wenigstens das deutsche Volk wie ein Mann an seine Seite tritt. Auch die Art und Weise, wie er sich über die Notwendigkeit einer deutschen Flotte äußert, könnte genau so in eine Rede des Reichskanzlers übernommen werden, ohne daß sie irgendwo in der Welt berechtigten Anstoß zu erregen geeignet wäre. Freilich hätten auch wir es gern vermieden gesehen, daß sich der Kaiser in der Öffentlichkeit über Dinge äußerte, die sich vielleicht einmal im Stillen Ozean und in der Südsee abspielen können. [...] Wir wissen nicht, wie die Worte des Kaisers in die Öffentlichkeit gelangt sind und weshalb sie in einem Augenblick veröffentlicht werden, wo die internationale Lage ihre Wirkung abschwächen muß und sie der deutschen Diplomatie Ungelegenheiten bereiten könnten. Aber wir sind der Meinung, daß ein aufrichtiges Wort zu aller Zeit am Platze ist und daß auch die diplomatischen Aktionen, die jetzt im nähern Orient im Gange sind, nur dann zu einer Lösung führen werden, die bei allen Wechselfällen standhält, wenn sie die tatsächlichen Verhältnisse, wie sie nun einmal sich gestaltet haben, fest ins Auge fassen. Diese tatsächlichen Verhältnisse aber hat der Kaiser an ihrer empfindlichsten Stelle in aller Offenheit bloßgelegt, und Sache der Diplomatie wird es sein, sich danach einzurichten und damit abzufinden. [...]". Kaiserfreundliche Artikel erschienen am 29. und 30. Oktober auch in den *Münchener Neuesten Nachrichten,* der *National-Zeitung,* der *Vossischen Zeitung* und der *Magdeburgischen Zeitung* (vgl. Hale, Publicity and Diplomacy, 319). Ähnlich gewan-nen der *Lokalanzeiger* und selbst das liberale *Berliner Tageblatt* (31.10.) den Kaiseräußerun-gen positive Seiten ab (Wippermann, II / 1908, 97; Schlegelmilch, 1).

5   *F.J.A. Trench,* brit. Oberst, 1906–1910 brit. Militärattaché in Berlin.

delivered a stirring speech to the soldiers respecting the capacity of Germany to defend herself, should the envy and ill-will of others oblige her to do so.

Kurzkommentar von King Edward: A very interesting Dispatch. E.R.

BD, VI, 201–02.

Nr. 25
CHRISTOF GRAF VITZTHUM VON ECKSTÄDT[1]
AN WILHELM GRAF VON HOHENTHAL UND BERGEN[2]

Sächsische Gesandtschaft – Bericht No.1256.

Berlin, 30. Oktober 1908

Ich habe heute Gelegenheit genommen, den St[aats]s[ekretär] v. Schoen zu fragen, ob die Unterredung S.M. des Kaisers mit einem englischen Diplomaten, über welche der Daily Telegraph so sensationelle Enthüllungen gebracht hat, richtig wiedergegeben ist, ob die Veröffentlichung von hier aus veranlaßt worden ist oder ob von hier aus eine Richtigstellung erfolgen wird. Herr v. Schoen antwortete mir mit einem Lächeln: „Sie fragen mich mehr als ich Ihnen beantworten kann; ich kann Ihnen nur sagen, wir wissen selbst noch nicht, wie wir uns zu den Enthüllungen stellen sollen. Es ist ja möglich, daß S.M der Kaiser ein ähnliches Gespräch bei Gelegenheit seiner letzten Anwesenheit gehabt, aber ob es richtig wiedergegeben ist und von wem die Veröffentlichung ausgeht, weiß ich nicht. Manches spricht ja dafür, daß S.M. sich so ausgesprochen hat, anderes klingt doch sehr unwahrscheinlich, so daß anzunehmen ist, daß ein Mißverständnis des Berichterstatters vorliegt. Die Bedeutung der Unterredung und der darin erwähnten Vorgänge wird ja auch maßlos aufgebauscht. S.M. liebt es ja, Kriegsschiffe zu zeichnen und taktische Aufgaben zu lösen. Es ist ja nun möglich, daß er sich rein akademisch mit der Frage des Burenfeldzuges beschäftigt hat und daß er Seiner Großmutter, die ihm in schwerer Sorge geschrieben haben mag, seine Gedanken entwickelt hat. Aber eine officielle Hilfsaktion Deutschlands in Gestalt eines ausgearbeiteten Feldzugsplans hat jedenfalls nicht stattgefunden, das halte ich für ausgeschlossen. Übrigens ist es lächerlich, von einem Vertrauensbruch Deutschlands aus Anlaß der Mitteilungen über das Anerbieten einer gemeinschaftlichen Intervention zu reden. Uns begegnet es fortgesetzt, daß vertrauliche Mitteilung[en], die wir beispielsweise Frankreich machen, einige Zeit darauf den Engländern bekanntgegeben werden. Immerhin hat ja die Sache ein sehr unliebsames Aufsehen gemacht."

So suchte Herr v. Schoen die Bedeutung des Vorganges abzuschwächen. Er hat ja zweifellos die große Gabe, sich von den Ereignissen nicht verblüffen zu

---

1 *Christof Graf Vitzthum von Eckstädt (1863–1944),* 1906–1909 Gesandter des Königreiches Sachsen in Berlin, 30.4.1909 – 26.10.1918 sächsischer Minister des Innern und Äußern.

2 *Wilhelm Graf von Hohenthal und Bergen (1853–1909),* Jurist, seit 1881 im sächsischen auswärtigen Dienst, 1885–1906 Gesandter in Berlin, 1.5.1906 – 1.6.1909 Außen- und Innenminister in Dresden.

lassen und ruhigen Blutes zu bleiben. Ob er aber daneben auch den Charakter hat, Seiner Majestät dem Kaiser vorzuhalten, wie wenig zweckmäßig es ist, den Engländern mit Liebeswerbungen nachzulaufen und daß ein Monarch, je höher er steht, um so vorsichtiger sein muß mit dem, was er in Privatgesprächen sagt, das ist mir zweifelhaft.

SächsHStA Dresden, Gesandtschaft Berlin, Nr. 264 (Konzept).

Nr. 26

ROHENTWURF FÜR DIE AMTLICHE ERKLÄRUNG

in der Norddeutschen Allgemeinen Zeitung vom 31. Oktober 1908

o.D. [30. Oktober 1908]

Ein großer Teil der Presse geht in der Besprechung der im „Daily Telegraph" veröffentlichten Unterredung mit Sr. M. dem Kaiser von der Annahme aus, der Kaiser hätte diese Publikation ohne Vorwissen der für die Leitung der auswärtigen Politik des Reiches verantwortlichen Stelle veranlaßt. Diese Annahme ist unbegründet.

Der Kaiser hat vielmehr das ihm von dem englischen Verfasser mit dem Gesuch um Genehmigung vorgelegte Manuskript durch den Vertreter des Auswärtigen Amts im Allerhöchsten Gefolge dem Reichskanzler nach Norderney übersandt. Dieser ließ das Manuskript, ohne selbst von seinem Inhalt Kenntnis zu nehmen, dem Auswärtigen Amt zugehen mit der Weisung, dasselbe sorgfältig darauf zu prüfen, ob die Veröffentlichung unbedenklich sei. Nachdem in einem Bericht des Auswärtigen Amts Bedenken nicht erhoben worden waren, ist die Veröffentlichung erfolgt.

Wie wir hören, hat der Reichskanzler sofort erklärt, daß er zwar bei eigener Durchsicht des Manuskripts die Veröffentlichung nicht gutgeheißen hätte, aber für den Vorgang verantwortlich sei und die ihm unterstehenden Beamten decke. Demgemäß hat er es für seine Pflicht gehalten, dem Kaiser sein Abschiedsgesuch zu unterbreiten.[1] Seine Majestät hat diesem Gesuche keine Folge gegeben, jedoch auf Antrag des Reichskanzlers genehmigt, daß der oben dargestellte Sachverhalt bekannt gegeben werde.

PA-AA, R 5832, Bl. 60–61v (Entwurf von unbekannter Hand, von Bülow offenbar diktiert).

---

1 Bülows medienwirksames Abschiedsgesuch vom 30. Oktober war allenfalls halbherzig und dabei auch so formuliert, daß der Kaiser es gar nicht akzeptieren konnte, weil der Kanzler dem Auswärtigen Amt die eigentliche Schuld an den offenkundigen Versäumnissen im Vorfeld der Publikation zuwies und dem Kaiser anbot, im Falle seines Verbleibens auf dem Reichskanzlerposten „den ungerechtfertigten Angriffen gegen meinen kaiserlichen Herrn offen und nachdrücklich entgegenzutreten" (Bülow an Wilhelm II., 30.10.1908; GP 24, Nr. 8257).

Nr. 27
VON OTTO HAMMANN ÜBERARBEITETER ENTWURF
**für die amtliche Erklärung in der Norddeutschen Allgemeinen Zeitung
vom 31. Oktober 1908**

o.D. [30. Oktober 1908]

Ein großer Teil der [a] Presse hat wegen *der* im „Daily Telegraph" veröffentlichten *Unterredung* [b] kritische Betrachtungen gegen die Person Sr. M. des Kaisers gerichtet, wobei *man* von der Annahme *ausging* [c], der Kaiser hätte diese Publikation ohne Vorwissen des für die Politik des Reiches verantwortlichen Stelle veranlaßt. Diese Annahme ist unbegründet.

Der Kaiser hatte von einem englischen *Autor* [d] mit der Bitte, die Veröffentlichung zu genehmigen, das Manuskript eines Artikels erhalten, in dem eine Reihe von Gesprächen Seiner Majestät mit verschiedenen [e] Persönlichkeiten *während seines vorjährigen Aufenthalts in England* [f] zusammengefaßt war.[1] *Es war der Wunsch dieser Persönlichkeiten* [g], die Äußerungen Sr. Majestät einem möglichst großen Kreise *ihrer* englischen *Landsleute* [h] bekannt zu geben, um damit den guten Beziehungen zwischen *beiden Ländern* [i] zu dienen. Der Kaiser ließ *das Manuskript durch den Vertreter des Auswärtigen Amts im Allerhöchsten Gefolge dem Reichskanzler nach Norderney übersenden. Dieser leitete* [j] *das Manuskript, ohne selbst von seinem Inhalt Kenntnis zu nehmen, an das Auswärtige Amt mit der Weisung* [k], dasselbe *sorgfältig zu prüfen* [l].

In mißverstandener Auslegung der Weisung wurde die Prüfung des Inhalts nur nach der formellen Seite hin vorgenommen, weshalb der danach erstattete Bericht Bedenken gegen die Veröffentlichung nicht geltend machte. Hätte der Reichskanzler das Manuskript selbst durchgesehen, so würde er widerraten haben, die Veröffentlichung zu genehmigen. Der Reichskanzler hat aber sofort erklärt, daß er allein für den Vorgang verantwortlich sei und die ihm unterstehenden Beamten decke. Demgemäß hat er es für seine Pflicht gehalten, dem Kaiser sein Abschiedsgesuch zu unterbreiten [m].

Seine Majestät [n] hat diesem Gesuche keine Folge gegeben, jedoch auf Antrag des Reichskanzlers genehmigt, daß dieser durch Veröffentlichung des oben dargestellten Sachverhalts in die Lage versetzt werde, den ungerechten Angriffen auf Seine Majestät den Boden zu entziehen.

Textüberarbeitung durch Bülow:
[a] *Einfügung:* ausländischen und inländischen
[b] des ... Artikels
[c] ausgegangen wurde
[d] Privatmann
[e] *Einfügung:* englischen

---

1   Die endgültige Formulierung dieses Satzes geht auf eine Anregung des Kaisers zurück: In der amtlichen Erklärung könne „noch hinzugefügt werden, daß das Manuskript der Niederschlag einer Reihe von Gesprächen darstelle, die ich im Laufe des vorigen Herbstes in England mit verschiedenen Persönlichkeiten gehabt hätte" (Marginal Wilhelms II. zum Immediatschreiben von Bülow, 30.10.1908; GP 24, 181).

[f]   und in verschiedenen Zeiten
[g]   Dieser Bitte lag der Wunsch zu Grunde
[h]   (englische)r Leser
[i]   England und Deutschland
[j]   den Entwurf des Artikels an den Reichskanzler gelangen, der
[k]   dem Auswärtigen Amt mit der Weisung überwies
[l]   einer sorgfältigen Prüfung zu unterziehen. Nachdem in einem Bericht des Auswärtigen
       Amts Bedenken nicht erhoben worden waren, ist die Veröffentlichung erfolgt (*von Ham-
       mann gestrichen und von Bülow wiedereingefügt*).
[m]   *Von Bülow gestrichen und durch folgenden Passus ersetzt:* Als der Reichskanzler durch die
       Publikation des Daily Telegraph von dem Inhalt des Artikels Kenntnis erhielt, erklärte er
       Sr.Majestät dem Kaiser: er hätte den Entwurf nicht selbst gelesen; andernfalls würde er
       Bedenken erhoben und die Veröffentlichung widerraten haben; er betrachte sich aber als für
       den Vorgang allein verantwortlich und decke die ihm unterstellten Ressorts und Beamten.
       Gleichzeitig unterbreitete der Reichskanzler Sr. Majestät dem Kaiser sein Abschiedsge-
       such.
[n]   *Einfügung:* der Kaiser

*PA-AA, R 5832, Bl.60–61v (eigenhändig; alle von Bülow im Text vorgenommenen Veränderun-
gen sind kursiv gesetzt). Reinkonzept nicht mehr bei den Akten. Endgültiger Text abgedr. in
Schulthess' Europäischer Geschichtskalender, 1908, 155 u. GP 24, 182 n.*

Nr. 28

SIEGMUND GRAF VON BERCKHEIM[1] AN
ADOLF L. MARSCHALL VON BIEBERSTEIN[2]

Großherzoglich Badische Gesandtschaft – Politischer Bericht No.21.

Berlin, 31. Oktober 1908

Ich bin in der glücklichen Lage, über die Aufsehen erregende Mitteilung der
Norddeutschen Allgemeinen Zeitung von heute abend, betreffend die Publikation
der Daily Mail [sic], berichten zu können, daß der Staatssekretär von Schoen (den
ich zufälligerweise heute abend aufsuchte, um allgemein über die politische
Situation mich orientieren zu lassen) mir auf meine Frage über den tatsächlichen
Untergrund der letzten Preßdiskussionen in Betreff dieses Gegenstandes, bestätigte, daß in der Tat ein bedauerliches Versehen des *Auswärtigen Amts* vorliege.

Die veröffentlichte Zusammenstellung der Kaiseräußerungen trägt die Unterschrift des Reichskanzlers und zwar aus Norderney. Er hat den Inhalt gar nicht
gelesen, sondern sich auf zwei Unterschriften, wahrscheinlich des Unterstaatssekretärs und des betreffenden Dezernenten verlassen.

1   *Siegmund (seit Okt.1900) Graf von Berckheim (1851–1927),* 1870–1891 im aktiven Mili-
     tärdienst, zuletzt als Major, 1886 badischer Kammerherr u. Oberschloßhauptmann, 1903–
     1915 badischer Gesandter in Berlin u. bevollmächtigter Minister und stellvertretender
     Bevollmächtigter Badens zum Bundesrat.
2   *Adolf Ludwig Marschall Freiherr von Bieberstein (1848–1920),* 1870 Eintritt in den badi-
     schen Justizdienst, 1877 in der badischen Verwaltung tätig, 1881–92 Vorstand des statisti-
     schen Bureaus, 1893 Geheimer Legationsrat, 1905 Präsident des großherzoglichen Hauses
     u. der auswärtigen Angelegenheiten, 1908 Minister, 1911 Ruhestand.

Bei der jetzt angestellten Enquête hat sich ergeben, daß die betreffenden Herren angenommen hatten, daß sie nur über den tatsächlichen Inhalt, nicht aber über die Opportunität der Veröffentlichung sich zu äußern hätten, da das Letztere Sache des Kanzlers wäre.

So bedauerlich dieses Vorkommnis auch ist, die Hauptsache ist und bleibt, daß die Person Seiner Majestät des Kaisers ausgeschaltet und die Fiktion einer doppelten Politik beseitigt erscheint. Es wird natürlich nunmehr ein Ansturm auf das Auswärtige Amt erfolgen, den dieses bzw. der Kanzler über sich ergehen lassen muß.[3]

Möglich wäre ja immerhin auch die Annahme, daß die ganze Darstellung eine neue, vom Fürsten Bülow erfundene Art der Deckung Seiner Majestät des Kaisers sein könnte. Ich möchte es aber beinahe bezweifeln; denn der Vorgang, wie er von Herrn von Schoen geschildert wurde, trägt bei der unglaublichen augenblicklichen Überlastung des Auswärtigen Amts zu sehr den Stempel der Wahrscheinlichkeit.

GLA Karlsruhe, 233/ 34813 (maschinenschriftliche Ausfertigung, Eingang am 1.11.08 11 1/2 a.m.).

Nr. 29
WALTHER RATHENAU[1] AN BERNHARD FÜRST VON BÜLOW

31. Oktober 1908

Ew. Durchlaucht, ich weiß und erbitte dafür Verzeihung, daß ich den Rahmen des mir Gestatteten weit überschreite, indem ich meinen Gefühlen folge und dem Wunsche Ausdruck gebe: Möge das große Sacrificium Ew. Durchlaucht als ein

---

3   Die amtliche Darstellung in der *Norddeutschen Allgemeinen Zeitung,* schrieb Maximilian Harden am 7.11.1908, „wurde in alle Erdteile telegraphiert und trug aus allen uns das Echo fröhlichen Gelächters heim. Wahr oder unwahr, hieß es am nächsten Tag: der Kanzler, unter dem solche Zustände möglich wurden, muß morgen vom Schauplatz verschwinden. Am ersten, am zweiten Novembertag hieb alles in blinder Wut auf den Kanzler ein. Auf den Liebling der Presse. Der ist an dem ganzen Unheil schuld. Der hat uns Schande und Spott eingebracht. Der muß fort: denn sein Ansehen ist hin und sein Kredit für immer vernichtet. Von dem Kaiser war kaum noch die Rede" (*Die Zukunft,* 65 /1908, 209 f.). Während sich nach Teschner (5–8) die konservativen und die Mehrheit der nationalliberalen Blätter in der Demissionsfrage gänzlich zurückhielten, forderten die Organe des Zentrums und der Sozialdemokratie, unterstützt von den Witzblättern, „mehr oder weniger unverblümt" den Rücktritt des Kanzlers. Die linksliberalen Blätter übten zwar auch Kritik an Bülow, wollten aber im Interesse der Blockpolitik keinen Regierungswechsel; siehe auch Schlegelmilch, 7 f.

1   *Walter Rathenau (1867–1922),* Großindustrieller, Wirtschaftsorganisator, Politiker; Sohn des Großindustriellen Emil Rathenau (1838–1915), 1899 Eintritt in den Vorstand der Allgemeinen Elektrizitätsgesellschaft (AEG), 1902–07 Geschäftsinhaber der Berliner Handelsgesellschaft u. Verwaltungsratsmitglied in über 100 Unternehmungen, 1915 Präsident der AEG, 1914–15 Aufbau der Rohstoffabteilung im preuß. Kriegsministerium, 1919 Eintritt in die DDP, Mai – Nov. 1921 Wiederaufbauminister im Kabinett Wirth, seit 1.2. 1922 Außenminister, Ermordung am 24.6.1922 durch zwei rechtsradikale Offiziere.

rettendes sich erweisen und in seiner historischen Größe erkannt werden. Es ist nur wenigen Sterblichen vergönnt, daß in einer Einzelhandlung ein bedeutungsvoller Anteil ihres Lebensinhalts zum Symbol erhöht wird.

BA Koblenz, N 1016 / NL Bülow, Nr.15, Bl.1 (eigenhändig).

Nr. 30
AUFZEICHNUNG VON FELIX VON MÜLLER[1]

Frankfurt a.M., 31. Oktober 1908

Seit einigen Tagen verursacht die Veröffentlichung einer Unterredung des Kaisers mit einem „englischen Diplomaten", die gleichzeitig im „Daily Telegraph" und auszugsweise durch Wolff's Telegraphenbureau stattgefunden hat, viel böses Blut. Dieses Interview ist von Major Stuart Wortley, dem Schwager Lady Rodds und Besitzer von Schloß Highcliffe, welcher von S.M. dem Kaiser zu den diesjährigen Kaisermanövern im Elsaß eingeladen worden war, abgefaßt und dem Kaiser mittelst Privatschreibens, in dem die Allerhöchste Genehmigung zur Veröffentlichung nachgesucht wurde, vorgelegt worden. Als Motiv war der Wunsch angegeben, zur Besserung der englisch-deutschen Beziehungen beitragen zu wollen.

Der Kaiser ließ in den letzten Tagen v[origen] M[onats] von Rominten aus durch Freiherrn von Jenisch Brief und englisches Konzept an den Reichskanzler nach Norderney gelangen mit dem Auftrag, die Niederschrift selbst zu prüfen und davon eine Abschrift anzufertigen. Fürst Bülow dagegen schickte die Schriftstücke kurzerhand nach Berlin. Von dort kamen sie mit einem anscheinend aus der Feder des Unterstaatssekretärs Stemrich, der gerade die Geschäfte des Auswärtigen Amtes leitete, stammenden Berichte zurück, der eine Reihe von Einzelheiten des Manuskripts richtig stellte. In diesem Stadium wurde mir die Sache bekannt.

---

1 *Felix von Müller (1857–1918)*, Jurist, Diplomat; 1882 Eintritt in den ausw. Dienst, 1883 Attaché an der Botschaft in London, 1885 Legationssekretär in Paris, dann in Kopenhagen, London, Bern, Rom, 1892 Botschaftsrat in Konstantinopel, Juli 1893 – Dez. 1895 in Rom (unter Botschafter Bülow), anschließend in Paris, 1897 Kaiserlicher Generalkonsul für Ägypten, 1898 außerordentlicher Gesandter und bevollmächtigter Minister in Kairo, 1903 Königlicher Gesandter in Weimar, 1905 Gesandter in Stockholm, Dez. 1907 in Den Haag, April 1915 Versetzung in den Ruhestand, 21.5.1918 Selbstmord in München „aus bisher unbekannten Gründen". Müller trat seinen Dienst in Norderney am 31.8.1908 an; sein Kommissarium beim Reichskanzler endete am 12.10.1908. Antritt seines Urlaubs am 15.10., Übernahme der Geschäfte in Den Haag am 1.12.1908 (nach PA-AA, Rep. IV Personalia, Nr.76, Bd.1). Zur Person Müllers vgl. auch Richard v. Kühlmann: „Felix von Müller, der großenteils in Paris erzogen, ein sehr gepflegtes Französisch sprach und sich viel darauf zugute tat, gehörte ganz zu der einmal weitverbreiteten ästhetischen Schule unserer Diplomatie. Sein Hauptinteresse konzentrierte sich auf musikalische Dinge. Da in Holland eine kultivierte musikalische Gemeinde verbreitet ist, fanden die Neigungen des Gesandten ein vielfaches Echo, besonders in der höfischen Gesellschaft" (Kühlmann, Erinnerungen, 281).

Fürst Bülow diktierte mir am Abend des 6. Oktober das Antwortschreiben an Freiherrn von Jenisch, in dessen Anfang er sagte, er habe mit lebhaftem Interesse von den wieder zurückfolgenden Schriftstücken Kenntnis genommen; im weiteren Verlauf wurden die Stemrichschen Bemerkungen als diejenigen Änderungen im Text bezeichnet, die bei einer Publikation wünschenswert erscheinen möchten. Am Tage vor der Abreise von Norderney, also am 10. Oktober, bestimmte der Reichskanzler, das Mundum des von mir angefertigten Reinkonzepts solle in Berlin mit der Maschine hergestellt und ihm dort nach Rückkehr zur Unterschrift vorgelegt werden. Er meinte dabei, da Seine Majestät annehme, daß er selbst die Abschrift des Interviews besorgt habe, so sei es besser, wenn auch das Schreiben selbst mit der Maschine mundiert werde. In Gegenwart des Reichskanzlers couvertierte ich sämtliche Piecen und adressierte sie an Unterstaatssekretär Stemrich nach Berlin, indem ich auftragsgemäß die nötigen Weisungen auf einem losen Bogen hinzufügte.

Nunmehr stellt sich heraus, daß weder Kaiser noch Reichskanzler, noch der Autor selbst die Tragweite dieser Enthüllungen auch nur im Entferntesten richtig bemessen haben. Ganz Europa ist entsetzt über die ungeheuerliche Revelation, daß der Kaiser nach der Krüger-Depesche Höchstselbst einen Plan zur Niederwerfung der Buren angefertigt und diesen den Engländern angeboten habe. In deutschen Zeitungen heißt es, der Eindruck des Interviews sei ein geradezu niederschmetternder; man sei sprachlos vor Erstaunen, in kaufmännischen Kreisen ringe man die Hände, denn nun sei es um unseren Kredit im Auslande geschehen usw. Der „Temps" schreibt in einem Leitartikel: „Nous nous refusons à attribuer à un souverain de la valeur intellectuelle et morale de Guillaume II un plan dont la naiveté dépasserait la perfidie." Das Unglaublichste aber ist, daß von den maßgebenden Stellen im guten Glauben gehandelt worden ist, das Interview werde zur Besserung der Beziehungen zwischen dem Deutschen Reich und England beitragen und der Sache des Friedens dienen. Nun war es wieder einmal gerade umgekehrt!

PA-AA, R 5831 (maschinenschriftlich).

Nr. 31
EDWARD JAMES STUART WORTLEY AN KAISER WILHELM II.

Redoubt House, Shorncliffe, Kent, 31. Oktober 1908

Your Majesty.

I cannot say how disappointed and miserable I feel at this ridiculous and unjustifiable fuss which the villainous press of both this country and Germany have made over the communiqué to the Daily Telegraph. It is almost heartbreaking.[1] But as regards this country, I am well convinced that Your Majesty's actions

---

1   Ähnlich erbittert hat sich Stuart Wortley gegenüber dem Sohn des *Daily Telegraph*-Besitzers, Harry Lawson, geäußert. „You say, truly enough", schrieb Lawson am 30.10.1908

towards us will, before long, be well and truly appreciated. It is curious that most of the Provincial Press have realised the sincerity of Your Majesty's feelings towards this country – and I can see signs that the London press will adopt a different attitude.

It is more than lamentable that journalists should be so steeped in the mire of deceipt[sic] and intrigue that it becomes almost foreign to them to recognise that anyone can be straightforward!

Personally I feel it all most deeply – for the admiration and feelings of gratitude which I have for Your Majesty have been the means of causing considerable embarrassment.

I trust Your Majesty will pardon me if my enthusiasm in admiration for your actions has been the cause of so much annoyance. The secret of the source of the information has been well kept, and will never be divulged, although I have had great difficulty in answering various questions put to me on the subject.

I believe that, in the end, a feeling of admiration will succeed that of deplorable ingratitude, and until this happens, I shall be ashamed of my misplaced confidence in the good sense of this country.

With the deepest respect I am Your Majesty's obedient and humble servant[2] Edward Stuart Wortley.

Stuart Wortley Papers, Bodleian Library Oxford, MS. Eng. hist. d.256, Bl.58-61 (eigenhändige Ausfertigung, nicht abgeschickt).

seinem enttäuschten Freund Wortley zurück, „that the response of the British press to the Kaiser's allocution is disappointing, but with the exception perhaps of the *Times*, there is a general tribute to his personal sincerity and goodwill. In admitting the coldness of German feeling towards England, he made it certain that the press here would make note of it and say ‚Long live the Kaiser‘, but keep the Navy invincible. Who knows what the future may bring forth? And life is short. My honest belief is that there is no war feeling against Germany in this country, and the Kaiser would have a better reception here than he ever had. Honesty is the best policy in world affairs and elsewhere" (Bodleian Library Oxford, MS. Eng.hist. d.256, Bl.56–57).

2   In seinem Schreiben an den Kaiser vom 11. November 1908 bewertete Stuart Wortley die Rezeption des *Daily Telegraph*-Artikels in der englischen Öffentlichkeit schon viel positiver als am 31. Oktober: „When the storm was at its height, I always said that in the end, as regards this country, great good would result: and I am convinced that in the years to come, Your Majesty's action will be recognised as one which was rightly calculated to change an atmosphere clouded with doubt and suspicion, into one of clearness and understanding" (PA-AA, R 5832, Bl.73–75; abgedr. in GP 24, Nr.8264; Teile des Entwurfs in Bodleian Library, MS.Eng.hist.d.256, Bl.62–63). Tatsächlich gingen dem Kaiser eine Fülle von Zuschriften aus dem englischen Publikum zu, die dankbar die in dem *Daily Telegraph*-Artikel zutage tretende anglophile Gesinnung des deutschen Monarchen anerkannten (vgl. GP 24, 190–91 n.).

Nr. 32
DAS ‚BERLINER TAGEBLATT‘ ÜBER DIE GENESIS DER DAILY-TELEGRAPH-VERÖFFENTLICHUNG[1]

Berlin, 2. November 1908

Als Fürst Bülow sich noch in Norderney befand – in der letzten Zeit seines Norderneyer Aufenthaltes –, überbrachte ihm der Kurier, welcher während der Reiseperioden den Verkehr zwischen dem Kaiser und dem Reichskanzler zu vermitteln pflegt, das Manuskript des „Kaiser-Interviews", das von einem Schreiben des Gesandten Freiherrn v. Jenisch begleitet war. Freiherr v. Jenisch, der bekanntlich den Kaiser auf seinen Reisen begleitet, ersuchte im kaiserlichen Auftrage den Reichskanzler, das Manuskript daraufhin zu prüfen, ob seiner Veröffentlichung in einem englischen Blatte Bedenken entgegenständen. Aus dem Wortlaut des Begleitschreibens ging nicht hervor, daß es sich um ein Interview handelte - es war dort vielmehr von einem „Artikel" die Rede, und Fürst Bülow glaubte, sehr bedauerlicherweise, dem Manuskript eine allzu große Bedeutung nicht beimessen zu brauchen. Das Manuskript war sehr umfangreich, es war in englischer Sprache abgefaßt, bestand aus einem Paket kleiner Blätter des dünnen Durchschlagpapiers, die mit einer schwer leserlichen Schrift bedeckt waren, und Fürst Bülow übergab es – leider ohne es gelesen zu haben – dem deutschen Gesandten im Haag, Herrn v. Müller, der um jene Zeit vertretungsweise den Dienst bei ihm versah. Herr v. Müller sandte dann – wiederum ohne vorherige Prüfung – das Manuskript nach Berlin an das Auswärtige Amt und ersuchte im Auftrage des Reichskanzlers um eine eingehende Prüfung des Artikels und um eine Berichterstattung über diese Angelegenheit. Im Auswärtigen Amt war der Staatssekretär Herr v. Schoen gleichfalls nicht anwesend – er befand sich auf Urlaub in Berchtesgaden – und das Manuskript geriet an einen Beamten, der sich der Wichtigkeit dieser Sendung ersichtlich nicht bewußt war. Dieser Herr las zwar das Manuskript (so erklärt er wenigstens), fand aber seinen Inhalt durchaus nicht welterschütternd. Er berichtete in diesem Sinne nach Norderney, schrieb, daß seiner Ansicht nach eine Veröffentlichung unbedenklich sein würde, und das Manuskript wanderte, mit einem entsprechenden Begleitschreiben des Reichskanzlers, zu Herrn v. Jenisch zurück. Als Fürst Bülow dann die geradezu beispiellose Erregung sah, mit welcher das im „Daily Telegraph" veröffentlichte Interview im Auslande und mehr noch in Deutschland aufgenommen wurde, erkannte er die Größe des begangenen Fehlers. Vorgestern (Freitag) abend sandte er dem von Wernigerode zurückgekehrten Kaiser einen Brief, in dem er den schlechten Eindruck schilderte, den das Interview in der deutschen Presse gemacht habe, und in dem er den Hergang der Angelegenheit darstellte. Er erklärte in dem Schreiben, daß er sein Ressort decke und die Verantwortung auf sich nehme, und ersuchte den Kaiser um seine Entlassung. Vorgestern (Sonnabend) früh erhielt der Reichskanzler dann ein Antwortschreiben des Kaisers, worin ungefähr gesagt

---

[1] Der Artikel war offensichtlich von der Presseabteilung des Auswärtigen Amts (Otto Hammann) inspiriert worden.

war, von einer Entlassung könne gar keine Rede sein[2], und um 6 Uhr abends sprach der Kaiser beim Fürsten Bülow vor und hatte mit ihm eine zweistündige Unterredung.[3]

Schulthess' Europäischer Geschichtskalender, 1908, 156.

Nr. 33
SIEGMUND GRAF VON BERCKHEIM AN
ADOLF L. MARSCHALL VON BIEBERSTEIN

Großherzoglich Badische Gesandtschaft – Politischer Bericht No.22. Geheim!
Berlin, 2. November 1908

Das Auswärtige Amt bzw. der Reichskanzler Fürst Bülow hat bezüglich der unglückseligen Publikation im „Daily Telegraph" über das sogenannte Kaiser-Interview eine denkbarst schlechte Presse. Aber auch das große Publikum ist hier in allen seinen Schichten tief erregt, und zwar richtet sich der allgemeine Unwille

2   Eine formelle Zurückweisung des Bülowschen Entlassungsgesuchs in einem separaten kaiserlichen Brief existiert nicht, nur ein Marginal Wilhelms II. zu Bülows Immediatbericht vom 30. Oktober; zu Bülows Satz: „Wenn ich aber das Vertrauen Euerer Majestät nicht verloren habe", vermerkte der Kaiser lediglich: „Nein" (GP 24, 181).

3   Von der zweistündigen Unterredung zwischen Kanzler und Kaiser, die am 31.Oktober im Reichskanzlerpalais stattfand, gibt es keine zeitnahe Aufzeichnung. Bülows retrospektive Schilderung in seinen Erinnerungen ist völlig unglaubwürdig, nicht zuletzt auch die angebliche flehentliche Bitte des Kaisers: „Bringen Sie mich nur durch, vor allem bringen Sie uns durch!" (Denkwürdigkeiten, II, 357). Aus der Umgebung des Kaisers wird im Gegenteil bezeugt, daß Wilhelm II. die „politische Tragweite der Veröffentlichung noch nicht übersehen [hatte], als die Presse bereits in vollster Aufregung war und Bülow sein Abschiedsgesuch einreichte" (Robert Zedlitz-Trützschler an seinen Vater, 30.11.1908; Zedlitz-Trützschler, Zwölf Jahre, 196). Und der bayerische Gesandte, Hugo Graf v. Lerchenfeld-Koefering, brachte in Erfahrung: „Zunächst, als der Lärm über das Interview in der Presse einsetzte, unterhielt dies den Kaiser, und er sagte zu seiner Umgebung mit einer Art Schadenfreude, es sei ein Skandal los, der ihn aber gar nichts angehe, das Auswärtige Amt habe die Verantwortung und sei hineingefallen" (Lerchenfeld, Erinnerungen, 379); siehe auch Dok.Nr.33. – In der Unterredung vom 31. Oktober ging es wohl primär um die kaiserlichen Reisepläne, denen Bülow grünes Licht gab, und um die Strategie, die Wilhelm II. in seinen Gesprächen mit den Mitgliedern des österreichischen Kaiserhauses verfolgen sollte. Im Zentralbüro des Auswärtigen Amts notierte man unter dem 31.10.1908: „Reiseprogramm S.M. am 3.11. nach Eckartsau, Schönbrunn und Donaueschingen eingegangen. S.M. heute abend 6 Uhr bei R.K." (PA-AA, R 19860). Siehe auch Hiller v. Gaertringen, 154 f.: „Als sie sich am 31. Oktober begegnet waren, hatten offenbar beide das heikle Thema vermieden und nur über die schon länger geplante Reise des Kaisers nach Österreich und die dabei zu führenden Unterredungen gesprochen" (nähere Einzelheiten in ibid., n.190). Wie der *Tag* bereits am 28. Oktober meldete, „trifft der Kaiser, wie nunmehr feststeht, am 4. November auf der Nordbahnstation Süßenbrunn (Österreich) in der Mittagsstunde ein und wird von dem Erzherzog im Automobil in das renovierte Schloß Eckartsau geleitet werden, wo er von der Gemahlin des Erzherzogs, der Fürstin Hohenberg, empfangen wird. Es soll ausschließlich auf Hochwild in dem sehr wildreichen Revier gejagt werden. Am 7. November wird der Kaiser in strengstem Inkognito für wenige Stunden auf Schloß Schönbrunn eintreffen" (BA Koblenz, N 1016 / NL Bülow, Nr.33, Bl.32).

mehr oder minder verblümt gegen die Person des Monarchen[1], der selbst merkwürdigerweise den tiefen Ernst der Situation nicht verstehen will oder jedenfalls
so tut. Er hat jedenfalls vorgestern abend Herrn von Schön gegenüber Sich dahin
geäußert: „Er sei nur froh, daß nun die gewohnte allgemeine Kritik sich nicht
mehr mit Ihm befasse, sondern sich gegen das Auswärtige Amt richten werde; die
Herren sollten nur sehen, wie sie damit fertig würden!" Und dann gehen Seine
Majestät unbekümmert wieder für die nächsten 10 Tage auf Jagd nach Österreich
und Donaueschingen![2]

Ich habe indirekt durch Graf Lerchenfeld[3] die Ansicht des Staatssekretärs
von Bethmann Hollweg[4] über die Situation in Erfahrung gebracht, an den sich

---

1   Baronin Spitzemberg hielt die im *Daily Telegraph* veröffentlichten Äußerungen des Kai-
    sers für „das Beschämendste, Kläglichste, Indiskreteste und Bedenklichste, was der Kaiser
    bisher geleistet! [...] Der Kaiser ruiniert unsere politische Stellung und macht uns zum
    Gespött der Welt [...]!! Man faßt sich an den Kopf, ungewiß, ob man nicht in einem
    Narrenhaus ist!" (30. Oktober 1908). Und am 1. November hielt sie in ihrem Tagebuch fest:
    „Das war ein gräßlicher Tag [...] wie nach einer verlorenen Schlacht [...]. Schon um 12 war
    Frau von Lebbin da, später kamen Carnap und Holleben, die wiederum von dem nieder-
    schmetternden Eindruck berichteten, den dieses entsetzliche Vorkommnis in allen Kreisen,
    bei den verschiedenartigsten Menschen hervorgerufen habe. Der Kaiser ist ja – ich möchte
    fast sagen leider – von dem Vorwurfe diesesmal frei, ohne Befragen seines Ministers die
    Veröffentlichung unternommen zu haben; leider sage ich, weil er sich deshalb gar nicht
    schuldbewußt fühlen wird, während doch viel ärger als eine neue Eigenmächtigkeit das
    Faktum ist, daß er solche unstaatsmännische, taktlose, haltlose, unvorsichtige Reden tun
    konnte und so sträflich Staatsgeheimnisse und politische Abmachungen privatim ausplau-
    derte. Es liegt etwas so unmännlich Kindisches gerade in dieser Schwatzhaftigkeit, die man
    unter gewöhnlichen Sterblichen geradezu verächtlich findet. Ganz natürlich, daß die Presse,
    diesmal in voller Übereinstimmung mit dem gesamten Volke aller Parteien, nach Abhilfe
    ruft gegen einen Zustand, der sachliche Grenzen bekommen muß, da Wesen und Art des
    Herrn sich gleichbleiben werden, Gott sei's geklagt" (Vierhaus, Spitzemberg, 489). Fürstin
    Marie Radziwill kommentierte Bülows Eingeständnis, das ihm vom Kaiser geschickte
    englische Manuskript nicht gelesen zu haben: „Niemand glaubt diese Geschichte, und das
    Publikum ist sehr betrübt. Denn es fühlt sich den Launen eines Souveräns ausgeliefert, dem
    niemand mehr das geringste Vertrauen schenken kann. Trotz der Darlegungen Bülows
    können die Worte des Kaisers weder abgeleugnet noch dementiert werden. Sie bleiben"
    (5.11.1908; Radziwill, Briefe vom deutschen Kaiserhof, 314 f.).
2   Wilhelm II. bestieg am Abend des 3. November den Zug nach Eckartsau/Österreich, wo er
    sich als Gast des Erzherzogs Franz Ferdinand zur Hochwildjagd angesagt hatte; am 6.11.1908
    besuchte er den greisen Kaiser Franz Joseph in Schönbrunn; am 7.11. traf er mit seinem
    Gefolge in Donaueschingen ein, wo er als Gast seines Freundes Maximilian Egon Fürst zu
    Fürstenberg auf Fuchsjagd ging. Dort hielt sich der Kaiser bis zum 16. November auf.
3   *Hugo Graf von und zu Lerchenfeld-Koefering (1843–1925)*, Jurist, Diplomat; 1868 Attaché
    der bayerischen Gesandtschaft in Paris, 1871–75 Geschäftsträger in St.Petersburg, an-
    schließend Legationsrat bei der Gesandtschaft in Wien, 1880–1918 bayerischer Gesandter
    u. Bundesratsbevollmächtigter in Berlin.
4   *Theobald Theodor Friedrich von Bethmann Hollweg (1856–1921)*, Verwaltungsjurist, Poli-
    tiker; 1879 Eintritt in den Verwaltungsdienst, 1886 Landrat, Febr.–Mai 1890 Mitglied des
    Reichstags (Deutsche Reichspartei), 1896–99 Oberpräsident in Potsdam, 1899 Regierungs-
    präsident von Bromberg, nach 3 Monaten 1899–1905 Oberpräsident von Brandenburg,
    20.5.1905–24.6.1907 preuß. Minister des Innern, 1907–09 Staatssekretär des Reichsamts
    des Innern, Stellvertreter des Reichskanzlers u. Vizepräsident des preuß. Staatsministe-
    riums, 1909–1917 Reichskanzler u. preuß. Ministerpräsident.

mein bayerischer Kollege heute abend gewandt hatte, da sich im Auswärtigen Amt infolge der plötzlichen Erkrankung des Staatssekretärs und der Abwesenheit des gleichfalls kranken Unterstaatssekretärs Stemrich momentan niemand von Autorität befindet, an den man sich wenden könnte.

Herr von Bethmann also findet, daß solange das Deutsche Reich besteht, es keine derartige moralische Niederlage wie die jetzige noch erlitten habe. Die maßgebenden Persönlichkeiten seien sich aber darüber einig, daß Fürst Bülow *zur Zeit* unbedingt auf seinem Posten ausharren müsse, schon der allgemeinen europäischen Konstellation wegen; für eine längere Dauer dürfte es aber wohl kaum mehr sein. *Wie* sich der Kanzler mit dem Reichstag auseinandersetzen werde, könne in diesem Augenblick noch nicht gesagt werden.

Unsere politische Stellung, die in den letzten Wochen eine vortreffliche genannt werden konnte, sei mit einem Schlag in das Gegenteil gewandelt; in der Casablanca-Angelegenheit[5] z.B. habe Frankreich plötzlich seine bis dahin entgegenkommende Stellungnahme geändert, was ernstlich zu denken Anlaß gäbe.

Es sei erwogen worden, ob etwa der Ausschuß für die Auswärtigen Angelegenheiten jetzt einberufen werden solle; der Kanzler sei dazu bereit, wenn es etwa von Seiten der Bundesstaaten gewünscht würde; Graf Lerchenfeld aber ist der Ansicht, daß der Kanzler momentan nur allein sehen solle, wie er sich dem Reichstage gegenüber aus der Situation ziehe, und will daher keinen dahingehenden Antrag stellen. Etwas anderes sei es, wenn von preußischer Seite die Bundesstaaten gewissermaßen um Unterstützung angegangen würden. Sehr bald aber nach Zusammentritt des Reichstags werde die schon früher vom Reichskanzler geplante Einberufung (um ein Exposé über die allgemeine Politik zu geben) bestimmt erfolgen.

Für den, wie es heißt an einem plötzlichen schweren Unwohlsein am vergangenen Samstagabend erkrankten Staatssekretär von Schoen (dem es übrigens heute besser gehen soll – Näheres wurde mir im Hause nicht gesagt)[6] ist zu dessen Stellvertretung der Gesandte in Bukarest, Herr von Kiderlen-Wächter, telegraphisch einberufen worden.

5 Siehe Dok.Nr.35 n.2.
6 Wohl auf Bülows Weisung hin suchte die Presseabteilung des Auswärtigen Amts den aufkommenden Verdacht zu zerstreuen, Schoens Fernbleiben vom Dienst sei als eine „politische Erkrankung" zu deuten. Am 2. November telegraphierte der Hammann nahestehende Korrespondent Huhn aus Berlin: „Der Staatssekretär v. Schoen ist vorgestern abend plötzlich erkrankt. Sein Befinden hat sich seitdem etwas gebessert, doch wird er wohl nach Ansicht der Ärzte mindestens eine Woche den Geschäften fernbleiben müssen. Mit Rücksicht auf die politischen Ereignisse der letzten Tage könnte die Meinung aufkommen, daß es sich um eine politische Erkrankung handle. Es wird aber von unterrichteter Seite versichert, daß dies durchaus nicht der Fall ist" (*Kölnische Zeitung*, No.1151, 2.11.1908). Noch am Abend des gleichen Tages meldete Huhn: „Herr von Schoen wurde vorgestern abend von einem plötzlichen Unwohlsein befallen, konnte sich aber noch selbst nach seiner Wohnung begeben. Heute ist sein Befinden besser, aber nach ärztlicher Ansicht muß er sich vorläufig jeder amtlichen Tätigkeit enthalten. Um falschen Annahmen, die aus den jüngsten Vorgängen entnommen werden könnten, von vornherein entgegenzutreten, sei wiederholt, daß es sich um eine wirkliche körperliche Erkrankung handelt" (*Kölnische Zeitung*, No.1153, 3.11.1908). Vgl. dagegen Dok.Nr.18 n.12.

Was mit den vier Sündern in der Blamage des Auswärtigen Amtes geschehen wird (es sind dies die Gesandten von Jenisch und von Müller, der Unterstaatssekretär Stemrich und der Geheime Legationsrat Esternaux[7]), ist noch ungewiß; zunächst soll niemand geopfert werden, der Kanzler deckt ja vorläufig seine Untergebenen.

GLA Karlsruhe, 233 / 34813 (Ausfertigung in Kanzleihand, Eingang am 3.11.08).

Nr. 34
FELIX VON MÜLLER AN MARIA FÜRSTIN VON BÜLOW[1]

Frankfurt, 2. November 1908

Hochzuverehrende Fürstin,

Mit Bestürzung habe ich aus der Presse der letzten Tage ersehen, daß den schönen Zeiten von Norderney ein so unliebsames Nachspiel gefolgt ist, daß der Herr Reichskanzler sich veranlaßt gesehen hat, Seiner Majestät sein Abschiedsgesuch einzureichen. Da ich bei der formellen Behandlung der Angelegenheit mitbeteiligt gewesen bin, so werden Sie wohl verstehen, daß ich mir jede Einzelheit zu vergegenwärtigen trachte, die zu dem beklagenswerten Endergebnis geführt hat.

Es ist mir ein Bedürfnis, Ihnen, gnädigste Fürstin, der ich so viel Schönes und Gutes im Leben zu danken habe, in diesen trüben Augenblicken von den Gefühlen Kenntnis zu geben, die mich angesichts der Lage bewegen, in die Fürst Bülow durch die unselige Veröffentlichung versetzt worden ist, und ich bitte Sie damit den erneuerten Ausdruck meiner hohen Verehrung annehmen zu wollen. Euerer Durchlaucht ganz ergebenster

F. von Müller.[2]

PA-AA, R 5831 (Abschrift).

---

7   *Ernst Heinrich Esternaux (1864–1924),* 1882 Abitur am Französischen Gymnasium in Berlin, Jurastudium in Berlin, 1886 Referendar beim Amtsgericht Rixdorf, 1887 Eintritt in den auswärtigen Dienst: Diätar im Chiffrier-Bureau, 1894 Expedient im Pressereferat des Ausw. Amts unter Hammann, 1899 Vizekonsul u. außeretatmäßiger Hilfsarbeiter im Ausw. Amt, 1902 Konsul, 1903 Ständiger Hilfsarbeiter im A.A., 1904 Legationsrat.

1   *Maria Anna Zoë Fürstin von Bülow (1848–1929),* italienische Prinzessin, Stieftochter des Ministerpräsidenten Marco Minghetti (1818–86), Tochter des Fürsten Domenico di Camporeale; geschiedene Gräfin Dönhoff, seit 1886 Frau des Fürsten Bernhard von Bülow.

2   Vgl. das eigenhändige Antwortschreiben, das Maria von Bülow am 5.11.1908 an Müller richtete: „Lieber Herr von Müller, herzlichen Dank für Ihre mitfühlenden Zeilen. Ja, wir machen *Schweres durch,* wie es alles enden wird, ist gar nicht abzusehen... Wie schön *war* es am Meere, und wie traurig ist es hier! Immer in alter Freundschaft Marie Bülow" (PA-AA, R 5831). Die Fürstin spielte offenbar auf die heftigen Presseattacken gegen ihren Mann an, die in der Forderung nach Bülows Rücktritt gipfelten; vgl. insbesondere Hellmut von Gerlach, „Adieu Bülow!", *Die Welt am Montag,* Nr.44, 2.11.08: „Presse, Volksversammlung und Reichstag müssen sich einen in dem Rufe an Bülow: Fort mußt du, deine Uhr ist abgelaufen! Den Kaiser können wir nicht ändern, leider! Aber den verantwortlichen Träger der kaiserlichen Politik können wir beseitigen. [...] Was wir brauchen, ist kein Kanzler des Kaisers, sondern ein Kanzler des Reichs" (zit. nach Fenske, Unter Wilhelm II., 261).

Nr. 35

HUGO GRAF VON LERCHENFELD-KOEFERING AN
PRINZ LUITPOLD VON BAYERN[1]

Königlich Bayerische Gesandtschaft – Bericht No.530/ XX.

Berlin, 3. November 1908

Die im Daily Telegraph publizierten Äußerungen Seiner Majestät des Kaisers über Allerhöchstdessen Stellung zu England sind eine Zusammenstellung einzelner Bemerkungen, die der Hohe Herr zu verschiedenen Zeiten und bei verschiedenen Gelegenheiten gesprächsweise über das Thema gemacht hat. Die Wiedergabe des Blattes kann schon deshalb nicht eine ganz genaue sein, weil die einzelnen Äußerungen aus dem Zusammenhange gerissen sind. Im allgemeinen wird aber die Richtigkeit nicht bestritten. Der Artikel wurde vor der Veröffentlichung von dem Verfasser Seiner Majestät mit dem Ersuchen überschickt, AllerhöchstSeine Zustimmung zur Veröffentlichung zu erteilen. Seine Majestät ließen darauf durch den Gesandten von Rücker-Jenisch, der Allerhöchstdieselben als Vertreter des Auswärtigen Amtes damals begleitete, den Artikel-Entwurf dem Reichskanzler mit dem Auftrage zugehen, sich über die Opportunität der Publikation zu äußern.

Fürst Bülow erhielt den Brief nebst dem schlecht und unleserlich gedruckten Entwurf in Norderney, las ihn aber selbst nicht durch, da er davon ausging, daß es sich um eine Redaktionsleistung des Blattes über den Kaiser, nicht aber um eigene Äußerungen Seiner Majestät handle. Immerhin ließ er durch seinen diplomatischen Begleiter, den Kaiserlichen Gesandten von Müller, das Schriftstück an das Auswärtige Amt mit dem Auftrage senden, den Inhalt genau zu prüfen, etwa nötige Kürzungen und Berichtigungen vorzunehmen und ihm dann das Schriftstück mit einer Äußerung vorzulegen, ob dessen Veröffentlichung unbedenklich sei.

Bis dahin ist die Behandlung der Sache noch verständlich, da bei der großen Menge von Anregungen, die an Seine Majestät gebracht und von Allerhöchstderselben dann fast regelmäßig dem Reichskanzler zur Begutachtung weitergegeben werden, weder Seine Majestät noch der Reichskanzler dieses Material lesen können. Von da ab aber beginnt das Unbegreifliche in der Behandlung. Da Staatssekretär von Schoen mit Unterbrechung seines Urlaubs zwar in Berlin gerade anwesend war, die Geschäfte des Amtes aber nicht übernommen hatte, so kam die Angelegenheit an den Unterstaatssekretär Stemrich, der sie einem Beamten des Amtes zur Erledigung übergab. Dieser - der Name ist mir nicht bekannt - will das Schriftstück genau geprüft und darin nichts nach der Aktenlage Unrichtiges gefunden haben. Er will sodann den Auftrag so aufgefaßt haben, daß nur die Prüfung auf die Richtigkeit seines Amtes gewesen sei, die Frage aber, ob die Veröffentlichung angängig scheine, dem Reichskanzler zu entscheiden vorbehalten bleiben solle. Jedenfalls kam das Schriftstück mit einem von dem betreffen-

---

1 *Luitpold Prinzregent von Bayern (1821–1912)*, dritter Sohn König Ludwigs I.; übernahm angesichts der geistigen Umnachtung Ludwigs II. u. Ottos I. am 10.6.1886 die Regentschaft im Königreich Bayern.

den Beamten und dem Unterstaatssekretär gezeichneten Bericht an den Reichskanzler zurück, in dem es hieß, daß das Amt keine Bedenken gegen die Veröffentlichung zu erheben habe. Auf Grund dieses Gutachtens berichtete dann der
Reichskanzler ohne weitere eigene Prüfung an den Kaiser, daß auch er keine
Bedenken gegen das Erscheinen des Artikels hege und wurde dies der Redaktion
des Daily Telegraph von der Kaiserl[ichen] Kanzlei mitgeteilt.

Es scheint kaum faßlich, daß ein Beamter des Auswärtigen Amts die Tragweite des Artikels nicht begriffen haben sollte und es dürfte nur die Erklärung
möglich sein, daß der Artikel ebensowenig von den Beamten des Auswärtigen
Amts als von den Seiner Majestät und dem Reichskanzler beigeordneten diplomatischen Begleitern gelesen worden ist.

Als der Reichskanzler die Veröffentlichung im Daily Telegraph gelesen
hatte, soll er, wie mir vertraulich gesagt wurde, drei Möglichkeiten seines Vorgehens erwogen haben: die Ignorierung der Enthüllung, die Vertretung der Äußerungen Seiner Majestät und die Erklärung, wie sie am 31. v. Mts. von der Norddeutschen Allgemeinen Zeitung gebracht worden ist. Die beiden ersten Eventualitäten erschienen bei dem Eindruck, den der Artikel im In- und Ausland gemacht
hat, ausgeschlossen und erschien daher die Erklärung als das einzig Mögliche.
Sie verfolgte den Zweck, einmal Seine Majestät für die Veröffentlichung zu
entlasten und ferner der Auslegung zu begegnen, als ob der Veröffentlichung die
Absicht zu Grunde gelegen hätte, die Beziehungen zwischen den anderen Mächten zu stören. Dieser Zweck ist mit der Erklärung auch erreicht worden. Darüber
macht sich der Reichskanzler aber keine Illusion, daß an der Sache selbst die
Erklärung nichts ändern konnte und nichts geändert hat. Ob durch Maßregelung
der schuldigen Beamten noch eine Sühne gegenüber der Öffentlichkeit eintreten
wird, scheint noch dahinzustehen. Es wäre zu beklagen, wenn diese auch Herrn
Stemrich treffen sollte, denn dieser war damals schon leidend und in einem Grade
überlastet, der für seine Person die Unterlassung entschuldigt.

Daß Fürst Bülow nicht auf seinem Entlassungsgesuch bestanden hat, wird in
den Regierungskreisen mit Dank anerkannt. Denn abgesehen davon, daß kein
Nachfolger vorhanden scheint, dem allseitiges Vertrauen entgegengebracht würde, spricht sowohl die auswärtige Lage als die Finanzreform gegen einen Kanzlerwechsel im gegenwärtigen Augenblick. Ein großer Teil der Presse verlangt
allerdings das Opfer des Reichskanzlers. Aber ich vermute, daß diese Stimmung
ruhigerer Erwägung nicht standhalten wird, und ich glaube auch nicht, daß eine
Mehrheit im Reichstag sich auf den intransigenten Standpunkt stellen dürfte.
Schon das Bedürfnis des Blocks spricht dagegen.

Fürst Bülow verhandelt selbst nicht mit den Parteien, sondern überläßt dies
Herrn von Bethmann. Dieser wird an die Parteiführer die Mahnung richten, bei
ihrer Besprechung der Vorgänge alles zu vermeiden, was eine zu starke Bloßstellung des Reiches vor dem Auslande zur Folge haben müßte. Nach Absicht der
Reichsleitung wird die Debatte im Reichstag erst am 9. d.Mts. stattfinden, und
zwar aus dem Grunde, weil zurzeit die Verhandlungen mit Frankreich wegen der
Sache der französischen Deserteure in Casablanca[2] eine unerfreuliche Wendung

2 Am 25. September 1908 war es im Hafen von Casablanca zu handgreiflichen Auseinander-

genommen haben. Bis zu diesem Termine hofft man im Auswärtigen Amte diese Phase überwunden zu haben.

Wie mir gestern Herr von Bethmann und heute Unterstaatssekretär von Loebell mitgeteilt haben, war der Reichskanzler der Absicht gewesen, die Einberufung des diplomatischen Ausschusses noch vor dem Zusammentritt des Reichstags zu veranlassen. Es ist dies unterblieben wegen der Enthüllungen des Daily Telegraph. Der Reichskanzler wollte den Eindruck vermeiden, als ob dieses Vorkommnis die Veranlassung des Zusammentritts des Ausschusses sei. Auch wünscht jetzt Fürst Bülow in der Lage zu sein, dem Ausschuß die Schlichtung der Casablanca-Sache mitteilen zu können. Wie mir gesagt wird, werden aber die Eröffnungen des Reichskanzlers nicht nur die Marokko- und die Balkanangelegenheiten zum Gegenstand haben, sondern auch die durch den Artikel des Daily Telegraph geschaffene Lage.

Was die Casablanca-Frage betrifft, so ist man hier bereit, die Angelegenheit einem Schiedsspruch zu unterstellen. Deutschland verlangt jedoch, daß vor der Überweisung an ein Schiedsgericht Frankreich sich wegen des Eingriffs in die Rechtssphäre des deutschen Konsuls entschuldige. Frankreich scheint hierzu nicht geneigt, indem es in dem Vorgehen des Konsuls einen Eingriff in die auf

---

setzungen zwischen französischen Marinesoldaten und deutschen Konsulatsangehörigen gekommen, die drei deutschen Deserteuren der Fremdenlegion und drei weiteren Deserteuren anderer Nationalität zur Flucht nach Deutschland verhelfen wollten. Die Deserteure wurden nach diesem Vorfall von den französischen Militärbehörden inhaftiert. Aus deutscher Sicht lag die Schuld an diesem Zwischenfall eindeutig bei den französischen Organen: „Es kann keinem Zweifel unterliegen, daß das Verhalten der französischen Soldaten gegen die deutschen Konsulatsbeamten durchaus rechtswidrig war, und daß weder die Bedrohung noch der gewalttätige Angriff auf die Beamten in irgendeiner Weise entschuldigt werden kann" (*Kölnische Zeitung,* 28.9.1908; zit. nach Wippermann, 1908/ II, 142). Auf den deutschen Protest hin wies die französische Regierung – wie sich später herausstellte: mit Recht – darauf hin, daß die französischen Marinesoldaten zuerst vom Konsulatssoldaten Abdelkerim und dann auch vom deutschen Konsulatssekretär Just geschlagen worden seien (Tel. Lancken an Ausw. Amt, 28.9.1908; GP 24, 331). Die beiderseitigen Satisfaktionsforderungen mündeten zunächst in eine Sackgasse, vor allem wegen der völlig unterschiedlichen Rechtspositionen. Nach der Weigerung Frankreichs, die drei deutschen Legionäre freizulassen, tauchte Mitte Oktober der Gedanke eines Schiedsgerichts auf (GP 24, Nr.8377), der aber zunächst keine konkreten Formen annahm, da aus der Sicht der Wilhelmstraße „das Schiedsgericht nur zur Lösung der theoretischen Rechtsfragen berufen sein" sollte, während man auf französischer Seite die „Behandlung beider Fragen, der Rechts- und der Tatfrage" wünschte (Schoen, Erlebtes, 85). Nach dem Bekanntwerden des *Daily Telegraph*-Artikels v. 28.10.1908 verhärtete sich die französische Position vorübergehend. Dem deutschen Unterhändler Lancken erklärte der französische Botschafter Jules Cambon am 31. Oktober, „vorher hätten die Franzosen vielleicht eine Konzession machen können; nach dieser ‚Veröffentlichung' (Kaiser-Interview) sei das für sie nicht mehr möglich. Das Ministerium würde in der Kammer darüber unbedingt stürzen" (Aufzeichnung v. Flotow, 1.11.1908; GP 24, Nr.8387). Staatssekretär Schoen zog daraus am 1. November die Schlußfolgerung: „Wir müssen jetzt wohl gröberes Geschütz auffahren und mit Störung in den diplomatischen Beziehungen, vielleicht sogar mit Entsendung von Schiffen nach Casablanca drohen" (ibid., 358). Auch Kronprinz Wilhelm plädierte für ein „schärferes Auftreten" gegen Frankreich (Schoen, Erlebtes, 86).

der Okkupation beruhenden militärischen Rechte erblickt. Man hofft hier einen Ausweg zu finden, der beiden Teilen genügt und scheint bei der jetzigen Lage jedenfalls nicht gesonnen, die Differenz auf die Spitze zu treiben.[3]

BayHStA München, MA 2686, Bl.73–77v (Ausfertigung in Kanzleihand, von Luitpold am 5.11.08 zur Kenntnis genommen).

Nr. 36
CHRISTOF GRAF VITZTHUM VON ECKSTÄDT AN
WILHELM GRAF VON HOHENTHAL UND BERGEN

Sächsische Gesandtschaft – Bericht No.1268.

Berlin, 3. November 1908

Wie E[uere] E[xzellenz] aus der Presse ersehen haben werden, hat die von der Nord[deutschen] Allg[emeinen] Zeitung am 31. v. Mts. gebrachte amtliche Kundgebung über das vom Daily Telegraph veröffentlichte sog. „Kaiser-Interview" den allerschlechtesten Eindruck gemacht. Hatte man die Veröffentlichung der Kaisergespräche zunächst mit dem resignierten Achselzucken aufgenommen, daß sie auf die gutgemeinte Übereilung eines englischen Freundes des Kaisers wie in der Tweedmouth-Affäre[1] zurückzuführen sei, so hat die Kundgebung des

---

3   Am 5. November lenkte die französische Regierung in der Casablanca-Frage ein, indem sie, unter Anschlagung eines deutlich konzilianteren Tones, ihre Bereitschaft zur schiedsgerichtlichen Regelung der Angelegenheit bekräftigte. Mit dem Eintreffen des französischen Materials über den Casablanca-Zwischenfall in Berlin vollzog auch Reichskanzler Bülow am 7. November eine Kehrtwendung, da schon eine erste Sichtung des französischen Polizeiberichts das „Verhalten deutscher Unterbeamter in recht bedenklichem Licht erscheinen" ließ (GP 24, Nr.8400). Von Donaueschingen aus kommentierte Wilhelm II. die neue Situation mit erstaunlicher Klarsicht: „Ich bin in Meinen schlimmsten Befürchtungen, die ich schon lange gehegt, bestärkt. Empfehle möglichst schleunige Formelerfindung, da sonst die Gallier Indiskretionen und Veröffentlichungen loslassen, und dann wird die Entschuldigung *unilateral* bei uns und eine große Blamage! Wenn man Unrecht hat, soll man es auch ehrlich eingestehen!" (GP 24, 368). Jene „Formel" fand man am 10. November 1908, als in Berlin von Cambon und Kiderlen eine Abmachung unterzeichnet wurde, „wonach beide Regierungen unter Ausdruck des Bedauerns über Vorfall Gesamtheit der damit verknüpften Fragen (Tatbestand und Rechtsfrage) einem Schiedsgericht unterbreiten" (Tel. Kiderlen an Radolin/ Paris, 10.11.08; GP 24, Nr.8404). Vgl. auch Kiderlen an Hedwig Kypke, 10.11.1908: „In drei langen Unterhandlungen habe ich die von Schoen gründlich verfahrene Casablanca-Sache geordnet; heute früh haben wir das Protokoll gezeichnet, Cambon und ich. Man wird nachträglich auch auf mich schimpfen wegen des ‚Rückzugs'; ist mir egal" (Jäckh, Kiderlen-Wächter, II, 13). Der beide Seiten zufriedenstellende Schiedsspruch im Haag erfolgte am 22. Mai 1909 (vgl. GP 24, 371 n.).

1   *Edward Marjoribanks Baron of Tweedmouth (1849–1909),* 1892–94 Parliamentary Secretary to Treasury and Chief Liberal Whip, 1894–95 Lord Privy Seal and Chancellor of Duchy of Lancaster, 1905–1908 britischer Marineminister (First Lord of Admiralty). – Ohne Bülow, Schoen oder Tirpitz vorher darüber in Kenntnis zu setzen, schrieb Wilhelm II. am 16. Februar 1908 einen Privatbrief an Lord Tweedmouth, um ihn von dem defensiven Charakter des deutschen Schlachtflottenbaus zu überzeugen und zugleich Beschwerde

Regierungsblattes einerseits die Tatsache festgelegt, daß S.M. der Kaiser sich englischen Privatleuten wirklich in einer das Deutsche Reich bloßstellenden Weise ausgesprochen hat, und andererseits die ebenso schlimme Tatsache an die Öffentlichkeit gebracht, daß das bureaukratische Räderwerk des Auswärtigen Amtes trotz seines komplizierten Mechanismus im entscheidenden Moment versagt, weil ein Rad sich hierbei auf die Arbeit des anderen Rades verläßt. Diese Erfahrungen sind aber nicht nur traurige Überraschungen, die das deutsche Volk machen muß, sie werden auch von allen Regierungsstellen auf das schmerzlichste empfunden. Es herrscht eine allgemeine tiefe Niedergeschlagenheit besonders auch über die schwächliche Ratlosigkeit, in der sich der Reichskanzler zu befinden scheint.

Ich habe gestern im Laufe des Tages mit einer großen Anzahl von Staatsmännern und deutschen Diplomaten gesprochen, deren Äußerungen mir eine gewisse Diskretion auflegt. Ich muß mich daher darauf beschränken, einige Andeutungen zu machen, von denen ich bitte, insbesondere dem pr[eußischen] Gesandten in Dresden gegenüber einen vorsichtigen Gebrauch zu machen.

Im Auswärtigen Amt sprach ich mit einem mir befreundeten jüngeren Diplomaten, aus dessen Äußerungen ich entnehmen konnte, in welchem Zustande der Ratlosigkeit man sich befindet. „Ja, was wollen Sie denn wissen", sagte er mir, „wir haben doch schon alles gesagt, was wir sagen konnten. Die Sache hat sich tatsächlich so verlaufen, wie es in den Zeitungen steht; auch der Bericht des Berliner Tageblatts ist richtig, daß der Reichskanzler im Auftrage des Kaisers ein Paket Blätter erhalten hat, auf dünnem Pauspapier mit einem unleserlichen englischen Text beschrieben; richtig ist auch, daß er geglaubt hat, es handele sich um einen Zeitungsartikel *über* den Kaiser. Sie wissen ja, wie der Geschäftsbetrieb bei uns ist, besonders in der Zeit des Urlaubs. Der Reichskanzler und Schoen waren auf Urlaub, Stemrich an Ischias leidend mit Marokko, Casablanca und dèn

darüber zu führen, daß bei den britischen Agitationen für eine starke Seemacht immer auf Deutschland als den in Frage kommenden Gegner hingewiesen werde. Auf Anregung des Chefs des Marinekabinetts, Georg Alexander von Müller, informierte der Kaiser seinen Onkel König Eduard zugleich über diesen Schritt (Görlitz, Der Kaiser..., 65). Während der englische König verärgert reagierte – das direkte Anschreiben eines ausländischen Souveräns an einen seiner Minister in einer politischen Angelegenheit bezeichnete er als „new departure" (Eduard VII. an Wilhelm II., 22.2.1908) –, bedauerte Lord Tweedmouth in seinem höflich-korrekten, mit dem Foreign Office vorher abgestimmten Antwortschreiben v. 20. Februar, die Sprache der britischen Presse in der Flottenfrage nicht reglementieren zu können (GP 24, 8182 u. 8183). Bülow erfuhr erst am 6. März von der kaiserlichen Korrespondenz mit Tweedmouth, als die *Times* die britische Öffentlichkeit auf diesen ungewöhnlichen Vorgang aufmerksam machte und das – unveröffentlichte – Schreiben des Kaisers als den Versuch interpretierte, „den für das englische Marinebudget verantwortlichen Minister im deutschen Interesse zu beeinflussen". „Lord Tweedmouth", telegraphierte Metternich aus London, „mag über diese Angelegenheit zu Fall kommen und die uns günstig gesinnte liberale Regierung einen starken Stoß erleiden. Alle uns freundlich gesinnten Elemente werden geschwächt und die Jingos gestärkt werden. Auch die Popularität Seiner Majestät des Kaisers in England wird leiden und das Mißtrauen gegen unsere Politik wieder zunehmen" (Tel. Bülow an Wilhelm II., 6.3.1908; GP 24, 39). Siehe auch Bülow, Denkwürdigkeiten, II, 323–325; Tirpitz, Aufbau der Weltmacht, 57–64.

Orientalischen Fragen[2] in Anspruch genommen, der Reichskanzler selbst mit der Finanzreform[3] beschäftigt. Trotz dieser Momente ist die Sache natürlich nicht entschuldbar und wird wohl noch weitere Opfer verlangen." „Es bleibt wohl auf Stemrich sitzen?" sagte ich. „Ja und wohl auch auf Müller, der mit dem Kanzler in Norderney war." „Wie wird sich der Kanzler dem Parlament gegenüber verhalten?" „Das wissen wir noch nicht. Es wird abgewartet werden, wie die Sache läuft, unter Umständen wird er ein zweites Entlassungsgesuch einreichen. Vorläufig brauchen wir einen Vertreter des Staatssekretärs. Schoen hat neulich bei dem Diner zu Ehren der Urheberrechtskonferenz, wo er eine Rede halten sollte, einen Schwindelanfall gehabt, infolge von Überarbeitung. Stemrich liegt krank in Meran." Inzwischen ist, wie E[uere] E[xzellenz] aus der Zeitung ersehen haben werden, Herr v. Kiderlen einberufen worden.

Der Staatssekretär des Innern v. Bethmann Hollweg sieht die Situation sehr ernst an, besonders wegen der Wirkung dem Auslande gegenüber. Die Nord[deutsche] Allg[emeine] Zeitung habe ja den Versuch gemacht, den ausl[ändischen] Staaten begreiflich zu machen, daß die Äußerungen nicht gegen die Ententepolitik Englands gerichtet waren, ob aber das Ausland sich davon überzeugen läßt, müsse noch dahingestellt bleiben. Wir hätten nun gerade angefangen, in der

2   Ende September 1908 wurde Bülow durch einen Privatbrief des österreichischen Außenministers Aehrenthal von der bevorstehenden Annektierung Bosniens und der Herzegowina durch Österreich-Ungarn unterrichtet (GP 26/ I, Nr.8934). Die am 5. Oktober 1908 vollzogene Annexion der völkerrechtlich bis dahin noch türkischen Balkanprovinzen, von der Wilhelm II. erst einen Tag später erfuhr, war nach Aehrenthals Aussage „Österreich-Ungarns Antwort auf die großserbische Propaganda, die von Belgrad aus betrieben werde" (Tel. Tschirschky an Ausw. Amt, 28.9.1909; GP 26 / I, Nr.8936). Bülow hatte für den von Deutschland einzuschlagenden Balkankurs schon am 3. Oktober die entscheidende Formel parat: „La loyauté sans phrases. Je schwieriger die Lage ist, in welche der K. und K. Minister sich begibt – und je unsicherer die Haltung von Rußland und Italien zu sein scheint –, um so mehr muß Aehrenthal (und die hinter ihm stehende Dynastie) den Eindruck erhalten, daß wir treu bleiben" (GP 26 / I, 50). Als die Londoner Regierung sich am 9. Oktober „scharf gegen Österreichs Vorgehen" aussprach, trat die Balkanfrage in ihr kritisches Stadium ein, zumal die „Gruppe Frankreich-England-Rußland" mit der Einberufung einer internationalen Balkankonferenz zu sympathisieren begann (GP 26 / I, Nr.9003). In Bülows und Schoens Abwesenheit hatte Unterstaatssekretär Stemrich in den ersten Oktobertagen die Hauptlast der regen diplomatischen Aktivitäten in der Wilhelmstraße zu tragen, bis der aus dem Urlaub zurückkehrende Schoen am 8. Oktober wieder die Leitung des Auswärtigen Amts übernahm; vgl. die im Zentralbüro angefertigte Tagesnotiz v. 8.10.1908: „S.E. hat Geschäfte übernommen" (PA-AA, R 19860).

3   In einem Zirkularerlaß v. 25. Juni 1908 hatte sich Bülow für die Forcierung der „finanziellen und wirtschaftlichen Rüstung" eingesetzt; gerade vom „Standpunkt unserer auswärtigen Politik" sei es unumgänglich, „unsere öffentlichen Finanzen, deren heutiger Zustand dem Auslande fortgesetzt zu übelwollender Anzweifelung unserer wirtschaftlichen und damit auch unserer politischen Widerstandskraft Anlaß bietet, ohne Zögern und unter Hintansetzung ängstlicher Bedenken und Rücksichten auf Sonderinteressen einzelner Berufs- oder Bevölkerungsklassen auf eine gesunde [...] Basis zu bringen [Wilhelm II. „ja']" (GP 25 / II, 478). Am 3. 11.1908 legte die Reichsregierung dem Reichstag die Entwürfe der neuen Steuergesetze vor, die die jährlichen Staatseinnahmen um etwa 500 Millionen Mark steigern sollten.

orientalischen Frage wieder eine ausschlaggebende Rolle zu spielen, das sei nun alles wieder verloren. Es scheine sich die schlechte Wirkung auch bei der Behandlung anderer Fragen schon bemerkbar zu machen. „Ich halte", fuhr H. v. B[ethmann] fort, „auch die Erklärung der Nord[deutschen] Allg[emeinen] Zeitung nicht für glücklich. Die Hauptsache war ja, den Kaiser herauszubringen. Ich hätte nur an Stelle des R[eichs]kanzlers die schuldigen Beamten rücksichtslos zum Tempel herausgejagt und in der Zeitung weiter nichts veröffentlicht, als daß die und die Beamten um ihre Entlassung gebeten hätten. Daß der Reichskanzler dem Kaiser gegenüber seine Demission anzubieten hatte, war selbstverständlich, aber ein interner Vorgang. Seine Verantwortlichkeit nach außen hätte er dadurch wahren können, daß er die schuldigen Beamten fortjagte; denn es ist ja ein Unsinn, wenn man verlangt, daß er alles, was ihm vom Kaiser zugeschickt wird, selbst liest. Das kann er gar nicht, dazu hat er aber seine Beamten, die ihm die wichtigen Sachen vorlegen müssen." „Ich wundere mich", sagte ich, „daß der R[eichs]k[anzler] in dieser ernsten Situation nicht Fühlung mit den Reg[ierung]en nimmt." „Das wird er tun, er hatte schon die Absicht, dem Ausschuß für die ausw[ärtigen] Angelegenheiten Mitteilungen über die Lage der orientalischen Frage zu machen. Er wird dem Ausschuß auch über die jetzt vorliegenden Schwierigkeiten berichten, nur ist es begreiflich, daß er sich zunächst überlegt, in welcher Weise er die Angelegenheit nun weiter zu vertreten gedenkt. Im Interesse unserer Stellung dem Auslande gegenüber liegt es ja zweifellos, daß der Fürst jetzt im Amte bleibt."

Diese letztere Auffassung scheint allgemein geteilt zu werden. Nichtsdestoweniger glaubt man, daß diese Sache für den Fürsten den Anfang seines politischen Endes bildet. Man schätzte ihn besonders um deswillen, weil man glaubte, er sei die einzige Persönlichkeit, die in der Lage ist, uns vor den Überraschungen der kaiserlichen Politik zu bewahren. Jetzt zum ersten Mal versagt er gerade darin, sei es mit, sei es ohne seine Schuld. Mag er auch im Reichstage dank seiner großen Geschicklichkeit der Angelegenheit eine Wendung geben, bei der die Person des Kaisers in ihrem Ansehen gerettet wird, so wird die beschämende Niederlage, die das deutsche Volk erlitten hat, ihm selbst doch nie verziehen werden. Das Volk will sich das persönliche Regiment des Kaisers[4] nicht mehr gefallen lassen, und darum will es den Mann stürzen, dank dessen Geschicklichkeit der Kaiser sein persönliches Regiment bisher geführt hat.

Seine Majestät der Kaiser sieht die Situation anscheinend nicht für so ernst an. Er folgt in den nächsten Tagen der Jagdeinladung des öst[erreichischen] Thronfolgers, daran schließt sich ein Besuch beim Kaiser von Österreich[5] und ein

---

4 Nach der *Kölnischen Zeitung* (Nr.1186 v. 11.11.1908) war unter dem Begriff des „persönlichen Regiments" die „Tatsache zu verstehen, daß der Kaiser, den die Verfassung der Verantwortlichkeit entzieht, in die Politik des Reiches durch Handlungen und Reden eingreift, die der Reichskanzler als der verantwortliche Träger dieser Politik nicht vorher gebilligt hat." Zum vielschichtigen Begriff des „persönlichen Regiments" siehe vor allem die grundlegenden Ausführungen von Isabel V. Hull in: John C.G. Röhl (Hrsg.), Der Ort Kaiser Wilhelms II. in der deutschen Geschichte (München 1991), 3–23.
5 Vor dem Hintergrund der *Daily Telegraph*-Affäre und der bosnischen Annexionskrise

10tägiger Aufenthalt beim Fürsten Fürstenberg in Donaueschingen zur Jagd auf Füchse. Am 4. November nimmt der Reichstag seine Beratungen auf.

SächsHStA Dresden, Gesandtschaft Berlin, Nr.264 (Konzept).

Nr. 37
ERNST BASSERMANN[1] AN SEINE GATTIN

Berlin, Reichstag, 3. November 1908

Den Reichskanzler hatte ich von der Tatsache der Interpellation in Kenntnis gesetzt[2], daraufhin Einladung auf abends 6 Uhr zu Loebell. Loebell hat mir alles erzählt. Der Kanzler hat, weil er durch Orientpolitik überlastet, das nicht gelesen, sondern sein Todesurteil ungelesen unterschrieben. (Vier haben es gelesen, zwei Gesandte, ein Unterstaatssekretär, ein Rat) und haben es unverfänglich befunden. Solche Nullen, Esel sitzen im Auswärtigen Amt. Bülow bleibt. Er will die Interpellation beantworten. Ob er dauernd bleibt, ist mir zweifelhaft. Schön ist anscheinend schon gefallen, weil er nicht verstand, das Amt zu organisieren. Dabei sind die Zeiten offenbar ernst, wie mir Loebell sagt: Casablanca, französische Note[3]. Ausschuß wegen auswärtiger Angelegenheiten berufen[4]. Bethmann war heute sehr ernst; unsere auswärtigen Beziehungen haben sich verschlechtert, die Lage ist ernst, an dem Reichstag ist es nun zu retten, was zu retten ist.

Wilhelm Spickernagel, Fürst Bülow (Hamburg 1921), 139 f.

verurteilte der englische König den Besuch Kaiser Wilhelms beim Wiener Herrscherhaus als außerordentlich geschmacklos: „This visit of the German Emperor to the Archduke Franz Ferdinand and afterwards to the Emperor is much to be deprecated at the present moment and is the height of bad taste! We are certainly living in critical times. Peace may be maintained, but only because Europe is *afraid* to go to war" (Eduard VII. an Hardinge, 5.11.1908; Hardinge of Penshurst, Old Diplomacy, 171).

1   *Ernst Bassermann (1854–1917)*, Jurist, Politiker; 1880 Rechtsanwalt in Mannheim, 1887 Stadtrat, 1893 Reichstagsabgeordneter und Mitglied des Vorstands der Nationalliberalen Partei, 1898 Fraktionsvorsitzender, 1905 Vorsitzender des Zentralvorstands der Partei.

2   In einem Privatbrief an Bülow v. 2.11.1908 hatte Bassermann geschrieben: „Die Ereignisse der letzten Tage drängen zu einer Besprechung im Reichstage; ehe eine Interpellation, welche sich mit einer Anfrage an Euer Durchlaucht beschäftigt, bekannt gegeben wird, gestatte ich mir, von dieser meiner Auffassung, daß eine alsbaldige Aussprache im Reichstage notwendig fällt, Euer Durchlaucht ganz ergebenst zu verständigen" (BA Berlin, R 43–810, Bl.225). Siehe dazu auch das von Gustav Stresemann verfaßte Protokoll der Fraktionssitzung der Nationalliberalen Partei v. 3.11.1908: „In der Diskussion wird angeregt, die Resolution zu erweitern und zu fragen, welche Garantien der Reichskanzler geben könne, um die Wiederholung solcher Vorkommnisse zu verhüten. Der von Bassermann vorgeschlagene Wortlaut wird genehmigt. Hierauf findet eine Aussprache über die Begründung der Interpellation statt" (BA Koblenz, R 45 / I, Nr.9, Bl.4). Der Zentrumsführer Hertling hatte seinem Sohn Karl schon am 1.11.1908 geschrieben: „Der Reichstag *muß* zu den unglaublichen Äußerungen des Kaisers Stellung nehmen. So etwas ist noch nicht dagewesen" (Thimme, Front wider Bülow, 146).

3   Vgl. Dok.Nr.35 n.2.

4   Vgl. die Kanzleianzeige von Loebell, 3.11.1908: „Graf Lerchenfeld ist für die in Aussicht

Nr. 38
BERNHARD FÜRST VON BÜLOW AN OTTO HAMMANN

[Berlin], 3. November [1908]

Ich muß die Rede über die [sic] Kaiser-Interview, mein Abschiedsgesuch usw. *spätestens* morgen[1] haben. Sie muß sehr ernst, knapp, *wuchtig* gehalten sein. Gar keine Entschuldigung, keine Demut, keine Witze! Sie soll nicht lang sein.[2]

BA Berlin, 90 Ha 6 / NL Hammann, Nr.14, Bl. 54 (kleine Briefkarte, eigenhändig mit Bleistift).

Nr. 39
CHRISTOF GRAF VITZTHUM VON ECKSTÄDT AN
WILHELM GRAF VON HOHENTHAL UND BERGEN

Sächsische Gesandtschaft – Bericht No.1274.

Berlin, 4. November 1908

Die Aufregung über die Veröffentlichungen im Daily Telegraph haben [sic] in den letzten beiden Tagen einer wesentlichen Beruhigung Platz gemacht. Diese Beruhigung zeigte sich schon in der Presse von gestern abend und dürfte darauf zurückzuführen sein, daß sämtliche Blockparteien wünschen, daß der Kanzler bleibt. Die Parteiführer sollen sich mit Ausnahme der Führer der freisinnigen Vereinigung bereits in diesem Sinne ausgesprochen haben. Es ist auch in den Zeitungen zum Ausdruck gekommen, daß man sich bei der Besprechung der Interpellation Bassermann[1] die größte Zurückhaltung auferlegen will.

---

genommene Einberufung des Ausschusses für auswärtige Angelegenheiten sehr dankbar. Er bittet ihn rechtzeitig wegen Tag und Stunde benachrichtigen zu wollen, damit die auswärtigen Minister, insbesondere der Vorsitzende Exzellenz von Podewils, einige Tage vor der Sitzung benachrichtigt werden können" (BA Berlin, R 43–810, Bl.227). Die Entscheidung zur Einberufung des Bundesratsausschusses war wohl schon am 2. November gefallen (vgl. Deuerlein, 149). Über die Vor- und Nachverhandlungen siehe im Detail Deuerlein, 148–157.

1 Zur Wiedereröffnung des Reichstags am 4. November.
2 Hammann hatte am 2.11.1908, offenbar auf der Basis früherer Instruktionen Bülows, einen Redeentwurf (abgedr. bei Eschenburg, Kaiserreich am Scheideweg, 289–94) verfaßt, der im Hinblick auf die deutsche Presse aggressiv-polemisch, mit dem Blick auf den Kaiser aber ziemlich apologetisch war. Nach den ursprünglichen Vorstellungen des Pressedezernenten hätte sich der Kanzler auch zu einer Teilschuld in der Daily-Telegraph-Affäre bekennen und der gegen das Auswärtige Amt gerichteten öffentlichen Kritik den Wind aus den Segeln nehmen sollen (vgl. Eschenburg, Daily-Telegraph-Affäre, 216–218; Hiller von Gaertringen, 153). Aufgrund der Direktive v. 3. November und nach Rücksprache mit Loebell und Bethmann Hollweg wurden jene Passagen im nicht mehr erhaltenen zweiten Redeentwurf eliminiert bzw. entscheidend abgeändert (die wichtigsten Abweichungen sind in Dok. Nr.55 n.12–14 festgehalten). – Bülow scheint planmäßig sämtliche Entwürfe für seine öffentlichen Reden vernichtet zu haben.

1 Vgl. Dok.Nr.55 n.1.

Diese Interpellation ist ja schon insofern sehr maßvoll gefaßt, als sie nur die „Veröffentlichung" der Kaisergespräche und die in ihnen „mitgeteilten *Tatsachen*" zum Gegenstande hat. Die Interpellation spricht nicht von der *Mitteilung* der Tatsachen, also nicht von den Privatgesprächen selbst, obgleich hierin vielleicht der wundeste Punkt der Situation liegt. Der Kanzler wird es nicht allzu schwer haben, darauf zu antworten. Daß die „Veröffentlichung" nicht gebilligt werden kann, wird ja zugegeben, der Kanzler wird sich aber darauf beschränken können, Remedur zuzusagen.

Was die mitgeteilten Tatsachen anlangt, so hat schon die Kreuzzeitung von heute morgen in einem sehr lesenswerten Aufsatz von Schiemann[2] dargelegt, daß das von Rußland ausgehende Angebot einer Koalition gegen England und die Mitteilungen, welche Deutschland der englischen Reg[ierung] schon im Jahre 1899 darüber gemacht hat, eine geschichtliche Tatsache ist, die bereits wiederholt in politischen Zeitschriften besprochen worden ist. Schwieriger scheint es mir, die Ausarbeitung und Zusendung eines Feldzugplans als eine reine akademische Privatarbeit zu rechtfertigen. Immerhin wäre es gesucht, über diese 10 Jahre zurückliegende Tatsache jetzt zu Gericht sitzen zu wollen. Der Stein des Anstoßes liegt also nicht in diesen Tatsachen, sondern darin, daß S.M. der Kaiser auf sie gerade jetzt hingewiesen hat. Dieser Hinweis mußte von Rußland und Frankreich als ein Versuch aufgefaßt werden, England vor Frankreich und Rußland zu warnen. Der Kanzler wird daher wohl nicht umhin können, des Auslandes wegen diese Seite der Frage zu behandeln. Wie ich höre, hat er sich mit dem Reichstage auch bereits darüber verständigt, daß die Interpellation erst dann zur Verhandlung kommt, wenn wir uns mit Frankreich über Casablanca geeinigt haben werden. Das soll in den nächsten Tagen erfolgen. Ich werde darüber besonders berichten.

Nach Erledigung der Interpellation im Reichstag wird der Bundesratsausschuß für auswärtige Angelegenheiten von Bayern einberufen werden. Graf Lerchenfeld rechnet damit, daß Euere Exzellenz dazu erscheinen und wird die Einladungen so rechtzeitig ausschicken, daß die auswärtigen Herren Staatsminister sich auf die Reise nach Berlin einrichten können. In seiner kurzen Art sagte er mir: „Wir werden was sagen!" „Kritisch?" fragte ich. „Ja kritisch". „Werden Sie sich auf das Verfahren der Veröffentlichung beschränken?" „Nein", sagte er. „Sehen Sie, die Veröffentlichung war eben ein Unglück, aber ich glaube, wir werden doch darauf hinweisen, daß derartige kaiserliche Enunciationen recht bedenkliche Wirkung haben, und den Reichskanzler bitten, dafür zu sorgen, daß das nicht wieder vorkommt. Wie Herr v. Podewils[3] das nun machen wird, weiß ich nicht." „Werden Sie den Reichskanzler bitten zu bleiben?" „Nun, wir werden ihm danken, daß er seine Entlassung zurückgenommen hat."

---

2 Vgl. Theodor Schiemann, Deutschland und die große Politik anno 1908 (Berlin 1909), 334–342.

3 *Klemens* (seit 1911: *Graf) von Podewils-Dürnitz (1850–1922),* 1866–87 Legationssekretär bei der bayerischen Gesandtschaft in Berlin, 1887–96 bayerischer Gesandter in Rom, 1896–1903 in Wien, 1903–1912 bayerischer Ministerpräsident und Außenminister.

Wie ich als ziemlich sicher höre, soll der Beamte des Ausw[ärtigen] Amts, der das Interview gelesen und seine Veröffentlichung für unbedenklich erklärt hat, der Wirkl[iche] Geh[eime] Leg[ations]rat Klehmet sein, einer der tüchtigsten und erfahrensten Beamten der politischen Abteilung des Auswärtigen Amts. Es ist wirklich eine merkwürdige Ironie der Verhältnisse, daß der Reichstag immer gegen die preußischen Junker im Ausw[ärtigen] Amte ankämpft und daß von den Personen, denen man bei dieser Angelegenheit mehr oder weniger einen Vorwurf machen kann: der Begleiter des Kaisers, der Gesandte Rücker Jenisch, einer Hamburger Patrizierfamilie angehört, der Begleiter des Reichskanzlers, der Gesandte von Müller, einer Patrizierfamilie Frankfurts entstammt, der Staatssekretär v. Schoen, dem von den Liberalen vorgeworfen wird, daß er in kritischen Zeiten auf Urlaub war, bürgerlichen Ursprungs aus Hessen stammt und daß der Unterstaatssekretär Stemrich sowohl als der Geh[eim]rat Klehmet noch jetzt bürgerliche Namen tragen. Man kommt zu der Erwägung, daß es vielleicht nicht schaden würde, wenn im Auswärtigen Amte etwas mehr altpreußisches Junkertum vertreten wäre.

SächsHStA Dresden, Gesandtschaft Berlin, Nr.264 (Konzept).

Nr. 40
WILHELM GRAF VON HOHENTHAL UND BERGEN AN
CHRISTOF GRAF VITZTHUM VON ECKSTÄDT

Königlich Sächsisches Ministerium der auswärtigen Angelegenheiten – No.783.

Dresden, 4. November 1908

Bei Gelegenheit eines Vortrags, den ich Seiner Majestät gestern erstattet habe, bemerkte Allerhöchstderselbe, daß es in der gegenwärtigen kritischen Lage vor allen Dingen erforderlich erscheine, die Stellung des Fürsten Bülow zu stützen, zumal er allein in der Lage sei, die Reichsfinanzreform mit Hilfe des Blocks zu einem gedeihlichen Ende zu führen. Euere Hochgeboren ermächtige ich, von dieser Allerhöchsten Äußerung geeignetenfalls Gebrauch zu machen.

Inzwischen ist der Bericht No.1268[1] hier eingegangen und Euere Hochgeboren werden heute mittag mein Chiffretelegramm erhalten haben.

Im allgemeinen Interesse erscheint es mir geboten, die Beantwortung der beiliegenden Interpellation Günther[2] abzulehnen, da es nicht erwünscht sein kann, die Frage, inwieweit ein Eingreifen der verbündeten Regierungen in der vorliegenden Situation möglich oder nötig ist, öffentlich zu diskutieren.

Umso mehr erachte ich es aber für geboten, daß der Ausschuß für auswärtige Angelegenheiten baldtunlichst zusammentritt und daß dort von Seiten der Reichs-

---

1 Vgl. Dok.Nr.36.
2 *Oskar Günther (1861–1945),* Inhaber einer mechanischen Weberei in Plauen; erster Vorsitzender der Freisinnigen Volkspartei in Sachsen, 1907–12 Mitglied des Reichstags (Fortschritt), 1903–1918 Mitglied der sächsischen II. Kammer, 1.11.1918 sächsischer Staatsminister, Jan.–Juni 1919 Mitglied der Weimarer Nationalversammlung (DDP).

verwaltung in erschöpfender Weise Auskunft über die politische Lage gegeben wird.

Gerade gegenüber dem in der Öffentlichkeit hervortretenden Bestreben, dem Reichstag eine stärkere Beteiligung an den Fragen der auswärtigen Politik zu sichern, ist es notwendig, daß auch die verbündeten Regierungen beweisen, daß sie sich ihrer Mitverantwortung bewußt sind.

Ich glaube, daß das Zusammentreten des Ausschusses für auswärtige Angelegenheiten in mancher Hinsicht zur Beruhigung der öffentlichen Meinung im Innern beitragen wird und daß es auch nach außen nur einen günstigen Eindruck machen kann. Euere Hochgeboren bitte ich, Sich bezüglich der Frage der Einberufung des mehrerwähnten Ausschusses mit dem Grafen Lerchenfeld als dem Vertreter der hierbei führenden Regierung in Fühlung zu halten.

Hohenthal

SächsHStA Dresden, Gesandtschaft Berlin, Nr.264 (maschinenschriftliche Ausfertigung. Eingang am 5.11.)

Nr. 41
HUGO GRAF VON LERCHENFELD-KOEFERING AN KLEMENS VON PODEWILS-DÜRNITZ

Bayerische Gesandtschaft – Bericht No.533.

Berlin, 4. November 1908

In Vollzug der beiden Chiffre-Telegramme vom gestrigen [Tage] habe ich deren Inhalt mit Herrn von Bethmann besprochen. Der St[aats]min[ister] teilte mir mit, daß er den Reichskanzler schon darauf aufmerksam gemacht habe, daß der diplomatische Ausschuß bald zusammentreten sollte und daß wegen der Reisen der Herren Staatsminister die Anberaumung einige Tage vorher erfolgen müsse. Der Reichskanzler stimme dem bei, scheine aber zu wünschen, die nächsten Tage noch frei zu haben, um sich auf die Beantwortung der Interpellation im Reichstag vorzubereiten.

Ich teilte dann Herrn von Bethmann vorläufig als meine persönliche Meinung mit, daß die Mitglieder des Ausschusses Mitteilungen des Reichskanzlers über die durch den Artikel des Daily Telegraph geschaffenen Lage unmöglich stillschweigend entgegennehmen könnten. Da Herr von Bethmann dem unbedingt beistimmte, so teilte ich ihm gleich mit, was mir als Erwiderung Euerer Exzellenz auf die Darlegung vorschwebt: Ausdruck der Befriedigung, daß der Reichskanzler nicht auf seiner Entlassung bestanden hat – wegen der nachteiligen Folgen für die äußere und innere Politik (Finanzreform). Aber Hinweis darauf, daß schon öfters - wenn auch noch so wohlgemeinte – Äußerungen von Allerhöchster Stelle Beunruhigung hervorgerufen und störend auf den ruhigen Gang der Politik gewirkt haben. Dies sei diesmal in erhöhtem Maße der Fall. Bitte an den Reichskanzler, seinen ganzen Einfluß aufzubieten, damit derartiges sich wenigstens in der Zukunft nicht wiederhole.

Herr von Bethmann hatte nichts gegen eine solche Kritik einzuwenden und sprach die Überzeugung aus, daß auch der Reichskanzler damit einverstanden sein werde. Stillschweigen könne der Ausschuß in diesem Falle nicht. Er – Bethmann – lege zudem Wert darauf, daß die Kritik von Bayern geübt werde. Ich bemerkte darauf noch, daß ich mir vorbehalte, wenn Euere Exzellenz Sich über den Inhalt der Erklärung schlüssig gemacht hätten, diese ihm – Herrn von Bethmann – oder dem Reichskanzler mit Zustimmung Euerer Exzellenz vor der Sitzung zu zeigen.

Euerer Exzellenz Weisung entsprechend lege ich einen Entwurf für die Erklärung in der Anlage[1] geh[orsamst] vor. Ich setze dabei voraus, daß Euere Exzellenz den Entwurf, wenn er überhaupt brauchbar scheint, verbessern, denn er wird bei näherer Prüfung dessen noch sehr bedürftig erscheinen.

Wie Euere Exzellenz bemerken werden, hat die Presse heute wieder stark abgeflaut. Sämtliche Führer der bürg[erlichen] Parteien waren inzwischen bei Herrn von Bethmann und, wie mir dieser sagte, haben außer der Freisinnigen Vereinigung und dem Zentrum, dessen Führer Spahn[2] erst heute nachmittag zu

---

1 Lerchenfelds z.T. stichwortartiger Entwurf für die Erklärung, die der bayerische Staatsminister Podewils im Bundesratsausschuß für auswärtige Angelegenheiten abgeben sollte, hatte den Wortlaut: „Befriedigung über die Berufung des VIII. Ausschusses. – Je nach dem Eindruck der Mitteilungen des Reichskanzlers über die Marokko- und Balkanfrage einige Worte der Anerkennung über die Leitung der auswärtigen Politik und Ausdruck der Hoffnung, daß es gelingen werde, auf dem eingeschlagenen Wege die Stellung des Reiches zu wahren und den Frieden zu erhalten. – Übergehend zu den Ausführungen des Reichskanzlers zur Sache der Daily-Telegraph-Enthüllungen: ‚Ich glaube im Namen aller Mitglieder des Ausschusses dem Reichskanzler dafür danken zu sollen, daß er auf seinem Abschiedsgesuch nicht bestanden hat. Sein Rücktritt würde in dem Augenblicke einer immerhin gespannten auswärtigen Lage und am Anfang einer wichtigen und schwierigen parlamentarischen Aktion, die die unaufschiebbare Gesundung der finanziellen Verhältnisse des Reiches zum Ziele hat, von schwer zu berechnenden Folgen gewesen sein. (Wenn dies beliebt wird, könnte es dann weiter gesagt werden.) Ich gebe mich aber auch der Hoffnung hin, daß es dem in so mancher schwierigen Lage erprobten staatsmännischen Talente des Reichskanzlers gelingen wird, auch die gegenwärtigen Schwierigkeiten zu überwinden und damit sein Wirken dem Reiche auch fener zu erhalten. Dabei muß ich aber eine ernste Bitte an den Reichskanzler richten. Niemand kann sich verhehlen, daß die unglückselige Publikation des Daily Telegraph, weil sie unsere Stellung zum Ausland schwer erschüttert hat, im ganzen Reiche ein Gefühl ernster Sorge und eine tiefgehende Unzufriedenheit erzeugt hat. Dies gilt auch speziell für Bayern. Der Herr Reichskanzler hat sich vor kurzem selbst davon überzeugen können, wie fest begründet in unserer Bevölkerung aller Parteien das Gefühl der Zugehörigkeit zum Reiche ist. Dieses Gefühl muß aber Schaden leiden, wenn derartige Vorkommnisse, wie sie leider nicht zum ersten Male zu verzeichnen sind, das Vertrauen zur Reichsleitung erschüttern. Meine Bitte geht also dahin, daß der Herr Reichskanzler seinen ganzen Einfluß aufbiete, um zu verhindern, daß solche, wenn auch in bester Absicht gemachte und wenn auch private, Äußerungen von Allerhöchster Stelle fallen und bekannt werden, die, wie sich jetzt leider gezeigt hat, die Stellung des Reiches nach außen schädigen und auch auf den ruhigen und sicheren Gang der inneren Politik einen nachteiligen Einfluß ausüben müssen'" (BayHStA, Bayer. Gesandtschaft Berlin 1080).

2 *Peter Spahn (1846–1925)*, Jurist, Zentrumspolitiker; 1884–1917 Mitglied des Reichstags, 1891–96 entscheidender Anteil an den Beratungen des Bürgerlichen Gesetzbuchs, 1905 Oberlandesgerichtspräsident in Kiel, 1910 in Frankfurt/ Oder, 1912–17 Fraktionsvorsitzen-

Bethmann kommen wird, sämtliche den Wunsch ausgesprochen, daß Fürst Bülow im Amte bleibe, und die Absicht kundgegeben, die Debatte sehr scharf, aber
auf einer gewissen Höhe zu halten. [...]³

BayHStA München, Bayerische Gesandtschaft Berlin 1080 (eigenhändiges Konzept).

Nr. 42
SIEGMUND GRAF VON BERCKHEIM AN
ADOLF L. MARSCHALL VON BIEBERSTEIN

Großherzoglich Badische Gesandtschaft – Politischer Bericht No.23.

Berlin, 4. November 1908

Vertraulich.

Ich habe soeben von Graf Lerchenfeld erfahren, daß der Bundesratsausschuß für
auswärtige Angelegenheiten voraussichtlich zum nächsten *Dienstag, den 10. d.
M.*, einberufen werden wird.

Mein bayerischer Kollege steht dieserhalb momentan in regen Verhandlungen mit dem Staatssekretär von Bethmann, der seinerseits im Auftrage des
Kanzlers mit dem Grafen Lerchenfeld ad hoc Fühlung gesucht hat. Es ist also der
Fall eingetreten, den ich in meinem vorgestrigen politischen Bericht No.22¹ für
eine eventuelle baldige Einberufung des Ausschusses angegeben hatte.

Der Tag ist so gewählt, weil Fürst Bülow bis zu diesem Zeitpunkt einerseits
einen Abschluß in der Casablanca-Angelegenheit erreicht zu haben hofft und
sowohl mit dieser Motivierung – d.h. wegen der Berichterstattung über eine
glücklich (?) erledigte Sache – als auch um über den bisherigen Verlauf und den
gegenwärtigen Stand der Orientkrisis² Auskunft zu geben, die Einberufung

---

der des Zentrums, Aug.1917–Nov.1918 preuß. Justizminister, 1919–20 Mitglied der Weimarer Nationalversammlung, seit 1920 Mitglied des Reichstags.

3   Die letzte Konzeptseite befindet sich nicht mehr bei den Akten.
1   Vgl. Dok.Nr.33.
2   Wie England wollte auch Rußland die Frage der von Österreich vorgenommenen Annexion
    Bosniens und der Herzegowina vor eine internationale Konferenz bringen, der die Signatar-
    mächte des Berliner Vertrages von 1878 angehören sollten. Der russische Außenminister
    Iswolski drängte Bülow am 24.10.1908 in einem Vieraugengespräch in Berlin, Österreich
    zur Annahme der Konferenzidee und der Entschädigungsansprüche Serbiens und Montene-
    gros zu bewegen: „Für den Fall, daß das nicht geschähe, stellte er den Losbruch der Serben
    und Montenegriner, allgemeinen Brand auf der Balkanhalbinsel, Krieg zwischen Rußland
    und Österreich und schließlich Weltkrieg in Aussicht" (GP 26 / I, Nr.9065). Die russischen
    Kriegsdrohungen hielt die Reichsleitung, die sich ostentativ hinter Österreichs Balkanpoli-
    tik stellte, für einen Bluff: „Rußland kann es jetzt nicht auf einen Krieg ankommen lassen,
    der sofort revolutionäre Ausbrüche im Innern zur Folge haben würde, auch abgesehen
    davon, daß nach übereinstimmendem Urteile aller militärischen Fachmänner die durch den
    japanischen Krieg desorganisierte russische Armee nicht schlagfertig ist" (Tel. Bülow an
    Tschirschky, 26.10.1908; GP 26 / I, Nr.9067). Die Wilhelmstraße stellte sich auf den
    Standpunkt, „daß es am besten wäre, wenn es überhaupt zu keiner Konferenz käme" (Bülow
    an Tschirschky, 4.11.1908; GP 26/ I, Nr.9083), weil man wie in Algeciras eine Isolierung

wünscht; andererseits aber hat er zugestanden, daß die jüngsten durch die Publikation des sogenannten Kaiser-Interviews im Daily Telegraph hervorgerufenen Ereignisse von ihm besprochen und erläutert werden sollen und ist darüber orientiert, daß der Ausschuß dieselben in maßvoller Form kritisieren dürfte.

Diese Kritik ist so gedacht, daß Bayern wahrscheinlich eine Erklärung des ungefähren Inhalts dahin abgeben wird, daß es den Kanzler ersucht, „dafür Sorge zu tragen, daß stets wohlgemeinte, aber oft entstellte und nicht immer an diskrete Personen gerichtete Privatäußerungen Seiner Majestät des Kaisers in Zukunft wohl besser unterbleiben möchten." Dieser Erklärung könnten sich dann die Vertreter der übrigen den Ausschuß bildenden Staaten je nach Ermessen anschließen oder sie ergänzen. Den Entwurf zu dieser Erklärung[3] setzte Graf Lerchenfeld gerade auf, als ich bei ihm war, und schickt ihn heute an Freiherrn von Podewils zur Begutachtung. Ich weiß es noch nicht, werde mich aber darüber erkundigen, ob diese geplante Erklärung gleichzeitig mit der baldig zu erwartenden offiziellen Einladung zum Zusammentritt des Ausschusses von bayerischer Seite vertraulich mitgeteilt werden wird oder nicht; ich werde dann jedenfalls alsbald weiter berichten.

Sicher ist nur, daß Freiherr von Podewils selbst hierherkommen wird, um dem Ausschuß zu präsidieren, und ich darf wohl annehmen, daß Euere Exzellenz ein Gleiches zu tun beabsichtigen?

Was das bedauerliche Versehen im Auswärtigen Amte anbelangt, so will es ein tragisches Geschick, daß derjenige, den die Hauptschuld trifft, der Einzige, der das ominöse Schriftstück wirklich gelesen[4] und darüber sein Votum abgegeben hat, wohl der fleißigste und allgemein als der zuverlässigst geltende Beamte des Amtes ist, nämlich nicht Herr Esternaux, wie ich im Schlußsatz meines vorgestrigen Berichtes meldete, sondern der auch bei uns in Karlsruhe wohlbekannte Wirkliche Geheime Legationsrat Klehmet, die sogenannte Arbeitsbiene des Amtes. Stand der Name Klehmet unter irgendeinem Aktenstück, so atmeten Unterstaatssekretär, Staatssekretär und, wie man sieht, auch der Reichskanzler bei dessen Vorlage erleichtert auf: *das* konnte man blindlings unterschreiben!

befürchtete. Gegen die sich um den serbischen Kronprinzen Georg sammelnde großserbische Bewegung, die auf einen Waffengang mit Österreich drängte, suchte Bülow der Wiener Regierung den Rücken zu stärken: ihm sei bekannt, schrieb er dem österreichischen Außenminister Aehrenthal am 31.10.1908 privatim, „daß Ihnen nach und nach Zweifel darüber aufgestiegen sind, ob die jetzigen unappetitlichen Zustände in Serbien auf die Dauer haltbar sein werden. [...] Ich werde [...] die Entscheidung, zu der Sie schließlich gelangen werden, als die durch die Verhältnisse gebotene ansehen" (GP 26 / I, 227). Am 3. November meldete der deutsche Gesandte aus Belgrad, daß man sich dort vor einem „österreichisch-ungarischen Handstreich" fürchte (GP 26 / I, Nr.9109). Zum damaligen Stand der Konferenzfrage vgl. auch Kiderlen an Hedwig Kypke, 10.11.1908: „Dann habe ich noch die langweilige Konferenzfrage, die auch etwas verfahren ist. Ob sie zustandekommt, ist unsicher; jedenfalls nicht vor Januar" (Jäckh, Kiderlen-Wächter, II, 13).

3   Vgl. Dok.Nr.41, n.1.

4   Beruht wohl auf einer gezielten Falschinformation des Auswärtigen Amts oder des Reichskanzlers, da neben Kaiser Wilhelm nachweislich auch Martin Rücker Freiherr von Jenisch und Wilhelm Stemrich den englischen Artikelentwurf gelesen haben, ebenfalls mit an Sicherheit grenzender Wahrscheinlichkeit Bülow und Schoen.

Hier liegt kein Nachlässigkeits-, sondern ein schwerer Beurteilungsfehler vor, den hat kein sogenannter Salondiplomat, sondern ein gewissenhafter, fleißiger Beamter begangen, und ein solcher Fehler kann und wird ihm natürlich nicht verziehen werden.[5]

Im Übrigen füge ich einen Ausschnitt der heutigen "B[erliner] Z[eitung] am Mittag" hier bei, worin weitere, von mir jedoch nicht nachgeprüfte Angaben über den Inspirator des Kaiser-Interviews enthalten sind, die wohl interessieren dürften und sehr wahrscheinlich erscheinen.[6]

Wie ich heute im Reichstag vom Fürsten Hatzfeldt[7] erfahren habe, wird der Kanzler die Interpellation frühestens am Samstag, den 7ten, wahrscheinlich aber erst am Montag, den 9. d.M., beantworten; bis dahin hofft man, werden sich die Wogen der allgemeinen Erregung etwas gelegt haben, und es den Fraktionsführern des Blockes gelingen, ihre Parteifreunde zu einer Art Vertrauenskundgebung für den Reichskanzler zu gewinnen bzw. sie von einem Mißtrauensvotum abzuhalten, so daß die Sozialdemokraten und höchstens die Wirtschaftliche Vereinigung, die sich noch ganz rabiat gebärdet, darin isoliert wären. Auch das Zentrum dürfte maßvoll in seiner Kritik sein, denn allgemein wird die Notwendigkeit eingesehen, *jetzt* keine Kanzlerkrisis eintreten zu lassen. Herr von Bethmann soll dahingehende Zusicherungen bei seinen Unterhandlungen mit den Führern bereits erhalten haben.[8] [...]

GLA Karlsruhe, 233 / 34813 (Ausfertigung von Kanzleihand, Eingang am 5.11.08).

5   Vgl. Dok.Nr.46 n.5. Ferner den Privatbrief von Graf Bogdan Hutten-Czapski an Bernstorff, 21.11.1908: „Das war einmal eine Aufregung hier. Der arme Klehmet tat mir sicher leid, weil ich ihn als einen ganz besonders fleißigen und gewissenhaften Arbeiter kenne. Der See mußte aber ein Opfer haben" (Graf Johann Heinrich Bernstorff, Erinnerungen 'und Briefe, Zürich 1936, 71).

6   Nicht bei den Akten. Die *Vossische Zeitung* hatte am 2. November in Erfahrung gebracht, daß in den Wiener diplomatischen Kreisen „Herr Winston Stuart auf Highcliffe Castle als jene englische Persönlichkeit bezeichnet" werde, „der Kaiser Wilhelm großenteils die im Daily Telegraph veröffentlichten Mitteilungen gemacht hat. Winston Stuart gehört einer altadeligen Familie an und erfreut sich des freundschaftlichen Wohlwollens Kaiser Wilhelms" (*Kölnische Zeitung*, Nr.1153, 3.11.1908). Maximilian Harden erfuhr über Holstein, wer der Verfasser des englischen Manuskripts war: „Oberst Stewart Wortley, der Herr auf Highcliff" (*Die Zukunft*, 7.11.1908). Während der Reichstagsverhandlungen v. 10./11. November 1908 fiel der Name Stuart Wortley indes kein einziges Mal.

7   *Hermann Fürst von Hatzfeldt zu Trachenburg (1848–1933)*, freier Standesherr, preuß. Politiker; 1878–93 u. 1907–11 freikonservativer Reichstagsabgeordneter, 1894–1903 Oberpräsident von Schlesien, im Krieg Gegner von Annexionen und Befürworter eines Verständigungsfriedens u. einer sofortigen preuß. Wahlreform, 1919–21 deutscher Bevollmächtigter für das Abstimmungsgebiet Oberschlesien.

8   Diese Einschätzung der innenpolitischen Lage wird durch Bassermanns Aufzeichnungen bestätigt: „Die Situation klärt sich. Konservative wollen Bülow halten, desgleichen Freisinn, Zentrum, sprich Hertling, der nie sehr scharf steht" (7.11.1908). „Heute ist Zentralvorstand [der Nationalliberalen Partei]. Schwarze Stimmung. Erregung im Lande. Die Aktion richtet sich gegen den Kaiser, nicht den Kanzler, das ist das Resultat. Er hat ja noch viel andere Gespräche geführt. [...] Alles für Bülow gegen Kaiser. In Hofkreisen hält man Bülow für angeschossen" (8.11.1908; Spickernagel, Fürst Bülow, 140 f.).

Nr. 43

AUS DEM TAGEBUCH THEODOR SCHIEMANNS[1]

[Berlin], 4. November 1908

Der Sturm unserer Presse und der öffentlichen Meinung in Anlaß des Daily Telegraph ist zum Orkan geworden, der jedenfalls Opfer fordern wird. Im Grunde geht die Bewegung direkt gegen den Kaiser[2] und gegen sein impulsives Eingreifen in den Gang unserer Politik, zumeist infolge seiner zu freimütigen Aussprachen gegen unverantwortliche und zumal fremde Persönlichkeiten. Überlegt man die Sache, so stellt sich heraus, daß die im Daily Telegraph veröffentlichten Tatsachen keine Geheimnisse waren, und ich habe das, um etwas Besonnenheit zu predigen, in der heute erschienenen Wochenschau ausgeführt.

Aber das Übel selbst besteht und liegt auch abgesehen vom Kaiser tiefer. Der verhängnisvolle Einfluß von Hammann, der dahin führte, vor allem eine Presspolitik zu führen und glatt zu machen, was uneben war, ist seit Jahren ein Grundschaden gewesen, und Holsteins Haß gegen dieses System hatte seine volle Berechtigung. Das zweite ist die Desorganisation des Auswärtigen Amts, in welchem wir jetzt nur zwei wirklich hervorragende Beamte in der politischen Abteilung haben: von dem Bussche und Zimmermann[3]. Klehmet, der ängstlich-

1   *Theodor Schiemann (1847–1921),* Publizist und Historiker; geb. zu Grobin (Kurland), 1883–87 Stadtarchivar in Reval, 1892–1920 Prof. für osteuropäische Geschichte in Berlin (1906 ordentliche Professur), 1893–1914 polit. Korrespondent der konservativen „Kreuzzeitung" (Verfasser der Wochenübersichten über auswärtige Politik), 1918 Kurator der Universität Dorpat.

2   Nach den heftigen Presseattacken gegen den Reichskanzler an den ersten beiden Novembertagen (siehe Dok. Nr.28 n.3) nahm Bülow offenbar seine frühere Instruktion an Hammann zurück, den Kaiser mit allen Mitteln gegen Vorwürfe und Anschuldigungen in der Daily-Telegraph-Angelegenheit zu schützen. Am 3. November, wohl nicht zufällig am Tage der Abreise des Kaisers nach Österreich, setzte dann auch zumindest in den vom Pressebüro des Ausw. Amts beeinflußbaren deutschen Blättern eine Gegenbewegung ein, die den Reichskanzler auf Kosten des Kaisers möglichst ganz aus der Schußlinie zu bringen suchte; beispielhaft dafür ist der Leitartikel der *Kölnischen Zeitung* v. 3.11.1908 mit der Überschrift: „Kanzlerkrise?", in dem der Standpunkt vertreten wurde, „daß das deutsche Volk den Backenstreich des Schicksals, der fast wie eine Ironie der Weltgeschichte wirkt, weil er just Bernhard v. Bülow, den Vielgewandten, getroffen, in seinem eigenen Interesse verzeihen müsse" (Nr.1155). Der seit dem 3.11. zu beobachtende Umschwung in Bülows Pressepolitik, flankiert von massiven, über Loebell und Bethmann Hollweg ausgeführten Einwirkungsversuchen auf führende Reichstagsabgeordnete, ist dem Zentrumsführer Georg Graf von Hertling nicht verborgen geblieben. „Die Aktion der Bülowleute", schrieb er seinem Sohn Karl am 5.11.1908, „geht dahin, Bülow, mit dem sie stehen und fallen, zu schonen und scharf gegen den Kaiser vorzugehen. Letzteres ist Bülow erwünscht, damit er sich dem Kaiser gegenüber auf den Reichstag berufen kann. Mit der Kritik an den Kaiser erfüllen wir daher nur Bülows eigene Wünsche" (Thimme, Front wider Bülow, 147). Anders dagegen die Interpretation von Hecht (46 ff., 65), der Bülow nicht als Macher, sondern als Spielball der öffentlichen Meinung sieht.

3   *Arthur Zimmermann (1864–1940),* Politiker; Vizekonsul in Schanghai, Konsul in Kanton, 1900 Vertreter des Konsuls in Tientsin, 1902 Hilfsarbeiter im Ausw. Amt, 1903 Vortragender Rat, 1910 Ministerialdirektor der Polit. Abteilung, 1911 Unterstaatssekretär, 25.11.1916–5.8.1917 Staatssekretär des Äußeren.

ste und vorsichtigste von allen, trägt in diesem speziellen Fall die Hauptschuld, was fast den Eindruck einer Ironie macht, aber nur belegt, was ich längst gesagt habe, daß er eine subalterne Natur ist und große Verantwortung nicht zu tragen vermag. Die Ernennung von Schoen war ebenso ein Mißgriff wie die von Tschirschky[4] und ist gegen den Willen des Reichskanzlers erfolgt. Ich will damit nicht sagen, daß Schoen untüchtig ist. Er hat immer das Beste gewollt und war fleißig, was auch Tschirschky war, aber beide waren für die Verantwortung, die auf ihnen ruhte, zu schwach. Der sonst vortreffliche Stemrich war noch nicht genügend eingearbeitet. Unter Mühlbergs[5] Leitung hätte ein Versäumnis, wie es auf ihm lastet, nie stattfinden können.

Heute früh Brief von Berchem[6], aufs äußerste pessimistisch. Ich habe den Inhalt Einem[7] vorgelesen, und dann den Brief, wie Berchem wünschte, zerrissen. Einem ist fast noch pessimistischer, billigte alles, was Berchem sagte, und klagte über die Reisen und das fehlende Interesse des Kaisers an ernsten Dingen. Ebenso über Bülow. Er wird versuchen, durch den Vizepräsidenten des Staatsministeriums[8] den Reichskanzler zu einer Auseinandersetzung zu veranlassen. Morgen werden die Interpellationen im Reichstag ihre Beantwortung durch den Reichskanzler herbeiführen.[9] Das Verhältnis zu Frankreich wird plötzlich kritisch in Anlaß der festgenommenen Deserteure.[10]

GStA PK Berlin, I.HA Rep.92, NL Schiemann, Nr.153 (maschinenschriftl. Abschrift, Original nicht mehr vorhanden).

4 *Heinrich Leonhard von Tschirschky und Bögendorff (1858–1916),* Diplomat; 1889 Legationsrat in Athen, 1895 Botschaftsrat in St. Petersburg, 1900 Ministerresident in Luxemburg, 1902 preuß. Gesandter in Mecklenburg u. in den Hansestädten, 17.1.1906–7.10.1907 Staatssekretär des Ausw. Amts, 1908 Botschafter in Wien, Begleiter Wilhelms II. auf Auslandsreisen.

5 *Otto von Mühlberg (1847–1934),* Jurist, Diplomat; seit 1872 im Dienst des Ausw. Amts, 1884 Vortragender Rat der II. Abteilung im Ausw. Amt, 1898 Leiter der Orientangelegenheiten in der Polit. Abteilung, 1900–1908 Unterstaatssekretär im Ausw. Amt, 1908–1919 Gesandter Preußens beim Heiligen Stuhl, 1915–19 Dienstsitz in Lugano /Schweiz.

6 *Maximilian Sigismund Rudolf Graf von Berchem (1841–1910),* Politiker; 1885 Direktor der handelspolitischen Abteilung im Ausw. Amt, 1886 Unterstaatssekretär.

7 *Karl von Einem (gen. von Rothmaler) (1853–1934),* Offizier, Politiker; Teilnahme am Feldzug 1870/71, 1876 Adjutant der 8. Kavallerie-Brigade in Erfurt, 1880 Kommandierung in den Generalstab, 1881 Versetzung in den Großen Generalstab, 1884 Eskadronchef in Colmar/ Elsaß, 1888 Major im Generalstab Straßburg, 1895 Chef des Generalstabs des VII. Armeekorps in Münster, 1898 Versetzung nach Berlin ins Kriegsministerium, 1900 General, 1901 Direktor des Allgemeinen Kriegsdepartments, 15.8.1903–11.8.1909 Preuß. Staatsund Kriegsminister.

8 Theobald von Bethmann Hollweg.

9 Vgl. dazu Holstein an Ida v. Stülpnagel, 6.11.1908: „Ich sehe, daß Bülow die Interpellation um ein paar Tage hat verschieben lassen. Die Gemüter sollen sich wohl etwas beruhigen. Aber ich glaube doch, daß die Abgeordneten, aus Furcht vor der Wählerschaft, ziemlich lebhaft reden werden. [...] Als neugieriger Zuschauer bin ich gespannt zu erfahren, auf welche Heilmittel Bundesrat und namentlich Reichstag verfallen werden, um Indiskretionen des Kaisers zu verhüten" (Rogge, Friedrich von Holstein, 324–325).

10 Vgl. Dok. Nr.35 n.2.

Nr. 44
MARTIN RÜCKER FREIHERR VON JENISCH AN
BERNHARD FÜRST VON BÜLOW

Wien, 4. November 1908. Abends.

Ganz vertraulich!

Mein lieber Bernhard,

Seine Majestät sprach noch gestern abend mit mir über die bewußte Angelegenheit. Ich antwortete Ihm so, wie ich ungefähr mit Dir besprochen hatte[1], und machte u.a. geltend, daß der betreffende Beamte schon aus Respekt vor den Allerhöchsten Äußerungen nicht gewagt habe, ganze Sätze aus dem Kaiserlichen Gespräch wegzustreichen. S.M. kam dann auf Deine Lage gegenüber dem Reichstag und meinte, Du müßtest besonders die Haltung unserer Presse auf das Schärfste verurteilen und im Reichstage darauf hinweisen, daß Er mit der ganzen Unterredung nur das Wohl des Vaterlandes und die Besserung der Beziehungen zu England im Auge gehabt habe.[2] Ich habe erwidert, daß Du ja schon durch Deine Erklärung die Angriffe von Ihm auf Dich mit Erfolg abgeleitet habest. In dem Interview ständen doch aber Dinge, die Du unmöglich gutheißen könntest, z.B. den Kriegsplan und unsere Aufgabe im Pazifik.

Heute morgen sandte S.M. dann in bester Absicht das Telegramm an Dich ab.[3] Darauf hörte er Hülsens[4] Vortrag. Nach demselben ließ er mich rufen und

---

1　Am 3. November hatte Bülow seinen Vetter Jenisch kurz vor der Abreise nach Österreich gebeten, dafür zu sorgen, daß Persönlichkeiten der kaiserlichen Umgebung Wilhelm II. über die Gründe der gegen ihn gerichteten Erregung aufklären sollten (vgl. Hiller v. Gaertringen, 155). Bülow hatte größtes Gewicht darauf gelegt, daß sein Vertrauter Jenisch den Kaiser als Vertreter des Auswärtigen Amts nach Österreich und Donaueschingen begleitete; vgl. die entsprechenden Tagesnotizen des Zentralbüros am 1.11.1908: „Frhr. v. Jenisch soll mit nach Österreich u. Donaueschingen gehen. [...] Frhr. v. Jenisch kommt morgen früh nach Berlin. [...] Frhr. v. Jenisch ist am Dienstag Mittag [3.11.] im Amt" (PA-AA, R 19860). Aus seinem Wohnort Klein Flottbek telegraphierte Jenisch am 1.11.: „Heutiges Telegramm erhalten; werde mich daher Dienstag Abend Allerhöchstem Gefolge anschließen und mich Dienstag Mittag im Amt melden. Ich darf annehmen, daß Oberhofmarschallamt von veränderter Disposition unterrichtet ist, da Raum beim Erzherzog sehr beschränkt". Wie das Zentralbüro des Ausw. Amts unter dem 2.11. festhielt, telegraphierte Oberhofmarschall Graf Eulenburg aus dem Hoflager: „S.M. wollen nicht, daß Frhr. v. Jenisch nach Eckartsau mitkomme, derselbe solle sich vielmehr *in Wien* zur Verfügung Sr. Majestät halten; dagegen würde Frhr. v. Jenisch für die Abendtafel in Schönbrunn am 6. November angesagt" (ibid.).

2　In diesem Sinne war Hammanns erster Redeentwurf v. 2.11.1908 gehalten (vgl. Dok.Nr.38 n.2).

3　Kurz nach seiner Ankunft in Eckartsau am 4.11.1908 (11.59 a.m.) hatte Wilhelm II. dem Kanzler telegraphiert: „Anläßlich des heutigen Zusammentritts des Reichstags liegt es mir am Herzen, Euere Durchlaucht meines vollsten Vertrauens zu versichern und Ihnen auszusprechen, daß meine besten Wünsche für eine erfolgreiche Arbeit Sie in Ihrer schwierigen Aufgabe begleiten. Waidmannsheil!" (BA Berlin, R 43–810, Bl.229; abgedr. in Westarp, Konservative Politik, I, 38). Auf der Entzifferung des Telegramms befindet sich von Bülows Hand der Vermerk: „Ich bitte um Entwurf für Antwort: kurz, herzlich." In seiner Antwort dankte Bülow für das „gnädige Telegramm" und versicherte dem auf Hochwild-

sagte mir in Hülsens Gegenwart: „Hülsen stellt mir soeben die Sache in einem anderen Lichte dar. Ich habe bisher geglaubt, daß Bülow im allgemeinen mit meinen Äußerungen zu dem Engländer einverstanden sei und nur den Zeitpunkt der Veröffentlichung für inopportun halte. Nun sagt mir Hülsen, die Aufregung im Deutschen Volk und der Presse komme daher, weil man aus der Erklärung in der N[orddeutschen] A[llgemeinen] Z[eitung] ersehe, daß Ich ohne Zustimmung des Reichskanzlers eine derartige politische Unterredung mit einem Ausländer gehabt habe. Was meinen Sie dazu?" Da habe ich Sr. Maj. offen gesagt, daß dies allerdings der Fall sei und daß dies besonders bei uns schmerzlich empfunden werde; daß derartige Äußerungen von Ihm unsere Politik unter Umständen schwer schädigen müßten; daß S.M. überhaupt oft allzu vertrauensselig sei und politische Gespräche führe, die lieber Seinem verantwortlichen Ratgeber zu überlassen seien. Hülsen sekundierte mir sehr verständig, und wir hatten beide den Eindruck, daß S.M. dies akzeptierte, da Er nichts entgegnete. Beim Lunch war S.M. sichtlich still und präokkupiert, aber durchaus freundlich, auch nach dem Lunch, als Er mich rufen ließ, um über die amerikanische Präsidentenwahl zu sprechen.

Zu Tschirschky, der bald darauf einstieg, sprach S.M. gar nicht über die Sache, sondern allein über die Orientfrage, und betonte ihm gegenüber wiederholt, daß Er nur Deine Instruktionen befolgen werde, die Er Sich diesmal (wie auch sonst immer) von Dir erbeten habe.[5] Hülsen sagte mir nachher, er habe Sr. M. sehr unverblümt seine Ansicht über Sein Eingreifen in die ausw[ärtige] Politik gesagt.

S.M. erzählte mir noch: Als Er auf eine neuliche Sendung (über Banken im Orient) von Dir keine Antwort bekommen habe, habe Er telegraphisch bei Dir angefragt, ob Du die Sendung auch erhalten und gelesen habe. Er habe *nur* andeuten wollen, daß Er Dir dankbar sein würde, wenn Du in solchen Fällen

jagd befindlichen Monarchen: „Das Vertrauen meines Kaiserlichen Herrn wird mich stärken in meinem Bemühen, zu finden und zu tun, was in diesen ernsten Tagen die Pflicht gegen Kaiser und Reich gebietet" (Tel.No.3., Bülow an Wilhelm II., 4.11.1908, 8.15 p.m.; ibid., Bl.231; Westarp, 38–39).

4   *Dietrich von Hülsen (1852-1908), seit 1894 Graf von Hülsen-Haeseler;* seit 1869 in der preuß. Armee, 2.5.1901-14.11.1908 Chef des Militärkabinetts u. Generaladjutant des Kaisers (General der Infantrie).

5   Zu Bülows Instruktionen gehörte wohl, in den Unterhaltungen mit dem österreichischen Thronfolger Franz Ferdinand "lediglich als Zuhörer" aufzutreten, wenn die bosnische Annexionsfrage zur Sprache kam, jedenfalls keinerlei Zusagen auch hinsichtlich der Dardanellenfrage zu machen (vgl. Tel.Wilhelm II. an Bülow, 5.11.1908; GP 26 / I 239. Denkwürdigkeiten, II, 358). Auch in dem Gespräch mit dem österreichischen Kaiser Franz Joseph am 6.11. scheint Wilhelm II. eine betont passive Rolle eingenommen zu haben (vgl. Jenisch an Bülow, 7.11.1908; GP 26 / I, Nr.9088). Die beiden Jagdtage in Eckartsau verliefen aus der Sicht des deutschen Herrschers "sehr harmonisch und heiter [...]. Ich streckte 65 Hirsche." Er habe "nicht den Eindruck", ließ er Bülow aus Wien wissen, "daß vorläufig irgendwelche kriegerischen Verwickelungen in Aussicht stehen, falls nicht Serbien und Montenegro total verrückt sein sollten. Besten Dank für Ihr freundliches Telegramm, soeben erhalten. Ich gedenke Ihrer stets in meinem Morgen- und Abendgebet. Er half uns durch allen Menschenhaß und Neid doch durch! 'There is a silverlining to every cloud'" (Tel.No.6, ganz geheim, Wilhelm II. an Bülow, 6.11.1908; GP 26 / I, Nr.9087).

schon kurz den Empfang der Sendung bestätigen und (falls eine Beantwortung
der Sache nicht sogleich zu geben sei) schon dabei die spätere Erledigung der
Angelegenheit in Aussicht stellen wolltest.

Verzeih diesen eiligen Brief. Mit den allerbesten Wünschen

Dein treu ergebener Martin J.

BA Koblenz, N 1016 / NL Bülow, Nr.33, Bl.36–39 (eigenhändiger Privatbrief).

Nr. 45
ERKLÄRUNG
DES VORSTANDES DER DEUTSCHKONSERVATIVEN PARTEI

Berlin, 5. November 1908

Die letzten mit den Veröffentlichungen der englischen Presse verbundenen Ereignisse zeigen, daß der Dienst des Auswärtigen Amtes nicht überall ausreichend
organisiert ist. Trotz der vom Reichskanzler formell übernommenen Vertretung
müssen Vorkehrungen getroffen werden, welche die Wiederkehr solcher Miß-
stände für die Zukunft mit Sicherheit verhindern.

Im Zusammenhang hiermit hält der versammelte Vorstand der konservativen
Partei es für erforderlich, folgendes auszusprechen:

Wir sehen mit Sorge, daß Äußerungen Seiner Majestät des Kaisers, gewiß
stets von edlen Motiven ausgehend, nicht selten dazu beigetragen haben, teilweise durch mißverständliche Auslegung unsere auswärtige Politik in schwierige
Lage zu bringen. Wir halten, geleitet von dem Bestreben, das Kaiserliche Ansehen vor einer Kritik und Diskussion, die ihm nicht zuträglich sind, zu bewahren,
sowie von der Pflicht beseelt, das Deutsche Reich und Volk vor Verwickelungen
und Nachteilen zu schützen, uns zu dem ehrfurchtsvollen Ausdruck des Wunsches verbunden, daß in solchen Äußerungen zukünftig eine größere Zurückhaltung beobachtet werden möge.[1]

1   Angesichts der bevorstehenden Reichstagsinterpellationen und der Stellungnahme der
    Deutschkonservativen Partei mehrten sich im Berliner Hoflager die Stimmen, die den
    Kaiser telegraphisch zur Rückkehr nach Potsdam und zur Aufgabe seines zehntägigen
    Jagdaufenthaltes in Donaueschingen auffordern wollten. Ein entsprechender Vorstoß des
    Kommandanten des kaiserlichen Hauptquartiers, Hans Georg von Plessen, wurde aber von
    der Reichskanzlei abgeblockt. „Die von Euerer Exzellenz mitgeteilten Gründe fordern
    volles Verständnis. Indes überwiegt die Anschauung, daß plötzliche Rückkehr bei Lage der
    auswärtigen Verhandlungen alarmistisch wirken würde. Deshalb empfohlen, Telegramm
    nicht abzusenden" (Tel. Loebell an Plessen, 5.11.1908, 7.50 p.m.; BA Berlin, R 43–810,
    Bl.247). Vgl. dazu auch Valentinis Tagebucheintragung v. 5.11.1908: „Den ganzen Tag
    Kabinett. Aufregung wegen ‚Kaiserinterview' pp. Verhandlungen mit Plessen, Loebell,
    Guenther pp." (BA Koblenz, N 1058 / NL Thimme, Nr.26, Bl.3). Auch die Kaiserin bat
    Bülow am 5.11. brieflich, der Kanzler möge Wilhelm II. nach dem offiziellen Besuch in
    Wien zurückrufen und nicht nach Donaueschingen zum Fürsten Fürstenberg weiterreisen
    lassen (Hiller v. Gaertringen, 156). Albert Ballin suchte am 6. November den Chef des
    Marinekabinetts, Georg Alexander von Müller, auf und beschwor diesen, „dahin zu wirken,
    daß der Kaiser nach Berlin zurückkomme, statt in Donaueschingen Füchse zu schießen".

Wir wollen dabei zugleich mit aller Entschiedenheit feststellen, daß wir im Interesse der Würde und des Machtbewußtseins des Deutschen Reiches eine weitere öffentliche publizistische Behandlung dieser Vorgänge nicht für segensreich erachten können. Wir müssen wünschen, insbesondere auch dem Auslande gegenüber, diejenige Ruhe und Geschlossenheit des Volkes zum Ausdruck zu bringen, welche für uns, umdroht von Gefahren, eine politische Notwendigkeit der Selbsterhaltung ist.[2]

BA Berlin, R 43–810, Bl.250. Veröffentlicht in „Conservative Correspondenz", Nr.180, 6.11.1908. Abgedr. in Westarp, Konservative Politik, I, 41 (teilw.); Teschner, 68.

Auf ein entsprechendes Schreiben an seinen Kollegen im Militärkabinett, den Grafen Hülsen-Haeseler, erhielt Müller am 8. November aus Donaueschingen die Antwort: „Ew. Exzellenz danke ich verbindlichst für die Schilderung der dortigen Stimmung in der traurigen Angelegenheit. Ich hatte von vornherein die Ansicht, daß S.M. den Aufenthalt hier aufgeben müsse, wenn aber der Reichskanzler das nicht fühlt und ausspricht, so ist wohl keine Hoffnung, daß S.M. jetzt früher zurückkehrt. Und der Kanzler hat ja S.M. nicht einmal gesagt, daß er seinen Abschied deshalb erbäte, weil S.M. zu Ausländern Äußerungen gemacht hätte, welche mit der Reichspolitik nicht vereinbar wären und welche er gutzuheißen oder gegenzuzeichnen nicht in der Lage wäre. S.M. glaubte, daß ihn Bülow vollständig in der ‚Norddeutschen'-Erklärung gedeckt hätte und *nur* mit dem Zeitpunkt der Veröffentlichung nicht einverstanden sei. Ich habe S.M. auf der Herreise gesagt, wie die Sache stände und daß das ganze Volk, wie auch ich, tief betrübt und etwa wie 70 auf das Äußerste darüber erregt sei, daß S.M. sich so gegen Ausländer im Gegensatz zu der Politik des Reiches geäußert hätte, und habe S.M., soweit ich es vermochte, die reine Wahrheit gesagt. Sie können versichert sein, daß auch ich die baldige Rückkehr des Kaisers, wenn der Kanzler sie anregte, mit allen Kräften anraten würde" (Görlitz, Der Kaiser ..., 70–71). Ähnlich Graf Robert Zedlitz-Trützschler in seinem Brief an den Vater, 30.11.1908: „Vor der Reise nach Eckartsau und Donaueschingen, wie auch später, sind aus der Umgebung wiederholentlich Versuche gemacht, die Reise aufzugeben oder abzukürzen. Diese Versuche blieben hauptsächlich deshalb ergebnislos, weil in jener Zeit dem Fürsten Bülow die Abwesenheit des Kaisers erwünscht war" (Zedlitz-Trützschler, Zwölf Jahre, 196). Siehe auch Bülows scheinheiligen Kommentar in Denkwürdigkeiten, II, 357 f. Ferner Marie Radziwill, Briefe vom deutschen Kaiserhof, 315 f.; Eckardstein, Entlassung des Fürsten Bülow, 64 f.; Schüssler, 42.

2   Unterschrieben von allen Mitgliedern des Elferausschusses der Konservativen Partei: Otto Freiherr von Manteuffel (Vorsitzender), Leopold von Buch, Hermann Freiherr von Erffa, Ernst von Heydebrand und der Lasa, Heinrich August Klasing, Jordan von Kröcher, Karl Paul Mehnert, Julius Graf von Mirbach-Sorquitten, Oskar von Normann, Karl Julius Rabe von Pappenheim und Karl Stackmann. – Für Eschenburg (Kaiserreich am Scheideweg, 139 ff.; Daily-Telegraph-Affäre, 217 ff.) bewirkte die Erklärung der Deutschkonservativen Partei eine Änderung in Bülows politischer Strategie, die nach dem 6. November zu einer Umarbeitung des Hammannschen Redeentwurfs v. 2. November geführt haben soll. Gegen diese Sichtweise spricht allerdings Bülows Instruktion v. 3.11.1908 (Dok. Nr.38) sowie die von Harden und Holstein bezeugte Tatsache, daß sich der Ton der offiziösen und halboffiziösen Presse bereits seit dem 3. November zunehmend im Sinne einer kritischen Distanz zum Kaiser geändert hatte (vgl. Rogge, Holstein u. Harden, 377). Siehe dazu auch Dok. Nr.125.

Nr. 46
REINHOLD KLEHMET AN FRIEDRICH WILHELM VON LOEBELL[1]

Auswärtiges Amt.

Berlin, 6. November 1908

Der – schriftliche – Auftrag des Reichskanzlers, mit dem der Entwurf des Daily-Telegraph-Artikels an das Auswärtige Amt gelangte, lautete wörtlich:

[...][2]

Streng nach dieser Verfügung ist verfahren und in dem von mir entworfenen Bericht an den Reichskanzler die – m.E. mir *nicht* gestellte – Frage nach der *Opportunität* der Veröffentlichung überhaupt nicht berührt worden.

Ich war der Ansicht, daß *diese* Frage, deren Elemente ja dem Herrn Reichskanzler am besten bekannt waren, von S.D. bereits entschieden wäre oder noch entschieden werden würde. Ich durfte dies um so eher glauben, als nach dem Brief des Freiherrn v. Jenisch an S.D. Seine Majestät mit der Übersendung des Artikels an S.D. nur bezweckte, zu etwa erwünscht erscheinenden Änderungen und Streichungen die Möglichkeit zu bieten.

Demgemäß habe ich in dem Entwurf zu dem Bericht an den Reichskanzler die Frage der Opportunität der Veröffentlichung überhaupt nicht berührt, wobei ich auch davon ausging, daß dies eventuell, auf – telegraphische – Aufforderung von Norderney aus, nachgeholt werden könnte.

Da das Manuskript zweifellos noch an anderen Stellen, z.B. in der Redaktion des „Daily Telegraph" vorhanden sein mußte, also jedenfalls auch im Falle, wo S.M. die Veröffentlichung ablehnte, mit einer Veröffentlichung von anderer Seite aus zu rechnen war, schien es mir richtiger und würdiger für S.M., daß S.M. der Veröffentlichung von vornherein nicht widersprach.[3]

An den Veröffentlichungen bei Wolff und in der Nordd[eutschen] Allg[e-meinen] Zeitung habe ich keinen Anteil.[4]

Klehmet[5]

PA-AA, R 5832, Bl.67–68v (eigenhändig; von Loebell abgezeichnet am 7.11.08, von Bülow zur Kenntnis genommen; die kursiv gesetzte Passage ist von Bülow mit einem Randstrich versehen worden).

1   Klehmets ausführlichere Rechtfertigungsschrift vom gleichen Tage ist abgedr. in GP 24, Nr.8258. Jene maschinenschriftliche, mit einigen handschriftlichen Zusätzen von der Hand Klehmets versehene Aufzeichnung ist nach Ausweis der Akten nur von Loebell eingesehen und knapp kommentiert worden. Nach Ansicht Loebells hätte sich Klehmet bei der Prüfung des Manuskripts mit dem damaligen Referenten für England, Freiherr von dem Bussche-Haddenhausen, in Verbindung setzen sollen (PA-AA, R 5832, Bl.64–66v).

2   Siehe Dok.Nr.7.

3   Bülow markierte diese Passage wohl zur Selbstrechtfertigung. Holstein hatte schon einige Tage zuvor argumentiert: „Nachdem der Kaiser sich gegenüber Personen, die zur Geheimhaltung nicht verpflichtet waren, in dieser rückhaltosen Weise einmal ausgesprochen hatte, wäre es fehlerhaft gewesen, der vollständigen Veröffentlichung entgegenzutreten, selbst wenn man dazu die Möglichkeit gehabt hätte" (Holstein an Bülow, 29.10.1908; Rogge, Holstein und Harden, 364).

4   Dazu Loebells Kommentar v. 7.11.: „Klehmets Entschuldigung stimmt überein mit dem

Schlußsatz des Steinschen Artikels" (PA-AA, R 5832, Bl.67). August Stein hatte am
6.11.1908 in der *Frankfurter Zeitung* geschrieben: „Die Beamten des Auswärtigen Amts,
die für die unglückliche Behandlung des Manuskripts des berühmten Artikels verantwortlich sind, werden nun doch schon in allernächster Zeit die Konsequenzen zu tragen haben.
Man weiß jetzt auch in engeren Kreisen, wer der Vortragende Rat war, der das Manuskript
zu prüfen hatte. Die Öffentlichkeit hat wohl nie von ihm gehört, aber es ist schade um den
Mann. Es ist einer der ältesten Beamten der politischen Abteilung, ein Mann von unge-
wöhnlicher Arbeitskraft. Es müssen Überbürdung und ein Mißverständnis zusammenge-
wirkt haben, daß gerade diesem ein so grobes Versehen passieren konnte. Es wird sich
wahrscheinlich ergeben, daß er, wie es gleich anfangs hieß, geglaubt hat, daß über die
politische Opportunität des Artikels schon entschieden sei, so daß er ihn nur auf die
Richtigkeit der darin enthaltenen tatsächlichen Angaben prüfte" (ibid., Bl.70; von Bülow
unterstrichen und mit zahlreichen Randstrichen versehen).

5 Am 6.11.1908 beantragte Klehmet „im Hinblick auf meine Verwickelung in die Angelegenheit des Daily-Telegraph-Artikels" die einstweilige Versetzung in den Ruhestand, „in der
Annahme, dadurch, soviel an mir liegt, zur Erleichterung unserer politischen Lage beizutra-
gen" (PA-AA, Rep. IV Personalia, Nr.107, Bd.2; ohne amtliche Vermerke). Über die
Vorgeschichte dieses Gesuchs an den Reichskanzler vgl. die Eingabe Klehmets an Kider-
len-Wächter v. 30.8.1910: „Nachdem dann durch die nach Schuldigen suchende Presse der
Kreis immer enger gezogen, Geheimrat Hammann, Legationsrat Esternaux und Baron
Bussche durch offiziöse Presseerklärungen eliminiert, auch bereits mein Name neben v.
Müller, Rücker-Jenisch, Stemrich genannt war (zuerst in der ‚Neuen Gesellschaftlichen
Korrespondenz'), sagten mir Herr v. Loebell, Herr v. Flotow und dann auch – augenscheinlich auf Veranlassung von Geheimrat Hammann – Herr v. Huhn, daß es im Interesse und in
den Wünschen des Kanzlers läge, wenn ich meine Stellung zur Disposition anböte. Wahrscheinlich werde der Kanzler das Anerbieten nicht annehmen. Der so auf mich ausgeübten
Pression habe ich mich – leider – gefügt, nachdem auch Exzellenz v. Schoen sich einverstanden zeigte. Zuvor aber zeigte mir Herr v. Flotow die von mir zur Bedingung gemachte
schriftliche Verfügung des Kanzlers, daß meine[n], von Herrn v. Flotow registrierten
Wünsche[n] - die ich in der Eile auf eine Gesandtschaft, eventuell den Posten des Präsidenten eines ‚kleinen' Reichsamts, einen Vortragenden Ratsposten in einem anderen, obersten
Reichsamt, *äußerstenfalls und nur einstweilen* ein Generalkonsulat formuliert hatte –
tunlichst entsprochen werden solle. Herr v. Flotow bemerkte dabei, daß ich durch meine
Willfährigkeit meine Aussichten verbessern würde. Meine ausdrückliche Voraussetzung,
daß ich *nicht allein* preisgegeben werden dürfe, wurde als durchaus berechtigt anerkannt"
(PA-AA, R 5833, Bl.211; mit z.T. erheblichen Abweichungen abgedr. in *Deutsche Revue*,
45/1920, S.48–49). Klehmets Wiederverwendungswünsche nahm Loebell, nicht Flotow,
entgegen (vgl. die Kanzleiaufzeichnung v. Loebell, 6.11.1908; PA-AA, Rep.IV Personalia,
Nr.107, Bd.2). – Mit der Prüfung der Frage, welche personellen Konsequenzen aus der
Daily-Telegraph-Affäre zu ziehen seien, wurde nach dem 7. November Kiderlen-Wächter
beauftragt, der die Angelegenheit jedoch dilatorisch behandelte: „Ich soll den Karren
wieder flott machen, und dann kann ich gehen. Ich soll die ganze Untersuchung über die
Depeschengeschichte führen und dann die Schuldigen schlachten. Ich habe in Personalien
plein pouvoir" (Kiderlen an Hedwig Kypke, 10.11.1908: Jäckh, Kiderlen-Wächter, II, 12).

Nr. 47
KARL BÜNZ[1] AN BERNHARD FÜRST VON BÜLOW

Kaiserlich Deutsches General-Konsulat. Bericht No.536.

New York, 6. November 1908

Es war außerordentlich schwierig, die Veröffentlichung des Haleschen Artikels[2] zu verhindern. Hale[3] selbst hatte mit dem besten Willen alles versucht und erklärte mir, es sei ganz ausgeschlossen, in der Sache etwas zu tun.

1 *Karl Bünz (1843–1918),* Jurist; 1867–1876 im preuß. Justizdienst, 1872 Amtsrichter in Eddelak, 1876 Bürgermeister in Glückstadt, 1887 Einberufung in den ausw. Dienst (konsularische Laufbahn), 1889–91 Konsul in Port au Prince, 1891-99 Konsul in Chicago, 1899–1909 Generalkonsul in New York, 1904 Geheimer Legationsrat, 1909 Ministerresident u. Gesandter in Mexiko, 1911 Versetzung in den Ruhestand, seit 1912 Generalrepräsentant der Hamburg-Amerika-Linie (HAPAG) in New York, 1917 Verurteilung zu Haftstrafe wegen Verletzung amerikanischer Zollgesetze.

2 Am 19.7.1908 empfing Kaiser Wilhelm vor Bergen auf der Jacht „Hohenzollern" den Redakteur der *New York Times,* William Bayard Hale. „Nach dem Diner", meldete die *B.Z. am Mittag* am 21.7.08, „promenierte der Kaiser volle zwei Stunden lang allein mit dem Korrespondenten im Gespräch auf der Brücke der ‚Hohenzollern'." Wie Wilhelm II. auf einem Ausschnitt des *Matin* v. 21.7. vermerkte, sei ihm Hale „durch Sternburgs Schreiben und das Ausw. Amt besonders empfohlen worden" (Marginal v. 29.7.1908; PA-AA R 17240). Die Initiative zu dieser Begegnung war von Mr. Reick, dem Besitzer der *New York Times,* ausgegangen. Dieser bat den deutschen Botschafter Baron Hermann Speck zu Sternburg, ihm dabei behilflich zu sein, den nach Berlin gehenden Schriftsteller Hale „dort mit einer maßgebenden Persönlichkeit in Verbindung zu bringen, die Seiner Majestät dem Kaiser und Könige besonders nahesteht, um mit dieser die hervorragenden persönlichen Eigenschaften Seiner Majestät sowie Allerhöchstderen innere und Weltpolitik eingehend zu besprechen." Nach den Vorstellungen Sternburgs sollte sich Hale kurz vor Mitte Juli auf dem Auswärtigen Amt beim Freiherrn von dem Bussche-Haddenhausen melden, der das weitere veranlassen würde (Ber. A 112, Sternburg an Bülow, 11.5.1908; ibid.). Bussche vermittelte dann offenbar das – ursprünglich gar nicht vorgesehene – Treffen mit dem Kaiser in Bergen. – Unter der Schlagzeile „Noch ein Kaiser-Interview" berichtete die *B.Z. am Mittag* am 7.11.1908 über den Inhalt des noch unveröffentlichten Haleschen Artikels: „William Hale hat einen ganzen Abend mit dem Kaiser verbracht. Er gibt die Kommentare des Kaisers über ‚Menschen und Einrichtungen' (men and institutions) wieder, dann des Kaisers Eindrücke über den Präsidenten Roosevelt. (Der Kaiser ist bekanntlich ein Bewunderer Roosevelts.) Sodann werden die Ansichten des Kaisers über die christliche Religion, über den Krieg und die wahre Mission des Reichtums wiedergegeben. [...] Dann besprach der Kaiser die Prinzipien der Architektur, und Mr. Hale hat alles wortgetreu berichtet. Nachdem er die Grundlagen der Baukunst besprochen hatte, ging der Kaiser zu einem weit abliegenden Thema über, zur Erörterung der römisch-katholischen Kirche" (ibid.).

3 *William Bayard Hale (1869–1924),* amerikanischer Geistlicher und Literat; 1893–1900 Priester in Massachusetts u. Pennsylvania, 1900 Verlagsleiter der Zeitschrift *Cosmopolitan Magazine,* 1901 der *Current Literature,* 1902 Spezialkorrespondent der *New York World,* 1903–07 Verlagsleiter der *Philadelphia Public Ledger,* 1907–09 Redakteur bei der *New York Times* (zuständig für „Saturday Review of Books") und zeitweilig Pariser Korrespondent, 1909–13 Redakteur bei *The World's Work,* 1913–14 Spezialagent Präsident Wilsons in Mexiko, 1917 von Berlin bezahlter Berater für die deutsche Propaganda in den USA, nach Enthüllung dieser Tätigkeit öffentlich geächtet.

Glücklicherweise ist mir Richard Watson Gilder[4], Chefredakteur der Zeitschrift, eng befreundet. Ich ging sofort zu ihm. Auch er erklärte mir, es sei ganz unmöglich, die Veröffentlichung zu verhindern. Der Artikel sei in 150.000 Exemplaren gedruckt und die Dezembernummer sei fertig zum Absenden. Überdies sei das bevorstehende Erscheinen des Artikels in der Dezembernummer hierzulande wie in England und Deutschland auf das Weiteste angekündigt. Die Century Company verspreche sich einen ungeheueren Absatz von der Nummer. Er sehe gar keine Möglichkeit, wie jetzt noch der Artikel zurückgezogen werden könne, selbst wenn die Company bereit sein würde, die bereits entstandenen großen Auslagen und den noch viel größeren indirekten Verlust auf sich zu nehmen.

Ich ließ indes nicht nach. Gilder gab mir ein Druckexemplar des Artikels im strengsten Vertrauen, und ich gewann bei dem Durchlesen den Eindruck, daß die Veröffentlichung um jeden Preis verhindert werden müsse. Die von mir blau angestrichenen Stellen des Herrn v. d. Bussche eingesandten Exemplars[5] rechtfertigen, glaube ich, diese Auffassung im vollsten Maße. Da ich nicht nachließ, erklärte Gilder schließlich, daß er, selbstverständlich im strengsten Vertrauen, seinen „trustees" die Sache vorlegen wolle. Die Letzteren erklärten sich in nicht hoch genug anzuerkennender Weise unter den Umständen bereit, den Artikel aus der Dezembernummer herauszunehmen und die damit verbundenen großen Schwierigkeiten und indirekten Verluste gegen Erstattung der ihnen bereits erwachsenen direkten Ausgaben auf sich zu nehmen. Ich empfing in Bestätigung dieses Beschlusses den in Urschrift beigefügten Brief[6].

Selbstverständlich konnte bei der geschilderten Sachlage von einem Versuch, die Kosten noch herabzudrücken, nicht die Rede sein. Aber Century ist unsere vornehmste Monatsschrift, und Gilder steht hier sowohl gesellschaftlich als schriftstellerisch im höchsten Ansehen. Es ist ein Glück, daß wir mit solchen Leuten zu tun hatten, deren Diskretion ich vollkommen vertrauen darf.

Die wenigen noch nicht verpackten Exemplare des Artikels und der Satz sind sofort zerstört worden. Sieben große Kisten, enthaltend 150.000 Exemplare, sind mir übergeben und von mir vorläufig in einem besonderen Zimmer eines großen öffentlichen *warehouse*, zu dem ich allein Zugang habe, untergebracht worden, bis in einigen Monaten die Sache in Vergessenheit geraten sein wird und ich mit Sicherheit die Vernichtung herbeiführen kann. Alle diese Vorsichtsmaßregeln waren geboten, weil hiesige Zeitungen vor nichts zurückschrecken, um in den Besitz eines so wertvollen Materials zu gelangen. Ich bin überzeugt, daß Hearst[7] oder ein anderes Organ der hiesigen gelben Presse oder die Londoner Presse mit Vergnügen $ 10.000 für den Artikel zahlen würde. Wie Gilder mir heute morgen

---

4 *Richard Watson Gilder (1844–1909)*, 1870 Herausgeber von *Scribner's Monthly*, 1881 Chefherausgeber der amerikanischen Zeitschrift *The Century*, dann Besitzer und Chefredakteur der Monatsschrift *Century Magazine*.

5 Vgl. Dok. Nr.102 n.4.

6 Nicht mehr bei den Akten (nur noch leeres Kuvert, datiert v. 4.11.1908, aber zitiert bei Menning/Menning, 381).

7 *William Randolph Hearst (1863–1951)*, gründete 1887 ein erfolgreiches Kommunikationsunternehmen mit Sitz in New York.

sagte, hat bereits ein Vertreter der London Times gestern telephonisch um ein Druckexemplar des Artikels in besonderem Auftrage seiner Zeitung gebeten. Natürlich ist ihm das unter einem Vorwande verweigert worden.

Es ist natürlich sehr peinlich für die Century Company, seinem [sic] Leserkreise hier wie in England und Deutschland einen plausiblen Grund für die Zurückziehung des Artikels zu geben. Sie wird sich indes herauswinden so gut es geht und dabei alles vermeiden, was die Annahme stützen könnte, daß wir sie zu der Unterdrückung veranlaßt haben. Trotzdem wird natürlich nicht zu vermeiden sein, daß man das annimmt. Das dürfte indes nicht schwer wiegen, so lange der Artikel unterdrückt bleibt. Ich hoffe und glaube, daß dafür alle Gewähr gegeben ist, die den Umständen nach gegeben werden kann. Die *Möglichkeit* ist indes natürlich nicht ausgeschlossen, daß bei dem Druck und der Verpackung ein Angestellter ein Exemplar des Artikels sich angeeignet hat und ihn an eine Zeitung verkauft. Gilder hält das für so gut wie ausgeschlossen. Man ist so weit gegangen, selbst die Abfälle zu verbrennen.

Hale hat sich in der Sache vorzüglich benommen. Hearst hatte von dem Artikel gehört und bot ihm $ 3.000. Hale zog es indes vor, den Artikel für $ 1.000 an die Century Company zu verkaufen. Er versichert mir, daß niemand den Inhalt des Artikels kennt außer ihm, der Century Company und mir. Er sowohl wie die Century Company hatten sich große geschäftliche Vorteile von dem Artikel versprochen, und Hale beklagt tief, daß ihm durch die Unterdrückung des Artikels *the chance of a lifetime* abgeschnitten wird, sein Glück als Zeitungsmann zu machen. Trotzdem zauderte er keinen Moment, den Artikel zurückzuziehen. Natürlich war es außer Frage, ihm auch noch die $ 1.000 zu entziehen, die er kontraktlich von der Century Company zu erhalten hatte.

Ich hoffe und glaube, daß hiernach die heikle Angelegenheit ihre endgültige Erledigung gefunden hat.[8]

PA-AA, R 17240 (eigenhändig; Eingang am 15.11.1908. Auf dem Kuvert, das dieses Schriftstück enthält, befindet sich der Vermerk: „Verschlossen zu den Akten. B[ussche] 3.12. [1908]").

8 In einem „Nachtrag" fügte Bünz an: „Den Betrag von $ 3.500 habe ich durch zwei Checks über resp. $2.500 und $ 1.000 der Firma Ladenburg Thalmann & Co. den Betreffenden überwiesen und dagegen der letzteren einen Check über $ 3.500 für Rechnung der Konsulatskasse ausgestellt. Natürlich wissen L. Th. & Co. nicht, worum es sich handelt. Auf diese Weise ist dafür gesorgt, daß das Konsulat bei der Transaktion nicht in die Erscheinung tritt. Wenn Euere Durchlaucht nicht anders bestimmen, wird der Betrag von $ 3.500 in meiner nächsten Abrechnung unter ‚Geheim' als Ausgabe erscheinen." Auf die Anfrage des Zentrumsabgeordneten Matthias Erzberger, „ob bei einem Artikel aus der Feder eines amerikanischen Schriftstellers namens Hale, welcher gewisse Bedenken erregt haben soll, aus Reichsmitteln Gelder zur Verfügung gestellt worden seien zur Unterdrückung oder Zurückziehung dieses Artikels", erklärte Staatssekretär Schoen am 11.12.1908 vor dem Reichstag: „Ich kann auf das bestimmteste versichern, daß keine Mark, kein Groschen, nichts aus Reichsmitteln zu diesem Zweck zur Verfügung gestellt worden ist" (Sten. Ber., Reichstag, Session 1907–09, 181. Sitzung, 6171 f.). Schoen, der die Hale-Akte nicht eingesehen hatte, bezog sich hierbei auf die eigenhändige Aufzeichnung des Englanddezernenten von dem Bussche-Haddenhausen v. 30.11.1908 (von Hammann am 30.11. abgezeichnet; PA-AA, R

Nr. 48
FRIEDRICH NAUMANN[1]:
Die Politik des Kaisers

Berlin, 8. November 1908
Die vergangene Woche wird in der deutschen Geschichte eine traurige Bedeutung behalten. Ihr Inhalt ist der endgültige Zweifel vieler deutscher Patrioten an der Fähigkeit Kaiser Wilhelms II. zum Regieren eines großen Staates.[2] Aller Schaden, den kaiserliche Reden bisher angerichtet haben, wird überboten durch die letzten Mitteilungen, aber selbst diesen letzten und größten Schaden würden wir überwinden können, wenn wir wenigstens von jetzt an frei sein würden von der Besorgnis, daß Kaiser Wilhelm II. in der bisherigen Weise weiter regiert. Aber das ist nicht der Fall. Wir sind dieser Hand weiter anvertraut, wir und unsre Kinder; unser Heer, unsre Flotte, unsre Diplomatie gehört alles diesem Mann. Wir mögen uns in unsern sorgenden Gedanken zergrübeln, wie wir wollen, so bleibt immer das Ende: er hat die Macht!

Nichts liegt uns ferner, als grundsätzlich gegen die monarchische Macht zu sein. Einmal ist sie vorhanden, und wir halten es nicht für richtig, das Vorhandene zu unterschätzen. Dann aber haben gerade wir schon öfter ausgeführt, daß das moderne Leben auf den verschiedensten Gebieten zur monarchischen Geschäftsführung drängt. Alle Großbetriebe haben die Neigung zur persönlichen Herrschaft. Dasselbe trifft beim Großstaat zu. Wir denken nicht daran, die Republik für von vornherein besser zu halten als die Monarchie, denn wir kennen die

17240). Zu Schoens Verschleierungstaktik vgl. auch den Privatbrief des englischen Botschafters Edward Goschen an Hardinge, 4.12.1908: „Schoen talked to me the other day a little on the subject of the Hale interview. He said that the version published in the *New York World* was absolutely fictitious and a tissue of lies altogether, ,but then so was the interview published in the *Daily Telegraph*!!' He must have either lost his memory during his recent illness or he must have thought I had grown in naiveté since we were colleagues at Copenhagen!" (Public Record Office, F.O. 371 /461).

1   *Friedrich P. Naumann (1860-1919)*, Pastor, Politiker, Schriftsteller; Pfarramt in Langenberg (Glochau), seit 1890 in Frankfurt a.M., schloß sich der christlich-sozialen Bewegung von Stöcker an, 1895 Gründer der Wochenschrift „Die Hilfe", 1896 Gründer (bis 1905 Vorsitzender) des National-sozialen Vereins, dann Anschluß an die Freisinnige Vereinigung, 1897 Ausscheiden aus dem geistlichen Amt, 1901–03 Herausgeber der „Nation", 1907–1918 Mitglied des Reichstags (Freisinnige Vereinigung, 1910 Fortschrittliche Volkspartei), Nov. 1918 Mitbegründer (Juli 1919 Vorsitzender) der DDP.

2   In seinem Artikel „Gegen den Kaiser" (*Die Zukunft*, 7.11.1908) hatte Maximilian Harden tags zuvor sogar den Gedanken einer Abdankung des Kaisers ins Spiel gebracht: „Die Kaiserkrisis ist allen sichtbar geworden. [...] Will der Kaiser und König der Krone entsagen? In geringerer, in nicht selbst verschuldeter Fährnis hat sein Großvater daran gedacht. Den Enkel wird kein Frauenwunsch und keine Volksdrohung drängen. Sein Wille ist frei. Doch er darf sich nicht darüber täuschen, daß seine Volksgenossen jetzt gegen ihn sind und daß kein Kanzler sich, der alte nicht noch ein neuer, halten kann, der nicht aus dem Munde des Kaisers die Bürgschaft unverbrüchlicher Selbstbescheidung bringt. Die muß Deutschland fordern. Auch das Haus Hohenzollern. In dieser grausam ernsten Stunde noch. Sonst wird es zu spät" (*Die Zukunft*, Bd.65 / 1908, 214–15).

politische Geschichte der vorhandenen Republiken gut genug, um von aller falschen Schwärmerei für die Verfassung monarchenfreier Länder uns fern zu halten. In dem Buche „Demokratie und Kaisertum"[3] kann unsre Begründung dieses Standpunktes jederzeit nachgelesen werden, und wir verweisen ausdrücklich auf diese Arbeit, um das Mißverständnis abzuwehren, als wollten wir die gegenwärtige schwere Lage benutzen, um irgendeiner politischen Theorie zur Verbreitung zu helfen. Das Gegenteil ist der Fall! Unsre Theorie ist entschieden kaiserfreundlich, und es wird uns deshalb doppelt schwer, uns über das auszusprechen, was jetzt die Seelen aller Deutschen beschäftigt.

Auch das wird man nicht sagen können, daß wir für die schönen und glänzenden Seiten im Wesen Kaiser Wilhelms II. kein Verständnis besitzen. Er hat bedeutende Züge: eine sehr große Aufnahmefähigkeit, eine seltene Beweglichkeit, starke Empfindung für weltgeschichtliche Vorgänge im großen, einen rückhaltlosen Eifer für seinen Beruf. Um dieser Vorzüge willen haben wir immer die kleinliche Kritik von ihm abgewehrt, die jedes Wort wie eine Inschrift für Jahrhunderte behandelt. Auch der Kaiser ist ein Mensch und hat das Recht, als Mensch in allerlei Nebendingen seine Besonderheiten zu zeigen, beispielsweise in der Kunst. Mag die Kunstrichtung des Kaisers[4] uns unangenehm sein, so ist das kein großes Unglück. Lassen wir ruhig den Kaiser in religiösen und künstlerischen Dingen Privatmann sein! Es gibt nur ein Gebiet, auf dem er nie Privatmann sein kann, und das ist die Politik. Hier kann man ihm keine Privatfreiheit zugestehen, persönliche Besonderheiten zu treiben; weil hier so ungeheure Werte auf dem Spiele stehen, daß jede Unüberlegtheit die traurigsten Folgen für die ganze deutsche Nation haben kann. In der Politik muß der Kaiser als Fachmann arbeiten, oder er soll seine Hände davon lassen. Das ist der Punkt, um den es sich jetzt handelt!

[...] Der deutsche Kaiser hat es seit 18 Jahren versucht, sein eigner Reichskanzler zu sein. Diese Zeit genügt, um ein Urteil zu gewinnen, und das Ergebnis ist, daß der Kaiser nicht alle Eigenschaften besitzt, die dazu gehören. Das ist an sich kein Vorwurf gegen seine Person, denn es ist gar nicht zu verlangen, daß der Erbe der Krone alle jene ganz besonderen Eigenschaften besitzt, die zum fachmännischen politischen Betriebe nötig sind. Die Gabe der Diplomatie ist nichts Erbliches. Wenn sie beim Erben der Krone fehlt, so muß er sich darauf beschränken, solche Männer zu berufen, denen er und die Volksvertretung zutraut, daß sie politische Gabe und Schulung besitzen. Das war die Größe Wilhelms I., daß er wußte, wo die Grenzen seines eignen Könnens lagen. Wir appellieren von Wilhelm II. an den Enkel Wilhelms I. Wir verlangen, daß der Kaiser die jetzige schwere Erfahrung zum Anlaß nimmt, sich auf diejenige Ausübung der Majestät zurückzuziehen, die in früheren Zeiten als Regierungsmethode einer erfolgrei-

---

3   In dieser 1900 veröffentlichten Schrift trat Naumann für ein „soziales Kaisertum" ein, eine
      Verknüpfung von Elementen eines demokratischen Staatswesens mit dem autoritär-elitären
      Führungsgedanken; Naumann war überzeugt, daß nur ein nach außen durch eine imperiali-
      stische Politik starker und wirtschaftlich autarker Staat in der Lage sei, weitgreifende
      soziale Reformen zu vollziehen und zu garantieren.

4   Vgl. Dok. Nr. 71 n. 4.

chen Politik sich bewährt hat. Ein solcher Entschluß mag für eine tätigkeitsfrohe
Natur, wie Wilhelm II., sehr schwer sein; aber hier entscheidet sich sein Leben
und das Leben der Nation. Wenn Wilhelm II. nach den neuesten Erfahrungen
fortfahren will, persönliche Politik zu treiben, so wird er es sich zuzuschreiben
haben, wenn der Abend seines Lebens sich verdüstert; denn soviel ist jetzt klar,
daß sich das deutsche Volk trotz seiner wahrhaft großen Geduld die Wiederholung der Gefährdung des Nationalschicksals durch den Kaiser nicht ins endlose
gefallen lassen wird. Noblesse oblige: Hohe Stellung verpflichtet zu hohen
Leistungen, unter Umständen zu hohen Verzichtleistungen. Vom Rechte des
Kaisers soll nichts aufgegeben werden, aber die Praxis bedarf der Änderung. Wir
wollen vom verantwortlichen Reichskanzler im Namen des Kaisers völkerrechtlich vertreten werden, aber nicht vom Kaiser selbst.

[...] Unsre Weltlage ist denkbar schlecht geworden. Wir haben uns in der
Regierungszeit Kaiser Wilhelms II. mit etwa 3 $\frac{1}{2}$ Milliarden neuer Schulden
belastet und damit nichts erreicht, als daß wir heute fast ganz allein und verlassen
stehen. Jetzt sollen wir neue Gelder aufbringen. Für welche Politik? Für eine
sorgsame und gut gearbeitete deutsche Machtpolitik soll und muß bezahlt werden, aber nicht für eine Politik der Willkürlichkeiten. Was hilft uns die beste
Armee, wenn kein Staat heimlich mit uns etwas verhandeln kann? Was hilft die
Flotte, wenn sie einen Oberbefehlshaber hat, der seine freie Zeit verwendet, um
für die Engländer Kriegspläne auszuarbeiten? Es ist traurig, daß man so etwas
sagen muß, sehr belastend für unsre vaterländischen Empfindungen.

Was der Kaiser während des Burenkrieges getan hat, ist ein Schlag ins
Gesicht für alle diejenigen, die damals mit den Buren gehofft und gezittert haben.
Wir haben damals trotz wärmster Vorliebe für die Buren die offizielle Neutralität
unsrer Regierung verteidigt und uns damit bei vielen Gesinnungsgenossen den
Vorwurf der Kälte zugezogen. Aber wenn wir damals geahnt hätten, daß der
deutsche Kaiser sich mit seinen obersten Offizieren zusammensetzte, um den
Engländern einen Kriegsplan auszuarbeiten, so würden wir fertig gewesen sein
mit einer Staatsleitung, die so wenig das Empfinden ihres eignen Volkes teilt.
Man kann zugeben, daß Kaiser Wilhelm II. als Enkel der Königin Viktoria mehr
Mitgefühl mit der englischen Regierung haben mußte, als es bei uns andern der
Fall ist, die wir die Engländer achten und ehren, aber nicht für sie arbeiten. Aber
wer eine so einzigartige Aufgabe hat wie der deutsche Kaiser, muß auch seine
verwandtschaftlichen Beziehungen in den Dienst seines einzigen erhabenen Le-
benszwecks stellen. Wir verlangen vom letzten Manne im Volke eine rückhaltlose nationale Haltung, vom letzten Manne und vom ersten.

Es wird gesagt, die neuesten Enthüllungen seien deshalb nicht so schlimm,
weil die Fachdiplomaten aller Länder durch sie eigentlich nichts Neues erfahren
hätten. Mag es so sein, so ist es ein sehr großer Unterschied, ob die französischen
und russischen Regierungsvertreter sich im stillen gedacht haben, daß Kaiser
Wilhelm II. ihre privaten Anfragen nach London mitgeteilt hat, oder ob es nun
die ganzen Völker wissen. Nach diesem Vorgange wird jetzt in aller Welt das
Deutschtum beurteilt! Deutschland in der Welt voran! Wer mag sich noch draußen sehen lassen? Nicht als ob die Diplomaten der andern Staaten nicht auch

gelegentlich ebenso handeln? Sicherlich tun sie das, aber sie lassen nicht ihre Majestät den Dienst der Übermittlung fremder Geheimnisse ausführen. Das ist Deutschland vorbehalten geblieben. Und derjenige, der das der Welt erzählt, ist der Kaiser selber. Das ist der Mann, der eine fast unbegrenzte Macht besitzt, der oberste Befehlshaber im Kriege.

Der Krieg steht im Hintergrund aller dieser Dinge. Hoffentlich kommt er nicht, aber sicherlich ist der Friede durch die letzten Enthüllungen mehr gefährdet, als er durch sorgsames Schweigen des Kaisers hätte gefährdet werden können.[5] Und wenn der Krieg kommen sollte, dann ruft der Kaiser sein Volk zu den Waffen und übernimmt die Oberleitung des Kampfes auf Tod und Leben. In diesem Augenblick wird er wünschen, daß kein einziger seiner Soldaten ihn persönlich für den Krieg verantwortlich macht, und daß alle seine Soldaten bis in den Tod hinein an seine absolute Vorsichtigkeit mitten in der Gefahr und Leidenschaft glauben. Das aber wird in Frage gestellt, wenn der oberste Kriegsherr sich vorher selbst als Urheber einer bedenklichen und wechselnden Staatspolitik bekannt hat.

Was schließlich die Entschuldigung des Fürsten Bülow anlangt, daß der Kaiser das betreffende Schriftstück ihm richtig überliefert habe, daß aber durch Unachtsamkeit und sommerliche Bummelei des Auswärtigen Amts Bedenken nicht geäußert seien, so ist es bis heute sehr zweifelhaft, ob diese Darstellung überhaupt der Wahrheit entspricht. Man ist geneigt, an eine opferfreudige Lüge zu glauben, die Bülow sorgsam erfunden hat, um den Kaiser vor der Öffentlichkeit schützen zu können. Jedenfalls aber macht diese ganze Frage, ob im allerletzten Akt des Dramas auch ein Versäumnis des Auswärtigen Amts eine Rolle spielt oder nicht, für die Gesamtbeurteilung überhaupt nichts aus. Tatsache ist,

---

5   Auch Harden befürchtete, daß die kaiserlichen Äußerungen im *Daily Telegraph* sich als Ausgangspunkt für eine verhängnisvolle außenpolitische Destabilisierung des Reichs erweisen und somit letztendlich zum Krieg in Europa oder Übersee führen könnten: „Seine Absicht war, den Briten zu sagen, daß er sie herzlicher liebe, als der Mehrheit seiner Landsleute erwünscht sei; daß er ihr Reich vor dem Zusammenbruch bewahrt, in tiefster Not ihnen, die im Landkrieg ratlos waren, den wirksamen Feldzugsplan geliefert, die heimlich wühlende Feindschaft der (ihnen jetzt eng befreundeten) Mächte vereitelt, die Einladung in ein antibritisches Bündnis nicht nur abgelehnt, sondern, trotzdem sie Verschwiegenheit bedingte, nach London gemeldet habe; und daß die deutsche Flotte zum Kampf gegen Japan und China bestimmt sei. Die Mehrheit der Deutschen haßt England (also habt Ihr die Kriegsgefahr vor der Tür und die Wahl, ob Ihr morgen losschlagen oder noch hastiger Dreadnoughts bauen wollt). Wenn ich die russischen und französischen Anerbietungen, die im Vertrauen auf unsere Diskretion nach Berlin kamen, nicht abgewiesen und flink meiner Großmutter mitgeteilt hätte, wäre es Euch schlecht gegangen (überlegt also, ob Rußland und Frankreich zuverlässige Freunde sind). Um Euch aus der Ohnmacht zu helfen, habe ich, der höchste Kriegsherr des deutschen Heeres, einen Feldzugsplan für die britische Armee ausgearbeitet (also die Neutralitätspflicht verletzt) und dem Großen Generalstab zur Prüfung übergeben (also die Zeit meiner klügsten Offiziere in Englands Interesse belastet). Meine Flotte baue ich, um für den Kampf um den Stillen Ozean stark zu werden (also merkt Euch, daß wir da große Ambitionen haben, und erzählt den gelben Männern, daß wir ihnen ans Leben wollen). Das hat Wilhelm der Zweite, Deutscher Kaiser und König von Preußen, vor Engländern gesagt" (*Die Zukunft,* Bd.65 / 1908, 214 f.).

daß der Kaiser seine Handlungen aus dem Jahre 1900 im Laufe des letzten Sommers oder Herbstes einem oder mehreren englischen Herren mit der Absicht erzählt hat, daß die Engländer von diesen Handlungen erfahren sollen. Ob Bülow über diese Sache stürzt oder nicht, ist nicht das Wesentliche; denn er hat nicht die Unvorsichtigkeiten begangen, sondern der Kaiser.[6]

Die Hilfe – Wochenschrift für Politik, Literatur und Kunst, XIV (1908), 718–720.

Nr. 49
ARTHUR GRAF VON REX[1] AN WILHELM GRAF VON HOHENTHAL UND BERGEN

Königlich Sächsische Gesandtschaft Wien – Bericht No.420.

Wien, 8. November 1908

Euerer Exzellenz beehre ich mich über die Eindrücke, die das sogenannte „Daily Telegraph Interview" hier gemacht hat, ganz gehorsamst folgendes zu berichten:

Zunächst gestatte ich mir hervorzuheben, daß die hiesige Presse diese beklagenswerte Angelegenheit sehr sachlich und keineswegs persönlich aufgefaßt hat und ihre ganze Haltung als eine anständige angesehen zu werden verdient.[2]

Was die allgemeine Stimmung betrifft, welche ich zu beobachten Gelegenheit fand, so ist dieselbe als eine recht deprimierte zu bezeichnen. Hierzu gesellt sich aufrichtiges Mitleid für das Deutsche Reich. Auch etwas schadenfrohe Überhebung ist bemerkbar, denn des öfteren konnte ich den Ausspruch vernehmen: „So etwas kann bei uns nicht passieren, erstens spricht unser Kaiser nicht so viel, und wenn er offiziell zu sprechen hat, so liest er ab und zweitens wird in unserem auswärtigen Ministerium viel zu genau gearbeitet, als daß solche Schlampereien unterlaufen könnten!"

Naturgemäß sind auch hier in Österreich die besten Kreise – die kaisertreuesten und konservativsten Elemente – am peinlichsten berührt durch diese Überraschung, von welcher man die schmerzliche Überzeugung gewinnt, daß hier Fehler begangen wurden, die direkt antimonarchisch wirken müssen und noch nach Jahren nicht gut zu machen sein werden.

SächsHStA Dresden, Gesandtschaft Berlin, Nr.264 (maschinenschriftliche Abschrift).

6   Vgl. dazu Holstein an Bülow, 6.11.1908: „Der Artikel ‚Die Politik des Kaisers' in Nr.45 der *Hilfe* wird von allen Parteien des Reichstags beachtet und kommentiert. Der Gedanke, daß eine Konzentrierung der Verantwortung und Strafe auf den R.K. das Übel nicht beseitigen, sondern verdecken würde, gewinnt an Boden. [...] Vor allen Dingen müßte der Kaiser heruntergebracht werden von dem Standpunkt, den die offiziöse Presse von Donnerstag bis Sonntag [29.10.–1.11.1908] vertrat, daß er sich nichts vorzuwerfen hat. Der Artikel von Naumann würde ihm gut tun" (Rogge, Holstein u. Harden, 376 f.).

1   *Arthur A.K. Graf von Rex (geb.1856)*, Jurist u. außerordentlicher Gesandter; seit 1883 im diplomatischen Dienst Sachsens, 1906 Gesandter in Peking, Wirklicher Geheimer Rat.

2   Zu den österreichischen Pressestimmen siehe im einzelnen Teschner, 54–57; ferner Drewes, 54 f.

Nr. 50
CHRISTOF GRAF VITZTHUM VON ECKSTÄDT AN
WILHELM GRAF VON HOHENTHAL UND BERGEN

Sächsische Gesandtschaft – Bericht No.1297.

Berlin, 8. November 1908

Ich sprach gestern mit einem höheren Beamten des Ausw[ärtigen] Amtes über die Veröffentlichung des Kaiser-Interviews. Er sagte mir, der Unterstaatssekretär Stemrich schiene tatsächlich den Artikel gelesen und Bedenken gegen seine Veröffentlichung gehabt zu haben. Geh[eim]r[at] Klehmet habe diese Bedenken aber zerstreut, so daß Stemrich schließlich den Bericht unterschrieben habe. Klehmet schiene von der Annahme ausgegangen zu sein, daß S.M. der Kaiser die Veröffentlichung wünsche und daß das Ausw[ärtige] Amt nur die Richtigkeit der Tatsachen zu prüfen habe.

Wenn in solchen Fällen die tüchtigsten Beamten versagten, meinte mein Gewährsmann, so könne eine Änderung der Organisation nicht viel nutzen. Ein Nachteil der Organisation wäre allerdings anzuerkennen. An die Spitze der politischen Abteilung gehöre ein Direktor. Der Unterstaatssekretär könne, wenn er den Staatssekretär zu vertreten habe, sich nicht um die laufenden Sachen kümmern, und in der politischen Abteilung säßen doch manchmal recht junge Herren, die die Tragweite der ihnen übertragenen Angelegenheiten nicht beurteilen könnten.[1] Herr v. Holstein habe ja seinerzeit tatsächlich die Stellung eines Direktors gehabt, sich aber merkwürdigerweise immer geweigert, die Stelle eines Vorstandes der politischen Abteilung zu übernehmen. Er begnügte sich damit, daß sein Einfluß weiter ging.

SächsHStA Dresden, Gesandtschaft Berlin, Nr.264 (Konzept, Ausgang am 9.11.).

Nr. 51
MARTIN RÜCKER FREIHERR VON JENISCH
AN BERNHARD FÜRST VON BÜLOW

Donaueschingen, 9. November 1908

No.1. Geheim.

Seine Majestät der Kaiser war durch die Ankündigung der Veröffentlichung Seiner Unterredung mit William Hale im Laufe dieses Sommers unangenehm

---

1 Auch Kiderlen-Wächter beklagte die organisatorischen Mängel im Dienstbetrieb des Auswärtigen Amts, die er auf Schoens notorische Führungsschwäche zurückführte: „Dabei hat Schoen alles in kümmerlichem Zustand gelassen. Jeder Botschafter und Gesandte tut, was er will" (Kiderlen an Hedwig Kypke, 24.11.1908). Und am 3.12.1908 schrieb er seiner Lebensgefährtin: „Kaum habe ich das Zepter im Auswärtigen Amt niedergelegt, ist wieder der alte Schlendrian" (Jäckh, Kiderlen-Wächter, II, 16 u.18). Vgl. auch Bassermanns Brief an seine Frau, 7.11.1908: „Das Pech ist, daß an dem Tüchtigsten im Auswärtigen Amt, Stemrich, die Sache hängen bleibt. Der ist hineingesetzt, weil Schön notorisch unfähig" (Spickernagel, Fürst Bülow, 140).

berührt. Da der Kommandierende General von Loewenfeld[1] in Hannover angeblich ein guter Bekannter Hales ist, hat Seine Majestät mich beauftragt, ersteren telegraphisch zu ersuchen, sein Möglichstes zur Verhinderung der Veröffentlichung zu tun. Ich habe infolge dessen beiliegendes Telegramm an Herrn von Loewenfeld gerichtet.[2]

Seiner Majestät ist nicht unbekannt, daß, Zeitungsnachrichten zufolge, Hale schon von sich aus den für das *Century Magazine* bestimmten Aufsatz zurückgezogen haben soll.[3]

Herrn v. Loewenfeld habe ich außerdem ausführlich geschrieben.[4]

Jenisch

PA-AA, R 17240 (Ausfertigung, Eingang am 11.11.08 a.m.).

Nr. 52
ERNST BASSERMANNS REDE IM REICHSTAG[1]

Berlin, 10. November 1908

Meine Herren, am 28. Oktober d.J. sind in dem „Daily Telegraph" Veröffentlichungen erfolgt, welche die Überschrift trugen: „Der Deutsche Kaiser und Eng-

---

1   *Alfred F.J. von Loewenfeld (1848–1927)*, preuß. General und Flügeladjutant des Kaisers seit 1901, Kommandeur der Schloßgarde, seit 1908 Kommandeur des X. Armeekorps und Generaladjutant, Mitglied des preuß. Herrenhauses. Während der Novemberkrise galt Loewenfeld als Kanzlerkandidat; vgl. Holstein an Harden, 8.11.1908 (Rogge, Holstein und Harden, 379 f.); Meisner, Gespräche und Briefe Holsteins, 235. Hale hatte sich in Bergen besonders herzlich von Loewenfeld („the finished soldier") verabschiedet, der den Kaiser auf seiner Nordlandfahrt 1908 begleitete (vgl. W.B. Hale, „An Evening with the German Emperor", S.271; PA-AA, R 22414).

2   In diesem Telegramm unterrichtete Jenisch den General von dem Vorhaben Hales, den Inhalt seiner Unterredung mit dem Kaiser zu veröffentlichen, um dann fortzufahren: „Als guter Bekannter Hales werden Ew.pp. ersucht, telegraphisch in geeigneter Weise Ihr Möglichstes zu tun, um dies zu verhindern, da Auslassungen nur für Präsidenten bestimmt waren" (PA-AA, R 17240, Abschrift).

3   Vgl. dazu Tel.No.17, Jenisch an Ausw. Amt, 10.11.1908, 11.18 p.m. (Eingang: 11.11.08, 1.05 a.m.): „Nachdem Lokalanzeiger von gestern abend Nachricht von endgültiger Zurückziehung des Hale-Artikels bringt, will Seine Majestät der Kaiser von Inanspruchnahme des Generals von Loewenfeld auch aus dem weiteren Grunde absehen, daß Diskretion nicht gewährleistet ist. General von Loewenfeld ist entsprechend benachrichtigt. Seine Majestät der Kaiser stellt Euerer Durchlaucht jedoch anheim, wenn Euere Durchlaucht kein Bedenken haben, durch Rücksprache mit Hale seitens eines amerikanischen Freundes der Kaiserlichen Botschaft in Washington erforderlichenfalls in dem gewünschten Sinne einzuwirken" (ibid.). Siehe auch Tel. Jenisch an Loewenfeld, 10.11.1908 (ibid.).

4   Bleistiftentwurf Jenischs v 10.11.1908 bei den Akten (ibid.).

1   Vgl. dazu den Brief Bassermanns an seine Gattin v. 6.11.1908: „Dienstag habe ich die schwerste Rede zu halten, die ich je gehalten. Ich muß den Stoß führen gegen das persönliche Regiment" (Spickernagel, Fürst Bülow, 140). Über das enorme Publikumsinteresse siehe den Bericht der *Conservativen Correspondenz* v. 10.11.1908: „Die Portale von Hunderten umlagert, die Wandelhalle voll von Bittstellern um Einlaßkarten, die Tribünen überfüllt und auch in der Hofloge Kopf an Kopf; der Sitzungssaal fast ohne Lücken, die Bundesratsestraden fast vollkommen besetzt. Nicht an allen ‚großen Tagen' bieten sich solche Bilder dar" (zit. nach Schlegelmilch, 21 n.124).

land". Der Autor ist gleichgültig, vielleicht ein Mann, der von Wohlwollen für die Person Seiner Majestät des Kaisers erfüllt war. Der Inhalt der Veröffentlichung betrifft im wesentlichen Kaiserliche Äußerungen.

Der erste Eindruck in Deutschland war folgender: man sprach von böswilliger Erfindung, von Entstellung. Als die „Norddeutsche Allgemeine Zeitung" die Veröffentlichung des „Daily Telegraph" übernahm[2], da machte dies Gefühl dem Gefühl maßlosen Erstaunens, tiefer Trauer Platz. Temperamentvolle Leute sprachen von einem Gefühl wie nach einer verlorenen Schlacht.

(Sehr wahr bei den Nationalliberalen)

Was war der erstaunten Welt mitgeteilt? Gespräche Seiner Majestät des Kaisers, bei Besuchen in England, offenbar zu verschiedenen Zeiten, an verschiedenen Orten, wohl auch gegenüber verschiedenen Personen erfolgt. Man sagt, das Manuskript habe dem englischen Staatsministerium vorgelegen, und es sei dort gegen die Veröffentlichung ein Bedenken nicht erhoben worden. Die Gespräche sind auf denselben Grundton gestimmt: Klage, daß uns Englands Freundschaft fehlt, Beschwerde über die Undankbarkeit Englands, Beweisführungen über das, was Seine Majestät der Kaiser für England getan hat. Die Tendenz der Gespräche ist offensichtlich. Sie geht dahin, die Beziehungen zwischen Deutschland und England zu bessern. Die Wirkung war eine unheilvolle.

[...] Das gesamte Ausland spricht von einer Zwiespältigkeit deutscher Politik, wie sie schon bei der Marokkokonferenz hervorgehoben ist. Man spricht von einer offiziellen Politik der verbündeten Regierungen und des offiziellen Deutschlands und einer daneben herlaufenden kaiserlichen Politik, die da und dort nicht zur Förderung der Marokkopolitik schon eingegriffen haben soll.

(Sehr richtig! bei den Nationalliberalen)

[...] Das muß selbstverständlich den ganzen diplomatischen Dienst auf das äußerste erschweren. Kurz und gut, gemindertes Vertrauen und vermißte Zuverlässigkeit. Mit einem Schlage erfolgte eine gewisse Klarlegung einer der Ursachen, weshalb die deutsche Politik mehr als früher gegenüber ausländischen Staaten auf Schwierigkeiten und Widerstände stößt.

(Sehr richtig! bei den Nationalliberalen und links)

Meine Herren, das Gesamtergebnis, soweit das Ausland in Frage kommt, ist in schwieriger Zeit eine Verschlechterung unserer auswärtigen Beziehungen, eine Verschlimmerung der an sich ungünstigen, vielfach zu Unrecht ungünstigen Kritik über die deutsche auswärtige Politik.

(Sehr richtig! bei den Nationalliberalen und links)

Ich wende mich zu den Eindrücken im Inlande. Die Meinung des Inlandes – man kann wohl sagen, die einmütige Meinung Deutschlands – hallt wider in der

---

2   Am 29. Oktober 1908; augenscheinlich von Bülow autorisiert mit der Maßgabe, den Abdruck der Wolffschen Depesche – entgegen den Vorschlägen Hammanns und Mantlers (vgl. Dok.Nr.15, n.8) – unkommentiert zu bringen (vgl. Hale, Publicity and Diplomacy, 318). Über die Hintergründe dieser völlig überflüssigen Publikation und die Verantwortlichkeiten ist wenig bekannt, da sich später aus begreiflichen Gründen niemand zu ihr bekannte. Klehmet hat am 6.11.1908 ausdrücklich konstatiert, an der Veröffentlichung in der *Norddeutschen Allgemeinen Zeitung* „keinen Anteil" gehabt zu haben (vgl. Dok. Nr.46).

Presse aller Parteien, sie hallt wider in tausenden von Zuschriften und Privatbriefen, die in den letzten Tagen hier in diesem hohen Hause bei den Abgeordneten eingetroffen sind.

(Sehr wahr! bei den Nationalliberalen und links)

Es ist nahezu ein einmütiger Protest gegen das Eingreifen Seiner Majestät des Kaisers in die offizielle Politik Deutschlands

(lebhafte Zustimmung bei den Nationalliberalen und links)

gegen das, was man im Lande das persönliche Regiment nennt.

(Sehr richtig! links)

Ich will nicht sprechen von der Konjunktur für Witzblätter, für Majestätsbeleidigungen. Das ist hier nebensächlich. Sie ist so günstig, daß eine Beschlagnahme bei der Massenhaftigkeit derselben nicht als rätlich erscheint.

(Sehr wahr! links)

Das müssen wir sagen: wie nie zuvor ist in allen Kreisen Deutschlands bis weit hinein in die Frauen und in das heranwachsende Geschlecht das politische Interesse wachgerufen und das Gefühl erweckt, daß so die Dinge nicht weitergehen können

(lebhafte Zustimmung bei den Nationalliberalen und links),

ein starkes Mißvergnügen in den Bundesstaaten, die in der Schädigung der Reichspolitik eine Schädigung ihrer eigenen Interessen erkennen müssen.

(Sehr wahr!)

Man meint auch, daß ausländische Privatleute sehr wenig geeignet sind, intime Äußerungen und Kundgebungen Seiner Majestät des Kaisers entgegenzunehmen.

(Sehr richtig! bei den Nationalliberalen und links)

Meine Herren, oftmals ist es ausgesprochen worden als ein dringlichster Wunsch, ich kann wohl sagen, aller Deutschen, oftmals ist es auch von uns hier angesprochen worden, daß die Politik, daß die auswärtige Politik, von der wir hier reden, ausschließlich in der Hand des verantwortlichen Herrn Reichskanzlers liegen möge.

(Sehr richtig! bei den Nationalliberalen)

Dieses Verlangen ist selbstverständlich. Nur derjenige, der Tag für Tag die Fäden dieses vielgestaltigen Gewebes in Händen hat, kann Verwirrung verhüten und kann einen guten Faden spinnen.

(Sehr wahr! bei den Nationalliberalen und links)

Ich will nicht auf die Vergangenheit zurückgreifen; ich will kurz erinnern an die Vorgänge, die sich an den Namen des Lords Tweedmouth anschließen, der aus Anlaß eines Kaiserlichen Briefes um sein Amt und um seinen Einfluß gekommen ist. Ich will kurz erinnern an die Vorgänge aus Anlaß des amerikanischen Botschafters Hill[3] und seine Berufung. Die damaligen Vorgänge haben uns viel bittere Kritik und Unmut in den Vereinigten Staaten eingetragen

(sehr richtig bei den Nationalliberalen),

---

3 *David Jayne Hill (1850–1932)*, Historiker u. Diplomat; 1899–1903 Prof. für europäische Diplomatie in der School of Comparative Jurisprudence and Diplomacy in Washington

und heute sehen wir die Betätigung dieser persönlichen Politik in das hellste Licht gestellt und erkennen sie in ihrer vollen Schädlichkeit.

(Sehr wahr! bei den Nationalliberalen)

[...]

Wir können als Anhänger der Monarchie nicht wünschen, daß Seine Majestät der Kaiser in den Mittelpunkt einer abfälligen Kritik gestellt wird.

(Sehr richtig! bei den Nationalliberalen)

Wir revidieren deshalb unser monarchisches Gefühl nicht

(hört! hört! bei den Sozialdemokraten);

aber weite Kreise in Deutschland, die republikanischen Anschauungen anhängen, finden in solchen Vorgängen den ihnen willkommenen Agitationsstoff gegen die Monarchie.

(Sehr richtig! bei den Nationalliberalen und links)

Das hat mit am schärfsten in diesen Tagen der frühere Gesandte Raschdau[4] in einer Versammlung des konservativen Wahlvereins in Hirschberg ausgesprochen. Er sagt:

> Wir sind hier unter Männern, die mit all ihrem Können einstehen für die Erhaltung einer starken Monarchie. Wenn wir dieses wollen, dann müssen wir die ersten sein, die Einspruch erheben gegen die Wiederkehr ähnlicher Ereignisse, sonst haben wir denselben Schreck in kürzester Zeit wieder; denn solche Ereignisse haben sich schon ereignet. Mir ist es gelungen, sie vor größeren Kreisen zu verbergen. Machen wir uns keine Illusionen: wir wandeln an einem Abgrund.

D.C., 1898–1903 Assistant Secretary of State, 1903–05 amerikanischer Gesandter in der Schweiz, 1905–08 in den Niederlanden, 1908–1911 Botschafter der USA in Berlin. Im März 1908 wurde in der amerikanischen Presse behauptet, der Kaiser habe der Ernennung Hills zum neuen amerikanischen Botschafter in Berlin zunächst zugestimmt, dann aber widersprochen, da der bisherige Gesandte in den Niederlanden – im Gegensatz zu seinem Vorgänger Charlemagne Tower (1902–1908) – als unvermögend galt. Nach der Darstellung Schoens (Erlebtes, 91–93) sind die Zweifel an der Eignung Hills für Berlin von Tower selbst ausgegangen, der dem Kaiser bei einem Festfrühstück im Berliner Schloß (15.3.1908) den damals ebenfalls anwesenden amerikanischen Botschafter in Rom, Lloyd Carpenter Gris'com (geb.1872, 1907–09 Botschafter in Italien), für seine Nachfolge in Vorschlag brachte. Als der Kaiser von Schoen erfuhr, daß seitens der amerikanischen Regierung noch kein formelles Nachsuchen des Agréments für Hill erfolgt sei, signalisierte der Kaiser seine Zustimmung zu Towers Anregung, offenbar in der Annahme, daß Gris'com auch der Kandidat des amerikanischen Präsidenten Theodore Roosevelt sei. Schoen legt als Augen- und Ohrenzeuge Wert auf die Feststellung, daß der Kaiser sich seinerzeit korrekt verhalten habe. Vgl. dagegen Hammann, Um den Kaiser, 64; Vierhaus, Baronin Spitzemberg, 482 (Tagebucheintrag v. 31.3.1908 – mit der Einschränkung: „Ganz klargestellt ist die Sache nicht, besonders inwiefern Tower korrekt gehandelt hat").

4 *Ludwig Raschdau (1849–1943),* Jurist, Diplomat, Schriftsteller; 1877–79 Konsulardienst in Konstantinopel, 1879 Vertreter des Konsuls in Smyrna (Izmir), 1879–82 Vizekonsul in Alexandria, 1882–84 Konsul in New York, 1884 in Havanna, 1885–95 Tätigkeit im Ausw. Amt (außereuropäische Handelspolitik), 1895–96 preuß. Gesandter in Weimar, schied aus dem diplomatischen Dienst aus, da er die Übernahme einer Gesandtschaft in Lissabon als Kaltstellung ansah.

Das ist, wie hier verzeichnet ist, unter lebhaftem Beifall in der Versammlung eines konservativen Vereins ausgesprochen worden.

[...]

Nun, meine Herren, ich wende mich zum Herrn Reichskanzler. Wir sind weit davon erntfernt, die großen Verdienste des Herrn Reichskanzlers zu verkennen [...]. Diese volle Anerkennung der bisherigen Tätigkeit des Herrn Reichskanzlers darf uns nicht hindern, die Art der Behandlung dieses Manuskripts für verfehlt und der Wichtigkeit der Sache nicht entsprechend zu erachten.

(Sehr wahr! links)

Entweder mußte der Herr Reichskanzler das Manuskript selbst lesen. Konnte er das nicht, dann mußte unbedingt dafür Sorge getragen werden, daß eine absolut zuverlässige Person für ihn las und genauen Bericht erstattete.

(Sehr richtig! links)

Die Fehler, die in dieser Beziehung gemacht worden sind, sind psychologisch nicht ganz erklärlich. Bei der impulsiven Natur Seiner Majestät des Kaisers, von der ja sehr oft gesprochen wird, bei der Möglichkeit, daß aus Augenblicksstimmungen heraus Äußerungen erfolgen, erachte ich eine genaue Prüfung von Schriftstücken, die sich mit Äußerungen Seiner Majestät des Kaisers befassen, für absolut notwendig, wenn Schaden vermieden werden soll.

(Sehr richtig! links)

[...]

Ich habe im Auftrag meiner politischen Freunde auch das gesagt, was wir tadeln müssen bei diesen Vorgängen. Wir wünschen andererseits eine Amtsniederlegung des Fürsten von Bülow nicht. Wir wünschen sie nicht angesichts der schweren Aufgaben der inneren und äußeren Politik. [...]

Nun, meine Herren, man fragt ja im Lande: was soll jetzt geschehen? Da kann das eine gesagt werden: wir wünschen sichere Garantien gegen das Eingreifen des persönlichen Regiments. Wir sollten meinen, daß nach den Erfahrungen, die wir in dieser Sache zu sammeln in der Lage waren, das persönliche Regiment ausgeschaltet werden muß. Ich meine: wer momentaner, wenn auch aus besten Motiven hervorgerufener, Eingebung folgend in die Politik, zumal in die auswärtige Politik, eingreift, der muß Enttäuschungen erleben, und sein Mißerfolg kann nicht ausbleiben. Das gilt für den Intelligentesten, für den Patriotischsten; es gilt auch für den Höchststehenden, für den Monarchen. Keine persönlichen Stimmungen und Impulse, keine temperamentvollen Kundgebungen[5], keine Politik der übermäßigen Freundlichkeiten und der Ohrfeigen! – das ist ja so oft hier ausgesprochen worden, daß es nur Wiederholungen wären, darauf zurückzukom-

---

5 Anläßlich der Verleihung des Schwarzen Adler-Ordens an den Grafen Zeppelin in Manzell hielt Wilhelm II. am 10. November 1908, also parallel zu der Reichstagsverhandlung, eine Rede, die sich nahtlos in die Kette der kaiserlichen Übertreibungen einfügte: „Unser Vaterland kann stolz sein, einen solchen Sohn zu besitzen, den größten Deutschen des zwanzigsten Jahrhunderts, der durch seine Erfindung uns an einen neuen Entwicklungspunkt des Menschengeschlechts geführt hat. Es dürfte wohl nicht zu viel gesagt sein, daß wir heute einen der größten Momente in der Entwicklung der menschlichen Kultur erlebt haben" (Johann, Reden des Kaisers, 122 f.; Schulthess, 1908, 167 f.).

men. In jener von mir zitierten Versammlung des konservativen Vereins in Hirschberg ist auf den ganzen Ernst der Sache von dem Gesandten Raschdau hingewiesen worden; er schloß seine Ausführungen: „Wenn nach dieser Richtung kein Wandel eintritt, dann werden wir einem zweiten Olmütz[6] zusteuern." Würde der Herr Reichskanzler in der Lage sein, uns nach dieser Richtung eine Zusicherung zu geben, eine Erklärung Seiner Majestät des Kaisers zu extrahieren, daß wir der Sorge für die Zukunft enthoben sein können, dann würde das zur Beruhigung im Lande in den weitesten Kreisen beitragen.

(Zustimmung bei den Nationalliberalen. – Unruhe)

[...]

Was nun den Reichstag anbelangt, so ist die Folge – die vielleicht ungewollte Folge – solcher Vorfälle eine Machterweiterung des Reichstags; ungewollt, aber doch durch die Gewalt der Tatsachen herbeigeführt. Er muß einen größeren Einfluß gewinnen auf die auswärtige Politik in der Richtung, daß die Kontrolle in verstärktem Maße durchgeführt wird

(sehr richtig! bei den Nationalliberalen),

zumal durch Interpellationen – das ist ja der nächste Weg, der wie in anderen Parlamenten dann zu einer fortlaufenden Information des Parlaments führt.

Es sind eine Reihe von Maßregeln vorgeschlagen worden. Man sprach von der Notwendigkeit, ein Ministerverantwortlichkeitsgesetz zu machen. Man sprach davon, daß heute der Zeitpunkt gekommen sein möge, Reichsministerien einzuführen oder bei der Ernennung des Reichskanzlers dem Reichstage ein Mitbestimmungsrecht einzuräumen. Ich glaube, daß alle diese Vorschläge, wenn sie an sich erwägungswert sind, den Kern dieser Sache nicht treffen. Der Kern dieser Angelegenheit liegt darin, daß, wenn die von dem Herrn Reichskanzler beauftragten Personen die nötige Fähigkeit gehabt hätten, ihre Pflicht in vollem Umfange erfüllt hätten, die Veröffentlichung verhindert worden wäre.

(Lachen bei den Sozialdemokraten)

Meine Herren, die Geschäftsordnung des Reichstags verbietet es, an die Besprechung von Interpellationen Beschlüsse anzuknüpfen. Es ist der Gedanke einer Adresse[7] aufgetaucht. Ich möchte hier nur die eine Erklärung abgeben, daß wir uns allerdings von einer Adresse, einer gemeinsamen Aktion der bürgerlichen Parteien eine Wirkung versprechen und unsererseits bereit waren und bereit sind, hierin mitzuwirken. Ich meine aber andererseits, daß die Verhandlungen des heutigen und wohl auch des morgigen Tages an sich so starke Wirkungen ausüben müßten, daß sie der Wirkung einer Adresse gleichkommen.

6   In dem am 29.11.1850 in Olmütz von Preußen und Österreich geschlossenen Vertrag verzichtete Preußen darauf, die deutsche Einheit unter preußischer Führung zu verwirklichen.
7   Vgl. den Antrag Liebermann v. Sonnenberg (Wirtschaftliche Vereinigung) v. 9.11.1908: „Der Reichstag wolle beschließen: eine Kommission von 21 Mitgliedern einzusetzen zur Vorberatung des Entwurfes einer Adresse an Seine Majestät den Kaiser, worin zu den Vorgängen, die zu der Tagesordnung des Reichstages vom 10. November 1908 Veranlassung gegeben haben, Stellung genommen wird. Der Reichstag wolle ferner beschließen, diese Adresse Seiner Majestät dem Kaiser durch eine Deputation überreichen zu lassen" (Reichstagsdrucksache Nr. 1026). Siehe dazu auch Eschenburg, Kaiserreich am Scheideweg, 141–143.

(Sehr richtig! bei den Nationalliberalen. – Zurufe von den Sozialdemokraten)
[...] Ich möchte schließen mit dem Wunsche, daß dies das letzte Mal sein möge, daß wir zu solchen Verhandlungen und Vorstellungen an Seine Majestät den Kaiser gezwungen sind.[8]
(Lebhafter Beifall bei den Nationalliberalen. – Zischen bei den Sozialdemokraten)

Sten.Ber., Reichstag, Session 1907–09, 158. Sitzung, 5374–5380. Auszüge auch bei Fenske, Unter Wilhelm II., 262–65.

Nr. 53
OTTO WIEMER[1]: REICHSTAGSREDE

Berlin, 10. November 1908
[...]
Warum hat der Herr Reichskanzler nicht verhüten können, daß uns dieser Vorgang, den der Herr Vorredner[2] als Tragikomödie mit Recht bezeichnet hat, beschert worden ist? Auch ich muß sagen: er ist nicht frei von Schuld. Gewiß, Fehler können im Geschäftsbetrieb vorkommen. Auch ich erkenne an, der Herr Reichskanzler hat viel zu tun, er kann nicht alles selbst lesen, was er unterzeichnen muß; aber er mußte doch unbedingt Vorsorge treffen, daß Veröffentlichungen, die sich mit Äußerungen des Kaisers beschäftigen, von ihm selbst gelesen werden müssen.
(Sehr wahr! links)
Meine Herren, er mußte zum mindesten, nachdem das Manuskript durch der Hände lange Kette wieder an ihn zurückgelangt war, sich mit dem Inhalt beschäftigen und durfte sich nicht auf das Plazet seines Geheimrats verlassen.
(Sehr richtig! links)
[...] Wenn auch bei den einzelnen Vorgängen der letzten Zeit nicht dem Herrn Reichskanzler die Hauptschuld beizumessen ist – das erkenne auch ich an –, sondern den unterstellten Ressorts und unterstellten Beamten, so ist doch Fürst Bülow verantwortlich für die Gesamtpolitik, die seit Jahren geführt wird und die solche Zustände gezeigt hat, wie wir sie jetzt alle beklagen, und darum haben wir die Pflicht, zunächst unsere Kritik gegen den zu richten, der als verantwortlicher Leiter der Reichsgeschäfte dem Parlament gegenübersteht.
(Sehr richtig! links)

---

8   Eine ausführliche Besprechung der Bassermann-Rede findet sich bei Eschenburg, Kaiserreich am Scheideweg, 143–147. Eine Übersicht über diese und die übrigen Reichstagsreden v. 10. und 11. November bieten neben Eschenburg (147–152) A. Drewes (26–36) u. M. Schlegelmilch (21–41).

1   *Otto Wiemer (1868–1931)*, promovierter Jurist, Schriftsteller; 1886–89 Studium der Rechte und der Volkswirtschaft in Berlin, 1903 Syndikus der Papierverarbeitungs-Berufsgenossenschaft, 1909 Stadtrat in Berlin, 1898–1918 Mitglied des Reichstags (Freisinnige Volkspartei), 1899–1918 Mitglied des preuß. Abgeordnetenhauses.

2   Ernst Bassermann (Nationalliberale Partei).

[...]
Wie der Herr Vorredner, so muß auch ich als den schwersten Mißstand das
fortgesetzte Hervortreten des persönlichen Regiments bezeichnen.

(Sehr richtig! links)

Der konstitutionelle Grundsatz, daß der Träger der Krone nicht in die parlamentarische Erörterung gezogen werden soll, ist gewiß gut und ist auch von uns im
Reichstag durch Jahrzehnte befolgt worden; aber ihn heute anzuwenden, ist nicht
möglich. Der Träger der Krone tritt selbst aus dem konstitutionellen Rahmen
heraus, tritt ohne "ministerielle Bekleidungsstücke" in scharf ausgeprägten politischen Äußerungen vor die Öffentlichkeit, und ich meine, bei dieser Sachlage
hat die Volksvertreteung die Pflicht, auch ihrerseits dazu Stellung zu nehmen.

(Sehr richtig! links)

Wir sind in unserem Gewissen genötigt, mit aller Entschiedenheit auszusprechen,
was uns nicht gefällt, und durch rückhaltlose Aussprache an unserem Teile dafür
zu sorgen, daß Deutschlands Interesse und Ansehen in der Welt nicht Schaden
nimmt.

[...] Was das deutsche Volk heute bewegt, in tiefster Seele erregt, das ist die
klare Erkenntnis: dies persönliche Regiment ist in einem Umfang vorhanden und
wird in einer Art geübt, daß es weder mit dem monarchischen noch dem Staatsinteresse in Einklang steht.

(Sehr wahr! links)

Am allerwenigsten sind – darin stimme ich dem Herrn Vorredner durchaus bei –
impulsive Äußerungen des monarchischen Subjektivismus, Gefühlswallungen
und Plötzlichkeiten angebracht auf dem Gebiet der auswärtigen Politik. Deutschland hat Neider und Gegner genug, die als kluge Schachspieler jede un-überlegte
Handlung und Äußerung in ihrem Interesse gegen uns auszunutzen trachten.[3]

[...]

Angesichts dieser Tatsachen und dieser Erfahrungen haben wir an den Herrn
Reichskanzler die Frage gerichtet, was er zu tun gedenke, um Abhilfe zu schaffen
und die ihm nach der Verfassung zugewiesene Verantwortlichkeit in vollem
Umfang zur Geltung zu bringen. Mit dem Hinweis auf die Verantwortlichkeit des
leitenden Staatsmannes haben wir zum Ausdruck bringen wollen, daß wir die

---

3   Auch die *Germania*, ein führendes Zentrumsorgan, meinte am 17.11.1908, „daß die jüngste
    Erregung des Volkes nicht ihren eigentlichen und letzten Grund in dem Interview des *Daily
    Telegraph* und in den Unterlassungen des Auswärtigen Amts hätte, sondern diese nur die
    letzten Tropfen waren, die das Faß zum Überlaufen brachten. In der Erregung des Landes
    und den scharfen Worten der Presse und des Reichstags kam vielmehr die seit langen Jahren
    aufgehäufte und stetig gewachsene Unzufriedenheit mit unserer auswärtigen Politik und der
    Art, wie sie geführt wird, und den fortgesetzten Mißerfolgen, die sie zur Folge gehabt hat,
    zum Ausdruck" („Zur Krisis", 1. Blatt; zit. nach Teschner, 62). Ernst von Wildenbruch hat
    in seinem Gedicht „Deutsches Neujahr 1909" die Ängste der Bevölkerung vor den Folgen
    der außenpolitischen Isolierung Deutschlands wie folgt zum Ausdruck gebracht: „Heut, von
    zwanzig Jahre langem Traum erwachend / Blicken wir wie Bettler in die Welt: / ‚Nirgends
    Freunde?' Und von allen Enden lachend / Kommt der Haß, der uns die Antwort gellt" (nach
    Teschner, 62 f.).

Abhilfe, eine wirkliche und dauernde Abhilfe, allein erkennen in der Herstellung einer wahrhaft konstitutionellen Staatsverfassung.

(Sehr richtig! links)

Wir sind der Meinung, daß die heutige konstitutionelle Verfassung in vielen Punkten nur Schein und Schemen ist und nicht den Anforderungen entspricht, die ein modernes Staatswesen erfüllen muß. Meine politischen Freunde haben schon in der vorigen Tagung einen Antrag auf volle Durchführung der Ministerverantwortlichkeit eingebracht, und wir hoffen, demnächst Gelegenheit zu haben, die Notwendigkeit dieser Forderung eingehend vor diesem hohen Hause klarzulegen. Ich will deshalb in diesem Zeitpunkt auf die Fragen, die mit dieser Forderung verknüpft sind, nicht ausführlich eingehen. Wir lassen keinen Zweifel darüber, daß eine wirklich und ernsthaft durchgeführte Ministerverantwortlichkeit der Angelpunkt des konstitutionellen Systems ist. Der Träger der Krone ist dem Lande nicht verantwortlich, sondern allein die zur Führung der Staatsgeschäfte berufenen Ratgeber der Krone. Daraus ergibt sich ohne weiteres die Forderung, daß die Minister auch wirklich Staatsmänner sein müssen, die die volle Verantwortlichkeit für den Gang der Staatsgeschäfte tragen und die ihre Anschauungen über die Entwickelung der Staatsgeschäfte zur Geltung bringen müssen. Wir erneuern die schon wiederholt ausgesprochene Forderung, daß die Ratgeber der Krone nicht biegsame und schmiegsame Höflinge sein sollen, die hinterher die Verantwortung übernehmen, auch wenn sie vorher nicht gefragt worden sind

(sehr richtig! links),

nicht Bureaukraten oder Ziviladjutanten, die sich einarbeiten, so gut es geht, in irgendein Amt, das ihnen übertragen wird, sondern sie sollen wirkliche Staatsmänner sein, die sich ihrer Verantwortlichkeit auch dem Lande gegenüber voll bewußt sind!

(sehr gut! links)

Auf der anderen Seite muß und soll auch der Träger der Krone sich bewußt sein, daß er als Oberhaupt eines konstitutionellen Staatswesens Zurückhaltung üben muß. [...]

Sten.Ber., Reichstag, Session 1907–09, 158. Sitzung, 5380–5385. Auszüge auch bei Fenske, Unter Wilhelm II., 266–267.

Nr. 54
PAUL SINGER[1]: REICHSTAGSREDE

Berlin, 10. November 1908

[...]

Nun, meine Herren, wende ich mich zum zweiten Teile der zur Verhandlung stehenden Fragen, zu der Veröffentlichung der Vorgänge, zur Aktion des Herrn Reichskanzlers. Nach meinen Empfindungen wandelt sich hier das Drama zur Posse.

---

1   *Paul Singer (1844–1911),* Kaufmann, Verlagsleiter in Berlin, sozialdemokratischer Politiker; 1884–31.1.1911 Mitglied des Reichstags (SPD).

(Sehr richtig! bei den Sozialdemokraten)

Die aus der offiziösen Mitteilung bekannt gewordenen Begleiterscheinungen der Veröffentlichung sind so grotesk und zugleich so absurd, daß man diese Aktion der Wilhelmstraße wirklich nicht ernsthaft behandeln kann.

(Sehr richtig! bei den Sozialdemokraten)

Ich möchte aber an der Spitze dieses Teiles meiner Betrachtungen zunächst einmal ganz energisch betonen, daß ich es für einen Irrtum halten würde, wenn der Herr Reichskanzler glauben sollte, der Schwerpunkt unserer heutigen Verhandlungen liege in der Klage über die Veröffentlichung der Kaiserlichen Äußerungen. Nein, Herr Reichskanzler, das wäre nicht richtig. Der Schwerpunkt dieser Verhandlungen liegt darin, daß diese Äußerungen überhaupt gemacht werden konnten

(Sehr richtig! bei den Sozialdemokraten),

und der Schwerpunkt dieser Verhandlungen, was den Herrn Reichskanzler anlangt, liegt darin, daß er nicht in der Lage war und keine Schritte getan hat, nicht um die Veröffentlichung, sondern die Äußerungen zu verhindern. Wenn er das nicht gekonnt hat, dann, sage ich, hätte er es nicht bei dem Anerbieten seiner Demission bewenden lassen dürfen, sondern trotz der Ablehnung des Abschiedsgesuches das Amt niederlegen müssen.

(Sehr richtig! bei den Sozialdemokraten)

Daß der Herr Reichskanzler seine Demission angeboten hat, war ganz korrekt. Aber in dem Augenblick, wo der Herr Reichskanzler als pflichtbewußter Mann zu der Erklärung sich genötigt sah, daß, wenn er die Äußerungen gekannt hätte, er der Veröffentlichung widerraten hätte, – in demselben Augenblick gab er zu, von der Schädlichkeit dieser Äußerung für das deutsche Volk überzeugt zu sein, und von diesem Augenblick an konnte der Herr Reichskanzler die Verantwortung nicht weiter tragen und mußte, sich von dem persönlichen Regiment lossagend, seinen Platz räumen.

(Sehr richtig! bei den Sozialdemokraten. – Heiterkeit rechts)

Das wäre eine Haltung gewesen, die mit den Versicherungen des Herrn Reichskanzlers, die wir wiederholt gehört haben, in Einklang zu bringen wäre. Aber, meine Herren, was hat der Reichskanzler getan? Der Reichskanzler sagt: ich billige zwar die Äußerungen nicht, ich werde aber, da ich auf meinem Posten bleiben will, nachdem meine Demission abgelehnt ist, nunmehr für die von mir nicht gebilligten Äußerungen die Verantwortung übernehmen.

(Heiterkeit bei den Sozialdemokraten)

Meine Herren, das ist eine Haltung, für die im Volke kein Verständnis vorhanden sein kann.

(Sehr richtig! bei den Sozialdemokraten)

[...] Aber die Aktion des Herrn Reichskanzlers, in dessen Hand die Entscheidung über die Veröffentlichung gelegt wurde, muß auch von unserer Seite mit einigen Worten beleuchtet werden. Der Kaiser – meine Herren, in einer bei ihm recht seltenen konstitutionellen Empfindung – übergibt seinem verantwortlichen Ratgeber ein für die Öffentlichkeit bestimmtes Manuskript, Kaiserliche Äußerungen enthaltend, mit dem Wunsche, dasselbe auf die Zulässigkeit der Veröffentlichung zu prüfen. Es ist ganz bezeichnend für die Auffassung, die der Herr Reichskanzler von seinen Aufgaben und Pflichten hat, daß er dieses Manuskript, weil es – wie es in der offiziösen Darlegung der „Norddeutschen Allgemeinen Zeitung" heißt – schwer leserlich geschrieben war, [...] vielleicht aus anderen Gründen, die ich nicht kenne, nicht selbst durchsieht, sondern dem Auswärtigen Amt zur Durchsicht übergibt.

Nun, meine Herren, ich habe mich über die Wertschätzung, die seitens des Herrn Reichskanzlers einem Kaiserlichen Manuskript gegenüber gebührt

(Heiterkeit)

nicht zu äußern. [...]

Die Aktion, die der Herr Reichskanzler in diesem Falle geführt hat, ist falsch und schädlich gewesen; die Wirkung, die diese Aktion gehabt hat, ist weit entfernt gewesen, dem Reich zu dienen, sondern die Wirkung war und konnte nur sein, daß das Kaiserliche Trauerspiel durch eine reichskanzlerische Posse abgelöst worden ist. Der Eindruck, den diese offiziöse Erklärung [in der Norddeutschen Allgemeinen Zeitung] machen mußte, zeigte sich darin, daß in der ganzen Welt ein Höllengelächter ausbrach, und daß Deutschland unter diesem Gelächter mit Spott, Hohn und Mißtrauen überschüttet worden ist.

(Sehr richtig! bei den Sozialdemokraten)

Das dankt das deutsche Volk dem Inhalt der Äußerungen und der Art, wie die Veröffentlichung vollzogen ist. Das dankt das deutsche Volk dem Kaiser und dem Herrn Reichskanzler, der als Vertreter der Reichspolitik und als erster Chef der Reichsverwaltung diese Dinge voraussehen mußte.

(Sehr richtig! links)

[...]

Wir geben nichts auf Worte, sondern wir wollen Taten sehen, die in der Gesetzgebung zum Ausdruck kommen, damit das deutsche Volk gesetzlich geschützt wird vor der Wiederholung solcher Vorgänge.

(Sehr wahr! bei den Sozialdemokraten)

Was kann dazu geschehen? Dazu ist notwendig eine Verfassungsänderung, die der Volksvertretung die Entscheidung über Krieg und Frieden in die Hand gibt.

(Sehr wahr! bei den Sozialdemokraten)

Denn in allerletzter Linie sind es doch die Kriege, die als Gespenst am Horizont stehen, die möglich werden, deren Gefahr erhöht wird, wenn die unverantwortliche Politik, dieses persönliche Regiment in Deutschland weiter getrieben wird. In letzter Linie hat doch das deutsche Volk Leben, Gesundheit, Gut und Blut zu Markte zu tragen

(Sehr richtig! bei den Sozialdemokraten),

wenn sich durch eine solche unverantwortliche Politik, durch solche Vorgänge die Situation zugespitzt hat, wie es in den letzten Wochen leider der Fall war. Ich weiß nicht, ob ich recht berichtet bin, aber ich habe in den Zeitungen Äußerungen gelesen, daß die Situation der allerletzten Tage so außerordentlich gespannt war, daß ich Äußerungen gehört habe, die darauf hinausgegangen sind, wir ständen unmittelbar vor dem Kriege. Wenn das möglich ist, daß wegen einer solchen

Lumperei, wie sie sich in Casablanca ereignet hat, die Situation sich derartig
zuspitzt, daß es zum Kriege kommen kann, so ist dieses Ereignis nichts weiter als
der Tropfen, der den Eimer zum Überlaufen bringt, während die Situation längst
so zugespitzt war; und daß die Situation so zugespitzt ist, auch das verdanken wir,
in Parenthese bemerkt, der erleuchteten Reichspolitik, wie sie von dem Herrn
Reichskanzler geleitet und von dem unverantwortlichen Monarchen inspiriert
wird. Ich brauche bloß an die Vorgänge in Marokko und Tanger zu erinnern, die
ihren Abschluß in der berühmten Algecirasakte gefunden haben. [...]
    Weiter, meine Herren, wir brauchen ein Minister-, ein Reichskanzlerverant-
wortlichkeitsgesetz. Ich erlaube mir, bei dieser Gelegenheit daran zu erinnern,
daß wir bereits im Jahre 1900 einen Initiativantrag auf Erlaß eines Ministerver-
antwortlichkeitsgesetzes eingebracht haben. Dieser Antrag hat das Schicksal so
vieler Initiativanträge gehabt: er ist nicht zur Beratung gekommen. Bei der Flut
von meist dem Volke schädlichen Gesetzen, die der Reichstag auf Grund der
Vorlagen des Bundesrats in den letzten Jahren zu erledigen hatte, hat ja der
Reichstag überhaupt keine Zeit mehr, sich an Schwerinstagen[2] mit Anträgen aus
dem Hause zu beschäftigen. Wir haben dann den Sinn dieses Antrags in eine
Resolution gegossen, die wir beim Etat angebracht haben. Diese Resolution ist
von der Mehrheit dieses Hauses abgelehnt worden.
                    (Hört! hört! bei den Sozialdemokraten)
    [...] Dem Reichstag muß das Anklagerecht gegen den Reichskanzler zuste-
hen. Dieser wird sich vor einem Gerichtshof stellen müssen, der nicht nur aus
Richtern besteht, sondern dem auch Mitglieder des Reichstags angehören. Die
Volksvertretung muß in der Lage sein, durch ihre Organe zu Gericht zu sitzen
über die Politik des verantwortlichen Ministers, und die öffentlichen Gewalten
Deutschlands müssen sich durchdringen lassen von der Überzeugung, daß die
deutsche Volksvertretung ein Recht hat, neben dem Monarchen, neben dem
Bundespräsidium die Geschicke des Deutschen Reiches zu leiten. Deswegen muß
ein Gerichtshof gebildet werden, der, falls es notwendig wird, zu Gericht sitzt
über etwaige Reichskanzler, die vergessen haben, daß neben der Verantwortlichkeit, die sie ihrem Herrn schuldig sind, auch noch die Verantwortlichkeit vor der
Volksvertretung existiert.
                    (Sehr richtig! bei den Sozialdemokraten)
    Weiter, meine Herren: wir müssen dabei auch verlangen, um den Einfluß der
Volksvertretung auf die auswärtige Politik, auf die Reichsleitung zu sichern und
zu stärken, daß der Reichstag selbst bei der Ernennung des Reichskanzlers
mitzuwirken berufen ist.
                    (Sehr richtig! bei den Sozialdemokraten)
Gegenüber den Zuständen, wie sie sich entwickelt haben, ist das Ernennungs-
recht des Kaisers für den Reichskanzler keine genügende Garantie für die Sicherheit und Wohlfahrt des Volkes.

2   *Schwerinstag:* im parlamentarischen Sprachgebrauch eine der Erledigung von Petitionen
    usw. gewidmete Sitzung, so genannt nach dem preuß. Innenminister (1859–62) Maximilian
    Graf von Schwerin-Putzar (1804–1872), auf dessen Antrag die Einrichtung im preuß.
    Abgeordnetenhaus getroffen wurde.

(Zustimmung bei den Sozialdemokraten)

Das kann und hat ja, wie es zum Teil bereits geschehen ist, zu schweren Schädigungen des deutschen Volkes geführt; es muß daher der durch das Vertrauen des deutschen Volkes gewählten Vertretung die Mitwirkung vorbehalten sein bei der Besetzung der Posten, damit Männer in die Regierung kommen, die sich auf das Vertrauen der Volksvertretung berufen können.

(Sehr richtig! bei den Sozialdemokraten)

Das einseitige Vertrauen des Kaisers, das, wie wir ja alle wissen, plötzlich von einem Tage zum andern wechselt, des Kaisers, von dem wir gar nicht wissen, welche Forderungen er an Minister stellt, was das Mindestmaß von Kenntnissen und Fähigkeiten sein muß, die nach Ansicht des Kaisers ein Minister mitzubringen hat, – ich sage: das einseitige Vertrauen des Kaisers reicht nicht hin – wie die Vorgänge beweisen –, um das deutsche Volk über seine Zukunft zu beruhigen und es davor zu sichern, daß die Ministerposten mit nicht geeigneten und unfähigen Leuten besetzt werden.

(Sehr richtig! bei den Sozialdemokraten)

Es muß also auch hierbei eine Einwirkung des Reichstags stattfinden. Es ist ja auch gar nichts Neues. Wenn wir die Gewohnheiten wirklich konstitutioneller Länder annehmen wollten, hätten wir das bereits.

(Sehr richtig! bei den Sozialdemokraten)

In England und Frankreich kennt man keine Minister, die nicht das Vertrauen der Mehrheit des Parlaments besitzen. In England und Frankreich werden die Minister aus den Reihen der Mehrheit des Parlaments genommen; und diesen Zustand in irgendeiner Form herbeizuführen, das wird Aufgabe des Reichstags sein, wenn anders er ernstlich die Wiederkehr solcher Vorgänge vermeiden will.

(Sehr richtig! links)

[...]

Sten. Ber., Reichstag, Session 1907–09, 158. Sitzung, 5389–5392. Auszüge auch bei Fenske, Unter Wilhelm II., 267–70.

Nr. 55

BERNHARD FÜRST VON BÜLOW:

Beantwortung der Interpellationen[1] zur Daily-Telegraph-Affäre im Reichstag

Berlin, 10. November 1908

Meine Herren, ich werde nicht auf alle Punkte eingehen, die von den Herren

---

1   Es handelt sich um folgende Interpellationen: 1. Interpellation Bassermann (Nationalliberale Partei) v. 3.11.1908: „Ist der Herr Reichskanzler bereit, für die Veröffentlichung einer Reihe von Gesprächen Seiner Majestät des Kaisers im ‚Daily Telegraph‘ und für die in denselben mitgeteilten Tatsachen die verfassungsmäßige Verantwortung zu übernehmen?" (Drucks.Nr.1003; Reichstag, Anlagen, Bd.248, 5694). 2. Interpellation Ablaß und Genossen (Freisinnige Volkspartei / Freisinnige Vereinigung) v. 4.11.1908: „Durch die Veröffentlichung von Äußerungen des Deutschen Kaisers im ‚Daily Telegraph‘ und durch die

Vorrednern[2] hier soeben berührt worden sind. Ich muß auf die Wirkung meiner Worte im Auslande sehen, und ich will nicht neuen Nachteil zu dem großen Schaden hinzufügen, der durch die Veröffentlichung des „Daily Telegraph" schon angerichtet worden ist.

(Hört! hört! links und bei den Sozialdemokraten)

In Beantwortung der vorliegenden Interpellationen habe ich folgendes zu erklären.

Seine Majestät der Kaiser hat zu verschiedenen Zeiten gegenüber privaten englischen Persönlichkeiten private Äußerungen getan, die, aneinandergereiht, im „Daily Telegraph" veröffentlicht worden sind. Ich muß annehmen, daß nicht alle Einzelheiten aus den Gesprächen richtig wiedergegeben worden sind.

(Hört! hört! rechts)

Von einem weiß ich, daß es nicht richtig ist. Das ist die Geschichte mit dem Feldzugsplan.

(Hört! hört! rechts)

Es handelt sich nicht um einen ausgearbeiteten detaillierten Feldzugsplan, sondern um einige rein akademische –

(Lachen bei den Sozialdemokraten)

– Meine Herren, wir befinden uns in einer ernsten Debatte. Die Dinge, über die ich spreche, sind ernster Natur und von großer politischer Tragweite. Ich bitte Sie, mich ruhig anzuhören. Ich werde mich möglichst kurz fassen. – Ich wiederhole also: es handelt sich nicht um einen ausgearbeiteten detaillierten Feldzugsplan, sondern um einige rein akademische Gedanken – ich glaube, sie waren ausdrücklich als Aphorismen bezeichnet – über die Kriegsführung im allgemeinen, die der Kaiser in seinem Briefwechsel mit der verewigten Königin Victoria

---

vom Reichskanzler veranlaßte Mitteilung des Sachverhalts in der ‚Norddeutschen Allgemeinen Zeitung' sind Tatsachen bekannt geworden, die schwere Mängel in der Behandlung auswärtiger Angelegenheiten bekunden und geeignet sind, auf die Beziehungen des Deutschen Reichs zu anderen Mächten ungünstig einzuwirken. Was gedenkt der Herr Reichskanzler zu tun, um Abhilfe zu schaffen und die ihm durch die Verfassung des Deutschen Reichs zugewiesene Verantwortlichkeit im vollen Umfange zur Geltung zu bringen?" (Drucks.Nr.1006; ibid., 5694). 3. Interpellation Albrecht und Genossen (SPD) v. 4.11.1908: „Was gedenkt der Herr Reichskanzler zu tun, um Vorgänge zu verhindern, wie sie durch die Mitteilungen des ‚Daily Telegraph' über Handlungen und Äußerungen des Deutschen Kaisers bekannt geworden sind?" (Drucks.Nr.1007; ibid., 5695). 4. Interpellation v. Normann (Deutschkonservative Partei) v. 4.11.1908: „Ist der Herr Reichskanzler bereit, nähere Auskunft zu geben über die Umstände, die zur Veröffentlichung von Gesprächen Seiner Majestät des Kaisers in der englischen Presse geführt haben?" (Drucks.Nr.1011; ibid., 5696). 5. Interpellation v. Hatzfeldt – v. Gamp-Massaunen (Freikonservative Partei) v. 4.11.1908: „Ist der Herr Reichskanzler gewillt, Vorsorge zu treffen, daß sich ähnliche Vorkommnisse, wie sie durch die Veröffentlichung des ‚Daily Telegraph' zu Tage getreten sind, nicht wiederholen?" (Drucks.Nr.1016; ibid., 5697). Näheres zu den Interpellationen bei Schlegelmilch, 20 f.

2 Ernst Bassermann, Otto Wiemer, Paul Singer, Ernst von Heydebrand und der Lasa (Deutschkonservative Partei), Hermann Fürst von Hatzfeldt zu Trachenburg (Deutsche Reichspartei).

ausgesprochen hat.[3] Es waren theoretische Betrachtungen ohne praktische Bedeutung für den Gang der Operationen und für den Ausgang des Krieges.[4] Der Chef des Generalstabes, General v. Moltke[5], und sein Vorgänger, General Graf Schlieffen[6], haben erklärt, daß der Generalstab zwar über den Burenkrieg, wie über jeden großen oder kleinen Krieg, der auf der ganzen Erde im Laufe der letzten Jahrzehnte stattfand, dem Kaiser Vortrag gehalten hat. Beide haben aber versichert, daß unser Generalstab niemals einen Feldzugsplan oder eine ähnliche auf den Burenkrieg bezügliche Arbeit des Kaisers geprüft oder nach England weitergegeben habe.[7]

(Hört! hört! rechts und in der Mitte)

Ich muß aber auch unsere Politik gegen den Vorwurf verteidigen, als ob sie den Buren gegenüber eine zweideutige gewesen wäre. Wir haben – das steht aktenmäßig fest – die Transvaalregierung rechtzeitig gewarnt. Wir haben sie darauf aufmerksam gemacht, daß sie im Falle eines Krieges mit England allein stehen würde. Wir haben ihr direkt und durch die befreundete holländische Regierung

3   Beleg für die mangelhaften Recherchen des Reichskanzlers bzw. seines Ghostwriters Hammann, da hier der Irrtum des Kaisers wiederholt wurde (vgl. Dok.Nr.16 n.10). Über den Feldzugsplan äußerte sich Bülow am 13.11.1908 gegenüber dem englischen Botschafter: „The Prince was rather funny about the Plan of Campaign for the Boer War. He said he had taken the trouble to fish it out of the Archives. ‚But‘, he added, ‚please do not ask me my opinion of it or I should have to tell you that it was really a very childish production, consisting partly of extracts from a well-known work on the art of war, and partly of some original thoughts on the same art which would scarcely meet with the approbation of Military experts!‘" (BD VI 218). Vgl. dazu auch Klehmets Kommentar v. 30.8.1910: „Die offensichtlich in dieser Form unwahrscheinliche, oder doch mindestens mißverständliche, Erzählung über die Lieferung eines sogen. Feldzugsplans an England ließ ich stehen, weil ich einmal keine Mittel besaß, sie zu kontrollieren, weil ferner höchstens eine Neutralitätsverletzung gegenüber einem inzwischen untergegangenen Staate vorlag und weil sie endlich als Höhepunkt der ganzen Kaiserlichen Argumentation nicht zu entbehren war" (PA-AA, R 5833, Bl.209).

4   In Hammanns erstem Redeentwurf v. 2.11.1908 stand hier noch der Satz: „Wenn der Kaiser, der seit jeher strategischen Fragen ein großes Interesse gewidmet hat, mit Offizieren des Generalstabs die Situation überdacht und in Briefen an seine Großmutter seine Gedanken ausgesprochen hat – ist das wirklich so ungeheuerlich?" (Eschenburg, Kaiserreich am Scheideweg, 289).

5   *Helmuth von Moltke (1848–1916)*, 1876–79 preuß. Kriegsakademie, 1882 Hauptmann im Großen Generalstab, 1891 diensttuender Flügeladjutant Wilhelms II., 1903 Generalleutnant u. kaiserlicher Generaladjutant, 1904 Generalquartiermeister, 1.1.1906 Nachfolger Schlieffens als Generalstabschef, 14.9.1914 (inoffiziell) durch Falkenhayn ersetzt.

6   *Alfred Graf von Schlieffen (1833–1913)*, Teilnahme am deutsch-französischen Krieg 1870/71 als Generalstabsoffizier (seit Ende 1870 Major), 1876–84 Kommandeur eines Gardekavallerieregiments, 1884 Rückkehr in den Großen Generalstab als Abteilungschef, 1886 Generalmajor, 1888 Generalleutnant, 1891–1906 Chef des Großen Generalstabs, 1904 Mitglied des preuß. Herrenhauses, 1911 Generalfeldmarschall.

7   Diese Information ging dem Reichskanzler noch am Vortag zu. Vgl. Einem an Loebell, 9.11.1908: „Der Chef des Generalstabes hat heute einen Oberquartiermeister zu mir geschickt, um mich wissen zu lassen, daß er den größten Wert auf die Erklärung legen müßte, daß der Generalstab niemals einen Feldzugsplan Seiner Majestät gegen die Buren begutachtet hätte" (BA Koblenz, N 1016 / NL Bülow, Nr.33, Bl.52).

im Mai 1899 nahegelegt, sich friedlich mit England zu verständigen, weil über den Ausgang eines kriegerischen Konflikts kein Zweifel bestehen könne.[8]

In der Frage der Intervention sind in dem Artikel des „Daily Telegraph" die Farben zu stark aufgetragen. Die Sache selbst war längst bekannt.

(Hört! hört!)

Sie war bereits vor einiger Zeit der Gegenstand einer Polemik zwischen der „National Review" und der „Deutschen Revue".[9] Von einer Enthüllung kann gar keine Rede sein.[10] Man hat gesagt, die Kaiserliche Mitteilung an die Königin von England, daß Deutschland einer Anregung zur Mediation oder Intervention keine Folge gegeben habe, verstoße gegen die Regeln des diplomatischen Verkehrs.

Meine Herren, ich will nicht an Indiskretionen erinnern, an denen die diplomatische Geschichte aller Länder und aller Zeiten reich ist.

(Sehr richtig! rechts)

Die sicherste Politik ist vielleicht diejenige, die keine Indiskretionen zu fürchten braucht.

(Sehr richtig! links)

Um im einzelnen Falle beurteilen zu können, ob eine Verletzung des Vertrauens vorliegt, muß man mehr von den näheren Umständen wissen, als in dem Artikel des „Daily Telegraph" gesagt worden ist. Die Mitteilung konnte berechtigt sein, wenn von irgendeiner Seite versucht worden war, unsere Ablehnung zu entstellen oder unsere Haltung zu verdächtigen. Es können Dinge vorausgegangen sein, die eine Berührung der Angelegenheit in einer vertraulichen Korrespondenz mindestens erklärlich machen.

Meine Herren, ich sagte vorher, in dem Artikel des „Daily Telegraph" wären manche Ausdrücke zu stark gewählt. Das gilt zunächst von der Stelle, wo der Kaiser gesagt haben soll, die Mehrheit des deutschen Volkes sei England feindlich gesinnt. Zwischen Deutschland und England haben Mißverständnisse stattgefunden, ernste, bedauerliche Mißverständnisse. Aber ich weiß mich einig mit diesem ganzen hohen Hause in der Auffassung, daß das deutsche Volk auf der Basis gegenseitiger Achtung friedliche und freundliche Beziehungen zu England wünscht

(allseitiges lebhaftes Bravo),

und ich konstatiere, daß sich die Redner aller Parteien heute im gleichen Sinne ausgesprochen haben.

(Sehr richtig!)

---

8   Vgl. GP 15, Nr.4557–4559.
9   Vgl. Dok.Nr.11 n.6.
10 Diese Argumentationslinie ging wohl auf entsprechende Anregungen Holsteins zurück; danach sollte Bülow gegenüber der Presse betonen lassen: „Alles olle Kamellen, die von S.M. berührten Punkte, wenigstens die wichtigeren davon, waren schon, die einen früher, die anderen später, in die Öffentlichkeit gekommen, aber vereinzelt. Durch die Zusammenstellung wirkten sie jetzt im ersten Augenblick sensationell, aber Enthüllungen sind es nicht" (Holstein an Bülow, 29.10.1908; Rogge, Holstein und Harden, 364).

Die Farben sind auch zu stark aufgetragen an der Stelle, die Bezug hat auf
unsere Interessen im Pazifischen Meere. Sie ist in einem für Japan feindlichen
Sinne ausgelegt worden. Mit Unrecht. Wir haben im fernen Osten nie an etwas
anderes gedacht als an dies: für Deutschland einen Anteil an dem Handel Ostasi-
ens bei der großen wirtschaftlichen Zukunft dieser Gebiete zu erwerben und zu
behaupten. Wir denken nicht daran, uns dort auf maritime Abenteuer einzulassen;
aggressive Tendenzen liegen dem deutschen Flottenbau im Stillen Ozean ebenso
fern wie in Europa.[11] Im übrigen stimmt Seine Majestät der Kaiser mit dem
verantwortlichen Leiter der auswärtigen Politik völlig überein in der Anerkennung der hohen politischen Bedeutung, die sich das japanische Volk durch
politische Tatkraft und militärische Leistungsfähigkeit errungen hat. Die deutsche Politik betrachtet es nicht als ihre Aufgabe, dem japanischen Volk den
Genuß und den Ausbau des Erworbenen zu schmälern.

Meine Herren, ich habe überhaupt den Eindruck, als wäre, wenn die materiellen Dinge – vollends in richtiger Form – einzeln bekannt geworden wären, die
Sensation keine große gewesen; auch hier war wieder einmal die Summe mehr
als alles einzelne zusammen. Vor allem, meine Herren, sollte man über der materiellen Seite nicht ganz die psychologische, die Tendenz vergessen. Seit zwei
Jahrzehnten ist unser Kaiser bemüht, unter oft sehr schwierigen Verhältnissen
freundschaftliche Beziehungen zwischen Deutschland und England herbeizuführen. Dies ehrliche Streben hat mit Hindernissen zu kämpfen gehabt, die manchen
entmutigt hätten. Die leidenschaftliche Parteinahme unseres Volkes für die Buren war menschlich begreiflich; Teilnahme für den Schwächeren ist gewiß sympathisch. Diese Parteinahme hat aber auch zu ungerechten und vielfach maßlosen
Angriffen gegen England geführt. Und ebenso sind von englischer Seite ungerechte und gehässige Angriffe gegen Deutschland gerichtet worden. Unsere
Absichten wurden verkannt, es wurden uns feindliche Pläne gegen England un-
tergeschoben, an die wir nie gedacht haben. Der Kaiser, mit Recht von der Überzeugung durchdrungen, daß dieser Zustand für beide Länder ein Unglück und
eine Gefahr für die zivilisierte Welt war, hat unentwegt an dem Ziel festgehalten,
das er sich vorsetzt. Überhaupt geschieht dem Kaiser mit jedem Zweifel an der
Reinheit seiner Absichten, an seiner idealen Gesinnung und seiner tiefen Vaterlandsliebe schweres Unrecht.

Meine Herren, wir wollen alles unterlassen, was wie übertriebene Werbung
um fremde Gunst, was wie nach Unsicherheit und nach Nachlaufen aussieht; aber
ich verstehe, daß der Kaiser, gerade weil er sich bewußt war, eifrig und ehrlich an

11 Weshalb er an den Äußerungen des Kaisers über Deutschlands Interessen im Pazifischen
    Ozean keine Änderungen vorgenommen hatte, begründete Klehmet später wie folgt: „War
    es ferner der Zweck des Kanzlers, durch die Publikation auf die gerade damals in Folge
    unserer ablehnenden Haltung in der Frage der Rüstungsbeschränkung stark erregte Stim-
    mung Englands beruhigend zu wirken, so ließ es sich wohl vertreten, wenn der Kanzler
    diesem dominierenden Zweck zuliebe nach altem Bismarckschen Prinzip Nebenrücksich-
    ten auf dritte Staaten einstweilen hintanstellte. Aus diesen Erwägungen fand ich auch
    keinen hinreichenden Grund, die Ausführungen über die Nützlichkeit einer starken deut-
    schen Flotte für den Fall eines künftigen Konflikts in Ostasien zu streichen" (Klehmet an
    Kiderlen-Wächter, 30.8.1910; PA-AA, R 5833, Bl.209; *Deutsche Revue,* 1920/IV, 47).

einem guten Verhältnis mit England gearbeitet zu haben, sich gekränkt fühlte, wenn er immer wieder Gegenstand von Angriffen gewesen ist, die seine besten Absichten verdächtigten. Ist man doch so weit gegangen, seinem Interesse für die deutsche Flotte geheime Absichten gegen englische Lebensinteressen unterzuschieben, Absichten, die ihm vollständig fern liegen. Da hat er in Privatgesprächen mit englischen Freunden durch den Hinweis auf sein Verhalten in einer für England schwierigen Zeit den Beweis führen wollen, daß er in England verkannt und falsch beurteilt werde.[12]

12 Bis hierhin ist Bülows Rede in Ton, Inhalt und Wortwahl noch weitgehend identisch mit Hammanns Redeentwurf v. 2.11.1908. Der Rest der Rede ist gemäß der Bülowschen Instruktion v. 3.11.08 (Dok.Nr.38) erheblich gekürzt und völlig umgearbeitet worden. An dieser Stelle war ursprünglich ein kurzes Plädoyer für die Nützlichkeit und Legitimität kaiserlicher Privatgespräche vorgesehen: „Aber es wird mir entgegengehalten, der Kaiser dürfe nicht so freimütig sein in Privatgesprächen, er spreche als der Leiter der Nation und müsse taktische Rücksichten üben. Privatgespräche S.M. haben nur insofern politische Bedeutung, als sie für die Psychologie und Stimmung des Monarchen charakteristisch sind. Staatsakte, die die Politik des Reiches binden, sind sie nicht. Ich glaube nun, daß die Privatgespräche im vorliegenden Falle auf die Gentlemen, mit denen sie geführt wurden, den besten Eindruck gemacht hatten. Die schlimme Wirkung trat erst ein mit der Veröffentlichung." Es folgte in Hammanns erstem Entwurf eine wortreiche Attacke gegen das Verhalten der deutschen Presse nach dem Bekanntwerden des *Daily Telegraph*-Artikels und der offiziellen Darstellung der Publikationsvorgeschichte in der *Norddeutschen Allgemeinen Zeitung*: „Aber wenn man von Taktik, von Maßhalten, kluger Selbstbeschränkung, geschickter Berechnung jedes Worts auf seine Wirkung nach außen spricht, so muß ich doch fragen: Wo war dies Maßhalten, die kluge Berechnung, die Würde, als erst der Artikel und dann das grobe Versehen bei der Behandlung des Manuskripts bekannt wurde? Statt ernster politischer Kritik, was haben wir erlebt? Orgien von Schmähschriften gegen den, der Schuld und Verfehlung ohne ein Wort des Vertuschens oder Beschönigung eingestand, und daneben unmännliche Ausbrüche entsetzter Fassungslosigkeit. Der eine fühlte das Dach des deutschen Hauses über seinem Schädel zusammenstürzen, der andere sprach von Katastrophe, ein dritter jammerte über seine seelischen Lähmungserscheinungen. Zur Ehre unserer Nation hoffe ich, daß sie auch in den Tagen dieser Zeitungspanik die Dinge nüchterner gesehen hat als die Presse. Ein großes Volk muß stark genug sein, die Wahrheit, eine ungeschminkte häßliche Wahrheit zu ertragen, und muß in kritischer Stunde zwischen wirklichen und eingebildeten Gefahren unterscheiden können. Es war Pflicht gegen sich selbst, daß man nicht aus einer Dummheit ein nationales Unglück machte. Hatten wir denn etwa ein Mukden, ein Panama, ein Ladysmith erlebt? Hielt man aber wirklich die Sache für katastrophenhaft, dann mußte es erst recht heißen: ruhig Blut und klares Urteil, damit der Schaden nicht noch größer wird. Statt dessen hat man unseren Gegnern im Ausland die Arbeit leicht gemacht. Die brauchten diesmal nur zu den Artikeln unserer nationalen Blätter zu greifen und fanden alles, was sie brauchten. Haben Sie die Presse des Auslandes, die uns feindlich gesinnt ist, gelesen, gesehen, wie sie sich freut, daß das eigene Land ein Unglück zu einer Katastrophe macht, daß Deutsche nichts Besseres zu tun haben, als ihren Monarchen herunterzureißen und seine Stellung zu schwächen? Denselben Herrscher, der sich zur Zeit der Burenbegeisterung doch viel weitsichtiger erwiesen hat als jetzt die eifrigsten Kritiker seiner Privatgespräche. Meine Herren, es wird mir schwer, etwas für einen Deutschen so Bitteres zu sagen: das Ausland hat recht, sich zu freuen, weil die Organe der öffentlichen Meinung des Deutschen Reiches in schwerer Stunde versagen und dem Auslande sekundieren. In welchem anderen Lande ist das möglich? Right or wrong, my country!" (Eschenburg, Kaiserreich am Scheideweg, 291–92).

Meine Herren, die Einsicht, daß die Veröffentlichung dieser Gespräche in England die von Seiner Majestät dem Kaiser gewollte Wirkung nicht hervorgerufen, in unserem Lande aber tiefe Erregung und schmerzliches Bedauern verursacht hat, wird – diese feste Überzeugung habe ich in diesen schweren Tagen gewonnen – Seine Majestät den Kaiser dahin führen, fernerhin auch in Privatgesprächen jene Zurückhaltung zu beobachten, die im Interesse einer einheitlichen Politik und für die Autorität der Krone gleich unentbehrlich ist.

(Bravo! rechts)

Wäre dem nicht so, so könnte weder ich noch einer meiner Nachfolger die Verantwortung tragen.

(Bravo! rechts und bei den Nationalliberalen)

Für den Fehler, der bei der Behandlung des Manuskriptes jenes Artikels des „Daily Telegraph" gemacht worden ist, trage ich, wie ich schon in der „Norddeutschen Allgemeinen Zeitung" habe sagen lassen, die ganze Verantwortung.[13] Auch widerstrebt es meinem persönlichen Empfinden, Beamte, die ihr Leben lang ihre Pflicht getan haben, deshalb zu Sündenböcken zu stempeln, weil sie sich in einem Falle zu sehr darauf verlassen haben, daß ich meist alles selbst lese und im letzten Ende entscheide.

Mit Herrn v. Heydebrand bedaure ich, daß in der Maschinerie des Auswärtigen Amtes, die elf Jahre unter mir tadellos funktioniert hatte, sich einmal ein Defekt gezeigt hat. Ich stehe dafür ein, daß so etwas nicht wieder vorkommt, und daß zu diesem Zweck ohne Ungerechtigkeit, aber auch ohne Ansehen der Person das Erforderliche veranlaßt wird.

(Bravo!)

Als der Artikel des "Daily Telegraph" erschienen war, dessen verhängnisvolle Wirkung mir nicht einen Augenblick zweifelhaft sein konnte, habe ich mein Abschiedsgesuch eingereicht. Dieser Entschluß war geboten, und er ist mir nicht schwer geworden. Der ernsteste und schwerste Entschluß, den ich in meinem politischen Leben gefaßt habe, war es, dem Wunsche des Kaisers folgend, im Amte zu bleiben; ich habe mich hierzu nur entschlossen, weil ich es für ein Gebot

---

13 Hammann hatte in seinem Redeentwurf v. 2.11.1908 hier ein klares Schuldbekenntnis des Kanzlers formuliert: „An dem Fehler, der bei der Behandlung der kaiserlichen Manuskriptsendung gemacht worden ist, trage ich die ganze Verantwortung und meinen Teil der Schuld. Die deutsche Mitwirkung an der Veröffentlichung des *Daily Telegraph* ist durch nichts, durch gar nichts zu rechtfertigen! Deshalb habe ich die Genehmigung Sr.M. erwirkt, durch öffentliche Mitteilung des Hergangs die auf deutscher Seite begangenen Fehler rückhaltlos klarzustellen, und für diese Mitteilung in der *Nordd. Allg. Ztg.* habe ich die Weisung ausgegeben: nichts ableugnen, nichts entschuldigen, was nicht zu entschuldigen ist. Um zu erklären, wie ein solcher unentschuldbarer Fehler passieren konnte, hat man auch von einer mangelhaften Organisation im Auswärtigen Amt gesprochen. Zum Teil ist das richtig; ich gebe das zu. Ich kann aber hinzufügen, daß ein Reformplan in diesem Jahre nur mit Rücksicht auf die Finanzlage zurückgestellt wurde" (Eschenburg, Kaiserreich am Scheideweg, 293). Im folgenden ging Hammann auf die Überlastung des Auswärtigen Amts ein, einen Punkt, auf den Kiderlen dann in seiner kurzen Rede vor dem Reichstag instruktionsgemäß zu sprechen kam (Sten.Ber., Reichstag, Session 1907–09, 159. Sitzung, 5433).

der politischen Pflicht ansah, gerade in dieser schwierigen Zeit Seiner Majestät dem Kaiser und dem Lande weiter zu dienen.

(Lebhaftes Bravo)

Wie lange mir das möglich sein wird, steht dahin.

Ich will noch eines sagen: in einem Augenblick, wo vieles in der Welt wieder einmal im Fluß ist, die gesamte Lage ernste Aufmerksamkeit erheischt, wo es darauf ankommt, unsere Stellung nach außen zu wahren und, ohne uns vorzudrängen, mit ruhiger Stetigkeit unsere Interessen zur Geltung zu bringen – in einem solchen Augenblick dürfen wir uns vor dem Ausland nicht kleinmütig zeigen, dürfen wir ein Unglück nicht zur Katastrophe machen. Ich will mich jeder Kritik der Übertreibungen enthalten, die wir in diesen Tagen erlebt haben. Der Schaden ist – das wird die ruhigere Betrachtung einsehen – nicht so groß, daß er nicht mit Umsicht wieder ausgeglichen werden könnte. Gewiß soll keiner die Warnung vergesssen, welche die Vorgänge dieser Tage uns allen gegeben haben,

(Bravo! rechts)

aber es ist keine Ursache, eine Fassungslosigkeit zu zeigen, die bei unseren Gegnern die Hoffnung erweckt, als wäre das Reich im Innern und nach außen gelähmt.

An den berufenen Vertretern der Nation ist es, die Besonnenheit zu zeigen, die dem Ernst der Zeit entspricht. Ich sage es nicht für mich, ich sage es für das Land: die Unterstützung hierbei ist keine Gnade, sie ist eine Pflicht, der sich dieses hohe Haus nicht entziehen wird.[14]

(Lebhafter Beifall rechts. Zischen bei den Sozialdemokraten)[15]

Hötzsch, Bülows Reden, III, 135–140. Sten.Ber., Reichstag, Session 1907–09, 158. Sitzung, 5395–97.

14 Bülow hatte aus dem Reichstag den Vorwurf erwartet, „daß der ganze Vorfall sich nicht hätte ereignen können, wenn ich nicht in Norderney gesessen hätte". Für diesen Fall schlug Hammann folgende Schlußpassage vor: „Seit 11 Jahren bin ich Staatssekretär und Minister, seit 8 Jahren Reichskanzler. In dieser ganzen Zeit habe ich, abgesehen von drei Wochen, wo ich schwer krank im Bette lag, nicht einen Tag ausgespannt, nicht einen Tag die Geschäfte aus der Hand gegeben. Es ist kein Tag während meines Urlaubs gewesen, wo ich nicht sechs Stunden an meinem Schreibtisch zugebracht hätte. Es gibt kein Land der Welt, wo die Minister nicht in der parlamentslosen Zeit sich eine Erholung gönnen und im Gebirge, auf dem Lande oder am Meer neue Kräfte sammeln. In der Heimat des Parlamentarismus, in England, gehen die Minister weit mehr auf Urlaub und Reisen als bei uns. Ich tue meine Arbeit in Norderney oder an der Elbe geradeso wie hier. Wenn Ihnen das nicht paßt, wenn Sie einen Minister, den absolut kein anderes Motiv an sein Amt knüpft als der Wunsch, solange es geht, seine Pflicht zu tun und dem Lande zu nutzen, wenn Sie den zwingen wollen, auch den ganzen Sommer in der Wilhelmstraße zu sitzen, so suchen Sie sich – meiner besten Wünsche würden Sie sicher sein – einen anderen Reichskanzler!" (Eschenburg, Kaiserreich am Scheideweg, 294). Da kein entsprechender Vorwurf erhoben wurde, entfiel der projektierte Schlußteil der Rede.

15 Über die Wirkung der Bülowschen Rede vgl. die Beobachtungen von Werner Freiherr v. Rheinbaben (1878–1975), Chef der Reichskanzlei unter Gustav Stresemann, damals Adjutant von Tirpitz in Berlin (1908–1910): „Alles wartete gespannt auf die Reichstagsdebatte am 10. November. Ich hörte mir die große Rede Bülows an. Er machte dabei eine gute Figur

Nr. 56
GEORG FRIEDRICH GRAF VON HERTLING[1]: REICHSTAGSREDE

Berlin, 10. November 1908

[...] Meine Herren, ich bin der Meinung, daß gegenüber dem Gewichte der veröffentlichten Tatsachen die Tatsache der Veröffentlichung in den Hintergrund tritt. Ich bin der Meinung, die auch schon von anderen Rednern ausgesprochen worden ist, daß, wenn wir nicht durch die Indiskretionen jenes Engländers jetzt die Äußerungen Seiner Majestät des Kaisers im „Daily Telegraph" gelesen hätten, wir sie zu einer anderen Gelegenheit in einem anderen Organ erfahren haben würden. [...]

Ich bin nun gerne bereit, ebenso wie dies der Herr Abgeordnete Bassermann gesagt hat, anzuerkennen, daß es eine Kette unglücklicher Umstände gewesen ist, die diese Veröffentlichung herbeigeführt hat. Immerhin ist zu sagen und muß gesagt werden, daß so etwas nicht vorkommen darf. Es ist uns auch gar nicht damit gedient, wenn etwa der eine Herr in dem Auswärtigen Amt, an den zuletzt die Fragestellung gerichtet war, als Sündenbock in die Wüste geschickt wird. Meine Herren, der Herr Reichskanzler hat uns hier nicht gesagt, wie diese Fragestellung gelautet hat; er hat auf die Anfrage, die der Herr Abgeordnete v. Heydebrand nach dieser Richtung gestellt hat[2], wenn ich richtig gehört habe, nicht geantwortet.

(Sehr richtig! in der Mitte)

und zeigte eine ernste Miene. Nur hin und wieder auf seine Notizen blickend, repräsentierte er den auf hoher Warte stehenden Staatsmann. [...] Als Bülow geendet hatte, erhielt er relativ starken Beifall von rechts bis zum Zentrum. Von seiner eigenen persönlichen Mitverantwortung hatte er so gut wie nicht gesprochen [...]" (Rheinbaben, Erinnerungen, 69–70). Siehe auch die Eindrücke der Zuschauerin Marie von Bunsen („er war sehr ernst, sehr gedämpft, sehr gemessen") in Hiller v. Gaertringen, 166. Über die Aufnahme, die Bülows Reichstagsrede in der deutschen Öffentlichkeit gefunden hat, siehe Goschen an Grey, 13.11.1908: „The general public are furious because in his speech Prince Bülow did not say enough, and especially because he neither answered the interpellations themselves nor the questions arising out of them. The Conservatives are angry with him because he said too much while not sufficiently defending the Emperor" (BD VI 217).

1   *Georg Friedrich Graf von Hertling (1843–1919),* Philosoph, Politiker; 1867 Habilitation in Bonn, wegen seines vorbehaltlosen Eintretens für die katholische Kirche erst 1880 in Bonn und 1882 in München (politisch motiviert) berufen; 1875–90 u. 1896–1912 Mitglied des Reichstags (Zentrum), 1891 Reichsrat der Krone Bayerns, 1899 Mitglied der Bayerischen Akademie der Wissenschaften, 1909–12 Vorsitzender der Zentrumsfraktion im Reichstag, 1912–17 bayer. Ministerpräsident, Nov.1917 – Okt.1918 Reichskanzler und preuß. Ministerpräsident.

2   Der deutschkonservative Abgeordnete Ernst von Heydebrand und der Lasa hatte die Aufmerksamkeit des Hauses auf die Frage nach dem Wortlaut der Bülowschen Direktiven an das Auswärtige Amt gelenkt: „Was nun die Verantwortung der nachgestellten Dienststelle, des Auswärtigen Amts anbelangt, so kommt es doch sehr darauf an, welche Frage ihr gestellt worden ist. Hat der Herr Reichskanzler seinen nachgeordneten Räten auch die Frage vorgelegt, ob es opportun sein würde, diese Schriftstücke zu veröffentlichen, dann allerdings muß man sagen: wenn sich da ein Rat gefunden hat, der das bejaht hat, so geht das über das Verständnis, das man für die Pflichten und die Aufgaben eines Rats in solcher

Es könnte also sein, daß der betreffende Herr, der als ein ausgezeichneter und pflichtgetreuer Beamter bezeichnet wird, lediglich geglaubt hat, seines Amtes dadurch zu walten, daß er die Mitteilungen des „Daily Telegraph" auf ihre tatsächliche Unterlage geprüft und sich gar nicht die Aufgabe zugeschrieben hat, ein Urteil über die politische Opportunität der Veröffentlichung abzugeben.

(Sehr gut! in der Mitte)

[...] Viel wichtiger aber sind die veröffentlichten Tatsachen. Meine Herren, der heutige Tag ist zweifellos ein Markstein in der parlamentarischen Geschichte Deutschlands.

(Sehr richtig! links)

Noch niemals ist der gute alte Brauch, die Person Seiner Majestät nicht in die Debatte zu ziehen, ist die Maxime monarchischer Gesinnung, wonach die Kritik vor der Allerhöchsten Person Halt zu machen hat, so vollkommen außer acht gelassen worden wie heute.

(Sehr gut! bei den Sozialdemokraten)

Wer wie ich in monarchischen Empfindungen aufgewachsen ist, wer wie ich den unersetzlichen Wert einer angestammten Dynastie zu schätzen weiß, wer auch seinen theoretischen Überzeugungen nach ganz und gar zur Monarchie steht, für den ist die Zwangslage, in der wir uns befinden, in solcher Weise hier zu reden, eine überaus unglückliche und beklagenswerte.

(Sehr richtig! in der Mitte)

Meine Herren, ich sage, es war eine Zwangslage. Es sollte die Kritik vor der Allerhöchsten Person schweigen. Aber, meine Herren, die Tage des französischen Sonnenkönigs und die Tage der englischen Stuarts liegen längst hinter uns

(Sehr gut! links),

und heute in der modernen Welt muß auch der Träger der höchsten Macht es sich dann gefallen lassen, der Kritik der Volksvertretung unterzogen zu werden, wenn er durch seine Handlungen dazu Anlaß gegeben hat.

(Sehr wahr! in der Mitte)

Aber allerdings ist es ein schmerzliches Ereignis, daß wir dazu gezwungen waren, und wir geben uns der Hoffnung hin, daß es niemals mehr der Fall sein wird.

(Lachen bei den Sozialdemokraten)

Wir durften aber – und ich gebe das den Rednern, die vor mir gesprochen haben, vollkommen zu –, der Deutsche Reichstag darf zu den Dingen nicht schweigen angesichts der Bewegung, die mächtiger als seit langem irgendeine andere das deutsche Volk durchzittert hat. Es muß zum Ausdruck gebracht werden, was das deutsche Volk empfindet, nicht, um uns vor dem Auslande bloßzustellen, sondern um als tapfere Männer die Gefahr, in der wir uns befinden und auf die jene

verantwortlichen Stellung hat. Hat der Kanzler sich lediglich auf die Frage und den Auftrag beschränkt, ob das, was in diesen Schriftstücken steht, tatsächlich richtig ist, – ja dann würde man allerdings sagen müssen, daß die Fragestellung und die Auftragserteilung nicht besonders glücklich gewesen ist" (Sten. Ber., Reichstag, Session 1907–09, 158. Sitzung, 5394). Zu Heydebrands Rede siehe Eschenburg, Kaiserreich am Scheideweg, 147 f.; Schlegelmilch, 30–32.

Veröffentlichung des „Daily Telegraph" nur ein grelles Blitzlicht geworfen hat, ruhig ins Auge zu fassen.

(Sehr gut! in der Mitte)

[...]

Wir haben früher wiederholt in diesem hohen Hause, wie es auch in der Presse geschehen ist, von der Einkreisungspolitik des englischen Königs gesprochen. Ich habe meinerseits damals gewarnt, diese Einkreisungspolitik zu tragisch zu nehmen. Wir haben jetzt, als die Veröffentlichungen im „Daily Telegraph" erfolgt sind, den Eindruck, daß deutscherseits eine Abstoßungspolitik getrieben wird, die uns mit allen Mächten in Zwiespalt bringen muß. Ich habe damals gesagt, daß Deutschland, auf sein gutes Schwert gestützt, es ertragen könnte, wenn auch die Mächte um uns her sich in wechselnden Gruppierungen zueinander fänden. Aber eine isolierte Stellung Deutschlands ist nur dann ungefährlich, wenn sie in ruhiger Würde getragen wird, im Gefühle der eigenen Kraft und mit der Zurückhaltung, die eine solche Stellung durchaus notwendig macht, wenn jede impulsive Äußerung, die das Mißtrauen der Mächte wachrufen kann, vermieden wird.

(Sehr richtig! in der Mitte)

[...]

Es ist ja schon von der Ministerverantwortlichkeit gesprochen worden, und wir tun gut, nachdem wir, was die Stunde gebot, uns freimütig über die Worte des Kaisers hier ausgesprochen haben, nunmehr auf den Standpunkt des konstitutionellen Staatsrechts zurückzutreten. Wir können den Kaiser nicht zur Rechenschaft ziehen, verantwortlich ist allein der Reichskanzler.

(Sehr richtig! in der Mitte)

Die Ministerverantwortlichkeit ist die Formel, durch die das konstitutionelle Staatsrecht, das eigene Recht des Monarchen mit dem Recht der Selbstbestimmung in Einklang zu bringen sucht, auf welche ein mündiges Volk niemals verzichten kann.

(Sehr gut! in der Mitte)

Die Ministerverantwortlichkeit hat den Sinn, daß nur diejenigen Handlungen des Monarchen staatsrechtlichen Wert, staatsrechtliche Tragweite besitzen, die vom verantwortlichen Minister durch seine Unterschrift gedeckt sind; aber sie hat auch einen anderen und weiter gehenden Sinn, sie hat doch zweifellos den Sinn, und darin liegt ihre volle Bedeutung, ihr eigentlicher Wert, daß es für den verantwortlichen Minister ein „bis hierher und nicht weiter" gibt und geben muß

(Bravo! in der Mitte),

daß sich deshalb jederzeit die Perspektive auch eröffnen kann, daß ein Monarch, der keinen Minister mehr findet, weil er sich dauernd vom Empfinden seines Volkes oder von den wirklich begründeten Zielen der Staatsraison entfernte, genötigt wäre, andere Bahnen einzuschlagen.

(Sehr wahr! in der Mitte)

Ich konstruiere den Fall rein theoretisch, aber Sie werden mir alle zugeben, das ist der Sinn der Ministerverantwortlichkeit; der Minister kommt in die Lage, Maßregeln nicht mehr decken zu können, und das ist dann der Moment, wo er seine Demission einreicht. [...]

Meine Herren, wenn von den verschiedenen Herren Interpellanten gefragt, aber dann nicht weiter ausgeführt worden ist, was der Herr Reichskanzler zu tun gedenke, um derartigen Dingen in Zukunft vorzubeugen, so haben wir auch darüber bis jetzt recht wenig gehört. Es sind ja allerdings von seiten der Linken Vorschläge angedeutet worden, über die man jetzt in der Schnelligkeit nicht in der Lage ist, sich eingehend zu verbreiten. Es ist von Verfassungsänderungen gesprochen worden, und ich brauche Ihnen wohl nicht erst zu sagen, daß ich dem Herrn Abgeordneten Singer bei seinen Vorschlägen nicht folgen würde. Es ist auch von anderen gesetzgeberischen Maßregeln gesprochen worden. Meine Herren, ich bin der Meinung, daß hier kein Wert auf neue Paragraphen gelegt werden kann; ich bin der Meinung, daß es sich auf den Höhen, wo es sich um das Verhältnis zwischen dem Kaiser und dem Reichskanzler handelt, nicht mehr um Paragraphen drehen kann, sondern nur um das Verhältnis von Person zu Person.

(Zustimmung in der Mitte und rechts)

Das also, was wir hoffen und wünschen, und was das deutsche Volk ein Recht hat zu verlangen, das ist dies, daß es dem Herrn Reichskanzler in Zukunft beschieden sein möge, mit dem ganzen Gewicht seiner Stellung ähnlichen Vorkommnissen vorzubeugen.[3]

(Sehr wahr! in der Mitte und rechts)

[...][4]

Sten. Ber., Reichstag, Session 1907–09, 158. Sitzung, 5397–5401.

---

3 Hertling äußerte sich gegenüber dem Kanzler viel zurückhaltender als die Presse seiner Partei, die wiederholt Bülows Rücktritt gefordert hatte. Er hingegen hielt die Zeit für einen Kanzlerwechsel noch nicht für gekommen. „In jedem anderen Lande", schrieb er seinem Sohn Karl am 5.11.1908, „müßte Bülow gehen. Bei uns aber hält ihn der Block, der mit ihm steht und fällt, und jeder Vorstoß von unserer Seite würde dazu beitragen, seine Position zu stärken" (Thimme, Front wider Bülow, 146 f.).

4 Abschließend verlas Hertling folgende Erklärung der Zentrumsfraktion: „Am 28. Oktober d.J. sind durch die Londoner Zeitung „Daily Telegraph" Äußerungen veröffentlicht worden, welche der Deutsche Kaiser in England vor Engländern getan hat. Wenn in denselben die vorherrschende Stimmung des deutschen Volkes als eine gegen England unfreundliche bezeichnet wird, so ist dies in den Tatsachen nicht begründet und beruht auf mangelnder Information seitens der verantwortlichen Ratgeber. Der Deutsche Kaiser hat ferner mitgeteilt, daß er während des Burenkrieges, durch seine Beziehungen zu der Königin von England veranlaßt, verschiedene Schritte getan habe, die ihn als im Widerspruch mit dem Empfinden des deutschen Volkes erscheinen lassen. Wir bedauern diese Erklärungen und hoffen, daß der Herr Reichskanzler mit dem ganzen Gewicht seiner Stellung dahin wirken werde, daß derartige Kundgebungen, Kundgebungen von solcher politischen Tragweite, künftig unterbleiben, bei denen die gute, auf die Erhaltung des Friedens gerichtete Absicht Seiner Majestät des Kaisers durchaus anerkannt werden muß, welche jedoch geeignet sind, sowohl das Ansehen des Deutschen Reichs aufs schwerste zu gefährden und das Vertrauen zu seinen Leitern zu erschüttern, als auch die wirtschaftlichen Interessen des Deutschen Volks tief zu schädigen. – Der Deutsche Kaiser hat sodann als das Ziel des Flottenausbaues ein Eingreifen des Deutschen Reichs in das Gebiet des Stillen Ozeans bezeichnet. Diese Äußerung steht im Widerspruch mit allen offiziellen Erklärungen, welche für den Reichstag bestimmend waren bei Annahme der Flottengesetze. Sie schließt zudem eine ernste Gefahr

Nr. 57
KARL FREIHERR VON GAMP-MASSAUNEN[1]: REICHSTAGSREDE

Berlin, 11. November 1908

[...]

Ich möchte nur meinerseits erklären, daß ich die Angriffe, die sich [...] gegen die Person des Fürsten v. Bülow richten, für übertrieben halte. Ich bin persönlich der Ansicht, daß andere Beamte mehr an diesem Versehen schuldig sind als er, und daß er aus Rücksicht für die Beamten seines Ressorts und die Bestimmung der Verfassung die Verantwortung übernommen hat.

Herr Freiherr v. Hertling hat gesagt, diese Debatte ist ein Wendepunkt im parlamentarischen Leben. Ich wünschte, wir ständen auch vor einem Wendepunkt in dem Leben des Kaisers. Die ganze Nation würde diese traurigen Vorkommnisse segnen, wenn dieser Wendepunkt einträte, wenn, wie der Reichskanzler gesagt hat, der Kaiser sich auch künftig in seinen Privatgesprächen diejenige Zurückhaltung auferlegen würde, die für die einheitliche Politik des Reiches und die Autorität der Krone unerläßlich ist.

Der Herr Reichskanzler sagte, er hätte die feste Überzeugung, daß die tiefgehende Erregung und das schmerzliche Bedauern der Bevölkerung auf den Kaiser einen derartigen Einfluß ausgeübt hat. Es wäre jedenfalls erwünscht, wenn der Herr Reichskanzler uns die Tatsachen mitgeteilt hätte bzw. mitzuteilen geneigt wäre, auf welche er diese Überzeugung stützt.

Daß Fürst v. Bülow die Verantwortung nicht wieder übernehmen wird, wenn solch ein Vorkommnis sich wiederholt, halte ich für zweifellos. Aber, meine Herren, wer ist denn der Nachfolger des Fürsten Bülow, und kann der Fürst Bülow auch für ihn, was er gestern getan, die Erklärung abgeben, daß auch sein

für die Erhaltung des Friedens ein. Nach der Verfassung steht dem Kaiser das Präsidium des Bundes zu; er hat das Recht, Krieg zu erklären und Frieden zu schließen; aber er ist in der Ausübung dieser Rechte in der durch die Verfassung vorgeschriebenen Weise an die Mitwirkung des Bundesrats und des Reichstags gebunden. Äußerungen, wie die durch den ‚Daily Telegraph‘ veröffentlichten, sind geeignet, die staatsrechtlichen Grundlagen des Deutschen Reichs in den Augen des Auslandes zu verschieben. Meine Freunde sprechen die bestimmte Erwartung aus, daß alles verhütet werde, was geeignet ist, Zweifel an den föderativen wie an den konstitutionellen Grundsätzen der Reichsverfassung im Inlande wie im Auslande zu erwecken. Nach der Verfassung ist dem Reichstage für die Politik des Reichs ausschließlich der Reichskanzler verantwortlich. Das deutsche Volk muß verlangen, daß der Reichskanzler den Willen und die Kraft besitzt, dem Kaiser gegenüber denjenigen Einfluß zur Geltung zu bringen, ohne welchen seine staatsrechtliche Verantwortlichkeit jede Bedeutung verliert" (ibid., 5401).
Nach Hertling sprach noch Max Liebermann v. Sonnenberg (Wirtschaftliche Vereinigung). Die von Udo Graf zu Stolberg-Wernigerode präsidierte Reichstagssitzung wurde um 13.17 Uhr eröffnet und um 18.06 Uhr geschlossen.

1 *Karl Freiherr von Gamp-Massaunen (1846–1918),* Verwaltungsbeamter, Politiker (Freikonservativer); 1877 Eintritt in das preuß. Ministerium für öffentliche Arbeiten, 1882 Wechsel in das Handelsministerium, wo er 1883–95 Vortragender Rat war; 1884 – Nov. 1918 Mitglied des Deutschen Reichstags (Deutsche Reichspartei), 1894–1918 Mitglied des preuß. Abgeordnetenhauses, Mitbegründer des Alldeutschen Verbandes.

Nachfolger die Verantwortung nicht übernehmen würde? Vielleicht ist der Nachfolger ein General

(Zurufe links: Wahrscheinlich! – Heiterkeit in der Mitte und links),

der auf dem Standpunkt steht, nur die Befehle seines Kaiserlichen Herren zu
befolgen. Dann, meine Herren, wären Konflikte mit dem Auslande und innere
Krisen ganz unvermeidlich!

Meine Herren, aus den Ausführungen des Herrn Reichskanzlers habe ich
nicht entnehmen können, daß in der Tat der Kaiser über die Stimmung, die jetzt
im Volke herrscht, ausreichend informiert ist. Ich kann auch nicht annehmen, daß
die Zeitungsausschnitte, die ihm vorgelegt werden, ihm eine solche genügende
Information bieten werden.[2] [...]

[...] Wir wollen nur eine Flotte in den Grenzen, wie sie zur Verteidigung
unseres Landes und unseres Handels notwendig ist. Es gibt im ganzen Deutschen
Reich nicht einen, der unsere Flotte zu einem Angriffskrieg gegen England
verwenden wollte

(Zurufe bei den Sozialdemokraten),

– und sollte es einen geben, Herr Kollege Ledebour[3], dann müßte man ihn auf
seinen geistigen Zustand untersuchen lassen.

(Lebhafte Zustimmung und Zurufe bei den Sozialdemokraten)

– In Deutschland gibt es keinen, der die Flotte zu einem Angriffskrieg gegen
England verwenden will.

(Zuruf bei den Sozialdemokraten)

– Dann müßte es gerade in Ihren Reihen sein.

(Heiterkeit)

Aber auch das kann ich wirklich nicht glauben, denn für so töricht halte ich Sie
nicht.

(Sehr gut! rechts, Zuruf bei den Sozialdemokraten)

Ob man das von England und den Engländern wird sagen können, bezweifle ich
sehr; denn in England besteht in der Tat eine Kriegspartei, die auf einen Kampf
gegen Deutschland systematisch hinarbeitet. Welche Ziele sich diese Kriegspartei gesetzt hat, weiß ich nicht; es ist ja zweifellos, daß ein Krieg zwischen
Deutschland und England einen Weltkrieg entfesseln muß, und, meine Herren,
mag dann auch unser Handel eine schwere Schädigung erfahren, wir haben das
felsenfeste Vertrauen zu unserem Landheer, zu den 4 Millionen Soldaten, zu
unserem Volk in Waffen, daß wir aus einem solchen Kriege siegreich hervorge-
hen werden, und, meine Herren, wer dann die Zeche zu bezahlen hat, brauche ich
hier wohl nicht zu sagen.

(Zurufe bei den Sozialdemokraten: Das deutsche Volk!)

2   Bülow hatte dem Kaiser am 30. Oktober 1908 im Gegenteil sehr rabiate, die Äußerungen
     des Kaisers schonungslos attackierende Pressestimmen von Blättern alldeutscher und agrar-
     konservativer Provenienz vorlegen lassen (vgl. GP 24, 179 n.; Hale, Publicity and Diploma-
     cy, 319 n.62). Siehe auch Dok.Nr.80.
3   *Georg Ledebour (1850–1947),* Journalist, Politiker; Redakteur an sozialdemokratischen
     Zeitungen (Vorwärts, Sächsische Arbeiter-Zeitung), 1900–1918 Mitglied des Reichstags
     (linker Flügel der SPD), 1917 Mitbegründer der USPD, 1920–24 Mitglied des Reichstags
     (USPD), ging noch vor 1933 in die Schweiz.

[...]

Meine Herren, lassen Sie mich mit einigen Worten auf die Anregungen zu sprechen kommen, die in bezug auf die Erweiterung der parlamentarischen Rechte gegeben worden sind. In großen nationalen Fragen würden sich die Parteien zweifellos über eine gemeinsame Haltung verständigen. Aber solche nationalen Fragen treten doch nur ausnahmsweise an uns heran. Wie soll aber das Parlament eine Einwirkung auf die Geschäftsführung des Reichskanzlers gewinnen bei dieser Zersplitterung der Parteien? Aber wenn auch diese Voraussetzung für einen größeren Einfluß des Parlaments vorhanden wäre, so würde ein sogenanntes parlamentarisches Regime nicht bloß mit den monarchischen Anschauungen der großen Mehrheit des Volkes, nicht bloß mit der auf föderativer Grundlage beruhenden Verfassung des Deutschen Reiches, sondern auch mit den vitalsten Interessen des deutschen Volkes in Widerspruch stehen.

(Lachen bei den Sozialdemokraten)

Indem wir den Gedanken eines parlamentarischen Regimes abweisen

(hört! hört! bei den Sozialdemokraten),

müssen wir andererseits entscheidenden Wert darauf legen, daß die verfassungsmäßigen Bestimmungen über die Verantwortung des Reichskanzlers dem Lande gegenüber aufrecht erhalten werden.

[...]

Deutschland steht heute noch auf dem Standpunkt, den Fürst Bismarck am 6. Februar 1888 unter voller Billigung der ganzen Nation zusammenfaßte, – und damit will ich schließen:

Wenn wir in Deutschland einen Krieg mit der vollen Wirkung unserer Nationalkraft führen wollen, so muß es ein Krieg sein, mit dem alle, die ihn mitmachen, alle, die ihm Opfer bringen, kurz und gut, mit dem die ganze Nation einverstanden ist; es muß ein Volkskrieg sein; es muß ein Krieg sein, der mit dem Enthusiasmus geführt wird wie der von 1870, wo wir ruchlos angegriffen wurden. ... Dann wird das ganze Deutschland, von der Memel bis zum Bodensee, wie eine Pulvermine aufbrennen und von Gewehren starren, und es wird kein Feind wagen, mit diesem furor teutonicus, der sich bei dem Angriff entwickelt, es aufzunehmen ... . Wir können durch Liebe und Wohlwollen leicht bestochen werden – vielleicht zu leicht –, aber durch Drohungen ganz gewiß nicht! Wir Deutsche fürchten Gott, aber sonst nichts in der Welt

(Ruf: Hurra!),

und die Gottesfurcht ist es schon, die uns den Frieden lieben und pflegen läßt. Wer ihn aber trotzdem bricht, der wird sich überzeugen, daß die kampfesfreudige Vaterlandsliebe, welche 1813 die gesamte Bevölkerung des damals schwachen, kleinen und ausgesogenen Preußen unter die Fahnen rief, heutzutage ein Gemeingut der ganzen deutschen Nation ist, und daß derjenige, welcher die deutsche Nation irgendwie angreift, sie einheitlich gewaffnet finden wird und jeden Wehrmann mit dem festen Glauben im Herzen: Gott wird mit uns sein![4]

(Zurufe von den Sozialdemokraten: Hurra! Hurra! – Zuruf rechts: In Preußen schwören sie und im Reichstage rufen sie Hurra!)

Sten. Ber., Reichstag, Session 1907–09, 159. Sitzung, 5408–5412. Auszüge auch bei Fenske, Unter Wilhelm II., 270 f.

4 Horst Kohl (Hrsg.), Bismarckreden 1847–1895 (3. Aufl., Leipzig 1899), 353 f., 357. –

Nr. 58
CONRAD HAUSSMANN[1]: REDE IM REICHSTAG

Berlin, 11. November 1908

Meine Herren, wir befinden uns nicht bloß in einer Kanzlerkrisis, nicht bloß in einer Kaiserkrisis, sondern in einer Krisis des persönlichen Regimes. [...]

Der 10. und 11. November war bisher schon ein Gedenktag für Deutschland, weil freie und große Geister an demselben Deutschland geschenkt worden sind

(sehr gut! links),

er wird nach dieser denkwürdigen Debatte ein Gedenktag in der deutschen Geschichte bleiben. Denn das, was wir alle mitangehört haben, ist etwas Außerordentliches und Neues gewesen, und die Einmütigkeit, die in der Auffassung hervorgetreten ist in den Erklärungen, die wir am gestrigen Tage von den Rednern aller Parteien gehört haben, das ist das Große.

(Zustimmung links)

Das erlaubt uns, zu sagen und zu hoffen, daß das Parlament nicht so ohnmächtig ist, wie manche geglaubt haben. Gestern konnte man sagen: „Die Szene wird zum Tribunal!" Die ganze Haltung, welche der Reichstag eingenommen hat, war die, daß er offen und laut sich zum Vertreter der großen Sorgen gemacht hat, die gegenwärtig durch die ganze Nation gehen. Es war wie ein Tag der Rechenschaftsforderung, und die Stellung, in die der Reichstag gestern zum ersten Mal eingerückt ist, läßt erwarten, daß manches, was bisher versäumt worden ist, dann erreicht wird, wenn wir an dieser Einmütigkeit gegenüber einmütig erkannten Gefahren festhalten.

Vergegenwärtigen Sie sich: es ist gestern und auch heute niemand in diesem Deutschen Reichstag aufgetreten, der die Handlungen des Deutschen Kaisers

Ähnlich optimistisch im Hinblick auf die Kriegs- und Konfliktfähigkeit des Deutschen Reichs äußerte sich im Anschluß an die Rede Gamps der freisinnige Abgeordnete Karl Schrader: „Wir brauchen uns nicht zu fürchten vor der sogenannten Isolierung, wenn wir eine kraftvolle Politik haben. (Bravo! und sehr gut! links). Meine Herren, isolieren läßt sich ein kleiner Mann ganz wohl – ein großer Staat mit der Macht, die Deutschland besitzt, kann in jedem Augenblick die Isolierung beseitigen (sehr richtig! links), wenn er von seiner Macht richtigen und verständigen Gebrauch macht. Deutschland wird im Konzert der Welt immer eine Rolle spielen, wenn es nur die Rolle spielen will, und wenn sein Konzertmeister richtig zu dirigieren versteht. Und das ist es, was wir erreichen wollen. Dann, meine Herren, brauchen wir uns vor nichts zu fürchten. Wir wollen nicht andere Völker überfallen, wir wollen unsere eigene Sicherheit bewahren, wir wollen in der Welt die Rolle spielen, die wir nötig haben, um unserer aufstrebenden Bevölkerung Arbeit und draußen Schutz zu verschaffen. Mehr verlangen wir nicht. Und dazu haben wir nötig, auch im Innern stark zu sein. Das ist die Bitte, die ich dem Herrn Reichskanzler hier auch vortrage: möge er dafür sorgen, daß unsere innere Politik, vor allem unsere Finanzpolitik, eine solche ist, daß sie uns die Kraft gibt, nach außen im Notfalle ernst auftreten zu können" (Sten.Ber., Reichstag, Session 1907–09, 159. Sitzung, 5415).

1   *Conrad Haußmann (1857–1922);* Jurist, Politiker; 1883 Rechtsanwalt in Stuttgart, seit 1889 württembergischer Landtagsabgeordneter, 1890–1918 Mitglied des Reichstags (Süddeutsche Volkspartei), 1918 Staatssekretär im Kriegskabinett des mit ihm befreundeten Prinzen Max von Baden, 1919 Vorsitzender im Verfassungsausschuß der Weimarer Nationalversammlung.

verteidigt hätte, auch kein Konservativer; und ich danke es den Herren, daß sie sich nicht ausgeschlossen haben von unserem gemeinsamen nationalen Empfinden!

(Bravo! links)

[...] In Deutschland sind in der Beurteilung der Lage alle Kreise einig, unmutig und erregt. Es ist nicht etwa bloß der Handelsstand, der fürchtet und der direkt betroffen wird; es sind nicht bloß die unteren Kreise, es sind nicht bloß die Arbeiter, die sich an eine Anschauungsweise gewöhnt haben, die dazu führt, jetzt sehr unmutig zu urteilen – nein, es sind alle Kreise[2], es ist bis in die deutschen Offizierskasinos hinein dieselbe Auffassung der Dinge.[3]

(Sehr richtig! links)

So groß ist auch in diesen letzteren die Besorgnis, daß der Ausweg, daß etwa ein hoher Militär an die Spitze der Geschäfte treten würde, gerade auch von den Offizieren nicht als Lösung und Erlösung von dem Druck, sondern als eine Steigerung empfunden würde.

Es ist in Deutschland das Wort gesprochen worden: „Schwarzseher dulde ich nicht"[4], – und der Mund, der dieses Wort gesprochen hat, hat Schwarzseher zu Millionen geschaffen!

(Sehr wahr! links und bei den Sozialdemokraten)

2   Der spätere österreichisch-ungarische Außenminister Ottokar Czernin, Mitglied der Donaueschinger Jagdgesellschaft, wurde bei seiner Anreise Zeuge eines Vorfalls, der für die Novembertage nicht untypisch gewesen zu sein scheint: „Ich hatte bei der Hinfahrt in einer deutschen Bahnhofrestauration, in welcher ich die Ankunft des nächsten Zuges abwarten mußte, Gelegenheit, die Aufregung der Bevölkerung über die Berliner Vorgänge zu studieren und eine kleine Welle zu sehen, welche fast revolutionären Charakter trug. Die dichtgefüllte Restauration widerhallte von dem Tagesgespräche und der heftigen Kritik gegen den Kaiser, und plötzlich stand einer der Männer auf einem Tische und hielt eine Brandrede gegen das Staatsoberhaupt. Noch ganz unter dem Eindruck dieser vorgefallenen Szene erzählte ich dieselbe den Herren aus der Umgebung des Kaisers, welche ebenso wie ich einen höchst unangenehmen Eindruck von dem Vorfall hatten und mich beschworen, ja dem Kaiser nichts davon zu sagen. Ein Herr aber widersprach auf das energischste und erklärte, man müsse das im Gegenteil dem Kaiser in allen Details mitteilen, und soviel ich weiß, unterzog er sich auch dieser wahrscheinlich nicht sehr angenehmen Aufgabe" (Czernin, Im Weltkriege, 73). Über die zahlreichen Volksversammlungen gegen das persönliche Regiment, die vor allem von Sozialdemokraten und Zentrumspolitikern organisiert wurden, siehe Teschner,16.

3   In der Sitzung des preußischen Staatsministeriums v. 11.11.1908 scheint auch der Kriegsminister v. Einem darauf hingewiesen zu haben, „daß die Unzufriedenheit mit dem Verhalten und Gebaren des Kaisers, mit den Auswüchsen des persönlichen Regiments, mit den kaiserlichen Temperamentsausbrüchen und Launen auch in Offizierskreisen mehr und mehr um sich greife. Das wirke demoralisierend, und darin liege eine große Gefahr. [...] Das Ansehen des Königs, seine Stellung gegenüber dem Offizierskorps seien doch nicht mehr so fest fundiert wie früher, und das durch die Schuld Seiner Majestät" (Bülow, Denkwürdigkeiten, II, 363). Einem hat zwar diese Äußerungen später zu bestreiten versucht (Erinnerungen eines Soldaten, 121), doch vor dem 17. November gehörte der Kriegsminister zweifellos zu den vehementesten Kaiserkritikern im preuß. Staatsministerium (vgl. Dok.Nr.43).

4   Anspielung auf eine Rede des Kaisers, die dieser am 8. September 1906 in Breslau auf dem

Darin liegt das tragische Moment, daß der Wille und der Erfolg sich in einem so außerordentlichen Gegensatz befinden.

Das deutsche Vaterland befindet sich gegenwärtig, ohne daß wir übertreiben wollen, aber ohne daß wir sie unterschätzen dürfen, in einer Gefahr, in die es durch seinen gutgläubigen Kaiser geführt worden ist.

(Sehr richtig! links)

Was kann, was konnte in solcher Lage gestern der Herr Reichskanzler zur Rechtfertigung dessen sagen? Der Herr Reichskanzler hat gestern wehmütig gesprochen.

(Sehr wahr! links)

Er ging bei gedämpfter Trommel Klang.

(Heiterkeit)

[...] Dann hat er gesagt: „Ich muß bezweifeln, ob alle Einzelheiten in dem Interview des ‚Daily Telegraph' richtig wiedergegeben sind." Er muß bezweifeln – wir aber wollen Gewißheit haben. Wir lechzen nach dem Wort, daß die Stellen nicht richtig wiedergegeben wären; wir wären alle froh, wenn wir es weiter sagen könnten. Und derjenige, der uns darüber Auskunft geben soll, der sagte uns nur: Ich bezweifle, ob alle Einzelheiten richtig wiedergegeben sind. Das muß doch der Deutsche Kaiser wissen, und der Deutsche Kaiser mußte doch gefragt werden, ob diese Einzelheiten richtig sind!

(sehr richtig! links)

Der Deutsche Kaiser, dem sein eigenes Interview eingesandt ist, muß doch sein Interview gelesen haben – oder hat der Deutsche Kaiser sein Interview auch nicht gelesen

(stürmische Heiterkeit),

welches sein Freund ihm eingesandt hat?

[...] Der Reichskanzler sagte: die Äußerungen vom „Stillen Ozean" seien anders zu interpretieren. Ja, auf die nachträgliche Interpretation durch einen Dritten wird es nicht so sehr ankommen wie darauf, daß die Eventualität überhaupt als ein Argument der europäischen Politik von dem Kaiser geltend gemacht worden ist. Wir haben einmal gehört und nicht gerne gehört, es sei telegraphiert worden vom „Admiral des Atlantischen Ozeans" an den Admiral des Stillen Ozeans.[5] Jetzt hören wir auf einmal eine Wendung, als ob der Admiral des Atlantischen Ozeans auch der Admiral des Stillen Ozeans werden wollte.

(Heiterkeit links)

Jetzt kam die Stelle, wo die Ausführungen des Herrn Reichskanzlers von uns voll und rückhaltlos unterstrichen werden konnten, als er zusammenfassend sagte:

Festmahl für die Provinz Schlesien gehalten hatte: „Den Lebenden gehört die Welt, und der Lebende hat recht. Schwarzseher dulde ich nicht, und wer sich zur Arbeit nicht eignet, der scheide aus, und wenn er will, suche er sich ein besseres Land" (Johann, Reden des Kaisers, 115).

5 Wilhelm II. war am 7.8.1897 vom Zaren zum Admiral der russischen Flotte ernannt worden (vgl. Bülow, Denkwürdigkeiten, I, 93 f.); seit seiner Thronbesteigung führte der deutsche Kaiser bereits den englischen Ehrentitel eines „Rear Admiral of the Fleet".

Überhaupt geschieht unserem Kaiser mit jedem Zweifel an der Lauterkeit seiner Absichten und seiner idealen Gesinnung und an seiner tiefen Vaterlandsliebe schweres Unrecht.

Der Kanzler hat nicht bloß die Pflicht, sondern ein Recht gehabt, das auszusprechen. Auf dem Standpunkt stehen wir alle auch, daß die Absichten des Kaisers rein sind und daß in die Vaterlandsliebe kein Zweifel gesetzt werden kann.

(Sehr gut! links und rechts)

Weil wir diesen Glauben haben und bekennen, deshalb haben wir auch das Recht, auszusprechen, daß die Mittel, diese Vaterlandsliebe zum Ausdruck zu bringen, so unzweckmäßige sind, daß wir wünschen dürfen im Interesse unseres gemeinsamen Vaterlandes, daß sie nicht mehr in Anwendung gebracht werden sollen.

(Sehr richtig! links)

Jene ganzen Argumente, die der Deutsche Kaiser im Verkehr mit Engländern benützt hat, waren Versuche mit durch und durch untauglichen Mitteln. Das tut uns vielleicht mit am meisten leid, daß wir eine solche psychologische Verkennung dessen erblicken, womit wirklich Sympathien errungen werden könnten. Dann daß keine Sympathien bisher errungen worden sind, daß der Deutsche Kaiser kein Mehrer der Sympathien Deutschlands bisher gewesen ist, das ist auch eine Tatsache, die gestern von allen Rednern festgestellt worden ist.

[...] In diesen schweren Tagen, hat der Herr Reichskanzler gesagt. Wir glauben ihm das. Wir haben sie zum Teil mit gottlob verminderter Verantwortung alle selbst mit durchgemacht. Waren es auch schwere Tage für den Kaiser?

(Bewegung links)

Meine Herren, es ist außerordentlich schwer, nicht so bitter zu werden und so bittere Worte zu gebrauchen, wie es dem Stile einer solchen Debatte nicht entsprechen würde.

(Sehr gut! links)

Aber darin sind wir alle einig, und niemand wird hier widersprechen, daß es für den Hauptbeteiligten richtig gewesen wäre, in diesen Tagen am Mittelpunkte der Regierungsgeschäfte zu sein[6]

(sehr gut! links)

und dem leitenden Staatsmann zu ermöglichen, hier Erklärungen abzugeben, die die deutsche Nation beruhigt hätten.

(Bravo! links)

[...]

Die Konservativen haben selbst von der Verantwortlichkeit des Reichskanzlers gestern gesprochen. Aber diese Verantwortlichkeit ist ja, wie oben gezeigt, bloß eine Fiktion, eine äußere Deckung und Form und eine innere Unwahrheit, wenn er nicht wirklich selbst die Geschäfte vornimmt. Die innere Bedeutung der Verantwortlichkeit, die unsere Verfassung festgestellt hat, ist eben gerade die, daß ihm die Verantwortlichkeit deshalb und nur deshalb aufgebürdet werden kann, weil er die Geschäfte selber führt. Darum genügt es, wenn der jeweilige Reichskanzler sagt, er führe die Geschäfte nicht mehr weiter, wenn er nicht die

---

6 Über Bülows Anstrengungen, den Kaiser in den kritischen Novembertagen von Berlin fernzuhalten, vgl. Dok.Nr.45, n.1.

Mehrheit des Parlaments hinter sich habe. Das hat eine große Bedeutung, weil seine Stellung dadurch außerordentlich gestärkt ist.

(Sehr richtig! links)

Denn wenn er nur der Mandatar eines einzelnen ist, dann ist er von den Aufträgen des Mandatars abhängig; wenn er aber sagt, daß er die Politik nur nützlich machen könne im Zusammenhang mit einer Mehrheit des Parlaments, dann kann er jener Stelle, die ihn ernennt und beruft, sagen: ich habe für die Maßregel die Mehrheit des Parlaments nicht, und deshalb nehme ich die Maßregel nicht vor.

(Sehr richtig! links)

Dann ist ihm das Rückgrat in einer Weise gestärkt, die für dieses Amt selbst nur ein außerordentlicher Gewinn sein kann.

(Bravo! links)

Nun macht man ja den Einwand: wir haben keine Mehrheitsparteien und können deshalb dieses Prinzip nicht einführen. Das ist eine petitio principii: wir haben keine Mehrheitspartei und bekommen keine Mehrheitsparteien, solange Deutschland sich nicht zu jenem Prinzip durchringt. Meine Herren, wir sind im Übergang zu diesem Prinzip begriffen. Ein rascher Übergang wird deshalb außerordentlich wertvoll sein, weil das heutige Prinzip die Parteien zersplittert und zerreißt und ihr Verantwortlichkeitsgefühl lähmt.

(Sehr richtig! links)

Heute kann sich jede Partei, auch die agrarische und konservative, den Luxus gestatten, die Regierung nicht zu unterstützen, sie nimmt sich nicht zusammen und schart sich nicht um den Staatszweck. Auch die Wähler werden nicht erzogen durch diese Art von Parteizersplitterung, die unter dem heutigen Prinzip erlaubt ist.

(Sehr richtig!)

[...]

Aus allen diesen Gesichtspunkten glaube ich, daß auch Sie auf der Rechten aussprechen dürfen, die Verhältnisse im Volke haben sich so konsolidiert, der konservative Prozentsatz von politischem Geist im deutschen Volke ist so mächtig, daß auch mit dem allgemeinen Stimmrecht eine starke konservative Partei möglich ist, und damit sind die Gefahren, an die Sie früher gedacht haben, als übertriebene erwiesen und werden damit ein Vorurteil. Auf der anderen Seite fühlen Sie selbst auch, daß aus dem bisherigen Regierungssystem neue Gefahren entstehen und jetzt etwas geschehen muß, und nichts kann man erfinden als die konstitutionelle Organisation, die die Geschichte aller mündigen Völker als einzigen sicheren Ausweg zeigt. [...]

Von diesem Gedankengang aus, meine ich, sollten wir auch noch einmal überlegen, ob wir nicht einen gemeinschaftlichen Schritt unternehmen sollten. Wir sind heute durch unsere Einigkeit stark; wir sind heute stärker denn je, weil hinter dieser Einigkeit die ganze deutsche Nation steht!

(Bravo!)

Und das deutsche Volk war noch nie berechtigter, seine Meinung vernehmen zu lassen, als heute, weil in der nächsten Zeit so außerordentliche Opfer von ihm verlangt werden sollen.

(Sehr richtig! links)

Deshalb hat der Reichstag gegenwärtig eine starke Stellung; deshalb kann der Reichstag, ohne sich zu überheben, wünschen, daß die Politik gemacht werde, die er für die richtige findet. Meine Parteigenossen sind am ersten Tage, auf Anregung unseres Freundes des Herrn Müller (Meiningen)[7], zu dem Gedanken gekommen, wir sollten zu dem ernsten Mittel einer Adresse greifen. Meine Herren, die Adresse wäre etwas Aussichtsloses und Verfehltes, wenn wir Meinungsverschiedenheiten hätten über den Wunsch, „daß etwas geschehen muß", wie der konservative Redner gesagt hat.[8] Aber die Lage, die sich durch diese Debatte ergeben hat, ist derart, daß wir die Formulierungen der Konservativen in der Adresse in einigen Punkten annehmen können.

(Rufe von den Sozialdemokraten: Na! na!)

– Jawohl, wir können die Formulierung annehmen, die dahin gefaßt worden ist: „es muß etwas geschehen", und „es müssen Vorkehrungen getroffen werden, daß in der Zukunft solche Vorgänge mit Sicherheit verhindert werden". Das steht wörtlich in der Erklärung der konservativen Partei[9]; und das ist eine Formulierung, die ich, ohne mir das mindeste zu vergeben, generell und für die gesamte Lage akzeptieren kann. Wir kommen auch mit dem Grundgedanken der Adresse entgegen; denn, meine Herren, Sie müssen doch eigentlich auf dem Standpunkt stehen: Fürst und Volk! Und jetzt gibt unsere Geschäftsordnung eine Möglichkeit, den legalen Weg, sich an den Fürsten zu wenden, die Besorgnisse des Volks dem Fürsten vorzutragen, entweder in einer schriftlichen Adresse übersandt oder, wenn das erwünschter erscheint, persönlich überreicht – das ist eine untergeordnete Frage.[10]

Ich bitte Sie, noch einmal zu erwägen, ob nicht das ganze deutsche Volk es als eine Tat des Reichstags ansehen würde, wenn eine solche Willenseinigung zustande kommen würde.

---

7 Siehe Dok.Nr.94 n.1.

8 Der deutschkonservative Abgeordnete Oskar v. Normann hatte im Namen seiner Fraktion erklärt: „Die Antwort, welche wir gestern von dem Herrn Reichskanzler gehört haben, erachten wir als der Gesamtsituation für entsprechend. Wir glauben, uns deshalb eines weiteren Eingehens auf den Sachverhalt enthalten und nur die Erwartung aussprechen zu dürfen, daß der Herr Reichskanzler seinen Worten auch diejenige Ausführung geben wird, welche das Wohl unseres Vaterlandes erfordert" (Sten.Ber., Reichstag, 159. Sitzung, 5415).

9 Vgl. Dok. Nr.45.

10 Ohne ausdrücklichen Auftrag der Deutschkonservativen Reichstagsfraktion, aber mit deren nachträglicher Billigung, führte Elard von Oldenburg-Januschau in einer spontanen Rede aus: „Der Herr Abgeordnete Haußmann hat uns Konservative aufgefordert, mit ihm auf den Boden einer Adresse zu treten an Seine Majestät den Kaiser und König. Das können wir aus demselben Grunde nicht tun, aus welchem wir hier nicht debattiert haben. Eine solche Adresse würde eine Kritik der Handlungen Seiner Majestät des Kaisers und Königs enthalten (Lachen bei den Sozialdemokraten), die wir dem Reichstage verfassungsmäßig nicht zuerkennen (Lachen bei den Sozialdemokraten). Aber, Herr Abgeordneter Haußmann, wir unterscheiden uns doch noch in einer anderen Auffassung. Für Sie ist der Kaiser eine Einrichtung, für uns ist er eine Person (Zuruf bei den Sozialdemokraten), und wir werden Seiner Majestät dem Kaiser und König persönlich dienen, solange wir leben, ohne Furcht,

(Sehr richtig! links)

Das wäre ein ehrlicher Versuch, die Wandlung mit dem Kaiser herbeizuführen; und das wäre doch überhaupt das allererfreulichste, was wir machen könnten. Wir haben doch nicht das Recht, zu glauben, daß unser Kaiser das, was das ganze deutsche Volk wünscht und erkennt, allein nicht erkennen werde.

Wir dürfen uns nicht zu den Übertreibungen hinreißen lassen, daß wir an einem Abgrund stehen. Wir stehen nicht an einem Abgrund

(Zustimmung rechts);

die Einigkeit, in der wir uns befinden, zeigt nach innen, sie zeigt auch nach dem Auslande, daß wir selbst erkennen, wo etwas nicht in Ordnung ist, und daß wir den Willen haben, Hand anzulegen, alle miteinander. Das ist kein Abgrund, das ist eine Lage, die einer der größten Abgeordneten einmal in das Wort zusammengefaßt hat:

Steht auf zum männlichen Entscheid,
Damit ihr nicht dem Land zur Bürde,
Dem Ausland zum Gelächter seid!

Das kann verhindert werden, aber nur, wenn wir jetzt etwas Gemeinsames tun. Und wenn wir etwas Gemeinsames tun, dann können wir ganz anders Form und Stil wahren, den wir wahren wollen, als dann, wenn durch starke Worte das ersetzt werden muß, was durch eine Tat nicht geschieht. Wenn der Reichstag vorgeht, dann könnte auch das andere Wort wahr und neu belebt werden: Deutschland gedeihe, wachse, grüne, geläutert durch dies Trauerspiel!

(Lebhafter wiederholter Beifall links)[11]

Sten.Ber., Reichstag, Session 1907–09, 159. Sitzung, 5419–5426.

aber bis zum letzten Atemzuge in der alten Treue, die wir ihm noch nie versagt haben (Stürmisches Bravo! rechts – Lachen und Zurufe bei den Sozialdemokraten)" (Sten.Ber., Reichstag, Session 1907–09, 159. Sitzung, 5436–37). Über die Genesis dieser Rede vgl. E.v. Oldenburg-Januschau, Erinnerungen (Leipzig 1936), 98–100.

11   Schluß der Reichstagssitzung um 18.06 Uhr. – Über die Reaktion des in Donaueschingen jagenden Kaisers vgl. die Erinnerungen Georg Alexander v. Müllers, der sich am 9. November der Jagdgesellschaft angeschlossen hatte: „Am 11. morgens war Jagd. Der Kaiser erschien dazu eine Stunde später als angesetzt. Er hatte eben die Reichstagsverhandlungen über das Interview gelesen und war sehr niedergeschlagen. [...] Einige Tage später [am 21.11.1908, d.Hrsg.] hatte ich wieder Vortrag beim Kaiser in Berlin. Im Anschluß daran äußerte er sich mir gegenüber zu dem Interview dahin, er habe Bülow s.Zt. alle Gespräche, die er während seines englischen Aufenthaltes in Highcliff (November 1907) hatte, mitgeteilt und dieser [sei] mit der Methode solcher Gespräche ganz einverstanden gewesen, habe sie sogar für notwendig erklärt als Ergänzung des diplomatischen Verkehrs [...]. Dann tadelte er die ‚Schlappheit' von Bülow und Graf Stolberg (der Reichstagspräsident) bei der Reichstagsverhandlung. Beide hätten auf dem englischen Standpunkt stehen müssen, ‚the King can do no wrong'. [...] Der Kaiser war bei diesem Gespräch sehr erregt. Der ganze Konflikt hatte ihn doch in hohem Maße mitgenommen, und zwei Tage später mußte er sich, mit seinen seelischen Kräften zu Ende, auf einige Tage zu Bett legen" (Görlitz, Der Kaiser..., 71 f.). Zur Reaktion der deutschen Öffentlichkeit auf die Reichstags-

Nr. 59
ERINNERUNGEN FRIEDRICH WILHELM VON LOEBELLS
an die Reichstagsverhandlung vom 10./11. November 1908

o.D. [1929/30]

Durch das Zögern des Fürsten [Bülow] zog sich nun leider die Reichstagsverhandlung ziemlich lange hin, und die Gemüter erhitzten sich mehr und mehr. Als es schließlich dazu kam, hat Bülow die Sache in sehr meisterhafter Rede behandelt, von der mir nachher der ihm sicherlich nicht sehr gewogene konservative Führer v. Heydebrand[1] sagte, der Kanzler hätte noch nie so gut gesprochen wie diesmal. Das Übel war aber, daß sich die Debatte sehr ausdehnte und namentlich am zweiten Tage wüste und ungerechte Angriffe gegen den Kaiser gerichtet wurden. Ich bat den Kanzler inständig, noch einmal hierauf zu antworten und die Angriffe zurückzuweisen. Mich unterstützte hierbei der Pressechef Geheimrat Hammann. Wir verließen den Reichstagssaal und überlegten mit dem Kanzler die Antwort, die dahinging, daß er alles, was er zu sagen gehabt hätte, am Tage vorher geäußert habe, es aber mit aller Entschiedenheit zurückweise, daß der Kaiser jetzt in unwürdiger und ungerechter Weise angegriffen würde.[2] Ich ging in den Reichstag zurück und war gerade im Begriff, den Reichskanzler zum Wort zu melden, als er mich zurückrief und erklärte, sein Nachbar, Herr von Bethmann Hollweg, riete ihm dringend ab, noch einmal zu sprechen; die Stimmung im Reichstag sei nicht mehr dafür geeignet.[3] Leider ließ sich Fürst Bülow dadurch beeinflussen: seine Rede unterblieb, und damit begann das verhängnisvolle Zerwürfnis mit dem Kaiser, der es mit Recht übelnahm, daß sein erster Vertreter ihn nicht vor ungerechten Angriffen im Reichstag geschützt habe. Ich hatte, als mein Rat nicht gehört wurde, den Reichstag in großer Erregung verlassen und traf auf der Treppe meinen Freund Exzellenz von Valentini, der mir sofort sagte: „Wie konnte der Reichskanzler diese Angriffe gegen den Kaiser dulden!"[4] Ich suchte

---

verhandlungen siehe Teschner, 35–38; dabei überwog wohl die Enttäuschung über die Entschlußunfähigkeit des Reichstages. Eine scharfsinnige Wertung der Daily-Telegraph-Debatte v. 10./11. November findet sich bei Eschenburg, Kaiserreich am Scheideweg, 150–152. Siehe ferner Drewes, 37. Pressestimmen in Wippermann, II / 1908, 120–124. Eine Übersicht über die Pressestimmen nach parteipolitischen Gesichtspunkten bietet Schlegelmilch, 41–43.

1 *Ernst von Heydebrand und der Lasa* (1851–1924), Gutsbesitzer, Jurist; 1882–95 Landrat in den Kreisen Kosel u. Militsch, 1888–1918 konservativer Abgeordneter im preuß. Abgeordnetenhaus (1906–18 Fraktionsvorsitzender), 1903–18 Mitglied des Reichstags, 1911–18 Parteivorsitzender der Konservativen, enge Zusammenarbeit mit dem Bund der Landwirte, zog sich nach der Revolution aus dem politischen Leben zurück.

2 Vgl. Hammann, Um den Kaiser, 71: „Ein kurzes Schlußwort mit der Mahnung, in allen Bitternissen doch die Kaiserkrone hochzuhalten, war vorbereitet." Siehe auch Dok.Nr.105.

3 Siehe Dok.Nr.60 n.8.

4 Valentinis Empörung über Bülows Verhalten im Reichstag klingt noch in dessen Erinnerungen nach: „Das Objekt des unerhörten Scherbengerichts war nicht irgendein ‚verantwortlicher' Minister, sondern der Träger der Krone selbst. Keiner der Redner machte den Versuch, den Schild vor den Kaiser zu halten [...]. Und der ‚verantwortliche' Kanzler, der

ihn zu besänftigen, ohne allerdings selbst überzeugt zu sein, daß nicht ein
schwerer Fehler begangen sei.

BA Koblenz, N 1045 / NL Loebell, Erinnerungen, Bd.2, Bl.54–56 (maschinenschriftl.).

Nr. 60
AUFZEICHNUNG VON GUSTAV ROESICKE[1]

Berlin, 13. November 1908

Vertraulich!

Am 2. Tage der Reichstagsinterpellation[2] wurden schließlich die Angriffe gegen
den Kaiser, namentlich seitens des maliziösen Sozialdemokraten Heine[3] so stark,
daß unbedingt etwas zugunsten des Kaisers geschehen mußte. Herr von Oldenburg[4] hatte dieselbe Empfindung, über die wir uns aussprachen; es gelang, die
Fraktionshäuptlinge zur Zustimmung zu bewegen, und er hielt eine kurze Rede,
die das Minimum von dem darstellte, was von der Rechten gesagt werden mußte.
Mag der Kaiser im einzelnen und in seinem Gesamtverhalten pecciert haben, was
er will, wir dürfen ihn im deutschen Reichstag nicht verhöhnen lassen; schließlich verteidigen wir in ihm die Institution der Monarchie überhaupt.

Ich hatte das Gefühl, daß Fürst Bülow noch irgendetwas sagen und so quasi
das letzte Wort behalten müsse. Statt dessen ließ er verschränkten Armes alles
über sich ergehen. Unwillkürlich trat mir eine Situation aus dem Sommer 1897 in
die Erinnerung. Richter[5] griff den Kaiser auf das schärfste (nach der damaligen

doch manches zur Sache wußte, was die unten nicht wissen konnten, und für den es zum
mindesten eine schöne Geste bedeutet hätte, wenn er sich vor den Kaiser stellte und die
Schuld auf sich nahm, begnügte sich mit einer knappen Erklärung, in der er im wesentlichen
die Berechtigung der erhobenen Anschuldigungen zugestand und versprach, für Abhilfe zu
sorgen – und ließ seinen Herrn ‚klug' im Stich" (Valentini, Kaiser und Kabinettschef, 100).

1   *Gustav Roesicke (1856–1924)*, Rittergutsbesitzer; 1893 Vorsitzender des Bundes der Land-
    wirte, 1898–1903, 1907–1912, 1914–1918 deutschkonservatives Mitglied des Reichstags,
    1919–20 Vertreter der Deutschnationalen Volkspartei in der Nationalversammlung und im
    Reichstag, 1921–24 zusammen mit Hepp Präsident des Reichslandbundes.
2   11. November.
3   *Wolfgang Heine (1861–1944)*, Jurist, Staatsmann; 1898–1918 Mitglied des Reichstags
    (SPD), vertrat dort eine revisionistische Linie, 1918 Vorsitz des Staatsrats von Anhalt; 1918
    preußischer Justizminister, 1919–20 preuß. Innenminister und Mitglied der Weimarer Na-
    tionalversammlung.
4   *Elard Kurt Maria Fürchtegott von Oldenburg-Januschau (1855–1937)*, 1871–73 Zögling
    der Ritterakademie Brandenburg, 1874–83 Offizier, bewirtschaftete dann das Rittergut
    Januschau bei Rosenberg, 1892 Rittmeister der Reserve, 1899 Abschied, 1898–1910 Mit-
    glied des preuß. Abgeordnetenhauses, 1902–12 u. 1930–33 Mitglied des Reichstags (radi-
    kaler konservativer Agrarier, später Mitglied der Deutschnationalen Partei), Vertrauter
    Hindenburgs.
5   *Eugen Richter (1838–1906)*, 1869–1905 Mitglied des preuß. Landtags (Freisinnige Volks-
    partei), 1867 u. 1871–1906 Mitglied des Reichstags, zunächst führendes Mitglied der
    Fortschrittspartei, 1884 der Deutsch-Freisinnigen Partei, seit 1893 der Freisinnigen Volks-
    partei.

Gefechtslage, heute würde es milde sein) an und Herr Boetticher[6] stand mit einem Lächeln dabei und klimperte mit den Schlüsseln in seiner Tasche. Der Kaiser hat damals die ganze Rede Richters gelesen, und die Tatsache, daß Boetticher nicht einmal den Versuch machte, ihn zu verteidigen, ist die Ursache seines bald darauf erfolgten Sturzes gewesen.

Dies alles ging mir durch den Kopf, als ich den Reichskanzler still in sich versunken auf seinem Platz sah. Ich hatte das instinktive Gefühl, er muß noch einmal sprechen. Er darf den Kaiser nicht so schmoren lassen. Wenn er sich auch nur gegen die Form der Angriffe wendet, die den Kaiser sachlich nicht zu Unrecht treffen: aber reden muß er. Sein Schweigen bedeutet ja die völlige Preisgabe des Monarchen durch seinen obersten Beamten, und das geht nicht, wenn wir das monarchische Prinzip hochhalten wollen. Ich hatte das Gefühl, redet der Kanzler jetzt nicht, so kann es ihn sein Amt kosten, wenn der Kaiser die Verhandlungen zu lesen bekommen sollte.[7]

So wandte ich mich dann an Herrn von Loebell, meinen alten heimatlichen Landrat und mit ihm zusammen an den Kanzler. Fürst Bülow wurde stutzig und erklärte mir, Herr von Bethmann Hollweg habe ihm vom Reden abgeraten.[8] Er habe doch gestern gut abgeschnitten und wolle den gestrigen Erfolg nicht wieder

6 *Karl Heinrich von Boetticher (1833–1907),* Jurist, Staatsmann; seit 1862 im preuß. Verwaltungsdienst, 1864 im Handelsministerium, 1865 Stadtrat in Stralsund, 1869 im Innenministerium (1872 Vortragender Rat), 1876 Regierungspräsident in Schleswig, 1878–79 Mitglied des Reichstags (freikonservativ), 1879–80 Oberpräsident von Schleswig-Holstein, 15.9.1880 – 1.7.1897 Staatssekretär des Reichsamts u. preuß. Staatsminister (seit 1881 Stellvertreter des Reichskanzlers), 1888–97 auch Vizepräsident des preuß. Staatsministeriums, 1898–1906 Oberpräsident der Provinz Sachsen.

7 Als Valentini am 12. November von Wilhelm II. telegraphisch nach Donaueschingen beordert wurde, hatte der Chef des Geheimen Zivilkabinetts erwartet, „daß der Kaiser die Entlassung Bülows verlangen würde". In dieser Erwartung hatte sich Valentini getäuscht; zwar wurde in seiner Unterredung mit dem Kaiser am 13. November die Frage der Kanzlerentlassung „natürlich auch angeschnitten, aber als ich ihm sagte, daß ich hierzu bei der Haltung der Parteien und angesichts der Reichssteuerreform im Staatsinteresse zunächst nicht raten könne, schien er erleichtert und ganz bereit, dem Kanzler seinerseits Erklärungen abzugeben, die zur Beruhigung der Mißstimmung dienen könnten" (Valentini, Kaiser und Kabinettschef, 101 f.).

8 Vgl. dazu den Kommentar Bethmann Hollwegs v. 22.2.1912: „Ich habe damals widerraten, noch einmal zu sprechen, weil sich der Reichstag am zweiten Tage der Debatte in völliger Radaustimmung befand und weil ich befürchtete, daß bei dieser Stimmung das, was Fürst Bülow zur Verteidigung des Kaisers zu sagen beabsichtigte, nicht nur keine Resonanz finden, sondern im Gegenteil die Situation noch verschlechtern würde" (BA Koblenz, R 43 I 2892, Bl.14–15; teilw. zitiert bei Vietsch, Bethmann Hollweg, 88). Unter dem Titel „Eine Reminiszenz" erfolgte im Februar 1912 eine von konservativer Seite stammende Pressenotiz über die damaligen Vorgänge im Reichstag, mit dem Resümee: „Bekanntlich war dieses Verhalten des Fürsten Bülow der eigentliche Grund zu seinem späteren Rücktritt." Dazu Bethmann Hollweg: „Nein. Nicht das Ausbleiben der zweiten Rede war der Grund. Vielmehr hat S.M. den Fürsten fallen lassen, weil er der Ansicht war und ist, daß der Fürst die Gespräche in Highcliffe vor- und nachher ausdrücklich gebilligt habe und weil mit dieser Billigung die erste und einzige Rede des Fürsten im Reichstag nicht in Einklang zu bringen sei. B.H. 22/2 1912" (ibid., Bl.15).

aufs Spiel setzen. Ich antwortete ihm, er könne doch seinen Monarchen nicht derart verunglimpfen lassen, wie es eben geschehen ist. Er müsse irgendein letztes Wort zur Verteidigung finden. Als der Kanzler dann einsah, daß sein Schweigen Schaden anrichten könne, war es zu spät. Die Debatte wurde gerade geschlossen, und auch ein letzter Versuch von mir beim Präsidenten, die Möglichkeit zum Reden für den Kanzler [zu] eröffnen, konnte keinen Erfolg haben, da gerade über den Antrag Raab[9] debattiert wurde und nach dessen Ablehnung für die nächste Sitzung eine Petition auf die Tagesordnung gesetzt worden war. Ich meinte daher zum Kanzler, bei seinem eigenen Etat müsse er unbedingt auf die Angriffe der Sozialdemokraten zurückkommen, was er übrigens auch vorhat.

Immerhin hat Fürst Bülow nach meinem unmaßgeblichen Ermessen vorgestern einen schweren Fehler gemacht, indem er seinen Monarchen, vielleicht aus pädagogischen Gründen[10], braten ließ.

Daß dies letztere vielleicht möglich ist, entnahm ich aus einer Reihe von Ausführungen, die mir der Kanzler dann im leisen Gespräch machte; er sagte: „Wenn es nur beim Kaiser hilft! Wenn er sich nur zurückhält! Er hat mir die Politik aber auch gar zu sehr verdorben. Eben hatte ich die orientalische Politik Deutschlands hübsch in Ordnung und schien der Schwierigkeiten, die uns die orientalische Frage macht, Herr zu werden. Da platzt mir der Kaiser mit seinem Interview-Bericht im Daily Telegraph dazwischen, und ich weiß nicht, wie lange ich noch bleiben werde."

---

9   *Friedrich Raab (1859–1917)*, Porzellanmacher/ Hamburg; 1897–1903 Mitglied der Hamburger Bürgerschaft, 1904–1912 Mitglied des Reichstags (Deutschsoziale Wirtschaftliche Vereinigung / Antisemit). Raab beantragte im Namen seiner Fraktion, die Beratung über die „Absendung einer Adresse an Seine Majestät den Kaiser" an die Spitze der nächsten Tagesordnung zu setzen. Normann lehnte jedoch das Ansinnen der Wirtschaftlichen Vereinigung wegen „schwerer prinzipieller Bedenken" seitens der Konservativen ab. Daraufhin zog auch Bassermann seine anfängliche Zustimmung zurück: „Die nationalliberale Fraktion war bereit, einem gemeinschaftlichen Antrage der bürgerlichen Parteien, eine Adresse an Seine Majestät den Kaiser zu richten, wozu wir nach der Verfassung und Geschäftsordnung berechtigt sind, zuzustimmen. Da nach der soeben gehörten Erklärung einer großen Fraktion eine Übereinstimmung der Fraktionen, welche allein eine Wirkung zu verbürgen vermöchte, nicht zu erzielen ist, müssen wir, wie die Dinge liegen, zu unserem lebhaften Bedauern es uns versagen, unsererseits den Gedanken einer Adresse weiter zu verfolgen, und wir werden es infolgedessen auch ablehnen, den Antrag Nr.1026 [vgl. Dok.Nr.52, n.7] morgen auf die Tagesordnung zu bringen" (Sten.Ber., Reichstag, Session 1907–09, 159. Sitzung, 5437). Für den Antrag Raab votierten nur der Freisinn (Müller-Meiningen) und die SPD (Singer), so daß er mehrheitlich vom Reichstag abgelehnt wurde (ibid., 5439). Siehe auch Schlegelmilch, 37–41.

10   Zu einem ähnlichen Ergebnis über die Motive des Reichskanzlers gelangte Lerchenfeld, der an beiden Tagen den Reichstagsverhandlungen beiwohnte: „Welche Ziele Bülow mit der taktischen Behandlung des Falles im Auge gehabt hat, ist nicht mit Sicherheit zu erkennen. Ich vermute, er handelte in dem Gefühl, daß es so nicht weitergehen dürfe und der Kaiser eine exemplarische Lektion erhalten müsse, um ihn zu bestimmen, mit seinen Äußerungen künftig vorsichtiger zu sein. Gleichzeitig hoffte wohl Bülow, durch diese Lektion die eigene Autorität Wilhelm II. gegenüber zu stärken" (Lerchenfeld, Erinnerungen und Denkwürdigkeiten, 379).

Ich konnte dem ja nicht widersprechen, aber ich meinte, gleichwohl dürfe der Kanzler den Kaiser nicht derart verunglimpfen lassen, wie es jetzt im Reichstag geschehe. Was war die Antwort? Der Fürst tröstete sich damit, daß Herr Schrader[11], der Vertreter der freisinnigen Vereinigung, ja doch recht milde gesprochen hätte: er sei dem Kaiser Friedrich sehr attachiert gewesen und habe für die Dynastie etwas übrig. Da ich die berühmte Geschichte der Beziehung der Kaiserin Friedrich zu den „Schrader und Helmholtz" (Frau Schrader, Engländerin, befreundet mit der Kaiserin Friedrich, desgleichen Frau v. Helmholtz[12], brachten in den 99 Tagen den Sturz des Ministers von Puttkammer[13] zustande) kannte, konnte ich dem Kanzler bezüglich der Gesinnung des Abg. Schrader nicht Unrecht geben, aber ich war doch erstaunt, daß er sich an den Strohhalm Schrader (börsenliberal) klammerte.

Ich hatte den Eindruck, daß der Kanzler die Nerven verloren habe. Mochte der Kaiser getan haben, was er wolle, er durfte ihn nicht wie einen Schuljungen abkanzeln lassen. Der Kanzler hat dem Kaiser selbst entgegenzutreten und wenn er nichts bei ihm erreicht, seinen Abschied zu nehmen. So aber [bediente?] er sich gewissermaßen des Reichstags und sogar der ganz links gerichteten demokratischen und sozialdemokratischen Elemente, um dem Kaiser eine pädagogische Lektion zuteil werden zu lassen. So was geht auf die Dauer nicht, wenn nicht die Monarchie schließlich in Gefahr geraten soll.

Meine Meinung, daß der Kanzler noch einmal habe sprechen müssen, um die schlimmsten Angriffe einmal zurückzuweisen, wurde nach Schluß der Sitzung von einer Reihe von Herren geteilt, mit denen ich sprach; der kluge kleine Herr von Heydebrand meinte, ich hatte recht, aber ich möchte dafür sorgen, daß unsere Presse nichts darüber berichtet, sonst könnte das zum Sturz Bülows beitragen.

Ich ziehe einen anderen Schluß: Derselbe Kanzler, der ruhig seinen Monarchen beschimpfen ließ, wird auch uns im Rahmen des Blocks nicht gegen unsere wirtschaftlichen und politischen Gegner beistehen. Wenn er was erreichen will und dabei die ungestümen Forderungen des Liberalismus (auf unsere Kosten) erfüllen muß, so wird er das ruhig tun, einerlei ob es mit dem Wohle der Landwirtschaft etc. und der bewährten Tradition unserer Politik vereinbar ist oder nicht. Ich bin in meiner Meinung nur gestärkt worden, daß, wer in der Amtsführung des Fürsten Bülow etwas erreichen will, ihm gegenüber fest, unbedingt fest bleiben muß. Ich bin anderseits darin nach wie vor meiner auf Grund langer

---

11 *Karl Schrader (1834–1913)*, Eisenbahndirektor in Berlin, 1881–1893 Mitglied des Reichstags (Deutsche Freisinnige Partei), 1898–1912 Mitglied des Reichstags (Freisinnige Vereinigung).

12 *Anna von Helmholtz, geb. Mohl*, Gattin von Hermann Ludwig Ferdinand von Helmholtz (1821–1894), Physiker, seit 1870 Prof. in Berlin.

13 *Robert Victor von Puttkamer (1828–1900)*, 1860–1866 Landrat in Demmin, 1867–71 Vortragender Rat im Bundeskanzleramt, 1871–1874 Regierungspräsident in Gumbinnen, 1874–77 Bezirkspräsident von Lothringen, 1877–79 Oberpräsident von Schlesien, 1879–1881 preuß. Kultusminister, 1881–88 Vizepräsident des Staatsministeriums und Minister des Innern, 1879–85 Mitglied des preuß. Abgeordnetenhauses (fraktionslos), 1874, 1875–77, 1878–84, 1890–91 Mitglied des Reichstags, 1891–1899 Oberpräsident von Pommern.

Beobachtungen gewonnenen Überzeugung, daß sich niemand auf den Fürsten
Bülow verlassen kann, selbst nicht der Kaiser, wie viel weniger denn wir.

*Nach: Ursula Lindig, Der Einfluß des Bundes der Landwirte auf die Politik des wilhelminischen
Zeitalters, 1893–1914, Diss. Hamburg 1954 (MS), Anlage Nr.7.*

Nr. 61
„Vertrauliche Besprechung des Königlichen Staatsministeriums"[1]
Sekretiertes Ergebnisprotokoll[2]

Berlin, 11. November 1908

Anwesend:
Der Präsident des Staatsministeriums Dr. Fürst von Bülow, der Vizepräsident des Staatsministeriums Dr. von Bethmann Hollweg; die Staatsminister von Tirpitz, Frhr. von Rheinbaben, von
Einem, Delbrück, Dr. Beseler, Breitenbach, von Arnim, von Moltke, Sydow; der Unterstaatssekretär in der Reichskanzlei Wirkliche Geheime Oberregierungsrat von Loebell als Kommissar
des Herrn Reichskanzlers; der Unterstaatssekretär Dr. von Guenther.

Das Staatsministerium trat heute im Reichstagsgebäude zu einer vertraulichen
Besprechung zusammen. Der Herr Ministerpräsident machte geheime Mitteilungen über die letzten politischen Ereignisse.[3]
    Nach einer Erörterung, an der sich der Herr Vizepräsident sowie die Herren
Staatsminister von Einem, von Tirpitz, Frhr. von Rheinbaben und Dr. Beseler
beteiligten[4], beschloß das Staatsministerium einstimmig folgendes:

1   Die Ministerialsitzung wurde von Bülow kurzfristig anberaumt und fand kurz nach 18 Uhr
    im Reichstagsgebäude statt. Vgl. die Erinnerungen des Kriegsministers von Einem: „Am
    11. November wurde ich dringlichst in den Reichstag gerufen. Es war Ministerialsitzung
    angesetzt worden. Urplötzlich. [...] Ich sprang aus dem Wagen, begab mich in das bezeich-
    nete Zimmer und fand dort zwei Jammergestalten vor, einen etwas erröteten und verlegenen
    Fürsten Bülow und einen zusammengeklappten Herrn v. Bethmann Hollweg, flügellahm
    geschossen durch die Reichstagsreden! Bethmann stammelte: ‚Noch ein solcher Tag, und
    wir haben die Republik!'" (Einem, Erinnerungen, 120).
2   Entgegen den Gepflogenheiten wurde kein Verlaufsprotokoll, sondern nur ein Ergebnispro-
    tokoll angefertigt. Wie der Staatssekretär des Reichsschatzamts, Reinhold von Sydow
    (1851–1943), sich 1931 erinnerte, wurde die „Sekretierung des Protokolls über diese Sit-
    zung beschlossen; es sollte auch nicht, wie sonst üblich, von allen beteiligten Ministern,
    sondern nur von dem Ministerpräsidenten und dem Protokollführer (d.i. dem Unterstaatsse-
    kretär des Staatsministeriums) vollzogen werden. Infolgedessen haben wir anderen dies
    Protokoll damals nicht zu Gesicht bekommen" (Thimme, Front wider Bülow, 121).
3   Vgl. dazu die Erinnerungen des Sitzungsteilnehmers Sydow: „Unmittelbar nach der Reichs-
    tagssitzung fand im Reichstagsgebäude eine vertrauliche Besprechung des Staatsministeri-
    ums statt. Die Stimmung war äußerst gedrückt, denn wir standen unter dem Eindruck, daß
    noch nie ein Deutscher Kaiser oder Preußischer König den Angriffen des Parlaments so
    schutzlos preisgegeben war. Es war die erste Sitzung des Ministeriums seit der Veröffentli-
    chung des Daily-Telegraph-Interviews. Die Mitteilungen, die der Ministerpräsident uns
    darüber machte, enthielten in den Hauptpunkten nichts Neues, ließen uns also in dem
    Glauben, daß der Fürst das Interview vor der Veröffentlichung nicht gelesen habe, und
    sagten uns nicht, daß der Kaiser von ihm eine persönliche Prüfung vom politischen Stand-
    punkte aus gefordert hatte" (Thimme, Front wider Bülow, 120 f.).
4   Die Diskussion unter den Ministern wird im Ergebnisprotokoll nicht wiedergegeben. Kriegs-

Unter dem Eindruck der tiefen Bewegung, die infolge der Veröffentlichung des Daily Telegraph durch alle Teile des Volkes gedrungen und in den letzten Reichstagsverhandlungen zum Ausdruck gelangt ist, stellt sich das Staatsministerium rückhaltlos auf den Boden der Erklärungen des Herrn Reichskanzlers vom 10 d.Mts. Bei der Einmütigkeit, mit der alle Parteien gegen das „persönliche Regiment" Stellung genommen haben, war es unmöglich, die parlamentarische Kritik von der Person Seiner Majestät des Kaisers fernzuhalten, wie dies bisher Übung gewesen ist.

Das Staatsministerium kann sich nicht der Einsicht verschließen, daß die Einbuße, welche hierdurch die Monarchie und die Person Seiner Majestät des Kaisers erlitten hat, so groß gewesen ist, daß die Wiederholung ähnlicher Vorkommnisse für Kaiser und Reich, für König und Preußen verhängnisvoll werden müßte. Das Staatsministerium bittet deshalb den Herrn Reichskanzler und Ministerpräsidenten, Seiner Majestät auch namens des Staatsministeriums über den

---

minister Einem hat in seinen Memoiren selbstkritisch zugegeben, in jener Sitzung scharf gegen den Kaiser gesprochen zu haben; er habe verlangt, „Seine Majestät auf die Wirkung seiner Worte in der öffentlichen Meinung Deutschlands aufmerksam zu machen", und hinzugefügt: „Vielleicht sei es ein gangbarer Weg, künftighin seine Reden gegenzeichnen zu lassen" (Einem, Erinnerungen, 121). Nach Bülow hat auch Tirpitz „größere Zurückhaltung, mehr Sachlichkeit, mehr Ernst, Umsicht und Vorsicht" im Verhalten des Kaisers angemahnt (Denkwürdigkeiten, II, 364), was aus seiner Sicht verständlich zu sein scheint, hatte der Kaiser doch zum erstenmal öffentlich den offensiven Charakter des deutschen Schlachtflottenbaus – wenn auch nur im Hinblick auf den Schauplatz Pazifik – zugegeben. Glaubhaft ist auch, daß Bethmann Hollweg als „Fazit" der Diskussion herausgestellt hat, „daß es die Pflicht des Ministerpräsidenten sei, Seiner Majestät dem Kaiser ein ‚Bis hierher und nicht weiter!' zuzurufen" (Denkwürdigkeiten, II, 364). Charakteristisch für die Haltung der Minister, die sich nicht zu Wort meldeten, scheint der Standpunkt zu sein, den der aus der Eisenbahnverwaltung hervorgegangene preußische Minister der öffentlichen Arbeiten, Paul von Breitenbach (1850-1930), damals eingenommen hat. „Rückblickend", schrieb er im Februar 1919, „erkenne ich, daß das Staatsministerium, an erster Stelle sein Ministerpräsident, dem Kaiser und König nicht diejenige Unterstützung lieh, die in dieser für die Monarchie kritischen Zeit unerläßlich war, und ich bedaure, daß ich in der entscheidenden Sitzung nicht einen Standpunkt vertrat, der die gegenteilige Auffassung hervorkehrte. Ursache war meine ungenügende politische Schulung und der damals bei mir noch volle Geltung habende Glauben an die Prominenz des Fürsten Bülow und an seine Opferbereitschaft für den Monarchen. Wenn der Kaiser dem Fürsten es hat niemals vergessen können, daß er ihn damals durch das ‚Kaudinische Joch' gehen ließ, so ist dieses zu verstehen. Einer ‚Felonie' hat sich der Fürst nicht schuldig gemacht, da er dem Glauben lebte, zur Erhaltung des Friedens zwischen Fürst und Volk und zur Abwendung größerer Gefahr für die Dynastie dem Kaiser den Schritt der Depretiation – im Plenum des Reichstages durch den Reichskanzler – zumuten zu müssen. Freilich hatte der Fürst auch eigenes Verschulden des Auswärtigen Amts zu decken" („Mein Lebensbuch", eigenhändiges Manuskript; BA Koblenz, Kleine Erwerbungen, Nr.382; S.175–76). Sydow konnte sich 1931 nur noch daran erinnern, daß sich die Diskussion im Staatsministerium „nicht auf die Veröffentlichung, sondern auf den Inhalt des Interviews" bezog, „auf den Schaden, der schon öfter durch Unvorsichtigkeiten des Kaisers, durch übereiltes Hervortreten mit seiner persönlichen Meinung, entstanden sei und wie dem künftig vorgebeugt werden könne. [...] Was dabei im einzelnen gesagt wurde, ist mir nicht mehr erinnerlich" (Thimme, Front wider Bülow, 121).

Ernst der Lage und über die Notwendigkeit Vortrag zu halten, daß Seine Majestät alles vermeiden wollen, was eine ähnliche Kritik herausfordern würde.[5]

gez. Fürst von Bülow   gez. v. Guenther[6] 11.11.[1908]

Notiz von Guenther am Kopf des Schriftstücks:
Eine Abschrift ist dem Herrn Ministerpräsidenten auf Bestimmung am 16. Juni 1909 durch Herrn Unterstaatssekretär v. Loebell zugestellt worden. v. Guenther 16.6. [1909].[7]

BA Koblenz, N 1016 / NL Bülow, Nr.33, Bl.54–56 (Abschrift).

Nr. 62
BERNHARD FÜRST VON BÜLOW AN OTTO HAMMANN

[Berlin], 11. November [1908]

Die Sitzung des Staatsministeriums ist günstig verlaufen. Ich habe das ganze Staatsministerium hinter mir. Es fühlt den großen Ernst der Lage.

Wir können nur durchkommen, wenn wir jetzt in der Presse sehr geschickt und umsichtig manövrieren. Wir müssen in der Presse sagen, der Reichskanzler habe sich der Zustimmung des ganzen Staatsministeriums für sein weiteres Vorgehen versichert. Es muß aber natürlich taktvoll gesagt werden.[1]

BA Berlin, 90 Ha 6 / NL Hammann, Nr.14, Bl.57 (kleine Briefkarte, eigenhändig mit Bleistift).

5   Am 17. November versicherte Bülow den preußischen Ministern, daß er von der Erklärung des Staatsministeriums dem Kaiser gegenüber keinen Gebrauch gemacht habe „im Interesse eines guten Verhältnisses zwischen Seiner Majestät und dem Staatsministerium" (Dok. Nr.78). Vgl. dagegen Dok. Nr.78 n.8.

6   *Hans von Guenther (1864–1934),* 1896 Landrat in Löwenberg (Schlesien), 1901 Ständiger Hilfsarbeiter in der Reichskanzlei, Regierungsrat, 1.4.1907 Geheimer Oberregierungsrat u. Vortragender Rat in der Reichskanzlei, Juli 1907 Unterstaatssekretär im preuß. Staatsministerium, 1910–1919 Oberpräsident von Schlesien.

7   Bülow schrieb später: „Ich darf nicht verschweigen, daß, als ich einige Monate später das Protokoll dieser denkwürdigen Sitzung verlangte, der Unterstaatssekretär im Staatsministerium mir mit einiger Verlegenheit meldete, auf dringende Bitte mehrerer Mitglieder des hohen Staatsministeriums sei dieses Protokoll ‚im Interesse der Würde der Krone' vernichtet worden" (Denkwürdigkeiten, II, 364). Sydow meinte dazu: „Das kann nicht wahr sein, denn die Urschrift des damals aufgenommenen, von dem Unterstaatssekretär von Guenther eigenhändig geschriebenen und vom Fürsten Bülow selbst unterzeichneten Protokolles befindet sich, wie ich mich überzeugen konnte, noch heute in den Akten des Staatsministeriums. Darüber, was die genannten fünf Minister gesagt haben, enthält es nichts, nur daß sie an der Erörterung teilgenommen haben" (Thimme, Front wider Bülow, 122). Bülows Version in seiner umfangreichen, als Quelle nur bedingt brauchbaren Denkschrift vom 2.9.1910, die Äußerungen der Staatsminister seien „auf Bitte der Minister" damals nicht zu Protokoll genommen worden, erscheint indes glaubwürdig (Hiller v. Gaertringen, 171 n.274).

1   Noch am Abend des 11. November, unmittelbar nach der etwa einstündigen Sondersitzung des preußischen Staatsministeriums, hatte sich Bülow zum erstenmal um einen Vortragstermin beim Kaiser bemüht, der sich immer noch als Jagdgast beim Fürsten Max Egon von Fürstenberg in Donaueschingen aufhielt: „Ew. Majestät bitte ich ehrfurchtsvollst Vortrag über die Lage halten zu dürfen. Darf ich mich Sonnabend, den 14. d.Mts., bei Euerer

Nr. 63
PAUL GRAF VON WOLFF-METTERNICH ZUR GRACHT
AN BERNHARD FÜRST VON BÜLOW

Kaiserlich Deutsche Botschaft – No.1066.

London, 11. November 1908

Über das für das *Century Magazine* bestimmte Interview Seiner Majestät des Kaisers[1] telegraphiert der Korrespondent der *Morning Post* aus Washington, daß Seine Majestät der Kaiser in scharfer Weise, aber nicht mit übertriebener Strenge die angeblich unfreundliche Haltung Englands kritisiert habe, die Er in Gegensatz zu der amerikanischen Freundschaft gestellt habe. Er habe sich beklagt, daß Seine Motive in England immerfort mißverstanden und absichtlich entstellt würden. Seine Kritik des Vatikans sei viel strenger gewesen, und die Zentrumspartei habe Er sehr scharf getadelt. Vom Präsidenten Roosevelt[2] habe Er mit Worten hohen Lobes gesprochen und Seiner Freundschaft zu Amerika starken Ausdruck verliehen. Außerdem habe Seine Majestät der Kaiser Sich vollständig einverstanden mit der wiederholten Betonung Präsident Roosevelts erklärt, daß eine starke Flotte nicht als eine Herausforderung zum Krieg, sondern als eine sichere Garantie für den Frieden anzusehen sei. [...]

Weiter berichtet der Korrespondent, daß trotz der inoffiziellen Dementis in verantwortlichen Kreisen versichert werde, daß die erste Bitte um Nichtveröffentlichung des Interviews von Berlin kam. Dieses Ansuchen sei auf Wunsch der Deutschen Botschaft durch das State Department dem Verlage des *Century*

Majestät melden?" (Tel.No.4, Bülow an Wilhelm II., 11.11.1908, 6.55 p.m.; BA Berlin, R 43–810, Bl.303). Der Kaiser war mit der „Meldung einverstanden. Fürstenberg wird Quartier im Schloß bereithalten. Wilhelm I.R." Jenisch fügte hinzu: „Fürst Fürstenberg bittet Euere Durchlaucht, ihn genaue Ankunftzeit am Sonnabend, womöglich bis *Donnerstag vormittag elf Uhr* [12.11.] wissen zu lassen wegen erforderlicher Änderung des Jagdprogramms" (Tel.No.19, Jenisch an Ausw. Amt, 12.11.1908, 1.20 a.m.; ibid., Bl.304). Zwei Stunden vor der für 16 Uhr einberufenen Sitzung des Bundesratsausschusses für auswärtige Angelegenheiten änderte Bülow jedoch sein Vorhaben: „Euerer Majestät melde ich ehrfurchtsvollst, daß ich heute Sitzung des Bundesrats abhalten muß, morgen Konferenz mit dem englischen Botschafter und Sonnabend unaufschiebbare und entscheidende Besprechungen wegen der Reichsfinanzreform hier habe. Euere Majestät bitte ich alleruntertänigst, mir gnädigst gestatten zu wollen, mich Montag [16.11.] in Kiel melden zu dürfen. Treu gehorsamst Bülow" (Tel.No.5, Bülow an Wilhelm II., 12.11.1908, 2 p.m.; ibid., Bl.310. GP 24, Nr.8265). Vgl. auch Bülows Privattelegramm an Jenisch v. 12.11.1908: „Ich muß heute, morgen und übermorgen ganz unaufschiebbare und für unsere innere und äußere Politik sehr wichtige Konferenzen und Besprechungen in Berlin abhalten und habe deshalb Seine Majestät gebeten, mich Montag in Kiel melden zu dürfen. Ich bitte Dich, nötigenfalls diese Bitte im Interesse der Sache warm zu unterstützen" (Tel.No.6; BA Berlin, R 43–810, Bl. 309). Über die Unterredung Bülows mit dem englischen Botschafter am 13.11.1908 vgl. Goschens Bericht in BD VI No.136.

1 Vgl. Dok. Nr.47.
2 *Theodore Roosevelt (1858-1919)*, 26. Präsident der USA (1901–1909), Republikaner; 1895–97 Polizeichef u. 1899–1900 Gouverneur von New York, 1900 Vizepräsident unter W. McKinley, übernahm nach dessen Ermordung 1901 das Präsidentenamt.

Magazine übermittelt worden, welcher trotz der großen Kosten und Unbequemlichkeiten, die ihm dadurch entstanden seien, sich bereit erklärt habe, das bereits gedruckte Interview zu vernichten. [...]

PA-AA, R 17240 (maschinenschriftl. Ausfertigung, Eingang am 13.11.1908 a.m.).

Nr. 64
FELIX VON MÜLLER AN HILMAR FREIHERR VON DEM BUSSCHE-HADDENHAUSEN[1]

Schloß Holzhausen, 12. November 1908

Mein lieber Baron Bussche,

Verargen Sie es mir nicht, wenn ich Ihre kostbare Zeit in Anspruch nehme und im strengsten Vertrauen einen Freundschaftsdienst von Ihnen erbitte.

Aus wiederholten, sich vielfach widersprechenden Äußerungen der Presse entnehme ich, daß man in der Öffentlichkeit geneigt ist, mir einen viel bedeutenderen Anteil an der formellen Erledigung des Kaiser-Interviews zuzuschreiben, als tatsächlich der Fall ist. Wieweit diese Darstellung auf Informationen aus der Wilhelmstraße zurückzuführen sind, entzieht sich meiner Kenntnis. Ich habe aber das berechtigte Interesse, jeder Legendenbildung, soweit sie mich betrifft, beizeiten vorzubeugen. Um beurteilen zu können, ob das zu geschehen hätte, wäre ich Ihnen zu großem Dank verpflichtet, wenn Sie mich unter dem Siegel absoluter Verschwiegenheit wissen lassen wollten, ob tatsächlich an amtlicher Stelle eine solche Auffassung meiner Beteiligung an der Affäre herrscht, daß ich mich auf unliebsame Überraschungen gefaßt machen müßte. Ich bin mir bewußt, daß mich kein Verschulden trifft, möchte aber, falls in ungenau informierten Kreisen das Gegenteil angenommen werden sollte, doch in der Lage sein, rechtzeitig diejenigen Schritte zu erwägen, die zu meiner Rechtfertigung führen würden.[2]
[...]

PA-AA, R 5831 (Abschrift).

---

1 *Hilmar Freiherr von dem Bussche-Haddenhausen (1867–1939),* Jurist, Diplomat; 1894 Gerichtsassessor, 1895 Eintritt in den ausw. Dienst, 1895/96 Legationssekretär in Tanger, 1897–99 Gesandter in Buenos Aires, 1900–02 in Kairo, 1902/03 Botschaftsrat in London, 1904–06 in Washington, 1906 Vortragender Rat im Ausw. Amt, 1910–14 Gesandter in Buenos Aires, 1914 in Bukarest, 1916–18 Unterstaatssekretär des Ausw. Amts, 1919 Ruhestand.

2 Vgl. dazu den nachträglichen, undatierten Kommentar von Müller: „Als hierauf eine durchaus beruhigende Antwort eingelaufen war, nahm ich keinen Anstand, dem Rate meiner Verwandten zu folgen, der dahin ging, mich nicht, ohne dazu aufgefordert zu sein, nach Berlin zu begeben, denn ‚qui s'excuse, s'accuse', und, da mein Urlaub seinem Ende zuneigte, über Paris auf meinen Posten zurückzukehren" (PA-AA, R 5831).

Nr. 65
PROTOKOLL DER SITZUNG DES BUNDESRATSAUSSCHUSSES
FÜR AUSWÄRTIGE ANGELEGENHEITEN
am 12. November 1908[1]

Anwesend:

Reichskanzler Fürst von Bülow, Staatssekretär und Staatsminister Dr. von Bethmann Hollweg, Unterstaatssekretär von Loebell, Unterstaatssekretär Dr. von Guenther.
Für Bayern: Staatsminister Freiherr von Podewils (Vorsitzender), Graf Lerchenfeld.
Für Sachsen: Staatsminister Graf von Hohenthal und Bergen, Graf von Vitzthum.
Für Württemberg: Staatsminister Dr. von Weizsäcker, Freiherr von Varnbüler.
Für Baden: Staatsminister Freiherr Marschall von Bieberstein, Graf von Berckheim.
Für Mecklenburg-Schwerin: Staatsminister Graf von Bassewitz, Freiherr von Brandenstein.

Sächsische Gesandtschaft.

Berlin, 13. November 1908

[...]

Der **Herr Reichskanzler** faßte seine Darlegungen etwa folgendermaßen zusammen: Die Auswärtige Lage war in den letzten Monaten zweifellos eine günstige. Die Wetterwolken hatten sich vom Kanal nach dem Orient verzogen. Die Leute hatten keine Zeit, sich mit uns zu beschäftigen. Wir hoffen, daß Österreich über seine inneren Schwierigkeiten hinwegkommt durch eine erfolgreiche aktive Politik, mit Rußland werden wir die traditionellen Beziehungen aufrechtzuerhalten suchen. Es wäre ein Fehler, Österreich an Rußland auszuliefern; solange Österreich und Deutschland zusammenhalten, haben wir nicht viel zu fürchten. Ich glaube nicht, daß Serbien und Montenegro sich auf einen Krieg einlassen.

Schwierig bleiben unsere Beziehungen zu England. Wir müssen alles vermeiden, was Mißtrauen erwecken kann, aber auch alles, was uns als Nachlaufen ausgelegt wird. Ich freue mich sagen zu können, daß meine letzten Erklärungen im R[eichs]tage in England gut aufgenommen worden sind. Der englische Minister Asquith hat sich auch seinerseits auf einen sehr korrekten Standpunkt gestellt und dies mit der Absicht getan, mir meine Stellung zu erleichtern. Wir haben in England mit gutgesinnten und feindlich gesinnten Kreisen zu rechnen. Äußerste Vorsicht ist da geboten, keine Reden, kein Säbelrasseln.

Um so störender war der peinliche Zwischenfall, den die *Veröffentlichung des Daily Telegraph* verursacht hat. Das Versehen des Ausw[ärtigen] Amtes ist mir unbegreiflich. Es widerstrebt[2] mir, einen solchen Beamten dann als Sündenbock zu behandeln. Der Geh[eim]r[at] Klehmet war einer der fleißigsten und gewissenhaftesten Beamten. Er kam vormittags um 10 Uhr und verließ oft erst in der Nacht um 1 Uhr das Amt; er lebte nur für die Arbeit und ging nie auf Urlaub. Es ist ja vielleicht ein Mangel unseres Beamtentums, daß sie zu wenig selbständig denken. Meine Instruktion war klar und besagte, auch die Wirkung zu prüfen und sich über Weglassungen auszusprechen. Daß ich den Artikel selber lesen

---

1   Das Gremium trat um 4 Uhr nachmittags im Palais des Reichskanzlers zusammen.
2   Im Original irrtümlich „widersteht".

sollte, war ja Unsinn. Ich bekomme täglich 10–12 solcher Sendungen von S.M., der sich ja für alles Mögliche interessiert. Das Bedauerliche bleibt immer das, daß die Äußerungen gefallen sind. Derartige Privatgespräche sind im höchsten Grade bedenklich. Ich werde daher S.M. mit aller Klarheit und Entschiedenheit den Wunsch vortragen, sich in solchen Privatgesprächen die größte Zurückhaltung aufzuerlegen. Falls S.M. auf diese Bedingung nicht eingeht, werde ich nicht in der Lage sein, S.M. ferner vor dem Reichstage zu vertreten. Ich bin jederzeit für die Krone in die Bresche getreten. Aber nach den vielen Fällen kommt endlich ein Moment, wo es sehr schwer wird, dies zu tun. Ich bin es auch der Krone schuldig, eine gewisse Grenze einzuhalten. Ich habe daher bei S.M. einen Immediatvortrag erbeten und werde mit Bestimmtheit und Offenheit die Bitte aussprechen, daß S.M. alle Gespräche und alles Telegraphieren unterläßt und was das Volk unruhig macht, damit wir nicht unseren Gegnern in die Hände arbeiten im Innern und im Äußern. Die letzten Reichstagswahlen sind gut ausgegangen. Die Stimmung ist sehr umgeschlagen. Es wird unendlich schwer sein, die Schäden zu heilen. Die Debatte im Reichstage habe ich hinausgeschoben, um in England und Japan die Gemüter zu beruhigen.[3]

Nunmehr ergriff der **Staatsminister Freiherr von Podewils** das Wort und erklärte etwa Folgendes[4]: Die auswärtigen Ereignisse haben bei den verb[ündeten] Reg[ierungen] den begreiflichen Wunsch nach einer authentischen Information

3   Vgl. ergänzend dazu die etwas unpräzisere Wiedergabe der Ausführungen Bülows zur Daily-Telegraph-Affäre in der Aufzeichnung des bayerischen Gesandten Lerchenfeld: „Fürst Bülow fährt fort, derartige Dinge dürften nicht wieder vorkommen. Er – der Reichskanzler – sei gewiß der letzte, der die ausgezeichneten Eigenschaften seines Kaiserlichen Herrn, seine große Auffassung, seinen ausgezeichneten Willen, nur für das Wohl des Reiches zu wirken, verkenne. Niemand in dieser Versammlung werde ihm auch widersprechen, wenn er sage, daß der Reichstag nicht in der Lage sei, die Geschicke des Reiches zu bestimmen. Aber wenn Dinge wie die Swinemünder Depesche, die Depesche wegen Lippe etc. sich immer wiederholen, so werde es schwer, die Politik im Reiche in normalen Bahnen zu halten. – Der Reichskanzler erkannte an, daß ihn selbst sowie eine Anzahl Beamte seines Ressorts ein Verschulden für die Publikation im Daily Telegraph treffe. Er selbst könne nicht alles lesen, was ihm von Seiner Majestät geschickt werde, und es widerstrebe ihm, tüchtige, erprobte Beamte wegen eines Versehens, wie es überall vorkommen könne, fallen zu lassen. Übrigens ändere das unterlaufene Versehen an dem Kern der Sache nichts. Die Äußerungen S.M. des Kaisers waren in England bekannt. Hätte man deren Publikation durch den Daily Telegraph verhindert, so wären sie doch an anderer Stelle an die Öffentlichkeit gebracht worden. – Er – der Reichskanzler – habe deshalb aus dem letzten Vorkommnis den Anlaß genommen, einen Immediatvortrag sich beim Kaiser zu erbitten, und er werde Seiner Majestät unverhohlen vorstellen, daß der Allerhöchste Herr im Reden und Telegraphieren Sich größere Zurückhaltung auferlegen müsse. Er werde darlegen, wie solche Vorkommnisse das Volk unruhig machten und ein bitteres Gefühl erzeugten. Er habe dies schon im Reichstag dargelegt" (Anlage S.49–51 zu Ber.No.546, Lerchenfeld an Bay. Staatsministerium, 15.11.1908; BayHStA MA 2686).

4   Ein Vergleich mit der von Podewils nachträglich aufgezeichneten Rede („Aufzeichnung meiner Ausführungen in der Sitzung des diplomatischen Bundesratsausschusses betr. die auswärtige Lage und insbesondere die Enthüllungen des Daily Telegraph am 12. Nov. 1908"; BayHStA, Bayer. Gesandtschaft Berlin 1080) ergibt, daß die Wiedergabe des sächsischen Gesandten Vitzthum sehr zuverlässig ist.

erweckt. Hierzu ist der durch die Reichsverfassung eingesetzte Ausschuß für die auswärtigen Angelegenheiten wegen der Möglichkeit vertraulicher Mitteilungen besonders geeignet. Der Ausschuß hat sich ja bisher geringer Sympathien zu erfreuen gehabt[5]; jetzt ist er aber wiederholt von der Öffentlichkeit aufgerufen worden zu einer Betätigung seiner Berufszwecke. Dankbar begrüße ich daher das Entgegenkommen, das ich bei dem Herrn Reichskanzler gefunden habe und glaube dem Herrn Reichskanzler auch im Namen der Mitglieder für die gemachten Mitteilungen über die ausw[ärtige] Lage danken zu können.

Auf den Inhalt einzugehen, habe ich keinen Anlaß. Ich habe die Überzeugung gewonnen, daß die Leitung der ausw[ärtigen] Ang[elegenheiten] durch den deutschen Reichskanzler auch in dieser ernsten Zeit für Europa ein Element der Mäßigung bedeutet und Deutschland den Frieden bewahrt hat. Freudige Zustimmung wird im ganzen Volk die authentische Bestätigung finden, daß Deutschland der Öst[erreichisch]-Ung[arischen] Monarchie die Treue gehalten hat und auch fernerhin halten wird. Die Entwicklung war ja eine durchaus günstige bis zu der Veröffentlichung im Daily Telegraph. Nach dem, was S[eine] D[urchlaucht] darüber gesagt hat, würde es mir am sympathischsten sein, zu schweigen. Aber als Staatsmann erachte ich es für meine Pflicht, zu reden, auch wenn es mir schwer fällt. Ich halte es für meine Pflicht, zu erklären, daß ich diese Veröffentlichungen als einen schweren Schlag für das politische Ansehen des Deutschen Reichs ansehe, als eine Gefährdung Deutschlands nach außen und als eine Beeinträchtigung der Ruhe und Zufriedenheit im Innern, nicht zum mindesten aber auch als eine Schädigung des deutschen Handels und Wirtschaftslebens, als eine Schädigung aber vor allem des Kaisers und seiner Fürsten durch das Rütteln am monarchischen Fühlen und Denken des Volkes. Tiefgehende Sorge und Beunruhigung muß man empfinden, auch wenn man die Maßlosigkeiten der Presse nicht mitmacht. Im Reichstage ist die Stimmung des Volkes in der Hauptsache zutreffend zum Ausdruck gekommen. Es wäre falsch, wenn wir den Ausdruck dieser Empfindung ausschließlich dem Parlament und der Presse überließen. Auch die Fürsten und Regierungen sind mit Sorge erfüllt. Zeugnis darüber abzulegen, ist unsere Pflicht. So beklagenswert der Vorgang ist, er ist geschehen.[6]

Im Namen der Mitglieder des Ausschusses danke ich dem Herrn R[eichs]-k[anzler], daß er auf sein Abschiedsgesuch nicht bestanden hat. Sein Rücktritt würde ein Verlust eines Kapitals von Vertrauen bedeuten, das nicht leicht zu ersetzen sein würde, doppelt schwer in einer Zeit gespannter Weltlage und schwieriger Aufgaben im Innern. Ich hoffe, daß das Geschick und die Erfahrung des Reichskanzlers die Schädigungen wieder wettmachen und einer Wiederholung vorbeugen wird [sic]. Einheitlichkeit und Sicherheit der Politik tun not; ich ersuche daher den Herrn Reichskanzler, S.M. den Kaiser in aller schuldiger

---

5   Nach Deuerlein (258–260) trat der Bundesratsausschuß für auswärtige Angelegenheiten während der Reichskanzlerschaft Bülows nur zweimal zusammen: am 12.7.1905 (fehlerhafte Wiedergabe des Inhalts der Verhandlungen!) und am 12.11.1908.

6   Nach seinen eigenen Aufzeichnungen fügte Podewils an dieser Stelle hinzu: „Zu unnötigen Rekriminationen fühle ich meinerseits hier nicht den geringsten Beruf" (BayHStA, Bayer. Gesandtschaft Berlin 1080, S.3 der Rede).

Achtung und Ehrerbietung inständigst zu bitten, sich in Zukunft größere Zurückhaltung aufzuerlegen, im Interesse Seiner eigenen Person und der amtlichen
Stellen. Ich bitte auch den Herrn Reichskanzler, dafür Sorge zu tragen, daß die
Allerh[öchste] Stelle erschöpfend informiert werde. Dem Auslande gegenüber
aber tut es not, daß alle deutschen Stämme jetzt doppelt fest zusammenhalten.[7]
    Der St[aats]m[inister] **Graf v. H[ohenthal]** schloß sich den Ausführungen
des Frh. v. P[odewils] an, die er Wort für Wort unterschreiben könne. Auch er
habe die Überzeugung gewonnen, daß die Leitung unserer ausw[ärtigen]
Ang[elegenheiten] in den besten Händen liege. Besonders danken aber müsse er
im Allerh[öchsten] Auftrage dem Herrn Reichskanzler, daß er auf seinem Posten
geblieben sei. Gerade die Art und Weise, wie Fürst von Bülow die Geschäfte des
Reichs den verb[ündeten] Regierungen gegenüber führe, habe dazu beigetragen,
das Reich in den Einzelstaaten populär zu machen. So schwere Sorge die deutschen Fürsten trügen, so hätten sie doch auch das Vertrauen, daß der Herr
Reichskanzler der geeignete Mann sei, diese Sorgen wieder zu beheben. Was den
Ausschuß für auswärtige Angelegenheiten anlange, so möchte er an den Vorsitzenden den Wunsch richten, den Ausschuß auch zu politisch ruhigen Zeiten
einzuberufen, damit die Einberufung nicht stets sensationell wirke.
    Der Württ[embergische] St[aats]m[inister] **v. W[eizsäcker]**[8] wies darauf hin,
die Einzelstaaten hätten auf das wichtige Recht der Leitung der ausw[ärtigen]
Ang[elegenheiten] zu Gunsten des Reiches verzichtet, weil sie die Notwendigkeit
erkannt hätten, daß diese Leitung eine einheitliche und stetige sein müsse. Um so
mehr müßten sie daher Wert darauf legen, daß die Leitung der ausw[ärtigen]
P[olitik] des Reiches auch einheitlich von der verantwortlichen Stelle ausgehe.
Auch er danke dem Herrn Reichskanzler, daß er im Amte geblieben sei.[9]

7   Podewils schloß seine Rede mit folgenden Ausführungen: „Der Herr Reichskanzler hat sich
    vor kurzem bei einer erhebenden nationalen Feier in Bayern selbst davon überzeugen
    können, wie fest begründet in unserer Bevölkerung aller Parteien das Gefühl der Zugehörig-
    keit zum Reiche ist. Das Gefühl der Notwendigkeit einmütigen Zusammenstehens der
    deutschen Regierungen und Stämme nach außen erweist seine volle Stärke erst recht in
    ernsten Tagen, wie wir sie eben durchleben. Dem Auslande gegenüber darf auch keinen
    Augenblick der Eindruck aufkommen, als ob Deutschland unter dem deprimierenden Ein-
    druck der letzten Vorgänge sich außer Verfassung befände, seine Rechte und Interessen im
    Rate der Völker gebührend zu wahren. In der Stunde der Gefahr wird vielmehr – das muß
    mit aller Wucht und Deutlichkeit zum öffentlichen Bewußtsein auch des Auslandes ge-
    bracht werden – ganz Deutschland in geschlossener Entschiedenheit nach außen die Autori-
    tät zur Geltung zu bringen wissen, die ihm nach seiner inneren Kraft, nach seiner Weltbe-
    deutung zukommt" (BayHStA, Bayer. Gesandtschaft Berlin 1080, S.5 der Rede).
8   *Karl (seit 1916) Freiherr von Weizsäcker (1853–1926)*, 1900–1906 württembergischer
    Minister des Kirchen- und Schulwesens, 1906 württembergischer Minister des Äußeren.
    4.12.1906 – 9.11.1918 Ministerpräsident Württemberg.
9   Nach dem Bericht des Grafen Lerchenfeld fügte Weizsäcker hinzu: „Er begrüße die Erklä-
    rungen des Reichskanzlers im Reichstag und noch mehr dessen so offene und gehaltvolle
    Äußerungen hier. Die Besorgnisse der Nation seien im Reichstag zum Ausdruck gekom-
    men. Im wesentlichen sei dort die Stimmung der Nation richtig wiedergegeben worden.
    Manche bedauerlichen, erregten Worte seien dort gefallen. Aber erregte Worte bewiesen
    noch keinen Mangel an Patriotismus, nur tiefgehende Verstimmung. Er schließe sich der

Die Staatsminister **Freiherr v. Marschall** und **Graf Bassewitz**[10] schlossen sich mit ähnlichen Erklärungen ihren Vorrednern an.

Der Herr **Reichskanzler** dankte den Mitgliedern des Ausschusses für den Beweis des Vertrauens der Regierungen. Er sähe in dem vertrauensvollen Zusammenarbeiten die größte Stärke des Deutschen Reichs. Er werde die von den Mitgliedern des Ausschusses vorgetragenen Anschauungen Seinem A[llerhöchsten] H[errn] gegenüber zum Ausdruck bringen und werde nicht im Amte bleiben können, wenn S.M. der Kaiser diesen Wünschen nicht Rechnung tragen sollte.[11]

SächsHStA Dresden, Gesandtschaft Berlin, Nr.264 (von der Hand Vitzthums).

Nr. 66
AUFZEICHNUNG VON BERNHARD FÜRST VON BÜLOW
über die Sitzung des Bundesratsausschusses für auswärtige Angelegenheiten

Berlin, 12. November 1908

[...]

Nach Aufhebung der Sitzung[1] sagte mir der Sächsische Staatsminister Graf Hohenthal, die Bundesfürsten hätten unter sich erwogen, ob sie nicht in corpore nach Berlin kommen und Seine Majestät um größere Reform ersuchen sollten. Ich erwiderte, ich zweifelte nicht an der guten Absicht, die dieser Anregung zu Grunde liege. Ihre Ausführung wäre aber meines Erachtens nicht mit der Würde der Kaiserkrone vereinbar, und ich würde sie mit meinem sofortigen Rücktritt beantworten. Graf Hohenthal ließ hierauf den in Rede stehenden Gedanken fallen[2], betonte aber, wie alle anderen Vertreter der Bundesregierungen, daß

allgemeinen Auffassung an: so können die Dinge nicht fortgehen. Er hoffe und wisse, daß die Ereignisse schließlich nur zu einem immer festeren Zusammenschließen der Bundesstaaten führen werden" (Anlage S.53–55 zu Ber.No.546, Lerchenfeld an Bay. Staatsministerium, 15.11.1908; BayHStA MA 2686).

10 *Karl Heinrich Graf von Bassewitz-Levetzow (1855–1921)*, Jurist; 1899 Landrat in Gützow, 1901–14 mecklenburg-schwerinscher Staatsminister.

11 Das Schlußwort des Kanzlers wird von Lerchenfeld ausführlicher wiedergegeben: „Konstatiert die Einmütigkeit der Versammlung. Dankt den Ministern für ihr Erscheinen. Weist darauf hin, wie seit seinem Eintritt in das Amt des Reichskanzlers er sich bemüht habe, die Geschäfte im föderalistischen Sinne zu leiten, da er in dem festen Zusammenwirken der Dynastien und Regierungen das Heil des Reiches erblicke. Das gewichtigste Moment im Reiche sei das Vertrauen der deutschen Fürsten. – Der Reichskanzler teilt noch mit, daß er sich in voller Übereinstimmung mit dem preußischen Staatsministerium befinde, das seine Auffassung der Dinge einmütig teile. Er schloß mit den Worten: ,Ich kann nicht im Amte bleiben, wenn nicht das geschieht, was ich an Allerhöchster Stelle verlangen muß'" (Anlage S.56–58 zu Ber. No.546; ibid.).

1 Gegen 21 Uhr.

2 Diese Episode ist nur von Bülow bezeugt worden und wird merkwürdigerweise in keinem der Gesandtschaftsberichte bzw. Regierungserlasse an die bundesstaatlichen Gesandtschaften in Berlin erwähnt. Auch der gewöhnlich gut unterrichtete württembergische Gesandte

Vorfälle wie der ohne Vorwissen der verantwortlichen Ratgeber an Lord Tweedmouth geschriebene Brief, der unerquickliche Fall Hill, so viele seit 20 Jahren gehaltenen Reden und abgesandte Telegramme, die Behandlung des Falls Lippe[3], endlich Unvorsichtigkeiten in politischen Gesprächen sich ohne ernste Gefährdung des Reichs wie der dynastischen Interessen der deutschen Fürsten nicht wiederholen dürften.

BA Koblenz, N 1016 / NL Bülow, Nr.33, Bl.66–67 (von Kanzleihand).

Axel von Varnbüler, der dem Publizisten Theodor Schiemann am 10. März 1909 ausführlich über die Sitzung des Bundesratsausschusses berichtete (GStA PK Berlin, I.HA Rep.92, NL Schiemann, Nr.153), berührte die angeblichen Interventionsabsichten der Bundesfürsten mit keinem Wort. Es ist daher nicht auszuschließen, daß das Anerbieten der Bundesfürsten, in corpore nach Berlin zu kommen und gegenüber dem Kaiser für eine Verfassungsänderung einzutreten, eine Erfindung Bülows gewesen ist, mit deren Hilfe er den Kaiser während der bevorstehenden Audienz beeindrucken wollte. Schoen, auf den sich Theodor Eschenburg (Kaiserreich am Scheideweg, 153) beruft, will sogar erfahren haben, „daß in der stürmischen Zeit der öffentlichen Erörterung des Vorfalles im Kreise der deutschen Minister, welche zu einer Sitzung des Bundesratsausschusses für auswärtige Angelegenheiten in Berlin zusammengekommen waren, der Gedanke erörtert worden war, den Kaiser zur Abdankung zu bewegen" (Erlebtes, 100). Da Schoen sich zwischen dem 8. und 30. November in Berchtesgaden aufhielt, kann er von diesem angeblichen Vorgang nur indirekt erfahren haben; vermutlich geht auch diese Version auf Bülow zurück. Zwar bezeugt Eschenburg, der das Tagebuch des württembergischen Ministerpräsidenten v. Weizsäcker einsehen konnte, daß es zu einem Gespräch zwischen dem König von Württemberg und Weizsäcker über die Frage der Abdankung Kaiser Wilhelms II. gekommen sei (der Zeitpunkt dieses Gesprächs wird leider nicht angegeben!), doch bezeichnenderweise wollte der König mit Blick auf den bayerischen Partikularismus „jeden schärferen Vorstoß der Bundesfürsten gegen den Kaiser vermieden wissen" (Eschenburg, 153). Gespräche unter den deutschen Bundesfürsten über eine konzertierte Aktion in Berlin sind nicht nachweisbar.

3   Am 26. September 1904 hatte Kaiser Wilhelm II., nachdem durch das Ableben des Regenten des Fürstentums Lippe, Graf Ernst zu Lippe-Biesterfeld, die Erbschafts- und Regentschaftsfrage wieder aufgerollt war, ohne Rücksprache mit dem Reichskanzler von Rominten aus an den Grafen Leopold, Sohn des verstorbenen Regenten, telegraphiert: „Ich spreche Ihnen mein Beileid zum Ableben Ihres Herrn Vaters aus. Da die Rechtslage in keiner Weise geklärt ist, kann ich die Regentschaftsübernahme Ihrerseits nicht anerkennen. Ich lasse auch das Militär nicht vereidigen." Nach Bülow machte dieses taktlose Telegramm an den noch um seinen Vater trauernden Sohn „nicht nur an fast allen deutschen Höfen, sondern in den weitesten Kreisen des deutschen Volkes einen sehr ungünstigen Eindruck" (Denkwürdigkeiten, II, 55–57).

Nr. 67
BERNHARD FÜRST VON BÜLOW AN MARTIN RÜCKER
FREIHERR VON JENISCH
Telegramm i.Z. – No.7

Berlin, 12. November 1908, 5.05 p.m.[1]

Ganz geheim. Selbst entziffern.

Der Standpunkt S[eine]r Maj[estät] ist nicht haltbar.[2] Ich habe Sr. Maj. nie geraten, zu irgendjemand, und nun gar zu englischen Privatleuten, von dem zu sprechen, was S.M. als „militärische Aphorismen" und über die französisch-russischen Mediationsvorschläge an die Königin Victoria geschrieben hatte. Auch ist die von Sr. Maj. gegebene Version über beide Vorgänge eine der Wirklichkeit nicht entsprechende, weil sehr übertriebene. Ich selbst habe über beide Vorgänge nie zu irgendjemand gesprochen, wohl der beste Beweis, daß ich Sr. Maj. nicht empfehlen konnte, sie zu berühren und noch weniger Ostasien. Ich habe S. Maj. seit 11 Jahren immer gedeckt, mich immer vor dem Roß gestellt, auch dann, wenn S.M. mich vorher nicht gefragt hatte (Swinemünder Depesche[3], Telegramm an Fürst Lippe, Hunnenrede[4], Krupp-Reden[5] usw. usw.). Die jetzige

---

1 Das Telegramm wurde offenbar noch *vor* dem Zusammentritt des Bundesratsausschusses für auswärtige Angelegenheiten konzipiert.

2 In dem nicht mehr erhaltenen Telegramm an Bülow hatte Jenisch offenbar berichtet, der Kaiser stehe auf dem Standpunkt, daß alle Gespräche, die er in Highcliffe geführt habe, dem Reichskanzler bekannt gewesen und von diesem sogar ausdrücklich befürwortet worden seien (vgl. Dok.Nr.58, n.11; Einem, Erinnerungen, 123; Valentini, Kaiser und Kabinett-schef, 104). Siehe dazu auch Hiller v. Gaertringen, 172 n.283.

3 Am 10. August 1902 hatte Wilhelm II. von Swinemünde aus ohne Rücksprache mit dem Reichskanzler ein Telegramm an den Prinzregenten von Bayern gerichtet, in dem er seine „Entrüstung" über die Ablehnung einer für den Ankauf von Kunstwerken eingeplanten Summe von 100.000 Mark seitens des bayerischen Landtags aussprach und dem Prinzre-genten diese Summe zur Verfügung stellte (Schulthess, 1902, 136). In der Zentrumspresse, aber auch im liberalen Lager war die Empörung über die kaiserliche Einmischung in die inneren Verhältnisse eines Bundesstaats groß (vgl. dazu im einzelnen Bülow, Denkwürdig-keiten, I, 582–84).

4 Gemeint ist die Rede, die der Kaiser am 27. Juli 1900 vor den nach Ostasien abgehenden Truppen in Bremerhaven gehalten hat und die die markante Passage enthielt: „Pardon wird nicht gegeben, Gefangene nicht gemacht. Wer euch in die Hände fällt, sei in eurer Hand. Wie vor tausend Jahren die Hunnen unter ihrem König Etzel sich einen Namen gemacht, der sie noch jetzt in der Überlieferung gewaltig erscheinen läßt, so möge der Name Deutschland in China in einer solchen Weise bekannt werden, daß niemals wieder ein Chinese es wagt, etwa einen Deutschen auch nur scheel anzusehen" (zit. nach Bernd Sösemann, Die sog. Hunnenrede Wilhelms II., in: HZ 222 / 1976, 349 f.). Im *Reichsanzeiger* wurde diese Passage auf Betreiben Bülows entschärft (vgl. Johann, Reden des Kaisers, 91).

5 Der Großindustrielle Alfred Krupp, der am 22.11.1902 – 48jährig – einem Herzschlag erlag, war wenige Wochen vor seinem Tod von seiten des sozialdemokratischen *Vorwärts* der Homosexualität bezichtigt worden. In seiner Rede nach der Beisetzung Krupps in Essen am 26. November sprach Wilhelm II. von einem sozialdemokratischen Mordkomplott: „Diese Tat mit ihren Folgen ist weiter nichts als Mord; denn es besteht kein Unterschied zwischen demjenigen, der den Gifttrank einem andern mischt und kredenzt, und demjeni-

Erregung kommt daher, daß zu oft und immer wieder Unvorsichtigkeiten begangen wurden (Sekundanten-Depesche[6], Schwarzseher-Rede, Brief an Tweedmouth, Fall Hill usw.). Alles andere mündlich.

Bülow

BA Koblenz, N 1016 / NL Bülow, Nr.33, Bl.58–59 (eigenhändiges Konzept).

Nr. 68

MARTIN RÜCKER FREIHERR VON JENISCH AN
BERNHARD FÜRST VON BÜLOW

Donaueschingen, 13. November 1908

Streng vertraulich!

Mein lieber Bernhard,

Den Inhalt Deines gestrigen Telegramms[1] habe ich Sr. M. mitgeteilt: Ich fand
ihn traurig, aber viel ruhiger und gefaßter. Die Ankunft Valentinis hier ist sehr
erfreulich.[2] Er berichtet Seiner Majestät wahrheitsgetreu über die Stimmung in
Berlin und den vorzüglichen Eindruck Deiner Reichstagsrede.[3] Valentini sagt

---

    gen, der aus dem sicheren Verstecke seines Redaktionsbureaus mit den vergifteten Pfeilen
    seiner Verleumdungen einen Mitmenschen um seinen ehrlichen Namen bringt und ihn
    durch die hierdurch hervorgerufenen Seelenqualen tötet. Wer war es, der diese Schandtat an
    unserem Freunde beging? – Männer, die bisher als Deutsche gegolten haben, jetzt aber
    dieses Namens unwürdig sind" (Johann, Reden des Kaisers, 104 f.).

6   Am 6. April 1906, einen Tag nach Bülows Schwächeanwandlung im Reichstag, richtete
    Wilhelm II. an den österreichisch-ungarischen Außenminister Grafen Goluchowski ein
    Telegramm, das mit den Worten schloß: „Sie haben sich als brillanter Sekundant erwiesen
    und können gleicher Dienste in gleichem Falle auch von mir gewiß sein" (Bülow, Denkwür-
    digkeiten, II, 224).

1   Siehe Dok.Nr.67.

2   Siehe dazu Valentinis Tagebucheintragungen: „12. November – Mittags 2 Uhr Depesche
    von S.M., daß [ich] nach Donaueschingen kommen soll. Abreise dahin abends. 13. Novem-
    ber: Gegen 12 Uhr Ankunft in Donaueschingen. Quartier im Schloß des Fürsten v. Fürsten-
    berg. Sofort mit S.M. zum Jagdrendevouz. Sehr ernste Besprechung" (Abschrift in BA
    Koblenz, N 1058 / NL Thimme, Nr.26, Bl.3).

3   „Der Kaiser", erinnert sich Valentini, „der blaß und angegriffen aussah, nahm mich, wie ich
    war, im Reiseanzug in sein geschlossenes Auto und leitete das Gespräch mit der Frage ein:
    ‚Sagen Sie mir, was geht eigentlich vor? Was bedeutet dies alles?!' Ich hatte durch den
    Flügeladjutanten, der mich vom Bahnhof abholte, bereits gehört, daß meine Berufung im
    Anschluß an eine Unterredung erfolgt war, in der Fürst Fürstenberg und der Chef des
    Militärkabinettes Graf Hülsen-Haeseler dem Kaiser den Grund und den Umfang der Miß-
    stimmung des Volkes nahezubringen gesucht hatten. Dieser war über die Eröffnung völlig
    starr gewesen, hatte nicht begreifen können, wie seine guten Absichten so mißverstanden
    worden sein, und wie man seine Tätigkeit in der Politik so hart und abfällig beurteilen
    könne. Tränen des Zornes und der Enttäuschung seien ihm in die Augen gestiegen. Ich fand
    den Kaiser ganz von dieser Stimmung verständnisloser Enttäuschung beherrscht, sehr
    niedergedrückt und besorgt, was nun werden solle. Er betonte, daß er in dieser Sache ganz
    konstitutionell gehandelt habe, indem er den ihm im Entwurf zugehenden Artikel dem

mir, er habe die feste Überzeugung, daß Seine Majestät bei geschickter Behandlung Deinerseits in Kiel[4] Dir die nötigen Zusicherungen geben werde. Valentini hat als Haupterfordernis für jetzt und für die Zukunft Seiner Majestät für Seine eigene Person absolutes Sichruhigverhalten dringend anempfohlen.

S.M. wird kaum *von Selbst* Dir gegenüber die, wie er meint, nicht genügende Verteidigung Seiner Person durch Dich vor dem Reichstag berühren. Meiner Ansicht nach *mußt Du* von Dir aus gerade diesen Punkt mit Sr. M. besprechen. S.M. weiß durch mich, daß ich Dir nach meiner ersten Unterhaltung mit Ihm Seine Auffassung über Deine Rede telegraphiert habe, aber *nicht*, daß ich Dir heute schreibe. Über unsere gestrige Unterhaltung bat mich S.M. sogar (aber erst *nach* Seiner Besprechung mit Valentini), Dir nichts mitzuteilen. Die Sache sei für Ihn abgetan. Wenn ich es doch tue, so bin ich Deiner absoluten Diskretion gewiß. Valentini bleibt auch während des Kieler Aufenthalts im Allerh[höchsten] Gefolge.

Mit herzlichem Gruß Dein treu ergebener

Martin.

BA Koblenz, N 1016 / NL Bülow, Nr.33, Bl.68–70 (eigenhändige Ausfertigung).

Nr. 69
ANZEIGE VON ALFRED VON KIDERLEN-WÄCHTER

Berlin, 13. November 1908

G.A.

Wie mir der Hamburgische Gesandte, Herr Klügmann[1], der mich in einer anderen Angelegenheit aufsuchte, eben mitteilt, macht sich in der Hamburger Bürgerschaft eine *starke Bewegung* geltend, um den dortigen Senat zu veranlassen, in der jetzigen Kaiserfrage zu intervenieren und darauf hinzuwirken, daß eine feste Regelung des Verhältnisses zwischen Kaiser und Kanzler stattfinde.[2] Eine feste Form scheint die Sache noch nicht angenommen zu haben.[3]

PA-AA, R 5828 (maschinenschriftl. Abschrift, praes. am 13.11. p.m., von Bülow am 16.11. zur Kenntnis genommen).

Kanzler zur Prüfung übermittelt und seine Genehmigung zur Veröffentlichung erst gegeben habe, als das Dokument vom Kanzler ohne jedes Monitum zurückgekommen sei. Warum habe dieser im Reichstage den Sachverhalt, der ihn – den Kaiser – doch entlasten müßte, verschwiegen? Ich bemühte mich, demgegenüber klarzustellen, daß weniger die Tatsache der Veröffentlichung als der materielle Inhalt der in dem Artikel verwerteten kaiserlichen Gespräche der Grund der allgemeinen Mißstimmung sei" (Valentini, Kaiser und Kabinettschef, 101). Abends hatte Valentini „von 1/2 6 bis 7 Uhr Vortrag bei Seiner Majestät" (Tagebucheintrag v. 13.11.1908; BA Koblenz, N 1058 / NL Thimme, Nr.26, Bl.3).

4   Bülow hatte für den 16.11. um einen Immediatvortrag in Kiel gebeten (vgl. Dok.Nr.62 n.1).

1   *Karl Peter Klügmann (1835–1915),* Senator in Lübeck bis 1895, Stellvertretender Bundesratsbevollmächtigter für Lübeck, 1897–1915 Hamburgischer Bundesratsbevollmächtigter.

2   Am 13.11.1908 meldeten die *Hamburger Nachrichten,* „daß Verhandlungen zwischen dem

Nr. 70
CHRISTOF GRAF VITZTHUM VON ECKSTÄDT AN
WILHELM GRAF VON HOHENTHAL UND BERGEN

Königlich Sächsische Gesandtschaft – Bericht No.1321.

Berlin, 14. November 1908

Der noch unerledigte Antrag der Wirtschaftlichen Vereinigung, aus Anlaß der Veröffentlichung im Daily Telegraph eine Adresse an S.M. den Kaiser zu richten[1], hat zu der Frage geführt, ob der Reichstag zu einem solchen Schritt berechtigt ist. Die Kreuzzeitung hat in ihrer Nummer 534 vom 12.d.Mts. mit Recht ausgeführt, daß zwar die Geschäftsordnung des Reichstags in den §§ 67 und 68 Bestimmungen über die Behandlung von Anträgen über Adressen enthält, daß aber die Geschäftsordnung kein Staatsrecht schafft. Da im Gegensatz zur preußischen Verfassung (Art.81) die Reichsverfassung keine Bestimmung über Adressen und Deputationen enthalte, folge, daß der Reichstag zwar wie jede andere

Präsidium der Bürgerschaft und den einzelnen Fraktionsvorständen schwebten, um für eine Sondersitzung der Bürgerschaft einen gemeinsamen Antrag der Parteien vorzubereiten, den Senat um eine Kundgebung im Bundesrat gegen das persönliche Regiment im Reich zu ersuchen, das auch in Hamburg schädlich empfunden werde". Wie der Korrespondent der *Kölnischen Zeitung* erfuhr, wurde diese Meldung „in den Kreisen der Bürgerschaft sehr beklagt, weil dadurch vorzeitig Erörterungen in der Öffentlichkeit hervorgerufen werden, die man aus verschiedenen Gründen hat vermeiden wollen. Vor allem hat man Gewicht darauf gelegt, daß die Beweggründe zu diesem bahnbrechenden und auffälligen Vorgehen einer bundesstaatlichen Volksvertretung von dieser selbst dargelegt werden und damit vor vielleicht irrigen Auslegungen und Folgerungen bewahrt bleiben. Wie man hört, habe in gewissen Kreisen der Bürgerschaft, besonders in der Rechten, eine solche Mißstimmung über die von irgendeiner Seite verschuldete Indiskretion platzgegriffen, daß die unbedingt erforderliche Einhelligkeit der Aktion und damit diese selbst in Frage gestellt sei. Man fürchtet, daß in der gemeinschaftlichen Fraktionssitzung am nächsten Montag [16.11.] der Plan ins Wasser fallen werde. [...] In der Bevölkerung kommt jedenfalls sehr entschieden der Wunsch zum Ausdruck, die Parteien der Bürgerschaft möchten sich durch die vorzeitigen Erörterungen des gehegten Planes in der Presse von seiner Durchführung nicht abhalten lassen" (*Kölnische Zeitung*, No.1198, Abendausgabe, 14.11.1908).

3   Einen Tag später berichtete der preußische Gesandte in Hamburg nach Berlin: „Der törichte Plan der Hamburger Bürgerschaft, eine Eingabe an den Senat zu richten wegen Stellungnahme zu den jüngsten Vorgängen, hat in der hiesigen Presse leider ziemlich einstimmigen Beifall gefunden. Um so erfreulicher erscheint der heutige Leitartikel des Herrn von Eckardt, mit welchem ich mich bei aller Zurückhaltung in dieser Angelegenheit doch vertraulich unterhalten zu dürfen geglaubt habe. Der Verfasser rät energisch von einer derartigen ‚Kundgebung aus *der* Stadt, welche den Kaiser wie keine andere gefeiert habe' ab und schließt seine Ausführungen mit den verständigen Worten: ‚Gegenwärtig brauchen wir eher Beruhigung als Sensationen. Die Beziehungen zwischen Fürst und Volk sind eine zu ernste Sache, als daß sie den Stoff hergeben dürften für parteipolitische Sonderziele oder für den Betätigungsdrang kleiner Parlamente.' Vertraulich höre ich aus Senatskreisen, daß die besonneneren Elemente in der Bürgerschaft tätig sind, um die Bewegung im Keim zu ersticken. Der Senat selbst würde – wie mir der erste Rat für Auswärtiges versichert – einer derartigen Anregung durchaus ablehnend gegenüberstehen" (Ber.No.45, Lucius an Bülow, 14.11.1908 – von Kiderlen gesehen am 15.11.; PA-AA, R 5828).

1   Vgl. Dok.Nr.52 n.7.

politische Versammlung berechtigt sei, eine Adresse an den Kaiser zu richten, daß der Kaiser aber nicht verpflichtet sei, die Adresse anzunehmen. Diese Ansicht deckt sich mit den Ansichten des Staatsrechtslehrers Laband[2] in § 33 seines Lehrbuchs[3] und anderer Staatsrechtslehrer (Meyer[4], Staatsrecht § 128). Die Adresse kann nach Laband eine sehr politische Bedeutung haben, sie hat aber nie eine staatsrechtliche. Die staatsrechtliche Bedeutung liegt bei den von den Landtagen beschlossenen Adressen darin, daß sie nach Meyer (§ 96) ein Ausfluß des Petitionsrechtes sind. Nun besteht das Petitionsrecht des Reichstags nach Art. 23 der Reichsverfassung nur dem Bundesrat oder Reichskanzler gegenüber. Daraus könnte man folgern, daß der Kaiser gar nicht berechtigt sei, Adressen staatsrechtlichen Inhalts anzunehmen, sondern daß er die Gesuchsteller an den Bundesrat oder Reichskanzler zu verweisen hätte. Diese Ansicht scheint einem zweiten Artikel der Kreuzzeitung in Nr. 536 v. 13. d. Mts. zu Grunde zu liegen, worin ausgeführt wird, Adressen von Parlamenten richteten sich stets an den Souverän, und diese Souveränität wäre im Deutschen Reich im Bundesrat vereinigt.

M.E. braucht man nicht so weit zu gehen. Gerade weil einer Adresse des Reichstags an den Kaiser keine staatsrechtliche, sondern nur eine politische Bedeutung beiliegt, wird der Kaiser unbehindert sein, in gewissen Fällen Adressen anzunehmen, z.B. Ergebenheits- und Zustimmungsadressen zu Beginn eines Feldzuges, wie dies 1870 geschehen ist. Sobald aber der Kaiser auf eine Adresse in staatsrechtlicher Form auf den Inhalt der Adresse einzugehen gedenkt, wird er, wie bei jeder Thronrede, sich des Einverständnisses der übrigen Bundesregierungen zu vergewissern haben.

Die Frage hat nur eine akademische Bedeutung, da der Antrag der Wirtschaftlichen Vereinigung, wenn er überhaupt zur Verhandlung gelangen sollte[5], zweifellos abgelehnt werden wird.

SächsHStA Dresden, Gesandtschaft Berlin, Nr.264 (Konzept).

---

2   *Paul Laband (1838–1918)*, Staatsrechtslehrer; 1866 Prof. in Königsberg, 1872 in Straßburg.

3   Paul Laband, Das Staatsrecht des Deutschen Reiches, Bd.1 (Tübingen 1876). § 33: „Der Reichskanzler" (S.306–313).

4   *Georg Meyer (1841–1900)*, Staatsrechtslehrer; 1873 Prof. in Marburg, 1875 in Jena, 1889 in Heidelberg, 1881–1890 Mitglied des Reichstags (Nationalliberale Partei). Verfasser des berühmten „Lehrbuchs des Deutschen Staatsrechts", 1. Aufl. 1878.

5   Der Antrag Liebermann v. Sonnenberg kam nicht mehr auf die Tagesordnung der Reichstagsverhandlungen. Siehe dazu auch Teschner, 34–35; Schlegelmilch, 37–41.

Nr. 71

MARTIN RÜCKER FREIHERR VON JENISCH AN BERNHARD FÜRST VON BÜLOW

Telegramm i.Z. – privat.

Donaueschingen, 14. November 1908, 11.15 p.m.

Streng vertraulich.

Nachstehend Niederschlag einer Unterredung mit Herrn von Valentini:

Seine Majestät der Kaiser sei in sehr weicher Verfassung und leide offenbar seelisch.[1] Auf seine Frage, was Du Ihm in Kiel für Fragen vorlegen würdest, habe er Seiner Majestät geantwortet, wohl diese, ob er sich in Zukunft in Privatgesprächen mehr Zurückhaltung auferlegen wolle. Dies sei Seine Majestät bereit, Dir zu versprechen; er wolle auch nicht nur mit Ausländern, sondern auch mit Deutschen nicht mehr ohne Dein Wissen politische Gespräche führen.[2] Er, v. Valentini, habe nun nur den einen Wunsch, Du möchtest Bogen nicht zu straff spannen, nicht etwa programmatische Erklärungen vom Kaiser verlangen, oder

---

1 Vgl. dazu die Mitteilungen des Hofmarschalls Grafen Robert Zedlitz-Trützschler an seinen Vater, 30.11.1908: Die Reichstagsreden „ließen sich nicht verbergen, sie wurden vom Kaiser gelesen und erzeugten eine tiefe seelische Depresssion. Diese Depression äußerte sich sehr bald so, daß er, wie es mir schien, nichts mehr über die Angelegenheit las [vgl. dagegen Dok.Nr.80] und sich von seinen trüben Gedanken zu zerstreuen suchte. [...] Trotz der verschiedentlichen Ablenkungen ist eine gewisse Depression bis zu unserer Rückkehr bestehen geblieben. Und wenn auch der Kaiser von Übertreibung, Undankbarkeit und gänzlicher Verkennung der Situation spricht, so ist doch durch die Verhandlungen im Reichstag manches bei ihm haften geblieben. Er selbst hat sich eine Schilderung zurechtgemacht, nach der man ihn für den größten Märtyrer seiner Zeit halten kann" (Zedlitz-Trützschler, Zwölf Jahre, 197). Siehe ferner Ottokar Czernin, damals ebenfalls Jagdgast in Donaueschingen: „Ich hatte das Gefühl, in Wilhelm II. einen Menschen zu sehen, der mit vor Entsetzen geweiteten Augen zum erstenmal in seinem Leben die Welt so sieht, wie sie wirklich ist. [...] Vielleicht zum erstenmal in seinem Leben fühlte er ein leises Beben unter den Füßen seines Thrones" (Im Weltkrieg, 72).

2 In seinem fast zweistündigen Immediatvortrag am Abend des 13. November erreichte Valentini ein Ergebnis, auf dem Bülow am 17. November gut aufbauen konnte: „Das Staatsinteresse", so lautete die mündliche Vereinbarung zwischen dem Kaiser und dem Chef des Zivilkabinetts, „fordert, daß der leitende Staatsmann bleibt, und darum muß der König schweigen. Mit einer bewunderungswürdigen Seelengröße nimmt der stolze Mann die Demütigung auf sich: er beschließt, den Kanzler zu empfangen und ihm die Zusicherungen zu geben, die dieser im Interesse der Beruhigung der Gegenwart und im Interesse der Zukunft fordert und die eine Absage an das persönliche Eingreifen des Herrschers in die Regierungsmaschine bedeuten. Den Entschluß gefaßt, fühlt er sich erleichtert" (Tagebuchaufzeichnung v. 14.11.1908; Valentini, Kaiser und Kabinettschef, 102 n.1).Vgl. dazu auch Graf Hertlings Brief an seinen Sohn Karl, 15.11.1908: „Mein letzter Eindruck war, daß Bülow bleibt. Jedenfalls erhofft dies der ‚Block' und Bülow wird es versuchen. Morgen wird er mit dem Kaiser in Kiel zusammentreffen. Er wird versuchen, sich ein Minimum, nicht eine wirkliche Garantie, sondern nur eine Zusage des Kaisers zu verschaffen, der Block wird das als eine ungeheure Tat ausposaunen und eine Zeitlang wird weitergewurstelt werden. Wie lange, ist eine andere Frage. Es gibt freilich auch Leute, die glauben, der Versuch werde nicht gelingen, da die Umgebung des Kaisers dem Reichskanzler seine Haltung namentlich am zweiten Tage der Debatte nicht verzeihen, sondern kräftig gegen ihn intrigieren werde" (Thimme, Front wider Bülow, 147).

gar über seine Zusagen an Dich etwas Offizielles veröffentlichen. Hiervon rate er *dringend* ab. Aus dem Umstand, daß Du Reichskanzler bliebest, müsse die Welt implicite schließen, daß Seine Majestät Dir die in Deiner Reichstagsrede verlangten Zusicherungen gegeben habe. Seine Majestät öffentlich eine Art pater peccavi sagen zu lassen, widerspreche auch seinem royalistischen und monarchischen Gefühl und würde *sehr* gefährlich sein.[3] Seine Majestät sei bereit, „die bittere Pille zu schlucken" und seinen Fehler anzuerkennen. Dies dürfte Dir genügen. Dann könntet Ihr seiner Ansicht nach als gute Freunde scheiden, womit dem Vaterland am besten gedient sei.

Ich habe Herrn v. Valentini gesagt, ich würde Dir unser Gespräch im strengsten Vertrauen mitteilen. Er läßt ferner sagen, die v. Tschudi Angelegenheit[4] sei erledigt, v. Tschudi bleibe Direktor.

Von Valentini würde sich sehr freuen, wenn er Dich vor Deiner Unterredung mit Seiner Majestät[5] sprechen könnte, doch *nur* wenn es ganz unauffällig geschehen könne. Er wohne Hotel Holst.

BA Koblenz, N 1016 / NL Bülow, Nr.33, Bl.78–81 (Entzifferung, Eingang am 15.11.08 um 1.44 a.m.).

---

3   Vgl. dazu Lerchenfeld, Erinnerungen und Denkwürdigkeiten, 379 f.: „Nach Äußerungen von Mitgliedern der Jagdgesellschaft war der Kaiser seelisch ganz gebrochen und hatte sogar die Absicht abzudanken immer wieder ausgesprochen."

4   *Hugo von Tschudi (1851–1911)*, Kunsthistoriker; 1884 Direktorialassistent der Königlichen Museen Berlin, 1894 Prof., 1896 Direktor der Berliner Nationalgalerie, die er zu einer reichen Sammlung neuerer Kunst ausbaute, 1907 Geheimrat, 1909 Direktor der Staatlichen Galerien in München. Tschudi war in kaiserliche Ungnade gefallen, weil er gegen den Willen des Kaisers die Werke von Max Liebermann und der französischen Impressionisten ausstellte. Bülow führte die „allmählich immer höher gestiegene Flut gegen das persönliche Regiment nicht zum geringsten Teil auf das autokratische Eingreifen in rein literarische und ästhetische Angelegenheiten" zurück (Bülow, Denkwürdigkeiten, I, 176 f.). Vgl. dazu auch Paret, The Tschudi Affair, 604 ff.

5   Die Unterredung war ursprünglich für den 16.11. in Kiel angesetzt worden (vgl. Dok.Nr.62 n.1). Nach dem tragischen Tod des Grafen Hülsen-Haeseler am Abend des letzten Jagdtages in Donaueschingen (vgl. Valentinis Tagebucheintrag v. 14.11.1908: „Hülsen tanzt und stirbt 9.50 am Herzschlag." 15. November: „Morgens Andacht an der Leiche Hülsens. S.M. fasssungslos" – BA Koblenz, N 1058 / NL Thimme, Nr.26, Bl.3) änderte der Kaiser seine Reisepläne: Er gab Kiel nun auf und wollte am 17. November wieder in Berlin eintreffen. Als Bülow davon erfuhr, telegraphierte er – wenig mitfühlend – an Jenisch: „Ich bitte dafür zu sorgen, daß ich von Seiner Majestät dem Kaiser möglichst bald nach seiner Rückkehr zum Vortrag empfangen werde, nach Lage der Dinge am besten im Schlosse. Ich wiederhole die Bitte, daß ich für die Darlegung so ernster Dinge die Möglichkeit eines eingehenden und ungestörten Vortrages erhalte. Weiteres Aufschieben des Vortrages würde die Situation unnötig verschärfen" (Tel.No.8, Bülow an Jenisch, 15.11.1908, 2.25 p.m.; BA Berlin, R 43–810, Bl.324). Die telegraphische Antwort aus Donaueschingen lautete: „Seine Majestät der Kaiser wollen Euere Durchlaucht morgen Dienstag, den 17. November, vormittag 11 Uhr im Neuen Palais zum Vortrag empfangen. Seine Majestät trifft daselbst morgen früh kurz nach 8 Uhr ein" (Tel.No.24, Jenisch an Bülow, 16.11.1908, 10.25 a.m.; ibid., Bl.321). Für eine vorherige Besprechung zwischen Bülow und Valentini blieb keine Zeit mehr.

Nr. 72

PAUL GRAF VON WOLFF-METTERNICH ZUR GRACHT AN BERNHARD FÜRST VON BÜLOW

Telegramm i.Z.

London, 16. November 1908, 10.50 p.m.

Privat für den Herrn Reichskanzler.

Graf Mensdorff[1] teilt mir mit, Sir Charles Hardinge[2] habe ihm vertraulich gesagt, unterdrücktes Kaiserinterview in amerikanischer Revue[3] sei ihm schon vor zwei Monaten bekannt gewesen. Es hätte in hiesigen Zeitungen erscheinen sollen, was Sir Charles Hardinge noch rechtzeitig verhindert hätte.[4]

Auch Lord Rosebery[5] kennt das Interview und fürchtet, daß es durch irgendeine Zeitungsindiskretion doch noch veröffentlicht werde, was hier unabsehbare Folgen tiefgehender Erregung der öffentlichen Meinung nach sich ziehen könne.[6]

1   *Albert Graf von Mensdorff-Pouilly-Dietrichstein (1861–1945),* österreichischer Diplomat; 1884 Eintritt ins Ausw. Amt, 1886 Attaché in Paris, 1889 in London, 1895 in St.Petersburg, 1896 Botschaftsrat in London, 1904–14 Botschafter in London (mit guten Beziehungen zum Königshaus), 1920 1. Delegierter bei der Völkerbundsversammlung.

2   *Sir Charles Hardinge, Baron of Penshurst (1858–1944),* englischer Diplomat; 1904 Botschafter in St.Petersburg, 1906-10 Ständiger Unterstaatssekretär des Äußeren, Hauptberater von Außenminister Edward Grey u. Begleiter Eduards VII. auf dessen diplomatischen Reisen, 1910–16 Vizekönig von Indien, 1916–20 Staatssekretär des Äußeren, 1920–22 Botschafter in Paris.

3   Vgl. Dok.Nr.47.

4   In einer undatierten Aufzeichnung des Englanddezernenten von dem Bussche-Haddenhausen [20.11.1908] heißt es hierzu: „Hale hat Bünz versichert, daß niemand außer ihm, Bünz und dem Chefredakteur Gilder den Artikel kenne. Schon hiernach scheint die Meldung Metternichs, daß der Artikel in England gewesen sei und daß Hardinge und Rosebery seinen Inhalt kennten, mit Vorsicht aufzunehmen zu sein. Vielleicht handelt es sich um eine Verwechslung mit dem *Daily Telegraph*-Interview, das nach einem Briefe Generalkonsuls Bünz erst der *Daily Mail* angeboten worden war. Der Sekretär von Lord Harmsworth, Mr. Butes, nahm es zum Foreign Office, wo geraten wurde, den Artikel nicht zu veröffentlichen. Vielleicht war es gerade Hardinge, der den Rat gab und meint er nun, den Haleschen Artikel in der Hand gehabt zu haben. Sollte der *Daily Telegraph* den Artikel Stuart Wortleys noch etwas gekürzt oder verändert haben, so gewänne diese Annahme an Wahrscheinlichkeit" (PA-AA, R 17240; von Bülow u. Kiderlen am 22.11. zur Kenntnis genommen).

5   *Archibald Philip Primrose, 5th Earl of Rosebery (1847–1929),* liberaler englischer Politiker; März – Juni 1885 Geheimsiegelbewahrer im Kabinett Gladstone, 1886 u. 1892–94 Staatssekretär des Äußeren, März 1894 – Juni 1895 Premierminister.

6   Hardinge, Grey und Rosebery waren von Alfred Lord Northcliffe, dem Gründer der *Daily Mail* und Besitzer der Londoner *Times,* Ende August 1908 über den Inhalt des Hale-Interviews unterrichtet worden. Northcliffe hatte von einem unbekannten Redaktionsmitglied der *New York Times* eine Synopsis des Kaiserinterviews erhalten, die der Informant nach einem Redaktionstreffen mit Hale aufgesetzt hatte. Das Foreign Office kopierte die Synopsis und schickte das Original an Northcliffe zurück (vgl. Menning/Menning, 377–79). Die *Daily Mail* und *Morning Post* gelangten ebenfalls in den Besitz von Abschriften jener Synopsis (siehe Dok. Nr.101).

Lord Rosebery ist bekanntlich einer unserer wenigen Freunde.

Marginal des Reichskanzlers:

Seine Majestät versichert mir, daß Er Mr. Hale kein Wort über Politik und insbesondere nichts über englische Politik und unser Verhältnis zu England gesagt habe. Trotzdem würde es natürlich besser sein, wenn dieser Artikel nicht erschiene. Ich bitte bei Metternich und Hatzfeldt[7] (Washington) anzufragen, wie das am besten zu verhindern. (Einwirkung auf Mr. Hale? Abkaufen des Manuskripts?)[8]

B[ülow] 17/11.

PA-AA, R 17240 (Entzifferung, Eingang am 17.11.08 um 12.40 a.m.)

Nr. 73
WILHELM GRAF VON HOHENTHAL UND BERGEN AN CHRISTOF GRAF VITZTHUM VON ECKSTÄDT
Telegramm

Ständehaus Dresden.

Dresden, 17. November 1908, 10.44 a.m.

In heutiger Landtagssitzung kam Krisis zur Sprache.[1] Ich hatte Gelegenheit, dem Vertrauen der Regierung zur Amtsführung des Fürsten Bülow Ausdruck zu geben[2], und der konservative Parteiredner erklärte namens seiner Fraktion, daß

---

7 *Paul Hermann Karl Hubert Graf (seit 1910: Prinz, seit 1911: Fürst) von Hatzfeldt-Wildenburg (1867–1941),* Diplomat, Sohn des Botschafters Paul Graf von Hatzfeldt-Wildenburg (1831–1901); 1891 als Seconde-Leutnant zur Dienstleistung an die Botschaft in London kommandiert, 1895 3. Sekretär u. 1897 2. Sekretär an der Botschaft London, 1901 Legationsrat u. 2. Sekretär in Paris, 1902 auf eigenen Antrag aus dem Reichsdienst verabschiedet, 1907 1. Sekretär an der Botschaft in Washington, 21.11.1908 diplomatischer Agent und Generalkonsul in Kairo, 1910 außerordentlicher Gesandter u. bevollmächtigter Minister, 1912 endgültiger Abschied aus dem Reichsdienst.

8 Bussche-Haddenhausen riet von einem solchen Schritt energisch ab, da man davon ausgehen könne, „daß der Artikel definitiv unterdrückt" sei, „eine Ansicht, die Generalkonsul Bünz auch seither telegraphisch wiederholt hat. Eine Einwirkung auf Hale, der ein durchaus anständiger Mann sein soll, erscheint überflüssig. Er wird den Artikel nach seinen Bünz gegebenen Zusicherungen keinesfalls erscheinen lassen" (Aufzeichnung, o.D. [20.11.1908]; PA-AA, R 17240).

1 Der freisinnige Abgeordnete Oskar Günther hatte die sächsische Regierung aufgefordert, „die Initiative zu ergreifen, damit der Bundesrat Garantien fordere, die eine Politik, wie sie bisher im Reiche geführt worden sei, nicht mehr möglich machten" (Schulthess, 1908, 200).

2 Erwiderung des Grafen Hohenthal: „Es muß näher überlegt werden, ob jetzt der geeignetste Moment ist, aktiv vorzugehen. In der Sitzung des Ausschusses für auswärtige Angelegenheiten am vorigen Donnerstag hat Fürst Bülow in vierstündigem freien Vortrag über alles eingehend Mitteilung gemacht, was sich in den letzten Jahren in Bezug auf die auswärtigen Angelegenheiten begeben hat. Diese Mitteilungen waren streng vertraulich. Ich kann aber hervorheben, daß in der Aussprache, an der sämtliche Mitglieder des Ausschusses teilnahmen, festgestellt wurde, daß die Leitung der auswärtigen Politik in den allerbesten Händen ist (Allseitiges Bravo!), und daß der Reichskanzler, wenn er, wiewohl schweren Herzens, sich entschlossen hat, in kritischer Stunde die Bürde seines Amtes weiter zu tragen, dies aus reinem Patriotismus, Pflichtgefühl und Anhänglichkeit an den Kaiser getan. Was geschehen ist, läßt sich nicht ungeschehen machen; aber statt zu hadern, wollen wir lieber einen gesunden Optimismus pflegen; ich glaube gewiß, daß auch für Deutschland wieder bessere

sie dem Fürsten Bülow nicht nur für die Vergangenheit dankbar sei, sondern auch
sein Verbleiben für die Zukunft erhoffe. Das gleiche erklärte der Redner der
Nationalliberalen für seine Partei. Mit großer Genugtuung wurde von beiden
obengenannten Fraktionen davon Kenntnis genommen, daß zufolge meiner Anregung auf eine häufigere und regelmäßige Berufung des diplomatischen Ausschusses gerechnet werden könne. Ich stelle anheim, Fürst Bülow entsprechend
zu benachrichtigen.[3]   Hohenthal.

Notiz des sächsischen Gesandten Vitzthum auf der Rückseite des Telegramms:
Eine Abschrift umstehenden Telegramms heute vorm. dem Geh.R. Wahnschaffe[4] in der
Reichskanzlei übergeben.

SächsHStA Dresden, Gesandtschaft Berlin, Nr.264 (Eingang am 17.11.08 um 11.15 a.m.).

Nr. 74
CHRISTOF GRAF VITZTHUM VON ECKSTÄDT AN
WILHELM GRAF VON HOHENTHAL UND BERGEN

Königlich Sächsische Gesandtschaft – Bericht No.1329.
Berlin, 17. November 1908

Euere Exzellenz beehre ich mich zu berichten, daß ich eine Abschrift des mir
heute früh zugegangenen telegraphischen Erlasses noch heute vormittag dem
Geh[eimen] Reg[ierung]srat Wahnschaffe in der Reichskanzlei mit der Bitte
übergeben habe, den Inhalt sobald als möglich S[einer] D[urchlaucht] dem Herrn
Reichskanzler mitzuteilen.[1] Nachmittags traf ich bei der Trauerfeier für den
Generalleutnant Grafen von Hülsen-Häseler den Staatsminister von Bethmann
Hollweg, der mir mitteilte, die Unterredung zwischen S.M. dem Kaiser und dem
Reichskanzler sei nach Wunsch verlaufen.[2]

Heute nachmittag 5 Uhr waren die stimmführenden Bevollmächtigten des
Bundesrats zu Herrn v. Bethmann geladen. Er machte uns im Auftrage des
Reichskanzlers folgende Mitteilung: Der Herr Reichskanzler habe in einem zweistündigen Vortrag Seiner Majestät die Stimmung geschildert, welche das deutsche Volk, seine Fürsten und Regierungen und der Deutsche Reichstag aus Anlaß
der Veröffentlichungen im Daily Telegraph beherrsche. S.D. habe auch im übrigen die Ursachen dargelegt, welche zu diesen Verhältnissen geführt habe. Seine

Tage kommen werden. Der Ausschuß für auswärtige Angelegenheiten wird künftig öfter in
regelmäßigen Zwischenräumen zusammentreten; dann wird sein Zusammentritt auch nicht,
wie es diesmal geschehen, als Sensation angesehen werden (Lebhafter Beifall)" (Schulthess,
1908, 200; vgl. auch die etwas weniger zuverlässige Version bei Wippermann, 1908 /II,
185).
3   Bülow befand sich zu diesem Zeitpunkt schon in Potsdam, wo er dem Kaiser über den Stand
der Daily-Telegraph-Affäre Vortrag hielt (10–12.45 Uhr), konnte also die Vorgänge im
sächsischen Landtag nicht mehr gegenüber dem Kaiser verwerten.
4   *Arnold Wahnschaffe (1865–1946)*, Rittergutsbesitzer, Jurist, Verwaltungsbeamter; 1897
Landrat des Kreises Landsberg (Warthe), 1905–07 Vortragender Rat im preuß. Landwirtschaftsministerium, 1907–1909 in der Reichskanzlei, 23.11.1909 – 11.8.1917, Okt.– Nov.
1918 Unterstaatssekretär u. Chef der Reichskanzlei.
1   Siehe Dok.Nr.73.

Majestät habe den Vortrag mit großem Ernste angehört und, wenn auch die vom Reichstag ausgeübte Kritik in manchen Punkten über das Maß des Richtigen hinausgegangen sei, die Haltung des Reichskanzlers voll gebilligt, indem Er ihn Seines andauernden Vertrauens versichert habe. Auch habe S.M. eingewilligt, daß das Ergebnis der Unterredung in amtlicher Form in einer im Reichsanzeiger zu veröffentlichenden Erklärung bekannt gegeben werde.[3]

2   Vgl. dazu die auf seinen Tagebuchnotizen fußende Schilderung des Chefs des Zivilkabinetts: „Als wir am 17. November 8 Uhr morgens in Station Wildpark ankamen, bat mich der Kaiser, mich im Neuen Palais bereitzuhalten, für den Fall, daß er meiner bedürfe. Um 10 Uhr kam Fürst Bülow und hatte eine mehr als zweistündige Unterredung mit dem Kaiser unter vier Augen. Ich sah und sprach den Kanzler nicht und erfuhr auch vom Kaiser, als er mich um $^3/_4$ 1 Uhr zu sich berief, im wesentlichen nur, daß er sich mit jenem auf eine formulierte Erklärung, die veröffentlicht werden solle, geeinigt habe. Er war blaß und erregt, und ich hatte den Eindruck, daß er nur momentan unter einem schweren seelischen Druck nachgegeben habe, dem Kanzler aber diese Stunde nie vergeben werde" (Valentini, Kaiser und Kabinettschef, 104).

3   Über den tatsächlichen Verlauf der Audienz ist nur wenig Gesichertes überliefert. Am zuverlässigsten scheinen noch die knappen Mitteilungen von Otto Hammann zu sein: „In der Audienz vom 17. November hatte der Kaiser eine erzwungene Ruhe beobachtet. Vergebens versuchte der Kanzler unter Anführung von mancherlei Fällen, in denen plötzliche Entschlüsse, autokratische Eingriffe in die verschiedensten Gebiete, unbesonnene oder verletzende Reden immer wieder die Kritik herausgefordert hatten, überzeugend auf den Kaiser einzuwirken. Er gab nur einsilbige Antworten und ließ von aufdämmernder Erkenntnis der zwanzigjährigen Selbsttäuschung über das persönliche Hervortreten wenig merken. Die Genehmigung der Notiz für den Reichsanzeiger wurde widerwillig erteilt und in späterer Zeit gelegentlich sogar in Abrede gestellt" (Hammann, Um den Kaiser, 73). Siehe dazu auch Hammanns Aufzeichnung von Weihnachten 1908 (Dok.Nr.105). Hammanns Version wird im wesentlichen bestätigt durch die Erinnerungen Wilhelms II.: „Nach meiner Rückkehr erschien der Kanzler, hielt mir eine Vorlesung über meine politischen Sünden und verlangte die Unterzeichnung des bekannten Aktenstücks, das nachher der Presse mitgeteilt wurde. Ich unterschrieb das Aktenstück schweigend, wie ich auch schweigend die Presseangriffe über mich und die Krone habe ergehen lassen" (Wilhelm II., Ereignisse und Gestalten, 99). – Bülow selbst äußerte sich gegenüber Holstein unmittelbar nach der Audienz in Potsdam: „Stimmung gereizter, Widerstand hartnäckiger, Unterredung schwieriger, als ich nach den Mitteilungen von Jenisch und Valentini angenommen hatte, die vorher bei mir gewesen waren [vgl. dagegen n.2!]. Ich hielt an allen in meiner Registratur aufgeführten Forderungen ohne jede Abschwächung fest. Ich ließ keinen Zweifel darüber, daß ich eventuell sofort zurücktreten würde. Das (von mir redigierte) Kommuniqué für den *Reichsanzeiger* setzte ich gegen die (wieder angeregte!) Idee eines Manifestes oder einer Kabinettsorder durch" (Bülow an Holstein, 17.11.1908; HP IV 535). Vgl. ferner den Artikel „Die Wahrheit über die Novembertage" (*Märkische Volkszeitung*, No.218, 23.9.1909): „Als am 17. November dann die Aussprache stattfand, nahm sie einen anderen Verlauf, als es die offiziösen Federn darzustellen beliebten [Wilhelm II.: ,ja']" (PA-AA, R 5832, Bl.97). Interessant auch die Reaktion des Kaisers auf einen Artikel des *Hannoverschen Couriers* v. 28.8.1910, der an die Unterredung v. 17. November erinnerte: „Zwei Stunden später berichtete eine Sonderausgabe des *Reichsanzeiger,* der Kaiser habe die Ausführungen des Kanzlers im Reichstage gebilligt. Und wie lauteten diese? Er, Fürst Bülow, sei überzeugt, die Erregung der öffentlichen Meinung werde den Kaiser dahin führen, ,sich künftig auch in seinen Privatgesprächen diejenige Zurückhaltung aufzuerlegen, die für eine einheitliche Politik, die für die Autorität der Krone unerläßlich seien'"; dazu das kaiserliche Marginal:

[...]⁴

Graf Lerchenfeld dankte dem Staatsminister von Bethmann Hollweg im Namen der Anwesenden für die uns gegebenen Mitteilungen und sprach die Befriedigung der verb[ündeten] Reg[ierungen] darüber aus, daß die Angelegenheit den geschilderten Ausgang gefunden habe.

SächsHStA Dresden, Gesandtschaft Berlin, Nr.264 (Konzept).

Nr. 75
„Original des Entwurfs für die Veröffentlichung im ‚Reichsanzeiger' nach der Audienz des Reichskanzlers vom 17. November 1908"[1]

In der am Montag[2] (oder: heute) dem Reichskanzler gewährten Audienz *hörte* [a] Seine Majestät der Kaiser und König einen mehrstündigen Vortrag des Fürsten von Bülow. Der Reichskanzler schilderte die im Anschluß an die Veröffentli-

---

„hat *er* mir nie gesagt! das hat er nachher behauptet" (PA-AA, R 5833, Bl. 205). Die langatmige Wiedergabe der Audienz in Bülows Denkwürdigkeiten (II, 377–81) gehört in das Reich der Fabeln: Die angeblich unterwürfige und konziliante Haltung des Kaisers, gepaart mit einem jovialen Unterhaltungston, steht in krassem Widerspruch zu allen übrigen Zeugnissen, auch das des Grafen Hertling. Diesem hatte Bülow zwei Tage nach der Potsdamer Audienz im Vorraum des Bundesratssaales erzählt: „Die Situation sei eine äußerst peinliche gewesen. Er habe den Kaiser von der Mißstimmung in Kenntnis setzen müssen, die ja nicht erst durch die Veröffentlichung des Daily Telegraph hervorgerufen worden sei. Er habe ihn auf alle früheren Vorkommnisse, Reden, Depeschen usw. hingewiesen, aber wenn er auf der einen Seite den Kaiser zur Einsicht habe bringen müssen, daß er seine Haltung ändern müsse, habe er doch anderseits die Krone nicht vor der Öffentlichkeit demütigen dürfen. [...] Der Kaiser sei sehr erschüttert gewesen, habe die Tränen fortwährend im Auge gehabt, und in seinem ‚gottesfürchtigen Sinn' fasse er das Ganze als eine ‚Heimsuchung' auf. Er habe ihm versprochen, keine Depesche und keine Rede mehr loszulassen, ohne sich vorher mit dem Kanzler zu verständigen. Das sei unter der Wahrung der verfassungsmäßigen Verantwortlichkeiten zu verstehen, von denen die Erklärung des Reichskanzlers spreche" (Georg Graf v. Hertling an Karl v. Hertling, 21.11.1908; Thimme, Front wider Bülow, 143 f.). Wilhelm II. selbst war spätestens nach dieser Audienz davon überzeugt, von seinem Kanzler verraten worden zu sein. Wie Sydow von dem Berliner Polizeipräsidenten Ernst von Stubenrauch erfuhr, sei Kronprinz Wilhelm am 21.11.1908 während der im Berliner Rathaus stattfindenden Jahrhundertfeier der Einführung der Städteordnung an Stubenrauch herangetreten und habe ihm gesagt: „Der Fürst Bülow hat an meinem Vater als Verräter gehandelt" (Thimme, Front wider Bülow, 123).

4 Es folgt der ungefähre Wortlaut der amtlichen Erklärung im *Reichsanzeiger* (siehe Dok. Nr.75).

1 Die Überschrift wurde von Otto Hammann am 21.9.1910 nachgetragen.

2 16. November. Da Bülow am frühen Vormittag des 15. November erfuhr, daß die für Montag geplante Begegnung mit dem Kaiser in Kiel infolge der geänderten kaiserlichen Reisepläne nicht stattfinden konnte (vgl. Dok.Nr.71 n.5), muß der Rohentwurf *vor* dem 15.11.1908 aufgesetzt worden sein. Hiller v. Gaertringen datiert den Entwurf auf den 15.11., weil Holstein diesen aus der Unterredung vom 14. abends noch nicht gekannt habe (177 n.307).

chung des „Daily Telegraph" im deutschen Volke hervorgetretene Stimmung[3] *und erläuterte die Haltung, die er in den Verhandlungen des Reichstags über die Interpellationen eingenommen hatte* [b].

Seine Majestät nahm die Darlegungen und Erklärungen des Reichskanzlers *mit großem Ernste entgegen* [c] und *gab Seinen Willen dahin kund* [d]:

Unbeirrt durch *die* [e] von Ihm als ungerecht empfundenen Übertreibungen der öffentlichen Kritik erblicke Er Seine *vornehmste* [f] Kaiserliche Aufgabe darin, *die Stetigkeit der Politik des Reichs unter Wahrung der verfassungsmäßigen Verantwortlichkeiten zu sichern* [g].[4]

Demgemäß [h] billigte Seine Majestät *der Kaiser* [f] die Ausführungen des Reichskanzlers *im Reichstage* [i,j] und versicherte den Fürsten von Bülow Seines fortdauernden Vertrauens.[5]

[a]   *Korrektur von der Hand Bülows. Urspr.:* geruhte ... zu hören / nahm ... entgegen.

[b]   *Korrektur von der Hand Hammanns. Urspr.:* er wies besonders darauf hin, daß der Ein-

3   Bülow will während der Audienz hier noch die Worte „und deren Ursachen" eingefügt haben (Denkwürdigkeiten, II, 380).

4   Diese Formulierung stammt von dem freisinnigen Reichstagsabgeordneten Conrad Haußmann, der bei der Redaktion des Entwurfs von „Bülow, Hammann und August Stein" zu Rate gezogen wurde (Haußmann, Schlaglichter, 230; Hiller v. Gaertringen, 177 n.308).

5   Am Abend des 14. November hielt sich Holstein „2 $^{1}/_{2}$ Stunden bei Bülow" auf (Rogge, Friedrich v. Holstein, 326). Bei dieser Gelegenheit wurde die Marschrichtung für die kommende Audienz besprochen und festgelegt. Das „Programm", auf das sich Bülow und Holstein einigten, ist zwar im einzelnen nicht bekannt, kann aber in seinen Grundzügen aus nachfolgenden Briefen Holsteins an Bülow erschlossen werden. Danach „sollte Bülow, eventuell durch starken Druck auf den Kaiser, auch durch Rücktrittsdrohung, zu erreichen suchen, daß er ihm größere Zurückhaltung zusicherte und dies öffentlich bekanntgemacht werden konnte" (Hiller v. Gaertringen, 174; vgl. auch Rogge, Holstein und Harden, 385–390). Der Rohentwurf zu der öffentlichen Erklärung über das Resultat der Audienz, die vom Kaiser zu billigen war, wurde wohl noch an diesem Abend nach dem Gespräch mit Holstein aufgesetzt (vermutlich von Bülow diktiert) und anschließend von Hammann und Loebell - unter Heranziehung von August Stein und Haußmann - redigiert, während Bülow nur noch stilistische Veränderungen vornahm. Der Kanzler war sich dabei bewußt, daß er mit diesem Kommuniqué für den *Reichsanzeiger* deutlich hinter dem mit Holstein vereinbarten „Sonnabend-Programm" (Holstein an Bülow, 16.11.1908; Rogge, Holstein und Harden, 388) zurückblieb; daher suchte er Holstein am 16.11. für seine viel konziliantere Variante zu gewinnen: „Aus Hunderten von Zuschriften ersehe ich, daß die Stimmung im Lande anders ist als bei den Intellektuellen in Berlin. Das Land will, daß der Kaiser sich ändert; es will aber nicht, daß ihm etwas geschieht. Das Land will vor allem bald Ruhe haben. Die Deutschen besitzen nicht die revolutionäre Ader der Romanen; sie sind nicht dramatisch angelegt. Im übrigen ist alles noch ganz unsicher" (HP IV 534; teilw. zit. bei Thimme, Front wider Bülow, 19). „Nach Ihrem heutigen Briefe" schrieb Holstein zurück, „befürchte ich, daß Sie dem Kaiser zuliebe einen faulen Frieden zwischen Kaiser und Volk, nein zwischen Kaiser und Reich herzustellen versuchen und daran binnen weniger Monate elend zugrunde gehen werden" (Holstein an Bülow, 16.11.1908; HP IV 535). Noch kurz vor Bülows Fahrt nach Potsdam forderte Holstein den Kanzler auf: „Bleiben Sie fest, Bülow, lassen Sie sich nichts vorschauspielern. Der Kaiser wird sich's zweimal überlegen, ehe er Sie gehen läßt, jetzt. Aber schlimmstenfalls, wenn er nicht Vernunft hören will, ist es besser, Sie gehen jetzt, als großer Mann, als verhöhnt in ein paar Monaten" (17.11.1908; HP IV Nr.1155).

druck jener Äußerungen im Reichstag ohne Unterschied der Parteien der gleiche gewesen sei.

[c] *Korrektur von der Hand Hammanns. Urspr.:* sehr ernst entgegen.

[d] *dito. Urspr.:* faßte Sein Urteil dahin zusammen.

[e] *Korrektur von der Hand Bülows. Urspr.:* manche.

[f] *Einfügung von der Hand Hammanns.*

[g] *Korrektur von der Hand Hammanns. Urspr.:* die zwischen der Krone und der Nation eingetretenen Mißverständnisse für jetzt und für die Zukunft zu beseitigen.

[h] *dito. Urspr.:* In diesem Sinne.

[i] *dito. Urspr.:* in der Reichstagssitzung vom 10. November

[j] *Zusatz von Hammann:* sowie die von ihm unterbreiteten Vorschläge. *Von Loebell gestrichen und ersetzt durch:* und dessen heute unterbreitete Vorschläge; *ebenfalls gestrichen.*

PA-AA, R 5828 (praes. 17.11.1908). Mit einigen Abweichungen abgedr. in GP 24, 191–92.

Nr. 76
AXEL FREIHERR VON VARNBÜLER AN
KARL FREIHERR VON WEIZSÄCKER

Königlich Württembergische Gesandtschaft.

Berlin, 17. November 1908

Euer Exzellenz beehre ich mich in Ergänzung meines soeben abgegangenen chiffrierten Telegramms zu berichten:

Schon vor dem Trauergottesdienst für den Grafen Hülsen in der Invalidenkirche sagte mir Herr von Bethmann, der die stimmführenden Bevollmächtigten zu 5 Uhr zu sich gebeten hatte, er habe den Reichskanzler zwar persönlich nach seiner Rückkehr von Potsdam noch nicht gesprochen; doch wisse er von Loebell[1], daß der Immediatvortrag zu einem befriedigenden Ergebnis geführt habe.

---

1 Loebell und Hammann waren die ersten, die vom Kanzler über das Ergebnis der Audienz im Neuen Palais unterrichtet wurden; vgl. Hammanns Schilderung der Vorgänge im Reichskanzlerpalais unmittelbar vor und nach der Rückkehr des Fürsten von Potsdam: „Am 17. November war in den Parterreräumen der Wilhelmstraße 76 großer Tag. Die Zimmer reichten bei weitem für den Journalistenbesuch nicht aus, die Korridore füllten sich, und auf der Straße vor den Toren des Auswärtigen Amts und des Reichskanzlerhauses bewegten sich wartende Kollegen hin und her. Der Kanzler wurde aus Potsdam von seinem ersten Vortrag beim Kaiser nach dem Sturm zurückerwartet. Als ich mich zur Ankunftszeit nach dem Kanzlerhaus begab, konnte ich mich der Fragenden kaum erwehren. Der Kanzler ging aus dem Wagen sogleich ins Eßzimmer, wo ihn die Fürstin erwartete. Wir, Loebell und ich, trafen beide sehr ernst, die Fürstin mit sorgenvoll auf die Hand gestütztem Haupte, am Eßtisch. Der Fürst sagte uns vorerst nur das Nötigste, die Genehmigung des Entwurfes für den Reichsanzeiger. Um nicht aufgehalten zu werden, ging ich durch eine Hintertür im Garten nach meinem Zimmer im Auswärtigen Amt zurück, um die Mitteilung des Reichsanzeigers schnellstens durch W.T.B. verbreiten zu lassen" (Hammann, Um den Kaiser, 72). Nach dem Zeugnis des Admirals v. Müller soll Maria v. Bülow „bei dem Konflikt entschieden auf Seite des Kaisers gestanden und ihrem Gatten vorgeworfen haben, daß er den Kaiser verraten habe" (Görlitz, Der Kaiser..., 72). Auch die Baronin Spitzemberg erfuhr, daß Bülow dem Kaiser „gleich nach den Novemberereignissen" gesagt habe: „Meine Frau läßt E.M. sagen, sie würde nicht so gehandelt haben wie ich!" (Eintrag v. 30.9.1909; Vierhaus, Spitzemberg, 513).

Als solches kann man die mit Allerhöchster Genehmigung erfolgte Veröffentlichung des Reichsanzeigers – deren voller Wortlaut Euer Exzellenz, wie ich annehme, gleichzeitig, wenn nicht schon vor meinem Chiffretelegramm, durch das Wolffsche Telegraphenbureau bekannt geworden sein wird – wohl bezeichnen und wurde sie auch von den versammelten Bundesratsbevollmächtigten aufgefaßt. Graf Lerchenfeld gab der Überzeugung Ausdruck, daß seine Regierung diesen versöhnlichen Abschluß mit Freude und Dankbarkeit begrüßen werde und die übrigen Vertreter stimmten stillschweigend zu.

Die Worte „Unbeirrt durch die von Ihm als ungerecht empfundenen Übertreibungen der öffentlichen Kritik" wirken ja etwas stark abschwächend und können leicht in dem Sinne gedeutet werden, daß Seine Majestät überhaupt „unbeirrt" auf Seinem bisherigen Standpunkt beharre. Allein der Bogen durfte auch nicht überspannt, irgendeine Notbrücke mußte dem gekränkten Selbstgefühl des Monarchen gebaut werden, und die nachfolgende Erklärung, daß „Er Seine vornehmste Kaiserliche Aufgabe darin erblicke, die *Stetigkeit* der Politik des Reiches unter Wahrung der *verfassungsmäßigen Verantwortlichkeiten* zu sichern", enthält doch schließlich das Wesentliche dessen, was verlangt worden ist und billigerweise verlangt werden konnte.

Der Ausdruck des Kaisers bei der Trauerfeier war ein tiefernster und bekümmerter – frei von jedem Zuge trotzigen Eigenwillens. Ein tragisches Bild von symbolischer Bedeutung, wie Er hinter dem Sarge herschritt, in dem – dieser Gedanke drängte sich jedem auf – das persönliche Regiment zu Grabe getragen wurde.

HStA Stuttgart, E 50 / 03, Bü 202 (maschinenschriftliche Ausfertigung).

Nr. 77
ERNST BASSERMANN AN BERNHARD FÜRST VON BÜLOW
Telegramm

Mannheim, 17. November 1908, 4.20 p.m.

Darf ich Euer Durchlaucht meine tiefempfundene Genugtuung über den Ausgang der Krisis[1] aussprechen? Nach schweren Tagen empfinde ich das Verbleiben Euer Durchlaucht als Befreiung von patriotischer Beklemmung.[2] Möge es Euer

---

1 Nach der Garantieerklärung des Kaisers hielten die Blätter der Blockparteien wie auch die Zentrumspresse die Novemberkrise für abgeschlossen. Vgl. dazu im einzelnen Teschner, 38–40; Drewes, 40 ff.; Schlegelmilch, 41–50. Pressestimmen in Wippermann, II / 1908, 126–131.

2 Nach einer Reichstagsnotiz Bassermanns v. 22.11.1908 waren die preußischen Minister noch am Vormittag des 17. November „unsicher, wie die Audienz ausfallen würde". Am 21. November schrieb Bassermann seiner Gattin aus dem Reichstag: „Bülow war da, er hat seine Sache bei S.M. gut gemacht, ihm alles vorgehalten, was sich seit Jahren gegen ihn angesammelt hat; zuerst sei es schwer gewesen, dann ist auf den Kaiser eine große Wirkung erzielt worden. Das sind Nachrichten aus seiner Umgebung. [...] Bülow und mit ihm das Staatsministerium hat vabanque gespielt und gewonnen" (Spickernagel, Fürst Bülow, 141 f.).

Durchlaucht beschieden sein, Deutschlands Staatsschiff mit fester Hand und unbehindert zu steuern.[3]   Bassermann.

BA Koblenz, N 1016 / NL Bülow, Nr.33, Bl.84.

Nr. 78
„Vertrauliche Besprechung des Königlichen Staatsministeriums"
Sekretiertes Ergebnisprotokoll

Berlin, 17. November 1908

Anwesend:
Der Präsident des Staatsministeriums Dr. Fürst von Bülow, der Vizepräsident des Staatsministeriums Dr. von Bethmann Hollweg; die Staatsminister: von Tirpitz, Frhr. von Rheinbaben, von Einem, Delbrück, Dr. Beseler, Breitenbach, von Arnim, von Moltke, Sydow; der Unterstaatssekretär in der Reichskanzlei Wirkliche Geheime Oberregierungsrat von Loebell als Kommissar des Herrn Reichskanzlers; der Unterstaatssekretär Dr. von Guenther.

Das Staatsministerium trat heute auf Einladung des Herrn Ministerpräsidenten im Reichskanzlerpalais zu einer vertraulichen Besprechung zusammen, in der folgendes erörtert und beschlossen wurde:

1. Der Herr **Ministerpräsident** teilte vertraulich mit, daß er Seiner Majestät dem Kaiser und König heute in mehrstündigem Vortrage die im Anschluß an die Veröffentlichungen des Daily Telegraph im deutschen Volke hervorgetretene Stimmung und ihre Ursachen geschildert, sowie die Haltung, die er in den Verhandlungen des Reichstags über die Interpellationen eingenommen hätte, erläutert habe. Seine Majestät habe seine Erklärungen und Darlegungen, in denen von ihm die bei der vertraulichen Besprechung am 11. d.Mts.[1] berührten Punkte freimütig erörtert worden seien, mit großem Ernst entgegengenommen.

In ganz vertraulicher Darstellung gab der Herr Ministerpräsident die Seiner Majestät vorgetragenen Umstände wieder[2] und ersuchte, davon nur das Einverständnis Seiner Majestät mit der Rückkehr des Direktors der Nationalgalerie Dr. v. Tschudi in sein Amt[3] und mit der gewünschten Änderung in der Fassung der Hofberichte zu protokollieren.

---

3   Wie groß damals gerade in den Kreisen der Nationalliberalen die Unterstützung für Bülow war, zeigt eine Notiz der *Kölnischen Zeitung* v. 16.11.1908 (No.1204): Danach beschloß am 15. November eine vom Nationalliberalen Wahlverein in Lichtenstein veranstaltete, „sehr zahlreich besuchte öffentliche Bürgerversammlung, in der die Universitätsprofessoren Felix Dahn und Georg Kaufmann die innere politische Krise besprachen, eine Erklärung, in der dem Reichskanzler Dank für seine Haltung vom 10. November und Vertrauen auch für die Zukunft ausgesprochen wird. Die Erklärung wurde dem Fürsten Bülow telegraphisch übermittelt."

1   Vgl. Dok. Nr.61.

2   Drei Tage später behauptete Bülow aber gegenüber dem Kaiser: „Ich habe selbst den Ministern über die Unterredung, welche ich mit E[uerer] M[ajestät] haben durfte, keine Details gesagt" (Tel. Bülow an Wilhelm II., 20.11.1908, 6.50 p.m.; BA Berlin, R 43–810, Bl.349).

3   Die Entscheidung darüber war schon am 13.11. in Donaueschingen gefallen (vgl. Dok.Nr.71).

Nach der Allerhöchsten Billigung seiner sachlichen Ausführungen habe er
noch darüber Vortrag gehalten, wie der Zwischenfall am besten zum Abschluß zu
bringen sei. Von dem Erlaß einer Proklamation habe er abgeraten, wegen der
unüberwindlichen Schwierigkeit, eine Fassung dafür zu finden, die nicht irgendwie eine Art von Schuldbekenntnis der Krone enthalte und dadurch die gerade
einer Stärkung bedürfende monarchische Autorität beeinträchtige. Dasselbe gelte
für eine Allerhöchste Kabinetts-Ordre an den Reichskanzler, die allerdings dessen Lage erleichtern würde. Er habe Seiner Majestät daher die dieser Aufzeichnung beigefügte amtliche Kundgebung für den amtlichen Teil des Reichsanzeigers – die er vorlas – vorgeschlagen. Seine Majestät habe sich damit, wie auf der
Anlage vermerkt, einverstanden erklärt.

Der Herr **Vizepräsident** glaubte im Sinne des gesamten Staatsministeriums
zu sprechen, wenn er dem Herrn Ministerpräsidenten für die Durchführung der
schweren Pflicht danke, die dieser mit dem Vortrage bei Seiner Majestät auf sich
genommen habe. Der Vortrag sei gewiß nicht die leichteste Aufgabe gewesen,
die der Herr Ministerpräsident in seiner schwierigen Stellung gelöst habe. Man
könne nun der begründeten Hoffnung Raum geben, daß es gelingen werde, die
gegenwärtigen politischen Probleme einem gedeihlichen Ende entgegenzuführen.

Der Herr **Ministerpräsident** hob hervor, daß es ihm ohne Fühlung mit dem
Staatsministerium und ohne den Rückhalt, den er bei diesem gefunden habe,
nicht möglich gewesen sein würde, sein Vorhaben bei Seiner Majestät durchzu-
führen. Gleichwohl habe er es im Interesse eines guten Verhältnisses zwischen
Seiner Majestät und dem Staatsministerium für richtiger gehalten, das Einverständnis des Staatsministeriums mit seinem Vortrage in der Audienz nicht zu
erwähnen.

Der Bundesrat werde durch den Herrn Staatssekretär des Innern von den
heutigen Ereignissen entsprechend verständigt werden.[4] Es frage sich nun noch,
wie die Mitteilung an den Reichstag erfolgen solle. Wenn er vor der Tagesordnung eine Erklärung abgebe, so werde von den Parteien der Vorwurf erhoben
werden, daß es ihnen unmöglich gemacht worden sei, zum Worte zu kommen,
und möglicherweise eine neue Debatte, ähnlich derjenigen in der vorigen Woche,
entstehen. Er habe aber den Eindruck, daß die Krone nicht zum zweiten Mal einer
solchen gerade jetzt sehr gefährlichen Debatte ausgesetzt werden dürfe. Die
Presse der meisten ausländischen Staaten sei schon äußerst erstaunt, daß überhaupt eine derartige Debatte über die Krone im Reichstage habe stattfinden
können. Sogar in der französischen Kammer dürfe niemand den Präsidenten der
Republik oder nur seinen Namen erwähnen, wenn er sich nicht einen Ordnungsruf zuziehen wolle. Selbst der Gegner des Präsidenten Grévy[5], Gambetta[6], habe

---

4   Bethmann Hollweg hatte die stimmführenden Bundesratsbevollmächtigten für 17 Uhr zu
    sich bestellt (vgl. Dok.Nr.76). Demnach fand die Sitzung des Staatsministeriums zwischen
    dem Trauergottesdienst für den Grafen Hülsen-Haeseler und jener Informationsveranstal-
    tung statt, wahrscheinlich – wie sonst üblich – um 16 Uhr.
5   *Jules Grévy (1807–1891),* französischer Politiker; 1848 republikanischer Abgeordneter in
    der Verfassunggebenden Nationalversammlung, 1871–73 Präsident der Nationalversamm-
    lung, 1876 Kammerpräsident, 1879–87 Präsident der Republik.

einen Ordnungsruf verhängt, als er Kammerpräsident war und als der Bruder Grévys mit Namen genannt wurde.

Sache des Reichstagspräsidenten werde es sein, Debatten über die Krone nicht wieder zuzulassen. Unter diesen Umständen beabsichtige er, dem Grafen Stolberg[7], natürlich nur in allgemeinen Umrissen, das Ergebnis der heutigen Audienz mitzuteilen und dabei zu bemerken, daß der Bundesrat sich, wie er glaube, an weiteren Debatten über die Krone nicht werde beteiligen können.

Das Staatsministerium war hiermit einverstanden.[8] [...]

gez. Fürst von Bülow   gez. von Guenther 18.11.[1908]

Notiz von Guenther am Kopf des Schriftstücks:
Eine Abschrift ist dem Herrn Ministerpräsidenten auf Bestimmung am 14. Juni 1909 durch Herrn Unterstaatssekretär v. Loebell zugestellt worden.   v. Guenther

BA Koblenz, N 1016 / NL Bülow, Nr.33, Bl.85–92 (Abschrift).

Nr. 79
BERNHARD FÜRST VON BÜLOW AN
PAUL GRAF VON WOLFF-METTERNICH ZUR GRACHT
Telegramm i. Z. – No.259

Berlin, 18. November 1908, 2.15 p.m.

Auf Privattelegramm vom 16. d.M.[1]

Artikel, den Hale im *Century* veröffentlichen wollte, liegt jetzt hier vor. Er enthält kaum politische Bemerkungen Sr.M., jedenfalls nicht über England; gelegentliche Äußerungen über Engländer und englische Verhältnisse haben nichts Verletzendes.[2] Es scheint daher, daß Hardinge und Rosebery falsche

6   *Léon Gambetta (1838–1882),* franz. Politiker; proklamierte am 4.9.1870 nach der Kapitulation von Sedan in Paris die Republik; trat am 6.2.1871 nach dem Fall der Hauptstadt zurück, Führer der radikalen Republikaner in der Kammer, 1881–1882 Ministerpräsident.

7   *Udo Graf von Stolberg-Wernigerode (1840–1910),* Jurist, Rittergutsbesitzer; zunächst Landrat in Landeshut (Schlesien), verwaltete dann seine Fideikommißherrschaften in Schlesien und Ostpreußen, seit 1872 Mitglied des preuß. Herrenhauses, 1877–81 u. 1884–93 u. 1895–1910 Mitglied des Reichstags (deutschkonservativ), 1891–95 Oberpräsident von Ostpreußen, 1901–06 Erster Vizepräsident, 1907–10 Präsident des Reichstags.

8   Über die Reaktion des Kaisers auf die Beschlüsse des Staatsministeriums v. 11. und 17. November vgl. die Aufzeichnung von Kriegsminister Einem, der augenscheinlich nach dem 17.11. der erste Minister war, der vom Kaiser zum Vortrag empfangen wurde. „Alle Ihr Minister seid Schweinehunde", soll er Einem gesagt haben. Bei dieser Gelegenheit beteuerte Wilhelm II.: „Er – S.M. – habe täglich von England aus den Inhalt aller Gespräche mit englischen Freunden an Bülow geschrieben oder telegraphiert und stets das volle Einverständnis des Kanzlers erhalten. Er habe die Papiere eingefordert, aber im Ausw. Amt seien sie nicht gefunden. Bülow müßte sie vernichtet haben" (nach dem Originalmanuskript der Erinnerungen in BA-MA Freiburg, N 324 /3, Bl.12; Einem, Erinnerungen eines Soldaten, 123).

1   Vgl. Dok.Nr.72.

2   Bussche-Haddenhausen fertigte folgende maschinenschriftliche Auszüge mit paralleler Übersetzung „aus dem Artikel Bayard Hales, insoweit er Äußerungen Seiner Majestät des

Mitteilungen zugegangen sind. Bitte letzteren vertraulich fragen, was Artikel an Äußerungen Sr.M. des Kaisers enthalten haben soll. Hale macht eigene Ausführungen über Deutschland und England, führt aber nicht den Kaiser redend ein und sagt auch nicht, daß der Kaiser seine Ansichten teile. S.M. haben mir seinerseits versichert, daß er Hale nichts über englische Politik und unser Verhältnis zu England gesagt habe.[3]

PA-AA, R 17240 (Entwurf von Bussche-Haddenhausen, 17.11.1908).

Nr. 80
KAISER WILHELM II. AN BERNHARD FÜRST VON BÜLOW
Telegramm i.Z. – No.25.

Neues Palais, 18. November [1908], 3.30 p.m.

[...] Bei Besprechung des gestrigen Entrefilets im Reichsanzeiger empfiehlt es sich, daß E[uere] D[urchlaucht] erkennen lassen, daß Sie mich über die Strömungen, Anschauungen und Vorkommnisse vollkommen orientiert gefunden, auf Grund der massenhaft eingereichten Zeitungsartikel.[1]

Wilhelm I.R.

PA-AA, R 5829 (eigenhändiges Konzept, am 15.12.1908 vom Staatssekretär und Unterstaatssekretär des Ausw. Amts zur Kenntnis genommen, am 16.12. zu den Akten gegeben).

Kaisers über England wiedergibt", zur Vorlage an den Kaiser an: „[...] ‚When I was a boy I never heard a word uttered in England about money; it was considered vulgar. Nowadays, it seems as if nothing else were talked of there. Sport, shooting, and the things supposed to interest Englishmen now appear to interest nobody. It is all, ‚What is he worth? What is it worth? How are shares today?‘ Now, there is no harm in being rich, but there is harm in being the slave of riches.‘ – The Asiatic question was, I cannot overstate to what degree, the Emperor's chief theme. The particular phases of the situation now obtaining and developing to which His Majesty mainly adverted were the attitudes with regard to the East taken respectively by England and the United States – the contrasted attitudes. – ‚The future belongs to the white race; never fear. It belongs to the Anglo-Teuton, the man who came from northern Europe – where you to whom America belongs came from – the home of the German.‘ – Weitere Bemerkungen Seiner Majestät des Kaisers über England enthält der Artikel nicht." Wilhelm II. bemerkte dazu am 22.11.1908: „Sehr übertrieben, zum Teil erdichtet!" (PA-AA, R 17240). Bülow ordnete an, dieses Schriftstück „versiegelt zu den geheimen Akten zu nehmen. 22. Nov. 1908. Bülow" (ibid.).

3   Sicherheitshalber instruierte Bülow den Gesandten Kiderlen am 19.11.1908: „Es erscheint mir im höchsten Grade wünschenswert, daß diese Äußerungen Sr. Majestät *nicht* in die Öffentlichkeit kommen. Es fragt sich, was der Geschäftsträger Hatzfeldt (ev. Bünz – vielleicht auch Mr. Hill) einerseits, auf der anderen Seite Metternich in dieser Richtung tun können. Ob nicht Roosevelt intervenieren könnte, der einerseits ein Freund von Hale, andererseits ein anständiger Mann ist?" (ibid.). Hale ist Autor des Buches: „A Week in the White House with Theodore Roosevelt" (1908).

1   Der freikonservative Abgeordnete Karl Frhr. v. Gamp-Massaunen hatte am 11.11.1908 im Reichstag bezweifelt, ob der Kaiser über die Stimmung in der Presse hinreichend informiert worden war (vgl. Dok.Nr.57).

Nr. 81
HUGO GRAF VON LERCHENFELD-KOEFERING AN
KLEMENS VON PODEWILS-DÜRNITZ

Bayerische Gesandtschaft – Bericht No.553.

Berlin, 19. November 1908

[...][1] Der Reichskanzler bemerkte dann weiter, daß ihm das Vertrauen und die Unterstützung der Bundesstaaten, vor allem aber die Bayerns, von dem allergrößten Wert bei der Schlichtung der Krisis gewesen sei.

Auf meine Frage über den Verlauf des Vortrags und über dessen Wirkung auf S.M.[2] sagte mir der Reichskanzler, daß er S.M. unumwunden den ganzen Ernst der Situation dargelegt habe und diese Darlegung von starker Wirkung auf den Kaiser gewesen sei. Man dürfe darauf rechnen, daß S.M. in Zukunft größere Zurückhaltung beobachten werde.

Der Reichskanzler bemerkte dann, daß es jetzt geboten sei, auf eine Beruhigung der Gemüter hinzuwirken. Dazu sei notwendig, alle jene Anträge und Gesetzentwürfe aus der Welt zu schaffen, die von Parteien im Reichstag als Garantien gegen die Wiederkehr solcher Vorkommnisse, als Schutz gegen das persönliche Regiment gestellt oder angekündigt worden sind.[3] Die einzige wirksame

---

1   In seinem Gespräch mit Lerchenfeld am 19. November äußerte sich Bülow zunächst erfreut über die Glückwünsche der bayerischen Regierung zum Ergebnis seiner Unterredung mit dem Kaiser am 17. November.

2   Über Bülows Immediatvortrag am 17. November konnte Lerchenfeld am Vortag nur berichten: „Ich habe heute noch nichts näheres über den Verlauf des Immediatvortrags des Reichskanzlers bei S.M. dem Kaiser gehört. Von verschiedenen Seiten wurde mir nur versichert, daß der Reichskanzler von dem Verlauf sehr befriedigt war und daß S.M. den Ernst der Lage vollkommen begriffen habe" (No.552, Lerchenfeld an Podewils, 18.11.1908; BayHStA, Bayer. Gesandtschaft Berlin 1080).

3   Hierin waren die Sozialdemokraten federführend. Am 12.11.1908 beantragte die SPD-Fraktion die Abänderung des Artikels 17 der Reichsverfassung. Im Vorgriff auf das Gesetz v. 28.10.1918 sollte der Zusatz „welcher [i.e. der Reichskanzler] dadurch die Verantwortlichkeit übernimmt" gestrichen werden. Der in Vorschlag gebrachte Ergänzungsartikel 17 a hatte den Wortlaut: „Der Reichskanzler ist für seine Amtsführung dem Reichstag verantwortlich. Diese Verantwortlichkeit erstreckt sich auf alle politischen Handlungen und Unterlassungen des Kaisers. Der Reichskanzler ist zu entlassen, wenn der Reichstag es fordert." Artikel 17 b sah sogar die Möglichkeit der Anklageerhebung gegen den Reichskanzler vor, „wenn der Reichstag den Reichskanzler für schuldig hält, durch eine von ihm zu verantwortende Handlung oder Unterlassung vorsätzlich oder grob fahrlässig seine Amtspflichten verletzt, namentlich verfassungswidrig gehandelt oder sonst das Wohl des Reiches geschädigt zu haben." Die Verhandlung und Entscheidung über die vom Reichstage gegen den Reichskanzler erhobene Anklage sollte dem Staatsgerichtshof für das Deutsche Reich zustehen (Drucksache No.1036; Reichstag, Anlagen, Session 1907–09, Bd.250, 5831). Neben einem Antrag auf Änderung der Geschäftsordnung für den Reichstag (No. 1039) bot vor allem der SPD-Antrag Zündstoff, den Artikel 11 Abs.2 der Reichsverfassung dahingehend zu ändern, daß zur Kriegserklärung im Namen des Reichs nicht nur die Zustimmung des Bundesrats, sondern auch des Reichstags erforderlich sein sollte (Drucks.No.1040; ibid., 5833). Zur Position der Sozialdemokraten siehe Schlegelmilch, 60–63.

Garantie sei ein Reichskanzler, der das Vertrauen der Verbündeten Regierungen und des Reichstags habe und von diesem Vertrauen getragen S.M. gegenübertreten könne. Das habe sich diesmal wiederum erwiesen. Was jetzt der Reichstag verlange, wie verantwortliche Reichsminister, so würden solche Änderungen der R[eichs]v[erfassung] als Garantien gegen ein persönliches Regiment wertlos sein, andererseits aber die föderalistische Grundlage des Reiches zerstören. Ein verantwortliches Reichsministerium, das naturgemäß seinen Stützpunkt im Reichstag haben werde, müsse die Stellung und den Einfluß des Bundesrats untergraben. Auf diesem Wege gelange man zu französischen und italienischen Einrichtungen, zum Einheitsstaat, dessen Schicksal von den jeweiligen Mehrheiten im Parlament bestimmt werde. Darin habe die Größe Bismarcks bestanden, daß er bei der Einigung Deutschlands nicht dem Vorbilde Italiens gefolgt sei, sondern entsprechend dem Volksgeiste und der Geschichte Deutschlands das Reich unter Wahrung der Stellung und Rechte der Dynastien und der einzelnen Länder auf föderalistischer Grundlage aufgebaut habe. An diesen Grundlagen festzuhalten, betrachte er – Fürst Bülow – als seine oberste Aufgabe.[4]

Der Fürst schien zu befürchten, daß auch das Centrum in der Frage der verantwortlichen Reichsminister gesonnen sei, in den Bahnen der Linken zu gehen.[5] Er wollte während seines Zusammengehens mit dem Centrum den Eindruck gewonnen haben, daß, wenn auch in den bundesstaatlichen Parlamenten gegen Reich und Preußen von den Abgeordneten gewettert wird, dieselben Herren im Reichstage, wenn es ihnen paßt, sehr unitarischen Grundsätzen huldigen. Beweis der Toleranzantrag.[6] Er empfahl mir darum, beim Centrum gegen solche Bestrebungen, insbesonders gegen das Verlangen nach Reichsministerien zu wirken.

Ich habe im Hinblick auf frühere Instruktionen dies bereitwillig zugesagt und auch dem Reichskanzler versprochen, Euerer Exzellenz in diesem Sinne zu berichten und gehorsamst anheimzustellen, Hochderen Einfluß in derselben Richtung geltend zu machen.

Inzwischen habe ich aber festgestellt, daß das Centrum wohl zugesagt hat, sich Maßnahmen anzuschließen, die die Verantwortlichkeit des Reichskanzlers genauer definieren (Reichstagsdrucksache No.1037)[7] als dies im Artikel 17 der

4   Konsequenterweise wollte sich Bülow an solchen Reichstagsdebatten nicht beteiligen. Vgl. Tel. Bülow an Wilhelm II., 20.11.1908: „Im Reichstag kommen in nächster Woche verschiedene früher eingebrachte Anträge wegen Verantwortlichkeit des Reichskanzlers zur Beratung. Ich und Bundesrat werden zu dieser Debatte nicht erscheinen" (BA Berlin, R 43–810, Bl.349).

5   Diesen Eindruck schien Hertlings Reichstagsrede v. 10. November zu vermitteln (vgl. Dok.Nr.56).

6   Gesetzentwurf des Zentrums, betr. (1) die Religionsfreiheit der Reichsangehörigen, und (2) die Religionsfreiheit der Religionsgemeinschaften v. 23.11.1900. Der erste Teil dieses Zentrumsantrags wurde vom Reichstag am 5.6.1902 angenommen, der zweite Teil Anfang 1905 einer Reichstagskommission überwiesen, die die Annahme mehrheitlich empfahl; infolge der Schließung des Reichstags kam er aber nicht zur Abstimmung (vgl. Bachem, Zentrumspartei, VI, 101–122; IX, 343).

7   Der Antrag der Zentrumsfraktion lautete: „Der Reichstag wolle beschließen, die verbündeten Regierungen zu ersuchen, dem Reichstag einen Gesetzentwurf vorzulegen, welcher die

Reichsverfassung geschehen ist, von verantwortlichen Reichsministern aber nichts wissen will. [...]

BayHStA, Bayer. Gesandtschaft Berlin 1080 (eigenhändiges Konzept).

Nr. 82

AXEL FREIHERR VON VARNBÜLER AN
KARL FREIHERR VON WEIZSÄCKER

Königlich Württembergische Gesandtschaft.

Berlin, 19. November 1908

Euer Exzellenz telegraphischem Auftrage von gestern entsprechend habe ich dem Staatssekretär des Innern den Dank der Königlichen Regierung für die Mitteilung ausgesprochen, welche er ihr im Namen des Reichskanzlers über das Ergebnis seines Immediatvortrages bei Seiner Majestät dem Kaiser durch mich zukommen ließ. Herr von Bethmann hat, wie er mir soeben mitteilt, diesen Dank dem Herrn Reichskanzler übermittelt, welcher seinerseits Euer Exzellenz seine Erkenntlichkeit für die verbindliche Kundgebung ausdrücken läßt.

Ohne auf Einzelheiten einzugehen, deren „Enthüllung" nach den jüngsten Vorgängen auch niemand konsequenterweise wird verlangen oder auch nur wünschen können, bezeichneten mir Herr von Bethmann und übereinstimmend Herr von Loebell den Verlauf der Audienz als einen so glatten und wenig stürmischen, wie der Kanzler selbst es kaum erwartet hatte, obwohl er durch den Kabinettschef von Valentini davon Kenntnis hatte, daß der Kaiser des Ernstes der Lage Sich voll bewußt, eine Entscheidung ab irato daher nicht zu befürchten sei. Die Erklärung, wie sie im Reichsanzeiger dann veröffentlicht wurde, war vom Reichskanzler im voraus wörtlich formuliert und wurde von Seiner Majestät ohne Widerspruch genehmigt. Die Worte: „*unbeirrt* durch die von Ihm als ungerecht empfundenen Übertreibungen ..." sollten im Sinne des Reichskanzlers in erster Linie hervorheben, daß diese Empfindung keine Bitterkeit und Rancune zurücklassen und die loyale Ausführung des kundgegebenen Kaiserlichen Willens, „die Stetigkeit der Politik unter Wahrung der verfassungsmäßigen Verantwortlichkeiten als höchste Aufgabe zu betrachten" nicht beeinträchtigen werde. Nebenbei bezweckte jener Vordersatz aber auch eine gewisse Rechtfertigung, die das nachfolgende Zugeständnis erleichtern sollte. Die in meinem Bericht vom 17.d.Mts. ausgesprochene Vermutung, daß gerade an dem Worte „unbeirrt" eingehackt, es im Sinne unentwegten Weiterschreitens auf den bisherigen Bahnen mißdeutet werden würde, bestätigt der Leitartikel der gestrigen Abendnummer des Berliner

Verantwortlichkeit des Reichskanzlers (Reichsverfassung Artikel 17) und der Stellvertreter des Reichskanzlers (Reichsgesetz vom 17. März 1878, betreffend die Stellvertretung des Reichskanzlers, R.G.Bl. S.7), sowie das zur Geltendmachung dieser Verantwortlichkeit einzuhaltende Verfahren regelt" (12.11.1908; Reichstag, Anlagen, Session 1907–09, Bd.250, 5832). Zur Position des Zentrums vgl. Bachem, Geschichte der Zentrumspartei, VII, 41 ff.; Schlegelmilch, 67–73 u. 106.

Tageblatts. Allein dieses Blatt hat ja keine eigentliche parteipolitische Bedeutung und befindet sich in schwacher Minderheit den Stimmen der Presse und der Auffassung aller gemäßigten Kreise gegenüber, welche sich mit diesem Abschluß für befriedigt erklären, schon weil sie überhaupt Schluß machen wollen. Es zeigt sich auch hier wieder, daß der deutsche Michel, wenn er sich auch gerne einmal ausschimpft, im Grunde doch ein guter Kerl und friedlicher Staatsbürger, kein blutdürstiger Revolutionär ist, wenigstens nicht in hohen Politicis – der Sozialismus mit seiner Magenfrage steht auf einem anderen Brett; ernstlich gesprochen und schöner ausgedrückt: daß das monarchische Empfinden doch noch tief und fest in der deutschen Volksseele wurzelt.[1] Auch im Reichstag scheint diese Stimmung zu überwiegen, mindestens die Geschlossenheit der Offensive gesprengt zu sein; und wenn auch bei dem nächsten „Schwerinstage", an welchem die Anträge auf Erhöhung der Ministerverantwortlichkeit zur Besprechung gelangen, wohl noch manch scharfes Wort gegen Kaiser und Kanzler fallen dürfte, so werden – in Abwesenheit der Regierungsvertreter – aus dem Hause selbst energische Verteidiger erstehen. Bedenklicher sind ja die Anträge selbst, die von Sozialdemokraten und Centrum gleichzeitig eingebracht, von Freisinn und vielleicht auch einem Teil der Nationalliberalen aus prinzipiellen Gründen unterstützt, eine blockfeindliche Mehrheit finden werden. Das wäre ja ad hoc nicht so tragisch zu nehmen, da der Bundesrat dabei noch ein entscheidendes Wort mitzureden hat, wenn nicht die naheliegende auch schon angedrohte Verquickung mit der Reichsfinanzreform[2] diese selbst gefährden würde.

1   Beispielhaft für die Zunahme der promonarchischen Stimmung in der deutschen Öffentlichkeit nach dem 17. November ist der Leitartikel der *Kölnischen Zeitung* v. 23.11.1908 „Für den Kaiser". Das Blatt knüpfte dabei an die positive Resonanz an, die die zwei Tage zuvor im Berliner Rathaus anläßlich der Hundertjahrfeier der preußischen Städteordnung gehaltene – und zum erstenmal vom Blatt abgelesene (!) – Rede des Kaisers in der Presse gefunden hatte: „Jetzt noch mehr als vor der Rathausrede muß der Ruf: Die Waffen nieder! gehört werden, nicht nur aus patriotischer Pflicht, sondern aus *Gerechtigkeit* gegen den Kaiser. Wer auf diese kaiserlichen Kundgebungen jetzt mit Anträgen auf Ministerverantwortlichkeit antwortet, setzt den Kaiser, wir wiederholen es, einer Demütigung aus, die nicht nur den Gesinnungsgenossen des Herrn v. Oldenburg, sondern allen Patrioten als ein nationales Unglück erscheinen müßte. Dazu kommt, daß diese Rathausrede wie eine heiße Werbung des Kaisers um das Vertrauen seines Volkes anmutet. Sie bildet den vollendeten Gegensatz zu dem frühern: Sic volo sic iubeo, stat pro ratione voluntas! Dieser Werbung zu folgen und freudig zu folgen, dürfte keinem Patrioten zu große Überwindung kosten, vielmehr sind derartige Kaiserworte ganz dazu angetan, ein seit langer Zeit eingewurzeltes Widerstreben gegen ihn und seine Anschauungsweise auch bei demjenigen geistig hochstehenden Teile der Nation zu besiegen, der bisher sich daran gewöhnt und resigniert darein gefunden hatte, das Verständnis für die Art und Weise, wie der Kaiser die Institution der Monarchie vertrat, die auch ihnen am Herzen liegt, verloren zu haben" (*Kölnische Zeitung*, No.1230, Abendausgabe, 23.11.1908). Zur Genesis und zum Text der kaiserlichen Rathausrede vgl. Bülow, Denkwürdigkeiten, II, 388.

2   Vgl. hierzu Peter Christian Witt, Die Finanzpolitik des Deutschen Reiches von 1903 bis 1913. Eine Studie zur Innenpolitik des Wilhelminischen Deutschland (Lübeck 1970), 229–259.

Das Bestreben, diese beiden Fragen möglichst auseinanderzuhalten und die
Allerhöchste Person nicht von neuem in die Debatte zu ziehen, markierte der
Reichskanzler – absichtlich und verabredetermaßen wie ich höre – bei seiner die
Reichsfinanzreform einleitenden Rede[3], indem er den Reichstag ohne weiteres
vor das neue „große Problem" stellte, jede Bezugnahme auf die letzten Vorgänge
vermied. Wie angezeigt dies war, zeigten die erregten Zwischenrufe, mit denen
auch nur anklingende Bemerkungen wie „Stetigkeit und Ruhe" unserer auswärtigen Politik, Mahnung zur Sparsamkeit für „alle Deutsche ohne Ausnahme"
aufgegriffen wurden.

Auch in seinem ganzen Auftreten, in Sprache und Haltung brachte der
Reichskanzler die veränderte Lage zum Ausdruck. Statt der tragischen Pose, der
bisweilen zu elegischen Tonart eines tiefbekümmerten Patrioten und politischen
Märtyrers, der die Sünden anderer auf sich genommen, zeigte Fürst Bülow jetzt
die Sicherheit und Zuversicht eines Staatsmannes, der die Situation beherrscht
und die Bahn frei hat zur Lösung realer Aufgaben. Tatsächlich ist er aus dieser
letzten Krise in einer stärkeren und gesicherteren Stellung dem Kaiser und der
Nation gegenüber hervorgegangen, als sie je vor ihm seit Bismarcks Zeiten – und
selbst dieser unter dem „neuen Herrn" – ein Reichskanzler besessen hat. Scharfsinnige Geschichtsprofessoren der Zukunft, wenn nicht schon jetzt intrigante und
daher überall Intrigen witternde, midi a quatorze heures suchende Diplomaten,
werden vielleicht kombinieren – gewisse Figaro-Artikel bewegen sich in dieser
Richtung –, daß nicht nur die letzte Krise, sondern auch die vorhergehende Har-
den-Holstein-Kampagne c./a. Kamarilla[4] ein weitangelegter zielbewußter Plan
des Fürsten Bülow gewesen sei, um die Hemmungen und Störungen zu beseitigen, welche das persönliche Regiment seiner Politik bereitete, und endlich freie
Hand zu gewinnen. Ganz abgesehen von dem Mangel tatsächlicher Unterlagen
scheint mir eine solche Kombination den Fürsten Bülow in bonam wie in malam
partem zu überschätzen. Ich traue ihm weder eine solche Skrupellosigkeit in der
Wahl seiner Mittel, noch die Entschlossenheit und Konsequenz zur Durchführung so weit und hoch gesteckter Ziele zu, halte ihn mehr für einen Mann der
Opportunität, der kleinen Auskunftsmittel, der geschickten Ausnützung gegebe-
ner Situationen. Darin allerdings von erfindungsreichster Gewandtheit und fein-
ster Berechnung und, was auch nicht zu verschmähen, seltenem Glück. Wie er
jetzt wieder alle Hilfstruppen heranzog, die nicht zu haltenden Außenforts rechtzeitig aufgab, um schließlich – et diis juvantibus – den Hauptsturm auf die
Zitadelle abzuschlagen, man könnte auch umgekehrt sagen: um sich selbst dieser
zu bemächtigen, und so gleichzeitig als Retter der Krone und des Vaterlandes
dasteht, war in der Tat ein taktisches Meisterstück. Und wenn sich ein gewisser
Zusammenhang zwischen dem jetzigen Ansturm und dem früheren Feldzug
gegen die Kamarilla nicht verkennen läßt – auch dieser war doch, worauf ich
schon damals hinwies, gegen das persönliche Regiment, im letzten Ende gegen

3   Rede v. 19.11.1908; siehe Hötzsch, Bülows Reden, III, 141–154.
4   Vgl. Helmut Rogge, Holstein und Harden. Politisch-publizistisches Zusammenspiel zweier
    Außenseiter des Wilhelminischen Reichs (München 1959), passim.

den Kaiser selbst gerichtet –, so erscheint es nicht ausgeschlossen, daß Bülow beide Aktionen zwar nicht herbeigeführt, aber doch so weit toleriert und benutzt hat als ihm zur Stärkung der Stellung des Reichskanzlers und damit des Reiches dienlich erschien. Jedenfalls hat er diesen Erfolg, wenn nicht gesät, jetzt geerntet und eingeheimst; ob sein Verbleiben im Amte auf die Dauer auch dem Reiche frommen wird, ob seine jetzt freigewordene Kraft unser gesunkenes Ansehen dem Auslande gegenüber wiederherstellen, er in der Kunst des „Einkreisens" und „Isolierens", die er bisher nur nach innen betätigt, auch dem englischen Meister wird die Spitze bieten können, dafür hat er den Beweis erst in Zukunft zu erbringen.

                                                                                       Varnbüler

HStA Stuttgart, E 50/03, Bü 202 (maschinenschriftliche Ausfertigung).

Nr. 83
HILMAR FREIHERR VON DEM BUSSCHE-HADDENHAUSEN AN FELIX VON MÜLLER

                                                                Berlin, 20. November 1908

Vertraulich!

Verehrtester Herr von Müller!

Im Anschluß an mein Schreiben von voriger Woche[1] muß ich Ihnen jetzt mitteilen, daß ich inzwischen, was mir damals unbekannt war, erfahren habe, daß der Reichskanzler Ihnen doch einen erheblichen Anteil an der Schuld bei dem unglücklichen „Daily Telegraph"-Interview beimißt. Ich habe dies erst heute erfahren und möchte nicht unterlassen, Sie sofort in Kenntnis zu setzen.[2]

Mit besten Grüßen Ihr aufrichtig ergebener   Bussche.

PA-AA, R 5831 (Abschrift).

---

1   Siehe Dok. Nr.64 n.2.
2   Wilhelm von Stumm, damals Botschaftsrat in London, wollte seinen in einem Pariser Hotel abgestiegenen Vetter Müller offensichtlich überreden, nach Berlin zurückzukehren, um sich dort den gegen ihn erhobenen Anschuldigungen zu stellen. Müller will ihm am Abend des 26. November gesagt haben: „Das fehlte noch! Schließlich werde ich wohl den Sündenbock abgeben sollen, ich, der mit der Sache so gut wie nichts zu tun gehabt hat! Ich bleibe bei meinem nach reiflicher Überlegung gefaßten Entschluß, *nicht* nach Berlin zu gehen, denn dort könnte ich auf Befragen den Reichskanzler nur belasten. Und das widerstrebt mir, nachdem ich mit Bülows seit 15 Jahren die besten Beziehungen unterhalten habe, wie ein Sohn im Hause behandelt worden bin und vor noch kaum sechs Wochen mittags und abends an ihrem Tisch gesessen habe" (PA-AA, R 5831).

Nr. 84

BERNHARD FÜRST VON BÜLOW AN KAISER WILHELM II.

Berlin, 21. November 1908

Der Reichskanzler.

Ganz geheim.

Euerer Kaiserlichen und Königlichen Majestät bitte ich alleruntertänigst melden zu dürfen, daß es mir gelungen ist, die Veröffentlichung der Haleschen Interview [sic] zu verhindern. Im tiefsten Vertrauen füge ich hinzu, daß ich die Unterdrückung durch Bünz und für Geld erreicht habe. Bünz glaubt die Verantwortung dafür übernehmen zu können, daß das Erscheinen des Artikels endgültig verhindert ist. Ich füge Abschrift derjenigen Stellen des Artikels bei, deren Veröffentlichung besonders unerwünscht gewesen wäre[1] [a]. Euere Majestät bitte ich niemandem auf der Welt diesen Auszug zu zeigen und ihn mir zurückzuschicken, damit ich ihn vernichten kann. Ebenfalls ganz vertraulich möchte ich noch erwähnen, daß gegenüber Metternich Sir Charles Hardinge und Lord Rosebery behauptet hatten, das Halesche Interview zu kennen. Beide erklärten, seine Veröffentlichung würde „unabsehbare Folgen tiefgehender Erregung der öffentlichen Meinung in England und Amerika" hervorrufen.[2] Ich habe aber via Bünz festgestellt, daß jene beiden englischen Staatsmänner die [sic] Halesche Interview nicht kennen, in die außer Bünz nur der (von uns gewonnene) Chefredakteur Gilder Einblick hatte. Die [sic] Interview, die Hardinge und Rosebery gesehen haben, war die mit dem Oberst Stewart [sic] Wortley, welche letztere, wie mir der sehr orientierte Bünz gleichfalls meldet, vor ihrer Veröffentlichung mehreren Politikern und Publizisten gezeigt worden war.[3] Auch hiervon bitte ich ehrfurchtsvollst nichts verlauten zu lassen.

Die „Zukunft" veröffentlichte in ihrer letzten Nummer einen sehr ungehörigen, politischen Artikel, dessen Schluß das monarchische Gefühl tief verletzen muß![4] Ich habe seit gestern vor meinem Gewissen die Frage geprüft, ob der Staatsanwalt einschreiten soll. Nach reiflicher Überlegung kann ich in diesem Falle nicht dazu raten. In den letzten traurigen Wochen sind in der Presse und von

---

1   Siehe Dok. Nr.79 n.2.

2   Siehe Dok. Nr.72.

3   Damit gibt Bülow die Ansicht des Englanddezernenten von dem Bussche-Haddenhausen wieder (vgl. Dok. Nr.72 n.4), obwohl ihm selbst Zweifel an der Haltbarkeit dieser Version gekommen waren (siehe Dok. Nr.79).

4   Maximilian Harden, „Gegen den Kaiser III", in: *Die Zukunft,* 21.11.1908 (erschien bereits am Vortag). Der von Bülow vor allem beanstandete Passus lautete: „[...] Goluchowski, Tweedmouth, Hill, Wortley, Hale.. Wer zählt die Völker, nennt die Namen? Wir haben genug. Schon müssen Manuskripte, die Bekenntnisse des Kaisers enthalten, heimlich zurückgekauft werden (und in England liegt noch gefährlicher Sprengstoff in Fülle). Schon müssen wir knirschend hören, wie in Westminster der Premier und die ehrenwerthen Abgeordneten das Reichshaupt in offener Sitzung höhnen. Wir wollen nicht mehr. Wilhelm der Zweite hat bewiesen, daß er zur Erledigung politischer Geschäfte ganz und gar ungeeignet ist; hundertmal bewiesen, daß ihm selbst bei günstigster Marktkonjunktur kein Abschluß gelingt" (*Die Zukunft,* Bd.65, 1908/09, 304).

der Tribüne Respekt und Takt gleichmäßig außer Acht gelassen worden, von allen Parteien und in allen Kreisen. Einen Einzelnen herauszugreifen, und wenn er auch noch so schlimm ist, würde nicht verstanden werden. Selbst wenn eine Verurteilung erfolgte, was bei der Eigenart unserer Rechtspflege durchaus nicht sicher ist, würde der Prozeß unendlich viel Staub aufwühlen und insbesondere dem Angeklagten die (von ihm wahrscheinlich erhoffte) Gelegenheit bieten, die ganzen Vorgänge der letzten Zeit forensisch zu verwerten und zu vergiften. Ich möchte ehrfurchtsvollst empfehlen, das Vergangene in großherziger und großzügiger Weise in Lethes Strom zu versenken. Um so schärfer können wir vorgehen, wenn von jetzt ab Ungehörigkeiten erfolgen.

Ich kann Euerer Majestät nicht genug sagen, wie tief ich das furchtbar Schwere mitempfinde, was Euere Majestät in diesen Tagen durchgemacht haben. Mich hält nur der Gedanke aufrecht, daß denen, die Gott lieben, schließlich alle Dinge zum Besten dienen müssen. Gott wird es so fügen – das hoffe ich zuversichtlich –, daß auch diese schwere Prüfung Euerer Majestät, dem Königlichen Hause und dem Lande zum Segen gereichen wird. Der heutige erhebende Tag[5] möge mit Gottes Hilfe den Anfang bilden [b].

In tiefster Ehrfurcht bin ich Euerer Kaiserlichen und Königlichen Majestät alleruntertänigster Diener

Bernhard Bülow.

Marginalien des Kanzlers:

[a] Von Sr. Maj. ad marginem des Artikels als „sehr übertrieben und z.T. erdichtet" bezeichnet.

[b] Diesen Brief hat unter meinem Diktat Löbell geschrieben, für dessen Treue und Diskretion ich einstehe.

Wilhelm II. am Kopf des Schriftstücks:

Besten Dank! Sehr viel Phantasterei und maßlose Übertreibungen. 21/ XI 08.

BA Koblenz, N 1016 / NL Bülow, Nr.112, Bl.97–103 (Ausfertigung von der Hand Loebells).

---

5   Hundertjahrfeier der Steinschen Städteordnung im Berliner Rathaus: Wilhelm II. verlas bei dieser Gelegenheit eine Rede, die der Reichskanzler ihm zuvor überreicht hatte (vgl. Hiller von Gaertringen, 179). Die von Bülow aufgesetzte, kurze Ansprache an die Stadtverordneten endete mit den Worten: „Wenn nach den Worten des Preußenliedes nicht immer heller Sonnenschein leuchten kann und es auch trübe Tage geben muß, so sollen aufsteigende Wolken ihre Schatten niemals trennend zwischen Mich und Mein Volk werfen. Gott segne Meine Stadt Berlin!" (Bülow, Denkwürdigkeiten, II, 388).

Nr. 85
BERNHARD FÜRST VON BÜLOW AN KAISER WILHELM II.
Telegramm i.Z. – No.11[1]

Berlin, 23. November 1908, 12.05 a.m.

Euerer Majestät Telegramm mit ehrfurchtsvollstem Dank erhalten.[2] Ich habe schon gestern abend angeordnet, daß Veröffentlichung des *World*[3] amtlich als

---

[1] Dieses Telegramm wurde, wie der Königliche Chiffreur Seele am 23.11. um 18 Uhr dem Kanzler privat aus dem Neuen Palais meldete, vom Kaiser nicht entgegengenommen: „Soeben, 5 Uhr 30 nachmittag, ist mir Euerer Durchlaucht Telegramm No.11 von heute uneröffnet mit dem Bemerken wieder zugestellt worden, daß Seine Majestät erkrankt sei und daß der Leibarzt vorläufig jedes Schriftstück von Seiner Majestät fernhalte." Dazu vermerkte Bülow: „Exz. Kiderlen. Pressebureau. Graf A[ugust] Eulenburg sagt mir, daß es sich lediglich um eine Grippe (Erkältung) handele, die einige Tage Schonung erfordere. Ich bitte, dafür zu sorgen, daß nicht falsche Gerüchte entstehen. B. 23/11" (PA-AA, R 17240).

[2] „Lese im *Tageblatt* ein unglaubliches Zeug, was als Hale-Interview bezeichnet wird. Ich autorisiere Sie, es sofort zu dementieren. Falls nach England an S.M. was geschehen soll, erwarte ich Vorschlag" (Tel. Wilhelm II. an Bülow, 23.11.1908, 10.34 a.m.). Metternich wurde beauftragt, dem englischen König im Namen des Kaisers auszurichten, daß das „von *World* veröffentlichte Interview von A bis Z erfunden und grober Schwindel" sei; der Botschafter entledigte sich dieses Auftrags am 24. November (Loebell an Kiderlen, 23.11.08; Tel.No.263, Bülow an Metternich, 23.11.08, 4.45 p.m.; Tel.No.319, Metternich an Ausw. Amt, 23.11.08, 9.20 p.m.; PA-AA, R 17240).

[3] Am 21.11.1908 hatte die *New York World* eine angeblich authentische Synopsis des Hale-Interviews veröffentlicht, deren Inhalt die britische Tageszeitung *The Observer* in ihrer Sonntagsausgabe v. 22.11.1908 wie folgt wiedergab: „That King Edward had been humiliating him for more than two years and that he was exasperated. That Germany was the Paramount Power in all Europe, and that England was trying to neutralise that power. That he held France in the hollow of his hand and that Russia was of no account since the disastrous war with Japan. That if the pan-European war, so much talked about, was inevitable, the sooner it came the better for him, because he was ready and tired of the suspense. That Great Britain had been a decadent nation ever since her victory over the Transvaal and the Orange Free State, because hers was an unrighteous and ungodly cause, and Divine judgment was bound eventually to overtake the powerful nation that waged such a war. That the Anglo-Japanese Alliance was an iniquitous alliance against all the white races. That England was proving absolutely her faithlessness as a Christian nation. That Japan was honeycombing India with sedition and flooding it with spies, while professing openly to be England's friend and ally. That the only way to counteract this alliance was for Germany and America to act together at an early date, or America would have to fight the Japanese in ten months' time. That in the event of a great war England would lose many of her large colonies, especially those in the Pacific. That all he would take for Germany would be Egypt, though he would liberate the Holy Land from the yoke of the infidel - presumably meaning the Sultan. That the perfecting of the Zeppelin dirigible balloon would give Germany a powerful advantage in war, and she was ready to make use of it to the fullest extent." Darüber hinaus erfuhr der New Yorker Korrespondent des *Observer* am 21. November: „As prepared for the *Century*, most of the things the Kaiser said were omitted at the request of the German Foreign Office, and even now, I understand, the most sensational statements His Majesty made are omitted, even in the *World*'s synopsis, which is surely sufficiently sensational" (PA-AA, R 17240). Die ersten Enthüllungen erfolgten im Hearst-Blatt *San Francisco Examiner* v. 20.11.1908. Etwa zur gleichen Zeit war jene „Synopsis"

plumper Schwindel gebrandmarkt werden soll. Mit Euerer Majestät Erlaubnis werde ich an Metternich telegraphieren, daß Interview des *World* eine grobe Mystifikation und von A bis Z erfunden sei.[4]

Alleruntertänigst   Bülow.

PA-AA, R 17240 (Entwurf, in der Entzifferung „Mystifizierung" statt „Mystifikation").

Nr. 86
WILHELM STEMRICH AN BERNHARD FÜRST VON BÜLOW

Berlin, 25. November 1908

Durch die in der Norddeutschen Allgemeinen Zeitung vom 31. v. M. veröffentlichte Erklärung ist das Verschulden an der Veröffentlichung des sogenannten Kaiserinterviews dem Auswärtigen Amte zugeschrieben worden, und da ich während der in Betracht kommenden Zeit den Staatssekretär des Auswärtigen Amts vertreten habe, so werde ich von der öffentlichen Meinung mit Recht für den angeblich begangenen Fehler verantwortlich gemacht werden. Wie in der Anlage[1] näher dargelegt ist, halte ich den erhobenen Vorwurf nicht für zutreffend, ich bin aber nicht in der Lage, die Gründe für diese Ansicht der Öffentlichkeit zugänglig zu machen. Es bleibt somit der in Rede stehende Vorwurf auf mir haften, und ich bin der Autorität und auch der Unbefangenheit beraubt, welche erforderlich sind, um den Beamten des Auswärtigen Amtes, den fremden Diplo-

---

offenbar der englischen Tageszeitung *Daily Mail* angeboten worden; vgl. Viscount Esher an Lord Morely, 22.11.1908: „The *Daily Mail* had it yesterday, but were dissuaded by the F.O. from publishing it" (Maurice V. Brett, ed., Journals and Letters of Reginald Viscount Esher, London 1934, vol. 2, 362). König Eduard VII. zweifelte trotz des amtlichen deutschen Dementis nicht an der Echtheit der Enthüllungen in der *New York World*: „I am, however, convinced in my mind that the words attributed to the German Emperor by Mr. Hale are perfectly correct. I know the German Emperor hates me and never loses an opportunity of saying so (behind my back), whilst I have always been kind and nice to him" (Edward VII an Lord Knollys, 25.11.1908; Lee, King Edward, II, 622). Vgl. auch Hammann, Um den Kaiser, 74.

4 Der New Yorker Korrespondent der *Morning Post* meldete am 21. November, daß Hale am Nachmittag jenes Tages folgende Erklärung hatte verbreiten lassen: „I repudiate absolutely the story in the *World*, published this morning, purporting to tell what passed in my audience with the German Emperor. It is a pure fabrication from beginning to end. I so declared to the *World* reporter, who showed it me before publication" (*Morning Post*, 23.11.08). Ähnlich der Drahtbericht des *Observer*-Korrespondenten, allerdings mit dem Zusatz: „The *World* will retaliate in tomorrow's edition by publishing facsimile proofs, with corrections, in Mr. Hale's own handwriting" (*The Observer*, 22.11.08). Vermutlich auf den massiven Druck der amerikanischen Administration hin (vgl. Tel.No.161, Hatzfeldt/ Washington an Ausw. Amt, 23.11.1908) vollzog die Redaktion von *World* eine Woche später eine Kehrtwendung. Am 30.11.1908 entschuldigte sich das amerikanische Blatt bei der deutschen Regierung: „The *World* sincerely regrets the published synopsis of the Hale interview as mistaken, misleading and mischievous" (PA-AA, R 17240). Vgl. auch Lee, King Edward, II, 623; Hale, Publicity and Diplomacy, 322.

1 Vgl. Dok.Nr.87.

maten und auch den Reichstagskommissionen gegenüber in entsprechender Weise aufzutreten.[2]

Da ich mich infolgedessen außer Stande fühle, dem mir übertragenen Amte in Zukunft so, wie es nötig ist, vorzustehen, bitte ich Euere Durchlaucht gehorsamst, mich von meinen Funktionen entbinden und mir hochgeneigtest den Abschied unter Zubilligung der mir gesetzlich zustehenden Pension erwirken zu wollen.

Bis zu meiner Verabschiedung glaube ich mich als beurlaubt betrachten zu dürfen.[3]   Stemrich

PA-AA, Rep.IV Personalia, Nr.146, Bd.4 (eigenhändig).

2   Vgl. dazu auch Stemrich an Holstein, Siena, 15.11.1908: „Aber meinen Ew. Exzellenz wirklich, daß ich bleiben kann, nachdem Klehmet, wie die Zeitungen berichten, zur Disposition gestellt ist? Ich bin nach wie vor der Ansicht, daß wir beide unschuldig sind. Meine feste Überzeugung ist dahin gegangen, daß der Reichskanzler sich die Entscheidung über die Publikationsfähigkeit, wenn er sie nicht schon getroffen, vorbehalten wollte und daß er, um darüber klar zu urteilen, die beiden Abschriften der englischen Piecen mit unseren tatsächlichen Berichtigungen befohlen hatte. Wenn diese Ansicht unrichtig gewesen und gleichwohl unsererseits eine Äußerung über die Publikationsfähigkeit erwartet worden ist – warum hat Herr von Müller dann keine Rückfrage gestellt? Wenn man nicht gefragt ist, so kann es doch nicht heißen: tacens consentire videtur. Aber es ist anders entschieden. Klehmet ist als Opfer gefallen. M.M. muß ich jetzt auch daran glauben. Wie soll ich Klehmet, wie soll ich den anderen Herren des Ausw. Amts gegenübertreten? Wie soll ich ihr Vertrauen haben, wenn ich nicht anerkenne, daß ich ebenso schuldig bin wie Kl.? Und was werden unsere und die fremden Diplomaten sagen? Ich fürchte, sie werden mit Fingern auf mich zeigen und mich als einen Kleber bezeichnen, der sich auf Kosten eines Untergebenen im Amte erhalten hat. Dies sind meine Gefühle, denen Eure Exzellenz eine gewisse Sympathie nicht versagen werden" (HP IV, 533, Nr.1152).
3   Stemrich war am 23. November aus seinem Urlaub in Italien zurückgekehrt, „tut aber noch keinen Dienst", wie Kiderlen am 24.11.1908 festhielt, „trägt sich überhaupt mit Abschiedsgedanken. Ich hoffe, sie ihm noch auszureden" (Jäckh, Kiderlen-Wächter, II, 16). Stemrichs Abschiedsgesuch wurde an Kiderlen weitergeleitet, der dem Unterstaatssekretär wohl dringend riet, sein Gesuch zurückzuziehen. „Heute abend esse ich in meinem eigenen Hotel, u.a. mit Stemrich, der sich wohl leider nicht halten lassen wird. Ich hatte eben eine lange Besprechung mit ihm. Warum ich gerade diese Sachen noch ausbaden muß!" (Kiderlen an Hedwig Kypke, 26.11.1908; ibid.). Der Unterstaatssekretär suchte an diesem Tag auch Holstein auf. „Stemrich war vorhin bei mir", schrieb Holstein dem Kanzler. „Da sein motiviertes Abschiedsgesuch bereits eingereicht ist, kennen Sie ja seinen Standpunkt. Ich fragte ihn: Hat Klehmet Ihnen keine Bedenken über den Inhalt der Aufzeichnung ausgesprochen? ‚Im Gegenteil. Ich hatte Bedenken, er hat mich wiederholt beruhigt, indem er erklärte, wir sollten uns nach der Fragestellung nur über das Aktenmäßige äußern. Ich habe die Sache wiederholt mit ihm besprochen.' Dies bestätigt meinen Gesichtspunkt, daß Klehmet und neben diesem Müller die Schuldigen sind" (26.11.1908; Rogge, Holstein und Harden, 409). „Bis jetzt", notierte Baronin Spitzemberg am 29.11., „hält Stemrich an seinem Abschiedsgesuch fest, es sei denn, daß ihm in irgendeiner Form öffentliche Genugtuung gegeben werde, ihm und seinen Untergebenen" (Vierhaus, Spitzemberg, 495).

Nr. 87
AUFZEICHNUNG VON WILHELM STEMRICH

Berlin, 25. November 1908

Die das sogenannte Kaiserinterview betreffenden Papiere wurden direkt aus dem Hoflager Seiner Majestät an den Herrn Reichskanzler gesandt. Sie waren begleitet von einem Privatbrief des Gesandten von Jenisch, in welchem auf die Wichtigkeit der Sache aufmerksam gemacht und als Befehl Seiner Majestät mitgeteilt wurde, die in dem Artikel enthaltenen Äußerungen sollten auf ihre Richtigkeit geprüft, die Sache solle aber nicht vom Auswärtigen Amte bearbeitet werden.

Aus Norderney kamen die Aktenstücke an das Auswärtige Amt mit einem doppelten Auftrage. Der *Wortlaut* des ersten Auftrages ist mir nicht mehr erinnerlich, angeblich hat derselbe dahin gelautet, der Artikel solle sorgsam geprüft und es sollten die nötigen Berichtigungen, Ergänzungen und Auslassungen vorgenommen werden. Wie dem auch sein mag, *eins* weiß ich mit absoluter Sicherheit, daß keinerlei Frage, ob und inwieweit der Artikel zur Publikation geeignet sei, gestellt war, daß im Gegenteil nach dem Wortlaut der Verfügung die Publikation an sich (wenn auch mutatis mutandis) beschlossene Sache zu sein schien. Der zweite Auftrag ging dahin, daß von den englisch geschriebenen Schriftstücken doppelte Abschrift in Typendruck zu fertigen und daß in diese Abschrift die für nötig erachteten Änderungen einzutragen seien.

Da die Sache direkt von Seiner Majestät an den Herrn Reichskanzler gegangen und da auf die Wichtigkeit derselben von Herrn von Jenisch aufmerksam gemacht worden war, habe ich angenommen, daß die Schriftstücke von Seiner Durchlaucht gelesen worden seien.

Was den von dem Herrn Reichskanzler erteilten Auftrag betrifft, so habe ich denselben im Zusammenhang mit den Vorgängen (insbesondere dem Brief des Herrn von Jenisch) aufmerksam gelesen und ihn dahin verstanden, daß es sich um eine Präzisierung des bereits von Seiner Majestät erteilten Befehls handele, des Befehls nämlich, daß der Inhalt der Allerhöchsten Äußerungen auf die tatsächliche Richtigkeit geprüft und mit den erforderlich werdenden Berichtigungen, Zusätzen und Streichungen versehen werden solle. Meine Auffassung ging demgemäß dahin, der Herr Reichskanzler wolle eine zuverlässige Übersicht darüber haben, wie die von Seiner Majestät berührten Tatsachen aktenmäßig lägen, um dann selbst darüber zu entscheiden, wie die Publikation zu gestalten sei. Hiermit stand es im Einklang, daß der Auftrag des Herrn Reichskanzlers keinerlei Anfrage darüber enthielt, ob Bedenken gegen die Publikation beständen; hiermit entsprach der Herr Reichskanzler dem Befehl des Kaisers, daß die Sache nicht im Auswärtigen Amte bearbeitet werden solle, und hiermit stimmte es endlich auch überein, daß zwei Abschriften der englischen Schriftstücke vorzulegen seien, was natürlich die Durchsicht ihres Inhaltes erleichterte.

Der Umstand, daß mir eine Publikation des Artikels in hohem Maße auffällig erschien, hat mich in der vorgedachten Auffassung nicht nur nicht wankend gemacht, sondern im Gegenteil in derselben bestärkt. Es lag auf der Hand, daß ein erneutes Hervortreten Seiner Majestät sehr bedenklich war, und es lag weiter auf der Hand, daß die Publikation leicht den Eindruck eines zu weit gehenden Entgegenkommens gegen England erwecken konnte. Andererseits ist aber zu berücksichtigen, daß damals mancherlei Erwägungen schwebten, die eine Besserung der Beziehungen zu Großbritannien zum Ziele hatten, und ich habe es infolgedessen durchaus nicht für unmöglich gehalten, wenn dem Herrn Reichskanzler die Veröffentlichung von England-freundlichen Äußerungen des Kaisers zweckmäßig erschien und wenn er sich bei der Wichtigkeit der Sache vorbehielt, den Artikel seinerseits diesem Zwecke entsprechend zu gestalten. Auf die vorher gedachten Bedenken hinzuweisen, mußte mir bei meiner Auffassung der Dinge völlig fernliegen.

Gemäß dieser meiner Auffassung ist verfahren worden. Nachdem die Berichtigungen und Ergänzungen des Artikels, welche nach Lage der Akten nötig schienen, vom Referenten festgestellt waren, sind Abschriften der betreffenden Schriftstücke angefertigt und jene Änderungen auf denselben vermerkt worden. Sämtliche Papiere sind dann mit einem Begleitbericht nach Norderney gesandt worden, dessen ich mich seinem Wortlaute nach nicht entsinne, der aber sicher keine Silbe über die Opportunität oder Nichtopportunität der Publikation enthalten hat.

Welche Behandlung die Sache im Weiteren erfahren hat, entzieht sich meiner Kenntnis. Das Auswärtige Amt ist mit derselben nicht weiter befaßt, namentlich ist auch keinerlei Rückfrage wegen der Publikationsfähigkeit des Artikels an dasselbe gerichtet worden. Wenn beabsichtigt war, daß das Auswärtige Amt sich hierüber äußern sollte, so mußte es demjenigen, der den Immediatbericht in der Sache verfaßte, auffallen, daß eine Äußerung hierüber nicht vorlag. In Ermangelung einer hierauf gerichteten Anfrage konnte aus dem Schweigen des Amtes keine Zustimmung gefolgert werden, der betreffende Beamte[1] mußte sich vielmehr vergewissern, wie das Auswärtige Amt die Angelegenheit auffasse.

Ich weiß jetzt, daß der Herr Reichskanzler die auf das Interview bezüglichen Papiere nicht gelesen und daß mit dem Auftrage Seiner Durchlaucht ein anderer Sinn als der von mir angenommene verbunden gewesen ist. Es sind durch die Verschiedenheit der Auffassungen Folgen hervorgerufen worden, die niemand mehr bedauern kann als ich – aber ich vermag nicht zuzugeben, daß mich oder das Auswärtige Amt ein Verschulden in der Sache träfe.

Meine Auffassung der Dinge war diejenige, die nach den Umständen am nächsten lag und zu der ich meiner Meinung nach gelangen mußte.

Stemrich

PA-AA, Rep.IV Personalia, Nr.146, Bd.4 (eigenhändig).

---

1   Felix von Müller.

Nr. 88
AUFZEICHNUNG DES GRAFEN ROBERT ZEDLITZ-TRÜTZSCHLER

[Berlin], 26. November 1908

Vor zwei Tagen[1] kam der Kammerdiener Schulz im Neuen Palais erregt in das Zimmer der Flügeladjutanten und sagte, er habe von Seiner Majestät den Befehl erhalten, sofort den Herrn Reichskanzler an das Telephon zu rufen und ihm direkt mitzuteilen, Seine Majestät ließe ihm sagen, Allerhöchstdieselben hätten einen so starken Nervenchock durch die Vorkommnisse der letzten Zeit erhalten, daß er genötigt sei, sich von allen Geschäften zurückzuziehen und die Regierungsgeschäfte dem Kronprinzen[2] zu übergeben.[3] Kammerdiener Schulz wurde beruhigt und ihm bedeutet, daß er diesen Befehl unmöglich ausführen könne, was er

---

1 Am Nachmittag des 23. November erfuhr Valentini durch den Grafen Eulenburg, daß der Kaiser erkrankt sei (Tagebuchnotiz v. 23.11.1908; BA Koblenz, N 1058 / NL Thimme, Nr.26, Bl.3). Bodo von dem Knesebeck, Kammerherr der Kaiserin Auguste Victoria (1858–1921), berichtete von einer „großen Depression" des Kaisers: „Er habe sich zu Bette gelegt, sehe niemanden, habe keine Vorträge, esse ohne Gefolge, kurz, sei noch ganz verwirrt" (Vierhaus, Spitzemberg, 495; Tagebucheintrag v. 30.11.1908). Vgl. dazu auch die Eintragung Bülows in Losungen v. 23.11.: „Kaiser erkältet" (BA Koblenz, N 1016 / NL Bülow, Nr.152–12). Ferner Dok.Nr.85 n.1.

2 *Wilhelm, Kronprinz des Deutschen Reiches und von Preußen (1882–1951)*, nach Privatunterricht seit 1896 Kadettenanstalt Plön, 1900 Oberleutnant im 1. Garderegiment zu Fuß, 1901 Universität Bonn, befürwortete in der ersten Marokkokrise Präventivkrieg gegen Frankreich; während des 1. Weltkrieges Führer der 5. Armee, ab 1916 der Heeresgruppe „Deutscher Kronprinz", verfocht den Siegfrieden; am 13.11.1918 Flucht ins Exil nach Holland, am 1.12.1918 Verzicht auf alle Thronrechte.

3 Über die zeitweiligen Abdankungsgelüste Wilhelms II. siehe auch Valentini, Kaiser u. Kabinettschef, 105: „Ich erfuhr, daß er, vollkommen zusammengebrochen, den Kronprinzen hatte kommen lassen und ernstlich von der Niederlegung der Regierung gesprochen hatte. Nur der Einfluß der Kaiserin, der immer am größten war, wenn es dem Kaiser schlecht ging, hatte die Katastrophe abgewandt." Der Kronprinz erinnerte sich, daß er in jenen Tagen „dringend ins Neue Palais gerufen" und von seiner Mutter behutsam auf das einstündige Krisengespräch mit dem Kaiser vorbereitet wurde: „Minuten später war ich bei meinem Vater, der zu Bette lag. Ich war tief erschreckt über sein Aussehen. [...] Er hieß mich setzen, redete drängend, anklagend und sich überstürzend von diesen Vorgängen. Enttäuschung, Mutlosigkeit und Resignation hielten ihn umfaßt; dabei kam immer wieder die Bitterkeit über das Unrecht durch, das er in den Vorgängen sah. [...] Am Ende wurde vereinbart, daß ich für eine kurze Zeit und bis er von seiner Erkrankung völlig wiederhergestellt sei, eine Art von Stellvertretung des Kaisers übernehmen solle" (Rosner, Erinnerungen des Kronprinzen Wilhelm, 92–94). Daß Kronprinz Wilhelm mit dieser Aufgabe damals noch völlig überfordert war, bezeugt Hofmarschall Zedlitz-Trützschler in einer Tagebuchaufzeichnung v. 29.11.1908: „Er ist ein frischer, sehr netter junger Offizier, der sportlich Ausgezeichnetes leistet, seine innere Ausbildung ist noch wenig entwickelt, sein Gesichtskreis eng und alle seine Auffassungen sind sehr jugendlich." In der gleichen Aufzeichnung hielt Zedlitz-Trützschler fest, daß der Kronprinz am 28.11. auf einer Jagd in Springe „ein langes Gespräch mit dem General v. Moltke (Chef des Generalstabes) über die politische Lage" hatte. „Der Kronprinz war der Ansicht, nur ein Krieg könne uns aus unserer verworrenen Lage heraushelfen" (Zedlitz-Trützschler, Zwölf Jahre, 195). Am 24.11. wurde der Kronprinz von Bülow empfangen (BA Koblenz, N 1016 / NL Bülow, Nr.152–12).

schließlich auch einsah. Dann wurde an Exzellenz Graf Eulenburg[4] telephoniert,
der nach Kenntnis des Sachverhalts mit dem Kaiser und dem Reichskanzler und
den Kabinetten konferierte und die Angelegenheit wieder in ruhige Bahnen
leitete. Schon in Donaueschingen kam es auf der Jagd vor, daß der Kaiser nach
einem Gespräch mit dem Fürsten Fürstenberg[5] stark weinte. – Es war für uns alle
ein trauriges Gefühl, daß er in jenen Tagen, obgleich er alte, verdiente und treue
Ratgeber um sich hatte, nur mit dem Fürsten Fürstenberg, der doch ein halber
Ausländer ist, über das sprach, was ihn wirklich bewegte und beschäftigte. – In
dem Telegramm an die Kaiserin, in dem er ihr den Tod des Grafen Hülsen an-
zeigte, nannte er diesen seinen treuesten Freund. Trotzdem hat er in jenen Tagen
mit ihm nicht über seine Sorgen gesprochen.[6]

Zedlitz-Trützschler, Zwölf Jahre am deutschen Kaiserhof (Stuttgart 1923), 194–195.

Nr. 89
PAUL GRAF VON WOLFF-METTERNICH ZUR GRACHT AN
BERNHARD FÜRST VON BÜLOW

London, 27. November 1908

[...] Als der Artikel des *Daily Telegraph* erschien, war schon seit mindestens
einem Monat bei Hofe, in der Regierung und in den Redaktionen mehrerer
Zeitungen eine Hale'sche Aufzeichnung seines Interviews bekannt. Nicht der
Century Magazine-Artikel[1], auch nicht die aus einzelnen hier und da aufge-
schnappten Redewendungen kühn zusammengeflickte Veröffentlichung der *New
York World*[2], sondern eine andere Aufzeichnung[3]. Dies hängt damit zusammen,

---

4   *August Ludwig Graf zu Eulenburg (1838–1921),* Offizier seit 1858, 1866 u. 1870/71
    persönlicher Adjutant des Kronprinzen Friedrich Wilhelm von Preußen, 1868-83 dessen
    Kammerherr und Hofmarschall, 1870/71 Führer der 3. Armee, 1871 Vize-Oberzeremonien-
    meister am kaiserlichen Hof, 1890 preuß. Oberhofmarschall u. Hausmarschall, 14.9.1907 –
    9.11.1918 Minister des Königlichen Hauses.
5   *Max Egon Fürst von Fürstenberg (1863–1941),* Standesherr, seit 1896 Chef des mediati-
    sierten Gesamthauses Fürstenberg, Residenz Donaueschingen, seit 1904 preuß. Oberstmar-
    schall, Mitglied des preuß. Herrenhauses seit 1899, Mitglied der 1. Kammer Badens,
    Württembergs und Österreichs (Vizepräsident); Duzfreund Wilhelms II.
6   Über Hülsens Rolle in Donaueschingen vgl. Valentini, Kaiser und Kabinettschef, 102–103,
    und die Mitteilung Knesebecks an die Baronin Spitzemberg am 30.11.1908: „Der Kaiser sei
    in Donaueschingen in einer furchtbaren Wut gewesen, Hülsen habe ihm aber nichts ge-
    schenkt" (Vierhaus, Spitzemberg, 495). Ferner Dok.Nr.44.
1   Siehe Dok. Nr.47 u. Dok. Nr.79 n.2.
2   Vgl. Dok. Nr.85 n.3.
3   Gemeint ist die von Lord Northcliffe Ende August 1908 dem Foreign Office übermittelte
    Synopsis des Hale-Interviews (vgl. Dok. Nr.72 n.6; Appendix 1), die auch dem König
    Eduard VII. vorgelegt wurde. Die von Hale selbst stammende, unzensierte Aufzeichnung
    des Kaiserinterviews ist abgedruckt in W.H. Hale, „Thus Spoke the Kaiser", *Atlantic
    Monthly,* Mai 1934, 505 ff.; diese lag dem Foreign Office nicht vor, wohl aber dem
    amerikanischen Botschafter in Berlin, David J. Hill, und dem Englanddezernenten im

daß der *Daily Telegraph*-Artikel selbst in England eine so kühle Aufnahme gefunden hat. Die Hale'sche Aufzeichnung soll nämlich sehr heftige Ausfälle gegen England enthalten.[4] Der Prinz von Wales sprach sich mir gegenüber im

Auswärtigen Amt, Hilmar Freiherr von dem Bussche-Haddenhausen, sowie der *Times*-Redaktion in New York. Vgl. Roosevelt an Arthur H. Lee, 17.10.1908: „Hale wrote this interview down and very honorably showed it both to the American Ambassador, Hill, and to the German Foreign Office. The Foreign Office nearly went thru the roof, and protested most emphatically that the utmost damage would result from its publication. Meanwhile he cabled his interview to the *New York Times,* who sent a representative out to me to ask my advice about printing the matter. I earnestly urged that it be not done, stating that it would undoubtedly create a general panic and would cause extraordinary bitterness between England and Germany; and adding [...] that while they would gain temporarily by the sensational nature of the interview, yet as the Emperor was absolutely certain to repudiate it and to insist that the correspondent had lied, that in the long run I did not think it would prove of credit to the *Times* itself. [...] They have not printed the article, and Hale very honorably accepted the amendments of the Foreign Office and if he prints the article will print it as viséed by them" (Morison, Roosevelt, VI, 1293). Der Anfang November unterdrückte *Century Magazine*-Artikel war also Ende Juli 1908 von Bussche-Haddenhausen für den Druck genehmigt worden. Roosevelt wurde am 8. August 1908 von Oscar King Davis, einem Korrespondenten der *New York Times,* über den Inhalt des Hale-Interviews unterrichtet. Davis zeigte dem Präsidenten die beiden Briefe, die Hale von Bergen (19.7.1908) und von Berlin aus (24.7.1908) an den Besitzer der *New York Times* gerichtet hatte (vgl. Davis, Released for Publication, 82–83). Hales Brief vom 19. Juli, der eine detaillierte Schilderung der kaiserlichen Äußerungen enthielt und das gerade Gehörte wohl unverfälscht festhielt, wurde von Roosevelt in einem Privatschreiben an seinen ehemaligen Secretary of State Root wie folgt wiedergegeben: „The Kaiser [...] stated among other things that he had arranged with the United States to back up China against Japan and thereby keep the equilibrium in the East, and that a Chinese statesman was at this moment on the way to Washington to arrange the details, which he admitted had not yet been put into form. He exprest himself with intense bitterness about England and said that very shortly Germany would have to go to war with her, and that he believed the time had nearly come, and that England was a traitor to the white race, as had been shown by her alliance with Japan. With fine consistency he added that he was helping the Mohammedans in every way in giving them rifles and officers because he thought they would be a barrier against the yellow peril, about which he discoursed at length. He said that now everybody recognized that Russia had been fighting for the entire white race, but that she had fought very badly and that if German battalions had had to do the fighting, the Japanese would have been worsted. He stated that within a year or two we, the Americans, would certainly have to fight the Japanese; that he was glad we were preparing for it. He exprest himself most bitterly against the Catholics, and said that Archbishop Ireland was a Jesuit and in reality an enemy of the United States, and that he had fooled Taft at Rome, and added that he did not like Taft because he was under Catholic influence. He stated that Australia would welcome our fleet to show that she repudiated England's Japanese policy. These are the salient points of an interview which really sounds [...] wild" (Roosevelt an Elhiu Root, 8.8.1908; Morison, Roosevelt, VI, 1164). Senator Root gab sich im April 1909 überzeugt: „Germany under her present government is the great disturber of the world" (zit. nach Fiebig-von Hase, Wilhelm II., 252).

4   Siehe dazu Tel.No.319, Metternich an Ausw. Amt, 23.11.1908, 11.20 p.m. (Eingang): „Dagegen hat anscheinend Mr. Hale schon vor Monaten eine andere Aufzeichnung seines Interviews der *New York Tribune,* deren Mitarbeiter er sein soll, zur Kenntnisnahme, aber nicht zur Veröffentlichung übergeben. *New York Tribune* scheint im Kartell mit gewissen

engsten Vertrauen höchst besorgt darüber aus, daß die Aufzeichnung infolge einer journalistischen Indiskretion doch noch das Licht der Welt erblicken könne. Ich stelle mich hier auf den Standpunkt, daß diese Aufzeichnung, ebenso wie die Veröffentlichung in der *World*, eine Erfindung sei. Ich versuche nebenbei, vorsichtig, über die Authentizität und den Inhalt der Aufzeichnung näheres zu erfahren.[5]

Als der *Daily Telegraph*-Artikel erschienen war, erklärten einige hiesige Society Ladies, das sei ihnen nichts neues, das hätten sie alles schon im vorigen Winter viva voce gehört[6].

PA-AA, R 5830 (Abschrift, praes. am 29.11.1908 p.m.). Abgedr. in GP 28, 20.

Nr. 90
FELIX VON MÜLLER AN HANS VON FLOTOW[1]

Frankfurt a.M., 28. November 1908

Lieber Herr von Flotow,

Von befreundeter Seite erfahre ich, daß nicht allein in der Presse, wie ich selbst konstatiert habe, sondern auch an zuständiger Stelle in Berlin mein Name im Zusammenhang mit der geschäftlichen Behandlung des Daily-Telegraph-Interviews viel genannt wird. Da mir daran liegt, keine Legenden aufkommen zu lassen, und die Presse vielfach die Rolle überschätzt hat, die mir bei der Erledigung der Angelegenheit tatsächlich zugefallen ist, so wäre ich Ihnen dankbar, wenn Sie mich wissen lassen wollten, ob dort und ob speziell seitens des Herrn Reichskanzlers ein Schritt von mir gewünscht oder erwartet wird. Ich habe bisher über die dortige Auffassung nichts authentisches erfahren und daher geglaubt, zunächst die größte Zurückhaltung beobachten zu müssen.

Mein Urlaub geht zu Ende. Am 1. Dezember bin ich im Haag zurück. [...]

Mit herzlichem Gruß Ihr stets aufrichtig ergebener   F. von Müller.

PA-AA, R 5832, Bl.75b–c (eigenhändiger Brief im Original, praes. am 29.11.08).

Londoner Blättern zu stehen, so daß *Daily Mail* und *Morning Post* ein Exemplar der ursprünglichen Hale'schen Aufzeichnung besitzen. In ihr sind, wie mir glaubwürdige Augenzeugen versichern, heftige Anklagen gegen König Eduard, England, Japan enthalten [Bülow: ‚?']. Beide Londoner Zeitungen, welche keinen Zweifel haben, daß die Aufzeichnung von Hale selbst stammt, haben hiesigen einflußreichen Personen gegenüber Geheimhaltung bestimmt versprochen" (Entzifferung von Bülow am 24.11. abgezeichnet und sekretiert; PA-AA, R 17240).

5   Vgl. Dok. Nr.101.

6   Wahrscheinlich über Mrs. Violet Stuart Wortley, die von ihrem Mann zwischen dem 1. und 7. Dezember 1907 ausführlich über dessen Gespräche mit dem Kaiser informiert wurde (siehe Dok. Nr.1–3).

1   *Hans von Flotow (1862–1935),* Diplomat; Zögling der Ritterakademie zu Brandenburg, Studium in Heidelberg (Saxo-Borussia), 1886–90 Referendar in Wiesbaden, 1890 Assessor in Berlin, 1892 Attaché im Auswärtigen Amt, 1893 Botschaftssekretär in Washington, 1895 Legationssekretär in Dresden, 1898 in Den Haag, 1900 Legationsrat in Rom, 1904 Botschaftsrat in Paris, 1907–1910 Gesandter u. Vortragender Rat im Ausw. Amt (Personaldezernent), 1910–13 Gesandter in Brüssel, 1913–15 Botschafter in Rom.

Nr. 91
KARL VON EISENDECHER[1] AN BERNHARD FÜRST VON BÜLOW

Karlsruhe, 29. November 1908

Euerer Durchlaucht darf ich in privater Form gehorsamst berichten, was mir Seine Majestät der König von Schweden[2] über seine Eindrücke in England *vertraulich* mitteilte. König Gustav äußerte sich ungefähr wie folgt.

Das jenseits des Kanals gegen Deutschland herrschende Mißtrauen müsse leider zum allergrößten Teil auf das Konto Seiner Majestät des Kaisers geschrieben werden. Die deutsche Burenschwärmerei sei ziemlich vergessen und die Rivalität in Handel und Industrie habe mit dem politischen Mißtrauen wenig zu tun. Man glaube drüben, daß unser Allergnädigster Herr die deutsche Politik fast allein leite und, trotz aller verbreiteten englandfreundlichen Gespräche, im Herzen ein Feind des Britenreiches sei. In diesem Gefühl sei die Mehrheit des Volkes und der Presse, vielleicht auch mehr oder minder der König Edward befangen. Man lasse es sich nicht ausreden, daß die deutsche Flotte aggressiven Zwecken gegen England dienen solle und das Schreckgespenst der Invasion trete immer wieder hervor, daher Lord Roberts' neuester phantasievoller Angstruf.[3]

---

1   *Karl von Eisendecher (1841–1934),* preußischer Marineoffizier und Diplomat; 1857 Eintritt in die preuß. Marine, 1872 Korvettenkapitän, 1874 Ministerresident u. Generalkonsul in Japan, 1880 außerordentlicher Gesandte u. bevollmächtigter Minister, 1882 Gesandter in Washington, 1884–1918 preuß. Gesandter in Karlsruhe, 1900 Ernennung zum Vizeadmiral, 1919 Versetzung in den Ruhestand.

2   *Gustav V., König von Schweden (1858–1950),* Sohn Oskars II. und Sophies, Prinzessin von Baden; seit 1881 verheiratet mit Victoria Prinzessin von Baden; 1907–1950 schwedischer König. Am 26.4.1908 hatte Eduard VII. das schwedische Königspaar in Stockholm besucht; dieses war am 17.11.1908 zu einem Gegenbesuch in London eingetroffen (nach Schulthess, 1908, 379).

3   Lord Roberts hatte am 23.11.1908 im englischen Oberhaus eine Resolution eingebracht, in dem es hieß, die Frage der Landesverteidigung erfordere die unverzügliche Aufmerksamkeit der Regierung zum Zwecke der Beschaffung eines Heeres, das so stark an Zahl und so wirksam durch seine Eigenschaften sei, daß die furchtbarste fremde Macht zögern würde, eine Landung an den Küsten Englands zu versuchen. Zur Begründung führte Roberts an, er habe die Frage, ob England vor einer Invasion sicher sei, geprüft und sei zu dem Ergebnis gekommen, daß nicht – wie noch von der Balfour-Regierung 1905 angenommen – von Frankreich, sondern von Deutschland die Hauptgefahr ausgehe. In Deutschland seien jederzeit Schiffe verfügbar, die zur Unterbringung von 200.000 Mann ausreichten: „Es wäre Torheit, unsere Augen diesen Möglichkeiten zu verschließen. So sehr wir den Frieden wünschen, die warnenden Ereignisse in nahen Osten brachten es dem sorglosesten Beobachter zum Bewußtsein, daß nichts ein Land zu retten vermag, das für seinen Schutz nicht vorbereitet ist. Weder Bündnisse noch Verträge sind von Nutzen. Wenn wir fortfahren, die gewöhnlichsten Vorsichtsmaßregeln zu vernachlässigen, so können wir uns eines Tages in den Händen einer eingedrungenen Macht befinden und gezwungen sein, uns den demütigendsten Bedingungen zu unterwerfen. Die Gefahr wird mit jedem Tage drohender. Innerhalb von zehn Jahren hat Deutschland die größte Seemacht geschaffen, die außer der augenblicklich furchtbaren englischen Flottenmacht jemals bestanden hat. Wenn die ausgezeichneten gesetzlichen Maßnahmen für eine weitere Verstärkung der deutschen Seemacht getroffen werden, so werden keine Häfen in der Welt besser ausgestattet sein als die

Die „Daily Telegraph"-Angelegenheit habe England zuerst stark erregt, jetzt sei man speziell *dar*über leidlich beruhigt, erkenne auch die glückliche Entspannung der Lage durch Euere Durchlaucht und das Entgegenkommen unseres Kaiserlichen Herrn in vollstem Maße an. Man hoffe allgemein, daß Seine Majestät in Zukunft größte Zurückhaltung beobachten werde. Niemand könne drüben eigentlich begreifen, wie ein politisch erfahrener hoher Herr sich in der Wirkung seiner Worte so zu täuschen vermöge. Überhaupt fehle den Engländern offenbar das Verständnis für die vielen öffentlichen und privaten politischen Äußerungen des Souverains eines konstitutionellen Reiches. Man verstehe den Kaiser in dieser Beziehung absolut nicht und meine, Seine Majestät müsse doch erwägen, daß man seine Worte hoch bewerte und daß nicht immer deren diskrete Behandlung gesichert sei. Abgesehen von der bekannten Gruppe tendenziös deutschfeindlicher Blätter, wie „Times", „Daily Mail" und „National Review", verhalte sich übrigens die Presse im Ganzen anständig und vornehm.

König Edward suche zweifellos Regungen des Mißtrauens nach Kräften zu unterdrücken und die Überzeugung zu gewinnen, daß der Kaiser nur gute Absichten hege und nichts Feindliches gegen England im Schilde führe.

Bedauerlicherweise sei ja das persönliche Verhältnis der beiden Monarchen kein normales; gelegentliche nicht eben vorsichtige Worte des Kaisers habe der König erfahren und dann bisweilen auch seinerseits kein Blatt vor den Mund genommen; das sei wiederum bei uns nicht unbekannt geblieben, und so hätte sich allmählich die höchst unerwünschte und ungemein schädlich wirkende Trübung der Beziehungen entwickelt. *Gewisse indiskrete Zwischenträger treffe dafür wohl die Hauptschuld; man habe ihm, dem König Gustav, einen in Berlin wohnenden, dem englischen Königshause verwandten Prinzen*[4] *genannt, der das Vertrauen des Kaisers besitze und seit Jahren nicht immer taktvoll insgeheim nach London berichte* [a].

deutschen Nordseehäfen, und die Handelsmarine wird mit jedem Tag wirksamer werden. Um eine Invasion ausführen zu können, muß eine Nation nicht notwendig die Herrschaft zur See besitzen, eine zeitweise oder lokale Beherrschung würde genügen. Dies ist den Deutschen sehr wohlbekannt, und es kommt nicht darauf an, wie stark unsere Flotte sein mag. Das Haupthindernis für eine Invasion ist ein starkes Heimatsheer, ein Heer aus Bürgern, das aus einer Million Mann bestehen sollte. Jenseits des nahen Meeres lebt ein Volk, das 60 Millionen zählt, die unsere tätigsten Nebenbuhler im Handel sind, und die die größte Heeresmacht der Welt besitzen. Sie fügen zu einer überwiegenden Militärmacht eine Flotte hinzu, die sich entschieden und schnell vergrößert hat, während wir keine entsprechenden militärischen Gegenmaßnahmen getroffen haben." Der Antrag von Lord Roberts wurde mit 74 gegen 32 Stimmen angenommen (nach Schulthess, 1908, 317–20; Wippermann, 1908 / II, 254 f.).

4 *Prinz Albert von Holstein (1869–1931),*Sohn des Prinzen Christian zu Schleswig-Holstein und der Prinzessin Helena von Großbritannien und Irland, Vetter Wilhelms II.; 1898, 1899 u. 1903–1908 Teilnehmer an der Nordlandreise Wilhelms II., fiel durch seine „recht schmutzigen und saloppen Geschichten" auf (vgl. Eulenburg an Bülow, 4.7.1898; John C.G. Röhl, Philipp Eulenburgs politische Korrespondenz, Bd.3, Boppard 1983, S.1901). Siehe auch Karl-Heinz Janßen (Hrsg.), Die graue Exzellenz. Aus den Papieren des kaiserlichen Gesandten Karl Georg von Treutler (Frankfurt/Main 1971), 103–104.

Die in Deutschland oft ausgesprochene Ansicht, daß König Edward die uns feindliche englische Preßgruppe zu einer Änderung ihrer Haltung veranlassen könne oder gar sie inspiriere, sei durchaus unzutreffend; er beklage deren unfreundliche Tendenzen, sei aber außerstande, einzuschreiten.

Anscheinend sei der Wortlaut des für das „Century Magazine" bestimmten, aber zurückgezogenen Kaiserlichen Interviews im Londoner Foreign Office wie auch dem Könige bekannt.[5] Man würde die darin dem Kaiser zugeschriebenen Aussprüche in England sehr ernst auffassen müssen, wenn sie wahr wären, da in ihnen eine unzweideutige Feindschaft zu Tage trete. Angebliche Bruchstücke seien inzwischen, als die Zeitungen sie brachten, von Euerer Durchlaucht als erfunden bezeichnet worden, damit finde hoffentlich diese neue drohende Komplikation ihr Ende. Der echte Inhalt des Hale'schen Berichtes dürfe unter keinen Umständen ans Licht kommen, denn auch nur zum kleinsten Teile wahr oder ganz falsch, werde er dennoch bei den Briten einen Sturm der Entrüstung erregen gegen unseren Allergnädigsten Herrn und die vermeintlich doppelzüngige und friedensstörende deutsche Politik. Jedenfalls wolle man in England für völlige Geheimhaltung des dort vorhandenen Textes sorgen. Gerüchteweise verlaute, daß für die Verhinderung der Publikation eine sehr hohe Summe gezahlt worden sei.

König Gustav sprach über dieses Thema in augenscheinlicher Besorgnis vor weiterem Unheil, das möglicherweise daraus noch entstehen könnte, verhehlte zugleich nicht, daß seines Erachtens ein Krieg zwischen den beiden großen Kulturnationen nicht nur das allergrößte Unglück für die Beteiligten, sondern geradezu vernichtend für die Machtstellung und den Fortschritt ganz Europas sein würde.

Euerer Durchlaucht habe ich geglaubt die vorstehend erzählten Eindrücke des schwedischen Herrschers *im engsten Vertrauen* wenigstens mitteilen zu sollen, auch auf die Gefahr hin, daß sie Bekanntes enthalten. Ich möchte dabei auch besonders hervorheben, daß der König während der Unterhaltung eine sehr warme aufrichtige Verehrung für Seine Majestät den Kaiser bekundete und Euere Durchlaucht für die hervorragend kluge und erfolgreiche Klärung der gewiß überaus schwierigen Lage lebhaft beglückwünschte.

Quod felix sanctumque sit für die Zukunft!

In alter Verehrung Euerer Durchlaucht sehr gehorsamer   v. Eisendecher.

[a] *Von Bülow mit einem Randstrich hervorgehoben.*
Staatssekretär Schoen am Kopf des Schriftstücks: S.M. vorgelesen. S.M. will Prinz Albert unauffällig fern halten. Die Umgebung S.M. ist gegenüber dem Prinzen bereits sehr vorsichtig. 15.12. v. Sch.

BA Koblenz, N 1016 / NL Bülow, Nr.33, Bl.138–144 (eigenhändige Ausfertigung, von Bülow am 3.12.1908 zur Kenntnis genommen und sekretiert).

---

5   Siehe Dok. Nr.72 n.6.

Nr. 92
HANS VON FLOTOW AN FELIX VON MÜLLER

Berlin, 1. Dezember 1908

Auswärtiges Amt.

Lieber Herr von Müller,

In Erwiderung Ihrer freundlichen Zeilen vom 28. v.M.[1] möchte ich Ihnen mit derjenigen Offenheit und Ehrlichkeit, die Sie bei dieser *unerfreulichen* [a] Gelegenheit gewiß von mir erwarten, sagen, *daß Ihr Verhalten an maßgebender Stelle allerdings nicht verstanden wird.* *Der Herr Reichskanzler hat mir gesagt, er habe* [b] den ihm vom Auswärtigen Amte über das „Manuskript" erstatteten Bericht Ihnen *seinerzeit* [c] übergeben, *damit Sie* Bericht und Manuskript sorgsam *prüften* [d]. Er hätte zweimal die Frage an Sie gerichtet, ob Sie *etwas* [e] Bedenkliches in dem Manuskript fänden. Es *mußte den gerade in jener Zeit mit Geschäften überlasteten Reichskanzler in hohem Grade befremden* [f], daß Sie ihn auf die Horrenda in dem Manuskript (Feldzugsplan *gegen die Boeren*; Intervention, *um England in den Staub zu demütigen; Schiffsbau gegen* [c] Japan) nicht aufmerksam gemacht *haben* [g].

Klehmet und Stemrich haben ganz von sich aus Anträge auf Stellung z.D. bzw. auf Entlassung aus dem Staatsdienst eingereicht.[2] Dem ersteren Antrage ist entsprochen,[3] *der letztere* wird noch *erwogen*[4] [h]. Was Sie zu tun haben, muß natürlich Ihrem Ermessen überlassen bleiben. Die Sache ist eine sehr *un-*

---

1   Siehe Dok.Nr.90.
2   Siehe Dok.Nr.46 n.5 u. 86.
3   Die Entscheidung in der Angelegenheit Klehmet fiel am 28. November nach einer Unterredung zwischen Flotow und dem Chef der Reichskanzlei. Vgl. Loebell an Flotow, 28.11.1908: „Der Herr Reichskanzler ist ganz damit einverstanden, daß die Sache in der heute von uns besprochenen Weise behandelt wird: Nichtanerkennung des sachlichen Standpunkts, volle Anerkennung der hervorragenden Leistungen, Hoffnung auf spätere anderweite Verwendung, daher nicht Abschied, sonst Zur Dispositionstellung in Aussicht genommen." Das eigenhändige Schreiben trägt am Kopf von der Hand Loebells den Vermerk „Geheim (Bitte zu vernichten)"; Flotow gab es am 12.2.1910 zu den Geheimakten (PA-AA, R 5832, Bl.75a).
4   Zum Ergebnis siehe Dok.Nr.100. Vgl. in diesem Zusammenhang den Brief von August Stein an Hammann, 1.12.1908: „Wenn mich auch die Angelegenheit Stemrich eigentlich gar nichts angeht, so will ich doch nicht unterlasssen, Ihnen mitzuteilen, daß ich gestern in vorsichtigen Gesprächen mit verschiedenen Politikern und Parlamentariern gemerkt habe, daß die Entlassung Stemrichs bloß Aufsehen erregen und die ganze Affäre, die eigentlich längst vergessen ist, wieder in Erinnerung bringen würde [Hammann: ,Ich fürchte das auch']. St. scheint wahrscheinlich aus seiner früheren Stellung in Konstantinopel her doch eine ganze Masse guter Bekannter und Verehrer in verschiedenen Parteien zu haben, die seinen Rücktritt bedauern würde. Ich hörte auch gestern die Bemerkung, die mir auffiel: Man will wohl nur bürgerliche Sündenböcke konstruieren. Im übrigen, je mehr Opfer man schlachtet, desto mehr regt man zu der Frage an, was es eigentlich heißen sollte, daß Bülow in der *Norddeutschen* versichert hat, er decke seine Beamten" (PA-AA, R 5832, Bl.80–81, eigenhändig; von Bülow zur Kenntnis genommen).

glückliche[i], und der Nachteil, der für Krone, Reichskanzler, Auswärtiges Amt und das Land entstanden *ist, leider ein sehr großer*[j]. Immerhin wird jeder Schritt Ihrerseits hier, *schon im Hinblick auf Ihre lange und ehrenvolle Laufbahn wie Ihre von niemandem bezweifelte bona fides* [c], einer gerechten und, wie ich glaube, auch wohlwollenden Prüfung begegnen.[5]

Mit bestem Gruß Ihr aufrichtig ergebener   Flotow.

[a] *Nachträglicher Einschub in der Ausfertigung.*

[b] *Korrektur von der Hand Bülows. Urspr.:* daß bei dem Herrn Reichskanzler allerdings eine gewisse Verstimmung gegen Sie herrscht. S.D. hat mir amtlich gesagt, er hätte

[c] *Einfügung von der Hand Bülows.*

[d] *Korrektur von der Hand Bülows. Urspr.:* und Sie angewiesen, Bericht und Manuskript sorgsam zu prüfen.

[e] *Von Bülow gestrichen.*

[f] *Korrektur von der Hand Bülows. Urspr.:* hätte den Herrn Reichskanzler in hohem Grade befremdet.

[g] *dito. Urspr.:* hätten

[h] *dito. Urspr.:* über den letzteren ... verhandelt

[i] *dito. Urspr.:* böse

[j] *dito. Urspr.:* ein ungeheurer

PA-AA, R 5832, Bl.75d-e (Rohkonzept von der Hand Flotows, Bülows Korrekturen und Einschübe sind kursiv gesetzt). Eigenhändige Ausfertigung in PA-AA, R 5831.

Nr. 93
THEOBALD VON BETHMANN HOLLWEG: REICHSTAGSREDE

Berlin, 2. Dezember 1908

Meine Herren, gestatten Sie mir gleich beim Beginn Ihrer heutigen Beratung wenige Worte, um formal die Stellung der verbündeten Regierungen zu kennzeichnen. Der Ausgangspunkt der vorliegenden Anträge scheint mir die Verantwortlichkeit des Reichskanzlers zu sein. Sie ist beim Erlaß der Verfassung für den Norddeutschen Bund und ebenso später beim Erlaß der Verfassung für das

5   Nach Stemrichs Aufzeichnung v. 25.11.1908 (Dok.Nr.87) galt es im Auswärtigen Amt als ausgemacht, daß Müller für die Pannen bei der Behandlung des Stuart-Wortleyschen Artikelmanuskripts verantwortlich zu machen sei. Baronin Spitzemberg hielt am 1.12.1908 in ihrem Tagebuch fest: „Nach Kiderlens Erzählung ist der Hauptschuldige, wie es dem Unbefangenen gleich schien, Müller! Rücker hat das Opus warnend eingeschickt, Bülow es nicht gelesen, aber ans Amt eingeschickt mit der Instruktion: ‚Sorgsam zu prüfen, besonders auch auf etwaige Weglassungen.‘ Stemrich las darauf das Ding, Klehmet studierte und verglich es fünf Tage mit den Akten, worauf es mit der Bemerkung nach Norderney zurückging, es sei nichts weiter Bedenkliches darin. Müller, anstatt es nun zu lesen, berichtete dem Fürsten, und der gab darauf seine Unterschrift! Als ich zornig sagte, das komme davon, wenn man diese Adjutanten nach ihrem Klavierspiel wähle, sagte Kiderlen witzig: ‚Ja freilich; die Fürstin hat eben einen Vierhändigen gebraucht, und ein Einköpfiger hätte hingehört.‘ Wenn seinem Rat gefolgt werde, werde Müller auch nicht ungestraft durchschlüpfen" (Vierhaus, Spitzemberg, 495 f.).

Deutsche Reich mit vollem Bewußtsein als ein politisches Prinzip hingestellt, und es sind die Anträge abgelehnt worden, welche Bestimmungen über die Rechtsformen hinzufügen wollten, in denen die Verantwortlichkeit geltend zu machen sei. Man erblickte in dem politischen Prinzip selbst den wirksamsten und das Wesen der Ministerverantwortlichkeit am sichersten treffenden Ausdruck der geforderten Garantien und dachte, wie sehr charakteristische Äußerungen hervorragender Parlamentarier es dartun, von dem Wert juristischer Formeln nur gering.

Nichtsdestoweniger hat die Frage, welche für die staatsrechtliche Doktrin allezeit ein Gegenstand besonderen Interesses gewesen ist, welche aber auch gleichzeitig einen programmatischen Grundsatz großer politischer Parteien bildet, auch in der Folgezeit dieses hohe Haus wiederholt beschäftigt, ohne daß sich indessen die Erörterungen zu festen Beschlüssen verdichtet hätten.

So ist es gekommen, daß der andere Faktor der Gesetzgebung, der Bundesrat, seither weder Veranlassung noch Gelegenheit gefunden hat, über diese Frage zu beraten und zu beschließen.

Wenn nunmehr verschiedene Parteien den Zeitpunkt für gekommen erachten, um den Gegenstand erneut und in Versuchen zu praktischer Ausgestaltung zu behandeln, gleichzeitig allerdings daran zum Teil sehr viel weitergehende Anträge angliedern, dann wollen Sie es begreiflich finden, daß die verbündeten Regierungen sich außerstande sehen, zu Fragen, die für die verfassungsmäßigen Grundlagen unseres politischen Lebens so bedeutungsvoll sind, materiell Stellung zu nehmen, ehe sie Gelegenheit gehabt haben werden, auf der Grundlage fester Beschlüsse des Reichstags ihrerseits an eine Beschlußfassung heranzutreten.

(Sehr richtig! rechts)

Aber auch aus einer solchen nicht unmittelbar mittätigen Beteiligung an Ihren heutigen Beratungen und aus dem Abweichen von einer Gepflogenheit, die den Bundesrat sonst bei der Behandlung von Initiativanträgen eine noch weitergehende Zurückhaltung üben läßt, wollen Sie erkennen, welchen Wert die verbündeten Regierungen darauf legen, auch durch den unmittelbaren Eindruck von den Ansichten und Stimmungen dieses hohen Hauses ihren Entschließungen eine besondere Unterlage zu gewähren.[1]

(Beifall).

Sten.Ber., Reichstag, Session 1907–1909, 174. Sitzung, 5904.

---

1   Vgl. dazu den Kommentar bei Eschenburg, Kaiserreich am Scheideweg, 160; Schlegelmilch, 58 f.

Nr. 94
ERNST MÜLLER-MEININGEN[1]: REICHSTAGSREDE

Berlin, 2. Dezember 1908

[...] Was nun unseren Verfassungsantrag anlangt, so möchte ich zunächst betonen, daß unser grundlegender Antrag auf Nr.129 der Drucksachen bereits am 26. Februar 1907[2], also unmittelbar nach dem Zusammentritt des jetzigen Reichstags von unserer Seite gestellt worden war. Die in dem Antrag gestellte Anforderung an den Bundesrat, ein Ministerverantwortlichkeitsgesetz für das Reich vorzulegen und verantwortliche Reichsminister zu schaffen, ist eine alte Forderung der Fortschrittspartei und nach ihr der freisinnigen Partei, ist ebenso eine alte Forderung der nationalliberalen Partei –, eine Forderung, die seit der Gründung des Norddeutschen Bundes niemals zur Ruhe kam, und die nach meiner Überzeugung bis zur endlichen Lösung niemals in diesem hohen Hause zur Ruhe kommen wird und kommen kann.

(Sehr richtig! links)

Der „Reichsanzeiger" schrieb am 11. November heurigen Jahres:

> Der Kaiser gab seinen Willen kund, daß er seine vornehmste Aufgabe in der Sicherung der Stetigkeit der Reichspolitik unter Wahrung der verfassungsmäßigen Verantwortlichkeit erblicke. Der Kaiser billigte die Ausführungen des Reichskanzlers im Reichstage und versicherte den Fürsten Bülow seines fortdauernden Vertrauens.

Meine Herren, wir halten es unsererseits für nicht im Interesse des Reichs gelegen, auf die Verhandlungen des hohen Hauses vom 10. und 11. November zurückzukommen.[3]

(Sehr richtig! bei den Freisinnigen)

Ich möchte mir infolgedessen bezüglich dieser Verkündigung im „Reichsanzeiger" nur eine kurze Bemerkung erlauben. Trotz ihrer auffallenden Kürze und ihrer teilweisen staatsrechtlichen Unklarheit schöpfen wir aus dieser Veröffentlichung die Hoffnung, daß die in Betracht kommenden maßgebenden Faktoren auch ihrerseits bereit sind, den verfassungsmäßigen Weg zu gehen, der in unseren eigenen Anträgen angedeutet ist. Wir sind aber der Meinung: besser und dauerhafter als im „Reichsanzeiger" sind solche staatsrechtlichen Grundsätze in der deutschen Reichsverfassung niedergelegt.

(Sehr richtig! links)

---

1   *Ernst Müller-Meiningen (1866–1944)*, Jurist; 1894 Rechtsanwalt in Nürnberg, seit 1894 im bayer. Justizdienst, 1898 Amtsrichter in Fürth, 1903 Landgerichtsrat in Aschaffenburg, 1911 Oberlandesgerichtsrat in München, 1898–1918 Mitglied des Reichstags (zunächst Freisinnige Volkspartei, dann Fortschrittliche Volkspartei), 1906–10 Vorsitzender der Reichstagsfraktion, 1919–20 bayer. Justizminister, 1919–24 Mitglied des bayer. Landtags (DDP).

2   Antrag Ablaß und Genossen: „Der Reichstag wolle beschließen: die verbündeten Regierungen zu ersuchen, auf dem Wege der Gesetzgebung die Verantwortlichkeit des Reichskanzlers und seiner Stellvertreter zu regeln und verantwortliche Reichsminister zu schaffen" (Reichstag, Anlagen, Session 1907–09, 774).

3   Vgl. Dok. Nr.52–58. Der *Reichsanzeiger* veröffentlichte jene Erklärung am 17. November.

Deshalb wollen wir den Zusagen des Kaisers das feste verfassungsmäßige Fundament verleihen.

(Sehr gut! links)

Ich schöpfe aus den Erklärungen des Herrn Staatssekretärs, die wir soeben gehört haben, das Vertrauen, daß auch seitens der verbündeten Regierungen dem deutschen Parlamente endlich in dieser Richtung ein gewisses tatsächliches Entgegenkommen beruhen wird. Meine Herren, wir haben 1 $^1/_2$ Jahre lang gewartet, daß der Bundesrat etwas in der Richtung unseres Antrages, den wir am 26. Februar 1907 gestellt haben, tue. Da das aber nicht geschehen, so hielten wir es unsererseits für notwendig, die Initiative im einzelnen zu ergreifen und dem Antrag der Sozialdemokratie, der uns nach verschiedenen Richtungen hin unannehmbar erscheint, unsererseits eine Vorlage entgegenzustellen.

(Hört! hört! bei den Sozialdemokraten)

Über alle Einzelheiten unseres Antrages behalten wir uns freie Hand vor. Ich werde mich bei der Begründung dieses Hauptantrags auf die Hauptgrundsätze beschränken und einem späteren Stadium das Eingehen auf die Einzelheiten vorbehalten. Kurz gesagt: wir wollen in unseren Anträgen statt der sogenannten „moralischen Verantwortlichkeit" des Reichstags die staatsrechtliche juristische Verantwortlichkeit zum Durchbruch bringen. Die beste Begründung für die innere Berechtigung unseres Antrags hat der Herr Reichskanzler selber in seiner Rede zur Reichsfinanzreform[4] gegeben. Der Herr Reichskanzler hat wörtlich gesagt:

> Die Gründung des Reichs war die Grundsteinlegung, der Entwurf von Grundriß und Plan, die Aufführung der Grundmauern; an dem Hause bauen wir auch heute noch.

Am Schluß hat er gemeint:

> Jetzt heißt es, die Hypotheken abtragen, die Baugelder regeln und in geordnetem Haushalt durch erhöhte Beiträge der Bewohner zum gemeinsamen Wohl der Zukunft vorsorgen.

Ich muß sagen, das ist ein etwas sehr starker Sprung; ich glaube doch, daß der Herr Reichskanzler auf dem Gebiete der Bausachen und der Beschaffung von Baugeldern etwas Laie ist.

(Heiterkeit)

Die Zeit der Hypothekenabtragung kann nach unserer Überzeugung erst dann kommen, wenn der Grundpfeiler des Gebäudes gelegt ist, im Innern die Gemächer wohnlich eingerichtet sind, und vor allem, wenn die Rechte der Einwohner festgestellt sind.

(Sehr richtig! links)

Aber hier liegt die Mangelhaftigkeit unseres Reichsgebäudes offen. Unsere Verfassung hat trotz ihrer bewunderungswerten künstlerischen Struktur im allgemeinen ebenso wie unsere Geschäftsordnung die Spuren eines Not-, eines überhasteten Verlegenheitsgesetzes im einzelnen. Der Schöpfer der Verfassung, Fürst Bismarck, wußte am allerbesten, daß sie in Bälde einer Revision und Klarstellung unterzogen werden mußte. Die unklarste Bestimmung in unserer deutschen Reichsverfassung ist zu gleicher Zeit die allerwichtigste, die den Grundstein unseres

---

4   Am 19. November 1908; vgl. Hötzsch, Bülows Reden, III, 141–154.

ganzen konstitutionellen Gebäudes bildet; es ist das der Satz 2 des Artikel 17, der lautet:

> Die Anordnungen und Verfügungen des Kaisers werden im Namen des Reichs erlassen und bedürfen zu ihrer Gültigkeit der Gegenzeichnung des Reichskanzlers, welcher dadurch die Verantwortlichkeit übernimmt.

In dem letzten Relativsatz liegt überhaupt die Schwierigkeit für die Fortentwicklung der Verantwortlichkeitsfragen. Die Vorgeschichte der Errichtung des Reichskanzlerpostens wie überhaupt dieser sogenannten moralischen Verantwortlichkeit ist sehr interessant. Ich beschränke mich bei der Fülle von Material auf einige kurze Andeutungen. Der jetzige Kanzlerposten – die staatsrechtlich merkwürdigste Verkörperung der zentralistischen Staatsidee in einem konstitutionellen Lande – ist ganz plötzlich aus dem Parlament heraus entstanden. Es war ursprünglich von dem Fürsten Bismarck nur ein Unterstaatssekretär im preußischen Ministerium des Auswärtigen für deutsche Angelegenheiten vorgesehen, durch einen Antrag der nationalliberalen Partei kam die Verantwortlichkeit, wie sie jetzt im Artikel 17 der Reichsverfassung niedergelegt ist, in die Verfassung. Aber der Absatz 2 des Antrags des Abgeordneten v. Bennigsen[5] – der der Vater des Artikels 17 der deutschen Reichsverfassung ist –, daß nämlich „durch ein besonderes Gesetz die Verantwortlichkeit und das zur Geltendmachung derselben einzuhaltende Verfahren zu regeln sei", wurde von der Mehrheit des Deutschen Reichstags leider abgelehnt. So kam hier in diesem Artikel 17 ein Rumpfprodukt zustande; so ist diese Verantwortlichkeit des Reichskanzlers kein greifbarer Rechtsbegriff, sondern der theoretische Ausspruch eines politischen Prinzips in einer vollkommen rudimentären Form.[6]

Der bekannte bayerische Staatsrechtslehrer Max v. Seydel[7] nannte mit vollem Recht diese Verantwortlichkeit des Reichskanzlers eine „Phrase, für welche der Schöpfer der deutschen Reichsverfassung die Verantwortlichkeit ablehnen mag". Der Reichskanzler haftet danach nicht rechtlich, sondern allein politisch-parlamentarisch; er hat sich lediglich vor dem Deutschen Reichstag wegen seiner amtlichen Tätigkeit zu verantworten, – wenn er will. Wenn der Reichskanzler aber nicht will, wenn er überhaupt nicht vor dem deutschen Parlamente erscheint, so hat der Reichstag nicht die geringste konstitutionelle Waffe, ihn zu zwingen. [...]

Der Schöpfer der deutschen Reichsverfassung hat leider zu spät die Mängel des von ihm selbst geschaffenen Scheinkonstitutionalismus eingesehen. Er hat

---

5 *Karl Wilhelm Rudolf von Bennigsen (1824–1902)*, Großgrundbesitzer u. nationalliberaler Politiker; 1859 Mitbegründer u. Präsident des Deutschen Nationalvereins, 1866 Mitbegründer der Nationalliberalen Partei, seit 1871 Mitglied des Reichstags (bis 1883), 1873–79 Reichstagspräsident, Führer der nationalliberalen Fraktion, 1866–83 Mitglied des preuß. Abgeordnetenhauses, 1882 Mitglied des Deutschen Kolonialvereins, 1888–1897 Oberpräsident der Provinz Hannover.

6 Zur Vorgeschichte des Art. 17 siehe Otto Becker, Bismarcks Ringen um Deutschlands Gestaltung (Heidelberg 1958), 390 ff.; ferner Schlegelmilch, 56 ff.

7 *Max von Seydel (1846–1901)*, Staatsrechtslehrer, Poet; Königlich bayer. Geheimer Rat, ordentlicher Professor für Staatsrecht in München.

wiederholt Gelegenheit genommen – nach seiner Entlassung –, auszudrücken, daß er die Krone zum Schaden des Vaterlandes zu stark gemacht habe. Er hat nach seiner Entlassung wiederholt Gelegenheit genommen, z.B. in der berühmten Stelle seiner „Gedanken und Erinnerungen" in Band I, Seite 278, wo er den Absolutismus beißend kritisiert, zu zeigen, daß es ein großer Fehler war, eine bloße Scheinkonstitution in der Verfassung zu errichten.

[...] Jenes Axiom: „der König kann nicht unrecht tun", bedeutet nach seiner gesamten historischen Entwicklung nur das eine, daß aus reinen Zweckmäßigkeitsgründen, aus Gründen des Schutzes der Stabilität des Staatswesens die oberste Spitze weder für Handlungen im Privatleben noch für Handlungen in Ausübung der Regentenrechte zur strafrechtlichen oder staatsrechtlichen Verantwortung gezogen werden darf.

Darauf beruht auch im letzten Effekte die Gepflogenheit eines konstitutionellen Parlaments, die Person eines Souveräns nicht in die Debatte zu ziehen.

Alles dies gilt aber noch viel mehr als für eine einheitliche Monarchie für ein bundesstaatliches Verhältnis, an dessen Spitze ein Repräsentativvertreter steht, der als solcher kein Souverän ist. Es muß immer wieder festgehalten werden: der Deutsche Kaiser ist nach der deutschen Reichsverfassung nicht der Souverän von Deutschland, er ist primus inter pares; er besitzt die Präsidialgewalt, er ist der Vorsitzende des Bundes.

Wie weit geht nun der Umfang der Haftung in persönlicher Richtung nach unserem Antrage?[8] Nach dem Art.17a unseres Antrags soll der Reichskanzler oder sein Stellvertreter im Sinne des Reichsgesetzes vom Jahre 1878 haften: 1. für seine eigene Amtsführung im vollen Umfange der Verfassung und 2. für

---

8   Der Antrag „Ablaß und Genossen" v. 30.11.1908 lautete: „Der Reichstag wolle beschließen, dem nachstehenden Gesetzentwurf die verfassungsmäßige Zustimmung zu erteilen: Gesetz, betreffend die Abänderung der Verfassung des Deutschen Reichs. Wir Wilhelm, von Gottes Gnaden Deutscher Kaiser, König von Preußen usw. verordnen im Namen des Reichs, nach erfolgter Zustimmung des Bundesrats und des Reichstags, was folgt: In Artikel 17 die Worte ‚welcher dadurch die Verantwortlichkeit übernimmt' zu streichen. Hinter Artikel 17 folgende Bestimmungen einzufügen: Artikel 17a – Der Reichskanzler oder dessen Stellvertreter im Sinne des § 2 des Reichsgesetzes vom 17. März 1878 sind für ihre Amtsführung dem Reichstage verantwortlich. Diese Verantwortlichkeit erstreckt sich auch auf alle Handlungen des Kaisers, die innere oder die äußere Politik des Reichs zu beeinflussen geeignet sind. Artikel 17b – Der Reichstag hat das Recht der Anklage gegen den Reichskanzler oder dessen Stellvertreter. Die Erhebung der Anklage erfolgt durch einen Beschluß des Reichstags, der von einer Mehrheit von zwei Dritteln der gesetzlichen Anzahl der Abgeordneten gefaßt wird. Artikel 17c – Die Anklage erfolgt wegen Verletzung der Reichsverfassung sowie wegen schwerer Gefährdung der Sicherheit oder Wohlfahrt des Reichs durch pflichtwidrige Handlungen oder Unterlassungen. Artikel 17d – Zur Verhandlung und Entscheidung über die Anklage wird ein Staatsgerichtshof für das Deutsche Reich am Reichsgericht zu Leipzig errichtet." Die Artikel 17e–q regeln die Zusammensetzung und die Verfahrensweise des Staatsgerichtshofs. Hinsichtlich des Urteilsrahmens bestimmt der Artikel 17m: „Das Urteil kann nur auf Freisprechung oder Verlust des Amtes lauten. Im letzteren Falle kann auf Entziehung der Pension erkannt werden" (Drucksache No.1063, Reichstag, Anlagen, Session 1907–09, Bd.250, 6024–25. Abgedr. in Fenske, Quellen zur deutschen Innenpolitik 1890–1914, 355–58).

Anordnungen des Kaisers, welche die innere oder äußere Politik des Reichs zu beeinflussen geeignet sind; er soll also nicht bloß haften für „Anordnungen und Verfügungen" im Sinne des Art. 17. Das Erfordernis der Gegenzeichnung im Art. 17 unserer Reichsverfassung bedeutet, daß es sich dort nur um unterzeichnete, also nur um schriftliche Dokumente der Regierung handeln kann. Das mag einmal in der guten alten Zeit genügt haben; aber jetzt, in einer Zeit der Telegramme, des Telephons, in einer Zeit der ungeheuren postalischen Entwicklung genügt dieser Standpunkt längst nicht mehr. Er kann um so weniger genügen, als bekanntlich bei uns das Regierungsgeschäft mit Vorliebe auf Reisen ausgeübt wird.

(Sehr gut! links)

Es bedarf keiner weiteren Ausführung – das haben vor allem auch die Tatsachen der letzten Wochen ergeben –, daß auch bloße mündliche Äußerungen des Inhabers des Bundespräsidiums von allergrößter politischer Bedeutung sein können. Ich glaube, daß ich in dieser Beziehung keinen Beweis anzutreten brauche. [...]

Wir verlangen aber in unserem Antrage als logische Folge der Ministerverantwortlichkeit auch verantwortliche Reichsminister. Meine Herren, die Stellung des Herrn Staatssekretärs ist nach meiner Überzeugung staatsrechtlich auf die Dauer vollkommen unhaltbar. Es kann keinem Zweifel unterliegen, daß die Verantwortlichkeit des Reichskanzlers heute nur noch eine staatsrechtliche Fiktion ist, daß sie nur noch auf dem Papiere besteht. Ich glaube, daß es nicht zu weit geht, wenn ich sage: ein einzelner Mensch, selbst wenn er die Genialität eines Bismarck, eines Stein und eines Hardenberg zugleich in einer Person vereinige, vermöchte keine ministerielle Verantwortung mehr für diesen Riesenapparat der Reichsverwaltung zu übernehmen.

(Sehr richtig! links)   [...]

Entweder es gibt einen Minister, der die volle konstitutionelle Verantwortlichkeit trägt, oder der betreffende Beamte ist eben nicht Minister.

(Sehr richtig! links)

Wir haben auch die einzelnen Ressortchefs verantwortlich machen wollen innerhalb ihres Ressorts und soweit der Reichskanzler nicht selbst ausdrücklich die Verantwortlichkeit übernimmt. Wir sind nicht der Anschauung, daß dadurch die Stellung des deutschen Reichskanzlers wesentlich geschmälert werden wird. Wir wollen auch nicht von einem Extrem in das andere fallen. Wir wollen nicht auf einmal von der zentralistischen Idee, die in unserer Reichsverfassung niedergelegt ist, zu der dezentralistischen Idee der preußischen Verfassung kommen. Wir erinnern uns wohl, welche schweren Mängel dieser dezentralistische Aufbau des preußischen Staatsministeriums hat; wir denken daran, daß Bismarck jahrzehntelang über die großen Schwierigkeiten seiner Stellung geklagt hat. Fürst Bismarck hat bekanntlich gesagt, daß das einzige Vorrecht, das er als preußischer Ministerpräsident gegenüber seinen Ministerkollegen besitze, das sei, daß er bei Ministerratsitzungen „oben am Tische sitzen dürfe". Eine derartige Herabdrückung der Stellung des Reichskanzlers wollen wir nicht. Es schwebt uns etwa die mächtige Stellung des englischen Ministerpräsidenten vor. Der Reichskanzler soll auch in Zukunft noch die wirkliche Spitze der Verantwortlichkeit bilden. Er soll für die notwendige Einheitlichkeit und Geschlossenheit der deutschen Reichspolitik auch in Zukunft Bürgschaft leisten. [...]

Das Wesen der konstitutionellen Monarchie ist von Bismarck als „das Zusammenwirken des monarchischen Willens mit der Überzeugung des Volkes" bezeichnet worden. Meine Herren, das gilt noch viel mehr als für einen einheitlichen Staat für einen föderativen Staatenbund und seine Bevölkerung. Die Überzeugung des Besten des deutschen Volkes geht dahin, daß unsere Verfassung nicht versteinern dürfe

(sehr richtig! links),

daß sie sich entsprechend den staatsrechtlichen Anforderungen der Zeit und als Niederschlag der herrschenden Anschauungen stetig und organisch fortentwickeln müsse, wenn nicht schwere Gefahren über das deutsche Volk gebracht werden sollen.

Das deutsche Volk ist für eine solche konstitutionelle Fortentwicklung heute reif.

(Zustimmung links)

Diese Erkenntnis sowie das Bewußtsein, daß es mehr bedeutet, an der Spitze eines reifen und freien Volkes zu stehen, als ein scheinkonstitutioneller Monarch zu sein, – das muß und das wird unseren Verfassungsbestrebungen – davon sind wir innerlich überzeugt – am Ende den vollen Erfolg, den vollen Sieg gewährleisten.

(Bravo! links)

In diesem Bewußtsein stellen wir die dringende Bitte an alle Parteien des Parlaments – ohne jede Ausnahme –, den Grundgedanken[9] unserer Anträge zuzustimmen und uns bei der verfassungsmäßigen Durchführung zu unterstützen

(Bravo! links),

zum Wohl des Volkes, zum Segen des Deutschen Reichs!

(Lebhafter Beifall links)

Sten.Ber., Reichstag, Session 1907–09, 174. Sitzung, 5904–5910.

9   Müller-Meiningen beauftragte seinen Parteifreund Naumann am Folgetag, „Herrn Ledebour gegenüber zu sagen, daß er für das parlamentarische Regiment seinerseits eingetreten ist und unser jetziges System einen Scheinkonstitutionalismus genannt hat, um es von dem zu unterscheiden, auf was wir hinarbeiten" (Sten.Ber., Reichstag, Session 1907–09, 175. Sitzung, 5947). Zur Position der Linksliberalen siehe auch Eschenburg, Kaiserreich am Scheideweg, 166 f.; Schlegelmilch, 63–67 u. 89–93; Grosser, Konstitutionalismus, 60 ff.

Nr. 95
KARL VON DIRKSEN[1]: REICHSTAGSREDE

Berlin, 2. Dezember 1908

[...][2] Meine Herren, eine sehr viel ernstere Behandlung erfordern die Anträge Ablaß[3] und Graf Hompesch[4]. [...] Ich muß darauf hinweisen, daß die Änderung, die jetzt verlangt und als ziemlich selbstverständlich und nicht sehr folgenreich bezeichnet wird, doch sehr schwere Folgen insofern haben wird, als sie einen Übergang von der konstitutionellen zu einer parlamentarischen Monarchie bedeutet.

(Sehr richtig! rechts)

Und ob Sie damit die große Mehrheit des deutschen Volks hinter sich haben, ist mir sehr zweifelhaft.

(Sehr richtig! rechts)

[...] Meine Herren, gestatten Sie mir, nun noch auf ein anderes Motiv einzugehen, das oft zur Unterstützung Ihrer Anträge geltend gemacht wird. Das Parlament bei uns – wird gesagt – spielt nicht die genügende Rolle, es hat nicht den Einfluß, den wir ihm zumessen zu können glauben. Meine Herren, ich möchte nicht in den Verdacht kommen, den Praeceptor Germaniae hier spielen zu wollen. Aber gestatten Sie mir doch die bescheidene Einwendung, daß, wenn ein Parlament in einem Verfassungsstaat die Rolle, die es beansprucht, nicht spielt, das wohl nicht immer an der Verfassung, sondern recht oft am Parlament liegt.

(Sehr richtig! rechts und links)

Die parlamentarischen Machtmittel und die Verfassungsmittel, die unser Parlament hat, sind – das glauben Sie mir! – bedeutend genug. Wir haben die Möglichkeit eines Tadelvotums, – eine Möglichkeit, von der nach meinem Erinnern sehr selten Gebrauch gemacht ist; wir haben die Möglichkeit einer Adresse, ein Ausweg, den wir am 10. und 11. November nicht beschritten haben, den wir aber hätten beschreiten können, und wir haben die Möglichkeit, wie der Abgeordnete Erzberger mir zuruft – und ich werde es nachher noch vertiefen – der Budgetverweigerung oder -beschneidung, eine Möglichkeit, die schließlich die schmerzhafteste Waffe gegenüber einer Regierung ist. Ich weiß nicht, was das Parlament noch an stärkeren Mitteln haben will als diese Budgetverweigerung, was für Vorteile es von der Erhebung der Ministeranklage hat, wenn es die

---

1   *Karl Ernst Eduard Willibald von Dirksen (1852–1928)*, Jurist, Politiker, Rittergutsbesitzer; 1871–74 Studium der Rechts- u. Staatswissenschaften in Berlin, Heidelberg u. Bonn, 1875 Promotion, 1880 Assessor, 1887 Nobilitierung, 1888 Wirklicher Legationsrat u. Vortragender Rat im Ausw. Amt, 1903 Eintritt in den Ruhestand, 1903–12 Mitglied des Reichstags (Deutsche Reichspartei), 1904–13 Mitglied des preuß. Abgeordnetenhauses, 1914–18 Mitglied des preuß. Herrenhauses.

2   Vorausgegangen war eine schroffe Zurückweisung der sozialdemokratischen Anträge (vgl. Dok.Nr.81 n.3), machten diese doch nach Meinung des freikonservativen Sprechers „den Reichstag nicht zu einem Parlament, sondern zu einem Konvent, der zu beschließen hat über Leben und Tod, über Krieg und Frieden, über alles, was ihm gefällt" (ibid., 5933).

3   Vgl. Dok. Nr.94 n.8.

4   Vgl. Dok. Nr.81 n.7.

Möglichkeit hat, den verbündeten Regierungen den nervus rerum abzuschneiden. [...]

Ich will hier noch ein Wort zitieren, das ich neulich in einer Münchener Zeitung fand:

> Nur das Parlament hat am letzten Ende eine wirkliche und dauernde Macht, das sich die Macht erkämpft und sie im Niederringen seiner eigenen Mängel sich erworben hat.

Diese eigenen Mängel – ich erlaube mir den Finger darauf zu legen – bestehen nach meinen kurzjährigen Erfahrungen in der Zersplitterung in einer Reihe von Parteien, die eine Majoritätsbildung unmöglich machen, so daß kleine Fraktionen und Fraktiönchen von 10 bis 15 Mitgliedern das Zünglein an der Waage bilden, durch deren ausschlaggebende Stimmen oft weittragende Folgen herbeigeführt werden. Ferner kommt hinzu das starre Festhalten an den Fraktionsdogmen – ich nehme keine Partei hiervon aus –, dann, was ja im allgemeinen Wahlrecht begründet ist, ein ängstliches Buhlen um die Gunst der Wähler, und endlich ein gewisser Mangel an nationalem Schwung und an der Möglichkeit, sich über Kleinlichkeiten zu erheben. Wenn wir diese Fehler ablegen, dann werden wir dem Parlament ohne papierne Paragraphen und ohne Verfassungsänderung die Bedeutung gesichert sehen, die wir ihm alle von Herzen wünschen.

(Wiederholtes lebhaftes Bravo rechts)

[...] Das ist meines Erachtens der wundeste Punkt bei der Einführung der Reichsminister, daß der Bundesrat dadurch in einer Weise kaltgestellt wird, die mit dem bundesfreundlichen Verhalten der Bundesregierungen untereinander absolut nicht in Einklang zu bringen ist. Wir würden dadurch eine Verstimmung bei den Bundesregierungen, eine Unwilligkeit, an den Reichsaufgaben mitzuwirken, erregen, die in keinem Verhältnis zu den Vorteilen stehen würde, die wir damit erreichen.

Wir erblicken aber eine weitere Gefahr darin, daß die Stellung des Reichskanzlers dadurch zu der eines primus inter pares herabgedrückt wird. Wir würden, wenn wir ein Reichsstaatsministerium schaffen würden, dem Reichskanzler nur die Rolle zuerteilen, die er im preußischen Staatsministerium hatte, die eines Vorsitzenden, eines Leiters der Verhandlungen, der jederzeit per majora überstimmt werden kann, und der Reichskanzler hat in seinen Erinnerungen keinen Zweifel gelassen, daß er aus diesem Grunde die Institution des preußischen Staatsministeriums für eine sehr verbesserungsbedürftige hielt.

Das dritte Bedenken aber besteht darin, daß durch Schaffung einer Reihe von Reichsministern im Sinne der Herren Antragsteller[5] die Verantwortlichkeit von einer Schulter auf viele abgewälzt, daß dadurch das Verantwortlichkeitsgefühl geschwächt, sozusagen verdünnt würde, und daß sich dann jeder der Minister darauf berufen würde, daß in der betreffenden Ministerialsitzung, die natürlich hinter verschlossenen Türen und unter Ausschluß der Öffentlichkeit stattfindet, ein Beschluß gefaßt worden sei, den er ja sehr bedaure, wenn es schlecht geht, für

---

5   Nach dem Artikel 17a des freisinnigen Antrags v. 30.11.1908 sollten „der Reichskanzler oder dessen Stellvertreter [...] für ihre Amtsführung dem Reichstage verantwortlich" sein (vgl. Dok. Nr.94 n.8).

den er aber nicht verantwortlich sei. Das sind die Konsequenzen eines solchen Kollegialsystems, und ich glaube, daß wir große Bedenken haben sollten, das dem Reiche zu oktroyieren. [...]

Meine Herren, ich erkläre also namens meiner politischen Freunde unsere Bereitwilligkeit, in der Kommission mitzuarbeiten an den Entwürfen, darf aber jetzt schon betonen, daß wir die großen prinzipiellen Schwierigkeiten dabei nicht außer acht lassen werden, und daß wir Sie dringend bitten, nicht einem einseitigen Doktrinarismus zuliebe, den Sie in den vielen kleinen Wählerversammlungen vielleicht produzieren müssen, auf Forderungen zu bestehen, die in der Tat nicht durchführbar oder nicht glücklich sind, und ich rufe Ihnen in dieser Beziehung zu: Caveant consules, ne quid detrimenti capiat res publica!

(Bravo! rechts)

Sten.Ber., Reichstag, Session 1907–09, 174. Sitzung, 5930–5938.

Nr. 96
PETER SPAHN: REICHSTAGSREDE

Berlin, 2. Dezember 1908

[...] Der Artikel 17 der Reichsverfassung spricht die Kanzlerverantwortlichkeit auch als Grundsatz aus. Es war mir nach allen Verhandlungen, die über die Verantwortlichkeit stattgefunden haben, und nach den Erörterungen in der Literatur etwas befremdend, daß der Herr Vertreter des Reichskanzlers heute noch den Schwerpunkt darauf legt, Überzeugungen für den Bundesrat aus dem Ton zu gewinnen, der sich hier in diesen Verhandlungen kundgeben wird. Ich meine, die Frage sei an sich spruchreif; es kann sich nur darum handeln: wie die Geltendmachung der Kanzlerverantwortlichkeit zu erfolgen hat! Bis jetzt liegt die Verantwortlichkeit, die der Kanzler dem Reichstag gegenüber hat – um die Verantwortlichkeit gegenüber dem Bundesrat handelt es sich nicht; diese Frage scheide ich ganz aus –, zweifellos nur auf dem politischen Gebiete; eine rechtliche Verantwortlichkeit besteht uns gegenüber nicht. Ich will auf die einschlägige Literatur nicht eingehen, sie ist rein theoretisch. Praktisch hat sich in den Fällen der Indemnitätsvorlagen[1] gezeigt, daß, wenn nicht freiwillig der Reichskanzler uns entgegengekommen wäre, wir nicht in der Lage gewesen wären, eine Aussprache darüber herbeizuführen, ob und inwieweit eine Verletzung der Verfassung seitens des Kanzlers vorgelegen hat. Die Stellung des Kanzlers ist dabei eine besonders hervorgehobene. Der Kaiser steht dem Kanzler frei gegenüber, er ist an seinen Rat nicht gebunden; der Kaiser ist jederzeit in der Lage, seinen Kanzler zu entlassen und sich einen neuen Kanzler zu suchen. Was es zu bedeuten hat, ein

---

1 Am 19.11.1900 legte die Regierung dem Reichstag einen Nachtrag zum Reichshaushaltsetat für das Rechnungsjahr 1900 zur Begleichung der auf 152.770.000 Mark bezifferten Kosten für die Chinaexpedition vor, mit dem ausdrücklichen Ersuchen um „Indemnität". Die zweite Nachtragsforderung für die Chinaexpedition in Höhe von 120.682.000 Mark wurde am 15.3.1901 in den Reichstag eingebracht.

Ministerverantwortlichkeitsgesetz zu haben auch für den Kanzler in der Stellung
zum Kaiser, hat kein anderer uns erklärt, wie Fürst v. Bismarck, der in der Rede
in Jena - ich denke sie war es - 1892[2] gesagt hat, wenn man den Einfluß des
Reichstags stärken wolle, müsse man die Verantwortlichkeit des Reichskanzlers
stärken, das sei aber nur durch ein Gesetz möglich. Jetzt könne ein jeder Kanzler
werden ohne Beruf dazu.

(Heiterkeit)

– Das sind Bemerkungen, die mit dem Gedanken an sich nichts zu tun haben, –
und das Amt des Kanzlers könne zu dem eines Kabinettssekretärs herabgedrückt
werden, dessen Verantwortlichkeit sich auf die Ausführung des ihm Befohlenen
beschränke ohne Prüfung und Auswahl des Nützlichen; wenn wir ein Verant-
wortlichkeitsgesetz hätten, würde einer, der die Fähigkeit nicht dazu habe, auch
die Stelle eines Reichskanzlers nicht übernehmen.

Der Kanzler nimmt seinerseits dem Kaiser gegenüber eine eigenartige Stellung ein, er ist von seinen Befehlen unabhängig und hat ein Recht auf Demission,
wenn er die Gegenzeichnung ablehnen zu müssen glaubt. Der Reichstag steht
dem Kanzler rechtlos gegenüber. [...]

Was nun unseren Antrag[3] betrifft, so hatten wir uns wie 1900[4] auf eine Resolution beschränkt. Wir haben den Wunsch, eine übereinstimmende Auffassung
des Reichstags als Abschluß der Novemberdebatten dahin herbeizuführen, daß
uns ein Ministerverantwortlichkeitsgesetz vorgelegt werde, um die Verantwortlichkeit des Reichskanzlers praktisch geltend machen zu können. Wir denken
uns, daß die Verantwortlichkeit des Reichskanzlers sich zu erstrecken hat auf die
Tätigkeit als Berater des Kaisers in den Fällen der Gegenzeichnung, wie sie der
Art. 17 bereits enthält. Daß der Kanzler nicht haftbar ist für die Vorgänge, die sich
im Bundesrat vollziehen, nicht haftbar ist für die gesetzgeberischen Aktionen des
Reichstags, das ist zweifellos und bedarf keiner weiteren Erörterung. Dann wird
der Kanzler allerdings auch verantwortlich sein müssen für die Tätigkeit als Chef
der gesamten Reichsverwaltung, also auch für die ministeriellen Handlungen, die
von ihm oder seitens der Staatssekretäre vorgenommen werden, und zwar selbständig als Vertreter des Kaisers.

Der Herr Abgeordnete Müller war der Ansicht, man könne die Verantwortlichkeit des Kanzlers für die Tätigkeit der Staatssekretäre nicht konstruieren, man
müsse nach dieser Richtung hin, entsprechend dem Vorgange des Stellvertre-
tungsgesetzes, die einzelnen Staatssekretäre selbständig verantwortlich sein lassen, unter Ausschaltung der Verantwortlichkeit des Kanzlers. Ich glaube, daß wir

2   Die Reden, die Bismarck am 30. und 31. Juli 1892 in Jena gehalten hat, enthalten keinen
    Passus über die Notwendigkeit eines Ministerverantwortlichkeitsgesetzes (vgl. Horst Kohl,
    Bismarckreden 1847–1895, 3. Aufl. Leipzig 1899, 381–391).
3   Vgl. Dok.Nr.81 n.7.
4   Anläßlich des kostspieligen Chinafeldzuges von 1900, den die Reichsregierung ohne vorhe-
    rige Kreditbewilligung durch den Reichstag durchgeführt hatte, war der Bundesrat durch
    den Antrag Lieber aufgefordert worden, ein Gesetz über die Errichtung eines Staatsge-
    richtshofes vorzulegen, zu dessen Zuständigkeiten u.a. die Streitigkeiten über die Verant-
    wortlichkeit des Reichskanzlers gehören sollten (vgl. Schlegelmilch, 54 n.344).

damit einen Rückschritt gegenüber dem gegenwärtigen Zustande machen, insofern es sich um den Umfang der Haftbarkeit des Kanzlers handelt, und ich möchte
gegenüber diesen Ausführungen doch Bezug nehmen auf eine Äußerung des
Fürsten Bismarck, der sagte:

> Ich bin meines Erachtens dafür verantwortlich, daß an der Spitze der einzelnen Zweige der
> Reichsverwaltung Leute stehen, die ihre Verwaltung im großen und ganzen in der Richtung
> des Stromes führen, den das deutsche politische Leben nach der augenblicklichen Richtung
> des deutschen Geistes und der deutschen Geister zu laufen genötigt ist.

Das hat der Herr Reichskanzler Fürst Bismarck damals auch hervorgehoben, daß
er selbstverständlich nicht für jeden einzelnen Federzug verantwortlich sein
könne, der in einem Reichsamt vollzogen werde. Aber auf solche Einzelheiten
kommt es dabei auch nicht an; die Verantwortlichkeit kann dem Kanzler insofern
nicht abgenommen werden, als er auch den einzelnen Staatssekretären gegenüber
die Kontrolle zu führen hat, die erforderlich ist, um die Politik in sicheren und
stetigen Bahnen zu leiten.

Dann würde als dritter Punkt noch in Frage kommen, inwieweit sich die
Ministerverantwortlichkeit auch auf solche Handlungen des Kaisers bezieht, die
nicht gegengezeichnet zu werden brauchen, oder bei denen ihrer Natur nach eine
Gegenzeichnung unmöglich ist. Zu den letzteren Handlungen würden ja nun die
Reden des Kaisers gehören, würden Privatgespräche gehören, würden unter
Umständen auch Briefe gehören. Wir haben ja Mitteilungen nach diesen verschiedenen Richtungen bekommen. Nun ist zweifellos, daß die Verantwortung
des Kanzlers in diesen Fällen nicht in dem Sinne zu verstehen ist, daß der Kanzler
sie zu verhindern hätte; denn er bekommt sie ja selbst erst zur Kenntnis, nachdem
sie geschehen sind, und sie lassen sich dann ja nicht mehr rückgängig machen.
Aber die Verantwortlichkeit trägt er in der Weise, daß er, wenn er sie mißbilligt,
entweder uns gegenüber die Verantwortung übernimmt, trotzdem er sie mißbilligt, oder daß er seine Demission nimmt. Die bloße Erklärung, daß er die Beamten in den betreffenden Ressorts in Schutz nimmt für die Versehen, die bei ihnen
vorgekommen sind, deckt sich nicht mit dem Begriff der ministeriellen Verantwortlichkeit.

(Lebhafte Zustimmung in der Mitte und links)

[...]

Meine Herren, ich will die Frage, ob damit [i.e. mit der Errichtung von
Reichsministerien] ein parlamentarisches Regiment eingeleitet würde, dahingestellt sein lassen. Ich halte auch für unrichtig, wenn man von dem Ministerverantwortlichkeitsgesetz, wie es jetzt angestrebt wird, sagt, es führe zu einem parlamentarischen Regiment. [...] Allerdings wollen wir auch das nicht verkennen:
wenn es dazu kommt, daß Ministeranklage gegen einen Kanzler erhoben wird,
und wenn diese Verurteilung dazu führt, daß nun nicht mehr der Kaiser allein
über die Entlassung des Kanzlers entscheidet bzw. der Kanzler darüber, ob er sein
Demissionsgesuch einreichen kann, sondern daß der Staatsgerichtshof mitspricht,
dann wird das parlamentarische Wirkungen ausüben; denn es wird für den Kaiser
in seiner Auswahl der Personen eine Schranke insofern bilden, als er der Gefahr
sich nicht aussetzen will, daß nachher eine Ministeranklage den Kanzler seines

Amtes entsetzt, und er wird auf die Mehrheitsgruppierungen, die im Parlament sich gebildet haben, bei der Auswahl seiner Kanzler Rücksicht nehmen. Aber es ist zu weitgehend, deshalb von einer parlamentarischen Regierung zu reden und daraus Schwierigkeiten für diesen Gesetzentwurf zu entnehmen.[5]

Sten.Ber., Reichstag, Session 1907–09, 174. Sitzung, 5911–5914.

Nr. 97
FRIEDRICH NAUMANN : REICHSTAGSREDE

Berlin, 3. Dezember 1908

[...] Wenn unser Deutscher Reichstag zur Mehrheitsbildung so schwach sich zeigt, daß er Mehrheitsbildungen fast nur an der Hand führender Regierungsvertreter bisher vollziehen konnte, wenn der Deutsche Reichstag dauernde Mehrheitsbildungen aus sich heraus bisher nicht erzeugt hat, so liegt das in der ganzen deutschen Geschichte, in dem kurzen Zeitalter, in dem wir überhaupt Parlamentarismus haben, und in dem Fehlen einer volkstümlichen Legende, wie sie hinter den Vertretungen von Frankreich und England steht. Diese haben ihre großen Revolutionen des siebzehnten und achtzehnten Jahrhunderts als den Hintergrund ihres parlamentarischen Systems. So viel leistet uns unsere Erinnerung an das Jahr 1848 nicht, und selbst dieses Jahr war kein einheitliches deutsches Erlebnis, und alles, was vor dem Jahre 1870 rückwärts liegt, ist überhaupt für unsere deutsche Nation keine einheitliche Politik. Wie kann denn im Laufe eines Menschenalters in einem Volke, welches so viel Zerspaltenheit in seiner Geschichte hat

(sehr richtig! links),

mit einem Male der Geist wirklicher nationaler Einheitspolitik zur instinktiven Sicherheit werden?

(Sehr gut! links)

Ehe er aber das nicht ist, wird er auch nicht im Parlamente stark sein können. Wir haben die konfessionelle Zerspaltung mit ihren uns allen bekannten Folgen und sprechen, auch abgesehen von der konfessionellen Zerspaltung, politisch verschiedene Dialekte im Süden und im Norden.

(Sehr richtig!)

Wenn nun auf diesem politischen Untergrunde die politische Willensbildung einsetzen soll, dann ist das die Frage einer langen und schwierigen Erziehung, und ich meine, wir sind mitten drin. Das Bedürfnis, daß der Reichstag mehrheitsbildend sein soll, wird heute empfunden innerhalb und außerhalb der Mauern dieses Hauses.

(Sehr richtig! links)

---

5 Eine ausführliche Kommentierung der Spahn-Rede findet sich bei Eschenburg, Kaiserreich am Scheideweg, 167–168. Siehe auch Schlegelmilch, 67–73. Zur Verfassungsdebatte innerhalb des Zentrums siehe Grosser, Konstitutionalismus, 75–79.

Es sind aber nicht nur diese in der Geschichte liegenden psychologischen Schwierigkeiten, sondern wir haben auch technische Schwierigkeiten der Mehrheitsbildung, auf die ich nur kurz andeutend hinweisen will. Selbst England würde sein berühmtes parlamentarisches System vermutlich nicht haben, wenn es die deutsche Stichwahlmethode hätte, welche eine Quelle der immer erneuten Zerspaltung der Parteien ist. Und haben wir nicht in unserer Geschäftsführung selbst einen Teil der Ursachen, warum wir in eine wirkliche Mehrheitsbildung nicht hineinkönnen? [...]

Durch die Schwierigkeit, daß wir große und kleine Dinge so wenig unterscheiden, ist der Reichstag selbst in eine so fleißige Tätigkeit hineingekommen, daß man vor lauter Fleiß und Arbeit die eigentlichen großen Gesichtspunkte der Nationalvertretung in der Mühe des Alltags fast aus den Augen verliert.

(Sehr wahr! bei den Nationalliberalen)

Dies kommt uns zum Bewußtsein im gegenwärtigen Moment, wo durch weite Volkskreise das Gefühl eines gewissen Erschreckens hindurchgeht, wohin wir kommen mit der bisherigen Methode der deutschen Reichsverwaltung. Wenn ich von diesem Erschrecken rede, so spreche ich nicht etwa von dem Erschrecken der Sozialdemokratie und berufsmäßiger Opposition. Diese haben uns alle schon immer für schlecht gehalten

(Heiterkeit),

und infolgedessen sind auch die neuesten Erfahrungen für sie keine besondere Enttäuschung gewesen.

(Heiterkeit)

Aber in den Kreisen, die mit Herz und Blut an dem Gedanken der vaterländischen Macht gehangen haben, denen die theoretische Frage, ob parlamentarisches System oder imperialistisches, von Haus aus ganz gleichgültig ist, wenn nur die Nation an sich ordentlich vertreten wird – durch diese Kreise geht jetzt dieses tiefe Erschrecken, und zwar tiefer privatim, als sich's in der Öffentlichkeit aus bewußter Rücksicht auf Ausland und Mitlebende ausspricht.

(Sehr richtig! links)

Dieses tiefe Erschrecken kleidet sich in Fragen, die etwa kurz so lauten dürften: Wir haben die große Armee unserer 22 Armeekorps, wir haben eine Flotte, die uns im Jahre 300 bis 400 Millionen Mark kostet, wir tragen diese Lasten pro patria, aber sie haben nur dann einen Zweck, wenn wir auch überzeugt sein können, daß diese gewaltigen Instrumente, die mit den Opfern der ganzen Nation aufgebaut sind, nun auch mit der vollendetsten Sachkunde, Vorsicht und technischen Akkuratesse geleitet werden.

(Sehr richtig! links)

Sobald dieses letzte Bewußtsein nicht vorhanden ist, dann fragen sich auch die treuesten Glieder des Vaterlandes: wozu hat die größte Rüstung einen Zweck, wenn wir wünschen müssen, daß sie niemals eingestellt werden könne? Wozu hat es einen Zweck, wenn wir an unsere Diplomatie nicht mehr recht glauben können, und wenn wir den Eindruck haben, daß das besondere und eigentümliche Vorkommnis, wie Herr v. Kiderlen-Wächter hier die Geschäfte des Auswärtigen Amts in der Mitte des Deutschen Reichstags vertreten hat[1], typisch ist für die diplomatische Tätigkeit des Deutschen Reichs unter den Völkern der Erde?

(Sehr gut! links)

Was für eine Empfindung gegenüber den nationalen Lasten müssen wir haben, wenn der einzelne im Volke sich sagt: das große Wetter der Geschichte geht über uns hin! Noch heute kann es vorkommen, heute oder später, daß aus alten grauen Tagen wieder einmal das Wort gemurmelt wird: „Quidquid delirant reges, plectuntur Achivi", und solange derartige Sorgen in der Bevölkerung lebendig sind, wird auf den Deutschen Reichstag geschaut, nicht aus Theorie, sondern weil man sein Auge aufmacht, wo und ob es überhaupt noch Stellen gibt, die zur Kontrolle und Sicherheit in derartigen schweren nationalen Sorgenszeiten dienen können. Was tut und was kann tun der Reichstag? Er kann Gesetze anregen und korrigieren und amendieren und hat darin eine außerordentliche Fertigkeit erlangt im Laufe der letzten 40 Jahre.

(Heiterkeit)

Er kann die Verwaltung kritisieren, korrigieren, im einzelnen da und dort etwas bessern. Er kann mit seinen Worten dem einzelnen Schutzmann nachlaufen, der in einer Versammlung erscheint, wo er nicht hingehört, und er kann hundert derartige Dinge regeln, und es ist recht und nötig, daß sie geregelt werden müssen. Es ist der Reichstag – ich rede unter den Vorbehalten des Herrn v. Dirksen[2]

(Heiterkeit) –

ein fleißiger Hilfsapparat der nationalen Alltagsarbeit geworden. Aber wenn man ihn fragt – und wir fragen ihn so –, welchen Anteil er für die deutsche Geschichte im ganzen hat, dann ist dieser Anteil ein sehr begrenzter. Denn wenn man einmal die Geschichte der letzten vierzig Jahre, der 20 Jahre Bismarcks und der 20 Jahre von Bismarcks Erben schreiben wird – wir täuschen uns nicht darüber –, so wird das nicht die Geschichte der wechselnden Legislaturperioden des Deutschen Reichstags sein, sondern die Wendungen in der neueren deutschen Geschichte stammen bisher von der anderen Seite: sie stammen von jenem Zusammenhang von Kräften, den ich mit dem Worte Souveränitätskollegium bezeichnen möchte. Ich wähle absichtlich diesen Ausdruck, um mich der theoretischen Streitfrage zu entziehen, die unsere Staatsrechtslehrer beschäftigt, ob der Kaiser nur im Auftrage des Bundesrats handelt, oder ob er auch außerdem noch in eigener kaiserlicher Kraft handelt. In der Sache ist ein zusammenhängendes System ineinanderarbeitender Kräfte vorhanden, und in der Mitte dieses Systems mit vielen Ein- und Ausgängen wie die Höhle Malepartus' liegt das Haus in der Wilhelmstraße, in dem der verantwortliche Vertreter dieses Souveränitätssystems waltet.

(Sehr gut! links und Heiterkeit)

1   Über Kiderlens verunglückte Reichstagsrede am 11. November 1908 vgl. Sten.Ber., Reichstag, Session 1907–09, 158. Sitzung, 5432 f. Ferner Hammanns Aufzeichnung v. Weihnachten 1908 (Dok. Nr.105).
2   Dirksen hatte darauf hingewiesen, daß er dem Parlament erst einige Jahre angehöre, somit „vielleicht nicht in der Lage" sei, ihm „einen Spiegel vorzuhalten" (Sten.Ber., Reichstag, 174. Sitzung, 5936).

Nun ist die deutsche Verfassung aufgebaut auf der Doppelheit dieser zweifachen Systeme. Auf der einen Seite ein Volksvertretungssystem, von dem ich eben geredet habe, und auf der anderen Seite dieses Souveränitätssystem. Diese beiden rechten miteinander, und die Frage, die Herr v. Dirksen und Herr Ledebour[3] und andere aufgeworfen haben, ist: Warum vermögt ihr nichts mehr gegenüber diesem Souveränitätssystem? Warum ist dieses Volksvertretungssystem so schwach?

Vergleichen wir die beiden noch nach einigen Hinsichten in der Methode ihrer Arbeit. Der Bundesrat arbeitet geheim. Bismarck hat zwar nach seiner Entlassung verschiedentlich dafür plädiert, daß er öffentlich verhandeln möchte, so wie es im ursprünglichen Frankfurter Entwurfe für das deutsche Staatenhaus vorgesehen ist. Aber solange Bismarck selbst das Präsidium innehatte, ist er nicht für die öffentliche Verhandlung eingetreten

(große Heiterkeit)

und offenbar aus einem guten Grunde; denn wenn auch die Stille des Bundesrats nicht ohne Seufzer ist

(Heiterkeit),

so dringen diese Seufzer nicht in die Öffentlichkeit.

(Sehr gut! links)

[...] Aber darin liegt die große Kunst dieses Apparates, daß er nach außen fertig und abgeglättet heraustritt. Geheim wird verhandelt; ganz selten ist es einmal vorgekommen, daß ein Vertreter der Bundesstaaten von dem Minderheitsrechte Gebrauch gemacht hat. Im allgemeinen arbeitet der Souveränitätsapparat mit einer Geräuschlosigkeit, die zur politischen Stärke beiträgt. Währenddem sind wir im Reichstag genötigt, alle unsere Klagen und Querelen – es liegt im System und kann nicht geändert werden bei einer Volksvertretung – öffentlich durchzubehandeln, und dadurch sind wir beständig in der Gefahr, unsere Willensbildung selbst durch die Zwischenfragen der Willensbildung uns wieder zu zerstören.

Dann hat das Souveränitätssystem eine Menge ausführender Organe. Wer kann die wirksamen Arme zählen, die das System des Reichskanzlers und Bundesrats besitzt! Die direkten Reichsbehörden und indirekt die Landesbehörden und die Sachverständigen. Dieser Apparat kann heranziehen und hinzuziehen, wen er will, und hat die Mittel dazu in der Hand.

Damit vergleiche ich nun hier den Reichstag. Was hat denn der Reichstag sich an Organen geschaffen? Er hat ein Präsidium, welches die Erlaubnis hat, bei repräsentativen Gelegenheiten

(große Heiterkeit)

den Reichstag nach außen zu vertreten und im übrigen die Tagesordnung festzusetzen, Differenzen auszugleichen und die Glocke auf erhabenem Sitze zu führen.

(große Heiterkeit)

Dieses und die Kommissionen sind die ganzen Apparate, die dieser zweite Faktor der deutschen Reichsverfassung sich bis jetzt geschaffen hat.

---

3   Vgl. Sten.Ber., Reichstag, 174. Sitzung, 5915–5922.

Und jener andere ist unauflösbar und auf Erblichkeiten begündet, wechselnd in dem Kommen und Gehen der einzelnen Personen, aber sozusagen unveränderlich in der Institution. Der Reichstag kommt und geht, und wenn er nicht gefällt, dann wird er aufgelöst.

(Heiterkeit)

Bei der Gegenüberstellung dieser beiden Faktoren wird uns dann zum Bewußtsein gebracht, was das Volk eigentlich von uns fordert, wenn es jetzt an uns herankommt und sagt: ihr, ihr sollt uns Garantien schaffen für die Leitung der deutschen Geschichte und der deutschen Politik!

(Sehr gut! links)

Dieser Forderung der Garantien gegenüber ist es in meinen Augen ein geringer Trost, daß man uns sagt und auch gestern gesagt hat: ihr habt ja die Kraft des Wortes, ihr habt die öffentliche Meinung! Wahrhaftig, ich unterschätze keines von beiden und unterschätze auch nicht, daß am 10. und 11. November nicht das Wichtigste gewesen ist, was etwa hätte beschlossen werden können an diesem Tage, sondern daß an einem solchen Tage das Wichtigste gewesen ist der große Dialog zwischen Volksvertretung und Krone, der über den Erdball hinrollt in alle Länder, wo überhaupt politisch gedacht wird.

(Bewegung)

Aber Tage eines derartigen Dialogs können nicht oft kommen und können im Interesse der Nation und ihrer Geschichte nicht oft gewünscht werden!

(Sehr richtig! links)

Deshalb muß man sagen: die Worte verklingen, und das, was bleibt, muß etwas Rechtmäßiges sein.

(Sehr richtig! links)

Und ob man uns einwendet: Auch was Geschriebenes forderst du, Pedant? - Leute, die wissen, wie schwach ihre Kraft ist, wollen gern etwas Geschriebenes haben! So kommen wir vom Reichstag aus und wollen unser Geschriebenes haben.

(Heiterkeit)

Und wollen es, weil wir wissen, daß das ein Schritt auf dem Wege ist, um dem Deutschen Reichstage zu etwas mehr geschichtlichem Verantwortungsgefühl und politischem Gesamteinfluß zu verhelfen. [...]

Und wenn wir nun an die Ausarbeitung herangehen und eine Kommission damit betraut wird, so wiederhole ich den Wunsch anderer Redner, daß diese Kommission keine Beerdigungskommission[4] werden möge.

(Sehr richtig! links)

---

4   Die Geschäftsordnungskommission konstituierte sich am 7.12.1908 unter dem Vorsitz des Nationalliberalen Junck; der SPD-Abgeordnete Singer war sein Stellvertreter. In die sachliche Beratung der Geschäftsordnungsanträge trat die Kommission erst am 15.1.1909 ein; man einigte sich zwar am 8.5.1909 auf eine Neufassung der Bestimmungen über die Interpellationen, doch gelangte das Ergebnis der Beratungen nicht mehr ans Plenum, da die erste Session der laufenden Legislaturperiode abgelaufen war. 1910 wiederholte sich der gleiche Vorgang, nicht zuletzt dank der Obstruktionstaktik der Konservativen und Zentrumsabgeordneten. Erst am 3.5.1912 kam im neugewählten Reichstag gegen den Wider-

Wir müssen zeigen, ob im Deutschen Reichstag, und sei es bei diesen relativ kleinen Aufgaben, verfassungsbildende Kraft vorhanden ist oder nicht. Zeigen wir, daß wir nicht einmal die verfassungsbildende Kraft haben, dieses fertig zu bringen, wer soll dem Reichstag größere verfassungsmäßige Aufgaben übergeben wollen? Wir können von den verbündeten Regierungen nicht verlangen, daß sie ihrerseits uns das Gesetz auf der Tablette entgegenbringen; denn das Gesetz, welches den Zweck hat, einen Vertreter des Souveränitätskollegiums eventuell unter Anklage zu stellen, muß dargeboten werden aus der Initiative des anderen Faktors der Gesetzgebung

(Sehr richtig! links),

vom Reichstag. Es wird sich an dieser Arbeit zeigen, wieweit wir ein politisches Volk geworden sind oder werden können.

Bismarck hat das oft wiederholte Wort gesprochen, daß man Deutschland in den Sattel setzen solle, reiten werde es dann schon können. Das Wort ist nicht vom Monarchen gesagt, er kann reiten, sondern von der übrigen Bevölkerung, von der Volksvertretung, vom letzten Mann im Volke, ob er mithelfen kann, daß die Nation wirklich ein politisch lebendiger Organismus wird!

(Lebhafter Beifall links)

Sten.Ber., Reichstag, Session 1907–09, 175. Sitzung, 5944–5949.

Nr. 98
HERMANN DIETRICH[1]: REICHSTAGSREDE

Berlin, 3. Dezember 1908

Verfassungsfragen und Fragen der Geschäftsordnung sollten nicht unter parteipolitischen Gesichtspunkten behandelt werden – sagt der Herr Abgeordnete Naumann. Was er in der reinen Höhe der Gedanken in dem größten Teil seines Vortrages mit so schöner deklamatorischer Wirkung uns vorgetragen hat, lag gewiß auch zum größten Teil jenseits von gut und böse: im Parteisinn gedacht. Aber mir schien, daß doch auch er inne geworden ist, daß auch ein viel umfassender Geist selbst bei starker Wandlungsfähigkeit nicht Universalpolitiker sein,

---

stand der Konservativen eine Revision der Geschäftsordnung zustande (kleine Anfragen, Mißbilligungsvotum des Reichstags im Anschluß an die Beantwortung von Interpellationen durch den Reichskanzler). Wie Schlegelmilch (124 ff.) überzeugend nachweist, sind die Verfassungsanträge in der Geschäftsordnungskommission „niemals zur Beratung gekommen". Ausführlich behandelt bei Schlegelmilch, 106–128. Zur dilatorischen Verhandlungstaktik der Nationalliberalen siehe Eschenburg, Kaiserreich am Scheideweg, 162–166; Grosser, Konstitutionalismus, 72–75.

1 *Hermann Adolf Christian Dietrich (1856–1930)*, Jurist, Rittergutsbesitzer, konservativer Politiker; seit 1892 Rechtsanwalt in Prenzlau, seit 1891 auch Notar, 1898 – Nov.1918 Mitglied des Reichstags (deutschkonservativ), 1899–1918 Mitglied des preuß. Abgeordnetenhauses, 1918 Mitbegründer der Deutschnationalen Volkspartei, 1919 Vizepräsident der Weimarer Nationalversammlung, 1920–28 Mitglied des Reichstags (DNVP). Zu Dietrichs Rede vgl. Schlegelmilch, 86–89.

nicht Praeceptor totius Germaniae bleiben kann, wenn es sich um bestimmte politische Fragen handelt.

(Sehr richtig! rechts)

Als er sich unserem eigentlichen Thema zugewandt hat, der Besprechung der Vorlagen, hat er den Satz wahrgemacht, daß die Politik eine praktische Kunst ist, die Kunst des praktisch Möglichen, und, ich behaupte, er hat die uns beschäftigenden Fragen von seinem Parteistandpunkt aus behandelt, die Frage der Ministerverantwortlichkeit, die Frage der Geschäftsordnung[2]. Ich werde das von unserem Parteistandpunkt aus tun.

Herr Naumann hat sich übereinstimmend mit dem Herrn Abgeordneten Junck[3] in der Frage der Änderung unserer Geschäftsordnung dahin entschieden, eine Änderung nach der Richtung hin sei notwendig, daß an Interpellationen Anträge und Beschlüsse geknüpft werden können. Meine Herren, gerade in dieser Frage sollte der Reichstag seine Beschlußfassung nicht leicht nehmen [...].

Ich komme zu den Fragen der Änderung der Verfassung. Die Kriegserklärung soll mit Bundesrat und Bundespräsidium nur gemeinschaftlich vom Reichstage ausgesprochen werden.[4] Herr Singer hat heute wieder mit Emphase dieses Recht für das Volk gefordert.[5]

---

2   Nach dem sozialdemokratischen Antrag v. 13.11.1908 sollte der § 33 der Geschäftsordnung für den Reichstag wie folgt geändert werden: „An die Beantwortung der Interpellationen oder deren Ablehnung darf sich eine sofortige Besprechung des Gegenstandes derselben anschließen, wenn mindestens 50 Mitglieder darauf antragen. Anträge, die bei Besprechung einer Interpellation gestellt werden, bedürfen der Unterstützung von 30 Mitgliedern" (Drucksache No.1039; Reichstag, Anlagen, Bd.250, 5832). Darüber hinaus beantragte die polnische Reichstagsfraktion folgenden Zusatz zu Art.14 der Reichsverfassung: „Die Berufung des Reichstags muß erfolgen, sobald sie von einem Drittel der Mitglieder verlangt wird" (Drucksache No.1055, 27.11.1908; ibid., 6022).

3   *Johannes Junck (1861–1940),* Jurist; Rechtsanwalt am Reichsgericht, 1907–1918 Mitglied des Reichstags (nationalliberal), als einer der Führer des linken Flügels der Nationalliberalen schloß er sich Ende 1918 der DDP an. – Siehe Juncks Rede in Sten.Ber., Reichstag, Sess. 1907–09, 174. Sitzung, 5924–5930.

4   Gemäß dem sozialdemokratischen Antrag v. 13.11.1908 (Drucksache No.1040; Reichstag, Anlagen, Bd.250, 5833). Über die Position der Sozialdemokraten in der Verfassungsdebatte siehe Schlegelmilch, 93–98.

5   Paul Singer (SPD) polemisierte in seiner Reichstagsrede v. 3.12.1908 gegen den nationalliberalen Abgeordneten Junck, der angesichts des sozialdemokratischen Antrags, „daß der Reichstag, wenn es zu einem Krieg kommt, mit zu beschließen habe", betont hatte, „er lege die Kriegserklärung getrost in die Hände des Kaisers und des Bundesrats. Ja, meine Herren, was ist denn damit geholfen? Haben Sie denn bereits in den 14 Tagen vergessen, um was es sich handelt? Die Diskussion vor 14 Tagen war doch lediglich aus der Befürchtung entstanden, daß der Weltfriede auf das schlimmste durch Äußerungen des persönlichen Regiments bedroht worden ist. Haben wir nicht nachgewiesen, daß durch die Äußerungen, über die wir damals hier gesprochen haben, die Heraufbeschwörung eines Krieges nahe vor die Tür gerückt worden ist? Haben wir nicht nachgewiesen, daß die Gefahren darin liegen, daß von unverantwortlicher, aber so überaus mächtiger Stelle Äußerungen gemacht und Reden gehalten werden, die andere Völker notwendigerweise zu der Ansicht bringen müssen, daß die friedlichen Absichten, die immer gehört werden, tatsächlich nicht vorhanden sind? Haben wir nicht nachgewiesen, daß unsere Reichspolitik von einem Falle zum anderen stets

Meine Herren, wir haben bis heute noch nicht die Überzeugung von dem
vaterländischen Empfinden derjenigen Volkskreise, die hinter Herrn Singer stehen

(sehr richtig!),

daß sie in Momenten, wo es sich um das Dasein der Nation handelt, und wo ihre
höchsten Interessen entschieden werden, dem Wohl des Vaterlandes Genüge tun.
Wollen diejenigen Parteien, die einer Kommissionsberatung der vorliegenden
Anträge sympathisch gegenüberstehen, diesem Antrag wirklich die Ehre einer
Kommissionsberatung erweisen? Ich glaube, wir werden uns selbst sagen müssen, daß es unserem Ansehen vor allen Völkern nicht förderlich sein kann, wenn
wir im gegenwärtigen Augenblick noch weiter ein Mißtrauen aussprechen gegen
diejenigen Instanzen, die seit 38 Jahren unserem Volke den Frieden erhalten
haben.

(Sehr richtig! rechts)

Und es würde in den Augen des Auslands ein Mißtrauen sein, wenn wir hier im
Reichstage nur die Möglichkeit in Betracht ziehen, als ob die Rechte, die durch
die Verfassung Seiner Majestät dem Kaiser und dem Bundesrat gegeben sind,
nicht gewissenhaft und dem vaterländischen Interesse entsprechend verwaltet
würden. [...]
Ich komme zum Antrag des Zentrums und der freisinnigen Parteien, die
verbündeten Regierungen zu ersuchen, auf dem Wege der Gesetzgebung die
Verantwortlichkeit des Reichskanzlers und seiner Stellvertreter zu regeln. Die

die öffentliche Meinung aufgeregt hat, den Frieden zwischen den Völkern durch ihre ungeschickte Aktion gestört hat, und war nicht der tiefe Untergrund der Diskussion aller
Parteien der, daß man eine Änderung herbeiführen müsse, damit die ewig drohende Kriegsgefahr und Blamage für Deutschland beseitigt werde? Und diesen Tatsachen gegenüber
wollen die bürgerlichen Parteien auch fernerhin die Erklärung, ob Krieg oder Frieden, mit
vollem Vertrauen dem Kaiser und dem Bundesrat überlassen! Nein, weil gerade in letzter
Linie die Völker es sind, die durch solche unverantwortliche Politik in die schlimmste Lage
gebracht werden und die im Falle eines Krieges Leben und Gesundheit, Gut und Blut in die
Schanze schlagen müssen, deswegen muß der Reichstag, wenn er eine wahre Volksvertretung sein will, sich das Recht erkämpfen, in solchen Fragen, die über das Wohl und Wehe
nicht nur eines Volks allein, sondern der ganzen Welt entscheiden, maßgebend mitzureden.
Meine Herren, die Parteien, die das verkennen, haben nach meiner Meinung nicht das
Recht, sich als die wahren Vertreter des Volkes zu bezeichnen. Es handelt sich bei unserem
Antrag nicht darum, die Machtstellung des einzelnen Abgeordneten zu stärken, nicht
darum, daß ein einzelner Abgeordneter den Machtkitzel verspüre, daß er berufen sei, über
die Geschicke der Welt mitzuentscheiden; nein, wir verlangen für die Wähler, für das
deutsche Volk, das alle Opfer zu tragen hat, das Recht, darüber zu entscheiden, ob die
Kanonen sprechen sollen" (Sten.Ber., Reichstag, Session 1907–09, 175. Sitzung, 5953).
Die Bereitschaft weiter Teile des Bürgertums und der ostelbischen Junker, angesichts
drohender Prestigeeinbußen das enorme deutsche Waffenpotential zur Wiederherstellung
der „nationalen Ehre" einzusetzen, kam in den Novembertagen in der Tat häufig zum
Ausdruck, wie ein Brief des Publizisten Harden an Holstein v. 15.11.1908 zeigt: „Um uns
vor dem Hohn, der Lächerlichkeit reinzuwaschen, müssen wir Krieg führen, bald, oder die
traurige Notwendigkeit des allerhöchsten Personenwechsels auf uns nehmen, selbst wenn
dabei unter vier Augen das stärkste Mittel angewandt werden muß" (HP IV 532). Siehe
ferner Oldenburg-Januschau, Erinnerungen, 100.

freisinnige Partei will außerdem verantwortliche Reichsminister schaffen. Die Frage der Schaffung verantwortlicher Reichsministerien liegt auf einem besonderen Gebiet und berührt die Grundlage unserer Reichsverfassung, die ihre Erfüllung unmöglich macht. Die Einsetzung verantwortlicher Reichsministerien widerspricht dem föderativen Charakter des Reichs.

(Sehr richtig!)

Sie würde dem Wirken und dem Einfluß des Bundesrats und seiner hohen Auftraggeber, der deutschen Fürsten und freien Städte, seinen Inhalt vollkommen nehmen. – Herr Dr. Müller (Meiningen), Sie schütteln den Kopf. Ich denke, Sie setzen die Traditionen der Fortschrittspartei fort. Dann werden Sie auch den Standpunkt akzeptieren müssen, den Ihre Partei eingenommen hat bei der Beratung der Verfassung im Konstituierenden Norddeutschen Reichstag. Damals hat die Fortschrittspartei den Antrag gestellt:

> Die Zentralgewalt des Bundes liegt bei der Krone Preußens und wird von ihr durch verantwortliche Minister ausgeführt.

(Zuruf links: Also!)

– Warum also? Ich spreche hier davon: sind verantwortliche Ministerien vereinbar mit der Einrichtung des Bundesrats? Ihre Argumentation ging nach den damaligen Verhandlungen dahin, daß Sie nicht wollten, daß ein Bundesrat und ein Bundespräsidium eingeführt würde, und das haben Sie damit begründet: die Mitwirkung des Bundesrats an der Zentralgewalt sei ein dauerndes und für alle Zeiten bestehendes Hindernis der Einrichtung verantwortlicher Ministerien.

(Hört! hört! links)

Selbst wenn man von dem Bundesrat viel Entgegenkommen von Ihrem Standpunkt aus erhoffen sollte, das, glaube ich, können Sie niemals erwarten, daß der Bundesrat diese Forderung bewilligen wird, die seiner eigenen Wirksamkeit jede Bedeutung entzieht.

(Sehr richtig! rechts)

Die Frage der Verantwortlichkeit des Reichskanzlers! Meine Herren, wir von unserem monarchischen Standpunkt aus haben das lebhafteste Interesse, eine starke Verantwortlichkeit des Reichskanzlers zu wünschen.

(Sehr richtig! rechts)

Wir wünschen sie, weil wir einen jeder Kritik entrückten, fest umgrenzten Boden für die Person des Herrschers erhalten und befestigen wollen.

(Sehr richtig! rechts)

Wir sind aber der Meinung, wir haben eine solche Verantwortlichkeit.

(Sehr richtig! rechts)

Wir haben sie in der weitausgreifenden öffentlichen Diskussion, in der Freiheit, mit der die öffentliche Meinung, der Reichstag sich über die Geschäftsführung auslassen kann. [...]

Meine Herren, wir haben nichts dagegen, wie das selbstverständlich ist, daß Sie Ihre programmatischen Forderungen verfolgen; aber für uns liegen auf diesem Gebiete der Forderung der Ministerverantwortlichkeit Eingriffe vor in die geschlossenen Bundesverträge, die unter völkerrechtlicher Garantie stehen, in

die Rechte des Kaisers und der Bundesfürsten und freien Städte. Es kommt bei
Verhandlung dieser Frage auch für uns eine Reihe von Empfindungsmomenten in
Betracht, die aus unserer grundsätzlichen Anschauung fließen. Ich glaube, Herr
Singer irrt, wenn er behauptet, daß die Mehrheit unseres Volkes nach der parla-
mentarischen Regierung rufe, nach einer Vermehrung des parlamentarischen
Schwergewichts, nach einer Parlamentsherrschaft. Viele Millionen deutscher
Herzen empfinden noch nach die große heldenhafte Zeit unter Wilhelm I. und
dem Fürsten Bismarck, eine Zeit, die unter parlamentarischem Regime niemals
möglich gewesen wäre.

(Sehr richtig! rechts)

Ich stelle diese Erinnerung entgegen der Legende, von der Herr Naumann sprach,
der Legende des französischen und des englischen Parlaments. Ich möchte sie
nicht gegen diese Erinnerung austauschen.

(Bravo! rechts)

Die große monarchisch gesinnte Mehrheit des deutschen Volkes und zumal die
hinter uns stehenden Volkskreise werden sich durch vorübergehende Schatten in
ihrer Gesinnung und in ihrer Treue und in ihrem Vertrauen zu einem kräftigen
Königstum nicht wankend machen lassen.

(Sehr richtig! rechts)

Für uns und unsere Freunde im Lande bedarf es nicht des beschriebenen
Blattes Papier, nach dem Herr Naumann verlangt. Wir haben Vertrauen zu einem
Kaiserwort und wollen daran nicht drehen und deuteln.

(Bravo! rechts)

Meine Herren, wir glauben und sind der Ansicht, daß die Machtverteilung
zwischen dem Kaiser, zwischen den Einzelstaaten und dem Volke, wie sie durch
die unvergleichliche Staatskunst unseres ersten Kanzlers in unserer Reichsverfassung niedergelegt sind [sic], inmitten der Wogen der politischen Leidenschaft
der Fels bleiben muß, auf dem der Dom unseres deutschen Volkstums auch in
Zukunft sicher ruhen wird.[6]

(Lebhafter Beifall rechts)

Sten.Ber., Reichstag, Session 1907–09, 175. Sitzung, 5956–5958.

Nr. 99
FELIX VON MÜLLER AN BERNHARD FÜRST VON BÜLOW

Haag, 4. Dezember 1908

Hochzuverehrender Fürst,

Von Herrn von Flotow, den ich bezüglich der Auffassung befragt hatte, die
an maßgebender Stelle in Berlin über meinen Anteil an der Veröffentlichung des

6 Am Ende der Debatte stellte Müller-Meiningen den Antrag, „die sämtlichen Anträge und
   Resolutionen der auf 28 Mitglieder zu verstärkenden Geschäftsordnungskommission zu
   überweisen". Er wurde am 3.12.1908 vom Reichstag angenommen. Der sozialdemokrati-
   sche Antrag auf Einrichtung einer besonderen Verfassungskommission wurde dagegen
   abgelehnt (ibid., 5975).

Daily Telegraph-Interviews herrsche, erhalte ich Nachrichten, die mich in hohem Grade bestürzt machen. Daß Euere Durchlaucht mich in der beklagenswerten Angelegenheit eines ernsten Verschuldens zeihen, war mir bisher nicht bekannt geworden. Ich bitte Euere Durchlaucht überzeugt sein zu wollen, daß, wenn ich mich schuldbewußt gefühlt oder eher eine Andeutung darüber erhalten hätte, daß Euere Durchlaucht Grund zu einem Tadel gegen mich zu haben glauben, ich längst aus meiner Zurückhaltung herausgetreten wäre und entweder um die Erlaubnis gebeten hätte, Euere Durchlaucht zur Aufklärung persönlich aufsuchen zu dürfen, oder jedenfalls mir gestattet haben würde, ein entsprechendes Schreiben an Euere Durchlaucht zu richten. Da mir das letztere nunmehr als erwünscht bezeichnet wird, so gehe ich unverzüglich an die Abfassung eines Schreibens, das ich nicht verfehlen werde, Euerer Durchlaucht alsbald zu wohlwollender Berücksichtigung zu unterbreiten.[1]

PA-AA, R 5832, Bl.85 c–d (Original, eigenhändig, Eingang am 6.12.1908)

1   Vgl. Flotow an Müller, 7.12.1908: „Der Herr Reichskanzler sagt mir, er werde zunächst Ihr weiteres Schreiben abwarten. Ich würde es einfach als Promemoria durch meine Hand an Seine Durchlaucht einreichen" (PA-AA, R 5831). Müllers Rechtfertigungsschrift v. 8.12.1908 (GP 24, Nr.8269) ist inhaltlich weitgehend mit seinem Schreiben an Wilhelm II. v. 28.2.1909 (Dok.Nr.108) identisch. Den Entwurf zu seinem Rechtfertigungsschreiben schickte Müller zunächst an seinen Onkel Ferdinand v. Stumm, der einige Korrekturen vornahm und seinem Neffen Ratschläge für sein weiteres Vorgehen gab: „Du stehst Bülow gegenüber, welchem jede Lüge zur Disposition steht, um den eigenen Vorteil zu fördern. [...] Auf der anderen Seite steht, wenn Dein Gedächtnis Dich richtig bedient, das *klare Recht* auf Deiner Seite und mußt Du das deutlich zum Ausdruck bringen, ohne durch die Form diejenigen zu reizen, die nun einmal oben an der Quelle sitzen und das Wasser trüben können oder wollen." Stumm empfahl dem Gesandten, in seiner Darstellung der damaligen Vorgänge hervorzuheben, „daß das Schriftstück pp. Dir zum *erstenmal* bei seinem 2. Erscheinen in Norderney bekannt geworden sei", sowie einen gedanklichen Widerspruch zu beseitigen, der darin bestand, einerseits seine ihm vom Kanzler zugewiesene passive Rolle zu betonen, „auf der anderen Seite gibst Du ‚Übereilung‘ zu und sprichst von einer ‚verhängnisvollen Fügung‘. Ich stehe auf dem Standpunkt, daß Du unter den gegebenen Verhältnissen hättest *gar nicht anders* handeln *können*, selbst wenn Du das Manuskript gelesen haben würdest: Sollst *Du* den Reichskanzler korrigieren? Mußtest Du nicht einfach annehmen, daß, selbst wenn Dir die Gefährlichkeit der k[aiserlichen] Äußerungen klar war, deren Veröffentlichung aus Dir nicht bekannten, aber für den Reichskanzler maßgebenden Gründen doch vielleicht dem allgemeinen Interesse dienen konnte? Wie oft teilt man nicht die Ansichten eines Vorgesetzten, ohne das Recht zu haben, denselben auf einen Fehler, der vielleicht gar nicht existiert, aufmerksam zu machen. Jedenfalls war es hier nicht Deines Amtes, belehrend oder warnend einzuschreiten. [...] Da ich nicht glaube, daß man Dir wirklich nähertreten wird – die Nichtannahme von Stemrichs Entlassungsgesuch, die ich heute der Zeitung entnehme, bestätigt meine Annahme – so würde ich die höflichste Form wählen, die Dir zu Gebote steht, Bedauern aussprechen, aber keine Schuld zugeben" (Stumm an Müller, 5.12.1908; PA-AA, R 5831). In der Daily-Telegraph-Affäre stand Ferdinand von Stumm eindeutig auf der Seite des Kaisers. Unter dem 1.12.1908 vermerkte Stumm, der sich damals in Paris aufhielt, in seinem Tagebuch: „Viele halten S.M. für verrückt und tadeln Bülow", weil er den Kaiser nicht verteidigt habe. „Die Monarchie sei todt bei uns. So urteilt immer nur der Dumme. Daß ein Minister seinen Souverän blossstellt und weiter regiert, ist allerdings noch nicht dagewesen. Bülow hatte es für seinen eigenen Ruhm getan. Jedenfalls gilt er nichts mehr im Ausland wie auch nicht bei uns trotz seiner vorübergehenden jetzigen Popularität" (Archiv der Justus-Liebig-Universität Giessen).

Nr. 100
HUGO GRAF VON LERCHENFELD-KOEFERING AN
KLEMENS VON PODEWILS-DÜRNITZ

Bayerische Gesandtschaft- Bericht No.590

Berlin, 6. Dezember 1908

Dem bisherigen Vortragenden Rat in der politischen Abteilung des Auswärtigen Amts Klehmet, der wegen der Enthüllungssache um Enthebung von seinem Posten gebeten hat, wird ein Generalkonsulat, voraussichtlich das in Athen, übertragen werden.[1] Unterstaatssekretär Stemrich, der ebenfalls als beteiligt an dieser Sache um seinen Abschied gebeten hat[2], wird dem Amte erhalten bleiben. Unterstaatssekretär Stemrich hatte ursprünglich sein Verbleiben an die Bedingung geknüpft, daß ihm auch der Öffentlichkeit gegenüber bescheinigt werde, daß ihn bei der Veröffentlichung im Daily Telegraph keine Schuld treffe. Dies soll nach der klaren Lage der Akten nicht möglich gewesen sein. Es wurde aber anerkannt, daß der Vorgang keinen Grund für seinen Rücktritt biete, und damit hat Herr Stemrich sich befriedigt erklärt.[3]

Ich begreife diese Lösung, da der Abgang dieses sehr tüchtigen, ruhigen und entgegenkommenden Mannes einen Verlust bedeutet hätte. Was hingegen den Abgang Herrn Klehmets betrifft, so wird dieser zu verschmerzen sein, denn

---

1 Reinhold Klehmet, seit dem 6.11.1908 auf eigenen Wunsch zur Disposition gestellt, erfuhr erst nach dem 11. Dezember in Baden-Baden von dem Angebot Schoens, das Generalkonsulat in Athen zu übernehmen. Am 15.12.1908 erklärte Klehmet in einem Schreiben an den Staatssekretär sein „Einverständnis damit, daß ich als Nachfolger des Geheimrats Lüders für den Generalkonsul-Posten in Athen vorgeschlagen werde. Ich darf nur noch den Ausdruck der Hoffnung hinzufügen, daß im Auge behalten werden wird, bei geeigneter Gelegenheit mir zu einem meinem Dienstrange mehr entsprechenden Posten zu verhelfen" (PA-AA, Rep. IV Personalia, Nr.107, Bd.2). Schoen vermerkte zu dem Schreiben am 16.12.08: „Klehmet wäre es, wie ich anderweitig höre, erwünscht, in ein Reichsamt zu kommen" (ibid.). Nach Rücksprache mit dem Reichskanzler notierte Schoen: „S.D. wünscht, daß ich Klehmet schreibe, der Herr Reichskanzler, welcher die Verdienste und die Arbeit Klehmets dankbar anerkenne, freue sich, daß er sich mit Athen einverstanden erklärt hat. S.D. werde es sich aber angelegen sein lassen, darauf bedacht zu sein, daß seine weiteren Wünsche zur Erfüllung kommen. 17.12. Sch." (PA-AA, Rep. IV Personalia, Nr.107, Bd.2; dort auch das undatierte Konzept zum Antwortschreiben Schoens an Klehmet).

2 Siehe Dok. Nr.86.

3 Vgl. Schoens Entwurf für eine entsprechende Pressenotiz zum Fall Stemrich, 4.12.1908: „Der Unterstaatssekretär im Auswärtigen Amt Stemrich hat mit Rücksicht darauf, daß er zur Zeit der bekannten Vorgänge mit der Leitung des A.A. betraut war, sein Abschiedsgesuch eingereicht. Da jenen Vorgängen kein Anlaß zu dem von Herrn Stemrich getanen Schritt zu entnehmen war, ist seinem Gesuche keine weitere Folge gegeben worden, so daß der Unterstaatssekretär in seiner bisherigen Stellung dem Dienste erhalten bleibt" (PA-AA, R 5832, Bl.83; eigenhändig). Siehe dazu auch den Kommentar des Chefs der Reichskanzlei, der Schoen wohl im Auftrage des Kanzlers schrieb: „Gegen den jetzt vorgeschlagenen Wortlaut scheinen mir keine Bedenken vorzuliegen, zumal wenn er, wie beabsichtigt, nicht in der *Norddeutschen Allgemeinen Zeitung*, sondern in einem anderen, indifferenteren Blatte erscheint. Es wäre sehr erwünscht, wenn der unerquickliche Fall auf diese Weise erledigt wird" (Loebell an Schoen, 4.12.1908; ibid., Bl.85).

Klehmet ist zwar ein gewissenhafter Arbeiter, hat aber nie auf der Höhe seiner
Aufgabe als politischer Referent gestanden. [...]

BayHStA, Bayer.Gesandtschaft Berlin 1080 (eigenhändiges Konzept).

Nr. 101
PAUL GRAF VON WOLFF-METTERNICH ZUR GRACHT
AN BERNHARD FÜRST VON BÜLOW

London, 9. Dezember 1908

Lieber Bülow,
    Das bei den Redaktionen der *Daily Mail* und *Morning Post* liegende angeb-
lich authentische Hale'sche Interview[1] hängt immer noch etwas als Damoklesschwert über der Situation. Mr. Hale scheint kurz nach dem Interview verschiedenen Personen ausgiebige Mitteilungen gemacht zu haben, die dann mehr oder
weniger sorgfältig zu Papier gebracht worden sind. Lord Knollys[2] nimmt, wie er
mir vertraulich sagte, nicht an, daß die beiden Zeitungen, nachdem sie jetzt lange
still geschwiegen haben, doch noch eine Indiskretion begehen werden. Allerdings, meinte er, würde die Wirkung äußerst betrübend sein, wenn etwa 8 Tage
vor dem Berliner Besuch[3] die Bombe doch noch platzte. [...]
    Herzlichen Gruß   Ihr P. Metternich

PA-AA, R 17240 (eigenhändiger Privatbrief, Eingang am 11.12.1908).

Nr. 102
BERNHARD FÜRST VON BÜLOW AN
PAUL GRAF VON WOLFF-METTERNICH ZUR GRACHT

Berlin, 11. Dezember 1908

Unter Bezugnahme auf Ihren Brief vom 9. d.M.[1] sende ich Ihnen anbei das
einzige vorhandene Exemplar des Artikels, den Herr Hale im *Century Magazine*

---

1   Vgl. Dok. Nr.72 n.6; Nr. 89 n. 4.
2   *Francis Knollys, 1st Baron of Caversham (seit 1902), seit 1911 1st Viscount (1837–1924),*
     1868–1901 Gentleman Usher to Queen Victoria, 1870–1901 Privatsekretär des Prinzen von
     Wales, 1901–1910 König Eduards VII.
3   König Eduard VII. besuchte das deutsche Kaiserpaar am 9. Februar 1909 in Berlin (vgl.
     Lee, King Edward, II, 672–677). Der englische König war von Außenminister Grey über
     den Inhalt des Hale-Interviews voll informiert worden; vgl. seinen Kommentar zu der Ver-
     sion, die der japanische Geschäftsträger in London im Auftrage des japanischen Außenmi-
     nisters Komura dem Foreign Office Ende November 1908 zugehen ließ: „I believe the
     account of this conversation to be perfectly accurate and that H.M. could not attempt to
     deny it! E.R." (Public Record Office, F.O. 371 / 461, Bl.504). Der englische Premiermini-
     ster Asquith und der Staatssekretär für Indien Lord John Morley (1905–1910) erhielten
     ebenfalls Kenntnis von diesem im Anhang abgedruckten Papier (Appendix 2).
1   Vgl. Dok. Nr.101.

über S.M. den Kaiser erscheinen lassen wollte.[2] Wie Sie aus demselben ersehen werden, enthält er keinerlei Äußerungen Sr. M., die gegen England gerichtet sind und dort Anstoß erregen könnten. Die dort noch vorhandenen Hale-Interviews dürften danach apokryph sein.

Ich stelle Ihnen anheim, den anliegenden Artikel originaliter Herrn Asquith[3] und Sir Edward Grey streng vertraulich zu zeigen und zu lesen zu geben, damit sie sich davon überzeugen, daß der unterdrückte Artikel nichts gegen England enthielt. Wir haben Hale bewogen, seinen Artikel zurückzuziehen, lediglich damit nicht durch sein Erscheinen die durch die Veröffentlichung des *Daily Telegraph* entstandene Aufregung neue Nahrung erfahre.

Den Artikel bitte ich mir demnächst mit sicherer Gelegenheit zurückzusenden.[4]

PA-AA, R 17240 (Konzept von Bussche-Haddenhausen – 11.12., redigiert von Kiderlen).

Nr. 103
BERNHARD FÜRST VON BÜLOW AN FELIX VON MÜLLER

Berlin, 23. Dezember 1908

Auswärtiges Amt.
Mein lieber Müller,

In Erwiderung auf Ihre Zuschrift vom 8. d.Mts.[1] muß ich Ihnen zu meinem Bedauern sagen, daß ich Ihren Ausführungen in wesentlichen tatsächlichen Punkten nicht beistimmen kann.[2] Nachdem ich aber in der Öffentlichkeit die Verantwortung für die bekannten Vorgänge auf mich genommen habe, will ich die Angelegenheit als erledigt betrachten.

Aufrichtig   Bülow.

PA-AA, R 5831 (mundiert in der Hand Flotows, eigenhändig gezeichnet, Ausgang am 24.12., von Müller am 7.1.1909 erhalten). Entwurf von Flotow, 22.12.08 (PA-AA, R 5832, Bl.92).

2   Vgl. Dok. Nr.47 n.2.
3   *Herbert Henry, Earl (seit 1925) of Oxford and Asquith (1852–1928),* britischer Politiker (Liberaler); seit 1886 liberaler Abgeordneter, 1892–95 Innenminister, 1905 Schatzkanzler, 1908–1916 Premierminister, bis 1926 Führer der liberalen Opposition im Unterhaus.
4   Der Artikel gelangte später in die Akten des Auswärtigen Amts im Großen Hauptquartier 24, Bd.3, Presse und Journalisten (R 22414). Vollständig abgedruckt im Anhang (Appendix 3).
1   Vgl. GP 24, Nr.8269, 195-198, mit Bülows Marginalien.
2   Vgl. dazu die undatierte, eigenhändige Direktive Bülows an Flotow: „Aus der Anlage, die ich wieder zu dem Konvolut betreffend den Daily Telegraph-Artikel zu nehmen bitte, das mir sodann *vollständig* vorzulegen ist, geht hervor, daß es mir gar nicht eingefallen ist, an Jenisch so zu schreiben wie dies Müller behauptete!! Bitte vergleichen Sie mal die Anlage mit dem Brief von Müller! [Randvermerk von Flotow: ‚In der Tat nicht. Fl. 24/12‘]" (PA-AA, R 5832, Bl.91). Bei der Anlage handelte es sich um Bülows Privatschreiben an Jenisch v. 11.10.1908 (GP 24, Nr.8252). Müller hatte dieses Schreiben in der Tat falsch aus dem Gedächtnis zitiert (vgl. Dok.Nr.108). Aus Müllers privaten Unterlagen zur *Daily Tele-*

Nr. 104
HANS VON FLOTOWS ERINNERUNGEN
an die Vorgänge im Dezember 1908

o.D. [März 1931]

Als Chef der diplomatischen Personalien im Auswärtigen Amt lebte man in Berlin in enger Zusammengehörigkeit mit dem Haus des Reichskanzlers, speiste meistens abends dort, begleitete den Fürsten auf Reisen und zu dem sommerlichen Aufenthalt in Norderney, wo man die Funktionen eines politischen Referenten für die gesamten Geschäfte übernahm. Dieses angenehme Zusammenleben dauerte fast drei Jahre lang in vollkommener Harmonie. Damals noch jung, hatte ich für die Begabung und die Geschicklichkeit des Fürsten eine gewisse Bewunderung und gab seinem Dienst meine besten Kräfte. Die Erinnerung an diese Zeit hat mir auch später Reserve auferlegt, selbst als mir häßliche Ausfälle und Unterstellungen des Fürsten bekannt wurden.

Sie scheinen zunächst durch die Daily Telegraph-Affäre hervorgerufen zu sein, die sich in Norderney in den drei Wochen eines Urlaubs abspielte, die ich gerade für eine Kur in Kissingen erbeten hatte. Zu meiner Vertretung in dieser Zeit war der Gesandte von Müller nach Norderney berufen worden. Nach meiner Rückkehr aus Kissingen nahm ich zunächst gutgläubig an, daß die Dinge ganz nach der Darstellung des Fürsten verlaufen seien. Da die Tragweite der Ereignisse nicht zweifelhaft sein konnte, so beantragte ich zunächst beim Reichskanzler, als Opfer für die öffentliche Meinung, die Versetzung des Gesandten v. Müller in den Ruhestand. Das verlegene Sträuben Bülows gegen diesen Antrag, seine Ausflüchte und seine gekniffene Miene gaben mir zuerst den Verdacht, daß hier nicht alles mit rechten Dingen zugegangen sei. Aber erst eine spätere eingehende Aussprache mit dem Gesandten v. Müller, einem sehr anständigen, wenn auch nicht besonders politisch veranlagten Manne, den ich wegen meines Vorgehens

graph-Affäre, die nach seinem Freitod am 13.10.1918 in einem verschlossenen Kuvert zu den Akten des Auswärtigen Amts gelangten, geht hervor, daß er Bülows Marginalien, die den Gesandten schwer belasteten, nie zu Gesicht bekam. Da der Kanzler von personellen Konsequenzen absah, glaubte Müller sich wenigstens zum Teil rehabilitiert und verzichtete seinerseits auf weitere Schritte. Vgl. dazu auch Stumm an Müller, 11.12.[1908]: „Es freut mich zu hören, daß Du die Sache vom Herzen hast [...]. Sollte B[ülow] trotzdem es für sich notwendig erachten, Dir Unannehmlichkeiten zu bereiten, so würde ich entweder Audienz bei S.M. nachsuchen oder Untersuchung verlangen. Diesem verlogenen und verlorenen Herrn gegenüber hast Du m.E. nur Rücksicht auf Dich selbst zu nehmen" (PA-AA, R 5831). Um sich vor der Öffentlichkeit zu rehabilitieren, scheint Müller „jedem, der es hören" wollte, erzählt zu haben, „daß er den Kanzler vor der Veröffentlichung gewarnt habe" (Tagebuchnotiz von Schiemann, 14.12.1908; GStA PK Berlin, I.HA Rep.92, NL Schiemann, Nr.153). – Über Bülows gespaltenes Verhältnis zur Wahrheit zeugt eine Anekdote, die Flotow 1931 präsentierte: „Ich hatte bei einer der täglichen intimeren Nachtisch-Unterhaltungen meiner Entrüstung über irgendeine lügnerische Aktion in der Politik dahin Ausdruck gegeben, daß mit derartigen Lügen, die meist nach kurzer Zeit aufgedeckt würden, doch wenig auszurichten sei. Da klopfte mir der Fürst auf die Schulter mit den Worten: ‚Lieber Flotow, da haben Sie sehr unrecht, mit Lügen kann man sehr viel machen'" (Thimme, Front wider Bülow, 237).

um Entschuldigung bat, und die darauffolgenden Nachforschungen im Auswärtigen Amt ergaben mir den erschreckenden Tatbestand, daß der Reichskanzler ein Verhalten, das ihm zur Last fiel, tatsächlich der Öffentlichkeit gegenüber auf den Rücken seines Königs gelegt hatte. Er hatte das Schriftstück unzweifelhaft, wie ohne Ausnahme mit höchster Genauigkeit alles, was von S.M. kam, gelesen, die Tragweite aber nicht erkannt.[1]

Friedrich Thimme, Front wider Bülow (München 1931), 235–36.

Nr. 105
AUFZEICHNUNG VON OTTO HAMMANN

Weihnacht 1908

Der Gesandte von Rücker-Jenisch, der dem Kaiser während seines Jagdaufenthalts in Rominten als Vertreter des Auswärtigen Amts beigegeben war, hatte den Kaiser bestimmt, das englische Manuskript der Highcliffer Gespräche aus dem Jahre 1907 dem Reichskanzler nach Norderney zu schicken. Der Kaiser hatte es gelesen und die Richtigkeit des Inhalts bestätigt. Bei Übersendung des Manuskriptes gibt Jenisch dem Kanzler Kenntnis von dem kaiserlichen Wunsch, das Manuskript nicht vom Auswärtigen Amt prüfen zu lassen. Gleichwohl schickt es Bülow mit der Anweisung nach Berlin, es sorgfältig zu prüfen und zu berichten, ob etwa Änderungen, Zusätze oder Weglassungen angezeigt wären. Unterstaatssekretär Stemrich gibt das corpus delicti an den Geheimen Legationsrat Klehmet mit der Bemerkung: Die Sache ist mir nicht geheuer. Klehmet liest den beigefügten Brief Jenischs, prüft aktenmäßig genau, schlägt ein paar nebensächliche Änderungen vor.

Während dieser Vorgänge verbrachte ich den Rest meines Urlaubes auf einem Jagdaufenthalt in der Mark.[1] Vorher hatte ich den Kanzler wissen lassen, daß ich ihm dankbar wäre, wenn er mich bis zu meiner Rückkehr nach Berlin in

---

[1]   Der gleichen Ansicht ist Arthur Zimmermann, der sich während der ersten Oktoberhälfte auf einer Urlaubsreise befand, sich „aber nach Wiederaufnahme des Dienstes im Amt genau über die Vorgänge unterrichtet" hatte. Dabei sei er zu der Überzeugung gekommen, „daß Bülow dieses Interview genau durchgelesen, sich aber über die Tragweite der darin enthaltenen Mitteilungen getäuscht hat" (Thimme, Front wider Bülow, 222). Ähnlich argumentiert Botho Graf von Wedel (ibid., 248). Anders dagegen Arnold Wahnschaffe, der 1931 rückblickend urteilte: „Ich bin noch heute überzeugt, daß Bülow das Interview des Obersten Stuart Wortley, das ihm der Kaiser zur Prüfung gesandt hatte, nicht gelesen oder höchstens ganz oberflächlich durchblättert hat, daß er also in diesem Punkt im Reichstag die Wahrheit gesagt hat!" (ibid., 301). Bezeichnenderweise hat Schoen in dieser brisanten Frage nie öffentlich Stellung bezogen.

[1]   Hammann war zwischen dem 26.9. und 7.10.1908 beurlaubt; am 8.10. trat er seinen Dienst zeitgleich mit Staatssekretär Schoen wieder an. Nach Ausweis der Tagesnotizen des Zentralbüros im Auswärtigen Amt hatte Hammann am 12.10.1908 um 11.30 Uhr eine Besprechung mit Bülow (PA-AA, R 19860). Zu diesem Zeitpunkt befanden sich das Originalmanuskript und das korrigierte Manuskript des *Daily Telegraph*-Artikels mit dem Begleitschreiben des Kanzlers an Jenisch noch im Auswärtigen Amt (vgl. Dok.Nr.9 n.3).

Ruhe lassen würde. Die Erholung hatte ich dringend nötig. Kurz vorher im September hatte er mir drei lange Briefe mit Aufträgen (u.a. wegen des Entwurfes einer Reichstagsrede über den russischen Abrüstungsvorschlag auf der zweiten Haager Friedenskonferenz[2]) geschickt. Ohne jene Bitte wäre das verhängnisvolle Manuskript des Generals Wortley vielleicht an mich zur Prüfung gelangt.

Am 28.10.1908 früh schickte mir Dr. Mantler mit besonderem Boten eine Wolffsche Depesche aus London im Durchdruck in meine Berliner Wohnung mit der Bemerkung, der Staatssekretär Freiherr von Schön habe die Anfrage des Wolffschen Büros, ob die Depesche ausgegeben werden dürfe, mit Nein beantwortet, sie sei aber so sensationell, daß sie sich kaum unterdrücken lassen werde; ob es nicht möglich sei, daß sie wenigstens mit einem halbamtlichen Dementi oder Vorbehalt verbreitet werden könne. Darauf setzte ich mich alsbald mit dem Staatssekretär Freiherrn von Schön in Verbindung. Da erfuhr ich erst die Geschichte des Manuskripts und damit zugleich die Unmöglichkeit eines Dementis.

Zwei Tage nach dem Beginn des Sturmes im Lande – der Kaiser war in Wernigerode, die korrekte Befragung Bülows vor der Veröffentlichung konnte jeden Augenblick aus dem Hoflager bekannt werden – sagte ich zu dem Chef der Reichskanzlei Herrn v. Loebell: Es ist eine verlorene Schlacht, der Kanzler muß in die Bresche springen, um den Rückzug des Kaisers zu decken. So empfahlen wir – Loebell und ich – das Bekenntnis der Unschuld des Kaisers bei der Behandlung des Manuskripts in der Norddeutschen Allgemeinen Zeitung. Meine und des Staatssekretärs Versuche, in der offiziösen Note der Norddeutschen das Auswärtige Amt nicht so groß und breit in die Schußlinie zu stellen, scheiterten an dem beharrlichen Widerwillen des Kanzlers, der nur die ganze Verantwortung, aber keinen Teil der Schuld an dem Versehen bei der Prüfung des Manuskripts auf sich nehmen wollte.[3]

Ich glaubte anfangs, daß Bülow im Reichstage mit einer forschen Attacke gegen die Fassungslosigkeit, die sich in diesem, obendrein vom Kaiser konstitutionell behandelten Falle einer höchstpersönlichen Kundgebung der öffentlichen Meinung bemächtigt hatte, neben sachlichen Berichtigungen des Inhalts des Artikels durchkommen würde. Demgemäß war mein erster Entwurf für die

2 Siehe Bülows Reichstagsrede v. 10.12.1908 (Hötzsch, Bülows Reden, III, 162-164). Im September erhielt Hammann von Bülow nur einen Brief mit Aufträgen zur Redaktion eines Redeentwurfs (vgl. Bülow an Hammann, 28.9.1908). Bülows Aufforderung an Hammann, sich Gedanken über die Behandlung der Abrüstungsfrage im Reichstag zu machen, stammt bereits vom 31.7.1908: Im Hinblick auf die im Herbst bevorstehende Generaldebatte im Reichstag „müssen wir vor allem gerüstet sein, wenn die Sozialdemokraten Abrüstung bzw. eine Verständigung mit England über Beschränkung der Flottenausgaben vorschlagen. Wir dürfen natürlich nicht den ‚Schwarzen Peter' spielen, der das Pik-As in der Hand behält, d.h. wir dürfen nicht so dastehen, als ob *wir allein* an Rüstungen, Ausgaben und Kriegsgefahr die Schuld trügen. Wir dürfen aber ebensowenig einen Eingriff in unsere Souveränitätsrechte und eine Verletzung unserer nationalen Würde dulden. Kein großes Volk kann sich vom Ausland vorschreiben lassen, wieviel Bataillone es halten und wieviel Schiffe es bauen soll" (BA Berlin, 90 Ha 6, NL Hammann, Nr.14, Bl.35–38v).

3 Vgl. Dok.Nr.18.

Antwort an die Interpellanten gehalten.[4] Bethmann Hollweg und Loebell aber, die mit den Parteiführern Fühlung genommen hatten, fürchteten von einer tapferen Abwehr Lärmszenen im Reichstag und traten, auch unter Berufung auf die Stimmung der Rechten, für eine Schamade ein. In der Tat konnte man diesen Beobachtungen, die richtig waren, nicht widersprechen. Die Rede wurde daher auf einen getragenen unpolemischen Ton gestimmt und hatte so auch vielleicht einen größeren Erfolg.[5]

Ein Fehler aber war es, daß Bülow am zweiten Tag der Debatte mehr auf Bethmann Hollweg als auf Loebell und mich hörte und nach der scharfen Rede Konrad Haußmanns[6] das auf seinem Zimmer vorbereitete Schlußwort gegen einzelne Übertreibungen der Kritik und zugunsten der Kaiserkrone unterließ.[7] Bethmann Hollweg berief sich auf die Stimmung im Hause, das am Ende den Kanzler ebenso auslachen würde wie Kiderlen.[8] Daß Kiderlen ein Wort für das Auswärtige Amt sagte, hatte Bülow selbst gewünscht. Kiderlen kam damit in einem ungeeigneten Zeitpunkt und mißfiel durch seine herausfordernde gelbe Weste und wegen seiner ungenierten, schwäbelnden Art. Durch sein Schweigen vergrößerte Bülow die Niederlage des Kaisers; es wäre nur gerechtfertigt gewesen als Vorbereitung für seinen eigenen Rücktritt. Jetzt wird er doch, um neue gefährliche Entschlüsse des Kaisers zu hindern, im Landtag sagen müssen, was er am 11. November für die Krone hätte sagen sollen und damals kürzer und ohne Berufung auf seine früheren Verteidigungen persönlicher Akte des Kaisers hätte sagen können.[9]

4   Entwurf v. 2.11.1908; abgedr. bei Eschenburg, Kaiserreich am Scheideweg, 289–94.
5   Vgl. Dok.Nr.55 u. Bülows Instruktion v. 3.11.1908 (Dok.Nr.38).
6   Vgl. Dok.Nr.58.
7   Vgl. Dok.Nr.59.
8   Vgl. Sten.Ber., Reichstag, Session 1907–09, 159. Sitzung, 5432–5433. Ferner Dok.Nr.60 n.8.
9   Tatsächlich holte Bülow – offensichtlich auf Drängen Hammanns und Loebells – in der Sitzung des preußischen Abgeordnetenhauses vom 19. Januar 1909 nach, was er in der Reichstagssitzung v. 11. November 1908 zu tun versäumt hatte: „Pflicht des verfassungsrechtlich verantwortlichen Reichskanzlers und Ministerpräsidenten ist es, den Träger der Krone zu decken. Dieser Verpflichtung habe ich mich nie entzogen, seitdem ich die Verantwortung trage für den Gang der Staats- und Reichsgeschäfte." Schon im Januar 1903 habe er gesagt, man solle nicht vergessen, „von wie großem Vorteil eine stark ausgeprägte und begabte Individualität eines Fürsten sei. Man solle nicht ungerecht sein für das tatkräftige und redliche Wollen unseres Kaisers, für den großen Zug in seinem Wesen, für seine freie und vorurteilslose Gesinnung. Das unterschreibe ich auch heute. [...] Ich habe auch, als jener Artikel im *Daily Telegraph* erschien und eine große Bewegung durch das Land ging, nicht einen Augenblick gezögert, den Sachverhalt richtig zu stellen und die Schuld [!] auf mich zu nehmen. Ich habe in der Reichstagsdebatte alles hervorgehoben, was geeignet war, die unglückliche Wirkung jenes Interviews abzuschwächen und zu beseitigen. Ich habe die Mitteilungen über den angeblichen Feldzugsplan gegen die Buren, die russisch-französische Mediation, die mißverstandenen Äußerungen über Japan richtiggestellt. Aber meine Herren, ich habe auch die Pflicht, dafür zu sorgen, daß zwischen dem Träger der Krone und den Wünschen und Empfindungen des Landes nicht ein Zwiespalt entsteht, der für beide Teile verhängnisvoll sein müßte. Der verantwortliche Minister hat dafür zu sorgen, daß der Träger der Krone nicht irre wird an dem Lande und das Land nicht an dem

In der Audienz vom 17. November, in der Bülow die kaiserliche Genehmigung zur Veröffentlichung der Erklärung im Reichsanzeiger, der sogenannten Garantien für die Zukunft, erbat, hatte sich S.M. sehr zurückhaltend und finster gezeigt. Auf die Vorhaltungen des Kanzlers über autokratische Auslassungen im mündlichen und privaten Verkehr, antwortete der Kaiser mit deutlichem Widerwillen oder mit übertriebener Bejahung, wie: „brauche auch gar keine Briefe mehr zu schreiben".[10] Die bald darauf folgende Erkrankung war ein Zusammenbruch der Nerven. Der Kaiser weinte im Bette. Die Ärzte verlangten, daß er 8-10 Tage keine amtlichen Eingänge bearbeite und auch keine Preßausschnitte mehr entgegennehme. Die Erkenntnis der langjährigen Selbsttäuschung über die Erfolge des persönlichen Hervortretens war schon in Donaueschingen vorzubereiten versucht worden, Plessen[11] (Generaladjutant), Hülsen (Chef des Militärkabinetts), wohl auch August Eulenburg (Oberhofmarschall) suchten den Kaiser über die wahre Lage aufzuklären.

Otto Hammann, „Aufzeichnungen", in: Archiv für Politik und Geschichte, 4 (1925), 545–47.

Träger der Krone. [...] In diesem Hause sind viele Männer, die mit Stolz von sich sagen können: königstreu bis in die Knochen! Ich bin aber überzeugt, daß nicht nur sie, sondern jeder ehrliche und denkende Anhänger der monarchischen Staatsform und der Stellung des Kaisers im Reiche mich verstehen und mir glauben wird, wenn ich sage, daß ich gerade in den schweren und schmerzlichen Novembertagen als wahrhafter Royalist gehandelt habe, in voller Übereinstimmung mit dem gesamten Staatsministerium, mit dem ganzen Bundesrat. In dieser Überzeugung lasse ich mich nicht irremachen, auch nicht durch einfältige und perfide Zeitungsartikel, durch Klatsch und Kamarillagerede. [...] Wir wissen auch alle, daß wir an unserem König und Kaiser einen von großen Idealen erfüllten Herrscher haben, der beseelt ist von dem Wunsche, Deutschland vorwärtszuführen. Er hat hohe Friedenswerke geschaffen. Er hat Handel und Industrie, Technik und Wissenschaft gefördert, wie wenige Herrscher vor ihm. Er hat für die Bedürfnisse der Landwirtschaft ein offenes Auge. Er hat die Flotte geschaffen. Er hat unser Heer schlagfertig erhalten und vervollkommnet. Er hat den Frieden erhalten. [...]" (Hötzsch, Bülows Reden, III, 174–176). Nach dem Zeugnis von Arnold Wahnschaffe ist das stenographische Protokoll nachträglich von der Reichskanzlei manipuliert worden: Bülows „sonst so unfehlbares Gedächtnis versagte. Er ließ die ausschlaggebenden Sätze aus. Wir konnten sie nur unter Schwierigkeiten in den stenographischen Bericht nachträglich hineinkorrigieren. [...] Aber die Wirkung auf den Kaiser blieb aus. Der Monarch hatte das Vertrauen zum Kanzler endgültig verloren" (Thimme, Front wider Bülow, 301).

10 Siehe dazu Dok.Nr.74 n.3.

11 *Hans Georg von Plessen (1841–1929),* seit 1862 in der preuß. Armee, 1872 Generalstabsoffizier, 1879–88 Flügeladjutant Kaiser Wilhelms I., 1888–90 Kommandeur des I. Garderegiments zu Fuß, 1892–1918 Generaladjutant Kaiser Wilhelms II. u. Kommandant des kaiserlichen Hauptquartiers, zuletzt Generaloberst mit dem Rang als Generalfeldmarschall.

Nr. 106
KAISER WILHELM II. AN FELIX VON MÜLLER

Neues Palais, 22. Februar 1909

Streng vertraulich.
Lieber Herr v. Müller.

Als ich seinerzeit im vorigen Oktober dem Reichskanzler das Manuskript des sog. Daily Telegraph Interview sandte, war dasselbe von einem Begleitbrief des Frhr. v. Jenisch begleitet, in welchem u.a. der gemessene Befehl an den Kanzler enthalten war, das Schriftstück nicht aus den Händen und vor allem nicht an das Auswärtige Amt oder in Hände von Beamten desselben gelangen zu lassen. Bei einem späteren Gespräch im Oktober[1] teilte mir S.D. proprio motu mit, er habe es gelesen und werde es, nachdem es vom Ausw[ärtigen] Amt zurück sei, nochmals durchlesen und mir dann zusenden. Zu meinem nicht geringen Erstaunen wurde mir nach der Veröffentlichung von ihm gemeldet und in allen Zeitungen publiziert, er habe die Zusendung gar nicht gelesen und ihren Inhalt nicht gekannt. Die nachfolgende Behandlung der Angelegenheit hat mir monatelange Angriffe der gemeinsten und wüstesten Art eingetragen, die Krone mit meterhohem Schmutz bedeckt, das altpreußische Königtum und den Glanz der deutschen Kaiserkrone schwer geschädigt, unser Ansehen im Auslande untergraben, dem Hohenzollernhause maßlose Schmach und Schande und mir und der Kaiserin namenloses Weh und Leid gebracht. Ich schwieg. Jetzt aber bricht die Erkenntnis, daß ein furchtbares Unrecht an mir begangen worden sei, sich immer mehr Bahn[2]; und ein gewaltiger Umschwung in Volk und Gesellschaft hat infolgedessen zu meinen Gunsten eingesetzt. Vor allem tritt einem von allen Seiten die Ansicht entgegen, der Kanzler habe damals das ganze deutsche Volk, Bundesrat und Ministerium angelogen, wenn er behaupte, daß er den Inhalt des Interview[s] nicht gelesen habe. Diesen Punkt aufzuklären, ist nur ein Mensch im Stande und der sind *Sie*. Daher ersuche ich Sie in ganz privater Form an *mich direkt* durch Post oder Vertrauensmann zu meiner *privaten Information* einen eingehenden, wahrheitsgetreuen Bericht über alle Vorkommnisse in Norderney dieses Manuskript betreffend zu senden. Ich appelliere an Ihr Ehrgefühl als Cavalier und Gentleman und an die Treue, die Sie mir als Beamter geschworen haben und die Sie mir

---

1 Am 12. Oktober 1908; vgl. Dok. Nr.10 n.5.
2 In einem Schreiben an den Kaiser vom 13. Februar 1909 hatte Bülow vergeblich versucht, seine Handlungsweise während der „traurigen Vorgänge des verflossenen November" zu rechtfertigen und den Monarchen versöhnlich zu stimmen. Die kaiserlichen Marginalien (in eckigen Klammern, Unterstreichungen sind kursiv gesetzt) sprechen für sich: „[...] Wie die Dinge in Deutschland im November lagen und gegenüber der Stimmung in Deutschland *konnte ich im Interesse Euerer Majestät, der Krone und des Landes* nicht anders operiren [,unerhörte Verblendung!'] wie ich es getan habe. Jedenfalls mögen Euere Majestät versichert sein, daß auch in diesem Fall lediglich und *ausschließlich Treue* zu Euerer Majestät Haus und Land und *innige Liebe* zu Euerer Majestät Allerhöchst Person mein *Tun* bestimmt haben [,davon war verteufelt wenig zu merken! Unverschämtheit']. In tiefster Ehrfurcht bin ich Euerer Majestät alleruntertänigster Diener Bernhard Bülow [,Pharisäer']" (GStA PK Berlin, Brandenburg-Preußisches Hausarchiv, Rep.53, Nr.16a, Bd.4).

schulden. Ich beabsichtige nicht, auf Grund Ihres Berichtes irgendeine Aktion zu unternehmen. Es soll hiervon *kein Mensch* außer Ihnen und mir was wissen.
Ihr wohlaffektionierter Kaiser und König   Wilhelm I.R.

GStA PK Berlin, Brandenburg-Preußisches Hausarchiv, Rep.53, Nr.243 (eigenhändiges Origi-nal, 1956 auf dem Autographenmarkt erworben; Abschrift von der Hand Müllers in PA-AA, R 5831).

Nr. 107
AUFZEICHNUNG VON FELIX VON MÜLLER

Haag, 26. Februar 1909

Im Begriff auszufahren, finde ich nachm[ittags] 4 $^1/_2$ h auf dem Tisch im Vorplatz einen über Stockholm hierher gelangten, versiegelten und eingeschriebenen Brief. Das Couvert trägt das Kaiserliche Monogramm und ist mit einem Bindfaden kreuzweise verschnürt. Ich glaube die Handschrift zu kennen, kann mir aber im Augenblick keine Rechenschaft geben. Ich öffne den Brief. Es ist ein streng vertrauliches Privatschreiben S.M. an mich.[1] Ich durchfliege es in Eile und stecke es in die Tasche. Wie vor den Kopf geschlagen, mache ich meine Visitentournee und wohne ich einem großen offiziellen Diner in meinem Hause bei. Erst als mein letzter Gast gegangen ist, kann ich den Inhalt des Allerhöchsten Schreibens beherzigen.

Welche Schicksalsfügung! Wie oft hatte ich mich im vergangenen Herbst gefragt: Warum muß das mir passieren, warum gerade mir, der ich nur ganz vorübergehend beim Fürsten von Bülow in Norderney beschäftigt war? Ein Schatten war über meinen Lebensweg gefallen. Je me sentais du plomb dans l'aile. Ich litt darunter, ohne es merken lassen zu wollen.

Nun verlangt der Kaiser selbst die Wahrheit von mir zu wissen, da er von grenzenlosem Mißtrauen gegen den Kanzler erfüllt ist.

Welche Fügung, daß die Existenz des ersten Beamten des Reichs vielleicht von meiner Aussage abhängt. Ich fühle mich in großer Gewissensnot. Wie soll ich als anständiger Mensch handeln, was ist recht und wohlgetan? Ein Widerstreit der Pflichten, Pflicht gegen den Kaiser, Dankespflicht gegen Bülows.

Ich bete. Als ich in Hiltz's „Schlaflosen Stunden"[2] den 26. Februar aufschla-ge, finde ich die Worte: „Die beste der menschlichen Eigenschaften ist die Treue." Das ist ein Fingerzeig, daß ich bei aller Wahrheitsliebe dennoch die höchste Rücksicht auf den Reichskanzler nehmen soll.[3] Ich schlafe ruhig ein,

1   Kaiser Wilhelm II. an Felix von Müller, Neues Palais, 22.2.1909; siehe Dok.Nr.106.
2   *Wolfgang Hilz (1845–1898),* Dichter u. katholischer Geistlicher in Altötting. Seine Publika-tion „Schlaflose Stunden", wohl ein Kalender mit Lebensweisheiten und religiösen Tages-sprüchen, konnte bibliographisch nicht ermittelt werden.
3   Müller hatte sich also entschlossen, dem Kaiser auf dessen vetrauliche Anfrage, ob Bülow das Stuart-Wortleysche Manuskript gelesen habe, nicht die volle „Wahrheit" zu sagen. Daraus läßt sich unschwer ableiten, daß der Gesandte über Kenntnisse verfügt haben mußte, deren Preisgabe Bülows Sturz hätte nach sich ziehen können. Als Bülow im Herbst 1909

mache um 4 Uhr morgens Licht und schreibe die ersten Notizen für meine Antwort an S.M. nieder.

PA-AA, R 5831 (eigenhändig).

Nr. 108
FELIX VON MÜLLER AN KAISER WILHELM II.

Kaiserlich Deutsche Gesandtschaft im Haag, 28. Februar 1909
Allerdurchlauchtigster Großmächtigster Kaiser und König,
Allergnädigster Kaiser, König und Herr!
Euerer Kaiserlichen und Königlichen Majestät Befehl gehorchend gestatte ich mir über die Vorgänge in Norderney, so weit sie das sog. Daily-Telegraph-Interview betreffen, Nachstehendes wahrheitsgetreu in tiefster Ehrfurcht zu berichten.

Fürst Bülow pflegte in Norderney seine Post entweder selbst zu öffnen oder durch einen Kanzleibeamten öffnen zu lassen. Nach Empfang des Schreibens des Freiherrn von Jenisch, dem das englische Manuskript beigefügt war, hatte Seine Durchlaucht, ohne mich um meine Ansicht zu fragen, die Anlagen des Schreibens zur Begutachtung und Rückäußerung an das Auswärtige Amt nach Berlin gelangen lassen. In den ersten Oktobertagen v.J. mußte der Herr Reichskanzler das Manuskript aus Berlin zurückerhalten haben. Am 6. Oktober abends ließ Fürst Bülow mich rufen, um mir mehrere Entwürfe zu diktieren, die ich mit Blei niederschrieb. Von diesen Entwürfen, die ich späterhin mit Tinte in Reinkonzepte umzuwandeln hatte, betraf der letzte ein Privatschreiben an Freiherrn von Jenisch, der sich bei den Akten des Auswärtigen Amts befinden und ungefähr folgenden Wortlaut haben muß:

Norderney, den 11. Oktober 1908
„Mein lieber Martin, Anbei sende ich Dir die Anlagen Deines Briefes vom ... zurück, von denen ich mit lebhaftem Interesse Kenntnis genommen habe. Ich bitte Dich, das Seiner Majestät zu sagen und dabei meinen alleruntertänigsten Dank für diesen neuen Beweis Allerhöchsten Vertrauens zum Ausdruck zu bringen." usw.[1]

von Rom aus in der ihm nahestehenden Presse Müller als den Hauptschuldigen in der Daily-Telegraph-Affäre hinstellen ließ (siehe Dok.Nr.118 n.2), scheint der Gesandte seine damalige Entscheidung, den Reichskanzler zu schützen, bereut zu haben. Am 27.9.1909 erklärte er dem Staatssekretär Schoen „in hochgradiger Erregung, er werde, wenn ihm nicht Genugtuung zuteil werde, sich diese zu verschaffen wissen und Enthüllungen machen, die für den Kanzler vernichtend sein würden" (Thimme, Front wider Bülow, 78; vgl. auch Schoen, Erlebtes, 101). Auch Margarete v. Müller bezeugt, ihr Bruder habe sich ihr und anderen gegenüber dahingehend geäußert, „daß, wenn Fürst Bülow ihm die Schuld an der Publikation zuschöbe, er Enthüllungen machen werde, die diesen vernichten würden" (Aufzeichnung, o.D. [ca.1930]; HStA Stuttgart, NL Felix v. Müller, J 50 Bü 63a).

[1]   Vgl. GP 24, Nr.8252 u. Dok. Nr.103 n.2.

Während des Diktierens, also *nach* der von Seiner Durchlaucht getroffenen Entscheidung, übergab mir der Fürst einen Bericht aus der Feder des W[irklichen] G[eheimen] Legationsrats Klehmet, der eine Reihe von Änderungsvorschlägen mit Bezug auf eine Anlage in englischer Sprache (Manuskript des Interviews) enthielt, mit dem Bemerken, die Anlagen seien noch nicht vollzählig, es müsse deshalb mit der Absendung des Briefes bis nach Eintreffen der letzten Anlage aus Berlin gewartet werden. Am übernächsten Tage war diese Anlage noch nicht eingetroffen.

Als ich endlich am Sonnabend, dem 10. Oktober, dem Tage vor der Abreise von Norderney, kurz vor dem Luncheon bei Seiner Durchlaucht eintrat, um einige Reinschriften zur Unterschrift vorzulegen, befand sich auch das Reinkonzept des Briefes an Freiherrn von Jenisch in meiner Aktenmappe. Fürst von Bülow reichte mir mit den Worten: „Hier ist die Anlage aus Berlin!" einen mit Maschinenschrift bedeckten Bogen, den ich zu den übrigen Anlagen meines Konzepts legen wollte. Der Fürst bestimmte aber, daß nicht, wie bisher, mein nunmehr von ihm paraphiertes Reinkonzept mir zum Mundieren überlassen bleiben sollte, sondern ordnete an: „Schicken Sie das Konzept mit der soeben eingetroffenen Anlage an Unterstaatssekretär Stemrich nach Berlin; es soll mit der Maschine mundiert und mir dort übermorgen nach der Rückkehr zur Unterschrift vorgelegt werden." Hierbei bot mir der Fürst ein entsprechend großes Couvert. Nachdem ich auf einen Umschlag noch einen Vermerk gesetzt hatte, der ungefähr also gelautet haben mag: „Seine Durchlaucht lassen bitten, das Konzept mit der Schreibmaschine zu mundieren und nach Rückkehr vorzulegen", steckte ich alle Piecen in das Couvert, das ich schloß und noch am nämlichen Tage nach Berlin befördern ließ.

Da sich meine Mitwirkung bei der Behandlung der Angelegenheit, wie Euere Kaiserliche und Königliche Majestät dieser Darstellung Allergnädigst zu entnehmen geruhen wollen, auf ein äußerst geringes Maß beschränkt hat, so vermag ich auch die Frage nicht zu entscheiden, ob der Herr Reichskanzler das Manuskript gelesen hat oder nicht. Nach dem Wortlaut seines Diktats mußte ich damals das erstere annehmen; heute neige ich eher zu der Überzeugung, daß er es nicht getan, wie er es Euerer Kaiserlichen und Königlichen Majestät persönlich versichert und auch öffentlich erklärt hat. Seine Durchlaucht allein ist im Stande, diesen Widerspruch aufzuklären. Die nächstliegende Erklärung ist freilich die, daß der Herr Reichskanzler geglaubt hat, sich auf das Urteil derjenigen Beamten, die er mit der Prüfung des Manuskripts beauftragt hatte, hinlänglich verlassen zu können, um, auf deren schriftliche Bemerkungen zu dem englischen Text gestützt, die Veröffentlichung in gutem Glauben zu empfehlen.

Indem ich nach gewissenhafter Selbstprüfung diese Berichterstattung vertrauensvoll in Euerer Kaiserlichen und Königlichen Majestät Hände niederlegen darf, verharre ich in tiefster Ehrfurcht als Euerer Kaiserlichen und Königlichen Majestät alleruntertänigster

gez. v.M.

PA-AA, R 5831 (eigenhändige Abschrift, expediert am 1.3.1909).

Nr. 109
FERDINAND VON STUMM[1] AN FELIX VON MÜLLER

Schloß Holzhausen, Kreis Kirchhain, 3. März 1909

Lieber Felix,

Deinen freundlichen Brief habe ich erhalten und Deinem Wunsch gemäß vernichtet.[2] Ich verstehe Deine Bedenken gegen Vorlage Deines Berichts in extenso; wenn Du den Tatbestand, auch das *Diktat* an *Jenisch* mit aufgenommen hast, so ist ja der hohe Herr hinreichend informiert; andernfalls würde ich es bedauern, wenn er auf Grund der von Dir im Zusatz ausgesprochenen Zweifel in Unklarheit versetzt würde. Er hat vor allem das Recht, daß diejenigen, an die er sich in Not im Vertrauen wendet, ihm rückhaltlos die Wahrheit sagen. Wenn der Gaukler in Berlin, der das Deutsche Reich, nur an sich und seinen kleinen Ruhm denkend, immer mehr schädigt, sich endlich in seinen eigenen Netzen fängt, tant mieux. Denn dieser Mann muß heraus; *jeder* ist besser als er, wenn jener ein braver, redlicher Mann ist. Im Innern Haß oder Ruin und, um ihnen zu entgehen, gesetzliche Maßregeln, welche in naher oder ferner Zukunft unseren ganzen soliden Aufbau in Frage stellen müssen; und nach außen der Hohn der ganzen Welt, welche die Bauernkniffe längst durchschaut hat und mit dem Manne nichts zu tun haben will. Ich bin jetzt auf Grund guter Information der Ansicht geworden, daß ein großer Teil der Fehler, die man im Lauf der letzten 4–5 Jahre begangen hat, viel weniger S.M. als seinem „Ratgeber" zugeschrieben werden müsse, der ihn entweder gar nicht oder halb oder falsch unterrichtet hat. Wer diese Ansicht teilt, muß das Seinige dazu beitragen, daß diesem Regiment der Lüge und des Egoismus ein Ende gemacht werde, und das so bald als möglich.

PA-AA, R 5831 (Original, eigenhändig; Abschrift von der Hand Müllers mit einigen Transkriptionsfehlern).

---

1   *Ferdinand Eduard Freiherr von Stumm (1843–1925),* preuß. Diplomat, Onkel Felix von Müllers; 1866 Eintritt in den diplomatischen Dienst, 1870/71 Teilnahme am Feldzug gegen Frankreich, 1872 Geschäftsträger beim Heiligen Stuhl, dann Botschaftsrat in Petersburg und London, 1875 Gesandter in Darmstadt, 1877 Gesandter in Dänemark, 1879–90 Botschafter in Madrid, 1890 Abschied aus Gesundheitsrücksichten.

2   In dem zur Vernichtung bestimmten Brief hat Müller wohl den wahren Sachverhalt dargestellt. Aus Stumms Antwortschreiben geht deutlich hervor, daß Müller sichere Anhaltspunkte dafür gehabt haben muß, daß der Reichskanzler trotz seiner gegenteiligen Beteuerungen das englische Manuskript des *Daily Telegraph*-Artikels – sei es im Original, sei es in einer der korrigierten Abschriften – gründlich gelesen und durchgearbeitet hat. In seinem Tagebuch (derzeit als Leihgabe der Familie Stumm im Universitätsarchiv Giessen) ist Stumm auf diesen Vorgang leider nicht eingegangen.

Nr. 110
AUS DEM TAGEBUCH THEODOR SCHIEMANNS

[Berlin], 6. März [1909]

Aus einer langen Unterredung, die ich am 4. [März] mit Valentini gehabt habe, der alle zur Daily Telegraph-Affäre gehörigen Aktenstücke eingesehen hat, ergibt sich, daß Bülow wirklich den Telegraph-Artikel nicht gelesen hatte, als er die Veröffentlichung anordnete.[1] Er ist, als er danach den Text der Wolffschen Depesche las, die den Inhalt wiedergab, außer sich gewesen. Er hat gewütet (so referiert Schoen), und um über diese Angelegenheit nicht zu fallen, hat er dann die bekannten Schachzüge gemacht, die ihn disculpierten und die Last dem Kaiser zuwälzten.

V[alentini] glaubt nicht an die Möglichkeit einer Versöhnung, wünscht aber, daß die Entscheidung hinausgeschoben werde und ohne Eclat erfolge. Falls sich mir die Gelegenheit dazu bietet, habe ich versprochen, in diesem Sinn zu wirken. Einen Nachfolger habe der Kaiser nicht. Er sei überhaupt nicht zu haben. Als ich auf Bethmann Hollweg hinwies, sagte Valentini, Bethmann Hollweg habe gesagt, er werde sich lieber aufknüpfen als diesen Posten annehmen.[2] Ich habe Grund zur Annahme, daß diese Äußerung nicht ernst gemeint ist und daß er zustimmen wird, falls der Kaiser ihn ernstlich auffordert.

9. März [1909]

[...] Als möglicher Reichskanzler wird mir genannt: *Kapp*, Wolfgang, Dr. jur., Geheimer Oberregierungsrat, Generallandschaftsdirektor in Königsberg.[3] Dann müßte Kiderlen Staatssekretär werden.

GStA PK Berlin, I.HA Rep.92, NL Schiemann, Nr.153 (maschinenschriftl. Abschrift, Original nicht mehr vorhanden).

1   Valentini hat offenbar nicht erkannt, daß Bülow die Daily-Telegraph-Akte ganz offensichtlich manipuliert hatte (kein reguläres Inhaltsverzeichnis, fehlende Schriftstücke). Bülows Wüten stellte sich auch erst einen Tag nach der Kenntnisnahme der Wolffschen Depesche ein, nachdem er die ersten deutschen Pressereaktionen gelesen hatte. Vgl. auch den Kommentar des Bülow-Kenners Sigmund Münz: „Ob er nun den Artikel, mit dessen Durchsicht der Kaiser ihn betraut hatte, gelesen, wie so viele Zeugen behaupten, oder nicht gelesen hat, wie er selbst aussagte. Bülow selbst ging – wenigstens in meiner Gegenwart – jeder Auseinandersetzung über dieses Thema aus dem Wege. Hier ballen sich alle Rätsel seines Daseins, das sich vormals außer mit dem Dasein des Kaisers auch mit dem Eulenburgs und Holsteins geschnitten hatte, zu einem alle anderen verschlingenden Riesenrätsel zusammen" (Münz, Fürst Bülow, 231).

2   Bethmanns Bedenken gegen eine eigene Reichskanzlerschaft gründeten sich auf Zweifel über die Kooperationsfähigkeit des Monarchen und des Reichstags. Wie Baronin Spitzemberg während eines Essens bei Bethmanns herausfand, sah der Hausherr, „der keineswegs ein Pessimist ist, gewaltig ernst in die Zukunft [...], da er eben nicht bloß im Kaiser, sondern auch im Kronprinzen den Ernst in ernsten Dingen vermißt, allerdings auch das Niveau des Reichstags beklagenswert tief findet, sobald es sich darum handelt, dem Wunsch nach Macht die Fähigkeit, solche zu üben, als Beweismittel hinzuzufügen, d.h. nicht bloß immer zu negieren und zu kritisieren, sondern einmal tüchtig der Regierung zu helfen und dann seine Bedingungen zu stellen" (Eintrag v. 6.12.1908; Vierhaus, Spitzemberg, 496).

3   *Wolfgang Kapp (1858–1922)*, Jurist, Politiker; 1886 Hilfsarbeiter im preuß. Finanzministe-

Nr. 111
AUS DEM TAGEBUCH THEODOR SCHIEMANNS

[Berlin], 12. März [1909], 12.30 [a.m.]

Gestern abend erhielt ich einen Rohrpostbrief des Oberhofmarschalls Eulenburg, der mich zu heute zwischen 11 und $^1/_2$ 1 Uhr ins Oberhofmarschallamt bestellte. Als ich im Schloßhof im Begriff war, in Eulenburgs Büro einzutreten, traf das Automobil des Kaisers ein.[1] Er erwiderte meinen Gruß mit lebhaftem Winken, und als ich nun zu Eulenburg wollte, lief ein Lakai mir nach, S.M. wünsche mich zu sprechen.

Der Kaiser war glänzender Laune und sah vortrefflich aus, der Ausdruck des Gesichts ein ganz anderer als in letzter Zeit. Wir gingen eine halbe Stunde oder fast so lange im Schloßhof auf und ab, und der Kaiser erzählte mir das folgende.

Gestern ist der Reichskanzler bei ihm zum Vortrag[2] gewesen und wurde, wie seit dem 17. November [1908] stets, sehr formell empfangen. Nach Beendigung des amtlichen Vortrags sagte Bülow, er sähe, daß der Kaiser ihm seine Gnade entzogen habe und könne es nicht länger ertragen. Er sei sich bewußt, daß er alles, was in seinen Kräften stehe, getan habe, um die zahlreichen Unvorsichtigkeiten des Kaisers zum Besten zu wenden und habe das auch in der Daily-Telegraph-Affaire getan. Der Kaiser unterbrach ihn und sagte, da Bülow selbst die Rede auf diese Sache gebracht habe, wolle nun auch er mit seiner Meinung nicht zurückhalten; der Fürst habe an ihm gehandelt wie ein Verräter. Bülow zuckte zusammen und wurde totenbleich, widersprach dann heftig. Es sei nicht möglich gewesen, die Debatte im Reichstag zu verhindern, und was sich zur Verteidigung des Kaisers sagen ließ, habe er gesagt, nach bestem Wissen und aus seiner treuen Gesinnung zum Kaiser. Der Kaiser erinnerte ihn darauf daran, daß er vor seiner Abreise nach England 2 $^1/_2$ Stunden lang mit ihm im Garten des Reichskanzlerpalais auf- und abgegangen sei[3], und wie ihn Bülow direkt gebeten hat, in dem Sinn in England zu reden, wie er, der Kaiser, es in Highcliffe getan habe. Dieses

rium, 1891–1900 Landrat des Kreises Guben, 1900 Vortragender Rat im preuß. Landwirtschaftsministerium, 1906–20 Generallandschaftsdirektor in Ostpreußen (mit Unterbrechung 1916/17), 1917 Mitbegründer und 2. Vorsitzender der Deutschen Vaterlandspartei, Febr. 1918 Mitglied des Reichstags, Juli 1919 Beitritt zur DNVP, März 1920 Anführer im Kapp-Lüttwitz-Putsch, floh mit Lüttwitz nach Schweden.

1   Der Kaiser befand sich auf dem Weg zur Frühstückstafel, die zur Feier des Geburtstags von Prinz Luitpold von Bayern im Berliner Schloß stattfand (siehe Dok.Nr.112).

2   Vgl. dazu die Tagebucheintragung des Grafen Zedlitz-Trützschler v. 12.3.1909: „Gestern hatte der Kanzler um 10 Uhr Vortrag erbeten. Der Kaiser ging mit ihm bis $^1/_2$ 1 Uhr in der Bildergalerie auf und ab. Hierbei kam es zur ersten gründlichen Aussprache seit den Ereignissen vom letzten November" (Zedlitz-Trützschler, Zwölf Jahre, 223). Valentini hat wohl beide Seiten massiv gedrängt, es bei dieser Gelegenheit im Interesse der deutschen Innen- und Außenpolitik zu einer klärenden Aussprache über die Novemberereignisse kommen zu lassen (vgl. Valentini, Kaiser und Kabinettschef, 106). Über die Vorgeschichte dieser Unterredung siehe Cole, 263.

3   Wohl am 2.11.1907 (vgl. Bülows Eintrag in seinen Losungen unter dem 2.11.: „S.M. bei uns zu Tisch"; BA Koblenz, N 1016 / NL Bülow, Nr.152–11).

Gespräch[s] wollte sich Bülow nicht mehr erinnern, er wisse nicht das Geringste davon. Der Kaiser sagte, er könne ihm noch den Baum zeigen, an dem sie standen, als das Gespräch auf die englischen Mißstimmungen und die Notwendigkeit kam, ihnen entgegenzuwirken. Und ob Seine Exzellenz (sic!) sich nicht auch der Berichte und Telegramme erinnere, die er ihm nach jedem Gespräch in Highcliffe geschickt[4]; und wie er, wiederum im Garten des Reichskanzlerpalais[5], ihm mündlich noch einmal alles erzählt habe, was in England geschehen und gesprochen [worden] sei; und wie Bülow ihm nicht nur im eigenen Namen, sondern in dem des deutschen Vaterlandes so herzlich dafür gedankt habe. Auch daran wollte Bülow keinerlei Erinnerung haben. Der Kaiser entgegnete, dafür erinnere er sich auf das allergenaueste dieser Unterredung und des Bülowschen Dankes. Und sei nicht alles richtig, was er in Highcliffe gesagt habe? Und ob sich Bülow nicht auch dessen erinnere, wie sie, als ein trostloser Brief der Königin Victoria nach der Niederlage Bullers eingelaufen sei, darüber beraten hätten, wie die Königin zu trösten sei; und wie der Kaiser in Bülows Gegenwart ein paar Ratschläge und Betrachtungen niedergeschrieben habe, die Bülow gelesen; und wie er ihm den Brief gezeigt, den er auf Grund dieser Notizen geschrieben, und wie Bülow ihn ausdrücklich gebilligt habe?

Bülow griff mit den Händen an seinen Kopf und sagte, er wisse nichts davon, verfiel darauf in einen Weinkrampf und sagte, wenn der Kaiser das glaube, verstände er, wie er ihn für einen Verräter halten könne, und daß er unter diesen Umständen unmöglich im Amt bleiben könne. Der Kaiser fragte, weshalb er denn, wenn sein Gedächtnis ihn so im Stich ließe, nicht die Akten nachgesehen habe, bevor er im Reichstag die Erklärung gab, die den Kaiser nicht verteidigt, sondern preisgegeben habe? Bülow bat darauf um Verzeihung und wiederholte sein Gesuch um Verabschiedung. Der Kaiser verweigerte es ihm auf das bestimmteste. Wir stehen vor der Finanzreform, es wäre eine zweite Felonie, wenn Sie jetzt zurückträten. Da aber Bülow sein Unrecht einsehe und um Verzeihung

---

4   In einer Zuschrift an die *Berliner Neuesten Nachrichten* v. 9.3.1909 behauptete Rudolf Martin: „Es ist keine Phantasie, sondern eine Tatsache, daß der Kaiser im November und Dezember 1907 von Highcliffe aus über seine Tischunterhaltungen brieflich wiederholt dem Fürsten Bülow Mitteilung gemacht hat, und daß der Fürst Bülow in seinen Antwortbriefen mit dem Inhalt der kaiserlichen Mitteilungen an die englische Umgebung sein Einverständnis erklärt hat." Bülow, dem dieser Artikel am 9.3. vorgelegt wurde, meinte dazu: „alles Lüge". Am 10.3.1909 bat Hammann, wohl im Hinblick auf den für den folgenden Tag festgesetzten Immediatvortrag des Kanzlers beim Kaiser, das Chiffrierbüro des Auswärtigen Amts „um Vorlegung der Telegramme Sr. M. an S.D." aus jenem Zeitraum. Das Chiffrierbüro meldete daraufhin: „Solche Telegramme sind nicht zu den Akten gelangt. 11.3." Hammann wollte am 11.3. zusätzlich wissen: „Auch keine Briefe Sr.M. an S.D. oder sonst Allerhöchste Äußerungen über die Privatgespräche in England?" Nach entsprechendem Aktenstudium lautete die Antwort des Englanddezernenten Bussche-Haddenhausen am 13.3. schlicht und einfach: „Nein" (PA-AA, R 5832, Bl.95). Auch der Kaiser hat seine Angaben über den damaligen Briefverkehr mit dem Kanzler nie belegen können. Siehe dazu auch Hiller v. Gaertringen, 124–127.
5   Am 26.12.1907 (vgl. den entsprechenden Eintrag Bülows in seinen Losungen: „S.M. bei mir"; BA Koblenz, N 1016 / NL Bülow, Nr.152–11).

bitte, wolle er das Königsrecht des Verzeihens walten lassen. Auch habe das
Deutsche Volk sich ihm, dem Kaiser, wieder zugewandt, das zeigen ihm unge-
zählte Zuschriften, sein jüngster Aufenthalt in Bremen[6] und die Wirkung des
Steinschen Buches[7]. Das schließliche Resultat war, daß Bülow bleibt, und der
Kaiser heute abend bei ihm speisen wird.[8]   .

6   Nach dem telegraphischen Bericht des hanseatischen Korrespondenten der *Kölnischen
    Zeitung* traf der Kaiser am 6. März „in Begleitung des Prinzen Heinrich und des Gefolges
    um 12.13 Uhr" in Bremen ein „und wurde auf dem Bahnhofe von den Bürgermeistern Pauli
    und Marcus sowie den Senatoren empfangen. Der Kaiser begab sich nach dem Ratskeller,
    wo das Frühstück eingenommen wurde. Abreise 3.30 Uhr" (*Kölnische Zeitung*, No.243,
    7.3.1909). Bei dieser Gelegenheit hielt Wilhelm II. weder eine Ansprache noch hatte er
    Kontakt zur Bremer Bevölkerung. Am Abend des 1. März war der Kaiser von Berlin aus
    nach Wilhelmshaven zur Rekrutenvereidigung aufgebrochen. Dabei machte er am 2. März
    Station in Oldenburg: „Der Großherzog und der Erbgroßherzog haben ihn am Bahnhof
    empfangen; vom Publikum wurde er jubelnd begrüßt; das Militär bildete Spalier, die
    Straßen zeigen Flaggenschmuck" (*Kölnische Zeitung*, No.222, 2.3.1909). In Wilhelmsha-
    ven, wo er u.a. mit Tirpitz zusammentraf, nahm der Monarch Quartier an Bord des Linien-
    schiffes „Deutschland". Am Abend des 6. März traf er wieder in Berlin ein (*Kölnische
    Zeitung*, No.225 u. 246, 3. u. 8.3.1909).
7   Adolf Stein, Wilhelm II. (Leipzig 1909), 124 S. mit einem Vorwort v. 10.1.1909. Stein
    schreibt später, daß er das Buch über Weihnachten 1908 in zehn Nächten geschrieben habe,
    um als „Gefühlsroyalist" eine „erste Bresche in die chinesische Mauer der Verkennung des
    Kaisers" zu schlagen. Das Buch, das am 31.1.1909 herauskam, sei von der gesamten
    deutschen Presse „entrüstet" abgelehnt worden, selbst in konservativen Kreisen habe man
    es als „unzeitgemäß" empfunden (Adolf Stein, Bülow und der Kaiser, Berlin 1931, 48–51).
8   Valentinis Aufzeichnungen über diese Unterredung decken sich im großen und ganzen mit
    denen Schiemanns, enthalten aber noch einige interessante Ergänzungen: „Der Kaiser hatte
    sich zu diesem Tage auf 12 Uhr zum Frühstück beim Justizminister Beseler angesagt, wo
    wir ihn in einiger Unruhe erwarteten, bis er nach 1 Uhr in höchst angeregter Stimmung
    erschien. Gleich nach Tisch teilte er dem Staatssekretär v. Bethmann in meiner und
    Loebells Gegenwart mit, daß er sich in mehr als zweistündiger Unterhaltung gründlich mit
    dem Kanzler ausgesprochen habe, ließ mich dann aber noch um ¹/₂ 7 Uhr abends aufs
    Schloß kommen, um mir den Verlauf des Gespräches eingehend zu schildern. Ich habe mir
    seine Mitteilungen unmittelbar nachher aufgezeichnet und möchte sie hier als für die
    Psyche der beiden Männer höchst bezeichnend im wesentlichen wiederholen. – Nach
    einleitenden Worten über aktuelle Fragen der auswärtigen Politik (Serbien, Ährenthal usw.)
    habe Bülow plötzlich und feierlich erklärt, er fühle des Kaisers Ungnade schwer auf sich
    lasten und könne sie nicht länger tragen. In der Novemberaffäre und vorher sei er stets
    bemüht gewesen, die Krone und die Person des Kaisers zu schützen, so bei der Lippeschen
    Thronfolgesache, dem Swinemünder Telegramm an den Prinzregenten usw. Daß er das
    Interview des Daily Telegraph nicht gelesen und darin schwer gefehlt, gestehe er offen ein,
    aber er habe der tiefen Erregung des Volkes im Reichstage Rechnung tragen müssen.
    Darauf habe er – der Kaiser – ihm in bitteren Worten vorgehalten, daß er ihn gegen den
    Vorwurf eigenmächtiger Politik nicht verteidigt habe, obschon er wußte, daß er in England
    nichts ohne die Billigung des Kanzlers geredet oder getan habe. Insbesondere müsse er sich
    erinnern, daß er – der Kaiser – nach seiner Rückkehr von Highcliffe Castle ihm im Garten
    des Kanzlerpalais seine Unterredung mit Oberst Wortley, wie sie in dem Interview nieder-
    gelegt, fast wörtlich mitgeteilt, und daß er – der Kanzler – ihm mit feuchten Augen für diese
    Förderung seiner Politik gedankt habe. Bülow habe sich darauf vor die Stirn geschlagen und
    gesagt: ‚Ew. Majestät, das ist nicht der Fall, jedenfalls weiß ich davon nichts! Wenn Ew.
    Majestät es behaupten, kann ich nur sagen, ich habe es völlig vergessen!' Auch davon, daß

Der Kaiser glaubt, daß Bülow in der Tat infolge des Schlaganfalls vor zwei Jahren sein Gedächtnis teilweise eingebüßt hat. Ich sagte, das sei eine psychologische Erklärung und eine Entschuldigung, aber der Kaiser bedürfe noch einer öffentlichen Satisfaktion. Der Kaiser sagte, das solle noch kommen. Er sei gestern abend bei Bethmann Hollweg gewesen und habe ihm den ganzen Zusammenhang der Dinge erzählt. Bethmann Hollweg sagte, Bülow habe den Ministern davon nichts gesagt, war erstaunt und entrüstet und fügte hinzu, er halte es für seine Pflicht, dem Kaiser mitzuteilen, daß ihm in seinem Verkehr mit dem Reichskanzler ganz ähnliches Versagen von Bülows Erinnerungsvermögen entgegengetreten sei.

Der Kaiser hat jetzt allen Ministern den wahren Sachverhalt mitteilen lassen.[9] Er hatte Eulenburg beauftragt, ihn mir mitzuteilen, damit ich ganz orientiert sei. Danach verabschiedete sich der Kaiser mit einem herzlichen Händedruck.

Das Gespräch mit Eulenburg dauerte nur wenige Minuten. Er sagte, ich wisse jetzt aus erster Hand, was geschehen sei. Der Kaiser und Bülow seien auseinander gegangen, jeder in der Überzeugung, daß er gesiegt habe. Ich warf ein, daß der Kaiser Bülow für geistig krank halte. Eulenburg erklärte, das sei zu stark ausgedrückt. Ein Versagen des Gedächtnisses bei Bülow liege ohne Zweifel vor. Jedenfalls sei es gut, daß er jetzt im Amt bleibe, er sei für den Augenblick nicht zu ersetzen. Damit schieden wir. Der Kaiser hat jetzt das gesamte Material in Händen, auch Müller zu Aussagen veranlaßt.[10]

GStA PK Berlin, I.HA Rep.92, NL Schiemann, Nr.153 (maschinenschriftl. Abschrift). Bereits abgedr. bei Meyer, Schiemann, 163–164, aber mit einigen willkürlichen Auslassungen.

er die Übersendung der Aphorismen über den Burenkrieg an die Königin von England mit ihm besprochen, bevor er sie absandte, hätte der Kanzler nichts mehr gewußt. Er habe ihm darauf vorgehalten, mit welchen Gefühlen er – der Kaiser – angesichts dieser Sachlage die Kanzlerrede im Reichstage und die folgende Preßkampagne gelesen und die ‚Komödie vom 17. November' mitgemacht habe, wo ihn Bülow etwas hätte unterschreiben lassen, was dem wahren Sachverhalt nicht entsprach. Er habe sich damals unterworfen, um das große Werk der Reichsfinanzreform nicht zu gefährden, aber es sei begreiflich, daß er mit diesem Stachel im Herzen das alte Vertrauen nicht mehr empfinden könne. Als der Kanzler darauf ganz zerschmettert erklärt hätte, daß er, wenn sich alles so verhielte, keinen Augenblick länger im Amte bleiben könne, habe er ihm erwidert: ‚So, Herr v. Bülow, jetzt wollen Sie gehen und die Karre im Dreck lassen! Nein, zuerst führen Sie die Finanzreform zu Ende, dann läßt sich darüber reden.' Der Kanzler habe endlich sein tiefes Bedauern ausgedrückt, daß er jene Umstände, die ihm völlig aus dem Gedächtnis geschwunden seien, nicht zur Verteidigung des Kaisers benutzt habe, und um seine Verzeihung und das alte Vertrauen gebeten. Er – der Kaiser – habe dieser Bitte gewillfahrt und sei endlich versöhnt von ihm geschieden" (Valentini, Kaiser und Kabinettschef, 106–108).

9   Nach dem Zeugnis Valentinis war „der Kaiser über den Verlauf so erfreut, daß er ihn unmittelbar nach der Beendigung der Aussprache den Generalen Plessen, Einem und Lyncker, ferner später Bethmann und dem Grafen Eulenburg in ungefähr denselben Wendungen wie mir mitteilte und am Tage darauf von mir verlangte, daß auch die Oberpräsidenten davon Kenntnis erhielten, was ich natürlich zu inhibieren wußte" (Valentini, Kaiser und Kabinettschef, 108).

10 Vgl. Dok. Nr.108.

Nr. 112
HUGO GRAF VON LERCHENFELD AN LUITPOLD PRINZ VON BAYERN

Berlin, 12. März 1909

Bei der Frühstückstafel, die heute zu Ehren des Geburtsfestes Euerer Königlichen Hoheit bei den Majestäten im k[öniglichen] Schlosse stattgefunden hat, haben S.M. der Kaiser mir eine Mitteilung über Sein Verhältnis zum Reichskanzler gemacht. Die Mitteilung war keine spontane. Sie wurde veranlaßt durch eine Bemerkung von meiner Seite, die S.M. irrtümlicherweise als auf die November-Ereignisse anspielend auffaßte. Obwohl ich den Irrtum sofort klarstellte, ging S.M. auf die Sache ein und sagte mir: Gestern war der Reichskanzler bei mir und hat mich um Verzeihung gebeten. Er hat mir dargelegt, daß gewisse Dinge ihm damals aus dem Gedächtnis verschwunden gewesen seien. Andernfalls hätte er die Aktion nicht unternommen. Ich habe ihm meine Meinung rücksichtslos gesagt. Es hat Tränen gekostet und der Reichskanzler war sehr gebrochen.[1] Aber ich habe ihm verziehen, und die Sache ist aus.[2]

Ich beschränkte mich darauf, S.M. zu erwidern, daß ich die Versöhnung aufrichtig begrüße, weil der Reichskanzler zur Zeit schwere Aufgaben zu erfüllen habe, die er nicht erfüllen könne, wenn seine Stellung nicht eine starke und gesicherte sei. S.M. erkannten die Richtigkeit dieser Bemerkung ausdrücklich an und wiederholten, daß die Vorgänge verziehen seien.

Vor und nach der Frühstückstafel habe ich bemerkt, daß der Verkehr zwischen S.M. und dem Reichskanzler sich wieder in den früheren Formen bewegte.[3]

BayHStA München, Bayer. Gesandtschaft Berlin 1081, Bl.317–319 (eigenhändiges Konzept).

1 Baronin Spitzemberg hielt am 25.3.1909 in ihrem Tagebuch fest: „S.M. hat andern gesagt, ‚Bernhard hat geheult wie ein Schloßhund!'" (Vierhaus, Spitzemberg, 501). Siehe auch Dok. Nr.116.

2 Der württembergische Gesandte Axel von Varnbüler hörte indes Anfang April „von bestunterrichteter Seite", „der innere Zwiespalt zwischen S.M. und Bülow werde niemals ganz ausgefüllt werden" (Eintrag v. 4.4.1903; Vierhaus, Spitzemberg, 502).

3 „Faktum ist", notierte die gut informierte Baronin Spitzemberg am 25. März, „daß seitdem der Kaiser jeden Tag wieder in die Wilhelmstraße kommt." In Hofkreisen beurteilte man diese Entwicklung mit gemischten Gefühlen, weil die „Basis, auf der der Friede geschlossen ist", eine „wenig sichere" sei. „Daß der Kaiser nun wiederum in die übertriebenen, täglichen Besuche bei Bülow zurückgefallen sei", habe – so die Baronin – der Vizeoberzeremonienmeister Bodo von dem Knesebeck ihr gegenüber zutiefst beklagt „als Beweis dafür, daß er keine Idee habe von dem, was die Novemberrevolution eigentlich bedeute und bedeuten soll" (Eintrag v. 16.4.1909; Vierhaus, Spitzemberg, 501 u. 503).

Nr. 113

AUS DEM TAGEBUCH THEODOR SCHIEMANNS

[Berlin], 15. März [1909]

Aus meinem Gespräch mit Schoen.

Der Reichskanzler hat am Abend des 12., als der Kaiser bei ihm war, einen sehr gedrückten Eindruck gemacht, während der Kaiser bester Laune war und bis 1 Uhr blieb. Wahrscheinlich ist es eine „ad-hoc-Gedrücktheit" von Bülow, da er gleich nach der Rückkehr von dem Gespräch mit dem Kaiser von Kiderlen in strahlender Stimmung vorgefunden wurde und beschäftigt war, mit Hammann zu vereinbaren, wie in der Presse der bevorstehende Besuch des Kaisers auszubeuten sei. Z[immermann], dem ich die Nachricht danke, meinte, Bülow sei unzweifelhaft der erste Schauspieler des Reichs.[1] Wahrscheinlich ist die Gedächtnisschwäche, die ihn die Unterredungen und Korrespondenzen vergessen ließ, Weinkrampf und folgende Sentimentalität ebenfalls Schauspielerei gewesen. Ich halte nicht für unmöglich, daß er die Entscheidung über die Reichsfinanzreform hinziehen wird, um allmählich den Kaiser wieder für sich zu gewinnen, was Zeit erfordert. Aber ich glaube nicht, daß das frühere Verhältnis überhaupt wieder herzustellen ist.

[Berlin], 16. März [1909]

Lange Unterredung mit Valentini über das Gespräch Sr. M. mit Bülow. Valentini hat mit Bülow selbst und mit Loebell gesprochen. Danach ist die Unterredung des Kaisers mit Bülow in einigen Punkten anders gewesen, als in der Erinnerung des Kaisers. Bülow hat nicht jede Erinnerung an das Gespräch nach der Rückkehr des Kaisers aus Highcliffe verloren, erinnert sich desselben vielmehr recht genau, will aber nicht wissen, daß S.M. ihm von den Gesprächen erzählt hat, die im Daily-Telegraph-Artikel erwähnt sind. Der Kaiser habe ihm ausführlich von drei überaus wichtigen Gesprächen mit König Eduard erzählt, und für diese Gespräche habe er so emphatisch im Namen des Vaterlandes gedankt.[2]

---

1   Eine ähnliche Charakterisierung des Reichskanzlers stammt aus der Feder des hanseatischen Bundesratsbevollmächtigten Karl Peter Klügmann: Bülow „sei eine künstlerische Natur von schneller Fassungskraft, außerordentlichem Gedächtnis und einem viel geübten schauspielerischen Talent" (21.12.1908; zit. nach Fenske, Quellen zur deutschen Innenpolitik, 359).

2   Die Version, die Bülow seiner Umgebung über die Aussprache vom 11. März präsentierte, wich beträchtlich von der des Kaisers ab. Danach hat der Kanzler „wie ein älterer Freund" gesprochen, und die Erinnerungslücken hätten nicht bei ihm, sondern beim Kaiser bestanden: „Der Kaiser möge ihn gehen lassen, wenn er glaube, daß der Kanzler im November nicht seine Schuldigkeit gegen Krone und Land getan habe. Möglich, daß von ihm sonstwie Fehler gemacht worden seien. Der Kaiser erwiderte: Er wünsche keine Trennung, die Geschichte mit dem Manuskript habe er verziehen, aber er hätte im November besser verteidigt werden müssen; er habe doch seinerzeit alles über seine englischen Gespräche brieflich mitgeteilt, und Bülow habe ihm brieflich zugestimmt und gedankt. Der Kanzler bestritt das und bat um den Brief, worauf der Kaiser sagte, es sei auch mündlich nach seiner Rückkehr aus England geschehen. Bülow erinnerte dann daran, daß der Kaiser doch schon früher in Reden und Handlungen unvorsichtig gewesen sei, z.B. mit der Swinemünder

Der Kaiser hat seine Unterredung mit Bülow vielen erzählt und wünscht, daß der Zusammenhang der Daily-Telegraph-Affaire bekannt werde. Er will auch eine öffentliche Satisfaktion haben; da er aber zugleich die Autorität des Reichskanzlers nicht erschüttern will, ist es schwer, die rechte Fassung zu finden. Ich soll Valentini Entwürfe dazu fertigstellen. Valentini glaubt nicht, daß Bülow vor Erledigung der Reichsfinanzreform ausscheiden kann, danach aber bestimmt, da auch seine Gesundheit durch die Krise schwer gelitten habe. An ein Versagen von Bülows Gedächtnis glaubt er nicht, ist überzeugt, daß Bülow das Manuskript nicht gelesen hat, hält die Inszenierung der Daily-Telegraph-Affaire für eine Art des Selbstschutzes, bei dem der Kaiser zu kurz kam, glaubt aber, daß es jetzt zwischen Kaiser und Kanzler ein mögliches Verhältnis geben werde.[3]

[...] Bülow hat während des Gesprächs am 11. sich erboten, vor dem Kaiser einen Eid zu leisten, daß er den Daily-Telegraph-Artikel nicht vor der Veröffentlichung gelesen habe.

GStA PK Berlin, I.HA Rep.92, NL Schiemann, Nr.153 (maschinenschriftl. Abschrift). Anfangspassage des Eintrags v.16.3. teilw. zit. bei Meyer, Schiemann, 164 f.

Nr. 114
REINHOLD KLEHMET AN WILHELM STEMRICH

Berlin, 17. März 1909

Hochverehrter Herr Unterstaatssekretär!

Indem ich für die heute so gütig mir gewährte Besprechung und für die dabei bekundete, wohlwollende Gesinnung für mich erneut meinen gehorsamsten Dank ausdrücke, möchte ich nicht versäumen, über einige der berührten Punkte, die mir der Klarstellung zu bedürfen scheinen, meine Auffassung nachstehend kurz zu präzisieren:

1. Zu der Bemerkung, daß ich S.D. auf den gefährlichen Inhalt des Manuskripts hätte aufmerksam machen sollen: Ich war der festen Überzeugung, daß S.D. über den Inhalt des Manuskripts hinreichend Bescheid wußte. Selbst wenn er das letztere nicht selber gelesen, ergab sich alles Wesentliche schon aus dem Begleitbriefen von Stuart Wortley und Rücker-Jenisch.

Depesche und in der Lippeschen Thronfolgefrage. Der Kaiser wollte sich auf die Depesche an den Prinzregenten Luitpold (mit dem Angebot von 100.000 Mark an Stelle eines von der bayerischen Zentrumspartei verweigerten Etatpostens für die Museumsverwaltung) nicht besinnen und stellte auch den Streit mit Lippe in Abrede" (Hammann, Um den Kaiser, 79–80). Ähnlich, weil aus der gleichen Quelle, die Aufzeichnungen der Baronin Spitzemberg v. 12.4.1909 (Vierhaus, Spitzemberg, 503).

3   Unmittelbar nach der Unterredung mit dem Kanzler sagte Wilhelm II. indes zum Diensttuenden Flügeladjutanten Oberst Hans von Gontard: „Mit dem Bülow bin ich fertig!" Und zum Oberhof- und Hausmarschall August Graf zu Eulenburg: „Nach der Finanzreform nehme ich einen andern Kanzler" (Zedlitz-Trützschler, Zwölf Jahre, 223, Eintrag v. 12.3. 1909).

2. Nach dem Begleitbrief von Jenisch wünschte der Kaiser nicht, daß das Auswärtige Amt überhaupt mit der Sache befaßt würde, und Er wünschte ferner, daß auch der Reichskanzler sich bei seiner Prüfung auf die Aktenmäßigkeit der Einzelheiten beschränkte. Diese Allerhöchste Willensmeinung war für das Auswärtige Amt maßgebend, solange nicht der Reichskanzler es von ihrer Befolgung ausdrücklich entband. Letzteres ist nicht geschehen.

3. Die Aktenmäßigkeit der Einzelheiten ist vom Auswärtigen Amt sorgfältigst geprüft worden. Änderungen konnten dabei nur insoweit vorgenommen werden, als sie mit der strengen Geschlossenheit der Allerhöchsten Deduktionen vereinbar waren. Dabei war der Hauptgesichtspunkt die Erzielung der von Stuart Wortley versprochenen guten Wirkung in England. Diesem Gesichtspunkt mußten Rücksichten auf dritte Mächte (Frankreich, Rußland, Japan) untergeordnet werden. Die gute Wirkung in England ist denn auch tatsächlich nicht ausgeblieben. Für Erwägung der Rückwirkung auf die *innere deutsche Politik* war dagegen das Auswärtige Amt nicht zuständig.

4. Es sollte nicht übersehen werden, daß die früher vorhandene, enge persönliche Fühlung des Herrn Reichskanzlers mit den einzelnen Referenten der politischen Abteilung längst aufgehört hat. Der einzelne Referent ist daher schwer in der Lage, sich ein richtiges Bild über die Auffassungen seines obersten Chefs zu machen, der mit ihm über politische Fragen kaum ja mehr spricht oder korrespondiert. Eben deshalb ist dem einzelnen Referenten auch der Weg einer privaten Äußerung von Bedenken an den Chef so gut wie verschlossen.

5. Das Auswärtige Amt ging von der Versicherung Stuart Wortleys aus, daß die Befragung der deutschen Autoritäten über den Artikel *absolut geheim* bleiben solle. Erst dadurch, daß unsere deutschen Publikationen hierüber hinweggingen, hat die Sache den gefährlichen Charakter erhalten, der danach vom Auswärtigen Amte nicht vorausgesehen werden konnte.

6. Das Auswärtige Amt hat sich, gemäß seiner Auffassung, wonach ihm eine solche Äußerung nicht aufgetragen war, über die Frage der Opportunität der Publikation überhaupt nicht geäußert. Dies hätte in Norderney bemerkt werden und danach eventuell eine ergänzende Äußerung eingefordert werden müssen. Dies ist aber nicht geschehen, vielmehr unsere Äußerung gleich an Jenisch weitergegeben, *zugleich* jedoch mit einer Einleitung versehen worden, welche dann allerdings den Kaiser zu der Annahme berechtigte, daß der Reichskanzler mit der Publikation einverstanden sei.

7. Hat sich das Auswärtige Amt über den Auftrag des Reichskanzlers geirrt, so ist hiernach jedenfalls ein zweiter Irrtum in Norderney begangen worden, der dann erst die üblen Folgen gezeigt hat.

8. Über die *Opportunität* der Publikation überhaupt konnte nur der Reichskanzler befinden, der allein alle Elemente dazu beherrschte. Eine Äußerung des Auswärtigen Amts darüber hätte dem Reichskanzler keine neuen Gesichtspunkte bieten, sich vielmehr nur in Gemeinplätzen bewegen können. Um so mehr hielt sich das Auswärtige Amt für berechtigt, den Auftrag des Reichskanzlers nur von der Prüfung der Aktenmäßigkeit der Einzelheiten zu verstehen.

In Verehrung Euer Hochwohlgeboren gehorsamster

Klehmet.

P.S.: Aus Vorstehendem möchte ich nebenbei auch die Folgerung ziehen, daß es nicht zweckmäßig wäre, mich, wie heute erwähnt, nach Amsterdam zu bringen und damit in den Machtbereich des Herrn v. Müller, den nach Vorstehendem der Verdacht trifft, das Versehen in Norderney begangen zu haben.

PA-AA, R 5832, Bl.76–79v (eigenhändig, praes. am 17.3.09 p.m., von Bülow nicht zur Kenntnis genommen, amtliche Kenntnisnahme erst durch Bethmann Hollweg am 1.11.09).

Nr. 115
ANZEIGE VON ERNST HEINRICH ESTERNAUX

[Berlin], 31. März 1909

G.A.

Ein Dementi der Tränengeschichte[1] hat die „Neue Ges[ellschaftliche] Corresponudenz" in dem Euerer Durchlaucht heute vorgelegten Artikel bereits gebracht. Auch ist mehreren Journalisten die Sache als *lächerlich* bezeichnet worden. Ein halbamtliches Dementi würde zuviel Ehre für die „B[erliner]'Z[eitung] am Mitutag" sein. Der Chefredakteur der B.Z. ist ein österreichischer Jude namens Auspitzer[2], dem es nur auf Sensation ankommt.

Bülow-Vermerk:

Ist Auspitzer nationalisiert? B[ülow 31.3.]

G.A. von Hammann:

Nein. Der Minister des Innern ist auf das Überwuchern fremder Elemente in unserer politischen Tagespresse aufmerksam gemacht worden und hat erst kürzulich einem solchen lästigen Ausländer die Ausweisung angedroht. Für Auspitzer wäre dieselbe Maßregel angebracht. Sein Gewährsmann soll übrigens Eckardustein[3] sein, der sich kürzlich auch zusammen mit Martin[4] an Harden[5] gewandt hat. H[ammann] 1.4.

PA-AA, R 5831(jeweils eigenhändig, von Hammann am 21.9.1910 zu den Akten gegeben).

---

1 Am 30.3.1909 hatte die *Berliner Zeitung am Mittag* über die Unterredung zwischen „Kaiser und Kanzler" am 11. März 1909 gemeldet: „[...] In dem weiteren Verlaufe der Unterredung wurden dann die Novemberereignisse gestreift und insbesondere erörtert, ob der Kanzler bei dieser Gelegenheit alles getan habe, um den Kaiser zu decken. Fürst Bülow gab unter Tränen die Versicherung ab, daß er nie etwas getan habe, was gegen den Kaiser gewesen wäre, noch je unterlassen hätte, alles ihm mögliche für den Kaiser zu tun. Der Kaiser erwiderte hierauf nichts. <u>Es ist wenig wahrscheinlich, daß man versuchen wird, diese Darstellung zu dementieren</u> [Unterstreichung durch Bülow]. Trotzdem möchten wir die Vorsicht nicht außer acht lassen, von vornherein zu betonen, daß wir diese Darstellung jedem Dementi gegenüber aufrechterhalten" (ibid.).
2 *Wilhelm Auspitzer (geb. 1867 in Brünn)*, später (1914) Chefredakteur der *Breslauer Morugen-Zeitung.*
3 *Hermann Freiherr von Eckardstein (1864–1933)*, seit 1885 preuß. Offizier, seit 1889 im diplomatischen Dienst, nahm 1898 seinen vorläufigen Abschied, 1901–1907 Botschaftsrat an der deutschen Botschaft in London, während des Ersten Weltkriegs wegen des Verdachts des Landesverrats in Haft. – Eckardstein hatte am 13.3.1909 den preußischen Kammerherrn

Nr. 116
BERNHARD FÜRST VON BÜLOW AN AUSWÄRTIGES AMT
Telegramm i.Z. – No.24.

Venedig[1], 16. April 1909, 10.40 p.m.

In der hiesigen Presse finde ich nachstehende Mitteilung:

„Man telegraphiert aus Berlin an die *Stampa*: ‚Ich habe mich mit Bernhard wieder versöhnt.‘ So lautet nach der *Germania* die Wendung, die Wilhelm II. gebraucht hat, um auszudrücken, daß er dem Reichskanzler Fürsten von Bülow verziehen hat, der bekanntlich infolge der heftigen Debatte im Reichstage im vergangenen November über das persönliche Regiment des Kaisers in Ungnade gefallen war. In ihrem Artikel erinnert die *Germania*, das Hauptorgan der katholischen Partei, an die Nachricht bezüglich der Unterredung, die Reichskanzler mit dem Kaiser am 11. März hatte und im Verlauf deren der Fürst von Bülow angeblich heiße Tränen geweint und die Verzeihung des Kaisers erfleht hätte für die Ungerechtigkeit des Reichstags gegen den Kaiser. Wir hören aus guter Quelle – sagt die *Germania* –, daß diese Tränenszene authentisch ist.[2] Man bestätigt, daß von Bülow vor dem Kaiser gejammert und gewinselt hat wie ein Hundchen. Bülow wußte wohl, wie empfänglich der Kaiser für Tränen ist, und hat mit seinem Weinen die Verzeihung des Kaisers erlangt.“

und Zeremonienmeister Baron Eugen von Röder aufgesucht und von diesem erfahren, daß „Bülow am 11. März alle Hebel in Bewegung gesetzt habe, um die Gunst des Kaisers wiederzuerlangen.“ Am Ende der Unterredung habe der Kanzler „geheult wie ein Schloßhund. Er, Baron Röder, habe sich während der Audienz Bülows am 11. März in der Bildergalerie dicht neben dem Weißen Saal aufgehalten und habe Bülow mit ganz verheulten Augen und in großer Erregung vom Kaiser herauskommen sehen. Von einer Aussöhnung sei gar keine Rede gewesen“ (Eckardstein, Entlassung des Fürsten Bülow, 67–68).

4   *Rudolf Martin (1864–1925)*, Jurist und Publizist; zunächst im sächsischen Justizdienst, seit 1897 im Reichsamt des Innern (1901 Regierungsrat), 1908 im Verfahren vor der Reichsdisziplinarkammer aus dem Dienst entlassen, seitdem politischer Publizist, Verf. v. „Fürst Bülow und der Kaiser" (1909).

5   *Maximilian Felix Harden (eig. Witkowski) (1861–1927)*, Schauspieler, Publizist; 1892–1922 Begründer und Hrsg. der Wochenschrift „Die Zukunft" (119 Bde.), 1906/07 deckte er Skandale im engen Kreis um Wilhelm II. auf (Moltke-Harden-Prozesse, Eulenburg-Prozeß 1907–09).

1   Das Fürstenpaar Bülow war am 5. April in Venedig eingetroffen.

2   Auch Holstein hatte von „verschiedenen Seiten" Hinweise über Bülows Weinkrampfszene am 11. März erhalten: „S.M. soll erzählen, er habe Ihnen neulich gesagt, ‚Sie haben sich benommen wie ein Verräter‘. Sie hätten danach einen Weinkrampf bekommen" (Holstein an Bülow / Venedig, 6.4.1909; Rogge, Holstein und Harden, 453). Die „gute Quelle" war der Zeremonienmeister Röder, der die Bülowgegner Eckardstein und Martin in konspirativen Treffen mit führenden Zentrumsabgeordneten zusammengebracht hatte. „Da Bülow immer weiter verbreiten ließ", schrieb Eckardstein 1931, „daß er das volle Vertrauen des Kaisers wiedererlangt hätte und fest im Sattel säße, lanzierte ich die mir von Baron Röder mitgeteilte Heulszene Bülows vor dem Kaiser in einigen Zeitungen" (Entlassung des Fürsten Bülow, 69).

Hat die *Germania* wirklich solche Lügen verbreitet? In diesem Falle bitte ich um *telegraphische und sofortige Übermittelung* des Entwurfs für ein Dementi, das morgen in der *Norddeutschen Allgemeinen Zeitung* zu veröffentlichen sein würde. Das Dementi muß fest, klar, kurz, von oben herunter gehalten sein.

Die Mitteilungen der *Germania* sind von A bis Z erfunden. Sie beweisen nur die niedrige Denkweise derjenigen, die solche Unwahrheiten verbreiten. Sie reihen sich würdig ähnlichen Versuchen an, meine Bundestreue gegenüber Österreich-Ungarn wie meine Königstreue zu verdächtigen und zeigen, daß das Zentrum auch vor den gemeinsten Mitteln nicht zurückweicht, um einen ihm unbequemen und verhaßt gewordenen Reichskanzler zu stürzen.

Bülow.

PA-AA, R 1333 (Entzifferung, Eingang am 17.4. um 1.03 a.m., von Schoen am 17.4. an Hammann weitergeleitet).

Nr. 117
UNTERREDUNGSPROTOKOLL
VON THEOBALD VON BETHMANN HOLLWEG

22. August 1909

Geheim.

Ich habe Herrn Klehmet heute Folgendes mitgeteilt:

1. Versprechungen wegen dienstlicher Verwendung gebe ich grundsätzlich nicht.

2. Die Chancen für ein kleines Reichsamt sind höchst ungünstig.

3. Ich werde Herrn Klehmet im Auswärtigen Dienst gern günstiger plazieren. Keinesfalls kann das schon jetzt und vor Ablauf der nächsten Reichstagskampagne geschehen, da kein Anlaß geboten werden darf, die Novemberereignisse wieder aufzurühren.

B.H. 22/ 8. 09

PA-AA, Rep.IV Personalia, Nr.107, Bd.2 (eigenhändig).

Nr. 118
AUFZEICHNUNG VON WILHELM VON SCHOEN

Berlin, 27. September 1909

Der Gesandte von Müller sprach heute aus eigenem Antrieb bei mir vor und bat um Schutz gegen das erneute ungerechtfertigte Hineinziehen seiner Person in die *Daily Telegraph*-Angelegenheit durch die Presse, insbesondere die *Neue Gesellschaftliche Correspondenz*.[1] Nach der Darstellung dieses Blattes seien die auf die

---

1 Die *Neue Gesellschaftliche Correspondenz* galt als das „Leiborgan" des Fürsten Bülow; deren Mitherausgeber und Chefredakteur Eugen Zimmermann (1872–1951), Vermittler zwischen Bülow und Harden in den Skandalprozessen, stand seit 1907 in ständigem Kontakt mit Bülow, zunehmend auch als Informant über oppositionelle Strömungen.

bekannte Veröffentlichung bezüglichen Entwürfe und Berichte von ihm in Norderney dem Herrn Reichskanzler Fürsten von Bülow vorgelegt worden.[2] Diese
falsche Darstellung erwecke den Anschein, er habe es versäumt, den Herrn
Reichskanzler auf das Bedenkliche der in Aussicht genommenen Veröffentlichung aufmerksam zu machen; es falle ihm also eine Pflichtversäumnis und
somit ein wesentlicher Teil der Schuld an dem unglücklichen Verlauf der Sache
zur Last. Diesen auf ihm lastenden Verdacht trage er nun schon schweigend ein
Jahr; angesichts der erneuten Presseangriffe könne er aber nicht länger ruhig
bleiben.

Herr von Müller gab eine Darstellung der Vorgänge, die mit seiner Rechtfertigungsschrift an den Herrn Reichskanzler vom 8. Dezember 1908[3] überein-
stimmt.[4]

Ich wies Herrn Müller nach, daß seine Darstellung über den Inhalt des ihm
vom Herrn Reichskanzler diktierten Briefes an Freiherrn von Jenisch vom 11.

2   In einem Artikel „Neues über die November-Ereignisse" v. 26.9.1909 zitierten die *Münche-*
     ner Neuesten Nachrichten eine „auf Grund genauer Kenntnis der Dinge" gegebene Darstel-
     lung der *Neuen Gesellschaftlichen Correspondenz* vom Vortage: „Freiherr v. Jenisch, der
     als Vertreter des Auswärtigen Amtes beim Kaiser Dienst tat, sandte das Manuskript, das
     von einem Freund des Kaisers, der eine undeutliche Handschrift schreibt, in englischer
     Sprache abgefaßt war, zum Fürsten Bülow nach Norderney. Dort legte der Gesandte von
     Müller, der als Vertreter des Auswärtigen Amts beim Reichskanzler weilte, diesem das
     Manuskript vor. Fürst Bülow warf einen Blick auf die undeutliche Schrift und schrieb auf
     einen weißen Umschlagbogen mit blauer Schrift einen langen Erlaß an das Auswärtige
     Amt, der die Behandlung des Manuskripts anordnete. In diesem Erlaß wird dem Amt
     folgendes zur Pflicht gemacht: Das Manuskript sei auf das sorgfältigste zu prüfen, ob es
     sich zur Veröffentlichung eigne oder nicht. Zum Schluß forderte der Reichskanzler einen
     ausführlichen Bericht. Diesen Bericht fertigte der Wirkliche Geheime Legationsrat Kleh-
     met, unterzeichnete ihn und sandte ihn nach Norderney. Dort legte der Gesandte v. Müller
     ihn vor. Der Bericht enthielt keinerlei Gutachten, sondern nur die Bemerkung, ein Konsul,
     von dem in dem Bericht die Rede sei, heiße nicht Vassel, sondern anders. Es ist also
     unwahr, wenn jetzt in der Märkischen Volkszeitung behauptet wird, das Auswärtige Amt
     habe den Inhalt geprüft und richtig gefunden. Herr v. Müller legte den Bericht dem Kanzler
     mit vielen anderen Schriftstücken vor. Fürst Bülow setzte sein Zeichen darunter und – das
     Unglück war geschehen. Der Fürst hatte das Manuskript nicht gelesen, umsoweniger, als
     der übliche Vermerk, der sonst dem Kanzler die Lektüre empfiehlt und auf die Wichtigkeit
     bei der Entscheidung aufmerksam macht, fehlte. So wurde das wichtige Schriftstück wie
     jedes gleichgültige behandelt. Wahrscheinlich ist, daß dem Herrn, dem die Prüfung zugefal-
     len war, der Mut fehlte, Kritik an einem Kaiser-Interview zu üben" (PA-AA, R 5831).
3   Vgl. GP 24, Nr.8269, 195–198.
4   In seiner Aufzeichnung v. 29.9.1909 faßte Müller die Quintessenz seiner Rechtfertigungs-
     schrift v. 8.12.1908 wie folgt zusammen: „Eines Abends diktierte mir Fürst v. Bülow einen
     Brief, in dem er Abänderungsvorschläge für die geplante Veröffentlichung englischer
     Aufzeichnungen empfahl. Die Anlage zu dem Schreiben stand noch aus. Als diese eintraf,
     wurden Konzept und Anlage augenblicklich nach Berlin zurückgeschickt. Die Aufzeich-
     nungen habe ich wohl erblickt, aber nicht gelesen. Ihre Prüfung hatte auf Anordnung des
     Herrn Reichskanzlers im Auswärtigen Amt stattgefunden. Aber auch wenn ich sie gelesen
     hätte, so hätte mir doch kein Einspruch gegen die Entscheidung des Herrn Reichskanzlers
     zugestanden, der, als er mir diktierte, mich gar nicht um meine Ansicht gefragt hat" (PA-
     AA, R 5831; am 13.10.1918 zu den Akten des Ausw. Amts gelangt).

Oktober 1908 (ursprünglich 7. Oktober)[5] nicht in allen Punkten zutreffend sei. Der Brief enthalte nicht die Äußerung, daß der Herr Reichskanzler von den Anlagen „mit lebhaftem Interesse Kenntnis genommen", auch nicht den Ausdruck „alleruntertänigsten Dank für diesen neuen Beweis Allerhöchsten Vertrauens".

Meines Wissens habe Fürst Bülow dem Gesandten den Vorwurf zu machen, trotz wiederholter besonderer Aufforderung das Manuskript und dessen Abschriften nicht geprüft zu haben.[6]

Herr von Müller stellte mit der größten Entschiedenheit in Abrede, daß ihm ein solcher Auftrag jemals erteilt worden sei. Vermutlich liege in der Erinnerung des Fürsten Bülow eine Verwechslung mit der Wiedergabe von Unterredungen vor, die er, der Fürst, mit verschiedenen Publizisten (Sidney Whitman[7], Münz[8]) gehabt. Er, Müller, habe nicht dem Fürsten von Bülow die Entwürfe und Berichte vorgelegt, diese seien direkt an Seine Durchlaucht gelangt; er sei also nicht in der Lage gewesen, das Manuskript oder die Abschrift zu prüfen, wozu er überdies um so weniger Anlaß haben konnte, als eine eingehende Prüfung im Auswärtigen Amte stattgefunden hatte.

Ich erkannte an, daß, falls die Dinge tatsächlich so liegen, das Verhalten Müllers in anderem Lichte erscheine, als bisher anzunehmen war. Eine Abweisung der Presseangriffe scheine an sich angezeigt, doch sei zu bedenken, daß im gegenwärtigen Augenblick eine Berichtigung in der Öffentlichkeit das Verlangen nach weiteren erschöpfenden Aufklärungen über die *Daily Telegraph*-Angelegenheit loslösen und damit überaus unerwünschte neue Presseerörterungen herbeiführen würde. Das müsse vermieden werden.[9] Ich würde aber auf eine Recht-

---

5   Das Konzept für Bülows Schreiben an Jenisch war in der Tat zunächst mit dem „7. Oktober 1908" datiert; später durchgestrichen und auf den 11. Oktober umgestellt (vgl. PA-AA, R 5832, Bl.22).

6   In einem Marginal zu Müllers Rechtfertigungsbericht vom 8.12.1908 behauptete Bülow: „Ich habe Müller *ausdrücklich* – und *zweimal* – angewiesen, das Manuskript sorgsam auf seinen Inhalt zu prüfen, da ich selbst keine Zeit hätte, es zu lesen" (GP 24, 198).

7   *Sidney Whitman (gest. 1925),* englischer Journalist; repräsentierte den *New York Herald* in Konstantinopel während der armenischen Unruhen 1896 u. in Moskau während der Revolution 1905/06, Publikationen „Germany's Iron Chancellor" (1897), „Conversations with Prince Bismarck" (1899), „German Memories" (1912).

8   *Sigmund Münz (1859–1934),* studierte seit 1878 an den Universitäten Wien u. Tübingen, 1883 Promotion zum Dr.phil. in Wien, seit 1884 Schriftsteller, seit 1892 politischer Mitarbeiter u. Feuilletonist der *Neuen Freien Presse,* gehörte der Wiener Schriftstellervereinigung „Concordia" an.

9   Über die prekäre Lage, in der sich das Auswärtige Amt damals durch das plötzliche Wiederaufleben der Schuldfrage in der Daily-Telegraph-Affäre befand, vgl. den Tagebucheintrag der Baronin Spitzemberg v. 26.9.1909: „Auf dem Amt wissen sie nicht aus noch ein: außer Klehmet, der leidenschaftlich eine Rechtfertigung fordert, sei's durch Wiederanstellung, sei's durch eine öffentliche Erklärung, sitzt Felix Müller tobend hier mit derselben Forderung, und Bülow hat eine lange Eingabe gemacht, die ihn rechtfertigen soll!!" (Vierhaus, Spitzemberg, 513). In einem Privatbrief an den Freiherrn von Wangenheim hatte Klehmet von München aus sogar mit einem Gang an die Öffentlichkeit gedroht: „Wenn die Regierung nicht selber mich durch die Presse verteidigen will, so käme in Frage,

fertigung von Müllers bei sich bietender geeigneter Gelegenheit gern Bedacht nehmen.

von Müller   Schoen

PA-AA, R 5832, Bl.132–133 (maschinenschriftl. Ausfertigung, mit den Unterschriften Müllers und Schoens).

Nr. 119
KAISER WILHELM II. AN WILHELM VON SCHOEN
Telegramm i.Z.

Rominten, 28. September 1909, 8.57 p.m.

Die von der konservativen sowie liberalen Presse neugestartete Erörterung der sog. Novembervorgänge von 1908 und über Fürst Bülows Abgang hat, außer Klatsch- und Sensationssucht, auch noch zum Ziel, der Krone und Regierung eine „Aufklärung" durch sog. „amtliche Darstellung" aufzuzwingen, um sodann das Odium für eigene Sünden der Parteien und unserer Schandpresse auf die Krone

daß eine Widerlegung von mir angefertigt und von mir unterzeichnet, veröffentlicht würde. Eventuell wäre zu erwägen, daß der Sachverhalt durch eine von mir zu beantragende Disziplinaruntersuchung gegen mich selber klargestellt würde" (Klehmet an Wangenheim, 26.9.1909; PA-AA, R 5833, Bl.196–97). Wangenheim leitete dieses Privatschreiben am 6.10.09 an Bethmann Hollweg weiter: „Über den Inhalt des Schreibens habe ich dem Herrn Staatssekretär des Auswärtigen Amts Vortrag gehalten und sodann – der mir erteilten Weisung gemäß – Herrn Klehmet mitgeteilt, daß seine Vorgesetzten wohlwollendes Verständnis für die schwierige Lage besäßen, in welche er durch die Veröffentlichung in der ‚Neuen Gesellschaftlichen Correspondenz‘ versetzt sei. [...] Persönlich habe ich Herrn Klehmet geraten, alles weitere vertrauensvoll in die Hände Euerer Exzellenz zu legen" (ibid., Bl.194).

10 Über die Genesis und den Verlauf der Unterredung mit dem Unterstaatssekretär Schoen berichtet Müller in einer undatierten Aufzeichnung: „Im Begriff am 26. September 1909 mit dem Frühzuge nach Baden-Baden abzureisen, entdecke ich in den *Münchener Neuesten Nachrichten* folgende durchaus falsche Darstellung der Vorgänge in Norderney, speziell was meine Person betrifft: [Wiedergabe des Artikels ‚Neues über die November-Ereignisse‘ v. 26.9.09, siehe Anm.2]. Ich ändere sofort die Reiseroute, fahre über Frankfurt a.M. und richte von dort aus telegraphisch die Bitte an Staatssekretär Freiherrn von Schoen, mich am nächstfolgenden Vormittag in Berlin empfangen zu wollen. Am 27. mittags spreche ich von Schoen, zum Teil in Gegenwart des Geheimen Regierungsrats Wahnschaffe im Auswärtigen Amt und setze ihm den wahren Sachverhalt auseinander. Er gesteht mir, daß er die betreffenden Akten, insbesondere meinen Bericht an Reichskanzler von Bülow vom 8. Dezember 1908, noch nicht kenne, diese sich aber unverzüglich vorlegen lassen werde. Als ich den Staatssekretär nachmittags 5 Uhr von neuem spreche, schlägt er mir vor, die hier nachfolgende Erklärung gemeinsam zu unterzeichnen, worauf ich mich nach einigem Zögern einlasse. Ich hatte ursprünglich die Forderung gestellt, es möchte eine amtliche Rechtfertigung meines Verhaltens in den offiziösen Zeitungen erscheinen. Mit Rücksicht auf bevorstehende Ersatzwahlen zum Landtag, die durch die Aufwärmung des Skandals ungünstig beeinflußt werden könnten, verstehe ich mich zu diesem Kompromiß" (PA-AA, R 5831).

abzuwälzen. Es ist auf alle diese Anzapfungen und Erörterungen *nicht* einzugehen! Der *Vorfall* ist als *geschlossen* zu betrachten. Alles, was persönlich dabei ist, gehört nicht vor die Öffentlichkeit.[1]

Wilhelm I.R.

PA-AA, R 5832, Bl.149 (eigenhändiges Konzept).

Nr. 120
THEOBALD VON BETHMANN HOLLWEG AN DAS AUSWÄRTIGE AMT
Telegramm i.Z.

Linderhof, 29. September 1909, 7.20 a.m.

Soweit aus Briefen des Fürsten von Bülow[1] bestimmter Antrag ersichtlich, wünscht er amtliche Erklärung, daß Behauptung, er habe um Highcliffer Unterredungen gewußt, unrichtig sei.[2] Nur er selbst könnte solche Erklärung abgeben. Ich bin zu der Behauptung, daß der Fürst um etwas *nicht* gewußt habe, selbst abgesehen davon, daß Seine Majestät mir das Gegenteil mitgeteilt hat, völlig außer Stande. Jedes andere Dementi würde Fürst von Bülow unbefriedigt lassen und Presse neu provozieren. Das gilt auch von meinem gestern mitgeteilten Entwurf.[3] Presse bemängelt ja nicht die Darstellung des formellen Vorgangs in der Norddeutschen Allgemeinen Zeitung, sondern beschäftigt sich mit der in dieser Darstellung überhaupt nicht behandelten angeblichen Wissenschaft des Fürsten um die Highcliffer Gespräche. Eine abermalige Bestätigung, daß Darstellung der Norddeut-

---

1   Über die damalige Haltung des Kaisers zur Novemberkrise von 1908 vgl. seinen ausführlichen Schlußkommentar zu Bethmann Hollwegs Tel. v. 28.9.1909 (Orig. in PA-AA, R 5832, Bl.137v.–138. GP 24, Nr.8272).

1   Bülow an Schoen, 25.9.1909; GP 24, Nr.8271. Bülow an Arnold Wahnschaffe, 28.9.1909; PA-AA, R 5832, Bl.140.

2   Die dem Zentrum nahestehende *Märkische Volkszeitung* (No.218) hatte am 23.9.1909 in ihrem aufsehenerregenden Artikel „Die Wahrheit über die Novembertage" ausgeführt: „Ehe der Kaiser sich nach England begab, hatte er eingehende Unterredungen mit dem Reichskanzler, um mit diesem alles durchzubesprechen, was während des Aufenthalts geschehen könne, um eine Besserung des Verhältnisses mit England herbeizuführen. In diesem Gespräche zeigte sich vollkommene Übereinstimmung zwischen Kaiser und Kanzler, und dabei wurden alle Materien, die in dem späteren Interview sich fanden, besprochen. Der Kaiser führte dann während seines Aufenthaltes in Highcliffe die Unterredungen ganz im Sinne der Rücksprache mit dem Reichskanzler; er blieb auch im steten Kontakt mit diesem und verständigte ihn durch Briefe über alle Unterredungen. Fürst Bülow aber erklärte sich in ganz überschwänglichen Briefen mit dem Vorgehen des Kaisers völlig einig; diese Briefe werden später einmal ein ganz eigenartiges Licht auf das Verhalten des Reichskanzlers werfen [Marginal Wilhelms II.: ‚richtig']" (PA-AA, R 5832, Bl.96; komplette Wiedergabe des Artikels, aber ohne kaiserliche Marginalien, in GP 24, 199–200 n.). Bülow behauptete dagegen: „Ich kann mich nicht erinnern, Seiner Majestät im Herbst 1907 während seines Besuches in England überhaupt über die von ihm geführten Unterredungen geschrieben zu haben. Ich glaube es nicht" (Bülow an Bethmann Hollweg, 28.9.09; GP 24, 204).

3   Vgl. Tel. Bethmann Hollweg an Ausw. Amt, 28.9.1909, 7.00 p.m. (Eingang: 8.47 p.m.); PA-AA, R 5832, Bl.151.

schen Allgemeinen Zeitung richtig sei, würde daher Kern der Sache nicht treffen. Bitte daher Erwägungen auch Reichskanzlei und Guenther mitteilen.[4]

Vermerk von Schoen: Guenther und Wahnschaffe mündlich mitgeteilt. 29.9. Sch.

PA-AA, R 5832, Bl.152 (Entzifferung, Ankunft 8.55 a.m.).

Nr. 121
ARNOLD WAHNSCHAFFE AN
THEOBALD VON BETHMANN HOLLWEG
Telegramm i.Z.

Norderney, 2. Oktober 1909, 10.40 p.m.

Ganz geheim.

Ich habe soeben drei und eine halbe Stunde mit dem Fürsten von Bülow verhandelt.[1] Ich fand ihn sehr wohl und verhältnismäßig ruhig, auch voller Verständnis für die Schwierigkeit der Situation, in der Euere Exzellenz sich befinden. Über die Auffassung Seiner Majestät war er ziemlich weitgehend orientiert, nur nicht über die Kanäle, durch die sie verbreitet wurden. Er erkennt die großen Schwierigkeiten an, die einem amtlichen Dementi entgegenstehen, glaubt aber trotzdem, ohne ein solches nicht schweigen zu können. Und wahrscheinlich klagen zu müssen. Ich verwies auf die unheilvolle Wirkung für das Land, die Krone, für ihn selbst, die aus einem Prozeß oder auch nur aus einer Fortsetzung der Polemik entstehen müßte. Er erklärte mir darauf immer wieder, er werde selbstverständlich die weitgehendste Rücksicht nehmen auf die Interessen der Krone und des Staats, könne aber dabei nicht über die Grenze hinausgehen, die ihm seine persönliche Ehre vorschreibe.

Ein Empfang bei Seiner Majestät würde ihm nicht genügen. Er würde bei diesem Empfang die Bitte um ein amtliches Dementi aussprechen müssen. Er wolle aber nicht vor Seiner Majestät in dieser Sache als Supplikant erscheinen und sei auch jetzt Seiner Majestät gegenüber zu sehr Partei. Der Fürst betonte immer wieder, es müsse Euerer Exzellenz gelingen, die Zustimmung Seiner

4   Flotow, der von Bethmann Hollweg damals im bayerischen Schloß Linderhof um Rat gefragt wurde, riet dem Reichskanzler von einem amtlichen Dementi ab: „Nach meiner Überzeugung waren die Zeitungsnachrichten richtig und Bülow der Schuldige, der, um das zu bemänteln, die Schuld dem Kaiser zuschob" (Thimme, Front wider Bülow, 238).
1   Über die Vorgeschichte dieser Unterredung vgl. Tel. Bethmann Hollweg an Wilhelm II., 1.10.1909, 3 p.m.: „Ich habe [...] hier einen an mich gerichteten Brief des Fürsten von Bülow vorgefunden, worin er auch mich um Erlaß eines amtlichen Dementis bittet [Wilhelm II.: ‚ganz bestimmt nicht']. Es erschien mir vorsichtiger [Wilhelm II.: ‚gut'], von einer schriftlichen Antwort abzusehen. Ich habe daher den Geheimen Ober-Regierungsrat Wahnschaffe nach Norderney gesandt mit dem Auftrage, dem Fürsten von Bülow mündlich mitzuteilen, daß das von ihm gewünschte Dementi nicht abgegeben werden könne [Wilhelm II.: ‚Einverstanden']" (PA-AA, R 5833, Bl.172, Entzifferung). Nach Flotow „erschien die Entsendung des bewährten und taktvollen Unterstaatssekretärs Wahnschaffe nach Norderney als gebotene Rücksichtnahme auf die bisherige bedeutende Stellung Bülows" (Thimme, Front wider Bülow, 238).

Majestät zu dem Dementi zu erreichen, wenn Seiner Majestät die Folgen klargemacht würden, die das Ausbleiben des Dementis nach sich ziehen müßte. Er wiederholte immer wieder den Gedanken, daß er sich schuldig sei, eine Beleidigungsklage anzustrengen. Schließlich konzedierte mir der Fürst von Bülow als äußerstes für den Fall, daß ein amtliches Dementi weiter abgelehnt würde, daß er nicht allein sofort klagen, selbst eine Erklärung veröffentlichen wolle. Er will sie aber sehr scharf halten, so daß sie voraussichtlich die Polemik nur neu beleben würde. Für ein amtliches Dementi und für seine Privaterklärung macht er bestimmte Vorschläge, die ich mündlich überbringe.

Persönliche Mitteilung, daß Euere Exzellenz persönlich schon jetzt alles tun würden, um den Pressetreibereien einen Riegel vorzuschieben, nahm der Fürst sehr dankbar auf und hält besonders eine Einwirkung auf Herrn von Buch[2], bei der diesem die Unrichtigkeit der Angaben der Kreuzzeitung klargemacht wird, für sehr wünschenswert.

PA-AA, R 5833, Bl.174 (Entzifferung, Eingang am 3.10.09 um 2.10 a.m., von Bethmann Hollweg am 3.10. abgezeichnet).

Nr. 122
ARNOLD WAHNSCHAFFE
AN THEOBALD VON BETHMANN HOLLWEG
Telegramm i.Z.

Norderney, 3. Oktober 1909, 12.35 p.m.

Ganz geheim.

Heute früh nochmals 1 $^1\!/_2$ Stunde mit Fürst Bülow verhandelt. Er blieb ganz fest bei seinem gestrigen Vorschlage, daß Seine Majestät ihn einladen solle und zwar in den nächsten Tagen.[1] Nur so könne ein amtliches Dementi oder eine scharfe Erklärung von ihm selbst mit wahrscheinlich nachfolgendem Prozeß vermieden werden. Er sei sich nach nochmaliger ernster Überlegung völlig klar über die verhängnisvollen Folgen, die eine von ihm geführte Pressepolemik oder ein Prozeß haben müsse. Er verstehe es daher vollkommen, daß Euere Exzellenz auf diese Folgen mit solchem Nachdruck hinwiesen. Er müsse aber schließlich

---

2 *Leopold von Buch (1850–1927)*, Verwaltungsjurist u. Rittergutsbesitzer; Regierungsrat zunächst in Magdeburg, 1891 in Aurich, 1893 in Frankfurt/Oder, 1895 Oberpräsidialrat, dann Hauptritterschaftsdirektor in Brandenburg, 1890–95 Mitglied des preuß. Abgeordnetenhauses (Deutschkonservative Partei), 1901–1918 Mitglied des Preuß. Herrenhauses, seit 1906 Mitglied des Elferausschusses der Deutschkonservativen Partei.

1 Am Vorabend hatte Bülow in einer zweieinhalbstündigen Unterredung mit Wahnschaffe den Gedanken einer sofortigen Audienz beim Kaiser entwickelt: „Er könne zwar nicht um einen Empfang nachsuchen, wohl aber scheine ihm folgendes möglich: Seine Majestät ladet den Fürsten jetzt sofort nach Rominten oder Hubertusstock ein. In der Presse wird gesagt, Fürst von Bülow begibt sich, einer Einladung des Kaisers folgend, nach Rominten. Dann könne amtliches Dementi unterbleiben" (Tel. Wahnschaffe an Bethmann Hollweg, 3.10.1909, 8.00 a.m.).

seine persönliche Ehre unter allen Umständen wahren, dafür genüge die Einladung zum Geburtstag der Kaiserin am 22. Oktober oder ein von ihm selbst nachgesuchter Empfang nicht.

PA-AA, R 5833, Bl.180 (Entzifferung, Eingang um 1.14 p.m.).

Nr. 123
THEOBALD VON BETHMANN HOLLWEG AN KAISER WILHELM II.

Berlin, 4. Oktober 1909

Euerer Kaiserlichen und Königlichen Majestät berichte ich ehrerbietigst, daß der Geheime Oberregierungsrat Wahnschaffe in der vergangenen Nacht aus Norderney zurückgekehrt ist. Er hat dem Fürsten Bülow in meinem Auftrage persönlich mitgeteilt, daß eine amtliche Erklärung zu den jetzigen Zeitungserörterungen über die Angelegenheit des Daily Telegraph nicht abgegeben werden könne, daß es vielmehr notwendig erscheine, alles zu vermeiden, was der Polemik neuen Stoff zu bieten geeignet sei. Der Fürst befand sich in begreiflicher Erregung über die auch von Euerer Majestät so scharf verurteilten skrupellosen, nur dem Sensationsbedürfnis und Parteiinteressen dienenden Preßtreibereien und erklärte, die Entschließung über seine eigene Haltung von der weiteren Entwicklung noch abhängig machen zu müssen.

Inzwischen habe ich mich bemüht, auf die Presse unter Hinweis auf die entgegenstehenden Interessen der Krone und des Landes einzuwirken, um den Streit über diese abgetane Sache zur Ruhe zu bringen; es ist dies nicht ohne Erfolg geschehen; insbesondere beginnt die konservative Presse endlich zu erkennen, was sie angerichtet hat.

Mit Rücksicht jedoch auf die ganze Situation, die bei der Erregung des Fürsten Bülow und bei der unberechenbaren Taktlosigkeit von Journalisten und Parlamentariern sehr ernst bleibt, wäre ich besonders dankbar, wenn Euere Majestät mir baldmöglichst Gelegenheit zu mündlichem Vortrage geben wollten. Vielleicht stört es die Allerhöchsten Dispositionen am wenigsten, wenn ich mich bald nach der Ankunft Euerer Majestät in Hubertusstock einfinde.[1] Hierbei darf ich dann wohl auch über einige andere Angelegenheiten, insbesondere meine Eindrücke aus Wien, Bericht erstatten.

PA-AA, R 5833, Bl.188–189 (Konzept von der Hand Wahnschaffes – 4.10.09, paraphiert von Guenther 4.10., Hammann und Bethmann Hollweg).

1   In seinem Immediatvortrag wollte der Reichskanzler den Weg für eine Begegnung zwischen Bülow und Wilhelm II. ebnen. Seinem Vorgänger im Reichskanzleramt schrieb Bethmann Hollweg am 4. Oktober, er stimme mit ihm überein, „daß die Frage des Empfanges Euerer Durchlaucht durch S.M. den Kaiser sofort gelöst werden muß. Ich kann das aber nur durch mündlichen Vortrag bei S.M. tun und muß zugleich für diesen Vortrag einen Zeitpunkt wählen, zu dem ich S.M. nicht ungelegen komme. Da S.M. morgen früh Rominten verläßt und in der gewohnten Weise über Königsberg, Cadinen, Marienburg und [Danzig-]Langfuhr nach Hubertusstock reist, muß ich meinen Vortrag bis Hubertusstock

Nr. 124
ALBERT BALLIN[1] AN GEORG ALEXANDER VON MÜLLER[2]

Hamburg-Amerika Linie.

Berlin, 5. Oktober 1909

Hochgeehrte Exzellenz.

Ich möchte Ihre besondere Aufmerksamkeit lenken auf den Streit über die November-Ereignisse, welcher jetzt in der Presse tobt. Die Sache ist sehr ernst![3]

[...] aufschieben. So sehr ich diese Verzögerung in dem besonderen Interesse Euerer Durchlaucht beklage, so darf ich doch vor allem nicht den Erfolg meines Vortrages durch ungeschickte Wahl seines Zeitpunktes gefährden" (Bethmann Hollweg an Bülow, 4.10.1909, eigenhändiges Konzept; PA-AA, R 5833, Bl.186–87. Abgedr. in Bülow, Denkwürdigkeiten, III, 55 f.). Die von Bülow zwecks Aussprache angestrebte Begegnung mit dem Kaiser - die letzte vor dem Ausbruch des Ersten Weltkrieges – fand am 22.10.1909 in Potsdam statt. Beim Frühstück im Neuen Palais vermied Wilhelm II. jede politische Unterhaltung mit seinem Ex-Kanzler und brüskierte ihn sogar, indem er nach Tisch mit zwei deutschen Diplomaten im Park spazieren ging, „ohne sich weiter mit mir zu beschäftigen." Und während der Soiree zu Ehren des 52. Geburtstages der Kaiserin konnte sich der Kaiser „nicht entschließen, mich anzusprechen. Statt dessen zog er meine Frau in eine fast anderthalbstündige Konversation" (Bülow, Denkwürdigkeiten, III, 62 f.). – Nach Ausweis der Aktenvermerke ließ sich Bethmann Hollweg am 1.11.1909 sämtliche Schriftstücke vorlegen, die mit der Daily-Telegraph-Affäre in Verbindung standen.

1   *Albert Ballin (1857–1918)*, Hamburger Reeder; seit 1886 bei der HAPAG, 1888 Vorstandsmitglied, 1899 Generaldirektor, Freund und Berater Wilhelms II.

2   *Georg Alexander von Müller (1854–1940)*, Offizier; 1871 Eintritt in die Kaiserliche Marine, 1889 in das Marinekabinett Wilhelms II. kommandiert, 1892 Personaldezernent im Oberkommando der Marine, 1895 persönl. Adjutant des Prinzen Heinrich von Preußen, 1902–04 Kommandant des Linienschiffs „Wettin", 1904 diensttuender Flügeladjutant des Kaisers, 1906–1918 Chef des Marinekabinetts.

3   Vgl. dazu auch Stemrich an Kiderlen, 6.10.1909: „Wir beschäftigen uns wieder, und zwar interessierter als je, mit den Novemberereignissen. Die Sache ist heraufbeschworen durch Bülows Interview mit dem Hamburger Redakteur Eckhardt, in dem er den Konservativen die Schuld an seinem Abgang zugeschrieben hat. Seitdem, und nachdem sich der Streit darüber in den Zeitungen immer toller gestaltet hat, kommen die Angriffe gegen Bülow heraus, daß er nicht nur eine Bummelei begangen, sondern sich einer Perfidie schuldig gemacht habe – letzteres in der Weise, daß die Publikation im *Daily Telegraph* mit seinem Willen geschehen und daß, als er deren Effekt gesehen, die Schuld auf den Kaiser abgewälzt habe. Seine Majestät behauptet und erzählt, scheint es, jedem, der es hören will, er habe eingehende Berichte über alles, was er in Highcliff getan und gesprochen, an Bülow gesandt und sei von diesem dafür belobt worden. Das sei nicht nur mündlich, sondern auch schriftlich geschehen, und die Briefe (so soll er gesagt haben) befänden sich in seinen Händen. Angeblich hat Seine Majestät den früheren Reichskanzler, als er dies bei der Märzunterredung bestritt, der Gedächtnisschwäche beschuldigt. Bülow leugnet natürlich auch jetzt, d.h. er sagt etwas schwächlich, er könne sich nicht entsinnen. Bülow möchte in dem Streite der Meinungen von Bethmann unterstützt werden. Das ist aber äußerst schwierig, weil jede Norderney befriedigende Erklärung eine Dementierung der – sagen wir einmal – vom Hofe ausgehenden Darstellung der Dinge sein würde. So liegen die Dinge jetzt – also am letzten Ende Bülow kontra Kaiser! Ich meinerseits glaube nicht an machiavellistische Machenschaften von Bülow – aber ebensowenig daran, daß er seine Drohungen mit Klagen gegen die Blätter wahr machen wird. Ich nehme an, daß die Sache mit irgendei-

Sie wurde hervorgerufen durch einen Artikel der Kreuzzeitung, in welchem der Vorwurf, daß Fürst Bülow durch die wenig loyale Haltung der Konservativen in Sachen der Finanzreform fiel, entkräftet wird - durch den Hinweis darauf, daß er im November das Vertrauen des Kaisers in unerhörter Weise getäuscht und seinen Monarchen geradezu verraten habe. Dieser Artikel, der mit Recht oder Unrecht auf den Professor Schiemann zurückgeführt wird, hat natürlich pro und contra die größten Sensationsberichte veranlaßt. Fürst Bülow, der – man kann es ihm gewiß nicht verdenken – seinen guten Namen durch diese Pressekampagne ganz außerordentlich gefährdet sieht, wartet nun offenbar auf eine Handlung entweder seitens S.M. des Kaisers oder der Regierung. Die letztere hat er in verschiedenen Zeitungen schon auffordern lassen, sich zu äußern. Das kann die Regierung meiner sehr unmaßgeblichen Ansicht nach gar nicht, wohl aber könnte S.M. der Kaiser abrücken von diesen indiskreten Erörterungen, indem er unter Hinweis darauf, daß es sich nicht lohne, darüber ein Wort zu verlieren, den Fürsten und die Fürstin sich zu Gaste lüde.

Etwas muß geschehen, das sagen mir hier sehr ernste und loyale Presseleute, wir könnten sonst eine sehr unerfreuliche Wiedereröffnung der Diskussion über die traurigen Novembervorgänge erleben. Gerade weil es mir von so ernsten, loyalen und klugen Leuten hier gesagt wurde, hielt ich es für meine Pflicht, nicht unbekümmert daran vorüberzugehen, sondern Sie zu bitten, die Angelegenheit an zuständiger Stelle zur Sprache zu bringen.

Ich bin, hochgeehrter Herr Admiral, Ihr treu ergebener

Ballin.

PA-AA, R 5833, Bl.190–193 (eigenhändiger Privatbrief, von Müller am 5.10.09 mit einem kurzen Begleitschreiben an Bethmann Hollweg weitergeleitet).

Nr. 125
ADOLF STEIN[1] AN OTTO HAMMANN

Berlin, Wilhelmstraße 6, 5. Oktober 1909

Sehr geehrter Herr Geheimrat,

Was Sie zur Verteidigung der November-Taktik des Auswärtigen Amtes anführen[2], ist ja gerade der schlimmste Vorwurf. Mir ist sehr wohl bekannt, daß

ner ostensiblen Freundlichkeit von Seiner Majestät gegen Bülow enden wird" (Jäckh, Kiderlen-Wächter, II, 38). Nach einer undatierten Auskunft des Archivars Dr. Jagow an Wilhelm Schüssler (Sommer 1943?) fanden sich im Hohenzollernschen Hausarchiv keine Hinweise für die angebliche Korrespondenz zwischen Bülow und Wilhelm II. aus den Tagen des kaiserlichen Highcliffe-Aufenthaltes (vgl. Schüssler, 70).

1 *Adolf Stein (1870–1946)*, deutschnationaler Journalist u. Schriftsteller, urspr. preuß. Major, 1904 Begründer der Wochenschrift *Der Deutsche*, Mitarbeiter der *Neuen Preußischen Zeitung*, schrieb nach 1920 unter dem Pseudonym „Rumpelstilzchen".

2 Stein hatte in einer Zuschrift, die am 28.9.1909 in der *Staatsbürger-Zeitung* veröffentlicht wurde, behauptet, daß nach dem 10. November 1908 „der offiziös genährten Presse gestattet" worden sei, „geradezu zügellos über den Monarchen zu sprechen". Gegen diese Behauptung hatte sich Hammann in einem am 2. Oktober an Stein gerichteten Privatbrief energisch zur Wehr gesetzt (PA-AA, R 5831).

sämtliche Herren Ihrer Abteilung damals die Presse um Schonung des Kaisers gebeten haben: Fahret mir fein säuberlich mit dem Knaben Absalom! Dadurch wurde der Kaiser von vornherein preisgegeben; das Auswärtige Amt benahm sich wie ein Anwalt, der in einer verlorenen Sache von vornherein nur für mildernde Umstände plädiert.

Ich habe nie die bona fides irgendeines Beteiligten angezweifelt, bedauere es aber unendlich, daß in jenen Tagen allgemeiner Verwirrung keiner der Berufenen die *Erkenntnis* besaß, daß die beste Parade der Hieb sei. Warum hat Fürst Bülow nicht im Parlament, warum hat die Regierung nicht in der „Norddeutschen" erklärt, es liege eine blödsinnige Massensuggestion vor und der Kaiser sei überhaupt nicht aus den gebotenen Schranken herausgetreten; warum fand man beim Durchgehen der öffentlichen Meinung nicht den Entschluß zu einem eisernen Griff in die Kandare, meinetwegen zu einem Peitschenhieb in die Preßflanken? *Brüskieren* mußte man in solchem Augenblick die Zeitungen; dann hätte sich alles leidenschaftlich auf den Reichskanzler und das Auswärtige Amt gestürzt – und der Kaiser wäre wirklich gedeckt gewesen.

Ihre Herren, sagen Sie, seien dafür tätig gewesen, die Debatte vom Kaiser abzuziehen. *Erreicht haben sie das Gegenteil,* und in der Politik ist nur der Erfolg von Wert.

Selbstverständlich fällt die Form, d.h. der Wortlaut der damals erschienenen Zeitungsartikel, nicht dem Auswärtigen Amt zur Last, aber der Ton im Amt machte die Musik in der Presse. In meiner Zuschrift an die "Staatsbürgerzeitung" habe ich nicht nur die von Ihnen angezogene „Post"-Notiz[3], die aus einer Information des Legationsrats Esternaux herrührt – Seite 14 meines Buches – gemeint, sondern auch die Zurückführung der den Kaiser verteidigenden „Figaro"-Artikel[4] auf „deutsche Maulwurfsarbeit" und vor allem – Seite 15 – die infamen Ausführungen der „Kölnischen Zeitung", die dem *Kaiser mit der Armee drohten*[5]. Wo blieb da das Auswärtige Amt? Warum wurde die Meute nicht zurückgepfiffen? Ich weiß wohl, was wieder einmal gesagt werden könnte: daß man dazu

---

3   Auf Seite 14 seines Buches über „Wilhelm II." (Leipzig 1909) zitiert Stein eine Notiz, die von der Presseabteilung des Auswärtigen Amts am 17.12.1908 in Berliner Blätter lanciert worden sei: „In der Presse wird gemeldet, der Kaiser habe das Auswärtige Amt *angewiesen,* dem Präsidenten Castro für das Begrüßungstelegramm an den Kaiser mündlich zu danken. Der Ausdruck ‚angewiesen' erscheint nicht ganz zutreffend. Die Art der Danksagung an den Präsidenten Castro für sein Telegramm ist vom Auswärtigen Amt dem Kaiser unterbreitet und dieser Vorschlag vom Kaiser genehmigt worden."

4   Gaston Calmette, „L'Emprise", *Figaro,* 3.11.1908; „Bülow als Hausmeier", *Figaro,* 20.11.1908 (nach Rogge, Holstein und Harden, 371, 373 u. 398 n.1). Der *Figaro,* schrieb Holstein in seiner Abhandlung vom 1.2.1909, habe die Ansicht vertreten, „Bülow habe das vom Kaiser ihm zugesandte Manuskript gelesen, sei sich über dessen Wirkung vollkommen klar gewesen und habe den Kaiser ‚reinfallen lassen wollen'" (HP I 170).

5   Stein hatte behauptet, die „omnipotente Bureaukratie" habe gedroht: „Wenn der Kaiser sich wieder von der Reaktion umgarnen lasse, dann werde das ‚der Bankerott der Krone' werden." Und ein „bekannter Offiziosus" habe die „infame Bemerkung" hinzugefügt, „die den erschütterndsten Eindruck auf den Kaiser machen soll: Auch das Offizierskorps denke so, wie die gesamte öffentliche Meinung" (*Wilhelm II.,* 15). Vgl. auch Dok. Nr.128 n.2.

„nicht die Macht hat", daß die Kölnerin ein „unabhängiges Blatt" ist usw. In einem solchen Falle aber, wo die öffentliche Meinung in einem geradezu revolutionären Taumel sich dreht, muß eben schärfer zugegriffen werden, als in friedlichen Zeiten. Das *Mindeste* wäre die amtliche Erklärung gewesen: Vertreter von Blättern, die sich derart vergessen, bedauert man im Auswärtigen Amte nicht mehr empfangen zu können. Dann wäre uns die Schmach erspart geblieben, daß das Ausland solche antimonarchische Hetze als „offiziöse" Stimme zitieren durfte.

Das Amt war doch sonst stets bei der Hand, wenn beispielsweise für Ballin Unangenehmes in der Presse stand; und sogar um des unbeträchtlichen Konsuls René[6] willen bin ich einmal in die Reichskanzlei gebeten worden.

Sie fordern mein Beweismaterial für die Behauptung heraus, daß das Auswärtige Amt *nicht versucht* hätte, die Debatte vom Kaiser abzuziehen. Diese Behauptung stelle ich gar nicht auf. Ich sage nur: der *tatsächliche Erfolg* der Bemühungen war – die Preisgabe des Kaisers. Das zu verhindern, war man unfähig; man ließ sich überrennen und die „Norddeutsche" *registrierte* bloß, anstatt der daherflutenden öffentlichen Meinung entgegenzutreten. Das nenne ich nicht den Schild vor den Kaiser halten, sondern den Schild fortwerfen. Es war wieder einmal die berüchtigte „Stellung über den Parteien", wie sie 1848 der schlappe Oberpräsident von Bonin[7] proklamierte.

Ich bitte, in der sachlichen Schärfe, mit der ich die Dinge schildern muß, keine persönliche Schärfe erblicken zu wollen; die liegt mir völlig fern. Aber vielleicht kommt noch einmal die Zeit, wo man auch im Auswärtigen Amte einsieht, wie verwüstend die November-Taktik gewirkt hat.

In vorzüglicher Hochachtung Ihr sehr ergebener

Stein.

PA-AA, R 5831 (eigenhändig).

Nr. 126

OTTO HAMMANN AN ADOLF STEIN

Berlin, 19. Oktober 1909

Sehr geehrter Herr Stein.

[...] Sachliche Schärfe achte ich durchaus. In Ihrem Schreiben wird jedoch das Beweisthema, das meiner Anfrage zu Grunde lag, verschoben. In dem Artikel der Staatsbürger-Zeitung hatten Sie dem Sinne nach gesagt, daß sich einige Geister im Preßreferate des Auswärtigen Amts an dem Treiben gegen den Monar-

---

6 *Carl René (1861 – nach 1929)*, 1890–1903 Tätigkeit in Konstantinopel, 1901 Beglaubigung als Konsul, 1902–1906 und 1908–1917 Konsul in Stettin für Guatemala, 1911 Geheimer Hofrat, Direktor des Kamerun-Eisenbahn-Syndikats, Informant der Reichskanzlei in Angelegenheiten des Zentrums.

7 *Eduard von Bonin (1793–1865)*, preuß. General; 1806 Eintritt in die Armee, 1842 Oberst, 1848 als Generalleutnant kommandierender General in den Herzogtümern Schleswig u. Holstein, 1850 Kommandant von Berlin, 1852–54 preuß. Kriegsminister, 1856 Vizegouverneur von Mainz, Nov.1858 – Nov.1859 nochmals Kriegsminister.

chen in den Tagen nach dem 10. November 1908 beteiligt hätten. [...] Mit dem Artikel der Kölnischen Zeitung, nach dem ich übrigens bisher vergeblich habe suchen lassen, hat kein Mitglied des Preßreferats irgendetwas zu tun. Es reimt sich auch nicht zusammen, daß die offizielle Preßstelle anerkanntermaßen einerseits alle Anstrengungen gemacht hat, um die Krone zu decken und die Debatte vom Kaiser abzuziehen[1], und daß sie andererseits das zügellose Treiben gegen den Kaiser mitbewirkt haben soll. Ob durch fortgesetzte Brüskierung der öffentlichen Meinung nach der Veröffentlichung des Artikels des Daily Telegraph eine günstigere Wirkung zu erzielen gewesen wäre, ist eine Ansichtssache, die mir um so weniger Anlaß zu meinem Briefe vom 2. Oktober hätte geben können, als ich persönlich in Zweifelsfällen mit der Taktik des Hiebes sympathisiere.[2]

Hiernach darf ich wohl festhalten, daß Ihre Bemerkung in der Staatsbürger-Zeitung eine unbillige persönliche Schärfe enthielt.

In vorzüglicher Hochachtung Ihr ergebener

Hammann.

PA-AA, R 5831 (eigenhändiges Konzept, von Schoen am 21.10. genehmigt, Ausgang am 22.10.09).

1 Vgl. dazu die G.A. von Friedrich Heilbron, 1.11.1909: „Nach dem Bekanntwerden des ‚Daily-Telegraph-Interviews' ist vom Preßreferat eine umfassende Tätigkeit entfaltet worden, um die Debatte vom Kaiser abzulenken. Zahlreiche Journalisten sind tagaus, tagein in diesem Sinne bearbeitet worden. Insbesondere hat das Preßreferat am Tage der Veröffentlichung des Sachverhalts durch die *Norddeutsche Allgemeine Zeitung* nach allen Richtungen sich bemüht, um dem Auftrage des damaligen Herrn Reichskanzlers entsprechend die Krone aus der Erörterung zu bringen. Außer den regelmäßig hier verkehrenden Journalisten wurden die Leiter von Blättern verschiedenster Richtung auf das Amt gebeten, wo sie von dem Leiter des Referats – Kölnische Zeitung, Frankfurter Zeitung, Münchener Neueste Nachrichten, Deutsche Zeitung u.a. – und den ihm unterstellten Beamten – Post, National-Zeitung, Hamburgischer Courier, Weser-Zeitung, Leipziger und Dresdener Blätter und viele andere – in langen Gesprächen zu einer *die Krone schonenden* [*Korrektur von der Hand Hammanns*: der Krone günstigen] Behandlung der Sache aufgefordert wurden. Außerdem wurde zu der ungewöhnlichen Maßregel gegriffen, bei solchen Blättern, die hier nicht regelmäßig Verkehr pflegen und auf deren Urteil Wert gelegt werden mußte, Besuch abzustatten und auf sie in gleicher Weise einzuwirken. Dies geschah u.a. bei der Kreuzzeitung (Hermes), Deutschen Tageszeitung (Oertel), Täglichen Rundschau (Rippler) durch Leg.R. Heilbron, bei der Vossischen Zeitung u.a. durch Herrn Riezler. Die Bemühungen haben sich somit auf sämtliche großen Berliner und alle wichtigen auswärtigen Blätter erstreckt und sind mit Aufbietung aller Mittel bis zum späten Abend fortgesetzt worden. Die Behauptung, daß vom Preßreferat aus Angriffe auf den Kaiser gefördert oder gar lanciert worden wären, ist selbstverständlich eine frivole und durch nichts zu belegende Erfindung" (PA-AA, R 5831; von Hammann am 2.11.09 zu den Akten gegeben).

2 Siehe in der Tat Hammanns Entwurf v. 2.11.1908 für Bülows Reichstagsrede v. 10. November; Eschenburg, Kaiserreich am Scheideweg, 289–294.

Nr. 127
AUFZEICHNUNG VON WILHELM VON SCHOEN

[Berlin], 22. Oktober 1909

Geheim.

Ich hatte heute Gelegenheit, mit Fürst Bülow die Ursprungsstadien der Daily Telegraph-Angelegenheit durchzusprechen und erwähnte dabei, daß der Gesandte v. Müller hier sehr erregt gegen eine Preßdarstellung protestiert habe, die ihn im Lichte einer Pflichtversäumnis erscheinen lasse. Müller habe auf das nachdrücklichste erklärt, weder Auftrag zur Prüfung des bekannten Manuskripts und dessen Abschriften je erhalten zu haben, noch zu dieser Prüfung in die Lage gekommen zu sein.

Fürst Bülow versicherte, er entsinne sich ganz bestimmt, Müller wiederholt auf die Wichtigkeit der Sache aufmerksam gemacht und ihn zur Prüfung des "Artikels des englischen Obersten" aufgefordert zu haben. Die Behauptung Müllers, die Aufforderung der Nachprüfung habe sich auf Gespräche des Fürsten mit Publizisten bezogen, sei haltlos.

22.10.   Schoen

Nachschrift:

Die Angabe Müllers, daß sich die Aufforderung des Fürsten v. Bülow zur Prüfung von Gesprächswiedergaben nicht auf den Artikel des Obersten Stuart Wortley, sondern auf Gespräche des Fürsten mit Sidney Whitman[1] und Münz[2]

---

1   Dem englischen Schriftsteller Sidney Whitman gewährte Bülow am 7. und 9. August 1908 längere Interviews; Müller traf zwar erst am 30.8. in Norderney ein, könnte aber Anfang September mit der Prüfung der Gesprächswiedergabe betraut worden sein, da Whitmans Bülow-Interview erst Mitte September erschien (vgl. Bülows Eintrag in den Losungen unter dem 14. 9.: „Interview Sidney Whitman im Standard"; BA Koblenz, N 1016/ NL Bülow, Nr. 152–12). In seiner „Unterredung mit dem friedlich und deutschfreundlich gesinnten", von Bismarck wiederholt als Sprachrohr benutzten britischen Schriftsteller habe er, so Bülow später, „das deutsch-englische Verhältnis freimütig, aber natürlich mit gebotenem Takt, in einer Tonart" besprochen, „die in England günstig aufgenommen worden" sei (Denkwürdigkeiten, II, 377). Bülow hatte in Norderney den Kontakt zu Whitman gesucht, um durch eine journalistische Offensive die deutsch-englische Kriegsgefahr, die er im Sommer 1908 für sehr realistisch hielt, wenigstens zeitweise (idealiter bis zur Fertigstellung der deutschen Flotte 1913) zu bannen. Siehe oben, S.28 f.

2   Bülows Norderneyer Gespräche mit dem österreichischen Publizisten Sigmund Münz fanden am 1. und 2. September 1908 statt. Beim Essen war auch Müller anwesend: „Der anwesende Gesandte von Müller – Diplomat von Beruf und Musiker aus Neigung, insbesondere begeisterter Brahms-Verehrer, und Literaturfreund – ist ein Mann in den sogenannten besten Jahren, vielgewandert, und weiß mancherlei zu erzählen" (S. Münz, Von Bismarck bis Bülow, 2. Aufl. Berlin 1912, 252). Die größtenteils unpolitischen Schilderungen des Publizisten waren offenbar zuvor durch die Hände Müllers gegangen, wie aus einem Schreiben des Gesandten an Münz v. 21.9.1908 indirekt hervorzugehen scheint: „Ihr kurzer Aufenthalt in Norderney wirkt noch immer kräftig nach, indem die Schilderungen, die Sie von den hier gewonnenen Eindrücken machen, erst jetzt in unsere Hände gelangen. Wir rechnen darauf, daß Ihr zweiter Artikel über die Gespräche am Frühstückstisch gestern erschienen sein wird und morgen in unseren Besitz kommt. Jeder nimmt ein Exemplar der ‚Neuen Freien Presse' als Erinnerung an diesen Sommer zu seinen Privatakten und dankt

bezogen habe, erscheint nicht stichhaltig, denn die beiden Interviews dieser Publizisten sind bereits am 14. September im „Standard" und am 13. und 20. September in der „Neuen Freien Presse" veröffentlicht worden, während das Manuskript des Stuart Wortley-Artikels erst am 2. Oktober an den Fürsten gelangte.

Schoen

PA-AA. R 5833, Bl.202-203v (eigenhändig, von Bethmann Hollweg am 1.11.09 zur Kenntnis genommen).

Nr. 128
ADOLF STEIN AN OTTO HAMMANN

Berlin, 7. Dezember 1909

Sehr geehrter Herr Geheimrat.

[...] Ihre Mitteilung, Ihre Herren könnten den von mir erwähnten Artikel, in dem der Kaiser drohend darauf hingewiesen wurde, daß sein Offizierkorps genau so dächte wie das oppositionelle Bürgertum, nicht finden, hat mich nur mit maßlosem Erstaunen erfüllt. Einen Artikel nicht finden, der in ganz Europa Aufsehen erregte? Er steht sogar in *zwei* Blättern, den *offiziösesten der offiziösen*, in dem „Hamb[urgischen] Correspondenten", dem Fürst Bülow ja auch sein Schwanenlied anvertraute[1], und in der „Köln[ischen] Zeitung", in letzterer in Nr.1302, Mittagsausgabe[2].

dabei dem getreuen Künstler für die brillanten Momentaufnahmen" (Münz, Fürst Bülow, 227 f.). Münz zitierte im Stile eines Hofberichtstatters u.a. den damals ebenfalls anwesenden rumänischen Staatsmann Sturdza: „Auch dem verehrten Hausherrn, dem dritten Nachfolger des Fürsten Bismarck, kann das Zeugnis nicht vorenthalten werden, daß er ein kluger Staatsmann ist und im Geiste seines großen Vorgängers die Geschicke Deutschlands und auch die internationale Politik führt" (Münz, Von Bismarck bis Bülow, 255). – Es ist unwahrscheinlich, daß die Artikel von Whitman und Münz ohne vorherige Kenntnisnahme durch Bülow und damit – zumindest im Falle von Münz – ohne Einschaltung Müllers erschienen sind. Müllers Darstellung gegenüber Schoen scheint demnach plausibel zu sein.

1   Am 13.7.1909 gewährte der scheidende Reichskanzler dem Chefredakteur des *Hamburgischen Correspondenten* Felix von Eckhardt ein längeres Interview, in dem er die Gründe für seinen Rücktritt erläuterte (vgl. Hötzsch, Bülows Reden, III, 372 ff.).

2   Die *Kölnische Zeitung* zitierte am 11.12.1908 einen Artikel des *Hamburgischen Correspondenten,* wonach in der Umgebung des Kaisers intensiv gegen den Fürsten Bülow intrigiert wurde. „Je stärker die Position des Kanzlers wird, um so erbitterter kämpfen die Gegner. Und wenn sie vielleicht wahrzunehmen glauben, daß der Kaiser sich durcharbeitet zu der Erkenntnis von der Größe des Dienstes, den Fürst Bülow am 17. November der Monarchie geleistet hat, dann gibt es nur ein Mittel: dem Kaiser muß eingeredet werden, die Situation sei damals gar nicht so schlimm gewesen, daß ein solcher Schritt nötig war. Das erzählen ihm die Intriganten wider besseres Wissen. Ja, sie wissen selbst ganz genau, daß sich von der einheitlichen Stimmung der Nation nicht einmal das Offizierskorps ferngehalten hat. Der Kaiser selbst ist sehr genau informiert über die Stimmung, die uns an den Rand des Abgrunds geführt hat" (PA-AA, R 5831).

Ich verstehe nicht, warum Sie aus meiner Zuschrift an die „Staatsbürgerzeitung" eine *persönliche* Schärfe gegen Sie herauslesen wollen. [...] Nein, in der
Zuschrift habe ich dadurch, daß ich ausdrücklich *nicht* den Chef der Preßabtei-
lung des Auswärtigen Amtes nannte, sondern seine dii minorum gentium, gerade
bewiesen, daß ich *trotz sachlicher Schärfe persönlich zurückhaltend* zu sein
verstehe. Wie krampfhaft ich mich bisweilen zurückgehalten habe, das ist ja mein
ganzes Buch Zeuge. Ich habe *gewußt*, daß Fürst Bülow am zweiten Tage der
unseligen Novemberdebatte sein Schweigen einem Abgeordneten privatim damit
motiviert hatte, daß der ganze Krach sehr förderlich sei. Es war ihm um den
„pädagogischen Erfolg" auf den Kaiser zu tun. Und nun vergleichen Sie damit
mein Bülow-Kapitel: bin ich nicht honigmild?[3] Mir macht Ungerechtigkeit keine
Freude. Selbst in jener Zeit schwerster seelischer Erregung habe ich mich nicht
zu persönlicher Schärfe hinreißen lassen, sondern blieb ruhig und erkannte sogar
warm an, was anzuerkennen war. [...]
   In ausgezeichneter Hochachtung Ihr sehr ergebener

Adolf Stein.

PA-AA, R 5831 (eigenhändige Ausfertigung, Eingang am 8.12.1909).

Nr. 129

EDWARD JAMES STUART WORTLEY AN DEN
HERAUSGEBER DES ‚DAILY TELEGRAPH'

Highcliffe Castle, July 7, 1930

Sir,
   I have read with much interest the account given by Lord Burnham, and
published in your issue of today, of an interview which I had with the Kaiser and
which was published in *The Daily Telegraph* in October, 1908.
   The Kaiser did not mention any particular paper in which he wished this
interview to be published, but left the matter entirely in my hands.[1]
   As Lord Burnham's account[2] and your leading article contain some inaccura-
cies, I think it will be advisable that I should relate in a few words the real history
of the interview.
   After the Kaiser's visit to Windsor Castle in 1907 he came here to spend three
weeks. As I was with him during the whole time I had many opportunities of
hearing his views on various subjects. He was very outspoken – and at times a
little indiscreet.[3]

---

3   Stein, Wilhelm II., 106–113. In seinem Kapitel über „Bernhard von Bülow" hob Stein auf
    die „vielen Erfolge des Kanzlers" (107) und dessen „rastlose Arbeit" (113) ab und betonte
    darüber hinaus, „daß kaum je ein Monarch und sein Berater so gut aufeinander eingespielt
    waren, wie Wilhelm II. und Fürst Bülow" (112). Später distanzierte sich Stein von Bülow
    (vgl. Adolf Stein, Bülow und der Kaiser, Berlin 1931, passim).
1   Siehe Dok. Nr.13.
2   Viscount Burnham, „The Historic Kaiser Interview", *The Daily Telegraph*, Monday, July 7,
    1930.
3   Siehe Dok. Nr.1–3.

In the autumn of 1908 I received an invitation to attend the German manoeuvres at Saarbrücken as the Kaiser's guest. On the concluding day of the manoeuvres the Emperor sent for me. He was on his horse in the middle of a ploughed field.[4] He told his staff to clear away for some distance, and proceeded to recount to me all that eventually appeared in the interview which was published. He concluded by saying that he wished me to use my discretion and to have the gist of the interview published in a leading English newspaper.

On my return to England I thought of my friend Harry Lawson, now Lord Burnham, and that I would ask him if *The Daily Telegraph* would care to have the chance of publishing the interview.[5]

In accordance with my request that a member of *The Daily Telegraph* staff should be sent to take down at my dictation an account of the interview, Mr. J.B. Firth[6] came to my rooms in Clarges-street and took down word for word all I had to relate.[7] The account of the interview was then typewritten and returned to me.

---

4   Die lothringischen Kaisermanöver endeten am Mittag des 10. September 1908 gegen 12.30 Uhr auf den Feldern und Wiesen östlich von Kurzel. „Der Kaiser hielt auf der Höhe bei Memersbronn die Kritik ab und sprach der vorzüglichen Ausbildung beider Armeekorps vollste Anerkennung aus" (*Kölnische Zeitung,* Nr.960, 11.9.1908). Anschließend kam es wohl zu der längeren Aussprache mit Stuart Wortley, der als Begleiter des Kaisers allerdings in keinem der umfangreichen Manöverberichte, die das Kölner Blatt in diesen Tagen brachte, erwähnt wird.

5   Vgl. dazu die Erinnerungen Lord Burnhams: „During those years it was my habit to take my annual holiday in Yorkshire, where I rented a shooting for the months of September and October. As I was making my plans for this purpose in 1908, I received a letter from my friend, Colonel (later Major-General) the Hon. E. Stuart Wortley, telling me that he had made notes of some conversations he had had a short time before with the German Emperor. He wanted to put them into form for publication, and he asked whether I would assent to their being published in *The Daily Telegraph,* as he believed that by so doing the international situation might be sensibly improved. I at once appreciated the importance of the proposal, from a national, as well as from a newspaper point of view, and the next day I talked the matter over with our able and devoted Editor of that time, the late Sir John Le Sage, who served *The Daily Telegraph* so faithfully and well for more than sixty years. Le Sage was strongly in favour of our acceptance, but we both agreed that the article must be above suspicion for its genuineness and accuracy" (*The Daily Telegraph,* 7.7.1930).

6   *John Benjamin Firth (1868–1943),* englischer Journalist u. Schriftsteller.

7   Dieser Vorgang wird im wesentlichen von Lord Burnham bestätigt. Über den Anteil, den Firth an der Aufsetzung des Manuskripts hatte, divergieren allerdings die beiden Darstellungen. „Then, as always, I took counsel with my father, and he, in turn, endorsed our opinion, so I wrote to Colonel Stuart Wortley agreeing to take the matter up in *The Daily Telegraph.* Again in consultation, Le Sage and I decided that the ideal man to carry out the mission was Mr. J.B. Firth, who was then, as he is now, one of the most distinguished members of *The Daily Telegraph* editorial staff, and a writer of books of history and topography of acknowledged excellence. So, upon our instructions, Mr. Firth saw Colonel Stuart Wortley in his rooms in London, and had put into his hands the notes of his talks with the German Emperor, which Colonel Wortley had taken down with scrupulous care and in absolute good faith. In collaboration the notes were put into a suitable form for newspaper reproduction, and Mr. Firth returned with them to the office" (*The Daily Telegraph,* 7.7.1930). Vgl. auch die – fehlerhafte – Übersetzung in *Berliner Monatshefte,* 8/1930, 791 ff.).

I forwarded it under seal, through the German Embassy, direct to the Emperor, asking him to say whether he considered it an accurate account of what he had told me.[8]

The Emperor was at that moment at one of his shooting boxes. Having read the document, the Emperor made three minor corrections in the margin, and sent it to Prince Bülow to read. Prince Bülow never read it, but handed it over to Baron von Stumm[9]. I do not think the latter attached most importance to it. The document was then returned direct to me, addressed to Redoubt House, Shorncliffe, where I was commanding a brigade. Beyond the marginal notes which I have mentioned, the account of the interview remained as dictated by me.

The Emperor did not sign it, but wrote to me an autograph letter[10] of which the following is a copy. I have the original document in my possession, and, so far as I know, no copy exists. The letter was as follows: [...][11]

I returned the draft to *The Daily Telegraph,* with a request that it might be published at an early date.[12]

As Lord Burnham states, the secret of the authorship of the interview was very well kept for many years[13], and it amused me to hear of the number of people

---

8   Ausführlicher dargestellt von Lord Burnham: „The Editor and I realised the necessity of making ourselves perfectly secure from the charge or even from the suspicion of garbling or colouring the interview, so we had Mr. Firth's MS. typed on our office paper, leaving a broad margin for comment or correction. We had two copies made, one of which is still, I believe, in the possession of *The Daily Telegraph*, whilst the other was sent to Colonel Stuart Wortley with the request that he would forward it to the Emperor for his approval and authorisation" (*The Daily Telegraph*, 7.7.1930).

9   *Wilhelm August von Stumm (1869–1935),* Jurist, Offizier, Politiker (Neffe Ferdinands von Stumm); militärischer Dienst bis 1894, danach Übertritt in den diplomatischen Dienst, Botschaftsrat in London, 1908 als Vortragender Rat ins Ausw. Amt, 1911–16 Direktor der politischen Abteilung, 1916–18 Unterstaatssekretär.

10   Gegen die Darstellung Lord Burnhams, der geschrieben hatte: „The typescript was not returned for several weeks. At length it came back to me from Colonel Wortley, signed officially by the Emperor, who added a concluding sentence in his own handwriting expressing the hope that its publication would improve the relations between the two countries" (ibid.).

11   Siehe Dok. Nr.13.

12   Zum Publikationstermin vgl. die aufschlußreichen Äußerungen von Lord Burnham: „It was then for us at the office to fix the date of publication, and it amused me later on to read the various surmises of varying degrees of ingenuity as to the hidden motives we might have had for our selection, for it was thought to be almost obvious that it had been made to suit the perversities of German policy; actually, it was determined merely to suit my personal convenience, as it was the end of my shooting holiday. Moreover, it did not seem to me that, as the Kaiser had kept the matter over for several weeks, the particular day for publication was of much consequence" (*The Daily Telegraph*, 7.7.1930).

13   Auf Eckardsteins Anfrage vom 1.11.1908 erwiderte Harry Lawson, daß er ihm „den Namen des Autors, welcher das Manuskript dem *Daily Telegraph* überreicht habe, nicht nennen könne, er müsse sich darauf beschränken zu sagen, daß es kein Deutscher, sondern eine bekannte Persönlichkeit in England sei. Er könne mir aber versichern, daß das Interview vollkommen authentisch sei; auch ein Dementi würde in diesem Falle kaum möglich sein" (Eckardstein, Entlassung des Fürsten Bülow, 45–46).

to whom it was ascribed. Herr Emil Ludwig[14], the author of „Kaiser Wilhelm II.", was the only writer who ever came near giving the true account, and that was owing to his having been given access to papers in the Berlin Foreign Office.
      Yours etc.

                                                           Edward Stuart Wortley.
The Daily Telegraph, 8.7.1930.

Nr. 130
FRIEDRICH THIMME[1] AN MARGARETHE VON MÜLLER[2]

                                      Berlin, Wilhelmstraße 74, 2. April 1931
Vertraulich!

Auf Ihr gütiges Schreiben vom 31. März muß ich Ihnen zu meinem großen Bedauern mitteilen, daß zur Erfüllung Ihres Wunsches auf Einsichtnahme in die hinterlassenen Papiere Ihres verstorbenen Herrn Bruders leider nur geringe Aussicht besteht. Nach meinen Informationen glaubt das Auswärtige Amt grundsätzlich davon Abstand nehmen zu sollen, Einsicht in seine Akten zu Zwecken der Abwehr gegen die Angriffe des Fürsten Bülow zu gestatten. Ein dahingehendes Gesuch würde also schwerlich Erfolg haben.

Aus meiner früheren Einsichtnahme in sämtliche, die „Daily Telegraph-Affäre" betreffenden Akten habe ich auch den Eindruck behalten, daß eine Rechtfertigung Ihres Herrn Bruders mit vollem Erfolg kaum durchgesetzt werden kann. Es ist nun einmal so, daß Aussage gegen Aussage steht und daß beide Aussagen, die des Fürsten wie Ihres Herrn Bruders wesentliche Irrtümer enthalten. Persönlich bin ich durchaus geneigt, der subjektiven Wahrhaftigkeit Ihres Herrn Bruders ebenso vollkommen zu vertrauen, wie ich derjenigen des Fürsten mißtraue. Ich habe mich auch gefragt, ob ich nicht in einem geplanten Anti-Bülowbuch[3], dessen Herausgabe ich auf Andringen zahlreicher älterer Diplomaten usw. in die Hand genommen habe, der Rechtfertigung Ihres Herrn Bruders einen eigenen Artikel widmen solle. Aber worauf sollte sich ein solcher Versuch stützen, wenn auf die im Auswärtigen Amt liegenden Papiere nicht rekurriert werden darf? Das Schreiben des Kaisers vom 22. Februar 1909 ist, wenn ich mich recht entsinne, so vertraulichen Charakters, daß es ohne Genehmigung Seiner Majestät m.E. nicht wohl veröffentlicht werden könnte, zumal wenn die Antwort

---

14 *Emil Ludwig (1881–1948)*, Jurastudium, 1914 Londoner Korrespondent des *Berliner Tageblatts*, 1932 schweizerischer Staatsbürger, 1940 Emigration in die USA, veröffentlichte 1926 die psychologische Studie „Wilhelm der Zweite". Ludwig stützte sich auf die Aktenpublikation des Auswärtigen Amts, nicht auf unveröffentlichte Quellen.
1   *Friedrich Thimme (1868–1938)*, Historiker; 1902 Stadtbibliotheksdirektor in Hannover, 1913 Direktor der Bibliothek des Preuß. Herrenhauses, 1920 Direktor der Bibliothek des preuß. Landtags.
2   *Margarethe von Müller*, gest. am 4.11.1937 im Alter von 78 Jahren, Schwester Felix v. Müllers.
3   Friedrich Thimme (Hrsg.), Front wider Bülow. Staatsmänner, Diplomaten und Forscher zu seinen Denkwürdigkeiten (München 1931).

Ihres Herrn Bruders fehlt, die übrigens wohl eine klare Beantwortung der kaiserlichen Frage weder geben wollte noch konnte. Sollte nicht vielleicht im Nachlaß
des verstorbenen Botschafters F[erdinand] v. Stumm[4], den Ihr verstorbener Bruder meiner Erinnerung nach in der „Daily Telegraph-Affäre" wiederholt zu Rate
gezogen hat, wichtiges Material zu einer Rechtfertigung liegen?

Indem ich nochmals mein Bedauern wiederhole, keinen Weg zu sehen, um
Ihnen eine volle Erfüllung Ihres Wunsches zu sichern, bin ich mit dem Ausdruck
meiner ausgezeichneten Verehrung Ihr sehr ergebener

                                                                Dr. Friedrich Thimme.

HStA Stuttgart, J 50 Bü 63a, NL Felix v.Müller (maschinenschriftl. Ausfertigung).

---

4   Nach Auskunft seines Urenkels Ferdinand v. Stumm befindet sich der Nachlaß noch im
     Familienbesitz, sei aber „nur noch in Rudimenten vorhanden" und unsortiert (Mitteilung an
     den Hrsg. v. 22.5.2000). Die Korrespondenz mit Felix von Müller war nicht auffindbar.

APPENDIZES

APPENDIX 1

EIN REDAKTEUR DER *NEW YORK TIMES* AN ALFRED LORD NORTHCLIFFE

Office of *The New York Times,* o.D. [Anfang August 1908]

Tonight I had an interview with Dr William Hale, our literary editor, who has just returned from Berlin where he had had a very remarkable interview with the Kaiser lasting three hours. It is so strong that it cannot be printed in the *New York Times,* I am sure that the *American* or the *Herald* would have printed it with glee... You might think it worth while to tell the Chief this because Dr Hale, who did the „Week at the White House with President Roosevelt", is a man of honour and one who can be relied upon.

He said that the Emperor was most bitter against England during the whole interview and that Germany was ready for war at any moment with her and the sooner it came the better. He claimed that Great Britain looked upon Germany as her enemy because it was the most dominant force on the continent of Europe and it had always been England's way to attack the strongest power. France and Russia were now out of the running, he said, and she was friendly with them, so everything was directed against Germany.

The Emperor said that Great Britain had been degenerating ever since the Boer war which was a war against God and for that she would be punished as all nations have been who have done wrong to a weaker Power that was in the right. He believed that a war would come, and he was aching for the fight, not for the sake of war, but as something that was unpleasant and inevitable, and the sooner the better. With regard to India the Emperor appeared to be thoroughly posted and said that within nine months that country would be overrun by one of the bloodiest rebellions ever known in history. He blamed this upon the Japanese who, he said, had their goods in every bazaar and their agents sowing sedition and treachery in every quarter. Dr Hale said that he gathered from the Emperor that his ambition was to take Egypt from the British and later the Holyland from Turkey thereby emulating the deeds of the Crusaders in taking the land of Christ from the Infidels. He appeared to be very bitter against his Uncle King Edward and accused him of trying to set the other Powers against Germany. As to France and Russia he said they were not worth talking about from a military or naval point of view.

This is not a dream but was told me tonight, and I thought you might like to know it. With regard to India I have been through that country twice recently and I know the feeling of unrest that exists there. The army officers there told me that the people at home would never understand the situation until it was too late. In speaking of India to Dr Hale the Emperor said that he did not get his news through British channels but from his consuls who were all trained men, who knew their business and kept him informed with what was going on. As you know I have at least the news instinct, and I did not get through the country „comme un grand seigneur". „K" told me in Calcutta that there might be trouble and he was prepared to act at a moment's notice.

Re my letter of last night I find that Dr Hale was introduced to Wilhelm as the Rev[eren]d Dr Hale, he being an ordained minister of the Anglican church. Further details gained today concern the United States as a future Power. „W" said that he was very friendly towards that country because the march of progress and the degeneration of Great Britain showed that the two dominant world forces of the future would be Germany and the United States. Arthur Greaves (City editor *New York Times*) said that what Dr Hale told his editorial colleagues re his interview with the Emperor was so serious and direct that it was dangerous to repeat it. During the whole interview the Emperor walked the floor and spoke forcefully and earnestly delivering each word so that Dr Hale could understand him thoroughly. He seemed to be full of electricity, and his eyes snapped when he spoke of England, his bitterness was so intense. I have not said a word about writing you this because I should have been forbidden to do it, I expect. The fact that he saw Dr Hale as a clergyman and not as a newspaper editor shows that the Emperor spoke in confidence.

I have never seen A. Greaves so impressed about anything as he is about Dr H[ale]'s interview. He said that he never dreamed that the Kaiser had such force of character. As I said in my other letter not a line will be printed in the *Times,* but you can rely safely that every word I have written to you was actually spoken by Wilhelm, and if he is in such a frame of mind that he opens out to an American clergyman at the first time of meeting him, there is a danger of something happening before long.

Public Record Office / London, F.O. 371/461, Bl.499–501 (maschinenschriftl. Kopie von 2 Briefen, Anlage zu Northcliffe an Tyrrell, 21.8.1908).

APPENDIX 2

AUFZEICHNUNG WILLIAM BAYARD HALES ÜBER SEIN GESPRÄCH MIT KAISER WILHELM II. AM 19. JULI 1908

By far the greater part of the two hours' conversation I had with His Majesty on the 19th July on the deck of his yacht in the Fiord of Bergen was given up to the discussion of [the] Asiatic question.

He spoke eagerly and impetuously. He seemed to have laid out and followed certain line of argument passing from a point to another in order. He allowed me to interrupt him and answered my questions but kept the conversation in his own hands. The following is an outline of what His Majesty said.

„How long ago was it that I painted my picture of the yellow peril? I believe it was fifteen years ago, was it not? Mark you, nobody else painted a prophesy, nobody ever put a prophesy down, not merely in black and white but in unmistakable colours. I do not speak in oracular verse. There was nothing sibylline, nor enigmatic, nor ambiguous in my prophecy. There could be only one interpretation. I painted it on a canvass. Words may be misunderstood but the eye makes no mistake about what it sees boldly represented. So I painted the yellow peril. That was fifteen years ago. I dare say the world smiled. The world does not smile now. The time for smiling is passed. Everybody understands what must come to pass between the East and the West, the yellow race and the white. It is imbecile folly for us to close our eyes to the inevitable, for us to neglect to prepare to meet the inevitable.

We are unworthy of our fathers if we are negligent of the sacred duty of preserving the civilization which they have achieved for us and the religion which God has given us.

All the world understands that the greatest contest in the destiny of the earth's population is at hand. The first battle has been fought. Unfortunately it was not won. Russia was fighting the white man's battle. Many did not see it then. All do now. What a pity it was not fought better! What a misfortune! Those Russians were not fit to fight this fight. What a pity it should have [fallen to] them to do it." His Majesty's face flushed and he lifted his arm, his fist clinched in air. Between set teeth with his face close to mine, he exclaimed, „My God! I wish my battalions could have had a chance at them; we should have made a short work of it."

I asked His Majesty if he thought the Japanese had been overestimated as soldiers. He replied: „Decidedly I do think so. If the whole truth about the Russo-Japanese war were known to the world, a good deal of Japanese prestige would vanish. Why, we had some gymkhana exercises at Tientsin in which in a test march the Japanese were nowhere. Why, I believe, they never did get in at all. You see they could not fulfil the conditions of the march, could not carry [?]. They have always had coolies do that for them. Now the time has not come, when a dimunitive stature and an inability to carry burdens on a march is an advantage in war. Then their engineering and mechanical skill has been overrated. It is true they are great imitators on the surface but they do not get the spirit, the heart of the thing. The danger to us is not Japan but Japan at the head of a consolidated Asia, the control of China by Japan which is sharply and bitterly antagonistic to the white man's civilization. That would be [the] worst calamity. That could threaten the world."

His Majesty discussed Japanese character at great length. At one point I said, „You look upon the Japanese, then, as the Jesuits of the Orient." Half an hour before, His Majesty had been bitterly denouncing Jesuits. He exclaimed, „That's it exactly". I said, „It sometimes seems to me that we are all mistaken in our estimate of the Japanese. With all we can learn about him, he remains a mystery. On the ship coming over I read a book called Bushido which was at once both illuminating and puzzling. Essence of the Japanese soul is fugitive. It refuses to report to any standards we know. It seems influenced by instincts which for us have no existence."

To this rather long speech His Majesty rejoined instantly: „We know this much about him. He hates the white man, worse than the white man hates the devil. He hates every thing belonging to the white man. He is a miracle at imitation but at heart he despises all that he parodies for the moment. The Japanese are devils", said His Majesty, „that is the simple fact. They are devils."

„The United States", His Majesty went on, „must be realizing the gravity of the Asiatic problem, placed on one of the shores of an ocean, the opposite shore of which teems with hundreds of millions of yellow men. What you begin to see now, you will soon, sooner than Europe, appreciate as the only serious apprehension of the future, the apprehension beside which all others fade into inconsequence. Have you begun to consider how you can best meet this problem of the teeming East and its standards and ways of life? I began to consider it years ago, and it is claiming my intelligence to say that now at last I have achieved one idea on the subject. It is this: We shall be wise if we divide the East against itself. That means at this stage of the game that we must not allow China and Japan to get together either fraternally or one inside the other. Particular duty which the white man owes himself at this moment is to prevent Japan's swallowing

China. This is what I am coming to. If China needs a big brother, suppose we and not Japan be big brother."

I thought it no breach of confidence to tell His Majesty the message with which a few weeks ago I had heard Mr. Roosevelt say goodbye to an official (I think it was the Consul at Amur) going out to China. Mr. Roosevelt's idea was that the breast of China [was] palpating with no especial affection for her island cousin. „Suppose", Mr. Roosevelt had said, „a school of sharks on one side and a tiger on the other were waiting to make a meal of you. Suppose it was suggested to you that the tiger being a land animal and a mammal was much the more nearly related and you were asked to consider whether you would not find the process of digestion easier in his stomach. However interesting the point may be for abstract debate, you, the prospective victim, would be profoundly indifferent to it." „Exactly", exclaimed His Majesty laughing, „only China needs not and must not go into anybody's stomach. It would be easily possible for the United States in agreement with me to guarantee territorial integrity of China, to guarantee the open door in China and to fill as a faithful and cherished guide and friend of China the personage which her voracious relative cannot be trusted in. To do that, I say, would be easily possible, and to do that would be the highest wisdom. Japan's ambitions have got to be restricted. The white man's interests in China have got to be protected. The consolidations of Eastern Asia have got to be prevented."

„But", I said, „is not the integrity of China and the open door principle guaranteed by half a dozen treaties, to everyone of which Japan is a party?" „That is the trouble", rejoined His Majesty. „Japan is a party to everyone of the treaties not worth the paper they are written on. What we have got to have is an agreement among white nations. Now consider what positions the white nations are in. You know where I stand. Look at the others. It is no good talking about Great Britain, a traitor to the white man's cause. The ninnies there have got that government in an absolutely impossible position. I tell you that Empire is going to pieces on this rock if that alliance of theirs with Japan is persisted in. I do not see how the British Empire can be saved from dismemberment. When self-interest comes in at the door, sentimental patriotism flies out of your window. Do you know why Australia and New Zealand invited Mr. Roosevelt to send the American fleet to their shores? If Mr. Roosevelt never told you, I will tell you why. That invitation was for the express purpose of serving notice on the government of my good uncle over there that those colonies understand they have in the United States a friend who understands the white man's duty better than the ‚mother country' seems to understand it. That [was] the reason the invitation was issued, and Mr. Roosevelt understood that that was the reason it was issued. The invitation was accepted and the fleet was sent. Why, understanding London understands all about this, too, and I know that they are watching the reception given the fleet with great concern. I know that British Columbia has made it plain that it must be handled very tenderly indeed or it will be lost to the Empire. In South Africa will everybody know how critical the race problem is there. In India conditions at this hour, even as they are publicly known, are worrying Englishmen. If they knew the whole truth, they would be more than worried. Now I am not talking idly. I know what I am talking about on this point. I have information from my Consuls that conditions in India are very much more serious than England knows now. That peculiar danger there springs directly from the fact that the British Government has made an alliance with Japan. It has done this. It has exchanged honours and pledges of friendship on the basis of equality with one Asiatic people in bondage. Do you not see how that fact must rankle in the breasts of Indians? The long slumbering disaffection has been fanned to a brazing spirit of rebellion through the use of this humiliating argument. It makes those people wild to realize that they cannot be British citizens, that not one of them can earn V.C. whilst another Asiatic people are considered equal to Englanders, and I can tell you that the people who are spreading this rebellion, who are urging this argument, are disguised Japanese agents in India. It may be six months, nine months, but it will not be long. Now mind you. I do not believe that public opinion is behind this treaty in England, but the ninnies who run the Government are determined to stick to it. England is in the position of a traitor to this white man's cause, and England is outside any programme which other western countries devise to meet the conditions which the awakening of the East has produced. Then if you go on to consider what other Powers are bound to England by treaty of alliance or diplomatic understanding, what other Powers must be considered as excluded from any programme against England's Eastern ally. This counts out France and Russia. Russia today finds its immediate practical interests identical with those of Japan, that is the partition of Manchuria. What Power remains then interested and unfettered? United States."

His Majesty then spoke to some length of [the] grounds of friendship between Germany and [the] United States. Among other things he said: „Vast number of Germans and men and women of German descent who are, you tell me, among the most substantial citizens of your big country constitute already a necessary bond between us. Our religion [is] the same. Our race [is] the same. Nowhere, no longer now, even in the nightmares of agitators, is there imagined to be a shadow or possibility of an issue between us. Germany has no ambition[s] that traverse or even approach sphere[s] of American activity."

I asked His Majesty whether Mr.Roosevelt agreed with his views on these subjects. He said: „Yes, we have been all over them pretty well together, and I believe he does agree. Oh! This has gone much further than anybody dreams. It has been on my mind for four or five years in this form and it is working out. [The] main trouble is [that] China is so slow. They put everything off and then put it off again. I hope they will not put this off too long."

„Yes", His Majesty said in reply to a question from me. „We have had trouble in finding a strong central authority to negotiate with but we have found one in ... (I cannot remember this name; I believe it was the Viceroy of Canton). We are waiting now to learn what stipulation China would make. We have not learned that, yet I do not think that her ideas would be excessive. I do not think we shall have any trouble in coming to an understanding with her. Of course, she would want to make certain reservations and conditions, but I think there will be no trouble about this. One of these days, very soon now, I hope very soon, an emissary of the highest rank will visit [the] United States and will revisit us and let us know what China's conditions are, and then we can go ahead. Some fine day the world will wake up and read a quiet little agreement between Germany and [the] United States [of] America, declaring that we guarantee Chinese terrritory and the open door in all part[s] of [the] Chinese Empire. Oh...Ho! ho! I wonder what they will say to that." Here His Majesty laughed loudly and capered about on deck. „Oh! It will come out all right", he said. „The future belongs to [the] white race; it does not belong to the yellow nor the black nor the olive-colored. It belongs to [the] blonde man, and it belongs to Christianity and Protestantism. We are the only people who can save it. There is no Power in any other civilization or any other religion that can save humanity, and the future belongs to us, the Anglo-Teuton, the man who comes from northern Europe."

Public Record Office /London, F.O. 371/461, Bl.505–513 (Maschinenschrift, o.D., mit Korrekturen von der Hand Greys).

APPENDIX 3

AN EVENING WITH THE GERMAN EMPEROR

HIS COMMENT ON MEN AND INSTITUTIONS: IMPRESSIONS OF PRESIDENT ROOSEVELT – WAR AND CHRISTIANITY – THE TRUE MISSION OF WEALTH – THE PRINCIPLES OF ARCHITECTURE – THE ROMAN CATHOLIC CHURCH

BY WILLIAM BAYARD HALE
Author of „A Week in the White House with Theodore Roosevelt"

Perhaps it was because a fortnight's emancipation from the necessary formality of the court had begotten a habit of unusually informal discourse; perhaps it was the sheer joyful freedom of the vacation spirit, which even a sovereign may be permitted to indulge; perhaps it was the spaciousness of the remote North, the sense of unroofed and unwalled existence that one breathes with the airs that romp on the Norwegian coast; perhaps the unworldly silence of the Sunday evening, broken by little besides the sound of bells fitfully blown from shore. Whatever the reason, I have been told by several close to his person that his Imperial Majesty the German Emperor has not often shown so much of himself as he allowed a very humble visitor to see one day during the last summer. I do not know whether that is true. I know that no picture of him that has been made public – none at least that I have seen or heard of – represents him in anything like the fullness of manhood, in anything like the sweep of vision and the breadth of sympathy, the ripeness of intellect, and the tenderness of conscience, the rounded and convincing grasp of problems not alone kingly but human, in which he was revealed that day.

The Emperor had written:

Recognizing the immense value of the perspective which distance lends to one's own views of party feuds and party prejudices, I have looked upon my travels as necessary periods of rest, during which I am enabled to put many things to the proof.

Whoever has communed with himself when alone on the high seas, with naught but God's star-broidered heavens above, cannot be blind to the infinite worth of such moments.

That is why I have desired to live through these hours, during which the heart can seek counsel of itself and the mind call itself to account for what it has striven to accomplish, and the way in which it has striven.

That is why it was a very special opportunity indeed to have been by the Emperor's side at a time when he was far from home, alone on the sea.

It was on board the *Hohenzollern,* the floating home in which her imperial master passes most of his days of comparative release from cares of state, that the revelation to which I refer was made. The ship lay in the fiord off Bergen – a beautiful creature, all in white and gold, swinging restless to the tide, the proud pennant of the Admiral at her peak, while the lordly standard of the Emperor swept down to the gilded balcony that overhangs her stern and drooped to the water's edge like a yellow plume on the bonnet of a cavalier. Close by lay the *Stettin,* grim in her gray cruising coat, and the *Shipner,* his

Majesty's despatch and excursion boat. At the bow clustered a fleet of pinnaces and barges, their exhaust-pipes glittering like trumpets of brass, and about circled half a hundred dories (or such-like craft) laden to the gunwales with curious Norwegians come out to spend their Sunday evening gazing at the ship and if possible to catch a glimpse of the most renowned sovereign of the world. Soon a score of boats had gathered off her starboard beam and lay gazing quite in silence at the figure pacing briskly up and down, now and then midway a sentence stopping to enforce a point with energetic gesticulation. The crest of Ulriken had been hooded, and the whole fiord hung with cloud all day, but along toward ten o'clock the sun dropped low, and gleams of crimson and gold shot out of the valleys at the west and north, while purples of indescribable loveliness crept up the slopes of Bergen's seven hills and stained the waters with somber glory.

Such was the scene when it fell to me that evening to listen to a powerful monarch discourse of the responsibilities of power and the joy of its exercise; meditate on the meaning of human history, spanning in thought its widest stretch, and tell of immediate purposes which were to frame his own wide-determining part in its future; talk of God, and of man's destiny; of wars past and wars to come; speak gently of brotherly friendships between peoples, and wrathfully of righteous contentions in which the arm must be raised to strike; talk, too, of art, of architecture, of science; tell, with quite touching pleasure in them, intimate, pretty stories of his friends, their affairs, even their romances; and then, suddenly grave, turn again to reflect upon the problems of the momentous and expectant hour in which he has been called to reign.

The Emperor talked freely, eagerly, without the slightest visible reservation. He welcomed questions and the occasional interruptions which I fear his Majesty's cordiality tempted me to venture on. He demanded assent to his opinions. To most of my remarks he gave ready reply, usually following out the subject I had meant to suggest. In the main, however, he kept the guidance of the conversation in his own hands, as he always does; nor should I have dreamed of proposing the high and critical subjects – the most serious which could occupy the mind of a ruler at a moment of world-wide unrest – which he freely discussed. Of these there must of course be no hint here.

„Does it get on your nerves, this everlasting daylight?" the Emperor asked me. „Some people can't sleep here. I should hate not to be able to sleep in broad daylight. It is revealing, true. And it is full of magical surprises in its unceasing play upon land and sea, cloud and wave, and mountain-top. I love it. I have come here this is now twenty times.

„You see, I must get away – away from the crowds, from my work to a degree, away from the camera. That I can do here. You wouldn't believe it if I told you the tale of my troubles with the camera. At home, to escape it, I have perhaps to run off by motor-car two days' journey into the forests. I call it poor taste, this all-forgetting curiosity of personality. Natural? Easy to forgive it? Very poor taste, I call it."

The conversation went on to the subject of the characteristics of Norway and the Norwegians. „Isn't it singular", said the Emperor, „that here in their remote settlements hid away in devious fiords, hanging by the teeth to the ocean-swept bases of their mountains, these people should be so interested in high international politics, should have been so anxious to have had their own ministers in foreign capitals?"

I ventured to suggest that this might be a form of imagination.

„Imagination has perished here", said the Emperor. „The Norwegians to-day are modern, ultra-modern, with their Ibsen and their new theories. Ah, the old poetry was better! Human imagination has rarely been more virile than it was in the days when the Scandinavian poets composed their sagas."

I was quite alone with his Majesty all the time. He wore the cap and undress tunic of an admiral, undecorated except for the gold braid stretching from the cuffs to elbows. Even so, he walked in an amplitude of costume, for the Emperor cannot rid himself of the swinging pace of a monarch with the robes on his shoulders. He would have me have on my hat, and, against my wish, my overcoat; my white waistcoat made him – Ugh! made him shiver! In the Emperor's attitude toward his guest, democracy of manner could no further go.

Disliking to speak so personally, I have crossed out the following sentence half a dozen times, only to write it in again; to make the picture right, it must stay: It is imposssible to exaggerate the charm of the Emperor's – of the man's – personality. The heart warms to him instantly. He is extremely handsome – older, indeed, perhaps less dapper than in the familiar photographs; with deeper lines a graver nobility has stamped itself upon his face. His blue eye is piercing, but all-kindly. Nose and lips are chiseled with rare refinement; squareness of jaw is advantageously tempered by a dimple in the chin. The upturned mustache, by the way, like the President's „De-light-ed", is a thing of the past.

But nothing that I can say could show the seat of the Emperor's extraordinary attractiveness. It is in the friendliness of his eye; he holds you with it; he comes close and claims your eye. It is in his hand-clasp, strong and clinging. It is in his clear kindliness, his pleased interest in everything, the responsive play of his face, his sly eagerness for a joke, and sidelong watchfulness for a dawning bit of fun; in the touching swiftness, too, with which his animated features relapse into an habitual – I will not say sadness, but gravity. Apart from all recollection of birth and rank, he is a man to look to and trust. He is the sort you would like to have in the boat in case of danger. I can easily imagine that he captivates the affections and wins the personal devotion of all who are allowed to approach him. I can now understand loyalty that would go a good way for a prince – a prince so frank, so friendly, so stanch.

The Emperor laughs with a robust „Ho! Ho!" If I should say that over the story of what will be, when it is accomplished, one of the best jokes in the world, his Majesty cut a caper, I should give an idea of his vivacity, and I ought to give no idea of the slightest lack of dignity. It is a holiday in Norway. But more than once the lightning flashed from the Hohenzollern brow.

The Emperor's English – we spoke in English – was, shall I say, fluent? It was more. It was exact, idiomatic, so ready as to be at moments torrential, and its utterance was devoid of the slightest accent. In a stranger no one would have suspected it to be other than a native tongue. And the English technology of sport, of theology, and of science was instant on his Majesty's lips.

One of the Emperor's first inquiries was: „And how is the President? Well and hard at work, I hope and am sure. What a man he is! I don't know that we ever shall meet. You see, he can drop his job and go off to Africa or somewhere, shooting, or doing what he likes. I don't see any prospect of getting a holiday of four years – or four weeks. One can never tell" – his Majesty laughed parenthetically – „what may happen, but it looks as if I should not soon be allowed the freedom from duty which my colleague, your President, is about to enjoy.

„Mr. Roosevelt", said the Emperor, speaking not in a casual way, but as if giving voice to conclusions which he was glad of a chance to express –"Mr. Roosevelt is an inspiring example of the force of personality. It isn't genius the world needs, nor brilliancy, nor profound learning, half so much as personality. The man with convictions of righteousness, who is ready to fight for them and never give them up, indifferent to abuse and careless of lying and howling adversaries – he is the man to whom all will come and before whom all things will yield."

I may have been wrong, but I felt that the Emperor was giving me an insight into his own mind and his own history. He had been „communing with himself" and „putting many things to the proof."

„Yes, the big things in the world are always done by just a man – one man – one strong personality. History in its times of crisis cries out for a man. Everything waits until a great personality appears; nothing happens until there rises up a man of absolute fearlessness, who knows what he wants and goes straight after it. Look what Mr. Roosevelt has done. He has done it alone, single-handed. Consider the great changes that have come over your country, the great moral revival that has swept the face of it. Who brought it about? Mr. Roosevelt brought it about. He is one of the greatest leaders of men the world has seen. That fact is not always recognized. You might say that he is only the incarnation of the finest spirit of your land. But he expressed that spirit before it was conscious of itself.

„Parliaments may criticize; Parliaments may hold back; Parliaments may be very wise – but Parliaments don't do things. You may gather all the wisdom in the world in a Parliament chamber, but you will never get action out of a Parliament chamber. One man has got to lead.

„There must always be one man willing to assume responsibilities, to do things. Parliaments consider; they do not act. Where is your Congress, your Senate? Following the President, of course, consenting to policies and acts which no legislative body could ever have devised or been willing to take the responsibility for. I tell them it must always be the single man of clear vision and resolute determination who leads a people. It makes no difference whether it is in a republic or an empire. The strong, upright personality rules. It is a law of society; it is a principle of progress."

It is clear that I was listening to one of the strongest personalities of modern times confess his own experience in the form of a comment upon the career of another strong man.

„How they did abuse him!" his Majesty continued. „The language of vituperation had no resources unexhausted. You mustn't give me away" – that was the Emperor's phrase, as he spoke in my ear in a stage-whisper – „but some of my aristocratic friends in England (you know they were badly hit there) –" and I listened to the story, told with palpable delight, of the rage of certain British lords and ladies of high degree over the performances of the personage whom one of them amiably described as „the uncouth monster in the White House."

„But", continued the Emperor, „if it were outrageous that Englishmen or other foreigners should abuse Mr. Roosevelt, how much more deplorable is it that his own countrymen should have hurled anathemas at him because he was fighting the battle of honesty. I can understand why men like Mr. Rockefeller, with his peculiar methods of gathering money, should not have relished the President's attack on iniquitous trust methods."

„Mr. Rockefeller", I ventured to observe, „is, according to his own profession, at all events, one of those whom your Majesty applauds for putting their money at work for good. Last autumn, one glorious October day, on his golf-links, he stopped at stance to assure me solemnly that he was really a socialist: that all he had he considered he held as a trustee for humanity."

His Majesty pulled up in his walk. „So Mr. Rockefeller said that to you! Did you ask him *where* in heaven's name and *from whom he got the appointment?* I am sorry you didn't, for I for one should like to know."

The Emperor appeared amused at a reference to the indignant rejoinder of Mr. Dick Turpin, highwayman, who having made reference to his respectable fortune, had been asked, „And where did you get it?" „The question", said Mr. Turpin, „is impertinent and irrelevant."

The Emperor dwelt upon his admiration for Mr. Roosevelt, and sent him a message of congratulation and good wishes. „You may tell him, if you like", his Majesty concluded – „you may tell all your friends in America of what I said to Mr. Carnegie one day not long ago. Mr. Carnegie was in a merry mood, and he said to me: 'There are just two fellows I wish I could be given the management of.' They were your President and myself. 'I would show the world things, I tell you, if I could just get you two fellows in harness and have the reins for one day.' Now, I replied to Mr. Carnegie's little joke: 'I should esteem it a real honor to be harnessed up with Mr. Roosevelt; but I should insist that we go tandem, and that Mr. Roosevelt lead!' That is really the way I feel about it, so highly do I admire his indomitable courage, his high convictions, and his success in putting them into execution."

„But", I suggested, „if Mr. Carnegie had the management of such an illustrious pair, the first thing he would do would be to direct your Majesty to blow up the *Stettin* yonder and the second to instruct the President to call the American fleet back from the Pacific and probably put the ships at work dredging harbors. Hasn't Mr. Carnegie told your Majesty his pretty story of the little white yacht which is sufficient to police the international frontier of the American Great Lakes and keep the peace between the United States and Great Britain?"

„All wrong", exclaimed the Emperor. „In the world of practical facts we have to fight, even for righteousness' sake. The Bible is full of fighting – jolly good fights some of them were. It is a mistaken idea that Christianity has no countenance for war. I am told that a few years ago when it occurred to Japan that it might be a good thing if, along with other features of Western life, the nation were to adopt a religion, a sort of committee was formed to investigate the claims of various faiths. When they came to Christianity, the committee rejected it at once, because, as they declared, Christianity was no religion for a soldier.

„Little those Japanese knew about it! The greatest soldiers in history have been Christians. The greatest degree of fortitude and of courage are inculcated by Christianity. The Japanese are utterly without sentiment – sentimentality. They are entirely practical, cold.

„Christianity inimical to all war! Why, the early Christians had no scruple about propagating the faith by the sword. We are ourselves Christians by reason of forcible conversion. Mind, I don't advocate that method now, but how can our missionaries reach the barbarians unless we win and keep open a road for our missionaries, by force, if necessary? I tell you our religion wants us to employ in her behalf all the powers and gifts we possess – our knowledge, our science, our military skill."

Here his Majesty entered upon a discourse on the necessity of religion for the fullest realization of the life of an individual and of a people. The Emperor spoke with fervor, with evident simplicity of heart and pious anxiety for the progress of the cause of Christ. Clearly he esteems himself a lord with spiritual as well as temporal responsibility, *Summus episcopus* of the church within his dominions, as, beyond doubt, his anointment as a Christian sovereign has made him. He referred with satisfaction to his recognition as protector of the shrines of the Holy Land – I do not, I fear, make use of the correct phrase to describe his Majesty's position. He asked many questions about the prospects of religion in America.

„With us in Germany", the Emperor said, „religion is in a flourishing condition, I should say. I know the churches in Berlin are crowded. Here, as everywhere, there are those who lightly think that the intellectual advance is leaving piety behind. Scientists are notoriously inclined toward materalism, and Germany is full of scientists. The mistake some of them are making is to confound a partial account of a process with a complete explanation of a fact. What I mean is this: We are growing to understand things better; we are now able to push the physical explanation back further; to follow the chain of physical causes back further. But that doesn't mean that there is nothing but physical cause there. Not at all. The muscle moves because some cells in the brain and body break down under chemical action, and so forth. But that doesn't explain anything. It only requires another explanation. What is life? Who lit its flame? Explain me that, materialist, and I will go with you.

„No, the old Gospel is as true to-day as ever, though there are some who think the people should be coaxed to eat the cakes of sugared theology, instead of being invited to partake of the plain bread of the faith of Jesus Christ. I am glad to say, however, that the dominant note in German preaching is a call to devotion to the personality of Jesus. There is the heart and power of our faith."

The Emperor here spoke of the subordinate position to which, as he conceives it, the person of Jesus has been relegated in Roman Catholic doctrine and practice – a position, he declared, in which the Son is inferior to the Mother and the court of saints.

He continued: „We Protestants draw our strength from the strength of the Saviour's holy person. We do not need to theorize about the mystery of his double nature, at once human and divine; we need only rest in the glory of his actual character. What he was, he proved by what he did. The psychological mystery has been a subject of dispute since the days of the Nestorians, the Monophysites and Chalcydon. Here in Germany we cut one another's heads off during thirty years trying to settle it, and got nowhere, either. That is one way in which *not* to advance Christianity. The way to advance it is to preach the adorable personality of the God-man Jesus as he is seen in his acts and words recorded in the Gospel."

It is unnecessary to say how impressive words like these were, spoken very earnestly, very simply, in a low voice, from the full heart of a godly man who was also an Emperor, in the intimate confession of a quiet Sunday evening, with the glory of sunset on the water and the sound of bells in the air. I am particularly confident I quote here almost verbatim.

„Materialism takes, too, another form", resumed the Emperor. „You in the United States know that. I speak of the engrossing power of riches. When men get, or when communities get, a lot of money, they are apt to forget the higher things. I notice that in my own land, I observe it in England, and I daresay it is true also in America. Why, when I was a boy I never heard a word uttered in England about money; it was considered vulgar. Nowadays, it seems as if nothing else were talked of there. Sport, shooting, and the things supposed to interest Englishmen now appear to interest nobody. It is all, 'What is he worth? What is it worth? How are shares to-day?' Now, there is no harm in being rich, but there is harm in being the slave of riches. Money ought to be *our* slave. It is one great source of power. Really great men like wealth, because it puts power into their hands, and every great man wants to be powerful. Nothing is sadder than to see a rich man who doesn't know how to use his money except for mere pleasure; who lives to see his children go to the devil, and dies to give them a chance to fight over his grave. On the other hand, there are few things nobler than the sight of the rich man who uses his wealth to do good, the man who puts his capital at work, directing its energy with intelligence and watching it build beautiful houses and endow benificent institutions and spread the light of truth and the dew of helpfulness over the earth."

The Emperor stopped in his walk. He turned and looked out toward the sunset and stood a moment meditating. I am quite sure his heart that day had been „taking counsel of itself, with naught but the heavens above", and his mind calling itself „to account for what it had striven to accomplish." Then he resumed, speaking with deliberation:

„That is the proper use of power of any kind. It ought to be kept at work, busily endeavoring to make the life of man better, lovelier, and richer. Power is not a thing to take pride in. It is a thing to use for God. There is no pleasure in its possession, no joy in its exercise, else."

Coming to himself, the Emperor resumed cheerfully:

„One of my chief delights is to build. More than seventy worthy churches have been built in Germany during my reign. Yes, in many of them I have, as you say, taken a close personal interest. You know how much I interested myself in the Dom and in the Gnadenkirche, near the Lehrter Bahnhof, dedicated to the memory of my grandmama. Is there any one in America who is interesting himself in your new buildings, which are going to influence for good or ill the coming generations?"

I was obliged to confess that aside from the new West Point buildings and a library or two, our new buildings were not a legitimate source of national pride.

„Oh, yes", the Emperor said, „I remember that Von Ihne speaks of one or two of your libraries – the one at Boston in particular. You know Von Ihne? Splendid man. More than an architect. A man of culture to the finger-tips. My grandmama took him as a young man to all the best abbeys, churches, and palaces of England, and he began as an architect then and there. I had a hand in another chapter of the court architect's life, too." His Majesty went on in smiling reminiscence, and told a pretty story of a devoted admirer of a lovely Italian girl, who yet lacked the hardihood to speak his passion, and had to be repeatedly encouraged and finally commanded to „go in and win". It was a very pretty story indeed, especially illustrating the private and human side of a character whose public acts only are generally known, and I said: „The roll of your Majesty's reign will enumerate innumerable illustrious deeds, but it will record none more beautiful than the creation of that delightful household in the Pariser Platz."

„Von Ihne is building us a great library now. Did you see it?" inquired his Majesty.

„Yes", I replied; „the court architect was good enough to take me through it a fortnight ago. He complained a little that your Majesty's government did not allow him nearly as much money as we are spending for the new Public Library in New York, - five millions – though you required a much bigger building. I said to him that any American city would be glad to give your Majesty five millions for Von Ihne any day."

„I fear we couldn't think of that", laughed the Emperor. „For one thing, I must have that unfinished room in the royal palace done. Von Ihne is working at that."

Yes; he had taken me to it, and I had been astonished at the extraordinary pains being used to get the best effects – the tentative, temporary paneling, cornices, moldings, being tried; the variety of artificial marbles, differing scarcely perceptibly in hue, leaning against the wall to be experimented with till the precise shade required by the Gobelins was found.

„Success", said his Majesty, „is a matter of just such infinite pains."

He spoke of his especial predilection for the Romanesque. It was particularly adapted to monumental edifices. Gothic, certainly, with its soaring lines, gave the beholder a sense of uplift. It afforded no wall spaces, however. His Majesty admitted a partiality for mosaic. Romanesque had been historically the building style of his House. He adhered to it gladly, however, and he believed that not only esthetic, but popular, taste now favored it. He had restored the Cathedral at Metz, tearing down a Gothic screen that had hid a noble round-arched façade. He had proposed that the city set up the Gothic structure somewhere else as a gate or a monument, but they did not want it as a gift, and had no use for it.

A few days before I had been at Trondhjem, and I spoke of my surprise at finding there a pure English Gothic church so far from English soil. The Emperor knew apparently every arch and chapel and portal of the Trondhjem cathedral. It *was* English. He passed from feature to feature of the fabric, tracing each to the influence of one or another of a dozen English abbeys familiar to its builders. For from England in the time of Haakon and of Olaf came the missionaries who evangelized Norway. The Emperor has contributed largely, I believe – he did not mention it – to the restoration of Trondhjem.

I permit myself to doubt whether, in his zeal for building, his Majesty sufficiently remembers the dangers of „restorations". He has consented now to the „restoration" of Heidelberg Schloss. Nevertheless, if the Emperor's sagacity in the other arts is in proportion to his knowledge as an architect, he is a veritable Crichton. I tried to fancy any man in public life in America discussing with information, interest, and well-formed taste – indeed, with authority – the historic and contemporary problems of architecture, and I tried in vain. Somehow life in a republic does not push men of culture to the front politically. Somehow? The reason is plain enough; but that was not one of the subjects up in this conversation with an Emperor.

I must mention at this point a little thing which seems to me to illustrate with peculiar force the nicety of the Emperor's taste. At the south of the royal palace in Berlin there stands a great monumental bronze fountain, by Begas, I believe. Originally there was a railing around it. It was by the second William's command, I happen to know, that this railing was removed, because, as he said, it would greatly enhance the interest of the fountain – humanize it, so to speak, redeem it to contemporary life – to have men and women cluster at the edges of its basin and rub off the patina in places, and children freely play in its waters. I may be fanciful, but in this happy conceit, which no maxim of monarchical training could have suggested, I seem to see a rare example of good artistic instinct, to call it nothing else.

His Majesty has little real sympathy for Roman Catholicism. There are those who wonder at this when they remember his regard for organization and for form, particulars in which the church of the Latin obedience is strong.

I have the permission of the American ambassador at Berlin to refer to an incident occurring during a recent audience at Potsdam. His Majesty was speaking of the great interest he was taking in the preparations for the production of „Sardanapalus", its costumes and scenic effects. „Nothing", said the Emperor to the ambassador, „is more important than form. You can reach only a few minds through the ear, by word, by reasoning; but you can reach and impress all through the eye. What you *show* them they do not forget."

It is a principle, I daresay, perfectly accepted in German educational programs. The Emperor, thoroughly believing in it, deliberately favors its employment in the larger educational program of the state. I doubt if he is a man who, nowadays at any rate, cares especially for courtly pomp. He has, however, perfected this; he has extended the sway of courtly, military, and social vestment and ritual beyond anything elsewhere known in the West. To follow the principle into religion would be to sympathize with the practises of Rome. His Majesty betrays no such sympathy. In point of fact, the extremity of his Majesty's dislike for all things related to Jesuitism is the one emotion in which he becomes (to a native of a land where the religious quarrel is thus far happily unknown) difficult to understand. His Majesty was anxious to learn of the prospects of Roman Catholicism in America. One Roman prelate the Emperor three times during the evening named to me as an arch-enemy of the Republic, a Jesuit in disguise. „Look out for – – –; he is the worst foe of your country", was almost his Majesty's parting injunction.

I inquired about the Old Catholics. We used to hear much of the promise of the movement headed by Dr. Döllinger.

The Emperor indulged an expressive shrug. „What would you expect? There can be no compromise within the Catholic Church. It is ultramontane or nothing. Any movement within it to reform it is doomed to fail. Erasmus was an amiable theorist, but Luther knew the only way to succeed.

„You see, the Catholic Church has a perfectly simple proposition, and it has just one. Catholicism says: 'Give me yourself, your whole personality, body and mind, in this life, and we will guarantee your happiness hereafter.' That proposition is incapable of modification. Some people find it attractive. How a man with a reason can do so, I do not understand.

„The day of Catholicism, of course, is past. It is idle fighting it. The dawn of universal intelligence is its doom. I say that to my clergy. I tell them: 'Let it alone. In due time it will perish of itself. Education is fatal to it. Educate, and proclaim the Gospel. Don't waste time denying Catholicism'."

I commit the lese-majesty of saying that his Majesty does not in this respect practise what he preaches. His characterization of Jesuitism was a lesson in the resources of the English language.

Of Mr.Taft he inquired, „Isn't he the man over whose eyes Archbishop Ireland pulled the wool so neatly at Rome in the Philippine settlement?"

Here it occurs to me to mention that, referring to Mr. Bryan, of whom I had remarked that I believed he had risen in the estimation of the country, the Emperor cried, with a grimace, „How about free silver!" At this point, too, as well as at any, I may say that his Majesty spoke pleasantly of the new American ambassador at his court, describing him as „a man of great ability", and prophesying that an address which Dr. Hill was to deliver at the Berlin congress of historians would prove to be a document of value. Which prophecy was abundantly fulfilled.

Of the talents of Pope Leo XIII, with whom he spoke with pleasure of having conversed, the Emperor expressed admiration. The ruling pontiff he regarded as a pious man, without great theological or scientific training.

„You may judge from his remarkable Bull on modernism. When that was promulgated, my bishops got together and agreed that the thing simply wouldn't do in Germany. The Catholic church is always able to find a rule somewhere to let it out of a scrape, so it was duly declared that the Bull had no application in Germany."

The Emperor told several incidents of Catholic difficulties he had known deftly evaded by dispensations or canonical subtilties. Good-naturedly he admitted that this kind of logical training produced minds of peculiar ethical resourcefulness.

„One of my bishops" [his Majesty referred to a Roman Catholic bishop] „told me of the difficulties he had with the educated Chinese. You know the Oriental mind is thoroughly logical in its processes. Sentiment does not touch it. It wants to be shown. Accordingly, the questions which Chinese auditors gravely put to the missionaries are much like those with which our little children sometimes puzzle us – amusing, perhaps, but hard to answer.

„One day, before a distinguished audience of Chinese, which he was addressing on the beauties of Christianity, my friend was interrupted by the question: 'You say that your God is all-wise, all-good, and all-powerful. He must therefore have desired to save the greatest number of people. Why, then, did He allow Christ to appear in the scantily populated, insignificant province of Judea, instead of being born in the mighty and populous Empire of China?'

„Now", said the Emperor, „what would you or I have answered to such a question? I fear I shouldn't have made any converts that day. But my Jesuit bishop was ready.

„The answer', he said, 'is easy. It is just because God desired to save the greatest of people that He caused Christ to appear outside the mighty Empire of China. For you cannot fail to remember that in the glorious reign of – – –'" [his Majesty named the ruler of the Celestial Empire in the year of the Nativity; I cannot do so], „'it was the law that no Chinaman should pass the boundaries of the empire. Undoubtedly God preferred that Christ should be a Chinaman, but He had to consider this fact. Great as was His admiration for your race, He could not shut off salvation from the rest of mankind. It was ordered that Christ should appear outside the empire, so that he or his apostles might come to you, while still free to visit also the heathen lands.'

„What", exclaimed his Majesty, „could a Chinese philosopher say to an argument like that! Manifestly, it is unanswerable, sufficient, convincing."

The Asiatic question was, I cannot overstate to what degree, the Emperor's chief theme. The particular phases of the situation now obtaining and developing to which his Majesty mainly adverted were the attitudes with regard to the East taken respectively by England and the United States – the contrasted attitudes.

It is of course news to nobody that the German Emperor is impressed by the importance of the Eastern question. But I think it would be a surprise to anybody to learn to what length he has pursued the study of the East and its attitude, historically, physically, geographically, economically, and temperamentally, toward the West and Western ideals; what a master he has become of every phase and detail of a subject on which he believes the whole destiny of civilization turns, and the degree to which his conclusions respecting it dominate every other feature of his policy as a ruler.

When the story of the reign of William II is written, whatever else it may contain, it will record that this greatest of German sovereigns was the first European monarch fully to realize that the awakening of Asia in the twentieth century was to mark a crisis of import unequaled in history.

Of the grounds of friendship between Germany and the United States, the Emperor spoke at length. „The large number of Germans and men and women of German descent who are, you tell me, among the most substantial citizens of your great country, constitute already a necessary bond between us. Our instincts are one, our religion is the same, our race the same. Nowhere, no longer now even in the nightmares of agitators, is there imagined to be the shadow or possibility of an issue between us. Germany has no ambitions that traverse or even approach the spheres of American activity."

This is, of course, strictly true. The absurdity of fearing Teutonic designs in Central or South America is fully apparent to any one conversant with the European situation. To fancy that Germany has any time to spare to thinking of American projects is like fearing she may be planning the invasion of Mars. Not a single army corps could be spared from the Fatherland to-day. Does anybody imagine that France has forgotten? Far from it. The sensation of the hour in Berlin and Paris is the innocent but indiscreet remark made the other day by M. Jules Cambon, the French ambassador. Referring to German prosperity, he observed that it dated from 1870, and the tumult which the mention of that tragic date stirred in France testifies sufficiently to the keenness with which it is remembered. France paid her five milliards of francs and yielded back Alsace and Lorraine, but that victory has cost Germany something, too.

The Emperor spoke to me of the Boer War – spoke truthfully and impressively of the irony of history; of the mills of the gods that, though grinding slowly, grind exceeding fine. And I reflected that, this instance aside, he himself, philosopher and historian, must sometimes have felt that the irony of history is not always that of justice. For must not a German see a certain whimsical and malicious irony in the fact that the great victory of 1870 left the vanquished a dream, just a dream – of „revanche" – which to this day compels in no little measure the policies internal and foreign of the conqueror, restricts her ambitions, makes it necessary for her to maintain an immense army – and to keep it close home?

But, in greater part, the isolation of Germany to-day is the deliberate work of England. France would constitute no threat for Germany were she free of other enemies. But she sees herself surrounded by jealous powers marshaled under the leadership of England.

What is England's grievance against Germany? In part the grievance of a people which sees another outstripping her in every one of her cherished activities. Germany is supplanting England in England's old markets. Germany is getting the carrying-trade of the world. Look at the great Hamburg and Bremen lines, and consider the case of Liverpool. The German is showing himself the more clever manufacturer; his chemists are at work saving the by-products; in the latest feat of mechanical skill, the making of automobiles, he has gone to the head; his education is better; his health is better; his stature is not diminishing; his army is unequaled; his navy is becoming dangerous; he is first in the field (or in the air!) with a practical aërial ship of war.

But it is not so much the direct rivalry between them that begets for Germany the hostility of England, as it is an historical principle of British diplomacy. Ever since the day of Wolsey, consistently, without ever departing from it, England has founded her foreign policy on the leading principle that she must single out and oppose the power at the moment paramount on the Continent. It would be easy to demonstrate this. Examine British policy, and you will find that always England is at work trying to unite the remaining nations of Europe in concerts against the dominant power.

This principle has become so firmly a part of British policy that it is nowadays scarcely deliberate. It is instinctive. To-day Germany is the great Continental power. Today, therefore, England makes alliances, or seeks them, with every capital of Europe except Berlin.

I may seem to have dwelt a very long time upon the European isolation of Germany. But the superstition that „the Kaiser will bear watching in the Caribbean" has been so persistent that it is worth while asking intelligent men to take a few minutes to consider it fully.

„The future" – the voice rang – „the future belongs to the white race; never fear." His shoulders squared, his eye flashed, I could see the eagle above his head. „It belongs to the Anglo-Teuton, the man who came from northern Europe – where you to whom America belongs came from – the home of the German. It does not belong – the future – to the yellow or to the black or the olive-colored; it belongs to the fair-skinned man, and it belongs to Christianity and to Protestantism. We are the only race who can save it. There is no power in any other civilization or any other religion that can save humanity; and the future – belongs – to – us."

I said good-by to Minister von Treutler and his Excellency General von Löwenfeld – the skilful statesman and the finished soldier – and went over the side. As we puffed away from the *Hohenzollern* there was a figure alone on the deck looking out over the fiord toward the Norway mountains. I thought of the stream of blonde men, of Aryans, born of the fogs and the long night, who since before history began had left this breeding-place of the world's kings and conquerors. They had gone into Asia, into Greece, masters everywhere, though beaten back eventually by the excess of light, and requiring, even to maintain themselves in Europe, continual reinforcement from the native Aryan home. But wherever they are, they rule. This stern Norway, that has bleached them, has made conquerors of them. Nature is hard here, and the law of survival has selected a race to which it has seemed the very earth has been given for an inheritance.

Is that energy of nature's law which brought forth the Aryan here in these stern fiords and sent him south and east and west to conquer – is that energy still unexhausted? Or has at last another race, with a pigmented skin, come to its hour?

One blonde man is confident of the issue, though a prophetic sight of the impending conflict burdens his soul till he walks among men as one who knows and sees naught else. That is the reason he had come – the unconscious reason he has been coming every summer for twenty years – to these desolate cliffs and creeks: he would strengthen his heart where the heart of his fathers was formed. As I saw him, solitary on his deck as we steamed away that night, he might have been Harold the Fair-haired (from whom, indeed, he, like every other living king of Europe, is descended) or any one of the nameless Aryan heroes who before history began sailed hence to conquest. And I knew, because he had shown me his soul that day, that he was peer of the best of them – a Christian king who had learned to restrain his arm, though he exulted in its strength, and though his will was fierce to use it for his people and his God.

PA-AA, R 22414 (The Century Magazine, Dez. 1908, S.261–271, unveröffentlicht; sekretiert, mit Randvermerken von der Hand Bussche-Haddenhausens)

LITERATUR

MEMOIREN UND QUELLENSAMMLUNGEN

Bernstorff, Graf Johann Heinrich. Erinnerungen und Briefe. Zürich 1936.

Brett, Maurice V (Hrsg.). Journals and Letters of Reginald Viscount Esher. Bd.2: 1903–1910. London 1934.

British Documents on the Origins of the War, 1898–1914, hrsg. v. George P. Gooch u. Harold Temperly. 11 Bde., London 1927 ff. (Abk.: BD).

Buckle, George E. (Hrsg.). The Letters of Queen Victoria. 3rd series, Bd.3 (1896–1901), London 1932.

Bülow, Bernhard Fürst von. Denkwürdigkeiten. 4 Bde., Berlin 1930–31.

Burnham, Lord. „Revelations. ‚The Daily Telegraph' and the Kaiser", in: Berliner Monatshefte 8 (1930), S.790–793.

Czernin, Ottokar. Im Weltkriege. 2. Aufl., Berlin und Wien 1919.

Davis, Oscar King. Released for Publication. Some Inside Political History of Theodore Roosevelt and His Times 1898–1918. Boston 1925.

Documents Diplomatiques Francais (1871-1914), 2e série (1901–1911), Bd.11 (Paris 1950).

Eckardstein, Hermann Freiherr von. Die Entlassung des Fürsten Bülow. Berlin 1931.

Einem, Generaloberst von. Erinnerungen eines Soldaten 1853–1933. 6. Aufl., Leipzig 1933.

Fenske, Hans (Hrsg.). Unter Wilhelm II. 1890–1914. Darmstadt 1982.

Fenske, Hans (Hrsg.). Quellen zur deutschen Innenpolitik 1890–1914. Darmstadt 1991.

Goetz, Walter (Hrsg.). Briefe Wilhelms II. an den Zaren 1894–1914. Berlin 1920.

Görlitz, Walter (Hrsg.). Der Kaiser... Aufzeichnungen des Chefs des Marinekabinetts Admiral Georg Alexander v. Müller über die Ära Wilhelms II. Göttingen 1965.

Große Politik der Europäischen Kabinette, 1871–1914, hrsg. i.A. des Auswärtigen Amts v. Johannes Lepsius, Albrecht Mendelssohn-Bartholdy u. Friedrich Thimme. 40 Bde., Berlin 1922–27. (Abk.: GP).

Hale, William Harlan. „Thus Spoke the Kaiser. The Lost Interview which Solves an International Mystery", in: The Atlantic Monthly, vol.153, No.5 (May 1934), S.513–523.

Hale, William Harlan. „Adventures of a Document. The Strange Sequel to the Kaiser Interview", in: The Atlantic Monthly, vol.153, No.6 (June 1934), S.696–705.

Hammann, Otto. Um den Kaiser. Erinnerungen aus den Jahren 1906–1909. Berlin 1919.

Hammann, Otto. Bilder aus der letzten Kaiserzeit. Berlin 1922.

Hammann, Otto. „Aufzeichnungen", in: Archiv für Politik und Geschichte, 4 (1925), S.541–553.

Hardinge of Penshurst, Lord. Old Diplomacy. Reminiscenses. London 1947.

Haußmann, Konrad. Schlaglichter. Frankfurt (Main) 1924.

Hötzsch, Otto (Hrsg.). Fürst Bülows Reden nebst urkundlichen Beiträgen zu seiner Politik. Bd.3: 1907–1909. Berlin 1909.

Jäckh, Ernst (Hrsg.). Kiderlen-Wächter, der Staatsmann und Mensch. Briefwechsel und Nachlaß. 2 Bde., Stuttgart 1924.

Johann, Ernst. Reden des Kaisers. Ansprachen, Predigten und Trinksprüche Wilhelms II. 2. Aufl., München 1977.

Klehmet, G. „Zum Novembersturm von 1908", in: Deutsche Revue, 45/IV (1920), S.42–50.

Kühlmann, Richard von. Erinnerungen. Heidelberg 1948.

Lee, Sir Sidney. King Edward VII. A Biography. 2 Bde., London 1925–27.

Lerchenfeld-Koefering, Hugo Graf. Erinnerungen und Denkwürdigkeiten, 1843–1925. 2. Aufl., Berlin 1935.

Meisner, Heinrich Otto (Hrsg.). „Gespräche und Briefe Holsteins 1907–1909", in: Preußische Jahrbücher 229 (Berlin 1932), S.229–246.

Mittelmann, Fritz (Hrsg.). Ernst Bassermann. Sein politisches Wirken. Reden und Aufsätze. Bd.1: Zur auswärtigen Politik. Berlin 1914.

Morison, Elting E (Hrsg.). The letters of Theodore Roosevelt. Bd.6, Cambridge/Mass. 1952.

Münz, Sigmund. Fürst Bülow, der Staatsmann und Mensch. Aufzeichnungen, Erinnerungen und Erwägungen. Berlin 1930.

Münz, Sigmund. Von Bismarck bis Bülow. Erinnerungen und Begegnungen an der Wende zweier Jahrhunderte. 2. Aufl., Berlin 1912.

Nowak, Karl Friedrich, u. Friedrich Thimme (Hrsg.). Erinnerungen und Gedanken des Botschafters Anton Graf Monts. Berlin 1932.

Oldenburg-Januschau, Elard von. Erinnerungen. Leipzig 1936.

Radziwill, Fürstin Marie. Briefe vom deutschen Kaiserhof, 1889–1915. Berlin 1936.

Rheinbaben, Werner Freiherr von. Kaiser, Kanzler, Präsidenten. Erinnerungen. Mainz 1968.

Rich, Norman, u. M.H. Fisher (Hrsg.). Die geheimen Papiere Friedrich von Holsteins (deutsche Ausgabe von Werner Frauendienst), 4 Bde., Göttingen 1956–63. (Abk.: HP).

Rogge, Helmuth (Hrsg.). Friedrich von Holstein. Lebensbekenntnis in Briefen an eine Frau. Berlin 1932.

Rogge, Helmuth. Holstein und Harden. Politisch-publizistisches Zusammenspiel zweier Außenseiter des Wilhelminischen Reichs. München 1959.

Rosner, Karl (Hrsg.). Erinnerungen des Kronprinzen Wilhelm. Aus den Aufzeichnungen, Dokumenten, Tagebüchern und Gesprächen. Stuttgart – Berlin 1923.

Schiemann, Theodor. Deutschland und die große Politik anno 1908. Berlin 1909.

Schoen, [Wilhelm] Freiherr von. Erlebtes. Beiträge zur politischen Geschichte der neuesten Zeit. Stuttgart – Berlin 1921.

Schulthess' Europäischer Geschichtskalender 1904–1909. Berlin 1905–1910.

Stenographische Berichte über die Verhandlungen des Deutschen Reichstags, 12. Legislaturperiode, I. Session, 1907–1909. Berlin 1908–1909.

Thimme, Friedrich (Hrsg.). Front wider Bülow. Staatsmänner, Diplomaten und Forscher zu seinen Denkwürdigkeiten. München 1931.

Tirpitz, Alfred von. Politische Dokumente. Bd.1: Der Aufbau der deutschen Weltmacht. Berlin-Stuttgart 1924.

Valentini, Rudolf von. Kaiser und Kabinettschef. Nach eigenen Aufzeichnungen und dem Briefwechsel des Wirklichen Geheimen Rats, dargestellt von Bernhard Schwertfeger. Oldenburg 1931.

Vierhaus, Rudolf (Hrsg.). Das Tagebuch der Baronin Spitzemberg. Aufzeichnungen aus der Hofgesellschaft des Hohenzollernreiches. 2. Aufl., Göttingen 1961.

Westarp, Kuno Graf von. Konservative Politik im letzten Jahrzehnt des Kaiserreichs. Bd.1: 1908–1914. Berlin 1925.

Wilhelm II., Kaiser. Ereignisse und Gestalten aus den Jahren 1878-1918. Leipzig – Berlin 1922.

Winzen, Peter (Hrsg.). Bernhard Fürst von Bülow. Deutsche Politik. Bonn 1992.

Wippermann, Karl. Deutscher Geschichtskalender 1908 u. 1909. Berlin 1909–1910.

Zedlitz-Trützschler, Robert Graf von. Zwölf Jahre am deutschen Kaiserhof. Aufzeichnungen. Stuttgart 1923.

MONOGRAPHIEN

Drewes, Anton. Die „Daily Telegraph"-Affaire vom Herbst 1908 und ihre Wirkungen. Phil. Diss., Münster i.W. 1933.

[Engel, Eduard.] Kaiser und Kanzler im Sturmjahr 1908. Die Wahrheit nach den Urkunden. Leipzig 1929.

Hecht, Otto Max. Bülows Memoiren und die „Daily Telegraph"-Affäre. Phil. Diss., Köln 1934.

Schlegelmilch, Margarete. Die Stellung der Parteien des Deutschen Reichstages zur sogenannten Daily-Telegraph-Affäre und ihre innerpolitische Nachwirkung. Phil. Diss., Halle (Saale) 1936.

Schüssler, Wilhelm. Die Daily-Telegraph-Affaire. Fürst Bülow, Kaiser Wilhelm und die Krise des Zweiten Reiches 1908. Göttingen 1952.

Teschner, Hellmut. Die Daily-Telegraph-Affäre vom November 1908 in der Beurteilung der öffentlichen Meinung. Phil. Diss., Breslau 1931.

AUFSÄTZE

Cole, Terence F. „The *Daily Telegraph* affair and its aftermath: the Kaiser, Bülow and the Reichstag, 1908–1909", in: John C.G. Röhl (Hrsg.), Kaiser Wilhelm II. New Interpretations (Cambridge 1982), S.249–268.

Eschenburg, Theodor. „Die Daily-Telegraph-Affäre. Nach unveröffentlichten Dokumenten", in: Preußische Jahrbücher, 214 (1928), S.199–223.

Fischer, Fritz. „Exzesse der Autokratie. Das Hale-Interview Wilhelms II. vom 19. Juli 1908", in: Wilhelm Alff (Hrsg.), Deutschlands Sonderung von Europa 1862–1945 (Frankfurt a.M. 1984), S.53–75.

Menning, Ralph R./ Carol Bresnahan Menning. „,Baseless Allegations': Wilhelm II and the Hale Interview of 1908", in: Central European History, 16 (1983), S.368 ff.

Otte, Thomas G. „An Altogether Unfortunate Affair. Great Britain and the ‚Daily Telegraph'-Affair", in: Diplomacy and Statecraft (1994), S.296–333.

Shepardson, Donald E. „The *Daily Telegraph* Affair", in: The Midwest Quarterly, 21 (1979/80), S.207–220.

Wedel, Botho Graf von. „Die Daily Telegraph-Affäre – Bülows römische Mission", in: Süddeutsche Monatshefte, 28 (1930/31), S.396–98.

Westarp, Kuno Graf von. „Das Kaiser-Interview des Daily Telegraph", in: Süddeutsche Monatshefte, 28 (1930/31), S.411–418.

Zimmermann, Arthur. „Bülow und Holstein – Die Daily Telegraph-Affäre – Bülow und Bethmann Hollweg", in: Süddeutsche Monatshefte, 28 (1930/31), S.390–393.

SONSTIGE LITERATUR

Bachem, Karl. Vorgeschichte, Geschichte und Politik der deutschen Zentrumspartei. Bd.7: Köln 1930.

Cecil, Lamar. Wilhelm II. Bd.2: Emperor and Exile, 1900-1941. Chapel Hill – London 1996.

Deuerlein, Ernst. Der Bundesratsausschuss für die auswärtigen Angelegenheiten 1870–1918. Regensburg 1955.

Epkenhans, Michael. Die wilhelminische Flottenrüstung 1908–1914. Weltmachtstreben, industrieller Fortschritt, soziale Integration. München 1991.

Eschenburg, Theodor. Das Kaiserreich am Scheideweg. Bassermann, Bülow und der Block. Berlin 1929.

Fesser, Gerd. Reichskanzler Bernhard Fürst von Bülow. Eine Biographie. Berlin 1991.

Fiebig-von Hase, Ragnhild. „Die Rolle Kaiser Wilhelms II. in den deutsch-amerikanischen Beziehungen, 1890–1914", in: John C.G. Röhl (Hrsg.), Der Ort Kaiser Wilhelms II. in der deutschen Geschichte (München 1991), S.223–257.

Forsbach, Ralf. Alfred von Kiderlen-Wächter (1852–1912). Ein Diplomatenleben im Kaiserreich. 2 Teilbde., Göttingen 1997.

Grosser, Dieter. Vom monarchischen Konstitutionalismus zur parlamentarischen Demokratie. Die Verfassungspolitik der deutschen Parteien im letzten Jahrzehnt des Kaiserreiches. Den Haag 1970.

Hale, Oron James. Publicity and Diplomacy with Special Reference to England and Germany, 1890–1914. Gloucester, Mass., 1964.

Haller, Johannes. Die Aera Bülow. Eine historisch-politische Studie. Stuttgart – Berlin 1922.

Hiller von Gaertringen, Friedrich Freiherr. Fürst Bülows Denkwürdigkeiten. Untersuchungen zu ihrer Entstehungsgeschichte und ihrer Kritik. Tübingen 1956.

Huber, Ernst Rudolf. Deutsche Verfassungsgeschichte seit 1789. Bd. 4: Struktur und Krisen des Kaiserreichs. 2. Aufl., Stuttgart 1982.

Kohut, Thomas A. Wilhelm II and the Germans. A Study in Leadership. Oxford – New York 1991.

Lerman, Katharine Anne. The Chancellor as Courtier. Bernhard von Bülow and the Governance of Germany, 1900–1909. Cambridge 1990.

Ludwig, Emil. Wilhelm der Zweite. Berlin 1926.

Paret, Peter. „The Tschudi Affair", in: The Journal of Modern History 53 (1981), S.580–618.

Meyer, Klaus. Theodor Schiemann als politischer Publizist. Frankfurt/ Main 1956.

Rebentisch, Jost. Die vielen Gesichter des Kaisers. Wilhelm II. in der deutschen und britischen Karikatur (1888–1918). Berlin 2000.

Rich, Norman. Friedrich von Holstein. Politics and Diplomacy in the Era of Bismarck and Wilhelm II. Bd.2: Cambridge 1965.

Röhl, John C.G. (Hrsg.). Der Ort Kaiser Wilhelms II. in der Geschichte. (Schriften des Historischen Kollegs, Kolloquien 17). München 1991.

Spickernagel, Wilhelm. Fürst Bülow. Hamburg 1921.

Winzen, Peter. Bülows Weltmachtkonzept. Untersuchungen zur Frühphase seiner Außenpolitik 1897–1901. Boppard am Rhein 1977.

PERSONENREGISTER

Die halbfett hervorgehobenen Seitenangaben verweisen auf die entsprechenden biographischen Daten.

HISTORISCHE MITTEILUNGEN – BEIHEFTE

Im Auftrag der Ranke-Gesellschaft, Vereinigung für Geschichte im öffentlichen Leben e.V., herausgegeben von **Michael Salewski** und **Jürgen Elvert**

30. **Imanuel Geiss: Zukunft als Geschichte.** Historisch-politische Analyse und Prognosen zum Untergang des Sowjetkommunismus, 1980–1991. 1998. II, 309 S., kt.   7223-3

31. **Robert Bohn / Jürgen Elvert / Karl Christian Lammers,** Hrsg.: **Deutsch-skandinavische Beziehungen nach 1945.** 2000. 234 S., kt.   7320-5

32. **Daniel Gossel: Briten, Deutsche und Europa.** Die Deutsche Frage in der britischen Außenpolitik 1945–1962. 1999. 259 S., geb.   7159-8

33. **Karl J. Mayer: Zwischen Krise und Krieg.** Frankreich in der Außenwirtschaftspolitik der USA zwischen Weltwirtschaftskrise und Zweitem Weltkrieg. 1999. XVI, 274 S., kt.   7373-6

34. **Brigit Aschmann: „Treue Freunde"?** Westdeutschland und Spanien 1945–1963. 1999. 502 S. m. 3 Tab., geb.   7579-8

35. **Jürgen Elvert: Mitteleuropa!** Deutsche Pläne zur europäischen Neuordnung (1918–1945). 1999. 448 S., geb. 7641-7

36. **Michael Salewski,** Hrsg.: **Was wäre wenn.** Alternativ- und Parallelgeschichte: Brücken zwischen Phantasie und Wirklichkeit. 1999. 171 S., 1 Kte., kt.   7588-7

37. **Michael F. Scholz: Skandinavische Erfahrungen erwünscht?** Nachexil und Remigration. 2000. 416 S., geb.   7651-4

38. **Gunda Stöber: Pressepolitik als Notwendigkeit.** Zum Verhältnis von Staat und Öffentlichkeit im Wilhelminischen Deutschland 1890–1914. 2000. 304 S., kt.   7521-6

39. **Andreas Kloevekorn: Die irische Verfassung von 1937.** 2000. 199 S., kt.   7708-1

40. **Birgit Aschmann/Michael Salewski,** Hg.: **Das Bild „des Anderen".** Politische Wahrnehmung im 19. und 20. Jahrhundert. 2000. 234 S., kt.   7715-4

41. **Winfried Mönch: Entscheidungsschlacht „Invasion" 1944?** Prognosen und Diagnosen. 2001. 276 S., kt. 7884-3

42. **Hans-Heinrich Nolte,** Hrsg.: **Innere Peripherien in Ost und West.** Redaktion: **Klaas Bähre.** 2001. 188 S., kt.   7972-6

43. **Peter Winzen: Das Kaiserreich am Abgrund.** Die Daily-Telegraph-Affäre und das Hale-Interview von 1908. Darstellung und Dokumentation. 2002. 369 S., geb.   8024-4

44. **Fritz Kieffer: Judenverfolgung in Deutschland – eine innere Angelegenheit?** Internationale Reaktionen auf die Flüchtlingsproblematik 1933–1939. 2002. Ca. 520 S., geb.   8025-2

45. **Michael Salewski: Die Deutschen und die See.** Teil II. 2002. 252 S., geb. 8087-2

FRANZ STEINER VERLAG STUTTGART